샤머니즘

중년의

지은이 | 유명옥

펴낸이 | 이재욱

펴낸곳 | 새로운사람들

초판 인쇄 | 2025년 1월 2일

초판 발행 | 2025년 1월 6일

디자인 | 나비 010.8976.8065

주소 | 서울 도봉구 덕릉로 54가길 25(창동 557-85, 우 01473)

전화 | 02)2237-3301, 02)2237-3316

팩스 | 02)2237-3389

이메일 | seekook@naver.com

ISBN 978-89-8120-667-3

@유명옥, 2025

modoobooks(모두북스) 등록일 1994년 10월 27일 등록번호 제2-1825호

책값은 뒤표지에 씌어 있습니다.

샤머니즘

중년의

유명옥

새로운사람들

목차

프
롤
로
그

노오란 배와
야생의 장미로 가득한
육지가 호수 안에 매달려 있네.
그대, 사랑스러운 백조들이여
입맞춤에 도취가 되어
신성함으로 깨어있는 물의 내부에
그대들의 머리를 담그라.
서글프다.
겨울이면 나는 세상 어디에서
꽃과 태양의 빛을 취해야 할까?
지상의 그늘을 또 어디에서?
나를 둘러싼 성벽은 차가운 침묵으로 마주 서 있고
풀 향기는 바람결에 이리저리 나부끼는구나.
- Friedrich Hoelderlin, 〈Haelfte des Lebens(생의 절반, 1803년 작시)〉, 유
명옥 번역, 전문 인용

'도덕적인 결벽성'과 '목사관 신드롬(독: Pfarrhaus Syndom)'에 시달리
며 생의 절반을 독일 '튀빙엔의 성탑(독: Tuebinger Turm)'에 갇혀 살았

던 프리드리히 횔덜린(Friedrich Hoelderlin: 1770~1843)!

목사관 신드롬은 주로 종교인의 자녀로 태어난 사람이 겪는 심리적인 장애로, 이 장애가 있는 환자는 특별한 지성과 영적인 감수성을 지니고 있어 뿌리 깊은 죄책감과 함께 자기의 삶에 대한 심각한 고뇌에 시달리게 된다. 환자는 원인을 알 수 없는 깊은 열등감과 콤플렉스가 교묘하게 교차하면서 나타나는 심리적인 장애를 앓는다.

횔덜린의 온전했던 정신을 앗아간 '정신의 반역'은 나이가 들수록 오히려 더 그를 의연하게 했다. 그는 전 생애 동안 무자비한 운명에 맞서 영혼의 어둠과 투쟁하는 시인이었으며, 성스러운 예언가였다.

횔덜린은 생의 절반을 자신을 에워싼 차가운 성벽에서 벗어나지는 못했지만, 스치는 바람결에도 생생한 신성(神性)의 현존을 경험했다. 그는 그렇게 마지막 생의 절반을 꾸려나갔다.

중년.

공자는 논어(論語)의 위정편(爲政編)에서 지혜로운 자는 나이 사십에 이르면 어떠한 유혹에도 흔들리지 않는다고 썼다. 동양에서 중년은 '불혹(不惑)'의 나이라는 40세부터 49세까지를 일컫는다.

심리학자인 다니엘 레빈슨(Daniel J. Levinson: 1920~1994)은 40세부터 60세까지를 일컬어 '중년기(中年期)'라고 불렀다. 이 시기에 처한 사람들 대부분이 한 번쯤은 존재 기반을 뒤흔드는 삶의 위기를 만난다. 중년이 되면 우리는 정서적인 풍요를 경험하는 동시에 불안감이 동반된 영적인 성장의 기회를 만나게 된다. 이때 우리는 각자의 삶을 다시한번 조율하고, 재정비할 기회를 찾게 된다. 나는 이 시기를 "창조적인 맴돌이 과정"이라고 명명했다. 우리는 중년에 이르러 비로소 그동안 축적해 왔던 삶의 경험과 DNA에 각인된 선험적인 지식의 재통합을 이루고, 각자의 무의식 안에 잠들어 있던 내적인 자기(독: Das Selbst)를 되찾는 개성화(독: Induviation) 과정에 돌입하게 된다.

스위스의 정신과 의사이자 분석심리학을 창시한 '칼 구스타브 융(Carl Gustav Jung: 1875~1961)'은 우리가 중년에 만날 수 있는 삶의 위기를 심리적 또는 정신적인 균형을 맞추고 조율하기 위한 수단으로 인지했다.

인간이면 누구나 중년에 이르러 자신의 삶을 한 번쯤은 되돌아다 볼 수 있는 계기를 만나고 무의식의 심연에서는 내적인 성장의 욕구가 발현된다. 중년이 되면 그동안의 영적인 경험을 토대로 내면을 성찰할 기회가 생기는데, 이때 예상치 못했던 외부의 특정한 사건을 경험하며 어느 정도는 자신의 삶을 스스로 재조율할 수 있게 된다.

이 시기부터 지금까지 우리가 인생의 전반기에 살아보지 못했던 새로운 삶을 만나고, 내면적으로는 정신의 재조정이 시작되는 것이다.

아울러 우리는 중년에 이르러 정형화되고 고정되었던 삶의 방식을 탈피해 그동안 축적했던 경험을 자연스럽게 통합할 수 있는 능력을 갖추게 된다. 우리가 직면하는 삶의 위기는 대부분 모순과 혼돈, 정신적인 미망의 상황과 함께 전개된다. 이 시기에 인간의 자가 치유에 대한 진정한 해답은 자기의 내면으로부터 샘물처럼 솟는다.

나는 몸주 신령님이 지펴 1997년 8월 28일 황해도에 무(巫)의 뿌리를 둔 강신 무당으로 입문했다. 이어서 몸주 신령님의 뜻을 받들어 한국 나이 37세에 예술을 공부하고, 드넓은 세계를 경험하기 위해 독일로 유학을 떠났다. 중년의 시간 대부분을 독일의 함부르크 조형예술대학(독: Hochschule fuer bildende Kuenste Hamburg)과 스위스 취리히에 있는 칼 구스타브 융 연구원(독: Carl Gustav Jung Institut Zuerich)에서 공부하며 보냈다.

감사하게도, 나는 중년이라는 역동적이며 창조적인 변화의 시기와 맞물려 독일어 문화권에서 예술과 심리학을 공부하면서 영적인 성장의 기회를 만났다. 나는 독일어 문화권에서의 다양한 학업을 통해 습득한 예술 이론과 심리학 이론 덕분에 그동안 축적했던 영적인 경험을 스스로 통합할 수 있었다.

한국의 강신(降神) 무당 인생에서 한 발짝 뒤로 물러서서 되돌아보면, 독일어 문화권에서의 유학 생활은 새로운 문화적인 토양 위에서 다른 인종들과 부대끼며 나의 삶을 재고(再考)하고 조율하는 기회가 되었던 것 같다.

나는 함부르크 조형예술대학에서 학업을 진행하는 동안에는 예술 작업과 예술 이론을 공부하며 예술 작품에 투영된 인간의 영혼을 이해하는데 많은 시간과 노력을 할애했다. 각기 다른 신령님들과의 합일과 영적인 세계와의 충만한 교감의 토대 위에서 시작했던 칼 융 연구원에서의 분석심리학(독: Die anaytische Psychologie) 수업은 신내림굿 당시 부족했던 '상처 입은 영혼의 치유사'로서의 자질들을 보완하도록 도와주었다. 융 심리학은 내게 향후 영성 상담가로서 활동을 위해 필요한 이론적인 토대를 제공했다. 이와 병행하며 지속적인 '신내림'과 영적인 체험을 통해 강렬하고 원초적인 신령님들과의 합일을 경험하며, 신령님의 도구로서의 삶을 다시 조율하고 재정비할 수 있게 되었다.

중년에 이르는 동안 체험했던 내 일상(日常)과 학구(學究)의 경험들이 『중년의 샤머니즘』이라고 명명한 이 책 안에 담겼다.

한국인에게 공통적인 무형의 정신 유산인 샤머니즘을 제대로 이해하고 수용하려면 영적인 경험뿐만이 아니라 어느 정도는 인생의 경험과 지식이 축적되어야만 가능할 것 같다. 나는 우리가 중년이라는 변화무쌍한 창조적인 맴돌이 과정에 이르러서야 비로소 샤머니즘을 제대로 이해할 수 있으리라고 믿는다.

몸주 신령에 의해 '도구(독: Medium)'로 선택된 나는 어린 시절부터 거역할 수 없는 '운명(運命)의 멍에'를 짊어진 채로 버거운 삶을 꾸려왔다. 서른이 시작되면서 신령님이 내 몸에 거세게 지피고, 강렬한 영적인 체험을 경험하면서도 나는 무당으로 입문하는 길을 어떻게든 회피하기 위해 기나긴 세월 동안 '영혼의 뻘밭'을 이리저리 헤매고 다녔다. 그 과정에서 삶과 죽음, 이승과 저승의 경계를 넘어서는 모질고도 질긴 신병과 길고 처절한 '고통의 연금술'로 점철된 긴 '신가물' 기간을 겪었다.

그러다가 1997년 8월 초에야 비로소 '신령님의 도구'로 살아가는 것을 수용할 수 있었다. 그리고 1997년 8월 28일에 신어머니인 김금화 선생의 인도로 황해도 무당으로 입문했다. 서럽고 아린 27년이란 세월이 엊그제 같은데, 세월은 활시위를 벗어난 화살처럼 쏜살같이 흘러가 버렸다.

신내림굿을 받고 나서 한국 사회에서 3년간 무업(巫業)을 수행하다가 몸주 신령님으로부터 '샤머니즘의 르네상스를 실현하라'는 공수를 받았다. 나는 신령님의 이데아를 실현하기 위해 서른일곱의 나이에 늦깎이 유학생이 되어 독일 함부르크로 향하는 비행기에 몸을 실었다. 그리고 십 년이 넘도록 독일과 스위스의 독일어 문화권에서 샤머니즘과 영성, 예술과 정신의학을 융합하는 작업을 진행했다.

예정했던 학업을 마치고 다시 한국으로 돌아와서는 심혈관 중증 장애를 앓았던 영혼의 반려인 요아킴(Joachim)을 만 5년간 돌보면서 샤머니즘의 또 다른 차원에서 중중무진(重重無盡)한 영적인 세계를 만났다. 2017년 11월 14일에 영혼의 반려인 요아킴은 무지개다리를 건너 하늘 여행을 떠났다.

그 후부터 나는 줄곧 '상처 입은 영혼의 치유사(독: Die verwundete Heilierin)'이자 샤머니즘의 사제(司祭)로, '영원한 이방인인 노매드(독: Nomade)'로, 이 세계에서 저 세계로 쉼 없이 이동하며 살고 있다.

전통적인 샤머니즘 치유사로서의 길은 극에 달한 고통을 견디며 고통으로 점철된 인간의 영혼을 건져 올리는 과정이다. 나는 27년 동안 척박한 '영혼의 뻘밭'에서 모진 세월의 풍파와 신가물을 온몸으로 견디며 숙명적으로 펼쳐진 영성의 가시밭길을 걸어왔다. 내 나이 육십이 된 지금에서야 비로소 샤머니즘 사제이자 '상처 입은 영혼의 치유사'에게 주어진 현실의 삶을 머리가 아닌 가슴으로 깨달아 가는 중이다.

한국 사회에서 강신 무당은 영적인 장애와 걸림이 많은 열악한 사회적인 환경과 운신(運身)의 폭이 지극히 제한된 삶을 살아갈 수밖에 없다. 나는 샤머니즘적인 소명을 완성하기 위해 열악하고 척박한 삶의 조건에도 불구하고 무한 긍정의 힘을 발휘해 주어진 환경을 내 나름대로 일구며 살아왔다고 자부한다.

'상처 입은 영혼의 치유사'로서 걸어가는 영성의 길이 때로는 고달프지만, 나는 매일, 매시간 강렬한 '신성의 불꽃(독: Das goettliche Feuer)'이 내 안에 타오르고 있음을 체험하고 있다. 강신 무당의 삶이란 신령님들께서 그득히 채워주시는 사랑으로 충만한 삶이며, 날마다 새로운 희망의 에너지와 역동적인 변화로 충만한 도전적인 삶이다.

앞으로 이어질 '집 없는 무당'의 생애도 영국의 사학자인 '아놀드 토인비(Anold Joseph Toynbee: 1889~1975)'의 말처럼 변함없이 "도전(挑戰, 영: Callenge)과 응전(應戰, 영: Response)으로 쓰는 역사"가 될 것이라고 감히 말하고 싶다.

포스트 코로나 시대는 '신인류'의 디지털 세상으로, 인간의 삶과 영적인 세계의 환경이 역동적으로 변모하고 있다.

신령님의 선택이나, 신병을 앓는 사람 본인이 강신 무당으로 입문하기를 적극적으로 원한다면 또 모를까? 나는 신들림이나 신내림을 체험하는 사람이 어떤 삶이 예정되어 있을지도 모른 채 지나간 시대처럼 '신병(神病)'을 숙명으로 받아들이며 강신 무당으로 무조건 입문하지 않기를 바라며 이 책을 썼다. 신병을 앓는 환자가 영적인 강요나 심리적인 압박 때문에 자포자기하는 심정에서 강신 무당으로 입문하지는 않기를 바라며, 강신 무당으로 입문하는 것이 최종의 선택지가 아니었으면 싶다.

　이제는 신병을 체험하면서도 얼마든지 사회적으로 다양하게 창조적인 활동을 이어가며 살아갈 수 있는 시대가 열렸다. 지금은 특별한 영성을 소유하고, 영적인 감응력이 높은 사람이라면 창의적인 작업을 수행하는 예술가나 다양한 분야의 전문가로 활동할 기회를 타진할 수 있는 활기찬 세상이다. 그들이 지금보다 나은 사회적인 환경에서 타인을 치유하고 돌보는 직업을 가질 수 있기를 진정으로 바란다.

　나는 오랫동안 신병과 신가물을 체험하면서, 앞으로 신병에 시달리는 사람이 영적인 강요로 인해 강신 무당으로 입문해 신령의 도구로 살아가는 대신 제2, 제3의 직업을 선택할 수 있는 영역을 새롭게 제시하고 싶었다. 강신 무당은 신령님들을 경배하며 영혼이 아픈 사람들을 치유해야 하는 사회적인 소명과 함께하는 삶을 살아가야 한다. 26년 전에 강신 무당으로 입문한 나조차도 때로는 신령님들의 뜻을 묵묵히 따르며 살아가는 것이 버겁고 힘에 부칠 때가 더러 있었다. 부디, 신병을 앓는 사람들 스스로가 영적인 치유에 힘쓰기를 바란다.

　2000년 1월 12일에 출간된 나의 첫 번째 책, 『집 없는 무당』은 '신당(神堂) 또는 당집이 없는 무당'이라는 뜻이다. 자연인 유명옥으로서의 지나온 삶과 강신 무당으로 입문하는 동안의 경험을 기록한 책이다. 나는 이 책에 '신령님의 도구'로 선택되기 이전의 삶과 신병을 앓는 과정에서 겪었던 영적인 체험을 가감 없이 생생한 기록으로 남겼다. 아울러 1997년 8월 28일 진행했던 신내림굿의 전 과정과 함께 신내림굿 이후 3년 동안 무업을 수행하는 동안에 겪었던 영적인 체험을 담았다. 이 책은 이미 20년 전에 절판되었다.

　이번에 펴내는 책은 학술서와 자서전의 형식을 동시에 취하고 있어 약간은 기형적인 책이 될 수밖에 없었다. 이 책에는 담긴 내용도 많고, 일반인들에게는 다소 생소하고 낯선 샤머니즘과 심리학, 종교학 등에서 사용되는 전문 용어들이 자주 등장한다. 책의 곳곳에 다양한 용어에 관한 설명들이 포진되어 있어 독자들이 읽기에 자못 부담스러울 것 같다.

전통적인 샤머니즘은 아직도 문서로 정리되지 않고, 신 선생에서 신 제자로, 도제식 교육방식으로 구전·계승되고 있다. 그 밖에도 샤머니즘은 각기 다른 인종에 걸맞은 옷으로 갈아입고 각 사회와 문화에 뿌리 깊게 융화되어 있다.

나는 1997년 강신 무당으로 입문했을 때 신어머니인 김금화 선생의 댁에 6개월간 기거하며 도제식 전통 교육방식으로 무꾸리(신점, 神占)와 굿, 치병 의례 등 샤머니즘의 전반적인 의례에 대한 지도. 편달을 받았다.

1997년 신내림굿을 받고 황해도 무당으로 입문한 이후부터 줄곧 더 늦기 전에 한 번쯤 지금-여기에서 살아 숨 쉬는 샤머니즘을 생생한 목소리로 정리하고 싶었다, 그러한 나의 바람이 7년 동안이나 이 책의 원고를 붙들고 쓰는 데 매달리게 했다.

포스트 코로나 시대는 전통적인 샤머니즘의 기예와 영력을 갖춘 큰 무당 선생님들이 점차 사멸되는 시대다. 이 책을 준비하는 7년 동안 '무(巫)의 뿌리'가 있어 '구애비(鬼業)'를 뜨고 강신 무당으로 입문해 활동하셨던 전통적인 큰 무당 선생님들께서 하나둘씩 피안으로 가셨다.

그동안 영적인 부침과 고난이 많은 삶을 꾸리다 보니, 이렇게 덜 농익은 책을 세상에 내놓기까지 7년이란 긴 세월이 소요되었다. 나는 이 글을 쓰는 동안 상상할 수도 없는 경제적인 어려움에 시달렸다. 영적인 고난으로 점철된 혹독한 시련이 동반된 긴 '신가물' 기간을 보낸 것이다. 나는 그 모질고 긴 고통의 시간을 견디며 이 땅에 살아남기 위해 몸부림치며 처절하게 투쟁했다.

출간을 준비하는 시간 동안 기도와 수행의 힘에 의지해 매일매일 견디기 힘든 '심리적인 극통'과 함께 '자살 증후군'과의 기나긴 사투를 벌였다. 이 책을 준비하는 동안 겪었던 심리적인 극통은 내 인생 60년에서 그야말로 가장 냉혹했던 '지옥에서의 한 철'이었다.

나는 샤머니즘의 소명을 가진 황해도의 강신 무당으로서, 이 책을 통해 영혼 여행의 여정을 생생하게 재현하려고 노력했다. 아울러 이 책에 내담자들과 그간 인연이 있는 분들의 자가 치유를 독려하기 위해 고뇌하며 하얗게 밤을 지새운 날들을 되살려내려고 안간힘을 썼다. 이 책은 샤머니즘과 분석심리학의 접점에서 만났던 귀한 인연들과의 경험과 영적인 체험을 접목하려고 노력한 나름의 결과물이다.

완성도가 높지 않은 이 책을 선택할 미래의 독자들께 송구한 마음이 가득하다. 여러모로 글 쓰는 자질과 지적인 능력이 턱없이 부족하기에, 잘 읽히고 전달력이 좋은 글을 쓰지는 못했음을 고백한다.

그렇지만 황해도의 영적인 계보와 부리를 가진 강신 무당인 'Taj Mahal, 유명옥'은 중년기에 문화적인 좌절을 딛고 일어나 동·서양에서 경험했던 '집단무의식(독: Das kollektive Unbewusste)'과 영적인 경험을 융합하려고 안간힘을 썼다.

고통으로 점철된 지난 7년의 세월 동안에 수많은 인연이 내게 선물한 사랑과 신뢰의 에너지, 정성스러운 보살핌과 심리적인 지지가 아니었다면 이 책은 세상의 빛을 보지 못했을 것이다. 이 책을 출판할 수 있어서 마음 깊이 감사할 따름이다.

세상의 빛과 생명을 주신 나의 부모님과 황해도 강신 무당을 아내로 맞아 17년 동안 가없는 사랑뿐만이 아니라 외조와 헌신을 아끼지 않았던 현생(現生)의 부군, 문 요아킴(Mun Joachim). 그들은 이제 신령님으로 현현(顯現)하시어 나를 영적으로 인도하신다.

그간 이 신의 딸이 세상살이에 지치고, 힘에 부쳐 글쓰기를 포기하고 싶을 때가 참으로 많았다. 그때마다 곁에서 삶의 위로와 용기, 희망의 에너지를 불어넣어 준 지인들이 있다. 특히 경제적으로 어려움을 당할 때마다 돈을 빌려도 깊은 신뢰와 정서적인 후원을 아끼지 않았던 양소정 대표님과 강원익 대표님, 강민우 대표님, 전윤수 대표, 한혜수 디자이너, 오경자 이사님, 채민석 감독과 박주리 작가 부부, 김점숙 학예사, 김효진 박사 & 강윤희, 박현진, 김명순 동생에게 마음 깊이 감사의 인사를 드린다.

집 없는 무당의 독일 함부르크 조형예술대학 유학을 주선해 주시고, 독일 유학 생활 제반 업무와 학업을 설계해 주신 요헨 힐트만(Jochen Hiltmann) 교수님과 송현숙 작가 부부.

Taj Mahal의 스승님들: 전생의 오라버니이자 현생의 미술사 스승이신 이태호 교수님, 독일 함부르크 조형 예술대학의 지도교수이신 게르트 로시어(Gerd Roscher) 교수님과 미하엘 할러(Miachel Haller) 교수님, 스위스 칼 융 연구원의 교육분석가인 퀴니스 하르트만 안나 데낄라(Kuehins-Hartmann Anna Thekla) 선생님, 킴 발터(Kihm Walter) 박사님, 마리오 야코비(Mario Jacoby) 박사님, 슈퍼바이저(Supervisor)인 로버트 슈트루벨(Robert Strubel) 박사님. 경희호텔전문대학의 성백환 교수님.

오랜 시간 책의 출간을 기다리다가 하늘 여행을 떠난 두 명의 영혼의 친구: 석굴암 미학연구소의 성낙주 작가와 전항성 선생.

이 책의 제목을 『중년의 샤머니즘』이라고 명명하도록 영감을 준 영혼의 친구 구연상 교수.

신의 인연으로 맺어진 영적인 가족들: 최중홍, 김형택, 곽욱탁 세 명의 오라버니와 남영진 이사장, 변한섭 사진가, 조춘상 대표.

심리학 및 샤머니즘 논문과 기타 참고 자료를 찾을 수 있도록 다각적인 도움을 아끼지 않았던 명지대학교 미술사학과 석·박사과정 후배들: 김진기 기자, 하수봉 박사, 이정희 국장, 장인석 큐레이터, 김준선 큐레이터, 김은혜 큐레이터.

출간을 준비한다고 제대로 된 경제활동을 하지 못해 몇 달씩이나 집 세를 밀려도 지속적인 신뢰와 정서적인 지지를 보내주신 임대인 조근성, 백경화 부부께도 진심으로 감사를 드린다.

오늘의 무당 Taj Mahal이 존재할 수 있도록 영적인 지도와 사랑을 아끼지 않은 나의 신어머니 김금화 선생님, 신언니 한은희 만신님과 사랑하는 칼 융 연구원의 동료 분석가인 도난 가요(Tonan Kayo), 그 외 아낌없는 사랑의 손길과 신뢰를 보내주신 모든 영적인 가족 구성원들께도 머리 숙여 깊은 감사의 인사를 드린다.

아울러 턱없이 모자라고 엄청난 분량의 원고라 잘 읽히지도, 잘 팔리지도 않을 법한 글을 출판하겠다고 선뜻 승낙해 주신 ㈜새로운사람들 출판사의 이재욱 대표님께도 깊은 감사의 인사를 전한다.

이 밖에 지적 저작권을 사용할 수 있게 허락해 주신 조흥윤 교수님, 석대권 교수님, 이용범 교수님, 황루시 교수님, 최진아 교수님, 장정태 박사님, 양종승 박사님, 조성제 소장님, 분도출판사와 박일영 교수님, 도서출판 솔의 임우기 대표님, 들녘출판사의 이정원 대표님께 머리 숙여 깊은 감사의 인사를 올린다.

마지막으로, 부족하기 짝이 없는 이 책을 '검으나 땅에 희나 백성들'의 '상처 입은 영혼의 치유사'인 모든 바리공주님께 바친다.

2024년(갑진년) 12월에…

사랑과 나눔을 실천하는 집, 익선재(翼蟬齋)에서…

세상에서 가장 아름다운 꽃

검은 진주

유명옥 손 모음

제 1 장

바람의 신부

Die Windbraut

1

이
별
의

예
감

회색빛 시간의 화석이 세계의 끝에서 그를 찬찬히 내려다보았다. 내 '영혼의 반려(영: Soulmate)'인 요아킴(독: Joachim)은 흐릿한 꿈의 동굴 속에 자신을 화석으로 만들어 가두어 버렸다. 그의 아름다웠던 육신에 담겼던 꿈들이 소리 없이 뿔뿔이 흩어져 각기 제 갈 길을 재촉하는 모습을 나는 침묵하며 바라다보았다. 그와 내가 평생토록 쌓아 두었던 그 고운 추억들은 그렇게 음산한 잿빛 기운과 함께 아득한 수평선 너머로 영원히 소멸해 갔다. 그 추억은 내 슬픈 두 줄기 물의 진주가 되어 다시 심연의 깊은 계곡을 향해 굴러떨어졌다.

BS 대학병원 심혈관센터 중환자실.

당직 의사는 요아킴의 온몸을 칭칭 동여매었던 수없이 많은 동아줄과 생명의 그물들을 하나씩 거두어들였다.

삐~익….

불협화음과 함께 심장의 고동을 멎게 하는 기계음이 거의 끝나갈 무렵이었다. 한순간에 모든 것이 정지될 것 같은 찰나에 나는 중환자실 병상의 커튼을 닫고, 소지를 올리고 나서 요아킴의 육신에 향을 둘렀다. 그리고 나서는 그의 은빛 머리카락과 이마와 낯, 손과 발등을 향물로 정성스레 닦아주었다. 마지막으로, 나는 윤기 하나 남지 않은 비쩍 마른 그의 육신에 천천히 보습제를 발라주었다. 나는 다시 아름다웠던 그의 이마에 영원한 작별의 입맞춤을 한 후, 시를 한 수 낭송해 주었다.

> 시간의 흔적처럼
> 바람은 바람의 길을 가고
> 나는 나의 길을 간다.
> 길은 언제나 어디에나 있다.

시 낭송이 거의 끝날 무렵, 나는 그의 은빛 머리칼을 다시 한번 더 곱게 쓰다듬어주었다. 그런 다음 이승에서의 영원한 이별의 슬픔으로 인해 심장이 멎을 것 같은 통증을 견디려고 중환자실 밖으로 나갔다. 잠시 숨 고르기를 하려던 찰나, 나는 스치는 차가운 바람과 정면으로 마주했다.

11월 14일 새벽 2시의 칼바람이 쌩하고 몰려와 나의 온몸을 사막의 모래 기둥처럼 휘감더니 내 주변에 잠시 머물다 천천히 사라져갔다.

내게 바람은 생명의 근원이요, 나를 움직이게 하는 힘, 바로 그 '프노이마(Pneuma, 그리스어: 숨, 정신, 영혼)'였다.

아…과연, 나는 '바람의 신부(독: Windbraut)'였다.

19세기 말, 오스트리아 출신의 화가인 오스카 코코슈카(Oscar Kokoschka, 1886~1980)는 당시 비엔나(독: Wien) 사교계의 여왕이자, 거장 작곡가인 구스타브 말러(Gustav Mahler, 1860~1911)의 아내인 알마(Alma Mahler, 1879~1964)를 흠모하며 깊은 연정을 품었다.

그는 알마와 자신의 자화상을 그림에 아로새겨 넣었다. 이 그림에 그려진 작품의 제목이 바로 '바람의 신부(독: Die Windbraut)'이다. 이 작품은 스위스 바젤의 미술관(독: Basler Kunstmuseum)에 보관되어 있다.

2

에
로
스
의
눈
물

2018년 11월 13일.

이날은 요아킴의 1주기 기제사였다. 흔들리는 바람에 노란 은행잎들이 흩어져 차갑게 식은 나의 발아래에 살포시 내려앉았다.

나는 요아킴의 첫 기일 제사(기제사)상을 차리기 위해 음식을 장만하다가 문득 1999년 12월 30일 처음 만났을 때 각인된 소년처럼 수줍게 미소 짓던 그의 얼굴을 떠올렸다. 그와 동시에 요아킴과 함께 독일과 스위스, 그리고 한국에서 살면서 경험했던 수없이 많은 추억이 아련하고 애잔하게 떠올랐다. 요아킴과의 이승에서의 이별과 더불어 나는 고립된 삶과 극단적인 고독 속에 파묻혀 살았다.

내 마음속 저편에서 독일의 서정 시인인 라이너 마리아 릴케(Rainer Maria Rilke, 1875~1926)의 '두이노의 비가(독: Duineser Elegien)'란 시가 들려왔다.

내가 목 놓아 울부짖는다고,
천사의 서열에서 대체 누가 나의 외침을 들어 줄 것인가?
곁에 머물러 있던 한 천사가 불현듯 나를 가슴에 보듬으니
나는 보다 강렬한 그의 현존으로 소멸하리라.
아, 아름다움이란 우리가 가까스로 견디어 내는 두려움의 시작일 뿐…

– 라이너 마리아 릴케, 〈두이노의 비가(독: Duiser Elegie)〉, 첫 번째 비가(독: Die erste Elegie), 유명옥 번역.

소리도 없이 목구멍에서 터져 나오는 울음을 애써 참으며, 나는 제수(祭需)를 장만하기 위해 전유어를 부치고, 삼색나물을 무치고, 산적을 만들고, 메를 짓고, 갱(국)을 끓였다. 그러고는 요아킴이 생전에 좋아했던 생선, 박대를 그릴에 구워 그가 애지중지했던 도자기 접시에 담았다. 연이어 초콜릿케이크와 떡, 약과, 쇠고기 육포와 삼색 과일 및 생밤과 대추, 곶감 등을 올려 그를 맞이하기 위한 첫 제사상을 완성했다.

상을 모두 차리고 나서 잠시 피로감을 덜기 위해 소파에 기대어 휴식을 취했다. 자시가 가까운 시간이었다. 그 시각, 갑자기 풍선에서 스르르 바람이 빠져나가듯이 나의 온몸의 기운이 이리저리 흩어졌다. 만근이나 될 것 같은 육중한 무게로 내 육신을 짓누르는, 내가 어찌할 도리도 없이, 쾡하니 땅속으로 푹 꺼져 들어가는 이상하리만큼 스산하고 침울한 기분이었다.

그때였다. 코에 알싸한 백단향의 향기가 일더니, 뽀얀 뭉게구름 같은 기운이 내 주위를 떠돌다가 천천히 뭉쳐져 내 몸을 휘감는 느낌이 들었다. 그제야 뭔가 평화롭고 다사로운 기운이 내 곁을 감돌았다.

요아킴(Joachim).

그는 거기 그 자리 희미한 불빛 아래 그렇게 형체 없이 영적인 기운으로만 뭉쳐 나를 지긋이 내려다보고 있었다. 그가 바로 자신의 첫 제사상을 받기 위해 내 곁으로 다시 찾아온 것이다. 그의 영기(靈氣)는 내가 분향(焚香)하고 강신(降神) 재배도 하기 전에 곧바로 차려진 상 위에 놓인 그의 신위(神位) 앞에 좌정했다.

나는 서둘러 그를 대접해 모시기 위해 초를 켜고, 두 손으로 향에 불을 붙여 분향했다. 그 후 나는 그의 영전에 엎드려 두 번의 절을 올렸다. 다시 상 앞에 꿇어앉아 첫 술잔(초헌)을 향불에 세 번 돌린 후 요아킴의 영전에 올렸다.

축문을 읽고(讀祝), 두 번째 잔(아헌)과 세 번째 잔(종헌)을 올렸다. 요아킴을 위한 유교식 기제사는 순서에 맞추어 진행되었고, 시간은 자꾸만 흘러갔다. 나 이외에 그 누구도 그의 제사에 참석한 사람이 없으니 참으로 쓸쓸하고 처연한 제사였다.

요아킴의 영기는 차려진 제사상을 흐뭇하게 흠향한 후 어떤 영적인 메시지도 남기지 않은 채 새벽녘이 되자 홀연히 흩어져 내 곁에서 떠나갔다.

그 순간 내게 다시 극심한 피로감이 몰려들었다. 나는 상을 주섬주섬 치우고, 제사상에 올린 음식을 대충 정리해 냉장고에 넣었다.

향물로 목욕을 하자 눈이 주체할 수 없이 스르르 감겨 오는 통에 나도 모르게 침대에 벌러덩 누워버렸다. 그 순간 나는 깊은 잠의 나락으로 빠져든 모양이었다.

의식과 무의식의 중간쯤 약간 의식이 몽롱한 상태에서 느닷없이 나는 잠꼬대를 하듯이 시를 한 수 낭송하고 있었다.

무의식의 깊은 우물 속에 잠들어 있던 내 영혼의 누이
칠흑같이 어둡고 음울한 밤에
영원의 잠에서 깨어
프로메테우스(Prometheus)의 꽃등을 켠다.
아직도 이루지 못한 영혼의 갈망들
무의식의 어둡고 험한 길들이
내 안의 화석처럼 흩어져 나온다.
너, 바람의 신부여!
정녕 갈 길을 잃고
피투성이인 Zigeuner 일지라도.
바람 타고 영혼 여행(독: Seelenreise)을 떠나려무나.

오, 나의 신령님이시여!
요아킴을 향한 그리움의 상처가 아물 때까지
내 어리석은 사랑의 정당성에
실컷 취하게 하소서.
오, 나의 신령님이시여.
내가 진정으로 내 안에서 하나가 되는
사랑을 경험하게 하소서.
지난(至難)한 삶으로 인해 지치지 않게 하시고
세상의 유혹과 타협하지 않게 하소서.
그리하여,
내 안에서 스스로 사랑이 완성되게 하소서.

잠꼬대인지도 모를 시를 외우자니 나의 두 눈에선 눈물이 하염없이 흘러내렸다. 나는 내 눈물에 스스로 놀라 잠에서 깨어났다. 끝도 없는 공허감이 하염없이 밀려들었다.

〈설문해자(說文解字)〉에 기록된 대로, 나는 "여자로서 형체가 없는 것을 섬겨서 춤으로써 신을 내리게 할 수 있는" '강신 무당'이다.

〈설문해자〉는 중국 후한 시대의 허신(許愼)이 BC 100~121에 완성한, 중국에서 가장 오래된 자전이다.

나는 신[령(靈)]이 지피어, 염태(念態)로만 존재하는 형체가 없는 신령(神靈)과 귀신 또는 조상의 혼령을 청해[청신(請神)] 내 몸에 강림하게 한 후, 신령의 공수를 전하고, 부리고, 놀리고[오신(娛神)], 다시 돌려보내는 일[송신(送神)]을 행하는 특수한 '주술 종교가'이자 '영성 상담가'이다.

한국의 샤머니즘에서는 이런 능력을 지닌 사람들을 일컬어 남자 무당을 격(覡), 또는 박수[拍手, 박사(博士)]라 칭하고, 여자 무당을 무(巫)라고 불렀다. 이들 무격(巫覡)이 신[령(靈)]을 섬길 때 반드시 가무(歌舞)를 사용했으니, 춤과 무용(舞踊)의 역사가 바로 무(巫)로부터 비롯되었다.

　나는 신령이 주신 생의 숨결과 치유의 능력으로 말미암아 자신을 스스로 운명의 고통 속에 가두어 신음하는 영혼들을 일깨워 고통을 녹여 치유하는 "상처 입은 영혼의 치유사[(영) The Wounded Healer, (독) Der verwundete Heiler]"이다. 시간의 바람이 나를 낳아 기르고, 키워 '바리공주'가 되었다.

　바리공주는 한국 샤머니즘의 무조신(巫祖神)으로, '버려진 공주'란 뜻이다. 바리공주는 주로 서울. 경기 지역의 진오기굿에서 구송(口誦)되는 바리공주 신가의 주인공이기도 하다. 바리공주는 말미거리에서 망자의 혼[령(靈)]을 천도하고 극락왕생을 기원할 때 반드시 구송된다.

　한국 샤머니즘 신화의 태초의 무당인 바리공주는 무조신이 되어 망자의 영혼을 정화하고, 위로한 후에 저승으로 인도한다.

벌거벗은 젊음

요아킴은 2017년 11월 14일 새벽, 급성 호흡부전으로 하늘 여행을 떠났다. 나는 2011년 연말에 독일 유학을 마치고 한국으로 영구 귀국해 사회활동을 하기보다는 집과 대학병원에서 심혈관 중환자였던 요아킴을 주로 돌보았다. 2011년 말 다시 한국으로 돌아온 이후부터 요아킴을 돌보았던 몇 년 동안 사회활동을 일시적으로 접었다.

게다가, 5년간 중환자였던 요아킴을 집중적으로 간병(看病)하는 동안에 가진 재산 모두를 날리다 못해 그를 돌보느라 상당한 빚까지 졌다. 소위 '간병 파산'과 '경력 단절'을 동시에 겪은 것이다. 설상가상으로, 요아킴을 여읜 후에 사회적인 경력이 거의 단절된 나는 생존을 위해 길고 험난하고, 처절하게 투쟁해야만 했다.

요아킴을 돌보느라 소진된 내 몸과 마음은 만성피로 증후군(영: Chronic Fatigue Syndrome)과 소진증후군(영: Burn-Out Syndrome)이 생겼다. 이 때문에 점차 나의 기력은 쇠잔해졌다.

만성피로증후군은 피로가 임상적으로 특별한 원인이 없이 6개월 이상 지속되거나 반복되어 일상생활에 심각한 영향을 미치는 상태다. 이 상태에서는 피로감뿐만이 아니라 집중력의 저하, 기억력 장애, 수면장애, 위장 장애, 우울증이 동반된다. 사람에 따라서는 심한 경우 자살증후군을 동반하기도 한다.

소진증후군은 완벽주의적인 성향으로 일에 의욕적으로 몰두하던 사람이 극도의 신체적, 정신적 피로감을 호소하며 무기력해지는 현상이다.

여러 차례 생사를 넘나들었던 요아킴을 돌보는 동안 정작 내 건강을 제대로 관리하지 못했더니 신체의 여러 장기에서 서서히 이상 신호가 감지되었다. 지천명의 중반기에서 들어선 내가 중환자를 돌보느라 사회적인 경력이 단절되고, 생존까지 위협을 받는 상황으로 전락했으니 심신의 피로와 극심한 심리적인 고통에 시달리는 것은 당연한 귀결이었다.

요아킴의 장례를 치른 지 한 달 남짓 지나자 가장 먼저 소변에 이상이 나타났다. 당뇨병이 없는데도 불구하고 소변에서 케톤뇨가 계속 배출되었다.

인체에서 조직 세포의 주 에너지원인 포도당이 결핍되면, 뇌에서 지방산을 분해해 대체에너지원으로 사용한다. 이때 생성되는 대사의 산물이 케톤체(영: Ketone Bodies)다. 인체의 대사 작용에서 케톤체의 생산과 제거가 균형을 이루지 못할 때 케톤혈증이 초래되면서 케톤뇨가 소변으로 배출된다.

일반적으로 케톤뇨는 인체에 인슐린이 부족한 상태에서 육체적, 정신적 스트레스가 과도하게 누적되면 스트레스 호르몬이 증가하여 생길 수 있다고 알려져 있다. 내 몸에서 케톤뇨가 과다 생성되고 있다는 사실은 나의 영(靈). 혼(魂). 육(肉)이 과도한 긴장과 극도의 스트레스 및 우울감 외에도 심각한 영양의 불균형으로 인해 다양한 질병이 발생할 가능성이 있다는 위험 경보였다.

2017년 요아킴의 사망 직후에 나의 가장 큰 소원은 아무것도 하지 않고 그저 눈 딱 감고 열흘 동안만이라도 숙면하는 것이었다. 그 정도로 나는 심신이 지쳐있었다.

'부적응적 완벽주의자'인 나는 이 세상에서 가장 소중한 사람을 잃은 깊은 상실감으로 인해 모든 것을 내려놓고 싶었다. 요아킴 사망 이후부터 나는 생존에 대한 심각한 불안감과 우울증에 시달렸다. 그 당시 내게는 '심리적 극통(영: Psychache)'과 '사회적 무망감(영: Social

Hopelessness)'이 동시에 엄습했다.

심리적 극통은 내적인(영: Introspectively) 성찰을 통해 자신을 예리하게 관찰함으로써 느끼는 견디기 힘든 심리적 고통이다.

당시 나는 다가올 미래가 막막했고, 심신이 몹시 지쳐있었으며, 긴 '정신적 침체기'에서 이 땅에 생존하기 위해 부단히도 치열하게 발버둥을 쳤다. 자연인인 유명옥을 죽이고, 소명인(召命人)인 유명옥만이 살아 나의 신령님들께서 이승에서 부과하신 '상처 입은 영혼의 치유사(영: The Wounded Healer)'로서의 소명과 책무를 완성해야만 했기 때문이다.

그런 와중에 나에게 당면한 가장 큰 문제는 내면에 똬리를 틀고 잠들어 있다가 나약해진 마음의 틈을 비집고 슬그머니 다시 깨어난 '자살증후군'이다.

'현대 자살학의 아버지'로 불리는 에드윈 슈나이드만(Edwin Shneidman, 1918~2009)은 '심리적 부검(영: Psychological Autopsy)'이라는 개념을 제시했다. 그는 『심리적 극통으로서의 자살(영: Suicide as Psychache)』이라는 책에서 심리적인 고통이 개인의 심리적인 통제 능력을 무력하게 할 만큼의 강도에 이르는 것을 '심리적 극통(영: Psychache)'이라 정의했다. 이 심리적 극통은 한 인간의 자살 경향에 직접적인 영향을 미칠 수 있다.

낮 동안에 간신히 다독여 부여잡았던 마음의 빗장이 음울한 밤이 되어 느슨해지면, 자꾸 극단적인 생각이 나의 뇌리를 휘감고 올라왔다.

"아…요아킴 없는 세상을 살아서 뭘 하나? 무당으로 낙인이 찍혀 세상을 혈혈단신(孑孑單身) 홀로 살아갈 자신도 없는데…이제 여자로서의 삶은 가슴에 묻고, 개인적인 삶을 포기한 채로 오로지 소명만을 완수하기 위해 살아가는 삶을 살아야만 하는데, 과연 내가 불협화음 없이 잘 꾸려갈 수 있을까? 정말이지 더 이상 세인들에게 무당이라고 손가락질받으며, 수치심과 모멸감을 견디며 구차하게 살고 싶지 않아!"

나의 내면에서는 삶에 대한 끊임없는 회의가 일어나고 비관적인 생각들이 번갈아 솟아오르며 내 영혼을 지독히도 괴롭혔다.

나는 한국 사회에서 무당으로 낙인찍혀 이중적인 잣대를 들이대는 인간들 사이에서 더는 부대끼면서 수치심과 모욕을 느끼며 살고 싶지 않았다.

내가 독일과 스위스에서 유학을 마치고 다시 돌아온 한국 사회는 이미 '엘리트 카르텔(독: Elite Kartel)'로 촘촘히 묶여 있었다.

'엘리트 카르텔'은 인맥을 중시하는 한국과 이탈리아 문화에서 사회의 엘리트들이 학연과 지연, 혈연 등으로 똘똘 뭉쳐 권력을 유지하는 기반을 만들어 자신들만의 배타적이고 독점적인 이익을 추구하는 것이다.

나는 '영혼의 반려'인 요아킴을 돌보다가 에너지가 거의 소진되었고, 건강하지 못한 육체와 함께 경제적으로는 극도로 불안정한 상태였다. 솔직히 이런 상태로는 신령님께서 내게 주신 영적인 능력만으로 자립하기엔 역부족이라 사회적인 부적응의 고통을 견디기가 싶지는 않았다. 그렇지만, 나는 몸주 신령님의 이데아(Idea)를 실현하기 위해 죽을 힘을 다해 이 땅에 반드시 살아남아야만 했다.

이데아는 그리스의 철학자인 플라톤(Platon, BC 428/427~BC 348/347)의 철학에 등장하는 개념이다. 그리스어의 이데아(Idea) 또는 에이도스(Eidos)는 본디 모습, 형태, 꼴이란 뜻이었다. 후에 의미가 확장되어 감각이나 시간(시대), 장소를 초월한 본디의 모습이자 이상(理想)을 뜻하게 되었다.

4

점 占 사
복 卜 람
과   의
       운

1983년 내가 은광여고 3학년에 재학 중일 때, 대학입시에 응시하기 직전이었다.

당시 어머니는 대입 수험생인 나의 미래가 은근히 걱정되었던 모양이다. 어머니는 단골 무당집을 찾아가 무꾸리[점복(占卜): 신 내린 무당의 점사(占辭)]를 통해 대학입시 전에 나의 시험 운을 미리 점치게 했다.

단골무당은 어머니한테 막내딸이 '학마살(學魔煞)'이 끼었다고 말했다.

학마살은 학업에 마가 끼어 학업을 계속 유지하지 못해 중도에 학업을 포기하게 만드는 살이다. 당시 무당은 어머니에게 다음과 같은 공수를 주었다.

"아이가 시험 운이 없으니 굳이 대학에 보내시려거든 서생원이나 먹게 쌀 한 홉을 아무도 모르게 장롱 속에 쏟아 놓으라."
– 유명옥, 『집 없는 무당』, 69쪽

물론 나의 어머니는 막내딸의 장래가 걱정스러워 혹시나 하는 마음에 지푸라기라도 잡는 심정으로 아무도 모르게 무당이 시키는 대로 비방을 행했다고 한다. 그렇게 해서인지는 몰라도 학마살이 낀 나는 2년제이긴 하지만 그래도 '경희호텔전문대학'의 관광자원개발학과에 수석으로 입학해 장학생이 되어 조금이나마 대학물을 먹을 수 있었다. 그리고 지금의 나는 그런 내 어머니의 사랑과 정성 어린 기도에 항상 감사하며 살고 있다.

나는 대학입시를 치르기 전부터 몸이 여기저기 아팠다. 그러다가 대학에 입학할 무렵부터 1997년 무당으로 입문하기 전까지 길고 처절한 신병(神病)을 앓았다. 나는 신병을 앓는 동안에 내 삶을 좌지우지하는 거역할 수 없는 숙명(宿命)이라는 내적인 적과 싸우며 항상 무언지 모를 심리적인 불안감에 치를 떨어야만 했다.

시도 때도 없이 원인을 알 수 없는 불길한 예감이 내게 밀려들곤 했다. 나의 영혼을 조금씩 잠식하는 불안감이 밀려들 때 나는 다음과 같은 감정을 느꼈다.

"온몸이 부들부들 떨려왔다. 억울하고 슬프기보다는 한 걸음 한 걸음 다가오는 운명에 대한 불안감 때문이었다. …(중략) 그 혼란스러움과 기괴스러움."

– 유명옥, 『집 없는 무당』, 69쪽

뭐랄까… 불안감이 밀려오기 전의 불안의 전조 증상이라고 해도 좋을…운명에 학마살이 끼어 있다던 나는 어머니가 행한 샤머니즘적인 '비방술(祕方術)' 덕분에 2년제 전문대학에 입학했고 무사히 학업을 마쳤다.

비방술은 자신이 원하는 목적을 달성하기 위해 비밀스럽게 주술적인 방법을 행하는 기술이다.

내가 태어난 해가 1965년이니 사주로 보면, 나는 을사생(乙巳生)이고, 천문성(天文性)을 타고났다. 나는 운명적으로 학문을 사랑하고, 미지의 세계에 대한 호기심과 지적인 탐구를 좋아하는 천성을 지니고 태어났다. 인식에 목말라하는 내가 지금까지도 학문을 지속하는 이유는 공부가 나에게는 내적인 충족감과 함께 행복한 마음을 선물해 주기 때문이다. 학문은 내게 벅찬 희망의 에너지를 선사하며, 지난한 삶의 고통을 견디는 유일무이한 진통제이자 삶의 탈출구 역할을 한다.

'세상에나…이런 내가 학마살을 타고 세상에 태어났다니?'

참으로 아이러니한 일이다.

나는 오랫동안 신병을 앓으며, 1997년 8월 28일 강신 무당으로 입문하기 직전까지 여러 종교에 속해 영적인 일을 수행한다는 사람들을 수도 없이 만났다. 그 과정에서 상담료라는 명목으로 숱하게도 돈을 썼다.

왜냐? 나는 내가 처한 숙명 때문에 몸주 신령에 의해 선택되어 강신무당이 되어야 하고, 평생을 신령의 도구로 살아가야 한다는 것을 도무지 받아들일 수 없었기 때문이다. 아니… 그렇게 해서라도 내게 그림자처럼 무겁게 드리워진 고통스러운 숙명을 걷어내고 싶었다.

그들을 만날 때마다 나는, '제발, 이분만은 내가 강신 무당이 되지 않아도 된다고 예언해 주었으면 좋겠어!'라는 마음속 바람을 안고서 말이다. 그때마다 점복자, 역술인이나 무당 등 무업자(巫業者)들은 이구동성으로 나는 신이 지펴서 강신 무당이 되어야 하고, 앞으로 절대로 공부를 할 수 없다고 예언했다.

내가 공부를 계속하고 싶다고 했더니 그들은 심지어 내가 향후 공부를 해서 학위를 받게 된다면 "내 손에 장을 지지겠다."고 호언장담(豪言壯談)하기까지 했다.

나는 한국에서 3년간 무업(巫業)을 행하다가 2000년 10월 6일에 독일로 유학을 떠나기 직전까지 여러 행사에 참석했다. 나는 우연히 행사장에서 무당들과 역술인 등 무업자들을 만났다. 그들은 독일 유학을 준비하고 있던 내게 최소한 격려하지는 못할망정 모두가 이구동성(異口同聲)으로 다음과 같이 말했다.

"네가 무당인데 독일 유학을 가서 공부를 해? 너는 그걸 말이라고 하냐? 너는 절대로 공부는 못 해. 너는 학마살이 끼어 있어서 결국 학업을 포기하고 말 것이다. 네가 공부를 모두 마치고 한국에 돌아오면 내 손에 장을 지진다."

　순진하게도 나는 그들을 만나기 전에 그들이 내가 계획한 독일 유학을 격려해 줄 것이라고 믿었다.

　하지만 그들은 내게 독일에서 공부 열심히 해서 돌아오라는 긍정적인 확신이나 희망적인 덕담을 해주기보다는 자신들이 미래를 미리 내다볼 수 있다는 자신감과 확신에 가득 차 다가오지도 않은 나의 미래에 대해 부정적인 단정을 짓고 함부로 예언을 내뱉었다.

　이래 봬도 내가 몸주 신령님을 모시는 강신 무당인데, 그들은 자기스스로 책임지지도 못할 말을 예언이랍시고 호언장담하곤 했다. 정말 그들이 모시는 신령님의 공수를 내게 제대로 전한 것인지 의구심마저든다. 그런 일을 겪을 때마다 혼잣말로 끝없이 뇌까렸다.

　"그래요… 그러면 어디 한 번 두고 보세요. 제가 공부를 마치고 오는지 아니면 당신들 말처럼 중도에 학업을 포기하고 오는지…!!! 그때가 되면 당신이 그렇게 확신하던 당신의 손에 절대로 태장을 지지지는 못할 텐데요…."라고.

　– 유명옥의 블로그, 타지마할 무당의 작은 세계, 〈신 내린 무녀의 삶에도 인생의 봄은
　　오는가〉에서 인용

　나는 그들이 내가 독일에서 유학하는 것에 대한, 말도 안 되는 부정적인 예언과 단정하는 말이 너무도 무책임하고 교만하다고 생각했다.

　그들의 적대적이고 오만방자한 태도를 대할 때면 내 안에서는 '감정적인 내성'이 생겼다. 아울러 '반동형성(영: Reaction Formation)'이 일어났다.

　반동형성은 방어기제의 일종으로, 무의식에서 억압한 감정이나 욕구를 그대로 행동으로 드러내지 않고, 정반대로 행동하는 심리적 기제다. 어쩌면 나는 그 반동의 에너지를 몰아 독일과 스위스에서 더 열심히 공부했을지도 모르겠다.

한국의 강신 무당 출신의 유학생이었던 나는 문화와 인종, 언어가 다른 나라에서 공부하면서 오랫동안 독일인들의 문화적인 몰이해와 게르만족 특유의 심리적인 우월감을 경험하며, 그들의 태도로부터 유색 인종에 대한 폄훼와 편견에도 숱하게 시달렸다.

당시 37세의 만학도였던 나로서는 독일의 이질적인 사회. 문화적인 환경에서 공부하는 것이 무척 힘에 부치고 지치는 일이었다. 때로는 학업을 중도에 포기하고 싶을 때도 있었다. 그런 생각이 들 때마다 나는 무업자들이 소위 신령님의 '공수'라는 명목으로 내게 던진 말들을 되뇌며 이를 악물고 끝까지 집요하게 공부를 지속했다.

공수[空授, 신탁 (영) Oracle]란 무당에게 실린 신(령)이 무당의 입을 통해 자신의 의지를 전달하거나 미래를 예언하는 행위다.

분명히 나의 무의식 안에서는 열등감과 치기(稚氣)의 에너지 못지않게 심리적인 콤플렉스가 서서히 발동했을 것이다. 한국인인 내가 이민족(異民族) 앞에서 문화적인 자존심과 품위를 절대로 잃지 않기 위해서라도 말이다.

내 경험상, 인간의 삶에 있어서 열등감과 같은 심리적인 콤플렉스(독: Komplex)가 반드시 역기능만을 발휘하지는 않는 듯하다.

콤플렉스란 무의식에서 원형을 중심으로 행동이나 지각에 영향을 미치는 다양한 기억과 감정의 복합체로, 때로는 대립적인 요소가 정상적인 사고의 흐름을 방해하고, 우리를 당혹하게 한다.

나의 경우는 더더욱 그렇다.

나는 그간의 영적인 경험을 통해 심리적인 콤플렉스가 엄청난 양의 폭발적인 무의식의 에너지를 보유하고 있다는 사실을 체험했다. 이러한 무의식의 심리적 에너지는 무한하여 주어진 상황에 맞추어 적재적소에 제대로 활용하기만 하면 보다 긍정적이며 효과적인 능력을 발휘할 수도 있다.

나는 1965년 을사생(乙巳生)이라 별자리로는 '천칭자리'를 가지고 태어났다. 천칭자리에 태어난 나는 무의식적으로 지고한 이상과 삶의 공정성을 신뢰하고, 예술과 아름다움을 사랑하며 합리적인 사고방식을 추구하도록 운명지어졌다. 뱀띠 해인 1965년에 태어난 사람은 천문성(天文性)을 가지고 있으니 당연히 학문과 예술을 사랑할 수밖에 없는 삶을 타고 태어났으리라.

점성학적인 전통에 의하면, 천칭자리에 태어난 사람은 의식화된 완벽주의적인 성향이다. 이들은 필연적으로 끊임없이 선하고, 아름다움을 추구하는 삶을 살게 된다. 천칭(영: Libra)은 정의(영: Justice)와 균형(영: Balance)과 조화(영: Harmony)를 의미한다.

천칭자리에서 태어난 사람들은 천칭 저울로 지고한 이상과 삶의 공정성을 측정한다. 또한 항상 자신의 가치관과 도덕적인 관념, 윤리적인 선택 사이에서 갈등하며 자신의 태도나 행동을 정확하게 판단하고 선택해야만 하는 운명을 가지게 된다. 아울러 타인에게는 관대하지만, 자신에게는 필요 이상으로 엄격하며, 평화스럽고 조화로운 인간관계를 유지하기 위해 갈등을 피하려는 성향이 있다.

나는 몸주 신령에 의해 선택되어 1997년 8월 28일 황해도 강신 무당으로 입문해 줄곧 신령의 도구로 살고 있다. 의식적으로는 몸주 신령에 의해 주어진 숙명과 나의 내면적인 가치에 부합되는 삶을 꾸려나가려고 부단히 노력한다.

하지만 한국에서 강신 무당으로 살다 보면 영적으로 얽힌 이런저런 인연들을 만나기도 하고, 삶의 엉킴과 매듭, 심리적인 부조화를 경험하기도 한다. 더러는 부조리한 사회적인 장애물과 세인들의 편견에 직면하기도 한다.

때로는 운명적으로 내가 가장 소중한 가치로 여기는 균형과 조화가 깨어짐을 경험하기도 한다. 이때 나는 의식적으로 개인적인 이해관계보다는 공동체의 이익과 규칙을 준수하고자 노력한다. 나는 무의식적으로 추동하는 힘과 함께 사회의 보편적인 윤리 기준에 부합하도록 외적인 삶을 판단하고 유지할 수밖에 없는 운명을 가지고 태어났다.

나의 삶은 주어진 숙명과 몸주 신령이 주신 소명을 중심으로 거대한 우주의 틀이 형성되었다. 이 우주의 틀은 나를 사회적인 윤리와 우주의 법칙 및 도덕적인 규범을 반드시 따르도록 강요한다.

신성성(神聖性)과 함께 숙명의 굴레 속에 머물러 있는 나는 '상처 입은 영혼의 치유자(영: The Wounded Healer)'로서 이승에서 내게 주어진 소명을 다하려고 한다. 때에 따라서는 그 시기에 봉착한 문제를 나름의 의식적인 노력과 판단을 통해 합리적인 해답을 찾고, 애써 삶의 균형 감각을 유지하고자 부단히 노력한다.

나의 경험에 의하면, 점복 행위를 통해 자신의 운명과 미래를 미리 안다고 해서 스스로 부단히 노력하지 않는다면, 자신에게 처한 운명을 변화시킨다는 것은 거의 불가능하다.

'운칠기삼(運七妓三)'이라는 말이 있다.

인간의 운명 속에서 일어나는 모든 일의 성패는 운에 달려 있다는 것이다. 인간의 운명은 인생의 큰 줄기인 생애의 밑그림이 이미 그려져 있고, 큰 변동은 없지만 노력한다면 많게는 30%까지 자신의 운명을 개척할 수 있다는 뜻으로 해석할 수 있다.

점성학의 전통에 의하면, 인간이 태어나는 순간에 위치하는 행성들이 개인의 천성과 운명의 기본적인 틀을 형성한다. 그렇더라도 그 사람의 영혼(靈魂)이 지닌 무의식적인 의지가 그 사람의 운명을 결정한다.

점복자들이나 운명론자들이 주장하듯이, 사주팔자(四柱八字)는 인간 삶의 길흉화복(吉凶禍福)에 중요한 길을 제시하고, 인생의 향방과 성패에 중대하고 밀접한 영향을 미치긴 한다. 하지만 사주팔자가 결코 운명의 완전하고 유일한 결정인자는 아닌 것 같다.

나는 내담자들을 영적으로 자문하며 같은 사주를 가지고 태어난 사람이라도 어느 장소에서, 어떤 부모로부터 출생했는가, 어떤 학교와 직업을 선택하는가, 살아가면서 어떤 인연들을 만나는가, 어느 장소에서 살았는가, 중대한 결정의 순간에 무엇을 선택했는가 등 각자의 의지와 상관없이 미묘한 환경조건의 차이로 인해 삶의 궤적과 인생행로가 크게 달라지는 경우를 많이 경험했다.

이 외에도 쌍둥이들의 사례 연구를 살펴보면, 같은 사주라 해도 후천적인 조건의 영향이 크고 다양함을 나타난다. 한 사람의 운명에 사회. 환경적인 요인과 부모나 주변 인물들의 정성 어린 양육과 정서적인 지지, 따뜻한 보살핌과 훈육의 정도가 상당한 영향을 끼친다.

이 모든 것이 융합하여 한 사람의 운명을 일정 부분을 수정하고 보완하며 변화시킬 수 있다.

무엇보다도 우리는 살아가면서 스스로 경험하고 학습하는 과정을 통해 삶의 조화와 내적인 질서를 유지하는 법을 배운다. 인간의 삶은 주어진 상황에서 어떤 선택을 하는가, 그리고 시절 인연으로 만나는 사람들과의 긴밀한 관계와 협조 및 지행합일의 삶을 어떻게 유지하고 있는가가 무엇보다 지대한 영향을 미치는 것 같다.

배우며
사랑하며
살며

제2장

1

Joachim 요아킴
내 영혼의 반려

지금은 유명을 달리했지만, 내 생애 처음으로 결혼하고 싶었던 남자가
바로 내 영혼의 반려인 '요아킴(독: Joachim)'이었다. 나는 그가 가진
"나태함"의 아름다움과 여유를 사랑했다. 그것은 전부를 소유해서 더
가지려고도 하지 않는 지분자족(知分自足)한 여유로움이었다. 나는 그
의 이 "처연한 아름다움"을 사랑했다.

왜냐?

나는 다시 태어나도 그가 가진 나태함의 여유로움을 가질 수 없는
지극히 부지런한 천성을 타고났기 때문이다.

요아킴이 가진 그 귀족스러운 나태함은 '황야의 이리(독: Steppwolf,
Hermann Hesse가 1927년 출간한 소설의 제목)'로 태어나 생존하기 위
해 "영원한 헝그리"가 되어버린 내가 이 생애에서는 단 한 번도 도달할
수 없는 너무나 아득한 영역이었다.

내가 그를 처음 만났을 때 그는 현재의 삶과는 동떨어진 저 높은 영
적인 세계에 살고 있었다. 현재를 살아가는 사람들 대부분은 자기 존재
를 망각한 채 물질세계의 가치를 우선순위로 삼아 야심과 탐욕으로 똘
똘 뭉친 삶을 살아가고 있다.

1999년 12월 중순이었다. 당시 한양대 문화인류학과 교수로 재직했
던 '조흥윤' 교수가 내게 전화로 요아킴을 간단히 소개했다.

"요아킴 씨는 나의 함부르크대학교 선배인데, 지금은 독일에서 무역업을 운영하고 있다네. 그가 자네한테 상담을 한번 받고 싶다고 해서 연락처를 알려 줬으니, 상담을 잘해 드리게!"

이런 당부와 함께였다. 나는 조 교수에게 상담 손님을 소개해 주어서 감사하다고 의례적인 인사를 드렸다.

그로부터 한 일주일쯤 흘렀을까?

1999년 12월 30일, 나는 요아킴으로부터 전화 한 통을 받았다. 그는 조홍윤 교수가 나를 소개해 전화했다고 하면서, "저어~ 괜찮으시다면… 타지마할 선생님 상담을 받고 싶습니다."라고 말했다. 전화기 저 너머에서 들리는 요아킴의 목소리가 내게는 어쩐지 약간 어색하고 쭈뼛거리는 것처럼 들렸다.

나는 그에게 이튿날인 12월 31일 10시로 상담 시간을 약속하면서 내가 사는 집 주소를 전화로 불러줬다. 그러면서 집이 후미진 골목에 있어 아마도 집을 찾기가 수월할 것 같지 않아 모시러 갈 터이니 지하철 2호선 이대역 근처에 있는 제과점 앞에서 만나자고 제안했다.

12월 31일 아침, 나는 약속했던 시간을 10분 남겨놓고 집에서 나와 요아킴이 기다리는 제과점 앞으로 갔다. 그가 거기서 이리저리 사방을 두리번거리며 초조하게 나를 기다리고 있었다. 나는 먼발치에서도 그가 요아킴임을 한눈에 알아보았다.

그는 진한 밤색 무스탕 하프 재킷에, 호피 무늬 뿔테 안경을 쓰고, 밤색과 초록색 체크무늬 모직 모자를 쓰고 있었다. 그는 그야말로 점잖고, 단아하고, 기품 있는 초로의 신사였다.

그와 내 눈이 마주친 순간 갑자기 내 가슴이 덜컥하고 내려앉았다. 나는 짐짓 아무렇지도 않은 듯이 그에게 다가가, "저… 혹시 저랑 오늘 상담하기로 약속하신 요아킴님이세요?"라고 물었다.

그가 환한 미소를 지으며, "네… 제가 바로 요아킴입니다. 반갑습니다, 타지마할 선생님!"이라고 대답했다.

나는 그에게, "제가 사는 집이 골목 깊숙한 곳이라 찾기가 좀 어렵고… 누추하고 비좁아요."라고 했더니, 그는 "원, 선생님도… 별말씀을 다하세요. 괜찮습니다."라고 응수했다. 우리는 천천히 걸어서 내 집으로 왔다. 나는 그를 기도하는 장소이자 상담실로 사용하는 곳으로 데리고 가서 우선 그의 겉옷을 받아 옷걸이에 걸고 보이차를 한 잔 대접했다.

그런 다음 그에게 어젯밤에 나의 신령님들께서 들려주셨던 공수를 전했다.

"요아킴 님, 실은… 어젯밤에 저의 신령님들께서 요아킴 님께서 아직 저한테 상담받으실 준비가 덜 되었다고 하시면서 이 책을 전해드리고, 점심만 대접해 드리라고 하셨습니다."

이렇게 말하고는 그에게 라마나 마하리쉬(Ramana Maharshi: 1879~1950)의 『진아여여(眞我如如)』란 책을 건넸다.

요아킴은 내 말을 듣고는 깜짝 놀라면서 이렇게 대꾸했다,

"아니, 타지마할 선생님의 신령님들께서 어떻게 제 마음을 읽으셨는지 모르겠네요. 솔직히 저는 오늘 선생님께 상담받는다는 생각에 좀 두렵고 떨립니다. 아직은 제가 선생님의 신령님들을 뵐 준비가 덜 된 모양입니다. 그리고, 이 책은 제가 독일에서부터 구하려고 했는데, 절판되어 도무지 구할 수가 없었는데, 선생님의 신령님께서 제게 이 책을 선물하라고 하셨다니 정말 신기하네요."

나는 그에게, "요아킴님, 여기서 잠깐만 앉아 기다리세요! 마침 냉장고에 토란이 있길래 제가 선생님께 점심 대접하려고 토란탕을 끓였습니다. 선생님께서 독일에 살고 계셔서 토란탕을 자주 못 드셨을 거로 생각합니다." 하고는 상을 차리기 위해 주방으로 건너갔다. 그리고 상을 차려서 그가 기다리는 상담실로 갔다.

당시 나는 많은 내담자를 상담하지 않았기에, 상담을 받으려고 방문하는 사람들에게는 항상 따뜻한 밥을 지어 한 끼를 대접하곤 했다.

우리는 함께 점심을 먹으면서 몇 개월 후에 내가 독일로 유학을 떠

나야 했기 때문에 독일에 관해 이런저런 이야기를 나누었다.

한 두어 시간이 흘렀을 때 그는 숙소로 가야겠다며 자리를 털고 일어났다. 나는 그를 지하철 이대역까지 배웅해 주었다. 헤어지면서 나는 그에게 이렇게 작별 인사를 했다.

"저의 신령님께서 요아킴님의 상담을 허락하시는 날 다시 연락을 드릴게요."

그 후 2000년 1월 3일 나는 상담을 위해 다시 그를 만났다. 두 번째 만났을 때 그는 첫 만남에서보다는 좀 더 자신감이 생긴 듯해 보였고, 자기 확신도 강해 보였다.

나는 상담 테이블 앞에 좌정한 다음 그에게 사기로 된 정화수 그릇을 건네며 영적인 상담에 필요하니 이 그릇에 수돗물을 받아오라고 했다. 그가 정화수 그릇에 물을 5분의 3쯤 받아다가 조심조심 내게 건넸다. 나는 테이블 위에 정화수를 올려놓고 요아킴을 나와 마주 보고 앉게 했다. 그가 주머니에서 준비해 온 흰 봉투(복채)를 꺼내어 정화수 앞에 놓았다.

나는 그에게 신령님과 영적으로 소통할 때 방해가 되니 핸드폰을 잠시 꺼달라고 요구했다. 그리고 내가 그의 다가올 운명에 대해 신령님의 공수를 전할 때 그가 중간에 말을 끊으면 곤란하니, 내가 신령님의 공수를 다 전한 다음에 따로 시간을 드릴 터이니 궁금한 것은 그때 질문하라고 했다.

그는 잠자코 고개를 끄덕였다.

나는 그에게 신령님께서 주신 공수를 전했다.

그의 재정 상태에 관한 이야기, 그가 몇 년 후에 38세의 여성과 재혼하게 된다는 이야기, 그의 사업상 파트너인 독일 회사와의 향후 관계에 관한 이야기 등등….

그러자 요아킴은 근심스러운 표정으로 내게 자신의 건강에 대해 자세히 물었다. 그는 꼼꼼하고, 섬세하고 '결이 고운 영성'을 가진 '건강염려증(영: Hypochodriasis)' 환자처럼 보였다.

건강염려증이란 신체형 '질병 불안장애'로, 스스로가 심각한 질병에 걸렸거나 걸릴 가능성이 있다고 확신하며 과도하게 염려하고 공포에 사로잡히는 질환이다. 발병은 주로 2~30대에 많고, 회복과 재발을 반복하는 삽화성 질환이다. 환자는 참을성이 부족해 몸이 불편한 곳이 많다고 느끼며, 신체의 이상 감각을 강렬하게 느낀다. 환자는 육체의 질병에 대한 걱정과 불안 수준이 높고, 한 번 환자의 몸에 나타난 신체적인 증상은 오랫동안 지속된다.

건강염려증 환자는 다음과 같은 공통점이 있다.

1. 환자는 자신의 신체적인 감각에 과민하게 반응하며 염려증이 있다.
2. 환자는 작은 외부의 자극에도 비교적 민감하게 반응하며, 육체적·심리적인 고통에 대해 인내심과 저항력이 매우 약하다.
3. 우울증이나 불안감, 강박증을 동시에 앓고 있을 수 있다.
4. 과거에 큰 질병을 앓았거나 심하게 다쳐서 고통을 당한 경험이 있다.

요아킴은 1988년 심혈관 대동맥이 파열되어 독일 함부르크 대학병원(UKE)에서 스텐트 시술을 받은 첫 번째 환자였다. 그래서인지는 몰라도 그는 전반적으로 해박한 의학적인 지식을 가지고 있었지만, 자신의 질병과 관련한 사항에는 극도의 예민함을 드러냈다. 아울러 그는 존재 기반과 삶의 중심을 뒤흔드는 죽음에 대한 공포와 불안감에 시달리는 듯 보였다.

"요아킴님은 수명이 길어서 가까운 장래에 다시 대동맥이 파열되는 일은 없을 겁니다. 그 걱정은 굳이 하지 않으셔도 됩니다!"

나는 불안감에 시달리는 그에게 이렇게 말하며 그를 안심시켰다.

그러고는 이어서 "하지만, 지금부터 주식에 투자하고 운용하는 문제는 좀 더 신중해야만 합니다. 조만간 주식으로 인한 큰 사고가 일어납니다. 주식에 투자한 자금을 하루빨리 회수하시는 것이 좋을 것 같습니다."라고 예언했다.

그러자 그는 교만하게도 의기양양하게 대꾸했다.

"참, 타지마할 선생님도… 아니, 누가 자기 전 재산을 주식에 투자한답니까? 저는 교과서적으로 재산의 3분의 1은 주식에, 3분의 1은 은행에, 3분의 1은 부동산에 투자하고 있는데 무슨 문제가 일어난다고 그러세요? 그 문제에 관해서 저는 저의 판단을 확신합니다."

나는 그의 오만함이 무척 마음에 걸렸으나 그의 신념이 그리 확고하니 내가 그에게 뭘 더 어떻게 영적으로 조언할 수가 없다는 것을 깨달았다. 그래서 나는 그의 지속적인 주식 투자를 더는 만류할 수가 없었다.

그렇게 그의 첫 상담이 끝났고, 그는 한 달 후 독일로 돌아갔다.

그로부터 몇 달이 지났을 때 나는 한국 시각으로 새벽 5시에 그의 울먹이는 전화를 받았다. 잠에서 막 깨어난 나는 놀라서 그에게 물었다.

"아니, 요아킴님, 무슨 일로, 이 새벽에, 그것도 국제 전화를 하셨어요?"

요아킴은 자신이 교만해서 신령님의 공수를 무시하고 계속 주식 투자를 했는데, 주식을 맡긴 투자회사의 직원이 그의 주식 예탁금 통장에 예치되어 있던 거액을 횡령했을 뿐만이 아니라, 그의 명의로 수억 원을 추가로 대출해 주식을 매입하는 사고가 발생했다고 말했다.

그러면서 기왕에 타지마할 선생님이 모시는 신령님들께서 제게 미리 공수를 주셨으니, 이 문제를 잘 해결할 수 있게 도움을 주셨으면 한다고 간곡히 청했다. 곧이어, 그는 이 문제를 해결하기 위해 곧 한국으로 들어갈 예정이니 다시 뵙자고 하면서 전화를 끊었다.

그렇게 해서 나는 그와 세 번째 만나게 되었다.

이번에는 내가 요아킴에게 영적인 도움뿐만이 아니라 실제로 주식 사고를 전문적으로 처리할 수 있는 지인에게 도움을 청해 운명적으로 엉켜진 주식 문제를 크게 손해 보지 않는 한에서 순리대로 잘 해결해 주었다. 그 일을 계기로 우리의 깊은 인연이 시작되었다. 그리고 우리 두 사람은 공익을 위한 공동의 목표를 향해 인생을 같이 설계하기에 이르렀다.

1999년 12월 요아킴이 나를 만날 당시 그는 가톨릭 신자였다.

그는 내게 아주 오래전에 독일에서 영세를 받았다고 했다. 그런데 그는 '견진성사(영: Sacrament of Confirmation)'를 받은 후에 종교적인 회의로 인해 '냉담자(교회의 성사나 예배에 무관심한 신자)' 상태였다.

견진성사란 세례성사를 받은 가톨릭 신자가 일정한 기간이 지나 자신이 속한 교구의 사제로부터 성령이 임하는 안수기도를 받음으로써 신앙을 성숙시키고, 신앙을 증언하는 성사다. 가톨릭 신자는 견진성사를 진행함으로써 성령으로부터 특별한 은사를 받는다고 믿는다.

요아킴은 선천적으로 종교적인 영성이 뛰어날 뿐만이 아니라, 독실하게 신앙심을 지키는 가정에서 나고 자랐다, 그는 '샤머니즘적인 영성'을 가졌고, 한 종교의 사제가 될 팔자를 가졌다. 이런 까닭에 그는 종교에 많은 관심을 기울이며 여러 종교를 두루 섭렵하고 공부했다. 특히, 독일의 가톨릭교회에서 견진성사를 받은 후부터는 불교에 심취하여 독학으로 불교 공부도 하고, 매일 108배를 하면서 금강경을 독송하거나 마음 수행을 하고 있었다.

요아킴은 나를 만나기 전부터 인생에 중요한 일이 생길 때마다 한국을 방문하면 여러 무당 선생님께 조언을 구하고 있었다. 마침 그는 독일에서 같이 공부했던 '조흥윤' 교수와의 깊은 인연으로 나를 소개받아 샤머니즘적인 상담도 받게 되었다.

우리 두 사람의 관계는 2000년 10월 초, 내가 함부르크 조형예술대학(독: Hochschule fuer bildende Kuenste Hamburg, HfBK)에 입학한 이후 더욱 친밀해졌다.

내가 공부했던 함부르크 조형예술대학은 1767년 설립된 독일의 국립 예술대학이다. 조각, 무대 디자인과 무대 장치, 디자인, 영화, 그래픽과 북디자인, 사진, 회화, 예술 이론과 역사, 시간과 연관된 미디어의 8개 영역으로 구성된 학사와 석사과정, 조형예술의 이론과 실기를 병행할 수 있는 단과 예술대학이다. 내가 졸업하고 나서 몇 년 후에 박사과정도 추가되었다.

입학허가서 취득
HfbK 조형예술대학
함부르크

나는 1998년 가을 학기부터 한양대학교 문화인류학과 청강생으로서 샤머니즘과 문화인류학 전반에 관해 조흥윤 교수의 지도를 받으며 혼자서 유학 준비를 했다.

　2000년 여름 어느 날, 당시 전남대 미술교육과에 재직하고 있던 '이태호' 교수가 전화했다. 나의 독일 유학 계획에 대해 알고 있던 그는 마침 독일 함부르크에서 예술작업을 하는 '송현숙' 작가가 전시 진행 관계로 남편인 힐트만(Jochen Hiltmann, 1943~) 함부르크 조형예술대학 교수와 함께 서울에 체류하고 있으니 두 분을 만나 나의 독일 유학에 관해 전반적인 자문을 구해보는 것이 어떻겠느냐고 조언했다.

　송현숙(Song Hyun-Sook: 1952~) 작가는 담양의 무월리에서 자라 1970년대에 서독에 간호사로 파견되어 근무했다. 그녀는 독일 병원에서 근무하다가 함부르크 조형예술대학을 졸업하고 전업 작가로 데뷔해 세계를 무대로 활동하고 있다.

　송현숙 작가는 그녀의 작품 전반에 걸쳐 한국의 '귀얄'과 서양의 염료인 템페라를 사용해 고도의 집중력을 발휘한 정제되고 절제된 붓놀림으로 정적인 이미지를 구현한다. 그녀의 작품은 00획으로 이름이 지어진다. 그녀의 작품은 샤머니즘적인 모티브를 활용한 이미지와 구도자의 동양적인 선(仙)과 한국적인 이미지, 대상을 단순화한 여백의 미를 표현한 작품으로 세계적인 호평을 받고 있다.

나는 1년 전에 이태호 교수의 소개로 송현숙 작가와 호암아트홀에서 만났고, 그녀와 종종 편지를 주고받는 사이였다. 아무래도 나 혼자서 독일 유학을 준비하느니 차라리 그녀에게 도움을 청하는 것이 훨씬 나을 것 같다고 생각했다.

며칠 후 송현숙 작가가 내게 전화를 걸어 다음과 같이 제안했다.

"명옥이 독일의 학제를 잘 모르니 기왕이면 현재 지도를 받는 조흥윤 교수님과 합석해서 독일 유학 전반에 관해 토론하는 것이 좋겠어요."

그렇게 해서 우리 네 사람은 인사동의 한 한정식집에서 만나 오찬을 하며 내가 계획하고 있는 독일 유학에 대해 이런저런 의견을 교환했다.

나는 그 자리에서 힐트만 교수에게 간곡히 요청했다.

"힐트만 교수님, 독일 대학에 유학하기 위해 입학지원서를 제출할 때, 지원자를 위한 독일 대학교수의 추천서가 있으면 좀 더 수월하게 입학 허가를 받을 수 있다고 들었습니다. 죄송하지만, 힐트만 교수님께서 저를 위해 추천서를 하나 써주셨으면 합니다."

나의 요청에 힐트만 교수는 '함부르크 조형예술대학(HfbK, Hochschule fuer bildende Kuenste Hamburg)'은 비록 예술대학이긴 하지만 비주얼커뮤니케이션 학과에 아프리카 인류학과 아프리카 샤머니즘을 전공한 '크라머(Fritz Kramer: 1941~2022)' 교수가 재직하고 있다고 서두를 꺼냈다.

힐트만 교수는 이어 크라머 교수가 나와 한국의 샤머니즘에 관심이 많으니, 그를 지도교수로 정해서 입학 지원을 해보는 것이 어떻겠느냐고 물었다. 힐트만 교수는 함부르크 조형예술대학은 1년에 한 번 7월 중에 입시를 위한 서류 전형이 있다는 말도 덧붙였다.

그는 우선 내가 예술대학에서 지정한 입학지원서를 작성한 후에 자서전인 『집 없는 무당』과 혹시 나의 신내림굿 당시 찍은 비디오가 있다면 그것을 축약하여 대략 30분짜리 비디오로 제작해서 함부르크 조형예술대학에 지원했으면 좋겠다고 조언했다.

힐트만 교수는 그 말에 덧붙여, 나의 이력서를 독일어로 써서 그가 다시 독일로 돌아가기 전에 전해줄 수 있겠느냐고 물었다. 나는 그에게 그렇게 하겠다고 약속했다.

나는 VHS 비디오테이프 이외의 다른 모든 입학 지원 서류를 신속히 준비해서 송현숙 작가 일행이 독일로 출국하기 전에 소격동의 학고재 화랑에서 만나 전달했다.

그런데 문제는 30분짜리 비디오였다.

1997년 '신내림굿'을 할 때 찍은, 수십 개의 DV로 녹화된 비디오를 어떻게 축약해서 30분짜리로 만들 것인가. 당시 나는 영화에 관한 테크닉은 전혀 알지도 못했다. 게다가 DV로 녹화된 자료를 가지고 어디서 어떻게 30분짜리 영화를 만들어야 하는지도 몰랐다.

나는 하는 수 없이, 당시 국립문화재연구소의 전문위원으로 재직했고, 현재는 이화여자대학교 한국학 대학원 교수로 재직하고 있는 '김영훈' 박사한테 이 문제를 의논했다.

"타지마할이 독일의 대학에 입학하는 데 필요하다면 내가 신내림굿 영상 편집하는 방법을 알려줄게요."

그가 흔쾌히 도와주겠다고 하며 되물었다.

"그런데 DV를 VHS 비디오로 만들려면 녹화된 DV 카세트 이외에도 여러 대의 편집 기계가 있어야 하고, 영화를 편집할 수 있는 기계가 설치된 작업실이 필요한데, 어디서 영상 편집을 할 수 있을까요?"

순간 나는 '육근병' 작가의 작업실을 떠올렸다.

육근병(Yook, Keun Byung: 1957~) 작가는 당시 부천에서 작업 중이던 세계적인 비디오 아티스트였다. 그는 1992년 '풍경의 소리 + 터를 위한 눈 ⇒ 랑데뷰(영: The Sound of Landscape + Eye for Fileld ⇒ Rendevous)'라는 작품으로 5년에 한 번, 100일 동안 열리는 독일의 '카셀 도큐멘타(영: Documenta in Kassel) 9'에 초대작가로 참여했다. 그는 당시 무덤을 형상화한 봉분 형태의 작품에 한 개의 깜빡이는 눈이 담긴 영상 모니터를 설치해 전 세계인의 시선을 사로잡았다.

독일의 카셀에서 5년마다 개최되는 도큐멘타는 1955년 독일 카셀 대학의 미술대학 교수이자 화가이며, 큐레이터로 활동했던 '아르놀트 보데(Arnold Bode: 1900~1977)' 교수가 창설했다. 보데 교수가 1955년 도큐멘타를 창설할 당시의 목적은 나치즘의 문화적 암흑기를 극복하고, 현대미술을 대중에게 적극적으로 알리기 위해서였다.

나는 즉시 육근병 작가에게 전화했다. 그에게 나의 독일 유학 준비 과정과 현재의 사정을 이야기한 다음, 함부르크 조형예술대학의 입학허가서를 받으려면 서류 전형에 필요한 영상을 급히 제작해야 하는데, 영화 편집실이 필요하다고 말했다. 그리고 30분짜리 신내림굿 영상을 제작해야 하니 작업실을 하루만 사용하게 해달라고 간청했다.

고맙게도 육근병 작가는 흔쾌히 승낙하며 되물었다.

"그래요, 타지마할! 제 작업실을 활용하세요! 언제가 좋겠어요?"

나는 O월 O일 김영훈 박사와 함께 작업실로 가겠노라고 대답했다.

약속한 날 김영훈 박사와 함께 육근병 선생의 작업실에 가서 내 '신내림굿'의 중요한 부분만을 골라 30분짜리 비디오를 만들었다.

그 후 송현숙 작가의 주소로 이 비디오테이프와 내 이력서 및 증빙 서류, 고등학교와 대학교의 영문 성적 증명서 및 졸업증명서, 그리고 기타 입학원서 등과 같은 자료를 한데 묶어 EMS 특급우편으로 발송했다.

나의 모든 입학 지원 서류를 전달받은 송현숙 작가와 힐트만 교수는 내가 함부르크 조형예술대학에 입학할 수 있도록 동분서주하며 다방면으로 많은 도움을 주었다.

특히 힐트만 교수는 주로 함부르크 조형예술대학의 교수들과 머리를 맞대고 한국의 강신(降神) 무당 유명옥이 전례가 없는 입학 허가를 받을 방법을 모색했다. 그는 인류학과 교수인 크라머 교수 외에 당시 함부르크 조형예술대학의 비주얼커뮤니케이션 학과의 학과장인 로시어

(Gerd Roscher: 1943~) 교수와도 나의 학업에 대해 논의했다.

입학하자마자 나의 지도교수가 된 로시어 교수는 작가주의적인 작품을 주로 지도하는 영화감독이자 교육자다. 그는 '검은 태양의 제의 (의례, 독: Ritual der schwarzen Sonne)'라는 제목의 멕시코 죽음의 제의를 다큐멘터리 영화로 제작했다. 아울러, 그는 독일 제2 공영방송사인 ZDF와 합작으로 우리에게 '문예이론'으로 잘 알려진 '발터 벤야민 (Walter Benjamin: 1892~1940)'의 생애를 조망한 '국경의 저편(독: Jenseits der Grenze)'이라는 영화를 제작해 세계적인 명성을 얻었다.

2000년 당시 함부르크 조형예술대학의 규정과 독일 예술대학의 특성 때문에 이론을 강의하는 교수는 실기를 전공하는 학생을 단독으로 지도할 수가 없었다. 이 때문에 함부르크 조형예술대학에 실기 전공을 목표로 입학하려는 학생은 실기를 지도하는 교수가 한 명 더 있어야 입학 허가를 받을 수 있었다. 그래서 힐트만 교수는 두 명의 독일 교수를 설득해 내가 입학 허가를 받도록 각고의 노력을 기울여 주었다.

힐트만 교수의 노고는 말할 것도 없거니와 송현숙 작가 역시 내가 독일 유학 생활을 제대로 할 수 있도록 학업에 필요한 실질적인 도움을 주는 일에 전력을 다했다. 두 분은 아무 연고도 없던 내게 이렇게 큰 은혜를 베풀어 주었다.

나는 2000년 9월 초순에 함부르크 조형예술 대학의 비주얼커뮤니케이션과의 입학허가서를 우편으로 받고 나서 입학허가서를 취득할 당시에 있었던 자세한 소식도 듣게 되었다.

내가 함부르크 조형예술대학의 입학 심사를 받을 때는 10명의 현직 교수인 입학 사정 위원(독: Jury)으로 구성된 입학생 선발 위원회(독: Ausschuss der Aufnahmepruefung)에서 5:5로 팽팽하게 의견이 대립해 입학 허가를 받기가 무척 어려웠다고 한다.

함부르크 조형예술대학의 학칙상, 입학 지원자에 대해 10명의 위원 중 한 명이라도 극렬히 반대할 때는 자연히 입학할 자격이 박탈된다고 한다. 나의 경우는 입학 사정 위원 중 5명이나 극렬하게 반대했으니, 원칙적으로 입학 자격이 박탈되어야 마땅했다.

그런데, 향후 내게 이론을 지도할 교수가 될 크라머 교수와 로시어 교수의 적극적인 지지에 힘입어 10회에 걸친 격렬한 갑론을박 끝에 나는 드디어 함부르크 조형예술대학으로부터 입학허가서(독: Zulassung)를 받을 수 있었다.

입학생 선발 위원회의 최종적인 결정은 크라머와 로시어 두 교수가 한국 강신 무당의 지도교수가 되어 그녀가 진정한 예술가로 성장할 수 있도록 지도하라는 것이었다. 운명과 깊은 영적인 인연 때문인지, 나의 의지와는 상관없이 나는 입학할 당시부터 두 사람의 지도교수가 이미 정해져 있었다.

송현숙 작가로부터 함부르크 조형예술대학의 입학허가서를 받게 되었다는 소식을 국제 전화로 전해 듣던 날 새벽이었다. 새벽기도 중에 나의 신령님들께서 함부르크 조형예술대학으로부터 입학허가서를 받았다는 사실을 공수로 알려주셨다.

나는 한국과 독일의 7시간 시차를 계산해 한국 시각으로 오후 4시경에 송현숙 작가 댁으로 전화했다. 그녀가 대뜸 소리를 치듯이 물었다.

"아, 명옥, 어떻게 알았어? 내가 마침 전화하려고 했는데, 명옥, 방금 함부르크 조형예술대학으로부터 입학 허가 결정 통보를 받았어. 너무 기뻐서 내가 아침 일찍 전화로 알려주려고 했는데… 명옥이 나보다 먼저 알고 전화했네!"

"오늘 새벽에 신령님 전에 기도하는데 제가 입학허가서를 받았다고 말씀해 주셨어요, 선생님께 전화를 걸어 보라고 하셔서요…!"

나는 그녀에게 이렇게 대답했다.

그녀는 나의 입학 허가를 받기가 얼마나 어려웠는지 알려주었다. 힐트만, 크라머, 로시어, 이 세 분의 교수가 나의 입학 허가를 받기 위해 백방으로 노력했다는 것. 그래서 지원자인 나 혼자만의 입학 허가 여부를 결정하기 위해 회의를 10번이나 열어 갑론을박 격론을 벌였다는 것. 결국 주임 지도교수가 될 로시어 교수의 강력한 후원 덕분에 입학 허가를 받게 되었다는 소식을 종합해 전해주었다.

지금 생각해 보면, 함부르크 조형예술대학의 입학은 세 교수의 적극적인 지지에 힘입은 바가 크지만, 또한 나의 신령님들 원력(願力)이 문화와 인종, 사회규범이 다른 먼 독일까지도 작용하지 않았나 싶다.

준비과정

독일유학

함부르크 조형예술대학의 입학허가서(독: Zulassung)를 취득하고 무엇보다 먼저 진행할 일은 독일 체류비자를 받는 일이었다. 체류비자를 받으려면 재정보증과 신원보증을 해줄 사람이 필요했다. 당시 독일의 비자 발급 규정에 따르면, 독일법에서 정한 일정 금액 이상의 재산세를 납부하는 3촌 이내의 직계 혈족이 신원보증을 서야 했다. 독일로 유학을 떠나는 사람을 위해 당시 신원보증인은 직접 독일 대사관에 가서 제반 관계 서류를 제출하고 독일어로 된 양식에 서명해야 했다. 나는 이런저런 일로 시간이 너무 촉박했다.

아버지는 2000년 당시 이미 돌아가셨고, 아버지가 운영했던 니트 공장이 부도가 났기 때문에 어머니 명의로 된 재산은 아무것도 남아 있지 않았다. 내게는 공무원으로 재직하는 독실한 기독교인 외삼촌이 한 분 김제에 살고 계셨는데, 어머니께 전화로 외삼촌한테 부탁해 내가 독일로 유학을 떠나게 되었다며 신원보증을 해달라고 요청했다.

신령님 전에 엎드려 기도하던 어느 날, 나의 뇌리에서 번개같이 다음과 같은 생각이 스쳐 지나갔다.

'그런데 과연 독실한 기독교인인 외삼촌이 강신 무당인 나의 신원보증을 해주신다고 하실까? 아니야… 외삼촌은 내게 이런저런 핑계를 대서 신원보증을 서 주시지 않을 것이 분명해! 그러면 나는 도대체 어느

분에게 신원보증을 해달라고 해야 하나?'

참으로 막막하고 답답한 노릇이었다.

그러던 어느 날, 뜻밖에도 외삼촌이 내게 전화하셨다. 나로선 머리털 나고 처음으로 받아보는 외삼촌의 전화였다.

내 나이 세 살 때 어머니는 우리가 시골집에서 살기가 어려워지자, 서울로 이주한 이후부터 외가든 친가든 혈족 누구하고도 연락을 두절하고 살았다.

외삼촌은 내게 물었다,

"그런데, 명옥이 너는 무당이라면서 무슨 이유로 이 늦은 나이에 독일로 유학하려고 하니? 그리고 또 왜 무당이 되었니?"

나는 아무런 거리낌 없이 내가 생각하는 바를 곧이곧대로 전했다.

"그래 무슨 말인지 알았다. 내 곰곰이 생각하고 결정해서 곧 연락하마!"

외삼촌은 이렇게 말했다.

"외삼촌, 그런데 비자를 받는 데까지 시간이 촉박하니 빨리 결정해서 제게 연락을 주셨으면 합니다. 전화까지 주셔서 감사합니다."

나는 이렇게 말하며 전화를 끊었다.

그로부터 2주가 지나도록 외삼촌에게선 아무런 연락도 없었다. 입이 바짝 마르고 신경이 곤두섰다. 나는 어머니한테 전화해, 다시금 애원했다.

"어머니, 아무래도 어머니가 외삼촌을 한 번 더 설득해 주셔야겠어요. 제가 직접 전화를 걸 수 있는 상황이 아니잖아요. 어머니, 제발 딱 한 번만 더 삼촌한테 전화해 주세요! 제 인생이 달린 일이에요. 힘들게 독일 대학의 입학허가서까지 받았는데 신원보증인이 없어서 비자를 못 받아 제 평생의 소원인 독일 유학을 가지 못해서야 어디 되겠어요?"

"글쎄다, 나도 모르겠다. 난 더는 내 동생에게 너의 독일 유학 신원보증 문제로는 내 자존심을 굽히고 싶지 않으니 차라리 다른 사람을 알아봐라!"

어머니는 내게 정말이지 너무도 무정하고 매몰차게 말하며 전화를 끊었다.

그때 나는 잠시 절망했다.

내 안에서 특정한 누구를 향한 것도 아닌 소리 없는 분노가 일었다. 세상에 기댈 언덕 하나, 쉴 공간 하나 없는 쓰라리고 서러운 무녀(巫女)의 삶이라니?!

이 세상에 나를 위한 신원보증인 하나 없는 참혹한 상황이 그냥 참을 수 없는 분노를 일으켰다. 그래도 어쩌랴? 나는 다른 방법을 찾을 수밖에….

"안 되면 되게 하라!"

이것이 나의 생활신조가 된 지 오래니까.

이제 다른 방법을 찾아야 했다.

당시 대학 동창의 아버지가 독일 대사관에 비서로 근무하고 있었다. 동창에게 전화해 나의 현안을 솔직하게 털어놓고 조언을 구했다. 그는 대사관에 이 업무에 능통한 노련한 한국인 여직원이 한 분 있는데, 그분께 상의하면 어떻겠느냐고 물었다. 그러면서 그는 내게 그녀의 핸드폰 번호를 알려주었다.

나는 떨리는 마음으로 그녀에게 전화를 걸어 잠깐 내 소개를 하고 나서 나의 어려운 처지와 상황을 설명했다.

"제가 선생님의 사정은 잘 알았으니까, 독일로 텔렉스를 쳐서 다른 방법이 있나 서면으로 문의해 본 후 이 번호로 연락해 드릴게요."

그녀는 흔쾌히 이렇게 말하며 전화를 끊었다.

나의 내면으로부터 깊은 안도의 한숨이 절로 나왔다. 왠지 모르게 긍정적인 결과가 나올 것이라는 확신이 섰다. 그날은 두 다리 뻗고 일찍 잠자리를 청했다.

며칠 후 그녀에게서 기다리던 소식이 왔다.

독일 외무성으로부터 국립대학교에 재직 중인 교수가 나의 신원보증을 해주면 독일에서 비자를 주겠다는 연락이 왔다는 것이다. 나는 그녀에게 알겠노라고 말하고 그녀에게 진심으로 감사하다는 인사로 말 끝을 맺었다.

이때부터 내게 또 다른 고민거리가 생겼다. 어느 교수님께 이 어려운 신원보증을 부탁드릴 수 있단 말인가? 이태호 교수님? 아니면… 어떤 다른 교수? 시간도 촉박하고 당황해서였을까? 내 머리에는 이태호 교수 외에 다른 어떤 교수의 얼굴도 떠오르지 않았다.

"지금까지 나는 이태호 교수님께 셀 수조차 없이 많은 신세를 져왔는데 어찌 또 신원보증까지 부탁을 드릴 수 있단 말인가? 안되지… 안돼!!! 아직은 시간이 좀 남았으니 차라리 다른 교수를 찾아 신원보증을 부탁드려 보자."

그런데 묘한 일이 일어났다.

그 이튿날, 1년 전에 변호사인 지인의 소개로 우연히 알게 되어 광주에 내려갈 때마다 그를 만나 식사도 하고, 내가 영적인 자문을 해왔던 국립대 S교수의 예정에 없던 전화가 왔다. 그는 내게 독일 유학 준비는 잘 되어 가느냐고 물었다.

나는 그에게 차마 열리지 않는 입을 떼서 신원보증인 조건에 대한 설명을 늘어놓았다. 실은 우여곡절 끝에 독일 함부르크 조형예술대학의 입학허가서를 받긴 했는데, 신원보증인이 없어서 아무래도 독일 유학을 포기해야 할 것 같다고 힘겹게 이야기를 덧붙였다.

S교수는 내 얘기를 듣자마자 한 마디로 이렇게 제안했다.

"유 선생, 무슨 소리예요? 유 선생의 신원보증을 내가 서주면 되지, 왜 유학을 포기해요? 힘겹게 얻은 독일 대학 입학허가서고, 큰 결심을 했는데… 언제예요? 나랑 독일 대사관에 같이 나갑시다. 인감증명서 한 통과 재산세 납세증명서를 가지고 가면 되지요? 나도 독일 유학을 해봐서 아는데 외국으로 유학을 떠나자면 안 그래도 이런저런 일로 신경 쓸 일이 무지 많아요. 이런 일은 속전속결이 좋으니까 다음 주에 얼른 해치웁시다!"

그야말로 신령님들의 도우심이 아니었을까. 그렇게 해서 내 유학 비자 서류는 일사천리로 해결되었다. 나는 S교수의 도움으로 3개월 만기 유학비자를 받았다.

독일 대사관의 관계자는 내게 비자를 건네면서 독일에 입국해 비자

만기 1개월 전에 관할 관청에서 비자를 연장하면 된다고 했다.

'아, 드디어 독일로 유학을 떠나게 되었구나.'

16살 때부터 꿈에 그리던 일, 윈드서핑 하는 것과 같은 파란만장한 내 인생에서 독일 유학 계획을 세운 지 무려 21년 만에야…! 비자를 손에 받아 들고 스스로 기뻐하며 내 의지의 확고함을 다시 한번 확인했다.

이제는 월세로 임대한 미근동 무허가 주택을 처분하고 독일로 이삿짐을 보내야 했다. 당시 나는 아버지의 빚과 신내림굿 당시 빌렸던 돈을 갚느라고 수중에 돈이 거의 없었다. 마침 요아킴이 내게 독일 유학 비용에 보태라며 얼마간의 돈을 송금해 주었다.

나는 우선 이 돈으로 M에게 빌린 카드 대금을 갚았다. 나머지 자질구레한 빚도 갚았다. 그리고 K 신문사에 근무했던 선배 언니가 내가 빌렸던 집을 아뜰리에로 사용한다기에 집주인에게 소개해 그녀의 명의로 재계약을 하도록 도왔다. 나는 선배 언니로부터 임대한 집의 보증금 오백만 원을 인계받아 유학 비용으로 썼다.

독일로 가서는 당장 함부르크에 집을 구할 수가 없어서 나는 기숙사를 배정받을 때까지 얼마간 힐트만 교수와 송현숙 작가 댁에 머물러야 했다.

집도 절도 없다는 말이 있듯이 독일 유학에 필요한 넉넉한 자금도 없고, 특별한 연고도 없는 내가 낯선 이국땅에 발붙이고 살아가려면 무엇보다 독일어 실력의 향상이 절실히 필요했다. 내 비록 어린 나이에 독일어 통역안내원 자격증을 땄다고는 해도, 그동안 질곡의 삶을 건너오며 거의 잊다시피 한 독일어 구사 능력을 다시 끌어올려야 했다.

그래서 나는 우선 오백만 원의 절반을 투자해 프랑크푸르크 암 마인(Frankfurt am Main)에 있는 독일문화원(독: Goethe Institut)의 2개월간 숙박을 겸한 독일어 인텐시브 코스에 등록했다. 그리고 남은 돈으로 한진해운에 국제 이사 계약을 했다. 이를 다 마치고 나니 내 수중에는 돈이 거의 바닥나 있었다.

이를 어쩌면 좋지?

내 인생은 이제부터 어떻게 펼쳐질 것인가?

"에라 모르겠다. 나는 내가 해야 할 모든 일을 마쳤으니, 나머지는 신령님들의 몫이야. 모든 일을 영험하신 신령님들께 맡기자! 죽기 아니면 까무러치기지 뭐! 천하에 타지마할이 돈 없다고 독일에서 죽기야 하겠어?"

그렇게 마음을 고쳐먹으니 너무나 홀가분해졌다.

2000년 10월 초, 독일로 출국하기 전 나는 우선 신어머니인 김금화 선생과 그녀의 신령님들께 작별 인사를 드리러 갔다. 신어머니의 신당에 들어가 제 신령님 전에 엎드려 절하며 나의 독일 유학을 고하고 신어머니의 건강과 안녕을 빌었다.

신어머니 김금화 선생은 나를 꼭 안아주시며 신령님 전에 공부하러 머나먼 타국으로 떠나는 내게 잊지 않고 축원해 주었다.

"딸아, 네가 목표한 대로 독일에서 열심히 공부해서 만인의 꽃이 되거라…!"

신어머니는 큰돈은 아니었지만, 신당에 올려져 있던 복채(卜債) 일부를 챙겨서 봉투에 넣어 내게 건네주었다. 내가 한사코 이를 거절했는데도 신어머니는 봉투를 내 가방에 넣어 주며, 이렇게 말했다.

"딸아, 이건 내가 너에게 주는 것이 아니라 내 신령님들께서 네게 주시는 것이니 감사하게 받거라! 그리고, 늘 건강하고…. 네가 언제 어느 곳에 있든지 간에 신령님을 모시고 기도하는 사람이라는 사실을 한시도 잊어서는 안 된다. 설사 그곳이 낯선 이국땅일지라도 말이다."

나는 신어머니의 말씀에 가슴이 뭉클해서 눈물이 핑 돌았다.

"그래, 어떤 난관에 부딪히더라고 나의 문화적인 자존심을 꼿꼿이 지키며 '신의 딸'로서의 본분을 잊지 말고 살자!"

마음속으로 이런 다짐도 잊지 않았다.

나는 신어머니와 신령님들을 뵙고 나서 독일 유학을 떠난다고 지인들에게도 알렸다. 그들은 내게 잠시 만나자고 했다. 여러 부류에 속한 사람들을 만났다. 기업인, 학자들, 지인들, 언론인들… 그들 중 몇몇은 먼 나라로 유학길에 오르는 내게 성의를 다하며, 심지어 격려의 편지까지 써 주었다. 특히 이태호 교수와 유종현 아프리카 대사가 편지와 금일봉을 건네주었다.

이 글을 쓰자니, 당시 MBC에 재직했던 정명규 국장의 글이 눈앞에 아른거린다. 그는 "영원한 모성과 샤머니즘의 새벽인 Eros를 향해서"라고 쓴 봉투 안에 편지와 함께 독일을 여행했을 때 사용하고 남았다면서 300마르크(독: Mark)를 넣어 내게 건네주었다.

나는 이런 분들이 선물로 주신 따스한 마음의 정성을 소중히 간직하고 독일 유학길에 올랐다. 그리고 이 돈들을 독일에서 은행 계좌를 개설하자마자 빠짐없이 저축해 두었다. 혹시 발생할 수 있는 비상사태에 대비하여….

그 후 나는 그동안 내가 알고 지냈던 독일인 교수들에게 이메일로 사발통문(沙鉢通問)을 보냈다. 사발통문의 원래 뜻은 누가 주모자인지 알지 못하도록 사발을 엎어서 그린 원을 중심으로 쓴 격문 또는 호소문이나 고지(告知) 문서다. 1893년 동학 혁명 당시에도 전봉준 일행이 사발통문을 썼다. 의미가 확장되어 이제는 어떤 사실을 동시에 다수에게 알리고자 할 때 작성하는 글이라는 의미로 쓰인다.

드디어 내가 독일에 유학생이 되어 함부르크에 입성하게 되었다는 내용의 사발통문이었고, 그러니 내게 연락해 달라는 뜻을 은연중에 담고 있었다. 몇몇 교수들은 벌써 기대에 차서 자신이 재직하고 있는 대학에 특강을 기획하고 있다는 사실까지 알려왔다.

뮌헨(Muenchen)대학 사회학과 헬레(Horst J. Helle: 1934~) 교수, 하이델베르크(Heidenberg)대학 문화인류학과 쾨핑(Klaus Peter Koepping: 1940~2017) 교수 등이 나에게 정식으로 그들이 강의하고 있는 오버 세미나(독: Oberseminar, 박사과정 학생들과 교수가 함께 연구하고 공부하는 세미나) 시간 중에 한국의 샤머니즘에 대한 강의를 요청했다.

나는 흔쾌히 그들의 제안을 받아들였다. 그들은 내가 대학에서 특강을 하면 강의료 외에도 호텔 숙박비와 식대를 제공했다. 그렇게 아르바이트해서 번 돈으로 독일 유학 첫해를 그럭저럭 꾸려갈 수 있었다.

2000년 10월 6일, 나는 어릴 적 꿈이 실현되고 있다는 마음에 가슴이 부풀어 독일의 루프트한자(독: Lufthansa)사 비행기에 몸을 실었다. 프랑크푸르트 암 마인 공항에 도착해서 다시 함부르크행 비행기로 갈아탔다. 총 13시간이 넘게 비행하고 나서 도착한 함부르크 공항은 소문대로 뿌연 안개가 자욱했다.

함부르크 공항에 도착하니 약속대로 송현숙 작가가 마중을 나와 맞아주었다. 그녀는 내게 반갑게 웃으며 다가와서는 알아들을 만한 독일말로 인사를 건넸다.

"명옥, Herzlich Willkommen in Hamburg!(함부르크에 오신 걸 환영해요!)"

그런 다음 내가 싣고 온 짐 가방을 보더니 깜짝 놀라는 표정을 지었다. 너무 많은 짐을 한꺼번에 싣고서 함부르크 공항에 도착해서다. 그녀는 놀라면서도 내 짐을 얼른 자동차의 짐칸에 싣고 그녀의 집이 위치한 함부르크 동서쪽의 샤르펜박스훼에(독: Scharpenbargshoehe)로 향했다. 자연 휴양림 보호구역(독: Naturschutzgebiet)에 위치한 그녀의 집은 아름다운 자연과 벗한 고즈넉하고 아담한, 하얀 산사 같은 곳이었다.

나는 그녀의 집에서 1주일간 머물면서 함부르크 생활에 가장 필요한 것들을 배우고 중요한 업무를 처리했다. 송현숙 작가는 자상하게 내가 해야 할 일들의 목록을 만들어 주었다.

1. 함부르크 조형예술대학에 제출했던 입학 지원 서류 수령과 학생증 수령
2. 은행 통장의 개설
3. 철도회원 카드 신청 및 수령

송 작가는 나를 일일이 데리고 다니면서 그녀의 집 주변에 있는 우체국의 위치와 슈퍼마켓, 약국과 기타 중요한 장소를 자상하게 알려주었다. 그리고 내가 요아킴을 만나 위에 정리해 준 목록의 나머지 일들을 순차적으로 처리하도록 주선해 주었다.

함부르크에 도착하면서부터 모든 일이 순풍에 돛을 단 듯 일사천리로 처리되어 나는 가붓한 마음으로 여유시간을 즐길 수 있었다. 모든 중요한 일을 마치고 나서 처음으로 개인적인 시간을 가진 나는 세계에서 샤만의 무구(巫具)와 유물을 가장 많이 보존하고 있는 함부르크 민족학 박물관(독: Hamburger Voelkerkunde Museum)을 방문했다.

그 외에도 혼자서 함부르크 시청과 시내를 구경하고, 인공호수인 알스터 호숫가(독: Alster See)를 산책하며 앞으로 다가올 벅찬 미래를 기쁜 마음으로 고대하고 있었다.

송현숙 작가와 부군인 힐트만 교수는 내가 함부르크에 도착한 지 사흘째 되는 날에 내 지도교수 중의 한 분으로 영상인류학을 강의하는 크라머(Fritz Kramer: 1941~2022) 교수와의 만남을 주선해 주었다. 우리는 크라머 교수의 강의실에서 넷이 만나 앞으로 내가 함부르크 조형예술대학의 학생으로서 진행할 전반적인 학업에 관한 토론을 했다. 당시 나의 독일어 실력이 신통치 않아서 송현숙 작가가 통역의 일부를 맡아 주었다.

크라머 교수는 내가 한국의 강신(降神) 무당이라는 사실에 깊은 관심을 표했고, 한국의 샤머니즘에도 많은 관심을 보였다. 그는 나의 이런저런 학업에 대한 조언을 상세하게 해주었다. 내가 두 달 과정으로 등록한 프랑크푸르트 암 마인의 괴테 인스티튜트에서 독일어 인텐스브 코스를 마치고 함부르크로 다시 돌아오면, 인류학자인 그의 아내와 함께 셋이서 한국의 샤머니즘에 관한 작은 세미나를 열자고 제안했다. 나는 그에게 그렇게 하겠다고 약속하고 송현숙 작가의 댁으로 돌아왔다.

편안하고 안락한 함부르크 체류 일주일이 지나자, 나는 독일어를 공부하기 위해 ICE(독: Inter City Exprss, 최고 시속 300Km로 독일 32

개 주요 도시를 연결하는 고속 열차)를 타고 프랑크 푸르트 암 마인으로 출발했다.

당시 나는 독일에 입국해서도 머물 수 있는 기숙사를 찾지 못했다. 당시 함부르크에는 기숙사비가 저렴한 숙박 시설을 찾기가 참으로 어려웠다. 게다가 그때 내 나이가 만 36세였기 때문에 원칙적으로 외국인 학생의 기숙사 입실 자격이 제한된 상태였다. 그래서 송현숙 작가의 도움을 받아 함부르크시에서 운영하는 학생 편의 시설 관리공단(독: Studentenwerk)에 기숙사 신청서를 제출하고 기다리던 상태였다.

함부르크에 도착하자마자 시설관리공단으로부터 내가 왜 36세의 나이에도 기숙사에서 살아야 하는지 타당한 이유를 독일어로 써서 보내달라는 요청을 받았다. 나는 우선 학업과 생활을 병행하기에는 나에게 충분한 재원이 없고, 또 기숙사에 살면 여러 나라의 친구들과 사귀면서 다른 나라의 문화와 친숙해질 수 있으며, 자연히 독일어 실력도 향상될 것 같다는 내용으로 편지를 썼다.

함부르크 조형예술대학 비주얼커뮤니케이션 학과(독: Visuelle Kommunikation)의 개강은 10월 2일이었고, 나는 이미 교학과에 학생으로 등록은 했으나 그때까지 시설관리공단으로부터 기숙사를 받을 수가 없었다. 그래서 차선책으로 독일문화원에서 숙박을 겸한 독일어 인텐시브 코스를 수강한 것이다.

나는 ICE를 타고 프랑크 푸르트 암 마인에 있는 괴테 인스티튜트(Goethe Institut)로 향했다. 송현숙 작가는 나더러 이곳에서 2달간 독일어를 익히다 보면 기숙사에 들어갈 수 있을 것 같다고 귀띔해 주었다.

괴테 인스티튜트에서 두 달간 정말 독일어를 열심히 공부했다. 독일어 어학연수 프로그램을 공부하는 동안에 외국인 친구들도 많이 사귀었다. 인도네시아의 내과 의사 출신 벨라, 슬로바키아의 여행안내원, 멕시코 폭스바겐(독: Volkswagen)사의 대표, 이탈리아의 백작 출신 친구 등등… 이 시기는 독일어 공부 외에는 정말 아무런 걱정도 없던 편안한 시절이었다.

2개월로 예정되었던 괴테 인스티튜트에서의 독일어 코스를 마치고 함부르크에 돌아오자, 나는 함부르크 시설관리공단으로부터 랄슈테트 (Rahlstedt)에 위치한 학생 기숙사에 방을 배정받았다. 나는 송 작가의 승용차에 이삿짐을 싣고 기숙사로 이사했다.

함부르크 서쪽 외곽의 랄슈테트 학생 기숙사는 함부르크 중앙역에서 좀 멀리 떨어진 한적한 곳에 자리를 잡고 있다. 이곳은 과거에 독일 연방정부의 군인(독: Bundeswehr)들이 살던 기숙사를 개조한지라 깨끗하고 부대 시설이 아주 좋았다. 하지만 문츠부르크(독: Mundsburg)역 근처인 레르헨펠트(Lerchenfeld) 2번지에 있는 대학으로 통학하려면 지하철이 아니라 30분 간격으로 운행되는 완행열차(독: Regionalbahn)를 타야 하는 것이 조금 불편했다.

그래도 감지덕지! 나는 이곳을 보금자리 삼아 감사한 마음으로 삶의 둥지를 틀고 희망의 나래를 펴며 공부를 시작했다.

크리스마스 방학 후 개강이 되자 나는 힐트만 교수의 조언대로 나의 주임 지도교수로 지정된 로시어 교수를 뵈러 그의 강의실로 갔다. 이번에는 다른 동반자 없이 혼자서 그를 찾아갔다.

나는 약속된 시간에 바로 그의 연구실로 가서 내 소개를 하고, 그동안 살 집이 없어서 프랑크푸르트 암 마인에 있는 괴테 인스티튜트에서의 독일어 코스를 수강하고 왔다고 말했다.

다정한 할아버지 같은 그는 나를 아주 친절하게 반겨주었다. 그는 정말 미국 영화, 〈백 투 더 퓨쳐(영: Back to the Future)〉에 나오는 박사의 모습과 거의 흡사했다.

"와우, 명옥, 너 독일어 정말 잘한다. 나는 너를 내 학생으로 맞이하게 되어 기쁘다. 우리 잘 지내자!"

그는 내게 이렇게 말하며 반겼다.

그런 다음 내게 다음 시간에 8학기 재학 중인 학생들이 주로 수강하고 있는 질 들뢰즈(Gilles Deleuze: 1925~1995)의 '영화(독: Das Bewegungsbild)'라는 제목의 세미나가 있으니 그 강의실로 오라고 알려주었다.

나는 그가 알려준 강의실로 가서 처음으로 대학의 동료들을 만나게 되었다. 로시어 교수는 동료들에게 내 소개를 하라고 시간을 내주었다. 나는 쑥스럽지만 내 소개를 했다.

"나는 한국에서 유학 온 강신 무당이며, 영화학을 공부하기 위해 유학을 왔다."

이런 말로 시작하여 나를 소개했다. 수업을 듣던 학생들이 호기심과 경이에 가득 찬 눈길로 나를 바라다보았다, 그들은 살아 있는 한국의 강신 무당을 처음 대면했을 테니까….

함부르크 조형예술대학의 학업은 순조롭게 진행되어 갔다. 같은 수업을 듣는 여러 나라의 친구들도 사귀고… 그저 독일에서 공부한다는 것 자체로도 행복한 나날들이었다.

유학생활
칼융연구원에서의
융과의 만남과
Jung

내가 칼 구스타프 융(Carl Gustav Jung: 1875-1961)이라는 스위스 분석 심리학의 거목을 처음 만난 것은 1994년 8월 29일이었다. 그 당시 나는 지금처럼 신령님들을 모시지 않은, 겉으로 봐서는 평범한 직장인이었다.

융이라는 사람의 존재를 처음 알게 된 기억은 오랫동안 잊은 채로 내 무의식에 깊이 잠들어 있었다. 그러다가 어느 날 갑자기 기억 속 저 너머에 기억의 편린(片鱗)으로 남아 있던 영상이 내 눈앞에 선명하게 다시 튀어 올라왔다.

융의 존재를 처음 알게 된 1994년 그날은 장맛비가 대지 위에 억수처럼 퍼부어 우산을 써도 옷이며 신발이 흠뻑 젖어버리는 그런 우중충하고 음산한 날씨였다. 나는 내 영혼을 갉아먹는 심각한 우울을 날려버리기 위해 연극을 한 편 관람하기로 마음먹고 대학로로 나갔다.

쏟아지는 빗속을 이리저리 배회하다가 지금은 이름이 기억나지 않는 대학로의 한 허름한 소극장에 붙은 〈유리로 만들어진 세상(영: The World is made of Glass)〉이라는 공연 포스터를 보았다. 연극의 제목이 이내 나의 눈길을 사로잡았다. 그래서 연극을 보게 되었다.

'유리로 만들어진 세상'이란 작품은 칼 융이 구술하고, 아니엘라 야페가 집필한 칼 융의 자서전인 『회상, 꿈 그리고 사상(독일어 원제: Erinnerungen, Traeume, Gedanken von C. G. Jung)』이라는 책에 기록된 이 환자의 사례 일부를 토대로 만들어졌다.

　이 연극은 주인공 두 명의 남녀 배우가 무대 위에 등장해 나누는 독백(독: Monolog)과 대화(독: Dialog)가 번갈아 교차하는 형식을 취하고 있다. 융의 자서전에 기록되어 있는 중년의 여자 환자 '마그다(마그다 릴리안 카르도스 폰 감스펠트)'는 칼 융과 만났던 시기에 성격의 점진적인 분열을 겪고 있었다고 한다.

　융이 진료했던 마그다는 오스트리아의 명문 가문 출신으로 이탈리아 파듀아 의대를 졸업한 유능한 여의사다. 매혹적인 외모와 냉철한 지성을 겸비한 그녀는 성년이 되자마자 타락하고 변태적인 바람둥이 외과 의사인 아버지와 장기간 근친상간을 경험한다.

　그녀의 아버지는 자신을 버리고 떠나버린 마그다의 어머니에게 복수하려는 의도에서 마그다를 성적 유희의 수단으로 삼아 타락의 길로 이끈다. 마그다는 자신의 인생에서 왕자로 군림해 온 아버지로부터 순결이 파괴당하고 착취당했다는 배신감과 함께 수치심과 모욕감을 느낀다. 그녀는 의과대학에 재학해서도 방황을 계속하다가 조각을 전공하는 여자친구와 동성애를 경험한다.

　그 후 마그다는 친한 친구의 남편을 사랑해 승마 사고를 위장해 고의로 친구를 살해하고 그녀의 남편을 빼앗아 그와의 결혼에 이른다. 마그다는 친구의 남편과 행복한 결혼 생활을 유지했다. 그런데, 결혼 생활 도중에 그녀의 남편이 고환암에 걸리자 그녀는 남편을 안락사시킨다.

　그 이후부터 마그다는 죄의식과 함께 자기 자신에게 조롱당하며, 수치스럽고 치욕적인 감정에 휘말리면서도 아버지에 대한 병적인 집착에 시달린다. 그녀는 무모하리만큼 광적인 쾌락과 끝없이 깊은 우울증 사이에서 아슬아슬하게 그네 타기를 한다.

　시간이 흐를수록 그녀는 충동적으로 성에 더욱 깊이 탐닉하는데, 카타르시스를 경험하기 위해 잔인한 성적인 행위에 몰입한다. 그녀는 성적인 도착증과 폭력적인 광기에 휩싸여 무절제하고 방탕한 생활과 영적인 고통에 시달리는 나날을 보낸다. 가학적인 음란증(영: Sadism) 환자인 마그다는 그녀의 생일날 귀족 가문 출신이자 독일 황제의 황실군 대령과 함께 호텔에 투숙해 유희적이며 격렬한 정사를 벌인다.

가학성 음란증은 상대방에게 육체적인 고통이나 심리적인 굴욕감과 치욕스러움을 일으키게 함으로써 비정상적인 방법으로 성적인 만족과 쾌락을 얻는 성적 행위를 일컫는다.

마그다는 대령과의 정사 도중에 갑자기 스스로 통제할 수 없는 격렬한 분노와 복수심에 불타오른다. 그녀는 그 순간 대령을 살해하고 싶은 충동에 사로잡혀 승마용 채찍으로 그를 사정 없이 마구 때렸다. 그녀가 제정신을 차렸을 때 대령은 거의 빈사 상태에 이른다. 이후 그녀는 경찰의 추격을 피해 열차를 타고 달아난다.

그날 밤 마그다는 악몽을 꾸었다.

마그다는 말을 타고 검은 골짜기의 으슥한 곳으로 사냥하러 나갔다. 그녀는 어느 순간 말에서 떨어졌다.

그러자 그녀는 유리로 된 공 안에 알몸으로 갇혔다. 이때, 그녀는 핏빛 모래사막 위를 구르고 또 굴렀다. 그녀는 홑이불에 몸이 뒤엉키고, 공포로 인해 땀에 흠뻑 젖은 채로 꿈에서 깨어났다.

융으로 분장한 배우는 약간 상기된 듯 심각한 어조로 관객에게 그의 환자인 마그다에 관해 보고한다. 칼 구스타브 융(Carl Gustav Jung: 1875~1961)은 아니엘라 야페가 대필한 그의 독일어판 자서전『회상, 꿈 그리고 사상(독: Erinnerungen, Traeume, Gedanken von C.G.Jung)』 128~129쪽에서 마그다를 만난 인상을 기록으로 남겼다. 당시 나는 융의 독백에 해당하는 구절을 융의 자서전에 나오는 독일어 원문에서 번역해 일기장에 기록해 두었다.

"한 숙녀가 내 상담 시간에 왔다. 그녀는 자신의 이름을 밝히기를 거부했다. 그녀에게 이름은 중요하지 않았다. 왜냐하면 그녀는 내게 단 한

번만 자문받고 싶어 했을 뿐이기 때문이다. 그녀는 분명 상류사회에 속한 여인으로 보였다. 그녀는 자신의 직업이 의사라고 소개했다. 그녀가 내게 전달하고자 했던 내용은 차라리 하나의 고해성사였다."

- Aniela Jaffe, 『회상, 꿈 그리고 사상(Erinnerungen, Traeume, Gedanken von C.G.Jung)』, 독일어판, 128~129쪽에서 번역하여 정리함.

융으로 분장한 남자 배우는 약간은 떨리는 듯 호소력 짙은 목소리로 독백했는데, 그의 목소리가 지금도 내 귀에 생생한 울림으로 남아 있다. 그의 호소력 짙은 목소리를 떠올릴 때마다 나는 마치 내가 융의 환자라도 된 듯 착각할 정도였다. 그만큼 내게 〈유리로 만들어진 세상〉이라는 연극이 강렬한 기억으로 각인되었던 것 같다.

연극을 관람하는 내내 나는 칼 융이 카리스마 넘치는 마그다와 짧지만 강렬하면서, 혼란스럽고 에로틱한 감정과 더불어 동병상련의 어떤 본능적인 교감을 나누었을 것 같다는 인상을 받았다.

융은 성장기 때 정서적인 문제가 많고 모순적이며 신경증에 시달렸던 그의 어머니에 대해 애정과 미움이 뒤엉킨 묘한 양가감정이 교차하는 관계를 유지했다.

융의 어머니인 '에밀리에(Emilie Jung: 1848~1923)'는 다정하며 부드럽고 편안했지만, 이중적인 인격을 가지고 있었다. 그녀의 이면에는 강인하고 어둡고, 타인을 압도하는 카리스마적인 인격이 도사리고 있었다. 에밀리에의 두 번째 여성적인 인격은 타인으로부터의 어떤 반대도 허용하지 않았다. 어린 시절의 융은 그녀가 자기 눈을 들여다보기만 해도 머릿속의 생각을 환히 알 수 있다고 믿었을 정도다.

융과 어머니의 관계는 오랜 세월 그의 모든 여자와의 관계에 깊은 영향을 미쳤다. 사랑이라는 말에 대한 융의 반응은 항상 의심, 아니면 불신이었다.

융은 여성성을 대표하는 마그다와의 짧고 강렬하며 기묘한 만남을 통해 자기 내면에 감추어진 남성적인 욕구와 더불어 어머니와의 관계에서 파생된 부정적인 '아니마(라틴어: Anima)'와 대면해야만 했을 것이다.

아니마란 라틴어로 영혼이란 뜻인데, 칼 융이 제창한 분석심리학에서 이 단어를 수용하여 아니마의 개념을 새롭게 정립하였다. 남성의 무의식에 내재한 여성적인 본성을 의인화한 여성적인 인격이다. 이에 상응하는 개념은 아니무스(라틴어: Animus)로 여성의 무의식에 내재한 남성적인 인격이다.

나는 연극을 보는 내내 융과 마그다의 강렬하고 짧은 만남이 융의 무의식에서 '역전이(영: Counter Tranceferrence)' 반응을 일으킨 것 같다는 인상을 받았다.

역전이는 정신치료사(정신분석가)가 상담하는 과정에서 경험하는 내담자의 전이에 대한 무의식적인 반응으로, 분석가의 신경증적인 갈등이 역전이의 주된 원인이다. 분석가는 역전이 반응이 일어날 때 과거에 경험했던 중요한 경험을 재경험하는데, 이때 그는 내담자(환자)에게 각별하고 강렬한 정서를 느끼며, 자신의 해결되지 않은 감정이나 문제를 환자에게 투사한다.

역전이는 치료자인 상담가가 자신의 문제로 인해 심리적인 갈등을 일으키거나 공감적인 이해와 중립성을 유지하는 데 방해 요인으로 작용할 수 있다. 또한 역전이는 치료에 임하는 치료자의 정신적인 스트레스와 개인적인 문제 못지않게 치료자의 실수를 유도하고 치료의 진전을 방해해 치료를 실패로 이끌 수도 있고, 환자와의 신뢰 관계에 악영향을 미칠 수도 있다.

연극에서 융과 마그다의 일회적인 정신분석적인 치료 관계는 정신과 의사와 내담자 사이에서 경험하는 일상의 정신적 교류를 초월해 동병상련의 관계로 진전되고 있다. 그들은 서로의 상처 입은 영혼을 보듬고 치유하는 영적인 공감대를 형성했던 것 같다.

융은 1차 세계대전 발발 직전인 1913년 심각한 정신적인 (붕괴)위기를 경험했다. 이에 관한 내용은 아니엘라 야페(Aniela Jaffe: 1903~1991)

가 대필한 독일어판 융의 자서전『회상, 꿈 그리고 사상』178~179쪽에 '무의식과의 투쟁'이라는 제목으로 상세히 기록되어 있다.

1913년 가을 무렵부터 융은 그동안 내면에서만 느껴왔던 심리적인 압박감을 현실에서도 강렬하게 체험했다. 그것은 그에게 공중에 부유하는 듯한 느낌을 동반했는데, 융에게는 그것이 점점 더 강렬하게 심리적인 상황이 아닌 구체적인 현실의 문제로 다가왔다.

어느 날 융의 내면에서 어떤 목소리가, "보라! 이것은 완전한 실제 상황이다."라고 말했다. 이때 미지의 얼굴 하나가 떠오르며 융을 마음을 사로잡고 놓아주지 않았다. 융은 장차 도래할 세계의 정세를 상징하는 '피의 흐름'의 비전을 보았다. 그때 융은 자기 자신이 정신병의 위협을 받고 있다고 가정하기에 이르렀다.

- Aniela Jaffe,『회상, 꿈 그리고 사상(Erinnerungen, Traeume, Gedanken von C.G.Jung)』독일어판 178~179쪽.

마그다 역을 연기한 여배우는 연극 무대에서 자신의 꿈을 융에게 설명한다.

"나는 처음으로 악몽을 꾸었습니다. 검은 골짜기 속으로 사냥을 나갔던 내가 말에서 떨어져 유리로 된 공에 갇힌 채, 핏빛 모래사막 위를 구르고 또 구르는 꿈을, 홑이불로 몸이 뒤엉키고 공포로 땀에 젖은 채…."

이 꿈의 내용은 바로 그녀가 처한 현재의 문제를 적나라하게 드러내고 있었다. 그것은 그녀가 융에게 고해성사한 것이나 다름없다. 왜 그런가? 프로이트가 주장했듯이, "꿈은 무의식으로 가는 왕도"이니까. 연극의 제목이 〈유리로 만들어진 세상〉으로 정해진 것도 마그다의 꿈에 나타난 상징을 단적으로 표현한 것이다.

마그다는 자신을 가둔 굴레 속에 갇혀 옴짝달싹 하지 못하고 있었다. 자신의 죄가 투명하여 그 내부를 스스로는 물론이고 타인이 속속들이 들여다볼 수는 있다. 그렇지만 그녀는 유리공에 갇혀 더 이상의 치료가 불가능하게 세상과 단절된 상태로 있다. 그 상황을 자발적인 의지와 힘으로 깨거나, 타인의 물리적인 힘을 빌려 깸으로써 상처를 입어야만 밖으로 튕겨 나올 수 있는 상태. 마그다는 '유리로 된 공'으로 상징되는 내면의 감옥에 자신을 가두고 스스로 영혼을 옥죄며 괴롭히고 있었다.

융 또한 긴긴 무의식과의 투쟁을 통해 영적인 어둠의 터널을 거쳐 왔다. 그녀가 처음 꾼 악몽을 이해하는 의사와 환자는 동병상련(同病相憐)의 교감을 갖게 된다.

융은 독일어판 자서전 129~130쪽에 마그다와의 경험과 임상 진단에 관한 기록을 남겼다.

살인자인 마그다는 자신의 영혼을 파괴하고 교살했는데, 그녀 혼자서는 감당하기 버거운 고독을 떨쳐내려고 융을 그녀의 비밀을 공유하는 '내밀한 공모자'로 만들었다.

융은 마그다와의 강렬한 경험을 통해 환자를 치료하면서 정신과 의사로서 지향해야 할 기본적인 자세에 관해 기록했다.

융은 임상의 진단이 환자의 확실한 치료의 방향을 제시하기 때문에 매우 중요하지만, 환자를 치료하는 결정적인 포인트는 환자의 과거사에 관한 질문이라고 강조했다. 영혼의 치유사는 환자의 출생과 성장배경, 조상의 내력, 인간적인 고통과 심리적인 외상의 근원에서부터 영적인 치유를 시도해야 한다는 것.

연극 〈유리로 만들어진 세상〉을 관람할 당시 나는 독일 회사의 한국 법인에 다니는 평범한 직장인이었다. 나는 전문적인 상담가는 아니었지만, 왠지 융이란 사람이 몹시 궁금해졌다. 때로는 융이 과연 어떤 사람이었을까 상상할 때도 있었다. 나는 언젠가 기회가 되면 꼭 융과 관련된 전문적인 책을 읽으리라고 스스로 다짐했다. 그러고는 그만 굴곡이 많은 나의 삶 때문에 융의 존재와 이 연극을 까마득하게 잊고 지냈다.

그리고 다시 칼 융이 내 삶의 그루터기로 떠오른 것은 그로부터 7년 후인 2001년 초의 어느 날 새벽 무렵이었다. 그때 나는 이미 신령의 부름을 받아 강신(降神) 무당으로 입무(入巫)하여 『집 없는 무당』을 출간하고 나서 독일의 함부르크 조형예술대학(HfbK Hamburg)의 비주얼 커뮤니케이션(독: Visuelle Kommunikation) 학과에서 3학기 과정을 이수한 후였다.

함부르크 조형예술대학에 재학하면서 나는 스스로 예술적인 재능이나 소양이 전혀 없다고 판단했다. 그렇지만 불가피하게, 나는 인간의 영혼을 이해하기 위한 하나의 수단으로써 예술을 활용하기 위해 힘겹게 학업을 이어갔다.

나는 독일에서 난생처음 예술 공부를 시작했다.

하지만 한국의 미술대학에서 이미 학업을 마치고 독일 예술대학에 다니던 한국 학생들의 입방아에 오르내리며 심한 비판(영: critic)을 당했다. 그들은 나더러 그런 유치한 그림을 그리지 말라느니, 자기들이 나를 대신해 그림을 그려주겠다느니 하면서 은근히 나를 조롱하고 뒤에서 수군거렸다.

그럴 때마다 나는 나의 예술적 자질의 부족함을 느끼며 깊은 열등감과 좌절감을 맛보았다. 동시에 나는 문화적인 충격에 사로잡혀 있었다. 그에 대한 연쇄 반응으로 내가 독일의 예술대학에 유학한다는 사실 그 자체에 대한 깊은 회의가 밀려들었다.

차라리 함부르크 종합대학의 심리학과 내지는 문화인류학과로 전학을 하는 것이 낫지 않을까 하고 심각하게 고민했다.

그날 나는 독일어로 진행된 사진학 관련 세미나를 들으며 너무 집중한 탓에 머리가 금방이라도 터질 듯이 아파서 집에 돌아와 대충 몸을 씻고 일찍 침대에 누워 잠을 청했다. 그런데 몸은 솜방망이에 두들겨 맞아 축 늘어진 꼴이었음에도 몸을 이리저리 뒤척일 뿐 눈은 말똥말똥해져 도무지 깊은 잠에는 빠져들 수가 없었다.

한 두어 시간쯤 지났을까?

간신히 깊은 잠의 나락에 빠져들어 의식과 무의식의 마지막 경계에 막 도달하려던 찰나였다. 나는 깊은 잠에 빠졌음에도 불구하고, 가슴이 답답하고 목이 조이며 멀미라도 할 듯한 느낌이 들었다. 그 순간, 내가 어떤 보이지 않는 힘에 이끌려 마치 어떤 신성한 빛과 접촉하는 것과 같은 경건함이 밀려들었다. 마치 내가 감각적인 우주의 법칙과 결별한 채 타임머신을 타고 다른 세계에 다다른 후 아무도 없는 어떤 영역에 홀로 서 있는 고요한 느낌이랄까….

잠시 후에 멀미할 것 같은 심한 울렁거림이 조금씩 잦아들었다. 내가 다시 평소의 기운을 차리자, 내 주변은 강물이 아침 햇살을 받은 듯 영롱하게 빛났다. 내 눈앞에 무엇인가가 스치며 환한 무지개의 빛과 같은 섬광으로 번쩍하고 빛나는 것을 감지했다. 그 빛은 사그라들었다가 또다시 눈앞에 피어오르기를 반복했다. 나는 내 눈가를 감싸는 심상치 않은 영적인 기운을 감지했다.

잠시 후부터는 무언지 모를 온화한 기운이 내 온몸을 감싸고 돌기 시작했다. 이 기분은 가위에 눌렸을 때 온몸이 옥죄어 오거나 압박해 오는 그런 느낌이라기보다는 뭔가 편안하고 안락한 기운에 내가 이끌리는 안도감 같은 것이었다.

내 육신이 무언가 따뜻한 기운의 영향을 받아 약간 달뜬 기분이랄까? 나는 잠이 산처럼 무겁게 짓눌러 내리는 무거운 육신을 벗고 혼곤한 잠 속에서 일어나려고 몸을 버둥거리기 시작했다. 나는 잠에 취해 떠지지도 않는 눈꺼풀을 억지로 치켜떴다.

집 앞의 길가에 서 있는 가로등도 켜져 있었지만, 내 침대의 발치에서 빛나는 환한 빛 때문에 나는 불을 켜지 않고 당시 상황을 분명하게 파악하기 위해 주변을 이리저리 살폈다. 벽시계를 바라보니 내가 깨어난 시각은 오전 2시 20분이었다.

순간 내 의식의 내부에서는 백색 소음의 메아리가 울려 퍼졌다. 내 두개골은 이리저리 질서 없이 뒤엉킨 케이블들이 칡넝쿨처럼 엉켜 늘어져 있는 것 같았다. 그때 소리 없는 내면의 진동은 내 마음의 벽과 바닥, 두뇌의 케이블을 모두 뒤흔들어 놓으면서 나의 몸속으로 스며들기 시작했다. 내 육신은 갑작스러운 빛에 빨려 들어가 걷잡을 수 없는 파동으로 변해가는 것 같았다. 내가 공기 중의 무중력 상태에 둥둥 떠 있고, 진홍빛 안개가 내 주위를 감싸 서서히 영역을 확대하며 퍼져나가는 것 같은 기운이 감돌았다.

그러자 내 눈이 갑자기 열리고 동공이 확대되었다. 느닷없이 침대 발치가 있는 공간 벽면에 오색 무지갯빛이 영롱하게 반사되며 한 늙은 남자의 쭈글쭈글한 손 하나가 크게 떠오르더니 눈부시게 반짝거렸다. 그 손은 마치 나에게 자기 쪽으로 오라고 손짓하는 것만 같았다.

그 바람에 나는 정신이 화닥닥 들어 침대 위에 누워있던 몸을 순간적으로 벌떡 일으켰다. 그리고 그 손이 누구를 향해 손짓하고 있는가를 다시 한번 찬찬히 살펴보았다.

분명 그 손은 나를 향해 손짓하고 있었다. 그 손은 마치 나를 어딘가로 인도하려는 듯했다. 나는 그 손이 이끄는 방향을 따라 내 시선을 움직였다. 그리고 내 시선이 멎은 곳은 책장의 한 모서리였는데, 한 권의 책이 이내 눈에 들어왔다.

아니엘라 야페가 독일어판으로 출간한 책으로, 『체. 게. 융 그림과 말(독: C.G.Jung, Bild und Wort)』이었다.

나는 그 책을 함부르크 조형예술대학의 러시아 출신 영화감독 친구인 '타티아나(Tatiana)'에게 빌렸는데, 학교 수업과 과제를 제출하느라 바빠서 집에다 그냥 방치해두고 있었다. 당시 학과 수업을 따라가기도 버거웠던 나는 책을 빌려 놓고는 한 달 동안이나 한 장도 들여다보지 못했다.

무지갯빛 가운데서 나에게 손짓하던 그 손은 내가 침대에서 일어나 책장으로 걸어가 그 책을 내 손에 들 때까지 계속 손짓하고 있었다. 나는 그 책을 책장에서 뽑았다. 그리고 한 페이지를 열었다. 내가 의식적으로 어떤 페이지를 열려고 하지도 않았는데, 그 책의 124페이지가 저절로 펼쳐졌다. 그 페이지에는 내가 방금 보았던 하나의 손이 찍힌 흑백 사진이 담겨 있었다.

바로 그 찰나에 나는 그 손이 어디에선가 꼭 한 번은 본 것 같은 느낌이 들었다. 나는 혹시 요즘 내가 학업으로 인한 스트레스와 신경과민 때문에 일종의 '데자뷔(불: déjà-vu) 현상'을 경험하고 있는 것은 아닌가 하는 의구심에 휩싸였다.

데자뷔 현상은 한국어로 기시감(旣視感)이라고 번역한다. 처음 보는 대상이나 처음 겪는 일이 마치 이전에도 경험했던 것처럼 낯익게 느껴지는 현상이다.

나는 이 비전이 어쩌면 내가 영적인 세계와 영원한 랑데뷰를 하는 것이며, 이 경험은 내게 어떤 영적인 의미를 전달하려는지도 모르겠다는 강렬한 예감에 사로잡혔다.

문득, 내 마음 한구석에서 어쩌면 이 늙은 남자의 쭈그러진 손이 칼 융의 손일지도 모른다는 생각에 이르렀다. 생각이 여기까지 미치자, 이 손짓은 칼 융이 나를 자신이 속한 '영혼의 왕국(독: Seelenreich)'으로 초대하려는 것이라고 확신했다.

그도 그럴 것이, 기억의 저 깊은 터널로부터 융이 그 언젠가 "작가가 등장인물을 선택하는 것이 아니라 등장인물이 작가를 선택한다."라고 했던 문장이 떠올랐다. 이러한 생각에 도달하자 내 의식은 심령의 에너지와 새 생명의 폭발로 인해 원초적인 카오스 상태가 되었다.

나의 심장은 미친 듯이 고동쳤으며 내 육신의 모든 혈관은 영적 충만함과 희열로 가득 차 폭발할 것만 같았다. 그리고 내 기억은 블랙 아웃(영: Black Out) 상태가 되었다.

블랙 아웃은 갑자기 눈앞이 캄캄해지면서 잠시 기억을 잃는 상태다.

다시 칼 융의 책을 자세히 읽으니 불현듯 기억에서 사라졌던 〈유리로 만들어진 세상〉이란 연극이 다시 내 눈앞에 생생하게 재현되었다. 나는 마치 융의 내담자인 그녀(소설 속에서는 마그다라는 이름을 가지고 있었다.)가 된 듯 강렬한 육체의 에너지와 떨림을 체험했다.

이러한 경험을 한 이후 며칠이 지나지 않아 나는 또다시 융과 관련된 일을 체험하게 되었다. 이번에는 인터넷을 통해서 하나의 새로운 논문을 만나게 되었다. 내가 그 논문을 의식적으로 찾은 것도 아닌데, 갑자기 논문의 제목 한 편이 내 눈에 툭 하고 튀어 오른 것이다,

스위스 칼 융 연구원의 교육분석가이자 독일 남부의 샬바흐 (Schallbach)에서 융 연구원의 교육분석가로 활동하는 킴 발터(Kihm Walter: 1947~) 박사의 논문이었다. 그 논문의 제목은 〈샤머니즘에서의 상징을 위하여(독: Zur Symbolik im Schamanismus)〉였다. 나는 이 책을 함부르크 중앙도서관에서 대출해 일주일간 완전히 몰입해 읽었다.

나는 킴 박사의 논문을 정독하고 나서 그에게 내 소개를 담은 편지 한 통을 썼다. 그리고 나의 자서전인 『집 없는 무당』과 2000년 2월 15일 코리아 타임즈에 기고한 왈라벤(Boudewijn Walaven: 1947~) 교수의 영어로 된 서평 및 기타 관련 자료를 동봉해 스위스 칼 융 연구원의 킴 발터 박사에게 발송했다.

나와 관련한 서류를 칼 융 연구원으로 발송한 지 2주 후에 집으로 킴 발터 박사의 편지가 배달되었다. 그는 내 편지의 내용을 감명 깊게 읽었다며 나를 자기의 심리상담소로 초대했다. 아울러 편지 안에는 내가 언제쯤 자신을 방문할 수 있는지 묻는 내용도 담겨 있었다.

나는 그에게 즉시 편지를 보내 만날 약속을 정했다.

약속한 일정이 가까이 다가오자, 나는 이메일로 킴 박사에게 남편과 함께 그의 사무실을 방문해도 괜찮겠느냐고 물었다. 그가 우리를 바젤까지 데리러 오겠다고 제안하며, 자기 집 근처에 있는 호텔도 예약해 주었다.

요아킴과 나는 약속한 날에 함부르크에서 ICE 특급열차를 타고 독일 영토에 속한 바젤(Basel) 중앙역에서 내렸다. 그와 그의 부인이 바젤 중앙역으로 마중을 나와서 우리를 반갑게 맞이해 주었다. 나는 킴 박사로부터 넉넉하고 편안한 첫인상을 받았다. 스웨덴 출신인 그의 아내는 뢰어라흐(Loerrach)에서 동물 커뮤니케이션 치료사로 일하고 있었는데, 친절하고 상냥했다.

우리는 일단 샬바흐에 예약한 호텔에 가서 여장을 풀었다. 그 후에 우리 일행은 그가 상담실로 사용하는 집으로 갔다. 그와 그의 아내는 스웨덴식 건축양식의 큰 저택을 지어서 공간을 분리해 상담실을 배치하고, 다른 공간은 주거용으로 사용하고 있었다.

우리 일행은 응접실에 앉아 차를 마시며 다양한 주제의 이야기를 나누었다, 신기하게도 우리는 아주 오래전부터 만나왔던 친구처럼 편안하고 다정하게 이야기를 나눌 수 있었다.

킴 박사는 자신의 서재로 내려가 독일 방송국에서 다큐멘터리 영화로 제작한 '남해안 별신굿' VHS 비디오테이프 카세트와 인류학자이자 시베리아 샤머니즘 연구가인 한스 핀트아이젠(Hans Findeisen: 1903~1968)의 책『샤머니즘(독: Schamanentum)』을 가지고 와서 내게 선물했다.

우리 일행은 다시 바젤 시내로 나가 이탈리아 식당에서 함께 저녁 식사를 했다. 저녁 식사가 끝나자 킴 박사와 그의 부인이 승용차로 우리를 호텔 앞에 내려주었다.

다음 날 오전에 킴 박사와 그의 부인이 호텔로 우리를 데리러 왔다.

이날 우리는 스위스 쮜리히에 있는 칼 융 연구원을 방문했다. 융 연구원은 승용차를 차고 바젤에서 한 시간 남짓한 거리인 쮜리히 호숫가 근처의 퀴스나흐트(Kuesnacht)에 있었다. 융 연구원은 아름다운 쮜리히 호숫가를 끼고 있는 목조건물을 캠퍼스로 사용하고 있었다.

융의 만달라(산스크리트어: Mandarla, 힌두교나 불교의 밀교에서 수행할 때 보조 용도로 사용하는 원을 상징하는 도형.)를 상징하는 색색의 장미 정원과 호숫가에 자리 잡은 파빌리온(영: Pavillion, 정자) 등 소박하지만 인상적으로 아름다운 건물을 소유하고 있었다.

킴 박사는 나를 융 연구원의 건물 안으로 데리고 가서 강의실과 강당, 도서관이며 휴게실을 자상하게 안내해 주었다.

때마침 당시 칼 융 연구원장이었던 슈필만(Dr. Brigitte Spielmann) 여사가 쮜리히 호숫가에 연결된 정원의 벤치에 홀로 앉아 있었다. 킴 박사가 그녀에게 나를 소개했다. 한국에서 유학 온 강신 무당인데, 지금은 독일 함부르크 조형예술대학에서 재학 중이라고 자세히 설명했다.

그녀는 잠시 놀란 표정으로 나를 물끄러미 바라보았다. 그러더니 "융 연구원을 방문하신 것을 환영합니다."라고 말했다. 이어서 그녀는 내게 융 연구원을 잠시 방문한 것인지, 아니면 가까운 장래에 융 연구원에서 공부할 계획이 있어서 방문한 것이냐고 물었다.

나는 지금은 함부르크 조형예술 대학에서 공부하고 있지만, 언젠가 내게 그럴 기회가 주어진다면 융 연구원에서 공부하고 싶다고 대답했다.

그녀는 그렇다면 학생으로 입학 지원을 한번 해보라면서 내게 융 연구원의 학사 일정 안내문을 하나 건넸다. 그런 다음 그녀는 내게 작별의 악수를 청했다.

융 연구원 방문을 마치고, 킴 박사 부부와 독일 쪽 바젤역에서 작별한 다음, 나는 남편과 함께 다시 함부르크로 돌아왔다. 그리고 다시 일상으로 돌아와 함부르크 조형예술대학에 다녔다.

조형예술대학에서 4학기를 마치고 '포어디플롬(독: Vordiplom, 한국 학제로 학사학위에 해당하는 과정)'을 마치자마자 나는 스위스 칼 융 연구원 학생과에 간단한 소개와 함께 내가 융 연구원에서 공부하고 싶은데, 마땅한 학사일정이 있으면 입학 사정 자료를 우편으로 발송해달라고 요청하는 편지를 보냈다.

2주 후에 독일 집으로 융 연구원의 비서실 학사일정 담당자로부터 편지와 함께 학사일정과 입학원서가 도착했다. 나는 이 문서를 신령님 전에 올리고 내가 앞으로 융 연구원에서 영성심리학을 공부할 수 있도록 허락해 달라고 기도를 올렸다.

마침 그 시기에 융 연구원에는 새로이 3년짜리 심리상담 관련 전문 직업과 연관된 연수프로그램(독: Fortbildung fuer die berufbezogene Theorie / Ihre Anwendung von therapeutischer Taetigkeit)이 개설되었다. 나는 입학원서와 함께 독일 하이델베르크대학의 인류학과 교수인 쾨핑

(Dr. Klaus Peter Koepping: 1940~2017, 일본 축제, 마쯔리 전공)과 스위스 프리부르크대학교의 종교학과 스토펠(Berno Stoffel: 한국의 샤머니즘 전공) 박사의 추천서를 첨부하고, 기타 입시에 필요한 제반 서류를 챙겨서 3년짜리 전문직업과 연관된 연수프로그램(영성심리학)에 지원했다.

한 달 후에 융 연구원으로부터 편지가 도착했다.

내가 입학서류 전형에 합격했으니, 융 연구원에서 지정한 두 명의 입시 면접관과 접촉해 따로 인터뷰 일정을 잡아서 면접을 보라는 내용이었다. 입학시험의 면접관은 교육분석가인 스트루벨 박사(Dr. Robert Strubel)와 브린들 여사(Rinda Briendl)였다. 나는 두 사람에게 각각 편지를 보내 면접 일정을 잡았다.

나는 요아킴과 함께 두 사람의 상담실을 방문하여 면접시험을 치르기 위해 다시 스위스 쮜리히로 ICE를 타고 갔다. 칼 융이 나를 자신의 왕국으로 초대했으니, 입학시험에 합격하는 것은 그리 어렵지 않을 것이라고 확신했다. 내적으로 후원하는 분이 있다는 자신감 덕분인지 면접에 임해 긴장하지 않고 아주 편안한 마음으로 내가 융 연구원에 입시 지원하는 이유와 학업을 마친 후의 계획 등 두 면접관의 질문에 막힘없이 대답했다.

입시 면접을 마친 후 한 달 후에 칼 융 연구원으로부터 입학허가서가 도착했다. 나는 요아킴을 아렌스부르크에 홀로 남겨두고 다시 스위스 쮜리히로 유학을 떠났다. 그리고 3년이 넘게 칼 융 연구원에서 영성심리학 관련 수업과 교육분석 및 슈퍼비전, 그리고 콜로키움 과정을 이수했다.

내 인생에서 스위스까지 달려가 심리학을 공부하기에는 적잖은 나이였음에도, 그 시절이 가장 행복하고 가장 희망적인 시간이었다. 스위스 쮜리히에서 또 한 번의 새로운 문화를 접하고, 새로운 친구들을 사귀게 되었다. 인간의 영혼을 돌보고 치유하는 목표를 가진 사람들과 소통하며 융의 심리학을 공부한다는 것이 얼마나 큰 축복이었던가?

그만큼 나는 나의 내면세계를 다양하게 여행할 기회를 얻었으며, 자신의 목표를 실현하고 개성화를 도모할 수 있었다.

5

Pavane
파반느
죽은 황제를 위한

나는 함부르크 조형예술대학의 비주얼커뮤니케이션 학과에서 2000년
~2006년까지 석사과정에 재학하는 동안 다큐멘터리 영화와 영상인류
학을 복수 전공했다. 게르트 로시어(Gerd Roscher: 1943~) 교수가 다
큐멘터리 영화 과정을 지도했다. 그는 〈검은 태양의 의례(독: Ritual der
schwarzen Sonne)〉라는 멕시코 죽음 의례를 영화로 제작했다. 또 독
일 제2 공영방송(ZDF)과 공동 작업으로 문예이론을 쓴 발터 벤야민
(Walter Benedix Schoenflies Benjamin: 1892~1940)에 관한 영화, 〈국
경의 저편(독: Jenseits der Grenze)〉을 제작했고, 작품성도 인정받았다.

〈죽은 황제를 위한 파반느(독: Pavane fuer den verstorbenen
Koenig)〉라는 제목의 영화는 내가 만든 7편의 단편 영화와 에세이 영
화의 마지막 작품이다. 이 영화는 돌아가신 아버지에 대한 희미한 기억
을 더듬어 제작했다.

나는 이 작품을 통해서 나의 심리적인 문제를 자가 치유하기 위해
노력하는 동시에, 내 아버지를 신령으로 받아들이기 위한 준비 작업으
로 활용했다.

나는 이 영화를 제작하던 시기에 작곡가인 모리스 라벨(Maurice
Raval: 1875~1937)의 작품인 〈죽은 왕녀를 위한 파반느(불: Pavane pour
infante defunte)〉라는 곡에서 많은 영감을 받았다. 그래서 영화의 제목도

라벨의 작품 제목을 빌려와 조금 변화를 준 다음에 작품명으로 붙였다.

모리스 라벨은 1899년 파리음악원의 가브리엘 포레(Gabriel Urbain Faure: 1845~1924) 교수의 수업을 받을 당시에 〈죽은 왕녀를 위한 파반느〉라는 곡을 작곡했다고 한다. 라벨은 10년 후인 1910년에 이 작품을 오페라를 위한 곡으로 편곡했다.

나는 〈죽은 황제를 위한 파반느〉 영화를 제작하는 기간에 독일 함부르크에서 ICE를 타고 스위스 쮜리히를 오가며 동시에 세 개의 서로 다른 학문을 융합하는 학업을 진행했다. 함부르크 조형예술대학의 비주얼 커뮤니케이션 학과에서는 다큐멘터리 영화와 영상인류학을, 스위스의 칼 융 연구원에서는 심층심리학의 영성심리학 과정의 학업을 이어갔다.

2003년 3월부터 2005년 10월까지 융 연구원에서 영성심리학을 공부하는 동안에는 교육분석(독: Lehranalyse)을 받았다.

교육분석은 장래에 분석가가 되기 위해 수련 교육을 받는 사람이 지정된 학과 수업 이외에 교육분석가로부터 자기 분석을 중심으로 이수해야 하는 필수 교육 과정이다. 수련자는 교육분석가의 지도하에 자기 경험을 바탕으로 무의식적인 움직임과 행동의 동기와 갈등을 분석하고, 정신분석적인 자기 정화의 과정을 거치며 스스로 치유자로서 자격과 면모를 갖추게 된다.

교육분석의 과정은 수련자가 자신의 무의식을 탐구하며, 고백(영: Confession, 독: Konfession), 해석, 또는 설명(영, 독: Eluciadation), 교육(영: Education, 독: Erziehung), 변형(영, 독: Transformation)의 4단계 과정을 경험한다.

수련자는 이 과정에서 자유연상법, 꿈의 분석, 자신의 과오나 실책에 대한 분석 등과 같은 자기 경험을 매개로 그의 무의식적인 갈등을 발견하고, 해결하여 향후 환자와의 분석 작업에서 장애나 방해를 받는 요인으로 작용하지 않도록 노력해야 한다.

나는 교육분석 경험을 통해 정신분석가가 자신의 감정에 바탕을 둔 경험과 자각을 통해 인격에 감추어진 해결되지 않은 문제와 '역전이'를 인식할 수 있으며, 자신의 심리적인 문제를 해결할 수 있는 유일한 방법이 '자기분석(독: Selbstanalyse)'이라는 결론에 도달했다.

이 시기에 나는 '마리아 성상화(독: Marien Ikonbilder)' 전문가였던 퀴니스 하르트만(Kuehnis Hartmann, Anna-Thekla: 1942~2016) 여사에게서 교육분석을 받았다.

하르트만 여사는 문헌학자이자 칼 융의 비서였던 마리 루이제 폰 프란츠(Marie Luise von Franz: 1915~1998) 박사의 제자로, 독실하고 엄격한 가톨릭 신자였다. 하르트만 여사는 성모마리아 그림과 성상화 및 제단화에 조예가 깊은 전문가이자 교육분석가이며, 이에 관한 여러 편의 책을 저술했다. 그녀는 당시 스위스의 칼 융 연구원에 재직하며 강의하는 분석가 중에서 그림분석을 병행하는 극소수의 교육분석가였다. 내가 그녀에게서 교육분석을 받을 당시에 그녀는 스위스의 바젤(Basel)에서 정신분석상담소를 운영하고 있었다.

칼 융 연구원에서 공부한 처음 1년 동안 나는 융 연구원이 위치한 퀴스나흐트(Kuesnacht)의 산 중턱에 있는 베데스타 하임(독; Bethesta Heim)이라는 고급 요양원의 부속 건물에 딸린 기숙사에 살았다. 이 건물이 과거에는 간호사의 기숙사로 사용되었다고 한다.

스위스 퀴스나흐트에 위치한 칼 구스타브 융 연구원에서 학업을 이어가는 동안 쮜리히 중앙역에서 바젤 중앙역까지 한 시간 남짓 기차를 타고 하르트만 여사의 분석 사무실로 가서 일주일에 두 시간씩 교육분석을 받았다.

하르트만 여사의 정신분석상담소는 쮜리히 중앙역에서 출발하는 바젤행 기차로 1시간가량 소요되었다. 나는 하르트만 여사에게서 교육분석을 받으러 가는 동안에 지나온 삶을 정리하며 내 안에서 역동적으로 일어나고 있는 내적인 변화를 감지했다.

교육분석을 받으러 가는 기차 안에서 그때그때 떠오르는 생각들을 차분히 정리할 수 있었다. 그 시절은 오로지 기도와 학업, 교육분석에 할애하는 시간, 자신의 영적인 성장에만 몰입할 수 있었던 "귀하디 귀한 시간"이었다. 그 소중한 경험들이 모여 현재 내 삶을 풍요롭고 내적으로도 평화롭게 이어갈 수 있는 원동력이 되었다고 생각한다.

나는 지금도 스위스의 칼 융 연구원에서 학업을 진행했던 시절이 내 인생에서 가장 행복하고, 정신적으로 풍요로우며, 정서적으로도 안정되었던 시기였다고 생각한다.

신령을 모시는 강신(降神) 무당으로서 독일과 스위스에서 유학 생활을 하고 학업을 진행할 수 있었던 것은 얼마나 분에 넘치는 축복인가?

나는 독일어 문화권에서 보냈던 소중했던 시간과 경험들, 평생 교류할 수 있는 외국인 친구들과 심리학자가 된 동료와의 만남, 그 외의 인연들과 맺은 깊은 인간관계를 통해서 좀 더 너른 세상을 경험할 수 있었다. 내 신령님들의 정성 어린 보살핌과 가호의 힘으로 경험했던 이 같은 축복은 내가 죽어 다시 이 세상에 태어난다고 해도 다시는 누리지 못할 것 같다.

나는 칼 융 연구원에 재학하는 내내 하르트만 여사에게서 꿈 분석과 아울러 심층심리학 이론과 그림을 분석하는 방식으로 교육분석을 받았다.

하르트만 여사와의 교육분석은 주로 내가 꾼 꿈과 내가 그린 그림을 가지고 진행되었다. 나는 내가 꾼 꿈을 A4용지에 독일어로 2부 작성했다. 그와 더불어 꿈에 나타난 상징들과 모티브들을 소재 삼아 그림으로 그렸다.

1주일에 한 번 하르트만 여사의 교육분석 시간이 시작되면, 나는 그녀와 정면으로 마주 앉아서 꿈에 관해 기록한 독일어 원문 1부를 그녀에게 전달한 후에 내가 꾸었던 꿈을 낭독했다. 그 후 꿈에 본 장면을 그려서 가져간 그림을 그녀에게 보여주었다.

우선 내 꿈을 낭독한 후에 내 꿈에 나타나는 모티브와 소재들에 관해 연상되는 것들을 열거했다. 그 후에 그녀와 나는 내 꿈과 그림에 관한 대화를 나누고, 열띤 토론을 진행했다. 마지막 한 시간 동안 하르트만 여사는 내 꿈에 나타난 상징들과 그에 합당한 이론들을 차분히 정리해 주었다. 그녀는 필요에 따라서 내가 교육분석을 진행하기 위해 읽어야 할 책들을 추천해 주었는데, 주로 칼 융과 융 분석가들이 저술한 책이었다. 그러면 나는 다음 주 교육분석 시간 전까지 추천받은 책을 읽고 나서 다시 분석 시간에 그녀와의 토론에 임했다.

나는 한국의 강신 무당이라 한국적인 문화와 샤머니즘적인 세계관을 가지고 있다. 내가 꾸는 꿈 또한 한국적인 원형의 이미지들과 상징을 가득 담고 있었다. 따라서 하르트만 여사와 내가 진행하는 교육분석의 과정은 고도의 집중력과 공감을 요하는 상담 테크닉은 물론 샤머니즘에 관한 깊은 이해와 공감이 필요한 까다로운 작업이었다.

하르트만 여사가 독실한 가톨릭 신자였던 까닭에 영적인 경험이 많았지만, 샤머니즘에 관한 전문적인 지식은 그녀가 따로 습득해 수업에 임해야 했다. 그녀는 교육분석가로서 성실하고 진지하게 자신에게 주어진 직무에 임했다.

종교적인 색채가 짙은 문화와 사회적인 환경에서 성장한 우리 두 사람은 서로를 이해하고 수용하려 노력했다. 그 때문에 교육분석을 진행하는 과정 중에는 '전이'나 '역전이', '방어' 등과 같은 분석을 방해하는 특별한 문제는 일어나지 않았다.

하르트만 여사와 교육분석 작업 중일 때 내 꿈에는 자주 돌아가신 아버지가 등장했다. 아버지가 등장하는 꿈은 내가 어린 시절에 경험했으나 잊혀진 채로 무의식 안에 깊이 잠들어 있던 모든 사건을 기억 속에서 끌어 올렸다. 이 경험은 정신분석의 아버지인 프로이트(Sigmund Freud: 1856~1939)가 그랬던 것처럼, 나를 부정적인 '부성 콤플렉스(독: Vaterkomplex)'가 잠들어 있는 무의식의 세계로 인도했다.

이런 이유로, 나의 교육분석 과정에는 내 아버지의 '대리인(독: Alternativer Vater)' 역할을 할 수 있는 이성(異姓)의 분석가 한 분이 더 필요했다.

나는 교육분석가인 하르트만 여사로부터 특별 허가를 받아 나의 '그림자(독: Der Schatten, 영: Shadow)'를 따로 분리해 교육분석을 진행하기 위해 합당한 교육분석가를 물색했다.

정신분석학에서 '그림자'는 무의식적인 인격으로, 일반적으로 인간 정신의 본능이나 어두운 측면을 의미한다. 칼 융의 분석(심층)심리학에서 그림자는 의식이 타고난 본능이나 폭력성, 분노와 같이 수치스럽거나 수용할 수 없는 자신의 모습 일부를 억압하고 고립시켜 무의식 안에 깊이 감추어 둔 부분적인 인격이다. 그림자는 야성적인 충동과 함께 의식의 표면으로 드러나고, 의식적인 인격보다 집단적인 것에 훨씬 더 많은 영향을 받거나 감염되기 쉽다.

때마침 마리오 야코비(Mario Jacoby: 1925~2011) 박사가 칼 융 연구원에서 그림자에 관한 강의를 진행했다. 나는 강의가 끝난 후에 야코비 박사에게 다가가서 내가 그림자 작업을 위한 목적으로 단기간 그에게 교육분석을 받고 싶다고 말했다.

야코비 박사는 흔쾌히 내 청을 받아들였다. 그렇게 해서 나는 두 명의 남녀 교육분석가로부터 교육분석을 받게 되었다.

마리오 야코비 박사는 독일 라이프찌히에서 태어났으나 성장기에는 후견인(後見人)인 외삼촌과 함께 상 갈렌(St. Gallen)과 스위스의 취리히 근교에서 살았다.

그는 프랑스에서 음악을 전공했고, 영국 런던에서 음악과 드라마를 전공한 후에 에후디 메뉴인(Yehudi Menuhin, Baron Menuhin: 1916~1999)으로부터 바이올린 지도를 받고 연주자로 활동했다.

그 후, 스위스 취리히 캄머 오케스트라의 바이올린 연주자로 활동하다가 다시 취리히 대학에서 심리학을 전공해 철학박사 학위를 받았다. 그는 욜란데 야코비(Jolande Jacoby: 1890~1973) 여사의 인도로 교육분석가 자격을 취득한 후부터 스위스 퀴스나흐트의 칼 융 연구원에서 줄곧 교육분석가로 활동했다.

2004년 11월 4일이었다.

그날도 내가 야코비 박사에게서 그림자를 주(主) 주제로 한 교육분석을 받고 있었다. 야코비 박사는 내게 자신이 바이올린을 연주하는 흑백 사진 한 장을 가지고 왔다. 그는 사진 위에, "나의 사랑하는, 영감을 주는 영화감독에게, 마리오 야코비"라고 쓰고 서명한 후에 내게 선물해 주었다. 그때 그는 자신이 살아온 삶을 처음으로 이야기해 주었다.

그의 어머니는 오페라 가수였다. 그가 아주 어렸을 때, 어머니는 그를 외삼촌에게 맡기고 이스라엘 텔아비브로 이주해 오페라 가수로 활동했다고 했다. 그는 어린 시절 허풍과 과장이 심하고 호언장담하는 외삼촌의 돌봄을 받으며 자랐다. 그 시절에 그는 어머니의 품을 많이 그리워했다고 회고했다. 그런데 바이올린을 연주하는 행위가 야코비 박사에게는 모성을 어느 정도 대체하는 역할을 했다고 했다.

내가 칼 융 연구원에서 활동했던 하고많은 분석가 중에서 특별히 야코비 박사를 교육분석가로 선정한 이유가 따로 있다.

그는 나의 아버지와 같은 해에 태어났고, 내 아버지와 유사한 내성적인 성격과 예술적인 소양을 가지고 있었다. 나는 그와 처음 몇 개월간 그림자를 중심으로 한 교육분석을 진행했다.

나는 야코비 박사의 지도하에 교육분석의 수련 과정을 거치며, 의식적으로 내 무의식 안에 처리하지 않고 감추어 두었던 '그림자'의 분석 작업을 집중적으로 진행했다. 그림자 분석의 목적은 나와 작고하신 아버지에 대한 과거의 억압된 기억을 되살려내려고 시도한 것이다.

나는 내 안에서 치유되지 않은 채로 남아, 인간관계에서 종종 발견되었던 부정적인 '아니무스(라틴어: Animus, 인간의 영혼에 내재한 남성적인 요소)'와 부정적인 '부성 콤플렉스(독: Vaterkomplex)'에 정면으로 대응하고자 했다.

나는 살아오면서 때때로 부정적인 부성 콤플렉스에 사로잡혀 있을 때가 있었다.

성격 발달 과정에서 굳어진 나의 강박적인 완벽주의와 심각한 정신의 결벽증의 원인이 부성 콤플렉스에 기인해 있고, 그것이 부정적인 부성 이미지(독: Vaterimago)로부터 많은 영향을 받았다고 생각한다.

내가 살아오는 동안 짊어졌던 아버지의 무게는 실로 육중했다. 청소년기에 내가 아버지와의 관계에서 경험했던 것은 융통성 하나 없이 타협을 모르는, 완고하고 권위주의적인 태도였다. 나는 아버지와의 단절된 부녀관계로 인해 깊은 마음의 상처를 받으며 성장했다.

나는 교육분석을 받으며 긴 세월 동안 묻혀 있던 어린 시절의 기억을 드문드문 떠올렸다. 분석을 받았던 기간 동안 아버지로부터 얼마간의 정서적인 방임(放任)을 당했다고 믿었던 부분을 발견했다.

야코비 박사는 내 아버지에 대한 부정적인 기억을 치유하기 위한 대리인으로 선택되었다. 나는 그와의 분석 관계를 통해 내 삶에서 파편화되어 사라졌던 아버지에 대한 기억의 편린(片鱗)들을 떠올려 치유하고, 잊혀졌던 부성(父性)을 다시 한번 더 체험하고자 했다.

내가 기억하는 아버지는 융통성이 전혀 없는 완고하고, 고지식하고, 무척 권위주의적인 분이었다. 아버지는 생전에 현실 세계와는 좀 동떨어진 영적인 부분에 더 치중해 수행하는 도인(道人) 같은 삶을 살았다. 아버지는 반평생 이상 직장에 다녔고, 풍족하지는 않았으나 고정적인 수입으로 우리 가족을 부양했다. 아버지는 1남 5녀를 자녀로 두었는데, 우리 가정은 형제. 자매가 많은 관계로 늘 경제적인 어려움과 곤란을 겪었다.

아버지는 나에 관해선 부성으로서도 무기력하고 경제적으로도 약간 무능했다. 아버지는 한 달에 한 번 어머니한테 월급봉투를 손 하나 대지 않고 고스란히 가져다주는 것 외에 집안에 대소사가 있어도 별반 관심을 보이지 않았다. 아버지는 세상살이에 그다지 관심을 가지지 않았고, 늘 영적인 수행에만 치중하는 일관된 삶을 살았다.

아버지는 우리 집안의 대소사에 돈이 얼마나 필요한지 굳이 알려고 하지도 않았다. 어린 나의 입장에서, 아버지는 막내인 내가 하고 싶은 것을 할 만큼 경제적인 뒷받침을 해줄 수도 없이 경제적으로는 무능한 분이었다. 게다가 아버지는 우리 형제. 자매 중에서 특정한 한두 사람만을 편애하고 애지중지했다.

내 기억에 아버지는 고집불통인 데다 강인한 엄마의 성격을 꼭 빼닮은 나를 대할 때면 무척 부담스러워했고, 막내딸에게 다정함을 드러내거나 예뻐하지도 않았다. 그러니 철딱서니 없이 어린 나로선 아버지를 좋아할 리가 없었다.

나는 성장기에 어머니를 존경하며 따르고 의지했으나, 내 아버지를 좋아한다거나 존경한 적이 별로 없었던 것 같다. 나는 어릴 때부터 성년으로 성장한 후에도 늘 아버지와 심리적인 거리를 두고 살았고, 아버지와는 경직된 인간관계를 유지했다.

아버지는 평생 내가 다가갈 수 없는 아득히 먼 존재였다. 아버지는 내게 심리적으로 '저항(독: Widerstand, 영: resistance)'을 유발하는 존재였지 애착의 대상은 아니었다.

지금 와서 돌이켜보면, 내 아버지의 존재는 나의 무의식 안에서 부정적인 부성 콤플렉스를 일으키는 존재였고, 아울러 나의 내면에서 부정적인 '아니무스(Animus)'를 발달시키게 한 하나의 요인으로 작용했던 것 같다.

어느 날, 야코비 박사는 내가 아버지에 관한 꿈을 기록한 일기를 낭독하자 다음과 같이 말했다.

"유 여사, 나는 당신의 자기 분석 과정을 지도하면서, '아니, 우리 둘 중에 누가 누구를 치유하고 있는가?' 하는 생각이 듭디다. 참 이상도 하지요?"

야코비 박사가 나의 교육분석 수련을 지도하는 과정에서 '역전이(독: Gegenuebertragung, 영: Counter-Tranceference)'를 일으킨 것이다.

역전이는 분석가(정신요법사, 정신과 의사 등)가 분석 과정을 진행하거나 환자를 치유하는 과정에서 무의식의 영향을 받아 반응하는 것들의 총체로, 그것이 부정적이든 긍정적이든 간에 분석 작업을 방해할 수 있는 요소다. 분석가와 피분석자 간의 일상적인 분석 행위에서 절제의 원칙과 중립성을 방해하는 무의식적인 갈등을 반영한다.

나는 야코비 박사가 역전이를 일으킨 이상, 계속해서 그에게 교육분석을 받는 과정이 더 이상의 큰 결실을 이루지 못하게 되리라 예감했다. 당시 나는 모성 결핍이 심한 야코비 박사가 무의식적으로 나를 자신의 치유자로 바라보는 까닭은 아마도 그가 분석가로서 정신분석적 자기 정화의 과정을 완전히 거치지 못했기 때문이라 생각했다.

야코비 박사가 내게 투사하는 모성적인 치유자 상과 무의식적인 기대감으로 인해 우리의 분석 관계에 중립성이 훼손될 수 있다고 판단했다. 그뿐만이 아니라 우리 두 사람 사이에서 일어나는 공감과 이해를 방해할 수 있는 부적절한 반응과 심리적인 장애물들이 나타날 것이라 예상했다. 그렇게 되면 교육분석가와 피분석자 관계에 있는 우리 두 사람은 계속해서 중립적인 분석 관계를 유지할 수 없을 것 같았다.

나에게는 이미 야코비 박사 외에 교육분석가인 하르트만 여사가 있었다. 당시는 심층심리학을 공부하기에도 허리가 휘청했는데, 비싼 교육분석료를 들이면서 이성인 교육분석가와의 골치 아픈 역전이 관계로 인해 피곤해지는 것은 딱 질색이었다.

다음 주가 되어 분석 시간이 되자, 나는 그의 분석 사무실을 방문한 날에 맞추어 야코비 박사에게 그가 역전이를 일으켰기 때문에 나로서는 즉각적으로 교육분석을 그만두어야겠다고 통보했다.

야코비 박사는 나의 갑작스럽고 단호한 태도에 몹시 실망한 듯했으나 내 뜻을 순순히 받아들였다.

야코비 박사와의 교육분석 관계를 청산하고 나서 1개월이 지났다. 그 사이에 야코비 박사는 내게 그림엽서 한 장을 우편으로 발송했다. 그는 그림엽서에 내가 어떻게 지내는지 궁금하다는 내용과 곧 다시 만나게 되기를 희망한다는 말이 씌어 있었다.

나는 의도적으로 그의 엽서에 바로 답장하지 않았다. 그와는 시간을 가지고 약간의 심리적인 '거리 두기'를 하는 것이 더 좋을 듯하다는 판단이 들었기 때문이다.

그 후, 나는 아침 기도를 하면서 향후 그와는 어떤 관계를 유지할 것인가에 대해 차분히 생각하는 시간을 가졌다. 그렇게 아침 기도를 진행하던 늦가을의 어느 날, 내게 영화 작업에 대한 하나의 영감이 떠올랐다.

야코비 박사를 내가 만들고 있는 '내 영혼의 거울(독: Mein Seelenspiegel)' 프로젝트에 속하는 '영화 속의 주인공으로 출연시키면 어떨까?' 하고 생각했다.

야코비 박사를 주인공으로 한 영화를 제작하겠다는 생각은 시간이 흐를수록 점점 구체화되었다. 나는 새로운 영화를 제작하기 위해 독일어로 간단하게 드라마를 쓴 후에 야코비 박사에게 전화를 걸어 그를 한 번 더 방문하고 싶으니, 시간을 허락해 달라고 요청했다.

야코비 박사의 분석 사무실을 다시 방문한 날, 나는 그에게 교육분석을 지속하는 대신 그를 주인공으로 한 영화 한 편을 제작하고 싶다면서 영화에 대한 요약문을 전달했다. 그리고 그에게 이렇게 제안했다.

"야코비 박사님, 만약 당신이 제 의견에 동의하신다면, 당신에게 교육분석을 받는 대신 당신을 〈죽은 황제를 위한 파반느〉라는 제 영화 작품의 주인공으로 출연시키고 싶습니다. 물론 박사님의 초상권이 있으니 교육분석 시간에 준하여 영화의 출연료를 보수로 지급해 드리겠습니다."

그는 나의 뜻밖의 제안에 당황스러운 표정을 지으며 잠시 머뭇거리더니, 곧바로 동의했다. 그 시점부터 나는 야코비 박사에게 교육분석을 받는 대신 그가 주인공으로 출연하는 영화를 제작하기 시작했다.

나는 야코비 박사와 독일어로 된 영화 출연과 초상권에 관한 계약서를 작성했다. 그리고 그가 내 영화에 출연하는 동안 그에게 그의 교육분석 지도료와 동일한 보수로 초상권 사용료를 지급했다.

그렇게 해서 야코비 박사가 주연한 〈죽은 황제를 위한 파반느〉라는 영화가 2년 만에 완성되었다.

나는 야코비 박사가 교육분석 수련을 지도하는 과정에서는 아버지와 나, 그리고 내 안의 그림자와의 관계를 객관적으로 분석하려고 노력했다. 하지만, 야코비 박사에게 드러난 '모성 결핍'과 모성적인 치유자상에 대한 역전이 현상을 경험하는 과정에서 〈죽은 황제를 위한 파반느〉라는 영화를 제작하기 위한 깊은 영감을 받았다.

자가 치유란 스펙트럼이 넓어서 한 인간의 삶에서 언제, 어느 곳에서, 어떤 방식으로 이루어지게 될지 아무도 예측할 수가 없다.

〈죽은 황제를 위한 파반느〉라는 영화를 제작하며 그와 나는 교육분석을 받을 때보다 깊은 영적인 교감을 하면서 심리적으로 더 가까워졌다. 그는 내 영화에 출연하는 동안 내내 내 아버지의 대리인 역할을 완벽하게 소화해 냈다.

나는 야코비 박사와의 교육분석과 영화 작업을 진행하는 동안 자가 치유에 도달하기 위해 부단히도 노력했다. 고통이 똬리를 틀고 있는 나의 무의식을 탐험하며, 콤플렉스로 똘똘 뭉쳐진 나의 억압된 자아와 직면하여 심적으로 불편했던 시간을 서서히 극복할 수 있게 되었다.

그 후 나는 내 아버지의 영혼을 '조상 신령'으로 받아들여 모셨다.

내가 영화 작업을 통해 깨달은 바는 영화의 제작 작업이 치유의 과정으로 활용될 수도 있다는 사실을 발견한 것이다. 아울러 인간 영혼은 영적인 상황과 시기에 따라 얼마든지 다양한 방식으로 치유될 수 있다는 사실도 경험했다.

나는 이 경험을 살려 나의 함부르크 조형예술대학 다큐멘터리 영화 전공의 졸업 당시 석사 학위 논문을 썼다. 나는 2007년 〈영화 작업은 치유의 과정이다(독: Die filmische Arbeit als heilender Prozess)〉라는 제목으로 논문을 제출하고, 석사 학위(독: Diplom)를 받았다.

6

몇 가지 현상
신체 변화에 대한
무당이 된 후의

나는 2000년 1월에 출간했던 자서전, 『집 없는 무당』에서 1997년 강신무당으로 입문하고 난 후에 내 안에서 일어났던 신체적인 변화에 대해 간단히 기술하였다. 그것을 골자만 종합해 정리하면 다음과 같다.

1) 나는 ESP(영: Extrasensory Perception: 초감각적 지각)를 갖게 되었다.
2) 영적인 전이 현상을 가지게 된다.
3) 끊임없이 에너지가 생성된다.
4) 바디 사인(영: Body Sign).
5) 감수성이 예민해졌다.

  – 유명옥, 『집 없는 무당』, 27~30쪽.

초감각적 지각(영: ESP, Extrasensory Perception)은 인간이 지닌 오감(시각, 청각, 후각, 미각, 촉각)으로 인지(認知)하는 능력을 초월하여 텔레파시, 원격투시, 예지력 등을 활용해 정보를 감지하는 능력이다. 인간은 존재하는 물질세계[3차원, 현상계(現象界)]의 상식적인 가치 체계를 초월해 물리적인 에너지가 매개되지 않은 상태로도 얼마든지 원하는 정보를 인지할 수 있다. 또한, 원거리에서 감각기관을 통하지 않고도 대상의 정보를 획득할 수 있다.

초감각적 지각에 대한 상위 개념은 '사이[프시(Ψ), 독: PSI Phae-nomenen] 현상'이다. PSI 현상은 초능력이나 초자연적인 '심령 현상'을 총체적으로 의미한다. 사이 현상은 생물의 정신적 과정과 물리적 세계의 상호 작용으로 발생하는 정신. 물리학적인 현상을 크게 2가지 분야로 나누어 설명할 수 있다.

첫째, 일상적인 인간의 감각을 초월해 사건이나 사물을 파악하는 인지능력

- 원격투시(영: Clairvoyance)

멀리 떨어져 있는 거리에서도 정보를 알아내거나 수용할 수 있는 능력. 원격투시는 주로 위급한 상황이나 생사의 갈림길 등에서 일어난다. 인간이 생래적으로 가진 또 다른 보편적인 능력이다.

- 예지(영: Precognition)

앞으로 일어날 사건에 대한 정보를 미리 인지하는 능력. 흔히 불길한 예감이나 예지몽으로 경험할 수 있다.

- 텔레파시(영: Telepathy)

두 사람 이상이 감각기관을 전혀 사용하지 않은 채 서로가 의식하고 있는 정보를 교환하는 방법. 1882년 런던 심령연구회(영: Society for Psychical Reserch)의 창립회원이자 시인인 프레드릭 마이어스(Fredric William Henry Myers: 1843~1901)에 의해 명명되었다.

- 사이코메트리(영: Psychometry)

물체를 접촉하거나, 보고, 듣고 원하는 정보를 얻어내는 능력.

둘째, 원거리에서도 정신력이나 심령의 에너지를 통해 원하는 작용을 유발하는 능력

- 염력(영: Psychokinesis)

어떤 매개도 없이 인간의 의지나 의도, 정신력으로 대상이나 물질에 작용하는 능력. 마음과 물질 사이의 상호 작용으로 인해 정보가 의식으로부터 물질로 이동한다. 인간은 극도의 근심이나 강력한 스트레스로 인해 염력이 강화되면 기계의 오작동 등을 유발할 수 있다. 특히 이럴 경우, 극히 예민한 전자기기(스마트폰, 시계, 오디오, 컴퓨터, 계측기 등)가 고장을 일으키기도 한다.

- 심령 격동현상(독: Telekinese)

인간이 물체와 직접 접촉하지 않고 정신력으로 어떤 자극이나 영향을 주어 물체를 움직이게 할 수 있는 현상이나 능력.

- 기도와 원거리 정신 치료(영: Distant Mental Healing, 심령 치료)

치료사가 원거리에서 특정한 환자를 위해 정신을 집중하고 자신의 '원거리 정신 감응(영: Distant Mental Interpretation) 능력'을 활용해 기도하거나 원거리 치료를 통해 환자의 통증을 덜어주고, 자연치유를 북돋아 질병이나 외상으로부터의 정상적으로 회복 과정을 촉진할 수 있다. 전화기를 이용하거나 기도의 능력을 통해서도 환자의 원거리 정신 치료나 영적인 치유가 가능하다.

- 순간이동(영: Teleportation) 및 공중부양(영: Levitation)

순간이동은 축지법(縮地法)과 같이 순간적으로 한 공간에서 다른 공간으로 이동하는 과학적인 기술이고, 공중 부양은 중력에 대항하여 특별한 물리적인 접촉이 없이 안정된 위치에서 공중에 뜬 상태로 버틸 수 있는 능력이다.

셋째, 기타. 사이와 관련된 현상들

- 유체 이탈(영: OBE: Out of Body Experience)

육체로부터 의식이 분리되어 육체 밖의 세상을 인지하는 현상. 정신적인 외상, 지각의 상실, 명상, 대수술, 임사체험, 환각성 약물의 복용, 탈수, 수면 부족, 뇌의 전기적인 자극 등에 의해 발생할 수 있다.

• 임사체험(영: NDE: Near Death Experience)

죽음에 근접한 상태를 느끼는 체험. 임사체험은 주로 환자가 심정지 상태에서 소생했을 때 경험한다. 이때 환자는 어두운 터널 안을 통과함, 빛과 생명에 관한 체험, 마음의 평온함과 고요함, 인생을 파노라마처럼 반추하고 회고하는 체험, 이미 죽은 사람과의 조우, 지각의 확장, 유체 이탈 등을 경험할 수 있다.

• 환생(영: Reincarnation)

육체는 죽으면 소멸하지만, 영혼은 불멸하여 죽었다가 다시 새로운 인생으로 다시 태어나는 개념.

* 참고

1. 나자루스 신드롬 현상(독: Lazarus Syndom/Phaenomen): 심정지 발생 환자에게 심폐소생술의 실패로 생체의 반응이 전혀 없어 의사가 환자의 사망 선고를 내린 이후에 자발적인 순환 회복으로 심박동이 돌아와 소생하는 사례를 의학적으로 지칭할 때 사용하는 개념이다. 신약성서의 요한복음 11장에 등장하는 일화로, 예수가 라자로(Lazarus)란 청년을 죽음에서 살려낸 이야기에서 유래되었다. 이 외에도 나자루스 현상에는 장기간 뇌사 상태에 빠져 '의식불명의 상태'인 채로 병상에 누워있던 환자가 다시 의식이 회복하는 사례도 포함된다.

2. 차시환생(借屍幻生): 의학적으로 사망했던 사람의 영혼이 타인의 시신을 빌어 다시 살아나는 경우를 지칭하는 정신과학 용어다. 이 현상은 일종의 '전생회귀(轉生回歸)' 현상으로, 대한 불교 조계종의 성철(性徹: 1912~1993) 종정이 생전에 이와 관련한 일화를 언급한 바 있다. 영국 출신의 정신과 의사였던 제임스 알렉산더 캐논(James Alexsander Cannon: 1896~1963) 박사가 차시환생 현상을 기초로 한 '전생퇴행요법(영: Reincarnation & Past Life Tharapie)'을 개발했다.

• 유령 출몰(영: Ghost Haunting)

유령이나 귀신의 출현, 괴음성, 물체의 자율적인 이동, 기타 특이한 물리현상이나 효과들이 계속해서 나타나는 현상.

- 폴터가이스트(독: Poltergeist)

폴터가이스트는 독일어로, '요란한 소리를 내는 영'인데, 특정한 이유 없이 이상한 소리가 나고 비명이 들리며 물체가 스스로 파괴되는 현상이다. 과거에는 이 현상이 영혼의 영향으로 발생하는 것으로 간주했다. 현대에는 실제 살아 있는 사람의 염력(念力)으로부터 야기되는 염력 현상으로 설명하고 있다.

1930년경 미국의 듀크 대학의 교수이자 초심리학(독: Parapsychologie) 연구가였던 라인(Joseph B. Rhine, 1895~1980)은 (원격) 투시, 예지(미래를 인지할 수 있는 능력), 텔레파시, 염력 등과 같은 다양한 심령 현상들을 정리해 ESP(초감각적 지각)와 PK(영: Psychokinesis: 염력)로 분류했다. 그는 두 가지의 개념을 합하여 'PSI'라고 명명했다.

라인은 1935년에 심리학자인 윌리엄 맥 듀걸(William McDougall: 1871~1938)과 함께 세계 최초의 '초(超)심리학연구소'를 설립하고 초심리학에 관한 현상들을 집중적으로 연구하기 시작했다.

PSI 현상은 인간의 심리적이며 생리적인 조건에 많은 영향을 받는다. 세간에는 초감각적 인지의 작용이 ESP 현상에 대한 긍정적인 태도와 외향적인 성격의 소유자가 많이 경험한다는 통념이 있다.

나는 신내림굿을 받고 강신(降神) 무당으로 성무가 되는 과정에서 영적인 감수성과 감응 능력이 발달해 첨예화되고, 여러 장기를 통해 지각하는 감각의 스펙트럼이 점점 확장되어 갔다.

영적인 능력의 진화 과정은 특히 내가 2003년부터 융 심리학을 공부하면서 교육프로그램의 일환인 '교육분석(독: Lehrananlyse)'을 통해 증진되었다.

교육분석이란 분석가 또는 상담가가 되기 위해 수련 교육을 받는 사람이 그를 지도하는 교육분석가와 함께 자신의 무의식을 분석하고, 무의식을 의식화하는 과정을 통해 개성화(독: Individuation)와 자기실현(독: Selbstverwirklichung)의 과정을 체험하며, 자기 정화의 과정을 거치는 교육 과정이다.

나는 칼 융 연구원에서 공부하는 기간에 나의 영적인 경험과 기독교 전통을 유지하고 있는 서구 사회에서의 경험의 유사성을 찾는 연구에 집중했다. 교육분석가와 칼 융이 정리한 심층심리학 이론을 토대로 나의 경험을 비교. 분석한 후 정리하려고 노력하기도 했다.

그 외에도 영성심리학과에 재학하며 수업 과정 이외에 진행했던 '슈퍼비전(영, 독: Supervision)'을 통해 많은 통찰을 얻었다. 이와 함께 영성 심리학 프로그램에 참여했던 친구들(유대인 랍비, 가톨릭 신부, 목사, 전화 상담원, 천문학자, 교사 상담원 등)과의 토론과 함께 그들과의 영적인 경험을 공유하며 다양한 문화적 전통의 새로운 이론을 습득할 수 있었다.

슈퍼비전은 정신의학이나 심리학, 사회복지 분야와 같은 직업을 가진 수련자를 교육할 수 있는 자가 수련자에게 임상 사례를 중심으로 조언하고 감독하는 일이다. 교육자는 슈퍼비전을 행하며 수련자가 전문성과 상담 능력을 제대로 발휘할 수 있도록 지도하고 지지, 감독한다.

한 인간이 영적으로 예민한 감수성과 영적인 감응력을 가졌다는 것은 과학적인 사고와 교육, 오감을 통한 감각적인 인지 채널 외에도 다양한 루트의 감각 채널을 통해 초감각적인 인지능력을 획득할 수 있다는 것을 뜻한다. 초감각적 인지능력의 영역에 속하는 재능은 직관, 예지력과 영감, 투시력(투시감), 암시, 사이코 힐링 능력 등이다.

위에서 설명한 초능력들은 일반적이고 세계적으로 널리 퍼져 있는 현상들이다. 초감각적 지각은 비단 강신(降神) 무당이나 영적인 능력의 소유자에게만 국한되어 일어난다기보다 선천적으로 영적인 감수성이 높고, 정신적인 감응력을 타고난 일반인에게도 빈번히 일어나고 있다.

비록 초감각적 지각 능력이 있더라도 자신의 영적인 능력을 수용할 마음의 준비와 자세가 되어있지 않고, 영적인 능력과 삶이 조화롭게 융합되어 있지 않으면, 그 능력 자체가 당사자에게는 축복이기보다는 오히려 심적인 부담감과 삶의 고통을 안겨 줄 수 있다.

보통 사람들에게 초감각적 지각 능력이 때로는 삶을 위협하는 저주처럼 여겨질 때도 있다. 수용을 원치 않는 영적인 능력은 한 개인의 삶을 방해하고 저해하는 요소로 작용하기도 한다. 영적인 능력 그 자체가 심리치료와 정신 치료의 대상이 될 수도 있다.

나는 강신 무당으로 입문하기 전까지 나의 영적인 능력을 몹시 두려워했고 저주라고 여겼다. 살아오면서 나도 다른 사람들처럼 그저 평범한 인간으로 살고 싶은 열망이 더 컸다. 성장기에 나는 다양한 영적인 능력이 있었음에도, 안개처럼 자욱해 한 치 앞도 보이지 않고, 내 피를 차갑게 식히는 영적인 상실감을 숱하게 경험했다. 그래서 어린 나이임에도 늘 내 가슴 한구석에는 고통과 애상(哀傷)이 도사리고 있었다.

시간이 흐를수록 나의 영적인 경험들은 영혼을 압사시키고 서서히 인격을 와해시키는 섬뜩한 느낌이 들었다. 나는 영적인 경험을 수용하지 않으려고 줄기차게 저항했다. 이런 경험을 나는 자서전『집 없는 무당』에 다음과 같이 묘사한 바 있다.

"처음엔 그 느낌이 재미있었다. 생각해 보라. 자신이 예상한 대로 사건이 진행될 때의 쾌감을. 하지만 날이 갈수록 적중되는 일이 많아지면서 나는 등골이 서늘한 불안을 느끼기 시작했다. 미래에 대해 예상하지 않으려 애썼다. 그래도 갑자기 떠오르는 영상 때문에 괴로웠다. 사람들과의 만남이 무서웠다. 되도록 생각을 하지 않으려 했다. (……)

가끔씩 나는 처연해지는 느낌을 받았다. 이유를 알 수 없는 예감에 사로잡히게 될 때, 내 주변의 사람들에 대한 걱정스러운 미래가 떠오를 때. 그렇게 절망스럽게 다가서는 많은 영감이 내게는 고통스럽기만 했다. 근원을 알 수 없는 끈적끈적한 미래에 대한 불안들을 가슴속에서 쓸어내며 청소년기를 보냈다. 한 없이 우울했던 시간들.

나는 사람들과 눈을 마주치지 않으려 했다. 갈수록 혼자 있는 시간이 많아졌다."

- 유명옥, 『집 없는 무당』, 62-63쪽.

나를 절망스럽게 하는 일들, 피하고 싶은 영적인 경험들과 그에 부수되는 우울한 상념들에 사로잡혀 나는 청소년기와 성년기를 고통스럽게 보냈다.

1997년 여름, 피할 수 없는 숙명 앞의 마지막 벼랑 끝에 서게 되었을 때, 나는 신령님의 부르심에 응소해 강신(降神) 무당으로 입문했다.

하지만 신령님을 모시는 샤머니즘 사제가 된 초기에도 여전히 나의 이런 능력과 감당할 수 없는 영적인 경험들이 심적으로 부담스럽기는 마찬가지였다. 강신 무당으로 입문해서 신어머니가 계셨어도 처음에는 나를 영적으로 제대로 지도하고 이끌어 주지는 못했다. 그래도 나는 점차 피할 수 없는 영적인 경험들을 적극적으로 융화하기 위해 피눈물 나게 노력했다.

기도와 수행 못지않게, 불확실한 미래와 이해할 수 없는 영적인 체험들에 파묻혀 살던 내가 가장 먼저 실천해야 했던 것은 내 주변에서 일어나는 불가사의한 경험을 차분히 기록해 나가는 일이었다. 또 학술서적을 통해 나의 이런 경험을 공유할 수 있는 이론을 찾고 그것을 내 나름대로 육화하여 정리하는 일도 필요했다. 그러다 보니, 주체할 수 없었던 영적인 경험들과 약간의 경계 두기가 가능해졌다.

시간이 흐르면서 다음 단계로 진척되어 내 사고와 경험들이 내 안에서 조금씩 체화되어 갔다. '스스로 짜 잇기'를 하려는 노력 덕분에 나는 내 경험을 차근차근 객관화하기 시작했다. 이쯤 되고 보니, 내 주변에서 빈번히 발생하는 불가사의한 경험들이 나의 삶을 방해하지 않았고, 그 경험들로 인해 그다지 불안하거나 절망스럽지 않게 되었다.

나는 김금화 선생과 1997년 8월 28일로 내 신내림굿 의례일을 택일했다. 8월 중순에 기도를 드리기 위해 사무(師巫)가 될 김금화 선생의 이문동 신당을 방문했다. 신당에 들어가 신령님 전에 엎드려 기도를 드린 후에 김금화 선생께 큰절을 올렸다. 그때 김금화 선생은 내게 다음과 같은 말씀을 건네주었다.

"딸아, 신(神)은 눈에 보이는 것도, 손에 잡히는 것도 아니다. 네가 온전히 마음을 비우고, 항상 맑은 정신을 유지하며, 심적으로 고요한 상태에 머물 때 비로소 그분(신령님)과 만나는 것이다. 네가 비워진 마음 상태에서 평정심을 유지할 때 네 마음 깊은 곳에서 떠오르거나 울려지는 말이 있다. 그게 바로 신령님의 공수다."

나는 올해 무당 나이로 27세가 되었다.

갓 신이 내린 '애기 무당(애동 기자)'일 때부터 시작된 영적인 체험을 무당의 정체성과 융합해 바르게 확립하기 위해서 부단히 노력해 왔다. 나는 지금도 내가 바른 무당으로 성장하기 위해서 나를 이끌어 주실 영적인 스승이 절실하게 필요하다.

강신 무당은 신령님들의 인도하심뿐만 아니라, 이 세상의 어떤 유혹에도 흔들리지 않고 바른 무당으로서의 외길을 걸어가려면, 현실적으로 그를 이끌고 인도해 줄 '영적인 안내자'가 필요하다. 무당으로 입문한 후 수년간 내 주변에는 나의 영적인 고민을 들어주고 이해해 주고, 영적인 체험을 교환하고, 이에 대한 궁금증을 설명해 줄 사람이 거의 없었다.

나는 신령님들께서 인도하시는 길을 겸허하게 따르는 영혼 여행을 지속하며, 샤머니즘 관련 서적을 찾아서 읽고 정리하면서, 내담자(제갓집)와의 경험을 통해 스스로 영적인 지혜를 터득하고 이해하는 길을 택했다. 이를 통해 내 안에 잠재된 무한한 창조적인 에너지를 찾아 활용하고, 내담자와의 관계에서 만나게 되는 헤아릴 수 없는 경험 사례들을 정리해 나가기 위해 노력하고 있다.

아직도 나는 천 개의 고원을 넘는 길고 험난한 '영성의 길'을 한 걸음, 한 걸음 천천히 걸어가고 있다.

7

내 몸 사용 설명서
타지마할 무당의

나는 1997년 8월 28일 몸주 신령의 부름에 따라 신내림굿을 받고 강신무당으로 입문한 후 올해로 27년째 무업(巫業)을 이어가고 있다.

그간 참 세월도 많이 변했고, 더불어 무당으로서의 내 삶도 많이 변해가고 있다. 그중에서도 몸주 신령이 몸에 임하는 내 육신의 상태가 가장 많이 변화된 것 같다.

나의 어머니는 나를 잉태했을 때 극심한 신병을 앓았다. 산모가 임신하는 동안 심신의 안정은 태아의 뇌 발달에 가장 중요한 요소로 작용한다. 이 시기에 임산부가 과도한 스트레스를 받으면 산모와 탯줄로 연결된 태아에게 일시적으로 혈액의 공급이 줄어들어 태아의 뉴런(영; Neuron)에 심각한 손상을 입을 수 있다.

뉴런은 우리 몸의 신경계를 구성하는 주요 세포로, 신경전달물질을 통해 신호를 전달하고, 정보를 받아들여 처리하는 역할을 한다. 뇌 활동의 대부분은 신경계에서 일어나는 감각의 입력과 운동의 출력 사이에서 일어나는 정보처리와 깊이 관련되어 있다.

어머니가 나를 잉태했을 때, 신병을 앓아서 그런지는 몰라도 나는 '스트레스 취약성'을 가지고 태어난 것 같다.

한 개인은 그가 가진 생리·유전적 소인과 심리·사회적 요인의 상호작용으로 인해 특정한 장애에 취약한 행동과 정서, 그리고 인지적 특성이 형성된다.

스트레스 취약성 모델(영: Vulnerability-Stress Model)에 의하면, 개인에게 심리적으로 취약한 성향이 스트레스 환경에 노출될 때 심리적인 장애가 발병하거나 악화한다.

내 몸은 아주 미세한 스트레스 자극에도 과도하게 방어적으로 반응한다. 또한, 스트레스 상황에서 나의 면역체계는 과잉 면역 반응을 일으킨다. 그에 대한 연쇄 반응이 일어나 몸에 과도한 염증이 일어나 점차 전신의 만성 염증으로 진행되어 심한 고통을 준다.

염증은 인체의 조직이 손상을 입었을 때 체내에서 일어나는 일종의 방어 반응이다. 나는 코로나19 백신을 2차 접종한 이후부터 면역체계에 부작용이 생겨 베체트병을 앓고 있다. 이후부터 나는 내 몸에서 일어나는 과도한 염증 반응을 조절하기 위해 많은 주의를 기울이고 있다.

내가 스무 살이 되던 어느 봄날, 꽃가루가 날릴 때였다. 그때가 대학 축제 기간이었는데, 마치 내 몸 안에 갇혀있던 벌레들이 한꺼번에 몰려나와 내 영혼을 갉아먹는 것처럼 온몸이 참을 수가 없이 가려웠다.

그때 이후로 내 몸에서는 처음으로 아토피 반응과 극심한 알러지 반응, 아토피 피부염이 생겨났다. 나는 그때야 비로소 내 몸이 과잉 면역체계로 이루어져 있다는 것을 알게 되었다.

이때부터 나는 꽃가루가 날리는 봄이 되면 아토피 피부염과 알러지성 반응으로 심하게 몸살을 앓곤 했다.

내가 어렸을 때 우리 집은 몹시 어려웠다. 이 때문에 나는 3살 때부터 7살 때까지 거의 집 안에 갇혀 혼자 지냈다. 그때 우리 집안에는 나를 돌볼 사람이 전혀 없었다. 나는 그 시기에 다각적인 발달장애를 입었던 듯하다. 특히 나의 뇌와 신경계 전반적인 부위의 발달이 지연되었던 것 같다. 나는 지금도 수리력과 공간지각력이 다소 부족하다.

이는 내가 어린 시절 아무도 돌볼 사람이 없어 몇 년 동안이나 집안에 갇혀 지냈던 동안 발달장애를 입었던 까닭일 것이다.

나는 선천적으로 감수성이 예민한 데다 평소에도 과각성, 과도한 긴장 상태를 유지하는데, 과잉 면역체계로 인해 반평생을 극심한 피로감과 만성적인 염증에 시달리며 살고 있다. 현재 내 몸은 만성 염증과 전쟁 중이다. 나는 매일 내 몸에서 발생하는 만성 염증을 최대한 줄이기 위해 디톡스 요법뿐만이 아니라 동·서양의 자연 의학적인 방법과 운동, 기타 다각적인 양생 방법을 동원해 애써 건강을 유지하려고 노력 중이다.

강신 무당이 신령을 자기 몸에 강림하게 하는 행위는 다각적인 의무와 영적인 책임이 따르는 것이어서 항상 정결한 마음과 건강한 육신을 유지해야만 한다. 무당이기 이전에 나도 육을 입은 인간이다. 그러므로 나 나름의 개인적인 감정과 욕구가 있는지라 일상에서 강신하기에 최적 상태의 육체를 유지하는 것이 가장 힘겨운 일이다.

나는 49세가 되어 갱년기에 접어들면서부터 심각한 갱년기 장애를 겪었다. 이 시기에 어지럼증을 동반한 심한 열감과 극심한 피로감이 밀려들었다. 게다가 코로나19 백신 2차 접종 이후부터 내 몸의 면역체계가 교란되어 전에 없던 심각한 장애가 몇 개나 더 생겼다.

나는 2022년 2월 15일 경기도 광주시 보건소로부터 '백신접종 예외자 증명서'를 발급받았다. 이로써 내 삶의 질은 현저하게 낮아졌다. 이후부터 나는 되도록 내 육체가 보내는 경고(영: alarm) 시그널과 생체사이클을 토대로 하루의 일과를 천천히 꾸려가려고 노력 중이다.

나의 하루는 대략 아래와 같은 순서로 꾸려가고 있다.

나는 갱년기가 시작되기 이전에는 보통 새벽 5시에 일어났으나, 이제는 특별한 일이 없는 한 아침 7시에 기상해 하루의 일과를 조금 늦게 시작한다. 내가 눈을 뜨면, 두뇌와 눈, 혈액순환 관리를 위해 항상 아래의 동작을 반복하여 실시하고 있다.

1. 일단 혈압과 체온, 몸무게를 측정해 생활 기록지에 시간과 함께 기록한다.

2. 침대 위에 누워서 다음 순서에 따라 가벼운 스트레칭을 한다.

(1) 침대에 반듯이 누워 눈을 떴다가 감기를 100회 시도하면서 발가락을 100회 위아래로 움직인다. 이 운동은 말초 혈액순환에 장애가 있을 때 장기간 반복하면 도움이 된다.

(2) 침대에 반듯이 누워 두 손으로 이마 윗부분부터 뒤쪽의 머리둘레를 숫자로 100을 셀 때까지 톡톡 쳐준다. 이 방법을 통해 뇌 혈류의 흐름을 원활하게 해준다.

(3) 침대에 반듯이 누워 두 손으로 양쪽 눈 주위를 동그랗게 원을 그리듯이 그리며 50번 톡톡 쳐준다. 안동맥의 혈류를 원활하게 해 현재의 시력을 비교적 장기간 유지할 수 있다.

(4) 침대에 반듯이 누워 두 눈을 감고 두 손바닥을 비벼서 양손을 감은 눈 위에 10초간 올린다. 이 동작을 10회 반복한다. 이 방법을 지속하면 시력의 저하를 방지할 뿐만이 아니라 눈의 피로가 현저하게 감소한다.

(5) 침대에 반듯이 누워 양손으로 양쪽 귀를 잡아 아래의 귓불부터 시작해 머리 방향을 향해 원을 그리듯이 숫자로 100을 셀 때까지 풀어준다. 이렇게 하면 단기간에 뭉친 육체의 기운과 엉킨 신경이 잘 풀린다.

(6) 침대에 반듯이 누워 양발과 양팔을 올려 몸 전체를 5분간 털어준다. 이 방법을 통해 말초신경 및 혈액순환 장애가 있을 때 도움을 받을 수 있다.

(7) 침대에 반듯이 누워 두 다리를 붙이고 두 손은 두 다리 사이의 무릎에 깍지를 낀 채로 천정을 향하고 직각인 상태로 30초간 유지한다. 이 방법은 반 물구나무서기를 하는 효과가 있어 단기간에 뭉친 기혈을 풀어 하체의 혈액 흐름을 원활하게 할 수 있다.

(8) 침대 위에 윗몸을 일으켜 반듯이 앉아 왼쪽 다리를 오른쪽 무릎 위에 올린 후 용천혈을 100회 자극한다. 이어서 오른쪽도 같은

동작을 반복한다. 용천혈을 자극하는 것은 생명의 에너지를 즉각적으로 불러일으키는 좋은 방법이다.

(9) 침대 위에 윗몸을 일으켜 반듯이 앉아 두 손을 머리에 붙여 높이 올린 자세로 1분간 유지한다. 이는 평생 무거운 물건을 많이 들어서 내려앉아 버린 팔과 체형의 교정을 위해서다.

(10) 침대 위에 윗몸을 일으켜 반듯이 앉아 양손을 어깨높이로 벌려 1분간 유지한다. 이어서 손바닥이 천정을 향하게 한 후 같은 동작을 반복한다. 아래로 내려앉아 통증이 심한 팔을 교정하는 자세다.

3. 손을 깨끗이 씻은 후에 눈에 죽염수 80%와 멸균 증류수 20%를 탄 인공누액을 넣고 40초간 눈 안쪽을 지그시 눌러준다. 맑은 눈을 유지할 수 있는 비결이다.

4. 은수저에 퓨어 엑스트라 버진 올리브 오일 한 큰술을 담아 입안에 물고 오일풀링(영: Oilfulling)을 한다. 오일풀링은 몸 안의 세균과 불순물을 제거하기 위해 (올리브) 오일을 입 안에 넣고 가글린을 하는 것이다.

5. 계속 오일풀링을 하면서 창문을 열어 집안 전체를 환기(換氣)시킨다.

6. 변기에 앉아 오일풀링을 하는 동안 머리, 두 눈의 주위, 귀, 어깨 스트레칭을 하면서 두 발바닥의 용천혈을 한 번 더 자극하면서 대변을 본다.

7. 오일풀링한 기름을 종이컵에 뱉고 휴지에 싸서 휴지통에 넣는다.

8. 혀 클리너를 이용해 혀에 낀 백태를 벗겨낸 후에 미지근한 물과 치약으로 양치한다.

9. 생수를 100도까지 끓인 후에 300ml 용량의 컵에 뜨거운 물 80%를 채우고, 나머지 20%는 생수를 넣어 '음양탕(냉온탕)'을 만든다. 그 안에 프로폴리스 7방울을 넣어 티스푼으로 잘 저어준 후에 프로바이오틱스 1알을 복용한다.

10. 하루 전날 정화수 그릇에 물을 받아 기도했던 물(정화수)과 향 3개를 3등분을 해서 세숫대야에 넣고 향이 물에 녹을 때까지 기다린다.

11. 향을 녹인 정화수로 몸 전체를 모두 닦아 낸다. 그 후 보디클렌저로 온몸을 닦고 나서 샤워를 한 후에 샴푸로 머리를 감고 찬물로 다시 온몸을 닦는다. 온몸이 젖은 상태에서 보디오일을 바르고 나서 보디로션을 덧바른다. 이 방법을 통해 몸의 가려움과 아토피 피부염을 어느 정도는 예방할 수 있다.

12. 코샤워기에 따끈한 물을 받아 왼쪽 콧구멍으로 코를 샤워한 후에 오른쪽도 같은 방법으로 코를 샤워한다. 이렇게 몇 년을 반복하면 현저하게 비염이 줄어든다.

13. 샤워가 모두 끝나면, 목욕 의자에 앉아 왼발과 오른발의 용천혈 및 셋째와 넷째 발가락을 100회 자극한다. 이렇게 하면 기혈 순환이 잘 되어 수족 냉증과 혈액순환의 정체를 방지할 수 있다.

14. 목욕 의자에 앉아 목욕 타올로 젖은 몸을 닦은 후에 눈꺼풀에 안연고를 바르고 입술에는 립밤을 바른다. 이 방법으로 안구 건조증을 예방하고, 헤르페스(영: Herpes)로 인해 입술에 염증이 자주 생기는 것을 방지할 수 있다.
    - 헤르페스는 단순 포진으로, 인체의 신경계에 물집 형태로 발생하는 전염성이 높은 바이러스성 질환이다.

15. 속옷과 겉옷을 새 옷으로 갈아입고, 목에 스카프를 맨 다음, 머리카락을 헤어드라이어로 잘 말린다.

16. 종이컵에 굵은 소금을 3분의 1 정도 넣고 찬 수돗물을 넣어 소금을 어느 정도 녹인 후에 머리부터 발끝까지 소금물로 온몸을 골고루 두른다. 온몸을 두르고 난 소금물을 왼손에 들고 오른손의 손바닥으로 컵의 입구를 막는다. 소금물을 변기에 따라 붓고 변기 뚜껑을 닫은 후에 변기의 물을 내린다. 소금의 건더기가 남은 컵은 휴지통에 넣고, 손을 깨끗이 씻는다. 이렇게 하면 몸에

어지간한 사기는 달라붙지 않는다.

17. 정화수 그릇에 찬 수돗물을 받아 신령님 전의 신단에 올리고 초와 향을 켠다. 1시간 동안 소리 내어 만트라를 낭송한 후에 나의 인연들을 위해 기도한다. 만트라 수행 시에 낭송하는 소리가 나의 육신에 공명(共鳴)하므로 틀어진 장기가 제자리로 돌아와, 몸 안의 조화가 틀어진 곳에서부터 육신의 정화가 이루어진다.

18. 육체의 디톡스를 위해 매일 식사 직전에 쑥 효소 20ml를 마신다. 쑥 효소를 매일 마시면 몸에 축적되어 있던 노폐물과 독소가 잘 배출되어 육체의 염증 수치가 현저하게 줄어든다.

• 쑥 효소 만드는 법

(1) 매년 음력 삼월 삼짓날이 되면 들에 나가 쑥을 채취한 후에 깨끗이 씻어 5시간 동안 채에 담고 물기를 잘 빼준다. 음력 삼월 삼짓날은 1년 중에 양기가 가장 많은 날이라 쑥을 채취한 후에 효소를 담그면 몸 안에 축적된 사기를 많이 제거할 수 있다.

(2) 10L 정도 용량의 큰 유리 용기에 물기를 모두 뺀 쑥을 담고, 쑥의 용량과 같은 양의 드라이한 화이트 와인과 유기농 꿀을 넣어 잘 섞는다.

(3) 유리 용기의 입구를 잘 밀봉한 후에 빛이 들어오지 않는 어둡고 건조한 곳에 용기를 보관해 1년간 발효시킨다. (플라스틱 성분의 보관 용기는 쑥이 발효하는 과정에서 독소가 발생할 가능성이 있으므로 사용하지 않는다.)

(4) 쑥 효소를 담근 지 1년이 되는 날에 밀봉한 용기를 열어 쑥을 채로 걸러낸 후에 액체만 와인 병에 담아 입구를 잘 밀봉해 보관한다.

(5) 매일 아침 식전 공복에 쑥 효소 20ml를 마신다.

(6) 액체를 거르고 남은 쑥 건더기는 육류 요리를 할 때 고기와 섞어서 사용한다. 이렇게 하면 고기를 연하게 하면서 육류 비린내

를 제거할 수 있다.

19. 야채와 과일을 주재료로 한 식단으로 음식을 준비해 브런치를
    한다. 이때 하루에 필요한 양질의 단백질을 반드시 섭취한다.
20. 식사가 끝나는 즉시 야쿠르트 1병에 여성 전용 프로바이오틱스
    1정, 종합비타민 1정, 루테인 1정, 비타민B 콤플렉스 1정, 관절
    영양제 1정, 뼈 염증 치료제 1정을 동시 복용한다.
21. 오후 3시경에 레몬 소다로 디톡스 용법을 시행한다.

• 레몬 소다 만드는 법

레몬 소다는 약알칼리성 음료로, 우리 몸의 기능이 제 역할을 할 수
있도록 도와줄 뿐만이 아니라 통풍을 예방하고 치료하며, 체중 감소, 염증
을 완화하는 작용을 한다. 또한 레몬 소다는 항산화제 효능이 있으므로 주
기적으로 디톡스 요법을 시행한다. 물과 레몬의 결합은 수분 보충을 도울
뿐 아니라 혈액 내에 산소를 공급하여 우리 몸을 정화하고 활기차게 한다.
 - 재료 : 중간 크기의 레몬 2개(스퀴즈한 레몬액) + 꿀 6 TS +
     (초정리) 탄산수 2L
 - 만드는 법
(1) 베이킹 소다를 푼 찬물에 레몬을 10분 정도 담갔다가 꺼낸 다음
    굵은 소금으로 표면을 문질러 레몬에 묻어있는 왁스를 제거하
    고 깨끗한 물로 두세 번 헹군다.
(2) 레몬을 스퀴저에 넣고 갈아 레몬즙을 낸다.
(3) 생수 100ml를 100도가 될 때까지 끓인다.
(4) (3)에 꿀 6큰술을 넣어 뜨거운 물에 꿀을 녹인다.
(5) 꿀이 다 녹았으면 스퀴즈한 레몬즙을 넣고 같이 저어준다.
(6) 꿀과 레몬즙이 다 녹았으면 초정리 탄산수 2L를 붓고 다시 잘 저어
    준다. 이때 기포가 생겨 레몬수가 넘쳐 쏟아질 수 있으니 유의한다.
(7) 레몬 소다를 빈 용기에 넣어 냉장고에 보관한다. 레몬 소다를 만

들어 냉장고에 보관할 때 최장 보관 기한이 1주일을 초과하지 않도록 주의한다.

(8) 하루에 250ml 용기로 한 잔씩 빨대에 꽂아 주기적으로 공복에 마신다.

(9) 통풍이 심할 때는 오전 11시에 한 번, 오후 3시에 한 번 하루에 두 번 마신다. (위장이 약한 사람은 위염이 발생할 가능성이 있으니 하루에 한 잔으로 제한해 섭취한다.)

22. 오후 5시경에 이른 저녁 식사를 한다.

23. 하루의 생각을 정리해 글쓰기를 하거나 내담자를 위한 상담 노트를 쓴다.

24. 따끈한 차를 한 잔 마시고 난 후에 눈을 감고 30분가량 이완 상태를 유지한다. 몸을 소파에 기대고 그냥 무심하게 시간을 보낸다. 이렇게 하면 평소의 과각성, 과긴장 상태를 조금은 완화할 수 있다.

25. 죽염과 멸균 증류수를 함께 넣고 끓여서 식힌 물로 양치하고 나서 몸을 향물로 정화한 후에 신령님 전에 엎드려 저녁 11시부터 새벽 1시까지 자시(子時) 기도를 한다.

26. 새벽 2~3시경에 손을 깨끗이 씻고, 눈 안에 안연고를 바르고, 코가 건조해지는 것을 방지하기 위해 코안에 쑥 크림을 바른다.

27. 침대에 반듯이 누워 몸을 정화하는 만트라를 낭송한다.

28. 침대에 누워 잠을 청한다.

8

강력한 에너지
생명의 가장
기도의 힘과 응답

"Gebet besteht nicht in dem Bemuehen Gott zu erreichen, sondern darin, unsere Augen zu oeffnen und zu erkennen, dass wir schon bei Ihm sind."

– 토마스 머튼(Thomas Merton: 1915~1968)

(독: 기도의 의미는 신에게 도달하기 위한 노력에 있는 것이 아니라, 우리가 이미 신의 곁에 있다는 것을 눈을 열고 인식하는 것이다.)

함부르크에 체류하고 있던 2010년 3월 16일 불의 날 새벽에 기도를 막 끝내고 돌아서는데 로마 가톨릭교회의 영성가이자 수도사인 머튼의 위에 인용한 문장이 머릿속에 떠올라 블로그에 포스팅했다.

그때 이 '신의 딸'은 지난 2009년 1월 25일 이름을 밝히지 않은 한 블로그 이웃으로부터 쪽지 하나를 받았던 사실도 기억의 저편에서 끄집어냈다.

그 이웃이 내게 쓴 쪽지에는 그가, "'생존과 만족'에 대해 궁금해져서 네이버에서 검색"을 하다가 내 블로그를 접하게 되었다고 쓰여 있다. 그는 이 쪽지에서, "기도는 어떻게 해야 하나요? 어떻게 기도를 해야 느낌을 불러일으킬 수 있을까요?"라고 물었다.

나는 그가 쓴 쪽지에 어떻게 답을 해야 좋을까 고민하다가, 다음과 같이 회신했다.

"글쎄요…. 기도는 저마다 가진 능력과 삶의 형태, 종교와 신념이 다르기에 이렇게 해야 정수이고 정도라고는 할 수 없을 듯합네다. ooo님께서 어떤 종교를 가지고 계신지에 따라서도 달라진다고 할 수 있겠지요. 가장 중요한 것은 자신의 신념에 따라 마음과 내면의 소리에 귀 기울여 물이 흐르는 것과 같이 믿음의 대상을 향해 기도하는 것이 좋지 않을까 합네다."

그랬더니 그 이웃이 답신을 보내왔다.

"회신 감사합니다. 제게는 믿음의 대상이 없다는 걸 발견했습니다. 그럼, 좋은 나날 되시길 바랍니다. _()_ (합장하는 손 모양입니다.)"

그가 표현한 합장하는 손 모양과 화가인 알브레히트 뒤러(Albrecht Duerer: 1471~1528)가 그린 '기도하는 손(독; Betende Haende)'이란 소묘 작품의 이미지가 중첩되어 이상하게 나의 뇌리에 오래도록 머물렀다.

알브레히트 뒤러는 목판화, 동판화, 수채화에 탁월한 재능을 가졌던 르네상스 시대의 대표적인 독일 화가다. 그는 1498년 〈Apocalyse(독: 요한묵시록)〉라는 기념비적인 목판 연작을 제작했다.

이 외에도 그는 1514년 〈멜랑콜리아(독: Melencolia)〉라는 작품을 남겼다. 그뿐만이 아니라, 그는 『인체비례론』과 『원근법에 관한 고찰』 등의 저서를 발간해 독일적인 미학의 전통을 수립했다.

우리는 저마다 기도와 신앙의 대상이 다르겠지만, 우리가 기도를 진행하는 동안 신께서 항상 우리의 내면에 함께 거하신다는 믿음과 확신이 생긴다.

때때로 우리는 누구나, 어떤 대상을 향해, 또는 자신과 인연이 있는 누군가를 위해 절실하게 기도한다. 기도는 모든 종교를 초월해 우리를 우리가 믿는 신앙의 가장 깊은 심연의 신비로 이끄는 놀라운 힘이 있다. 온 정성을 다하여 경건하게 기도하는 사람은 기도를 통해 그의 심성에 잠들어 있던 하늘 문을 열고, 자기 자신을 내적인 본향으로 인도한다. 기도는 또한 기도하는 사람이 세상과 타협하지 않고 영적인 순결을 유지할 수 있도록 돕는다.

기도하는 자는 기도를 통해 그를 지켜보시는 신 앞에 나아가 자신의 무력함을 고백한다. 그렇게 하면, 교만해지려는 마음은 사라지고, 신의 위대한 능력과 보이지 않는 영적인 질서 앞에서 자신은 아무것도 아니라는 겸손함에 대한 깨달음을 얻는다. 이와 함께 우리는 기도함으로써 자기 자신을 포기하고, 자기희생적 태도와 신과 영적인 세계의 질서에 대한 외경심(畏敬心)과 복종(僕從)을 배운다. 우리는 신의 은총에 이끌리는 기도 안에서 매번 도덕적인 죽음의 시간을 통과하고, 새로운 영적인 탄생과 깊은 깨달음의 시간을 경험할 수 있다.

2009년 3월 17일 불의 날 함부르크에서 나무 신화와 관련된 글을 쓰기 위해 책장에서 독일어로 된 루터판 성경책을 꺼내 들었다.

1983년 10월 23일 여고 시절의 독일어 은사님이 이 성경책을 내 생일날 선물해 주었다. 그 성경책 갈피에서 무언가가 하나가 양탄자 바닥으로 떨어졌다. 떨어진 것이 뭔가 하고 주워서 보니, 성경책에 꽂혀 있었던 코팅된 책갈피였다. 당시 시나 좋은 문구를 기록한 다음 코팅해서 만든 책갈피를 선물하는 것이 무척 유행했다.

책갈피에는 빌립보서(독: Philipper) 4장 13절의 내용이 쓰여 있었다.

"Allem bin ich gewachsen durch den, der mich stark macht."

누구나 알고 있는 이 문장은 한국어 성서에, "내게 능력을 주시는 자 안에서 내가 모든 것을 할 수 있느니라."라고 번역되었지만, 원문을 그대로 한글 번역하면, "나를 강하게 하는 자를 통해서 나와 모든 것이 성장했다."이다.

그 책갈피는 1981년 은광여고 1학년에 재학했을 당시 동창인 S. Y로부터 다른 책에 끼워져 생일 선물로 받은 것이니까, 말하자면 이 책갈피의 나이는 무려 마흔하고도 네 살이다. 세월은 내게서 쓰리고 아린 아픔도, 사랑과 열정도, 꿈과 희망도, 추억도 부지불식간에 오롯이 희석하며 쉼 없이 흐르고 있었다.

그 책갈피의 내용은 내 삶에 '부침(浮沈: 세력 따위가 성하고 쇠함을 비유적으로 이르는 말)'과 포기할 일이 생길 때마다 동반자가 되어 내게 강력한 삶에 대한 '희구(希求)'와 영적인 에너지를 선물해 주었다. 그 시절, 책갈피는 내 삶이 고통스럽고 힘에 부칠 때마다 항상 나를 따라다녔던 의좋은 친구였다.

하지만, 이 '신의 딸'의 파란만장하고도 지난(至難)했던 세월 때문에 책갈피를 선물한 친구와 책갈피에 쓰여있는 이 귀하디귀한 하나님의 "말씀의 불세례"는 나의 뇌리에서 완전히 지워졌다.

나는 몸주 신령님을 모시는 강신 무당으로 입문해서도 그렇게 편안하고 순탄한 길을 걷지는 못한 것 같다. 강신 무당으로 입문한 사람이 독일과 스위스에서 유학했으니, 뭇사람들에게 겉으로는 화려하고 부러움을 사는 이력을 가졌을지는 모르겠다.

나는 늘 현실에 안주하고 싶은 자연인 유명옥으로서의 무의식적인 본능과 종교적인 소명을 가진 타지마할 무당으로서 샤머니즘의 미션(영: Mission)을 충실히 이행하고자 하는 첨예한 갈등 사이를 시계추처럼 빈번하게 오가며 살고 있다. 두 개의 서로 다른 '페르소나(라틴어: Persona)'를 가진 자아와의 끊임없는 투쟁의 역사로 점철된 삶이다.

'페르소나'는 고대 그리스의 배우들이 연극에서 썼던 '가면'이라는 라틴어에서 유래되었다. 이후 칼 융이 제창한 분석심리학에서는 자신의 본성을 감추고, 사회적인 지위나 가치관이 요구하는 도덕과 질서, 의무에 걸맞은 사회적인 인격이자 공적인 얼굴을 뜻하게 되었다.

1998년 5월 31일이었다.

무녀 인생에서 또 한 분의 새로운 스승을 처음 배알(拜謁)해 '삼고초려(三顧草廬: 인재를 맞아들이기 위해 참을성을 가지고 노력하거나 정성을 다해 간청한다는 뜻.)'로 모시기 위해 고속버스를 타고 빛고을 광주로 내려가던 중이었다.

88휴게소에 거의 당도할 무렵에 나는 읽던 책을 잠시 덮고 눈을 들어 오른쪽에 펼쳐진 생경(生硬)하고 을씨년스러운 풍경(風景)을 바라다보았다. 바로 그때 한 허름한 교회의 간판과 교회의 첨탑(尖塔)이 보였다. 그 교회에는 눈이 번쩍 뜨일 만한 현수막이 걸려 있었다.

"뭘 걱정하십니까? 기도할 수 있는 힘이 있는데…."

세상 누구에게나 필요한 경구였다. 갑자기 그 글귀가 번쩍하고 내 마음속 깊이 스며들었다.

내게 미약하나마 아직도 온 마음을 바쳐 '기도할 수 있는 힘'이 남아 있다는 것. 그것이 나의 신령님들로부터 부여받은 다른 어떤 탁월한 능력보다 더 큰 축복이라는 사실을 다시 한번 깨닫게 되었다.

지금도 나는 기도하는 동안에 내가 가진 콤플렉스(독: Komplex) 덩어리와 나 자신을 굳게 가두어 놓은 내적인 벽을 점차 허물기 위해 자가 치유를 시도한다.

콤플렉스는 무의식에서 인간의 행위와 사고의 흐름에 영향을 미치는 욕망이나 기억으로, 정신적인 상처(독, 영: Trauma)나 충격으로 인해 정신의 일부가 의식으로부터 분리된 것이다.

콤플렉스는 무의식적인 내용으로 구성되어 있어 의식을 제한하고 억압한다. 이것은 살아 있는 무의식적인 정신의 통합체로, 정신 현상으로부터 의식을 자극하여 무의식적인 갈등을 조장하며 질서를 교란하고, 엄청난 파괴적인 에너지를 가지고 있다.

아니, 어쩌면 이는 지나치게 교만하고 경솔한 표현일지도 모르겠다.

내가 기도를 통해 나의 신령님들로부터 깊은 사랑과 희망으로 충만한 자가 치유의 에너지를 선물(膳物) 받는다는 표현이 나을 것이다. 내게 주어진 아주 작은 영적인 능력을 선사해 주신 지엄(至嚴)하지만 다사로우신 나의 신령님들, 그리고 깊은 영적인 인연으로 나를 찾는 내담자들, 세계 각지에 흩어져 있는 나의 소중한 영혼의 친구들과 가족들,

그들 모두에게 나의 작은 사랑과 정성을 바람에 실어 나르고 있다.

그대여, 모든 종교와 종파를 초월한 기도를 통해 그대에게 능력을 주시는 자 안에서 진정한 자아(眞我)로 올곧게 깨어날지어다!

기도할 때 주의할 점이 몇 가지 있다.

(1) 우리의 기도가 지극히 이기적이고, 맹목적이며, 기복적인가? 반성해야 한다.

(2) 우리가 행하는 기도가 자기중심적이며 일신상의 안일만을 추구하는 것은 아닌가? 검증한다.

(3) 우리의 기도가 타인의 삶을 방해하거나 그들의 이해관계와 상호 충돌을 일으키는지 확인한다.

(4) 우리가 구하는 기도만 열심히 하고 정작 실제의 삶에서는 노력이나 실천을 뒤로 미루는 것은 아닌지 자신에게 묻는다.

(5) 우리의 기도가 자기만의 특혜나 특전을 요구하는지 확인한다.

(6) 우리가 기도를 통해 신과 이웃에 대한 사랑과 헌신을 실천하고 있는가? 돌이켜본다.

(7) 우리가 기도를 진행하는 동안에 신께 온전하게 우리의 모든 것을 맡기는가?

위에 열거한 검증 기도와 함께 매일매일 자신의 앎과 지혜와 철학을 실천하는 '지행합일(知行合一)'의 삶을 살아간다면 우리의 삶은 더욱 풍요로워질 것이라 확신한다.

제 3 장

그 후
집 없는 무당

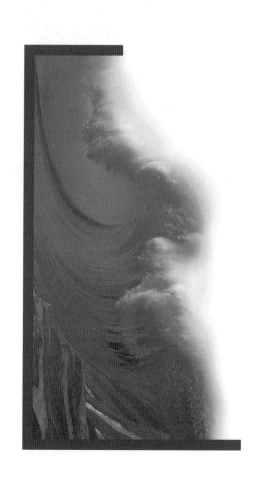

1

장을 지지마.
"내 손에 학위를 마치고 오면
"니가 독일에서

2000년 8월 말, 독일 유학을 준비하고 있던 시기였다.

나는 당시 언론에 이름이 많이 거론되었던 역학계의 저명인사를 한 분 만났다. 당시 서울지방경찰청에 여경으로 근무했던 지인이 내게 핸드폰 번호 하나를 내밀며 같이 일하면 많은 사람에게 도움이 될 것 같다면서 그와 나를 연결해 주었다.

나는 그 역학자에게 전화를 걸어 시간과 약속 장소를 잡았다. 약속한 날에 자서전 『집 없는 무당』을 들고 인사동에 있는 그 역학자의 사무실로 찾아갔다.

여경의 소개도 있었고, 내가 그를 만나고자 했던 애초의 의도는 독일에서 계획한 5년간의 공부를 마치고 돌아오면 그와 함께 나름의 영적인 시도를 해볼 요량이었다.

나는 그 역학자와 사람들의 미래와 샤머니즘적인 자문의 접점을 찾고, 영적인 문제를 토론하고 싶었다. 나아가 그와 강신 무당인 내가 경험하는 영적인 세계의 공유점과 인간 영혼의 제반 문제를 해결하는 길을 찾고 싶었다. 또한, 그와 상호협력해 사람들에게 도래할 미래의 문제를 다각적으로 해결하는 방안을 모색하고 싶었다.

그는 당시 인사동의 한 오래된 건물에서 같은 역학계의 단체에서 임원으로 활동하고 있는 분과 사무실을 공동으로 운영하고 있었다. 내가 그를 방문하던 날에 마침 그 두 사람이 함께 사무실에 있었다.

나는 만나기로 약속한 역학자에게 나를 소개하고 자서전을 전달하며 인사를 건넸다. 그 역학자 옆에 있던 또 다른 역학계 인물은 내가 자리에 앉아 숨을 돌릴 사이도 없이 대뜸 내 사주를 물었다. 나는 처음 만나는 데다 나보다 한참 연배로 보이는 그 역학자의 자존심을 건드리고 싶지도 않았다. 썩 내키지는 않았지만, 할 수 없이 내 사주를 그에게 알려주었다. 그렇지만 사실 나는 내 사주가 전혀 궁금하지도 않았다.

그는 곧바로 내 사주의 간지를 뽑아내고는 이렇게 말했다.

"으흠… 사주가 '겉사주'로구먼! 여자치고는 꽤나 센 사주야. 그런데 무당이라고? 조금 있으면 독일로 유학을 간다고 했던가? 이 사주로 결혼을 할 수만 있다면, 부부(夫婦) 해로(偕老)는 하면서 알콩달콩 잘 사는 사주란 말이야. 그런데, 이 사주로 외국에서 공부를 하겠다고? 내참! 내 장담하지만, '학마살(學魔煞)'이 낀 이 사주를 가지고는 절대로 공부는 못 해! 만약 이 사주로 외국에서 공부를 다 마치고 (한국에) 돌아오면 내 손에 장을 지지겠어!"

'살(煞)'이란 사주에서 '죽인다'는 뜻이 아니라 '인간의 삶에서 해롭게 작용한다'는 뜻으로 사용되고 있다. '학마살'은 배움에 마가 끼거나 학업에 장애 요인이 많아 학문을 중도에 포기하는 살로, 사주에 재성이 강하고 인성이 약해 공부를 하려고만 하면 온갖 잡념이 생겨 학업을 방해한다는 살이다.

내 원래 의도와는 상관없이, 예의상 내 사주를 알려주고 기습적으로 공격을 당한 나는 당황한 상태였다. 잠시 나는 호흡을 가다듬은 다음 그에게 되물었다.

"선생님, 제가 신령님을 모시는 무당인데, 신령님의 뜻으로 독일 유학을 준비하고 있는데, 선생님은 제가 묻지도 않은 말에 왜 그런 예언을 하시나요? 저는 제 신령님께서 인도하시는 대로 따르고 행할 뿐인데…. 게다가 선생님은 어떻게 다가오지도 않을 "신 내린 무당의 미래"를 그렇게 마구잡이 식으로 해석하시나요? 만약 제가 선생님의 말씀과 달리 독일에서 학위를 마치고 돌아오면 어떻게 하시려구요? 그땐 정말 선생님께서 어떻게 하실 건데요?"

그는 내게 반말로 비아냥거리듯 말했다.

"니가 독일에서 학위를 마치고 와? 웃기는 소리 하지 마! 니가 독일에서 학위를 마치고 오면 그땐 내가 내 손에 장을 지지마!"

나는 너무도 확신에 찬 그의 호언장담하는 어조와 기고만장한 태도가 참으로 못마땅해 대놓고 따지며 시시비비를 가리고 싶었다. 하지만, 원래 만나려던 역학자가 우리 두 사람 사이에서 당황해하며 우물쭈물하고 있었다. 그의 체면 때문에 엄청난 인내심을 발휘해 꾹 참았다. 그러면서 속으로 다짐했다.

"뭐 이런 교만한 인간이 다 있어? 역학을 해서 남의 사주팔자를 봐주고 운명을 상담해 주는 사람이, 신령님께서 내리신 종교적인 소명을 완수하기 위해 열심히 노력하는 사람에게 잘해보라고 격려는 못할망정 초를 쳐? 괘씸한 인간 같으니! 당신이 얼마나 사주를 잘 보는지 내 알 수는 없으나, 나에 관해 당신이 호언장담한 예언이 절대로 실현될 수 없다는 것을 내가 증명해 보일 것이다. 그때가 되면, 당신이 장담한 대로 당신 손에 장을 지져야 할 것이다. 내가 꼭 그렇게 되도록 하고야 말 것이다."

원하지도 않았는데, 미래를 내다본다는 기고만장한 역학자로부터 '부정적인 암시'를 담은 충격적인 예언을 들었을 때, 내 가슴은 날카로운 비수에 찔린 듯했다. 열패감과 분노가 가슴에서 치밀어 올랐지만, 나는 무한한 인내심을 갖고 참고 또 참았다.

그러자 갑자기 두 역학자가 결국은 한통속이라는 생각마저 들어 그와 토론하고 싶은 생각마저 단숨에 가셔버렸다. 그래도 나는 최대한의 예의를 갖춰 그들에게 마무리 인사를 하고 그 사무실 문을 닫고 나왔다. 그들의 사무실을 나오면서도 생각은 계속 이어졌다.

"그래, 좋다! 당신들이 뭐라고 하든지 간에 나는 내 신령님들께서

주신 길고 외로운 영성의 길을 뒤도 돌아보지 않고 올곧게 가고 말 것이
다. 어디 두고 봐라, 사주쟁이인 당신의 예언이 맞는지, 신령님을 모시
는 강신 무당인 나의 말이 맞는지 시간이 가면 판가름이 날 터이니!"

집으로 돌아오는 길에 나는 남의 사주를 함부로 뽑아서 선입관과 편
견을 가지고 불건전한 마음의 잣대로 남의 운명을 멋대로 재단하고 평
가했던 그 역술가의 말을 여러 번 곱씹었다. 그리고 독일로 유학 가면
온 정신을 집중해 최선을 다해 공부를 마치고, 신령님께서 주신 소명을
완수하리라 다짐했다.

그리고 나는 함부르크 조형예술대학(독: Hochschle fuer bildende
Kuenste Hamburg)으로 유학을 떠나 2007년 무리 없이 예정된 학업을
마치고 석사 학위를 받았다.

함부르크 조형예술대학은 1767년 국립 예술대학으로 설립되었
다. 1977년 여름학기에는 비디오 아티스트인 백남준(Paik, Nam June:
1932~2006) 작가가 객원교수로 재직했다. 또한, 1970년 겨울학기에는
스스로를 '샤만(영: Shaman, 독: Schaman)'이라고 칭했던 요셉 보이스
(Joseph Beuys: 1921~1986)가 객원교수로 재직하며 세미나를 진행했
고, 1974년과 1975년에는 자유 미술을 강의했다.

우리에게 〈베를린 천사의 시(독: Himmel ueber Berlin)〉라는 영화로
널리 알려진 빔 밴더스(Wilhelm Ernst Wenders: 1945-) 감독도 2004년부
터 2017년까지 이 학교의 교수로 임용되어 영화에 관한 강의를 진행했다.

사주에 학마살을 가지고 있다는 말을 악담처럼 들었던 나는 독일 함
부르크 조형예술대학의 비주얼커뮤니케이션 학과와 스위스의 칼 융 연
구원(독: Carl Jung Institut Zuerich)에서 영성심리학을 공부하고 귀국
해서 현재 '영성삼담가'로 활동하고 있다.

내가 인사동에서 그 두 명의 역학자를 만난 지 20년하고도 몇 년의
세월이 더 흘렀다. 나는 그가 요즘도 제대로 환기조차 되지 않는 비좁고
음침한 사무실에서 남의 운명을 호언장담하며 점치고 있는지 궁금하다.

그 역학자는 자신이 역학을 배워 타인의 사주를 해석할 줄 안다는 이유로, 남의 소중한 운명을 점치면서 그가 가진 좁은 세계관으로 해석해 엉터리 점괘를 내놓는 사람일 뿐이었다.

최소한, 무당인 나의 미래를 두고는….

그는 자신의 점괘가 맞지 않으면 "내 손에 장을 지지겠다."라는 말까지도 함부로 내뱉었는데, 지금 그는 뭘 하고 있을까? 그래, 지금은 일흔이 넘었을 터이니, 이제는 교만이 좀 사그라졌을까, 아니면 더욱 기세등등하게 거짓 호언장담에 목을 매고 있을까?

요즈음 나는 골치 아픈 영적인 문제를 해결하기 위해 상담실을 방문하는 내담자를 상담할 뿐만이 아니라, 인연이 깊은 사람들과 영적으로 교류하며, 그들의 영혼에 대해 성장과 치유를 돕고 다각적으로 보살피는 삶을 꾸려가고 있다.

나의 신령님께서 주신 소명은 나와 인연이 깊은 '샤머니즘적인 영성'을 가졌거나, "샤만적 증후군"을 가진 사람들의 자가 치유와 개성화(독; Individuation)를 돕는 일이다.

가끔씩 나는 "신령님께서는 무엇 때문에 능력도 없는 나를 당신의 도구(영, 독: Medium)으로 선택하셨을까?" 하고 스스로 묻곤 한다. 아마도 내가 사람의 인연을 소중히 대하고, 인내심과 성실함, 사람을 대하는 정성을 가졌다고 보시기 때문이리라.

나는 1997년 8월 28일 신내림굿을 받고 무당으로 입문해 27년째 변화무쌍하며 번잡하고 역동적인 삶을 꾸려가고 있다. 한국 사회에서 강신 무당으로 살아가는 삶이 때로는 버겁다고 생각할 때도 많았다.

하지만, 나는 이 고단한 영성의 길을 걷는 나의 삶을 단 한 번도 후회해 본 적은 없다.

점복(占卜)을 행하는 직업(무당, 역학자, 타로 상담가, 영성 상담가 등)을 가진 사람들은 영적인 문제를 해결할 목적으로 방문하는 내담자(의뢰인)에게 함부로 미래를 예언하거나 운명을 들먹이는 일은 없어야겠다.

어떤 경우에는 예언가들이 심어주는 '부정적인 암시'가 내담자들에게 '언어적인 폭력'이 될 수도 있다. 점복자들이 도출해 낸 점괘나 운명이 한 사람의 운명에 지나친 구속력을 지닐 수도 있기 때문이다.

　우리 사회에도 마치 자신이 알고 경험했던 세계를 인간사(人間事)의 전부로 착각하는 '우물 안 개구리'와 같은 세계관을 가진 점복자들이 더러 있다. 그뿐만 아니라 자신의 점괘가 절대적이라고 확신하는 교만하기 짝이 없는 자들도 있다. 이런 유형의 사람들은 자신의 점괘로 의뢰인(내담자)의 삶에 커다란 영향을 미치고, 그들을 잠재적인 위험에 빠뜨릴 소지가 농후하다.

　'운명(運命)'이란 한 인간이 태어난 사주팔자를 스스로 운행하는 것이다.

　그대여, 바라건대 삶의 위기에 처한다면 무조건 점복만을 행할 것이 아니라 자기 스스로 내면의 잠재력을 일깨우고, 모진 세상과 더불어 공존하는 법을 배워 나가시기를!

2

의
돈을 연 것의
첫 번째로
녹타기에서
신내림굿의
그리고…
재물, 영성

황해도 무당은 신내림굿에 임하면 반드시 '녹타기'라는 의식을 치른다. 녹타기 의식은 강신 무당으로 입문하는 자가 향후 무업을 수행하며 성무(成巫)해 나가는 과정에서 그가 어떤 방식으로 영적인 성장을 이루겠는가를 예측하는 상징적인 의식이다.

녹타기 의식을 진행할 때 녹상 위에는 청수, 쌀, 잿물, 돈, 흰콩, 여물, 쌀뜨물을 넣은 일곱 개의 놋주발에 뚜껑을 덮어 놓는다. 경관 만신인 신어머니가 녹타기 신가를 부른 후에 강신 무당으로 입문하는 자에게 "자, 그럼 녹을 한 번 타보라!"라고 주문한다. 몸주 신령이 몸에 강림한 무당 입문자는 신어머니의 주문에 따라 격렬하게 춤을 추다가 녹상으로 다가가 놋주발을 하나씩 열어 놓는다.

1997년 8월 28일 진행된 나의 신내림굿 의식에서 경관 만신인 신어머니, 김금화 선생은 다음과 같은 녹타기 무가를 불렀다.

"모리를 가자 모리를 가자
외길바리 불릴바리 쌀바리 재바리 오곡바리 안에 노적허리다.
신에 노적 쌓아 놓고
없는 백성 골고루 살게 도와주자
큰 무당이 나라만신이 되어

같이 살자 똑같이 한 길을 가자
이웃을 사촌처럼
빈한 가중 부귀천 돌아
무손한 가장 세대봉사하여 주어라"

신가를 끝낸 신어머니는 나에게 주문했다.

"네가 무슨 녹을 타는지, 자 한 번 타보아라!"

나는 녹상 앞에서 징, 장구, 제금 등 타악기의 장단에 맞추어 빙글빙글 돌며 격렬하게 춤을 추었다. 그러다가 춤을 멈추고 녹상 앞으로 성큼 다가갔다. 그 순간 나는 녹을 탈 때 첫 번째로 반드시 "맑은 물"을 열어야겠다는 일념에 사로잡혔다.

한국의 샤머니즘 전통에 의하면, 신내림굿의 녹타기에서 '맑은 물'과 '쌀'을 열면 큰 무당이 된다는 믿음이 전해지고 있다.

아뿔사…!

하지만, 이때 내가 가장 먼저 연 것은 부끄럽게도 돈이 담겨 있는 놋주발이었다. '맑은 물'을 열어야겠다는 욕망에 사로잡혀서 '맑은 물'을 열기는 고사하고 그만 맨 먼저 돈이 든 놋주발을 열고야 말았다.

1997년 내가 신내림굿을 받았던 당시만 해도 강신 무당 입문자가 신내림굿에서 첫 번째로 돈을 열면, 신어머니와 선배 무당들, 기타 굿에 참석한 사람들로부터, "새 기자가 돈 욕심이 많다."라고 욕을 먹었다. 또 굿에 참석했던 사람들은 무당 입문 의례자의 등 뒤에서 이러쿵저러쿵 쑤군거리곤 했다.

순간 내 마음속에서는 '맑은 물'을 열지 못했다는 아쉬움보다는 "사람들이 나를 돈 욕심이 많은 무당이라고 손가락질하면 어쩌지?" 하는 걱정과 두려움이 앞섰다. 누군가 내 뒤에서 손가락질하며 쑤군거리는 것 같은 치욕스러움과 부끄러움 때문에 목덜미가 빨갛게 달아올랐다.

나는 첫 번째 녹을 탔을 때 '맑은 물'이 든 놋그릇을 열어 뭇사람들에게 '뒤가 맑다'는 칭송을 듣고 싶었다. 그런데 나의 이 열망이 너무도 강렬했던 탓인지 사물의 본질을 제대로 꿰뚫어 보지 못했다.

지금은 세상이 많이 변해서 녹타기에서 첫 번째로 돈이 든 놋그릇을 열면, "잘 불리고(무당으로서 세간에 이름이 널리 알려지고)", 단골이나 신도도 많고, 무업을 통해 재물도 많이 벌게 된다고 해석한다.

어찌 되었든 간에, 앞으로 무당으로 성무해 가는 과정의 상징적인 첫 관문인 녹타기에서 돈 그릇을 열었다는 트라우마가 신내림굿 이후부터 줄곧 나의 뇌리를 떠나지 않았다.

나는 올해로 27년째 신령님을 모시며 무업과 영성 상담을 병행하고 있다. 그동안 나에게 돈으로 대변되는 물질의 세계는 "경계해야 할 대상이지 추구해야 할 대상"이 아니었다. 항상 영적으로 깨어있어 물질적인 유혹을 경계하라는 의미로 받아들였다.

어느 때부터인가 나의 이런 신념은 '강박신경증'이 되어 나의 영혼을 짓누르기 시작했다.

*'강박신경증'이란 자신의 의지와는 상관없이 특정한 사고나 행동
  을 반복적으로 하는 상태를 의미한다.

그러다 보니, 나는 점차 내담자를 상담하거나 의례를 진행하고 나서 상담료나 자문료도 제대로 요구하지 못하고 그저 그들 마음이 내키는 대로, 때로는 그들이 주는 대로 사례를 받게 되었다.

신령님을 모시며 아픈 영혼을 치유하는 일을 업으로 삼는 무당이지만 "이슬만 먹고 사는 인간"은 아니다. 엄연히 육을 입은 인간이다. 그런데, 나를 찾는 세인들은 마치 내가 "돈 없이, 값 없이"도 살아갈 수 있다고 생각하고 있는 모양이다. 지금도 내 주변에는 나와 오랜 인연이 있다는 이유로 영성 상담을 하고도 상담료를 한 푼도 지급하지 않거나, 단한 번만 상담하고 '무한 리필'을 받으려는 내담자가 부지기수다.

나는 녹타기에서 첫 번째로 돈을 열어버렸지만, '집 없는 무당'으로서의 삶을 꾸려가는 길은 고행과 인내의 길이요, 지행합일(知行合一)의

삶을 실천하는 길이라 생각한다. 또한 무쏘의 뿔처럼 혼자서 "행동하는 양심의 삶"을 살아가야 한다는 의미임을 되새긴다.

언제부터인가 나는 녹타기에서 첫 번째로 돈을 연 까닭이 유명옥이라는 개인의 나르시스적인 욕구를 잠재우고, 대모(大母, 영: The Great Mother, 독: Die grosse Mutter)로서의 무당의 원형인 영원한 모성을 실천하고 완성하라는 의미일지도 모르겠다고 생각하게 되었다.

지금 여기, 바로 이 시점에서 나는 문득 인간에게 돈으로 대표되는 재물(財物)이란 어떤 의미인지 생각해 본다. 인간은 태어날 때 이미 어느 정도의 돈 그릇과 인품을 가지고 태어난다. 그야말로 인간은 영적인 에너지와 재화의 용량을 타고 난다는 뜻이다. DNA 인자에 각인된 이 에너지는 약간의 누수나 변화의 가능성은 존재하지만, 기본적으로 '에너지 불변의 법칙'과 '질량 보존의 법칙'을 따른다.

에너지 보존의 법칙에 따르면, 에너지는 그 형태가 변화되거나 다른 형태로 전이될 수는 있어도 새로이 생성되거나 사라지지 않고 항상 총량이 일정하게 유지되는 '등가의 원리'가 작용하고 있다.

또한 대극이 소유한 에너지로 볼 때, 한 곳에서 일정한 양의 에너지가 투입되거나 사용되면, 다른 곳에서는 그에 상응하는 에너지가 투입되거나 소멸한다.

이 이론을 심혼이 가지고 있는 영적인 에너지 법칙에 적용해도 유사한 결과가 도출되는 것 같다. 예를 들면, 어떤 사람이 관운(또는 명예)이 재물운보다 우월하게 태어났다. 그런데 그는 평생 관운을 추구하지 않고, 재물을 증식하려고 많은 시간과 에너지와 노력을 투입했다. 그가 60세가 되었다고 치자. 그는 현재 관운보다 재물이 넉넉한 상태를 유지하지만, 현재 그의 관운은 그다지 좋지 못하다.

그는 태어났을 때 DNA에 각인되어 부여받은 관운을 배양하지 않고 선택과 집중을 통해 오로지 재물을 증식시키는 데 에너지와 시간과 노력을 활용했기 때문이다. 그러나 그가 가진 영적인 에너지의 총량은 큰 변동이 없이 일정하게 보존되어 있을 것이다.

　왜 그런가?

　물질은 갑자기 생기거나, 없어지지 않으며, 그 형태만 변해 존재하기 때문이다. 그러기에 한 개인의 삶은 구조적으로 그가 가진 영적인 능력과 에너지에 걸맞게 살아가는 것 같다.

3

딸아, 사랑하는 명옥아!
너는 3년 후
목사가 되어
은혜기도원을
운영하게 된다

2011년 5월 중순에 나는 P목사로부터 전화 한 통을 받았다.

P목사는 1997년 내가 김금화 선생으로부터 신내림굿을 받을 당시 서해안 풍어제의 사무장을 맡고 있었다. 그는 1999년 8월 26일 '회심 (回心, 영: Conversion)'한 후에 기독교로 개종하여 신학대학을 졸업하고 목사 안수를 받아 목회자가 되었다.

회심이란 기독교인이 하나님을 떠나 이방의 신을 믿거나 불성실한 신앙심을 가지고 살아가다가 회개하고 마음을 돌이켜 독실하고 적극적으로 하나님을 믿는 것이다.

P목사가 1997년 신어머니 단체의 사무장으로 근무할 당시에 내가 신내림굿을 받아서 그런지 그는 신어머니인 김금화 선생님 댁에서 우연히 마주치기라도 하면, 마치 나의 친 오라버니와 같은 미소를 지었다. 그런 인연으로 그는 자상하게도 내게 샤머니즘과 관련한 중요한 자료들을 건네곤 했었다.

1999년 10월 말경 그는 기독교인으로 개종했고, 2000년 10월 초에 나는 또 나대로 독일 유학을 준비하느라 작별 인사도 제대로 나누지 못하고 독일로 떠났다. 그 후 거의 10년이 넘은 시점에 뜻밖에도 내 사무실로 그의 전화가 걸려 왔다. 그는 전화 통화에서 나를 꼭 한 번 만났으면 좋겠다고 했다.

솔직히 말해 이제는 우리 두 사람이 서로 다른 종교를 믿기 때문인지는 몰라도, 10년이 넘는 적지 않은 세월 동안 연락을 두절했다가 만나는 것이 선뜻 내키지는 않았다.

다종교가 뒤섞인 한국의 종교환경에서 개신교의 목사와 무당이라는 직업은 물과 기름과 같은 이질적인 관계다. 그렇다고는 하지만, 그 사이에 목사가 된 그가 큰맘 먹고 무당인 후배에게 전화해서 한번 만나자고 어렵게 제안했는데 나로선 그가 제안한 만남을 딱 잘라 거절하기도 무척 어려웠다. 그래서 그가 대학로의 기독교 여전도 회관에서 만나 점심을 같이하며 이야기를 나누자는 제안을 수락했다.

우리가 약속한 날은 2011년 5월 20일 금요일 11시 정각이었다. 나는 우리가 만나기로 약속한 장소를 기독교 전도회관으로 잘못 알고 있었다. 약속했던 시간이 30분이 지나도 P목사가 나타나지 않자 왠지 불안한 마음이 들어 그의 핸드폰으로 전화를 했더니, 그는 내게 약속 장소가 그 근처에 있는 여전도 회관이라고 정정해 주었다. 나는 죄송하다고 하고 그가 기다리고 있는 약속 장소로 한달음에 달려갔다.

P목사는 10여 년이 훨씬 흘렀는데도 여전히 풍어제 사무장일 때나 마찬가지로 소탈하고 넉넉한 미소로 나를 반가이 맞아 주었다.

그는 나를 여전도회관 안의 뷔페식당으로 데리고 갔다. 그가 데리고 간 곳은 기독교인이라면 누구나 그 식당에서 저렴한 비용으로 점심 한 끼를 먹을 수 있었다.

P목사는 내게 남의 나라에서 유학하고 돌아와 오랜만에 만난 무당 동생에게 값비싼 점심은 못 사주더라도 점심 한 끼는 사주고 싶었다고 말했다. 그러면서 자신이 하나님께 봉사하는 소명을 타고나서인지는 몰라도 경제적 풍족함은 선물해 주시지 않으셨다며 나에게 흰 치아를 드러내고 씨익 웃었다. 나도 멋쩍어 그를 따라 웃었다.

여전도회관 식당의 중심에서는 기독교인들의 기도 모임이 있어서 많은 기독교 성도가 식탁에 둘러앉아 찬송가를 부르며 열정적으로 기도하고 있었다. 나는 그 식당 안에서는 목사와 무당의 사적인 이야기를 나눌 자리가 아닌 것 같다는 강한 인상을 받았다. 하지만 그의 자존심을 상하게 하고 싶지 않다는 작은 마음의 배려로… 차마 그에게 이곳에서 이야기를 나누고 싶지 않다는 말은 꺼낼 수가 없었다.

식당 안은 자리도 편안하지 않은 데다 너무도 많은 사람이 통성기도 하는 통에 시끌벅적해서 도무지 그와의 진지한 대화에 집중할 수가 없었다.

P목사는 식당의 한쪽에 자리를 차지하고 나를 마주 보며 앉자마자 이야기를 시작했다. 그는 어렵게 서두를 꺼내며, 나를 찾게 된 경위와 그가 나에 관해 기도한 것에 대하여, 그리고 그가 받은 하나님의 응답에 관해 자초지종을 설명했다.

처음 이야기를 시작할 때 그는 목사라는 자신의 신분과 주변의 상황을 의식해 목소리를 낮춰 나직하고 조곤조곤 찬찬하게 이야기를 시작했다. 그러다 얼마간의 시간이 흐르자, 자신의 이야기에 빠져 격한 감정으로 고양되었다. 이때부터 그는 마치 조증 상태(독; Euporie)에 처한 사람처럼 자기 확신과 열정이 가득 차오르는 듯한 말투를 이어갔다.

이야기가 계속되자, 그의 목소리는 점점 더 커지고, 말하는 속도도 무지하게 빨라졌다. 그는 마치 나와 대화를 나누는 것이 아니라 자기 자신과 독백하는 것 같았다. 나는 그저 그가 하는 큰 목소리의 엄청나게 빠른 말을 경청할 뿐이었다.

그때 기도에 몰입해 있던 그룹을 대표하는 목사가 우리에게 다가와 좀 조용히 이야기해 달라고 주의를 한 번 주었다. P목사는 기도 그룹으로부터 조용히 해달라는 주의를 들으면 잠시 이야기를 멈추었다가 또다시 격렬한 어조로 이야기를 계속 이어갔다.

처음의 내 의도는 그저 그가 말하는 내용을 그냥 경청할 작정이었다. 시간이 흐르고 그의 태도가 범상치 않음이 감지되었다, 나는 아무래도 그가 내게 하는 말을 기록하는 것이 차라리 낫겠다 싶어 노트를 꺼내 그가 하는 말을 속기로 적기 시작했다.

그는 "예비하신 하나님께서" 자신에게 "들을 귀"를 주셨다고 서두를 꺼냈다. 그는 자신이 나를 위해 하나님께 기도를 드리자, 하나님께서 다음과 같은 말씀을 해주셨다고 했다.

내(유명옥)가 모시는 신령님은 "깨끗한 신(령)인데, '그 일(영적인 일, 무업)'을 벌일 때 시기와 질투를 하는 신이 있다."라고 말했다. 그는 하나님께서 나를 "사랑하는 유명옥"이라고 지칭하셔서 깊은 감동을 주셨다고 했다. 기도 중에 "딸아, 사랑하는 명옥아!"라고 하면서 하나님께서 계속 말씀을 주셨다고 했다.

다음은 P목사가 내게 하나님의 음성을 듣고 전해 준 두서없는 내용에서 나와 관계된 내용의 골자만 추려 정리한 것이다.

괄호 안의 내용은 내가 독자들의 이해를 돕기 위해 그가 복선을 깔아 이야기한 내용을 정리한 것이다.

"모든 일에는 하나님께서 역사하신다.

(내가 행하는) 상당의 일 중에서 살아 계신 하나님의 쓰임을 받는 일이 있을 것이다.

(나 유명옥은) 종교를 초월한 사람이다.

(내 삶에) 하나님의 개입(축복, 영광)이 있을 것이다.

하나님께서 그냥 (내게) 손을 내미시지는 않으신다.

성경 말씀에도 (있듯이) 또 한 번의 연단이나 시련이 있다.

(유명옥이 하는 모든 일)은 하나님의 계획 속에 있다. 유명옥의 의지로 되는 일이 아니다.

(유명옥은) 일반 무당이나 일반 사람이 아니다. 피눈물 나는 연단이 있을 것이다.

일반 무당의 길보다 몇십 배의 노력과 연단이 있을 것이다.

어둠 속의 빛 자체이신 하나님께서 함께 하시는 성령님께서 (내게) 사명을 주실 것이다."

P목사는 위의 내용으로 기도의 응답을 받았을 때 (나와 자신이) "동생과 오라버니라는 감동이 어렴풋이 있었다."라고 말했다. 그는 하나님께서 (인간에게) 당신의 뜻을 전하실 때, "귀에다 대고 하는 것이 아니다. 귀에 대고 속삭이는 것은 마귀가 하는 것이다. 깨달음의 말씀은 울림으로, 가슴으로 온다."라고 말했다.

"보라! 새것이 될 것이다.
(유명옥의) 판단에 브레이크가 걸릴 것이다.
(하나님의) 인도하심이 있을 것이다.
누구도 깨뜨릴 수가 없다. 절대 안 되고, 누구도 안 된다.
신의 세계에서도 유명옥을 탐낸다.
하늘의⋯영의 세계에도 투기는 있다. 심성이 합이 된다.
3년 후에 은혜기도원을 바라본다.
유명옥은 '목사'가 된다.
'은혜기도원'을 운영하는 목사가 된다."

　　P목사와 만나고 나서 수많은 세월이 흘렀다.
　　내가 다시 한국에 돌아와 정착하기까지 그토록 많은 시간 동안 쓰라린 아픔과 견디기 힘든 고난의 삶이 연속적으로 발생하긴 했다. 그렇지만, P목사가 내게 하나님의 말씀이라며 계시를 받아 예언했던 위의 내용들은 현재까지 거의 실현되지는 않았다.
　　나는 삶의 고뇌와 생의 고단함을 만날 때마다 P목사가 내게 하나님의 계시라며 전해 준 말씀, "피눈물 나는 연단이 있을 것이다."가 마음속 깊은 곳에서 문득문득 떠올랐다. 그럴 때마다 왠지 모를 섬뜩한 두려움이 밀려들었다. 때때로 나 자신에게, "내가 이 고통의 상황에 직면해 정말 P목사의 예언대로 기독교로 개종할 수 있을까?"라고 묻곤 했다.
　　27년째 강신 무당으로 살아오는 동안 혹독한 '신가물' 기간을 거치며 내게 내공이 생긴 탓인지, 무당으로 입문하기 전보다 더 처절하고 힘겨운 고통은 없었던 것 같다.

　나는 아직도 P목사의 예언대로 "은혜교회의 목사"가 되지 않고 여전히 몸주 신령을 모시며 내담자를 치유하는 영성상담가로 살고 있다. 내가 걸어가는 이 영성의 길은 그야말로 "말도 많고 탈도 많지만", "지금-여기에서" 항상 기도하는 마음과 감사하는 마음으로 묵묵히 견디며 내게 주어진 삶을 열심히 살고 있을 뿐이다.

4

間隙
간극으로부터
존재와 비존재의
사람간다
저기 무당하고

巫堂(무당)!

'巫'라는 한자는 하늘과 땅을 잇는 나무(세계목, 우주목)를 사이에
두고 춤을 추는 여인을 형상화한 글자다. 강신 무당은 이승과 저승 세계
를 빈번히 오가다 보니 현실에서는 이 세계에도 저 세계에도 속하지 못
하는 존재가 될 수밖에 없다. 어느 사이에선가 한국 사회에서 샤머니즘
과 무당의 신들림은 멸시와 경계의 대상이 되었다.

지천명(知天命: 하늘의 명을 깨닫는 나이인 50세)의 나이를 넘기면
서부터 종종 "한국 사회에서 활동하고 있는 무당들이 과연 진정한 의미
의 친구를 사귈 수 있을까?" 하고 나 자신에게 되묻곤 한다.

2002년 초반 어느 겨울날 이른 새벽에 나는 친여동생처럼 가깝게
여겼던 한 여인으로부터 다음과 같은 이메일을 받았다.

"난, 무당인 언니가 부끄럽거나 창피하지 않아. (물론… 자랑스러운
것도 아니야) 그저 인정할 뿐이야. 그리고… 단지… … 나에겐… 언니
야… 처음 인연은 내가 점괘를 보러 무당을 찾아간 거였지만 나중 인연
은 친구 같은 언니와 동생으로 이어지는 거 같아."

나는 위의 메일을 받자마자 갑자기 그녀한테 뒤통수를 망치로 크게
한 대 얻어맞은 것처럼 머리가 띵하고 아팠다.

그녀는 내가 신내림굿을 받고 무당으로 입문한 지 대략 6개월쯤 되

었을 때 여고 동창의 소개로 점사를 보기 위해 신당을 찾아왔다. 당시 나는 그녀에게서 3만 원의 '복채'를 받고 신령의 '공수(神託)'를 전했다.

복채는 점복자가 내담자에게 무꾸리(신점)를 행하며 받는 사례금이고, 공수는 강신 무당에게 신령이나 조상신이 실려 무당의 입을 통해 전하는 말이다.

그 후 한 달 정도의 시간이 지나자, 그녀가 다시 나의 신당을 방문했다. 그녀는 내게 "선생님께서 제게 예언하셨던 점괘가 딱 들어맞았으니, 앞으로 어떻게 해야 합니까?"라고 물었다.

몸주 신령님의 의지로 독일과 스위스까지 유학을 다녀온 지금도 삶이 그다지 나아진 것은 없지만, 당시 나는 정말로 찢어지게 가난했다. 그래도 끼니때에 신당을 방문한 사람들에게만큼은 항상 정성스레 밥을 지어 한 끼라도 대접했다. 마침 저녁 무렵에 찾아온 그녀에게도 밥을 지어 저녁을 차려주었다.

저녁 식사가 끝나자, 그녀는 넌지시 다른 무당이 몇 해 전에 자신한테, "몸수가 좋지 않으니 굿을 해야 한다."라는 공수를 주었다고 입을 열었다.

그녀는 그 무당의 말을 곧이곧대로 믿고 굿값을 마련하기 위해 고리대금업자에게서 사채를 빌려 굿을 했다고 했다. 그녀가 그 무당에게 의뢰해 굿을 진행했는데도 불구하고 어려운 상황은 전혀 호전되지 않았고, 빚만 눈덩이처럼 불어났다는 것. 그녀는 사채업자에게 감당하지 못할 정도로 진 빚을 갚지 못해 아버지한테 혼쭐이 날까 두려워 얼마 전에 가출했다고 말했다.

밤이 이슥해지자, 그녀는 달리 어디로 갈 곳도 없다며 하룻밤만이라도 묵게 해 달라고 통 사정을 했다. 추운 겨울에 안타까운 사연을 가지고 찾아온 사람을 차마 그냥 내칠 수가 없어서 그녀를 거두어 우리 집에서 하룻밤을 묵게 했다.

그런데… 그녀는 하룻밤만 묵겠다고 해놓고, 이렇다저렇다 사정 설명도 없이 다음 날부터 아예 그대로 눌러앉아 버렸다. 내 사정도 어렵기는 뻔한데, 갈 곳이 없다는 그녀를 엄동설한에 나가라고 할 수도 없어서 '울며 겨자 먹기'나 마찬가지 심정이었다. 도리가 없이, 나는 그녀를 거두어 6개월 동안이나 경제적인 궁핍을 견디면서 동고동락했다.

그런 그녀가 가뜩이나 아픈 상처로 점철된 내 가슴을 송곳으로 쑤시고 그 위에 소금을 뿌리는 내용을 담은 위와 같은 이메일을 써 보낸 것이다.

'배은망덕(背恩忘德: 남한테 입은 은혜를 배신함.)'도 유분수지…!

나는 IMF 경제위기 때인 1997년 8월 28일 중요무형문화재 82-나호, 서해안 배연신굿 및 대동굿 보유자였던 '김금화' 선생으로부터 신내림굿을 받고, 황해도 강신 무당으로 입문했다.

그 시절 나는 너무나 가난하고 궁핍해서 매일매일 죽고만 싶었다. 강신 무당으로 사는 것은 항상 살얼음판을 걷는 것과 같은 긴장된 생활의 연속이면서도 일반인으로 사는 것보다 더 큰 고통과 고뇌의 연속이었다. 그런 시련의 세월을 간신히 견디는 동안에 나는 한 달에 몇십만 원씩 빚을 더 져가며 그녀를 부양했다.

순진하게도, 그나마 그녀가 이 세상에서 누구보다도 내 사정을 잘 알고 있으니 무당인 나의 존재를 가장 잘 이해하고 수용할 수 있는 사람이라고 철석(鐵石)같이 믿었다.

그런데, 그녀는 무당인 내가 부끄럽거나 창피하지 않다고 스스럼없이 쓰고 있지 않은가? 그녀는 필요할 땐 나를 찾고 이용하면서, "달면 삼키고, 쓰면 뱉어 버리는" 이중적인 태도를 보였다.

나는 나 자신에게 반문했다.

"혹시 내가 무당이라는 자격지심으로 인해 그녀가 쓴 글에 대해 과민 반응을 보이는 것은 아닐까?"

내가 그녀의 이메일을 받자마자 들었던 첫 생각은 이랬다.

"뭐지, 이 말뜻은? 그녀가 무당인 나를 안다는 것을 왜 부끄러워하거나 창피해해야 하는 거지? 그런 마음을 가지고 있으면서도 그녀는 왜 나를 계속 만나고 나의 도움과 경제적인 원조를 받는 거지? 그리고…

또 내가 자랑스럽지 않을 이유는 대체 뭐지? 나는 나 자신에게도 남한 테도 부끄럽지 않은 삶을 살고 있고, 샤머니즘 사제로서도 종교적인 소 명을 완수하기 위해 최선을 다하며 이렇게 열심히 살고 있는데…."

그녀의 글을 곱씹을수록 가슴이 미어지게 아팠다.

그러자 내가 세인들의 몰이해에 시달리는 '잉여 인간'이자, '비존재' 라는 사실에 대한 비통함과 스산함이 밀려왔다. 그리고 서서히 나 자신 을 향한 열패감과 서러움이 동시에 치밀어 올랐다. 나의 두 눈에서는 소 리 없는 눈물이 하염없이 흘러내렸다. 그래도 마음을 간신히 다독여 다 시 평상심을 유지하기 위해 애를 썼다.

솔직히 털어놓자면, 적지 않은 시간 동안 그녀의 글은 내 귓전에서 마치 레코드판을 틀어 놓은 것처럼 웅웅거렸다. 그때마다 내 심장도 쓰 라린 고통으로 함께 요동쳤다.

당시 나는 지금처럼 '영적인 맷집'이 좋은 상태가 아니었다. 여리디 여리고 상처받기 쉬운 상태였다. 그 이후부터 그녀의 말로 인해 내 마음 한 그루터기에는 치유하지 못할 '트라우마(영: Trauma)'가 생겼다.

트라우마는 심한 충격이나 마음의 상처로 생긴 정신적인 외상이다.

그녀의 이메일에는 무당이라는 직업을 가진 나를 향한 그녀의 양가 감정(영: Ambivalence)적인 태도가 적나라하게 드러나 있었다.

양가감정이란 어떤 대상에게 서로 상충이 되는 두 개의 감정(예: 사 랑과 증오)이 동시에 교차하고 혼합되어 나타나는 심리상태다.

거기다 한국 사회에 팽배한 무속(巫俗)과 샤머니즘 멸시, 그리고 신 령님을 모시는 무당에 대한 부정적인 시각이 깊숙이 담겨 있다.

"남을 진심으로 도와주고도 뺨을 맞는 삶이여!"

아~~ 강신(降神) 무당의 삶이란 이토록 처절하단 말인가?

나의 신어머니인 김금화 선생은 홀로 계실 때 가끔씩 내게 자신이 잉태해 생산한 아이나 남편이 없는 외로움과 삶의 허허로움에 대해 토 로하곤 했다.

"딸아, 무엇보다도 무당의 삶을 불행하게 만드는 것은 세상 사람들인 것 같구나. 세상 사람들은 한쪽으로 기울어진 생각을 가지고, 언제나 삐딱한 눈으로 무당들을 바라다 보잖니? 게다가 사람들은 무당이 다른 사람과 좀 다르다는 이유로 호기심으로 일관해 신기하게 쳐다보거나 이상하게 몰고 가서 해코지를 한단다.

필요할 때는 종종 마음껏 써먹고, 필요가 없을 때는 차가운 얼굴로 입 싹 닦고 돌아서는 게 세상 사람들의 인심이란다. 그러니 누가 무당과 평생 함께 살면서 그 험한 꼴을 당하고, 삶의 고통을 견디려고 하겠니?"

세월은 흘러 이제 나의 신어머니는 고인이 되었다. 지금도 여전히 세인들은 무당을 '혹세무민하는 무속인' 또는 '영적인 사기꾼'으로 모는 데 주저하지 않는다. 샤머니즘을 타파해야 할 과거의 부정적 미신이자 악습이라는 굴레에 가두고 마음대로 재단한 후에 싸잡아 폄훼하면서 낙인을 찍고 집단적인 린치(영: Lynch, 법적인 절차 없이 가하는 폭력)를 가한다. 특히, 무당에게 보내는 사람들의 집단적인 폭력은 언어폭력과 모멸감을 주는 태도가 대세다.

특히나 무속 프레임으로 탄핵까지 된 박근혜 전 대통령의 사건을 계기로 공공의 영역에서 샤머니즘을 공론화하는 것을 배제하기로 암묵적인 협의가 이루어진 것 같다.

신 내림굿을 받고 27년간 사회활동을 하며 인간관계에서 경험했던 일들을 통틀어 돌이켜보자면, 한국 사회에서 무당이 다른 사람들처럼 주체적인 인격으로 대우를 받는다는 것은 참으로 어려운 일인 듯하다. 무당을 부정적으로 바라보는 사회적 시각으로 인하여, 무당은 비합리적인 대우를 받거나 부조리한 일에 직면해도 불편한 기색을 드러내기보다는 무조건 스스로 삭이고 불합리한 현실을 그대로 수용하는 경우가 더 많다.

샤머니즘 연구가인 이용범은 기독교 사상, 2017년 2월호 특집호에 〈무속을 바라보는 한국 사회의 시선〉이라는 글을 썼다. 그는 이 글에서 한국인들이 무속을 자신들의 "삶과 문화의 정당한 한 부분으로 인정하지 않"으려 한다고 썼다.

이어서 "무속은 한국인의 삶과 문화의 한 부분으로 존재하고 있는데, 그것을 인식하지 못하거나 부정하는 모순된 태도가 한국 사회 일반에 폭넓게 자리 잡고 있다."라고 덧붙였다.

사람들은 많은 경우 삶에서 매듭이 생기거나 자신의 힘으로 해결하기 곤란한 문제가 생기면 무당에게 도와달라고 매달리며 샤머니즘에 의존한다. 아이러니하게도, 그런 사람들일수록 오히려 자신이 샤머니즘을 활용하고, 무당에게 직접적인 도움을 받고 있다는 사실을 수치스럽게 여기며 은폐하는 이중적인 태도를 보인다.

현재 한국 사회는 샤머니즘에 대해 상반되고 모순된 시각이 공존하고 있다. 그 하나는, "무속을 불합리하고 혹세무민하는 미신으로 보는 시각"이요, 또 다른 하나는 "무속을 한국 전통문화를 대표하는 민속 전통으로 보는 시각"이다.

- 이용범, 〈무속에 대한 근대 한국 사회의 부정적 시각에 대한 고찰〉, 한국무속학 제 9집, 152쪽.

첫 번째 시각은 구한말에 전파되었던 기독교계를 중심으로 점차 뿌리를 내리게 된 현상과 계몽주의의 도입 및 일제 식민지 하에서의 민족문화 말살 정책의 영향 때문으로 볼 수 있다. 이에 맞물려, 고려말에 성리학이 유입되면서 시작된 무당을 대하는 사람들의 이중적인 태도와 무당을 폄훼하는 한국인들의 집단 무의식이 작용하고 있기 때문이기도 하다. 또한, "전통적인 생활문화는 한국 사회의 낙후성과 비(非)문명성의 상징이자 근대화의 장애물이며, 따라서 가장 먼저 타개되어야 할 악습"으로 여겼을 가능성도 크다.

- 이용범, 〈무속에 대한 근대 한국 사회의 부정적 시각에 대한 고찰〉, 한국무속학 제 9집, 153쪽.

샤머니즘을 한국 전통문화를 대표하는 민속 전통으로 보는 두 번째 시각은 그나마 낭만적이다. 전통문화의 보존을 목적으로 지정된 중요무형문화재와 그들이 정기적으로 연행하는 굿 공연에 대해 일반인들의 사회·문화적인 관심이 점차 높아지고 있으니 말이다.

하지만, 샤머니즘적인 의례에서 과연 종교성이 배제된 전통문화의 보존이 정말 가능한지 우리가 이 시점에서 재고해 봐야 하지 않을까?

어쨌거나, 한국 사회에서 샤머니즘은 비과학적이고 비합리적인 미신으로 바라보는 부정적인 시각이 널리 팽배해 있다. 이와 더불어 신과 인간을 중개하고 인간의 영혼을 치유하는 무당에 대해 '윤리 의식이 없고 개인과 특정한 집단의 기복(祈福)만을 이기적으로 추구한다'는 낙인을 찍어 마구잡이 식으로 해석하고 있다.

오죽하면, "저기 무당하고 사람 간다."라는 표현이 생겼겠는가?

5

넘어지고
넘어지다 보면
네가 설 곳이
있느니라

"외기러 가세 불리러 가세
검으나 땅에 희나 백성
굽어 보살펴 잘 도와줄 제
정한 마음으로 원수가 있거든
내리사랑하고 잘 도와주어라
…
불리러 가요 외기러 가요
닫은 문을 열러 갈제
나를 따라오너라
나를 따라 올 제
험하고 머나먼 길이니라
대신신명님 뫼시고 올 제
가도 끝이 없고
가고 또 갈 제
나만 쫓아 오거라
오다가 보면 돌부리가 있다
또 가시덤불이 있다
산을 넘고 물을 건너라

…

건너다 지치면

힘을 내고 용기를 얻어라

모든 시련과 싸워 이기고 극복하여라

…

옆눈을 뜨지 마라

…

마음을 다져야 한다

다 겪고 겪다 보면 지친다

지치면 넘어간다

넘어가면 다시 일어나거라

일어나면 또 넘어진다.

또 넘어져도 다시 일어나야 하느니라

…

수 없이 넘어지고 수 없이 일어나거라

넘어지고 넘어지다 보면

네가 설 곳이 있느니라"

이 신가는 신어머니인 김금화 선생이 1997년 8월 28일 신내림굿에서 내게 내린 공수다.

황해도굿의 전통에서 내림굿을 진행할 때 경관만신인 신어머니가 신내림굿을 갓 받은 애동 기자에게 향후 무업에 사용하는 무구(巫具)인 부채와 방울을 던져주기 전에 '날만세받이[송신무가(送神巫歌)]' 형식으로 '공수(신탁, Oracle)'를 내린다.

경관만신은 큰 규모의 황해도 굿을 진행할 때 굿판에서 가장 지위가 높은 무당으로, 굿을 전반적으로 총괄하고, 중요한 굿거리를 맡은 무당이다.

공수는 신(령)이나 조상령(祖上靈) 등이 무당의 입을 빌려 자신의 의지를 전달하는 영적인 메시지로, 신령이 무당의 몸에 강림하여 합일된 후에 육화된 언어의 형식으로 전달된다. 공수는 무당을 둘러싸고 있는 신령이나 조상들, 주술사들이 굿판에 참석한 특정한 사람에게 건네는 자연스러운 언어다.

일반적으로 공수는 고양된 언어로 전달되는데, 무당의 몸에 강림한 신령의 등급과 특성, 굿의 진행 상황에 따라 차별적으로 드러난다. 조상령이 무당의 몸에 강림하면, 무당은 우리가 평소에 사용하는 언어와 같은 방식으로 공수를 준다. 조상굿에서는 공수가 때로는 망자의 넋두리 형식으로 전달되기도 한다.

김금화 선생이 신내림굿에서 내게 내린 공수는 정도의 차이는 있지만 강신 무당 앞에 펼쳐진 영성의 길이 얼마나 길고 험난하고 외로운 길인가를 확인할 수 있다. 강신 무당의 삶은 정말이지 가도 가도 끝이 없이 펼쳐진 고난의 가시밭길이요, 삶 자체가 곧 수행의 길이다.

신령이 주신 사회적인 소명을 이행하기 위해 개인적인 자아를 버리고 우주적인 자아의 길로 나아가야 하는 수행자로서 살아가는 삶은 그야말로 '천 개의 고원'을 넘어가야 하는 "험하고 머나먼 길"이다.

신(령)도 아니고, 사람도 아닌 중간 존재인 강신 무당!

나를 포함하여 이 세상의 누구도 무당이 되고 싶었던 사람은 없을 것이다. 한 번 무당으로 입문하게 되면, 무당이라는 직업을 강요당하고, 세인들이 씌운 '굴종과 수치심의 굴레'를 평생 벗어날 수 없는 삶을 살아가게 된다.

몸주 신령을 모시며 살다 보면, 종종 사회적인 좌절과 인간관계의 불협화음을 만날 때가 있다. 때로는 사람들에게서 부조리한 대접을 받아 말로다 표현하지 못할 정도의 깊은 상처를 받을 때도 있다. 그럴 때면 나는 신내림굿 당시 신어머니인 김금화 선생이 내리신 공수를 뇌리에 떠올린다.

"건너다 지치면 힘을 내고 용기를 얻어라

모든 시련과 싸워 이기고 극복하여라

……

옆눈을 뜨지 마라

… 마음을 다져야 한다

……

수 없이 넘어지고 수 없이 일어나거라

넘어지고 넘어지다 보면

네가 설 곳이 있느니라”

27년째 신령님을 모시며 살고 있어 불합리하고 부조리한 인간관계로 인해 마음의 상처를 받는 데 이골이 날 법도 한데…. 나는 아직도 여리고, 세상 물정에 어둡고, 여러모로 부족한 데다 어리바리하고 순해 빠져서 실컷 신령님의 일을 해주고서도 일해준 것에 대한 대가를 제대로 받지 못할 때가 더 많다.

나는 종종 내가 정당하고 신령스럽게 일한 대가를 받아내는 일에 참으로 무능하다는 사실을 깨닫는다. 몇몇 사람들은 이런 나의 약점을 이용해 감정적인 착취를 일삼기도 한다.

오래전부터 알고 지냈던 사람들 일부는 내가 신령님을 모시고 신령스러운 일을 수행하는 무당임에도 불구하고, 오랫동안 친분이 있다는 이유로, 또는 요즘 형편이 어렵다는 이유로, 영적인 일을 부탁하고는 그에 대한 대가 없이 “구렁이 담 넘어가듯이” 그냥 슬쩍 넘어간다.

그런 사람들은 누가 있건 말건 자신의 내밀한 문제나 고민 보따리를 내 앞에서 아무렇지도 않게 풀어 놓는다. 그렇다고 나로서는 그가 시작한 말을 그의 입장은 무시하고 막무가내로 가로막을 수도 없는 노릇이다.

어디, 그것뿐이던가?

자신이 내게 의뢰한 영적인 일(기도나 치성 등)에 대한 상담료나 의례 비용은커녕 최소한의 감사 표시조차 제대로 하지 않는 파렴치한 인간도 종종 있다.

심지어 어떤 이는 딸의 의대 입시 합격을 위해 100일간 기도해달라고 부탁했다. 그때 나는 경험이 부족해 기도 비용을 정식으로 책정해 선불로 받지 않고 그냥 그 사람의 재량에 맡기고 100일간 정성을 다해 기도를 해줬다. 기도를 통해 다행스럽게 그의 딸은 원하는 의대에 합격했다. 그는 내게 딸의 의대 합격을 위해 기도해 줘서 고맙다는 말과 함께 달랑 10만 원짜리 수표 한 장을 건넸다.

당시 내 상담료가 1회에 330,000원이었다. 그가 상담료에도 훨씬 못 미치는 십만 원을 건네면서 하는 말이 더 가관이다.

"타지마할은 돈을 밝히지 않는 무당이라 너무 좋아요!"

또 어떤 이는 삶과 죽음을 오가는 환자를 위한 기도를 의뢰했다. 생명이 위독한 환자라 기도를 거절할 수 없는 난감한 상황에서 보수를 한 푼도 받지 못하면서 자비로 환자의 치병 의례를 진행했다. 그 후, 환자를 치유하기 위한 부적과 기도문을 써서 의뢰인에게 빠른 등기로 보냈다. 그런데 환자의 치병 기도를 의뢰한 사람은 그 후 연락 한 마디도 남기지 않고 아예 소식을 끊어버렸다.

나는 대가 여부와 상관없이, 생사의 기로(岐路)에 있는 사람을 일단 살려야 하는 것이 강신 무당의 임무라고 생각한다. 내가 프로답지 못해서인지는 몰라도 솔직히 이런 경우 기도 비용 얘기를 먼저 꺼내기가 껄끄러울 때가 많다.

어떤 사람들은 무당을 대하는 자신의 부조리한 태도에 대해 일말(一抹)의 고려나 양심의 가책도 느끼지 않을 만큼 몰염치하고 몰상식하다.

마땅히 성스러운 일을 한 대가를 받고, 받아야 할 보수를 제대로 챙기지 못하니, 나는 늘 경제적인 곤경에 처하거나, 남한테 돈을 빌려서 생활해야 하는 궁핍함과 쓰라린 가난을 겪어야 할 때가 더 많다.

얼마 전에 오래전부터 알고 지냈던 한 지인으로부터 몇 년 만에 전화 한 통을 받았다. 그는 몇 년 전에 안부를 묻는 전화를 한 내게 자신의 아버님이 치매에 걸려 돌보느라 시간적인 여유가 없다면서 나중에 연락하겠다고 하면서 전화를 끊었다. 그 후로 그는 지난 5~6년간 내게 전화한 통, 문자 한 번도 보낸 적이 없이 아예 소식을 두절했었다.

그러던 그가 갑자기 전화를 걸어, 능청스럽게 "아, 타지마할, 오랜만이야, 잘 지내? 요즘은 왜 연락도 안 하고 사는 거야?"라며 서두를 꺼냈다. 나는 그가 내게 오랜만에 전화한 이유를 어렴풋하게 예측했다.

'그러면 그렇지…!'

그는 내게 최근에 새로운 일자리 제안 2건이 들어왔다면서 두 개의 일자리를 개략적으로 설명했다. 결국, 그가 전화한 이유는 그 둘 중에 어떤 직업을 택할 것인지 공짜로 점을 쳐보기 위해서였다.

나는 일단 그에게 그가 앞으로 진행하려는 일은 장소와 관련되어 있다고 말했다. 이렇게 운을 뗀 까닭은 앞으로 그의 운명이 걸린 중대한 프로젝트이기 때문이다. 그에게 내가 직접 그가 일하게 될 장소를 '임장(臨場)'해야 한다고 설명했다.

임장(臨場)이란 현장에 임한다는 뜻으로, 부동산을 매입하거나 취득할 때 직접 발품을 팔아 해당 지역을 방문해 실사하면서 탐방하는 행위다.

그가 일하려는 장소가 지방이니 임장한 후에 결론을 지을 수 있겠는데 거의 하루가 걸리니까 내게 상담료를 줘야 한다고 말했다. 그러자 그는 내게 당연하다는 듯이 지금은 상담료를 줄 돈이 없다고 말했다.

정말 그럴까?

중산층이라 번듯한 아파트도 한 채 소유하고 있고, 그런대로 먹고 살 수 있는 경제력을 가진 그다. 그런데 상담료를 낼 돈이 없다는 그의 파렴치한 태도에 의구심이 들었다. 나는 그에게 그래도 나의 신령님께 최소한의 예의를 갖춰야 하니까 할인받아서라도 상담료를 신령님 전에 올려야 한다고 말했다.

그는 내 말에 아무런 대꾸도 하지 않은 채, 며칠 있다가 나를 승용차로 데리러 갈 터이니 바람이나 쐬러 간다는 생각으로, 지방에 있는 자신이 일할 장소로 임장(臨場)을 가자고 했다. 상담료 대신 식사 한 끼는 한우로 대접해 주겠다고 덧붙이면서….

참으로 기가 막힐 노릇이었다.

그는 내게 자신의 운명이 달린 중요한 영적인 자문을 구하면서 내게 한우를 사줄 돈은 있고, 나의 신령님께 최소한의 예의로 올릴 상담료는 없다는 말인가?

마음이 몹시 상했지만, 그와 실랑이를 벌이고 싶지도 않았다. 나는 그에게 요즘 내가 출간을 준비하느라 시간도 너무 부족하고, 게다가 상담료도 받지 못하는데 그렇게 많은 시간을 할애할 수는 없다고 잘라 말했다. 이어, 그가 내게 제대로 자문받고 싶으면 신령님께 예의를 갖추고, 최소한의 상담료를 내고 일하려는 장소로 가서 살펴야 한다고 했다.

그게 싫다면, 그의 집과 가까운 곳에서 일하는 다른 무당 선생님께 점을 한 번 보는 것이 좋을 것 같다고 조언했다. 나로선 그나마 최대한의 예의를 갖춘 것이다.

그런데 그는 오래전부터 자신을 잘 알고 있는 내가 상담을 해줘야 한다고 고집을 부렸다. 그러면서 그는 이름이 많이 알려진 한 박수무당에 관해 이야기를 꺼냈다. 요즘 그는 그 무당이 운영하는 유튜브를 자주 시청한다고 하면서….

아니, 그와 내가 아무리 지인이라고는 해도 오랜만에 만나 그냥 밥 한 끼를 먹자는 것도 아니고, 시간이 하루나 걸리는 지방에 있는 부동산을 실사하고 신령님의 능력을 빌려 영적인 자문을 해야 하는 일이었다.

그렇다면 그는 내게 정해진 상담료를 내야 마땅하지 않은가?

도대체 그는 무슨 생각으로 나한테 그런 터무니없이 진상(塵想) 같은 요구를 한단 말인가? 그것도 수년 동안이나 연락 한 번도 하지 않다가….

나는 그에게 다시 한번 더 최소한의 상담료를 내지 않으면 하루나 시간이 걸리는 지방까지 가서 영적인 자문을 할 수는 없다고 딱 잘라 말했다.

그는 이런 나의 단호한 태도에 몹시 실망했던지, 화를 버럭 내면서,

"그래… 그래… 알았어. 그럼 그만둬!"라고 하면서 작별 인사도 없이 그냥 전화를 끊어버렸다.

'적반하장(賊反荷杖: 잘못한 사람이 아무 잘못도 없는 사람을 나무라는 일)'도 유분수지… 내 참, 기가 막혀서!

'아니, 몸주 신령님을 모시고 영적인 일을 하는 내가 아무 때나 원하는 대로 그의 나르시스적인 욕망을 채워주는 도구란 말인가?'

그는 60년 이상 살아오는 동안 제도권에서 오래 직장 생활을 한 사람이다. 그런 사람이 타인을 대하는 최소한의 예의가 있지, 조금 친분이 있다는 구실로 몸주 신령님을 모시는 무당한테 예의도 없이 공짜로 자문받으려 하고 거기다 잘못도 없는 사람에게 버럭 화까지 내는 그런 몰상식한 태도를 보이다니?

인간의 태도에는 일종의 관성이 붙게 마련이어서 한 번 일으킨 행위를 계속 고수하려는 성질이 있다. 그는 영적인 세계에 대한 기본적인 예의와 지식이 전혀 없는 것 같았다. 그렇다고 그동안 내가 그를 자문한 것도 아니고, 어쩌다 기회가 있으면 한두 번 정도 만난 지인인데, 굳이 영적인 세계가 이러니저러니 구차하게 설명할 필요까지는 없다고 생각했다.

더구나 그를 만난 지 십수 년이 지난 지금에 와서… 나이를 먹을 만큼 먹은 사람을 훈계할 수도 없는 노릇이고.

아무튼 그는 내가 마치 자기에게 무슨 실수나 잘못을 저지른 사람이라도 되는 양 마구 화를 내고는 일방적으로 전화를 끊어버렸다.

'와… 정말이지, 세상에는 참 희한하고 몰염치한 사람도 다 있다.'

나와 몇 년 동안 아예 인연을 끊고, 연락 한 번 하지 않고 지내던 사람, 그동안 아무 일도 없었다는 듯이 갑자기 연락해 놓고, 영적인 일에 대해 아무런 대가를 치르지 않고 자신이 원하는 욕심만 취하려는 태도는 또 무어란 말인가?

결국, 그의 태도는 '무전취식(無錢取食: 음식을 주문하고 소비한 다음 음식 값을 지불하지 않는 것)' 행위나 진배없다.

나는 27년째 타인을 영적으로 자문하거나 속박된 영혼을 치유하는 강신(降神) 무당으로서 별별 인간 군상을 다 겪었다.

그중에서 가장 많이 겪었던 일은 무당이나 신령님께 예의를 갖추기는커녕 시도 때도 없이 자신이 궁금한 사항을 묻거나 자신을 위해 기도해달라고 졸라대는 경우다. 물론 그들은 내게 상담료 한 푼 내지도 않고 영적인 문제를 자문받을 요량이다.

또 다른 경우는, 공식 석상에서는 자신이 기독교인(또는 다른 종교인)이라 점이나 무당 같은 미신 따위는 전혀 관심도 없고, 믿지도 않는다고 호기(豪氣: 활달하고 씩씩한 기상) 넘치게 주장하는 사람들이다. 그들은 무당을 공개적으로 무시하고 상대도 하지 않는 사람들이다.

그런데 그런 사람들이 종종 나중에 따로 전화해서 만나자고 했다.

썩 내키지는 않으나 그를 소개한 사람의 사회적인 체면도 있고 해서 그들을 만나러 약속 장소에 나가면, 그들은 정식 자문 절차를 거치지도 않고, 자리에 앉자마자 스스럼없이 내게 자신의 영적인 문제나 현재 얽힌 삶의 문제를 시시콜콜 털어놓는다. 그런 자기 모습이 자신도 민망했던지, 웃으며 내게 던지는 말,

"선생님은 그냥 신 내린 무당이 아니시잖아요. 샤머니즘과 스위스 칼 융 연구원에서 정신의학을 공부하신 대한민국에 한 분뿐인 무당이시잖아요! 그래서 믿고 의논을 드리는 거예요."

참 어이가 없어서…!

아니, 내가 샤머니즘과 정신의학을 공부한 무당이긴 하지만… 결국은 나도 신령님을 모시는 '무당'이 아닌가?

그런 사람들은 무당인 내게, "점이나 무당 같은 미신은 전혀 관심도 없고, 믿지도 않는다."라고 말했던 사실에 비춰 그야말로 말과 행동이 다른 이율배반적인 태도를 보인다.

또 다른 형태의 황당한 사례도 있다.

오랫동안 알고 지냈던 사람들이 어느 날 갑자기 전화해서는 꼭 한

번만 만나 달라고 사정하는 것이다. 그의 간곡한 청을 차마 거절할 수가 없어 시간 약속을 하고 그들을 만나러 약속 장소에 나갔다. 그런데 놀라 자빠질 일이 기다리기 일쑤였다.

그들은 마치 약속이나 한 듯이, 약속 장소에는 약속한 사람뿐만 아니라 그의 지인까지 함께 나와 앉아 있곤 했다. 그들은 나하고 사전에 상의 한 마디도 없이 영적으로 얽힌 문제가 있는 지인들을 죄다 데려다 내 목전에 앉혀 놓고 단체로 영적인 문제에 대한 자문을 강요했다.

나는 27년째 지인들의 사회적인 체면과 청을 그들의 면전(面前)에서 거절할 수가 없어 그런 사람들을 무료로 상담한 경우가 너무나 많았다.

이 세상에서 자신이 얻으려는 어떤 행위에 대해 최소한의 대가를 치르지 않는 자는 날강도와 같은 심보를 가진 사람들이다.

어쩌면 위에 소개한 일화들은 신도 아니고 사람도 아닌 중간 존재인 나의 프로답지 않은 무능함을 고백하는 것인지도 모르겠다.

하지만 영적인 비즈니스를 운영하는 것은 일반적인 비즈니스를 운영하는 것과는 차원이 다르다. 상담료의 수령 여부를 떠나 일단 영혼이 아프거나 영적인 문제가 얽혀 있는 사람부터 구하거나 긴급하게 도와야 하는 경우가 더러 있다.

평생 남을 위해 살면서 정작 나 자신을 위한 삶은 뒷전인 강신 무당을 향한 사회적인 냉대와 이중적인 잣대를 견디며, 영적인 '맷집(원래는 매를 견뎌내는 힘으로, 상대방으로부터 공격을 받아도 버티는 능력)'이 필요할 때마다 내가 되새김질하는 공수가 있다.

"넘어지고 넘어지다 보면 네가 설 곳이 있느니라."

바로 이 대목이다.

그래… 좋다.

나는 누가 뭐래도, 삶의 결핍과 사회적인 멸시와 굴욕을 당해도, 어떤 고난을 만나더라도 신어머님의 공수에 기대어 오뚜기처럼 다시 일어서고 말 거야!

"넘어지고 넘어지다 보면 네가 설 곳이 있느니라."

나는 오늘도 한밤중에 향물로 목욕한 후에 신령님 전에 엎드려 기도하면서, 넘어지고 깨어지는 한이 있더라도 기어코 이 영혼의 뻘밭을 벗어나 홀로 영성의 길을 "무쏘의 뿔처럼" 걸어가고야 말 것이라 다짐 또 다짐한다.

나의 신어머니인 김금화 선생은 생전에 종종 무당이라는 직업을 가진 사람의 외로움과 허허로움을 스스로 잘 견뎌내야 한다고 역설했다.

"딸아, 무당의 삶을 불행하게 만드는 것은 세상 사람들의 기울어진 생각이란다. 사람들이 때로는 우리 같은 무당을 다른 사람과 좀 다르다고 신기하게 쳐다보거나 삐딱한 눈으로 쳐다볼 수도 있단다. 또 어떤 때는 신령님을 모시는 딸을 필요할 때만 제 마음대로 써먹고 필요 없을 때는 언제 그랬냐는 듯이 입 싹 닦고 차가운 얼굴로 돌아서려고도 할 것이다. 딸의 입장에서는 그들의 태도가 속상하고 마음이 아프겠지만, 이 모든 세상의 인심에도 아랑곳없이 신령님의 일을 지키고 무당으로서의 본분을 스스로 잘 지켜가야 하는 거다."

나의 신어머니는 이런 부조리한 풍토에서도 한평생을 아픈 영혼을 정화하고 치유하는 삶을 살다가 피안(彼岸)으로 하늘 여행을 떠났다.

6

인
다
리

"혼다리 인다리 거청개 주녀오녀 버문어 어장장 고노고노 돌깡밧듸 새깡
혼다리 인다리 거청게 신나 노자 버문개 월렁 월렁 기둥에 척"

위에 인용한 문장은 제주의 전래 동요인 '혼다리 인다리'에 나오는
노래의 가사다.

'인다리(人橋)' 현상은 한국의 강신 무당 후보자가 무당으로 입문
(영, 독: Initiation)하는 과정에서 겪는 영적인 고난 중에서 특히 인간
(혈족)관계의 고난을 표현하는 단어다. 이 단어에는 말 그대로 "사람이
몸을 굽혀 만든 다리" 또는 "사람으로 (저승의) 다리를 놓는다."라는 뜻
이 내포되어 있다.

황해도 무당의 신내림굿에는 '신의 다래, 인의 다래'라는 표현이 있
다. 다래는 다리의 방언으로, '신의 다래, 인의 다래'는 조상과 신(령)의
인연을 뜻한다.

한국의 샤머니즘적인 관점에서 보면, '신가물(무당의 부리 또는 팔
자를 타고 태어난 사람)'인 강신 무당 후보자가 영계와 현상계, 신과 인
간의 중개자로 입문하는 과정에서 나타나는 영적인 현상이다.

인다리는 신(령)이 지핀 강신 무당 후보자가 신병을 앓는 과정에서
몸주 신(령)을 받아들이지 않고 거부할 때 신령으로부터 받는 하나의

신벌(神罰: 신령의 징벌)이기도 하다. 장차 강림하려는 신령이 강신 무당 후보자를 강압적으로 연단하는 하나의 방식이다.

인다리를 당하면, 강신 무당 입문 후보자의 집안 식구들이 특별한 이유 없이 차례로 심하게 사고나 부상(또는 질병)을 당하거나 죽어 나간다.

인다리는 무당과 혈연관계가 있거나 가족관계에 있는 사람 사이에서 주로 발생한다.

내가 무업을 진행하면서 겪었던 영적인 체험에 비추어 보면, 인다리에 의해 사망한 무당 또는 무당 후보자의 가족이나 혈족은 나중에 영계에서 도를 닦아 신령급의 영적인 능력(영: Meister 등급)에 도달해 적절한 시기가 되면 무당의 몸주 신령으로 강림하기도 한다.

때로 인다리는 기존에 활동하던 무당이 성무가 되는 과정에서 새로운 신명을 모실 때에도 경험할 수 있다. 이 현상을 일컬어 '인다리를 놓는다'라고 표현한다.

인다리는 무당의 '신부리(뿌리: 신령의 내력)'가 있는 집안에 드리워진 (신령과 조상의) 인연, 입무(入巫) 후보자 삶의 업장(業障), 신령의 요구와 목적에 부합해서 살아야 하는 소명을 가진 무당으로서의 사회적 환경과 영적 얽힘에 의해 발생하는 것처럼 보인다.

인다리의 '다리'는 천상계, 인간계, 지하계, 또는 삶과 죽음, 이승과 저승을 연결하는 하나의 연결고리이자, 신과 인간을 잇는다(중개한다)는 뜻으로 이해할 수 있다.

나에게는 아버지의 죽음이 첫 번째 인다리요, 영혼의 반려인 요아킴의 죽음이 두 번째의 인다리가 되었다.

나와 인연이 있는 무당들이 전해 준 영적인 경험을 종합해 유추하면, 인다리는 반드시 신내림굿을 받기 전이나 신병을 앓을 당시에만 경험하는 일이 아니다.

무당으로 성무(成巫)되는 과정에서도 얼마든지 겪을 수 있다.

나는 지난 2000년에 출간한 자서전『집 없는 무당』 33쪽에서〈내가 다른 무당과 다른 점〉이라는 제목의 글에서 '넋대신 신령'에 관해 다음과 같이 기술했다.

"그렇다고 무업을 게을리하지는 않는다. 모든 일에 신령님 일을 우선시한다. 상담자가 전화로 예약하고 나를 찾아오면 나는 정화수를 바치게 해 정화수 안의 물의 파장으로 상대의 생체에너지를 읽어 현재와 미래를 예언한다. 한 가지 다른 무당보다 능력이 떨어지는 것은 죽은 조상에 관련된 사항이다. 나는 '넋대신'이라는 신령이 없기 때문에 상담자의 과거를 모른다. 넋대신이라는 신령은 무당의 직계 가족이 사망 후 영계에서 도를 닦아 무당에 내리는 신령인데 조상과 관련된 점괘를 뽑는다고 한다. 나의 직계 가족 중에는 사망한 사람이 없으므로 나는 아직 넋대신 신령을 모실 수 없다. 그래서 나는 죽은 조상과 관련된 문제를 알 수 없다. 물론 때에 따라서는 몸주 신령님이 화급한 사항을 몸소 알려주시기도 하지만, 대부분 현재와 미래만을 예언한다."

여기서 주목해야 할 사항은 '넋대신' 신령에 관한 내용이다.

넋대신 신령은 본디 죽은 자의 혼령으로 무당의 몸에 깃든다. 넋대신은 바로 무당의 직계 가족 중에서 인다리를 통해서 사망해 저승으로 간 가족 구성원의 혼령이다. 이 영혼이 저승(영계)에서 도를 닦아 영적으로 고양되고 승화되어 영적으로 신령급의 단계에 도달하면 무당의 신령으로 다시 강림(降臨)하기도 한다.

갑진년인 2024년은 내가 지난 1997년 8월 28일 사무(師巫)인 김금화 선생의 인도로 신내림굿을 받고 샤머니즘의 사제로 입문한 지 27년째가 된다. 그 사이 세월도 참 많이 변했다. 한국의 경제는 눈부신 성장을 거듭해 세계 10위에 진입해 이제 경제 대국이 되었다. 그중에서도 가장 많이 변한 것은 한국인의 영성(靈性)이다. 내가 느끼기에 그동안 한국인은 '아날로그 영성'에서 '디지털 영성'으로 전환된 듯하다. 이런 변화에 걸맞게 무당들의 능력도 다양하고 다채로워졌다.

　나는 첫 번째 자서전인『집 없는 무당』을 출간하기 위해 원고를 탈고해 출판사에 넘기고 신명 기도에 몰입했다. 바로 그때 나의 몸주 신령님께서 준엄한 목소리로 내 아버지를 '인다리'로 데려가시겠다고 하셨다. 내게는 청천벽력과도 같은 소리였다.

첫 번째 인다리

아버지의 죽음과

그 후의 일들

2000년 1월 12일 자서전 『집 없는 무당』을 출간하고 며칠이 지나 아버지가 갑자기 세상을 하직했다. 아버지가 돌아가시던 날 새벽에 신령님 전에 엎드려 기도를 올리는데 왠지 모르게 가슴과 눈에 견딜 수 없는 통증이 느껴졌다. 기이하게도 이 통증과 함께 아버지가 돌아가실 것이란 예감이 서서히 밀려들었다.

통증을 잠재우기 위해 잠깐만이라도 눈을 붙여야겠다는 생각으로 다시 잠자리에 누웠다가 오전 9시부터 다시 집중하고 온 정성을 다해 기도하던 중이었다. 한 시간쯤 기도하는데, 갑자기 몸이 나른해지더니 쓰러지듯이 다시 자리에 누워버렸다. 그때부터 미치도록 잠이 쏟아졌다. 끝도 알 수 없는 잠의 나락에 떨어져 버렸다.

내 사지에서 모든 에너지가 빠져나간 것처럼 온몸이 나른했다. 눈꺼풀이 너무도 무거워 도무지 눈을 뜰 수조차 없었다. 이때부터 나는 하루 내내, 마치 째째파리에게 물린 환자같이 영원한 잠의 나락 속에 빠져 이런저런 꿈 밭을 헤매고 있었다.

나는 아버지께서 마지막으로 남아 있던 숨을 돌려 '레테(그리스어: Lethe, 그리스 신화에 나오는 망각의 여신이자 강)'라는 망각의 강을 건너고 계실 때 끝도 없이 '깊고 푸른 잠'의 유혹에 빠져들었다.

나는 왜 이렇게 길고 긴 잠의 나락에 떨어져 있었단 말인가?

어쩌면, 잠의 신인 '히프노스(그리스어: Hypnos)'가 내게 영원한 최면의 마법을 걸었을지도 모르겠다.

히프노스는 그리스 3대 비극 시인 중의 하나인 소포클레스(Sopokles: BC 497~BC 406)가 그토록 찬양했던 바로 그 위대한 신이다. 나의 모든 고통과 고뇌를 없애주고 오직 평온함과 기쁨만을 선사해 주기 위해 그 위대한 신은 내게 잠시 망각의 잠을 선사했을까?

침묵과 어둠의 그림자만 있는 깊은 동굴의 끝으로부터 꼬박 몇 시간을 깊은 카오스의 잠에 빠졌다가 일어났다.

그러자 갑자기 내 가슴에서 알 수 없는 불길에 타는 것 같은 극심한 통증이 다시 밀려왔다. 나는 그때 내 몸뚱이에서 사지 하나가 잘려져 나간 듯한 단말마(斷末摩)의 고통을 느꼈다. 이어서 땅속으로 쾽하게 꺼져 들어가는 야릇한 기분이 들었다. 이유를 알 수 없는 끝없는 슬픔과 서러움이 밀려왔다. 내 눈에선 원인을 알 수 없는 닭똥 같은 눈물이 떨어져 내 몸을 진저리 치게 했다. 나도 모르게 슬픔의 심연 속에 빠져들었다.

그때였다.

축축한 운무에 쌓인 희끄무레한 환영 하나가 내 주위를 감싸고 돌기 시작했다. 희고 어슴푸레한 환영의 무리가 결합하더니 공작새의 깃털 모양으로 잠시 변해 내 주위를 한 바퀴 돌다가 혼연히 사라졌다. 나는 무기력하게 일어났고, 나의 눈은 마치 홀린 사람처럼 사라져 가는 깃털의 끝자락을 따랐다.

내가 의식과 무의식 사이에서 비몽사몽 헤매던 그때 갑자기 섬뜩한 예감이 스쳐 지나갔다. 아둔하게도 그제야 비로소 아버지가 이 세상을 하직하고자 내게 마지막 작별 인사를 하러 왔다는 것을 깨달았다.

"아, 아버지가 이제 막 내 곁을 떠나 저세상으로 하늘 여행을 떠나셨구나!"

그 예감이 잠깐 뇌리를 스치는가 싶더니, 또다시 나는 서서히 죽음과도 같은 깊은 잠의 늪 속으로 빠져들었다.

축축한 운무에 쌓인 희끄무레한 환영이 가시권에 나타나는 현상을 초심리학에서는 '엑토플라즈마(그리스어: Ektoplasma)'라고 부른다. 이 용어는 프랑스의 생리학자인 샤를 리셰(Charles Richet: 1850~1935)가 "영적인 에너지가 물질적 매질을 통해 구체화 된 것"을 가리키기 위해 고안했다. 초심리학에서 주로 활용되는 이 물질은 영매의 몸이 '교령 혹은 접신'을 통해 열릴 때 방출된다.

엑토플라즈마는 스스로 움직일 수도 있고, 또 어떤 형상을 만들어 내기도 한다. 이 물질은 영매의 입을 통하여 방출되는 경우가 가장 많은데, 희거나 연한 회색, 혹은 핑크색과 같은 빛깔을 띠며, 끈적끈적한 비누 거품과 같은 형태이거나 타래실과 같은 모양을 하고 있다.

다시 잠에서 깨어난 것은 그로부터 세 시간 후였다. 나는 덜덜 떨리는 마음으로 무안에 있는 부모님 댁으로 전화를 걸었다. 둘째 언니가 전화를 받았다. 둘째 언니는 아버지가 간밤에 주무시다가 유언도 없이 눈을 감으셨고, 곁에서 잠자던 어머니는 급성 폐렴으로 방금 병원에 입원했다고 알려주었다. 그러면서 언니가 내게 물었다.

"동생, 아버지가 돌아가신 걸 어떻게 알고 전화했어?"

나는 언니에게 비몽사몽간에 참을 수 없는 졸음이 밀려오며 아버지가 저세상으로 여행을 떠나셨다는 느낌이 강렬하게 스쳐 지나갔다고 대답했다. 그리고 나는 아버지가 돌아가신 것을 알았으니, 신령님께 기도한 다음 다시 연락하겠다고 하고는 이내 전화를 끊었다.

아버지께서는 '고종명(考終命: 제 명대로 살다가 편안히 맞이하는 죽음)'을 하셨으나, 내게는 소리 없이 하늘이 무너져 내리는 것만 같았다.

둘째 언니와 통화하고 가장 먼저 나는 신단의 신령님들께 아버지의 임종을 고했다. 그다음에 신어머니인 김금화 선생께 전화를 드려 아버지의 갑작스러운 죽음을 알렸다. 그리고 우리 가족이 모여 아버지의 장례식과 삼우제를 지내기 위해 부모님이 살고 계신 무안으로 가겠다고

말씀드렸다. 그랬더니 대뜸 김금화 선생은 내게 이렇게 당부하며 장례식 참석을 만류했다,

"안 된다. 무당은 직계 가족의 시신을 보면 영혼이 탁해져 맑은 영안(靈眼)이 사라지고 영력(靈力)을 잃게 된다. 죽은 자의 영혼이 무당의 영력(靈力)을 빼앗아 저세상으로 가기 때문이다. 당분간은 네 직계 가족과 접촉하지 말고 거리 두기를 해라!"

신어머니는 그 대신 아버지의 영혼을 위해 신당에서 '자리걷이'를 진행하라면서 방법을 세세히 알려주었다.

한국의 샤머니즘에서 '자리걷이'는 '집가심'이라고도 부른다. 원칙적으로, 사람이 사망하고 장례식을 치른 다음 날 망자가 죽은 방에서 행하는 의례로, 망자의 죽음으로 인한 부정을 제거하고, 그가 죽은 장소를 정화하기 위한 작은 규모의 샤머니즘 의례(儀禮)다.

한국 샤머니즘의 전통에 의하면, 인간이 죽은 곳은 부정하기 때문에 망자(亡子)의 죽음으로 인한 부정을 반드시 제거해야만 한다.

'자리걷이'를 할 때는 망자가 누웠던 자리에 그가 평소에 입었던 옷을 두고, 그 옆에 쌀이나 밀가루를 그릇에 담아놓는다. 그 위에 종지를 놓고, 종지 안에 세 발 심지를 올려 둔다. 굿(또는 소규모 의례)이 끝난 다음에 쌀이 흩어진 모양을 확인해 망자가 천도(薦度)된 곳과 망자의 환생을 가늠할 수 있다.

'자리걷이'는 망자를 둘러싼 사기(邪氣)가 그의 가족이나 친지, 친구 등 인연이 닿는 사람들에게 부정적인 영향이나 해를 끼치고, 주술적인 힘(呪力)을 발휘할 수 있다고 믿는 신앙에서 비롯되었다.

2003년부터 2005년까지 스위스 칼 융 연구소에서 심층심리학을 공부하면서 다른 나라에도 이와 유사한 믿음이 전해오고 있다는 사실을 확인할 수 있었다. 무당 가족의 죽음과 영력의 상실 등에 관한 주술적인 믿음은 전 세계의 샤머니즘에 보편적으로 전승되고 있는 집단 무의식의 원형(독: Archetypen)이다.

나는 신어머니께 "어머님의 말씀대로 따르겠다."라고 약속했다. 나는 둘째 언니에게 전화를 걸어 내가 아버지의 장례식에 참석하지 못하는 난처한 상황과 그 사유를 설명했다. 둘째 언니한테 자식으로서 아버지의 장례식에 참석하지 못하는 것이 도리가 아니라는 점은 나도 잘 알지만, 신령님을 모시는 무당이라 어쩔 수 없는 일이라고 말했다.

샤머니즘적인 금기와 전통을 이해하지 못하는 둘째 언니는 내게 다음과 같이 화를 버럭 내고는 그냥 전화를 끊어 버렸다.

"아니, 아무리 네가 무당이라도 그렇지, 어떻게 이승을 떠나시는 아버지의 마지막 길에 막내딸인 네가 마지막 인사도 드리지 않겠다는 거니? 내 참 이해가 안 간다. 말도 되지 않아! 그래 알았다. 네 입장이 그렇다면 네 맘대로 해라!"

당시 둘째 언니는 신령을 모시며 아버지의 장례식에조차 참석할 수 없는 기막히고 모진 삶을 사는 막내동생의 마음과 그에 따른 애끓는 심적 고충을 다 이해하지는 못했던 것 같았다. 내심 서운함이 밀려왔다. 가족으로부터도 이해받을 수조차 없는 몰이해에 빠져 있는 상황이 억울하고 참담한 심정이었다. 하늘 여행 떠나시는 아버지를 마지막으로 뵙지 못하는 것이 가슴 아프고 속상했다. 그렇지만 나는 홀로 쓴 울음을 삼키며 신당을 지켜야 하는 처지였다.

아, 신령을 모시는 무당이라고 왜 아버지와 영원한 작별을 고할 수조차 없단 말인가? 가족에게조차 이해받지 못하는 무녀의 삶을 살아야 하는 것이 비통하고 처절할 뿐이었다.

지금까지도 내게는 아버지의 장례식에 참석하지 못한 죄스러움이 트라우마(독: Trauma, 영적인 응어리, 심리적인 상처)가 되어 마음속에 아물지 않은 '생채기'로 남아 있다. 나는 서러운 눈물과 토해내지 못하고 응어리진 고통을 이를 악물며 참고 또 참다가 결국 통곡하고야 말았다. 아버지의 장례식 기간 내내 너무 울어서 탈진 상태가 되었다.

세인들의 몰이해로 인한 서러움이 다시 목구멍으로 치밀어 올랐다.

앞으로 시름 많은 인생이 내 삶을 장악하고, 쓰라리게 고통스러운 여정이 내 앞에 계속 펼쳐질 것이라는 서러운 예감이 밀려들었다.

아버지의 장례식은 불가와 인연이 깊은 우리 집안의 전통에 따라 '다비식(불교식 화장 의식)'을 행했다. 우리 가족은 장례식을 끝내고, 아버지의 유체를 유골함에 담아 조부님께서 창건하신 전라북도 김제의 청하산에 있는 절에 49일간 보관했다. 이 절은 현재까지 사촌 오라버니가 주지로 봉직하고 있다. 아버지의 영가천도를 위해 49재(齋)를 올리기로 했다.

사십구재(49재)는 임종 후에 망자가 중음신(中陰身) 상태에서 다음 생을 받기까지 중유(中有)에 머무르는 49일 동안에 치르는 불교식 의식이다.

중음신은 불교의 생사관에서 죽은 순간부터 다음 생을 받기 전까지의 영적인 존재로 업식과 함께 머무는 신체를 뜻한다.

망자는 육(肉)을 가지고 있을 때 지은 업에 따라 저승의 염라대왕 앞에서 7일마다 심판을 받는다. 산 자는 망자의 천도를 위해 49일간 정성껏 불공을 드리며 망자에게 반복해서 법문을 들려준다.

우리가 망자를 위해 천도재를 진행하는 까닭은 망자가 미혹과 업의 굴레에서 벗어나 (영적인) 깨우침을 얻고, 다음 생에 더 좋은 곳에 태어날 수 있을 것이라는 믿음 때문이다.

장례식을 치른 후 49일째 탈상에 맞추어 온 가족이 모여 다음 세상에 태어날 아버지의 영가를 위해 천도재(薦度齋)의 막재를 지냈다. 이 행사에는 나도 참석했다. 우리 가족은 아버지의 유골함이 모셔져 있는 김제의 절로 내려갔다. 온 가족이 절에 모여 부처님과 주지 스님께 인사를 올린 후, 아버지의 영정과 유골함을 모시고 서둘러 모악산 중턱으로 향했다.

모악산 국립공원 중턱에는 돌아가신 나의 조부님이자 신령님 중의 한 분인 '모악산 산신도사님'께서 젊은 시절 은거하며 도(道)를 닦았던 터가 남아 있다. 그곳에는 여러 개의 평평한 너럭바위가 펼쳐져 있다. 문화유씨 집안은 망자가 된 친족들의 서열과 위계질서에 따라 제사상이 따로 마련되어 있다. 내 아버지는 4형제 중의 막내아들로 태어났다. 우리 가족은 주지 스님의 인도하에 너럭바위의 가장 밑둥치에 아버지의 제사상을 차렸다.

주지 스님은 소지를 한 장 태운 후 목탁을 두드리면서 불교식 정화 의식을 행한 후 부정경과 육갑해원경 및 지장경 등 여러 개의 경문을 읽었다. 그는 아버지의 유골함을 열기 전에 우리 가족에게 흰 장갑을 하나씩 나누어 주었다. 우리 가족은 주지 스님으로부터 아버지의 유골 한 줌씩을 나누어 받았다. 잠깐 망자를 위한 묵념이 있었고, 일제히 손에 쥐고 있었던 아버지의 유골을 흐르는 바람에 날려야 했다. 이제 내 아버지와 이승에서의 영원한 이별이었다.

회자정리(會者定離), 거자필반(去者必返)!

만남이 있으면 언젠가 한 번은 헤어지는 법.

나는 내 손아귀에 있는 아버지의 유골 한 줌을 느끼며 생의 비애를 다시 한번 실감했다. 아, 살아 계실 때는 그토록 당당하고 위엄이 넘쳤던 내 아버지가 이렇게 한 줌밖에 되지 않는 물질로 변하다니! 가슴 한 켠이 소리 없이 무너져 내리며 둔탁한 아픔이 밀려왔다.

아버지의 유골 한 줌을 움켜쥐고 있었던 손바닥을 펴자 갑자기 내 주변에 '휘익~' 하고 바람 한 점이 일었다. 어디선가 까치 한 마리가 날아오더니 내 머리 위에 둥근 원을 그리며 여러 번 같은 동작을 반복했다. 그 순간 내 손바닥 위에 놓여 있던 아버지의 유골이 허망하게도 내 손아귀를 서서히 빠져나갔다.

나는 소리 없이 서러운 울음을 삼켰다. 언니들은 큰 소리로 아버지를 부르면서 서럽게 울었다. 그렇게 아버지의 49재가 무사히 끝났다. 그 순간 나는 아버지의 영혼이 영계에서 도를 닦아 신령급의 마스터 영으로 승화되면 언젠가 내 육신에 강림하리라 확신했다.

서울로 올라온 나는 49재를 지내고 나서 어머니로부터 받은 아버지의 옷가지를 현관 입구에 따로 자리를 잡아 '조상 걸립'으로 모셨다. 거기에 매일 정화수를 올리고 초를 켜고 기도를 드렸다. 어느 날 신령님께서 내게 다음과 같은 공수를 주셨다.

"네 아버지가 저세상에서 5년 동안 도를 닦아 영성을 고양해 신령이 되면 너에게 강림할 것이다. 그때까지 너는 독일에 유학을 가서 예정된 공부를 계속해라!"

나는 2000년 1월 12일 출간했던 자서전 『집 없는 무당』에서 최초의 자발적 접신에 대해 다음과 같이 기술했다.

"너는 35세 이후에 독일에 유학을 가게 되어 있다. 함부르크(Hamburg) 대학교에. 한양대 문화인류학과에 있는 조흥윤 교수를 만나라. 네 스승이니라. 너는 샤머니즘을 공부해야 한다. 공부하는 기간은 5년이다. 그리고 다시 한국으로 돌아와 무업을 계속해야 한다. 너는 공부하는 5년 동안은 굿을 하지 말 것이며 상담 치료를 전문으로 해야 한다. 네가 공부하는 동안 나는 너에게 연명할 정도의 돈만 줄 것이다.

(…)

내가 너를 선택한 이유가 거기에 있다. 너는 왜곡되고 변질된 샤머니즘을 바로 알리는 사람이 되어야 한다. 세계로 나가거라. 세계는 지구촌이다."

– 유명옥, 『집 없는 무당』, 169~170쪽.

내 삶은 영계의 원활한 커뮤니케이션을 위해 인다리가 되어 갑작스럽게 돌아가신 아버지의 죽음을 시작으로 서서히 변해갔다. 우선 우리 가족 모두가 모여 가족회의를 열었다. 나는 우리 가족에게 내가 신령님의 뜻을 받드는 무당이니, '샤머니즘의 르네상스'를 실현하기 위해 독일 유학을 준비하고 있다고 말했다.

내가 신령님의 제자가 된 이상, 사사로운 세속의 인간관계를 초월해야 하니, 그동안 부모님을 부양했던 부모와 자식 간의 의무를 벗고 이제부터는 언니들이 합심해서 홀로 되신 어머니를 보살펴야 한다고 말했다.

그러자 회의에 참석했던 가족들이 이구동성으로 말했다.

"뭐, 네가 독일로 유학을 간다고? 무당인데 어떻게 유학을 가? 시집이나 갈 것이지. 그 나이에 독일 유학 가서 뭘 어쩌겠다는 거야? 그것도, 신 내릴 때 진 빚만 잔뜩 있고 유학 갈 돈 한 푼 없으면서…!"

그래도 나는 자신 있게 대꾸했다.

"제 걱정일랑 내려놓으세요! 다 제 신령님들께서 잘 인도해 주실 테니까요. 언니들이나 형부들께는 손 하나 벌리지 않을 거예요."

그렇게 말은 하면서도 내 마음 한구석에서는 그들의 태도에 실망과 서운함이 밀려왔다.

'세상에나… 동냥은 못 해줘도 쪽박은 깨지 말랬다고 했는데…이 늦은 나이에 유학을 감행하는 동생에게 용기를 불어넣어 줘도 시원찮은 터인데, 정말 너무들 하시는 것 아니야?'

그들의 무성의함에 실망과 더불어 깊은 슬픔이 일었다. 그렇지만 그들의 말과 태도가 서럽고 견디기 힘들어도 나는 꾹 참을 수밖에 없었다, 나는 나 자신에게 수도 없이 다짐했다.

'그래요… 내가 당신들 보란 듯이 유학 가서 누구보다도 공부를 열심히 해서 꼭 다시 돌아올 겁니다. 그때가 되면 당신들이 최소한 지금처럼 나를 무시하지는 않을 테니까요.'

독일 유학 준비가 시작되었다.

당시 나는 2년제 전문대학 졸업 자격밖에 없었다. 내가 독일 대학의 입학허가서를 받더라도 만학의 대학생이 되어 처음부터 다시 공부해야만 했다.

나는 신령님 전에 또 유학을 어떻게 진행해야 하는지, 앞으로의 길을 인도받기 위해 기도드렸다. 나는 신어머니인 김금화 선생의 이문동 자택으로 찾아가서 신어머니의 신령님들께 머리를 조아렸다.

"어머니, 얼마 전 제 신령님들께서 저한테 '샤머니즘의 르네상스'를 실현하기 위해 독일 유학을 떠나라는 공수를 주셨습니다. 그때 저더러 한양대 문화인류학과의 조흥윤 교수를 찾아가라고 하셨습니다. 어머님께서 조

교수님께 저를 제자로 받아주시도록 전화 한 통만 해 주셨으면 합니다."

나는 간곡히 청했다. 그랬더니 신어머니는 대뜸 손사래를 쳤다.

"뭐라고? 무당이 공부는 무슨… 무당은 무식해야 신이 잘 내린다. 무당의 임무는 신령님을 잘 모시고, 굿을 하고, 무속 의례를 집전하는 것이지 공부는 무슨 놈의 공부냐?"

독일 유학 계획에 대한 신어머니의 공식적인 반대를 접하니 갑자기 거대한 바위가 내 앞에 턱 가로막고 있어 다시는 돌파할 수 없는 현실의 벽과 부딪친 느낌이었다. 그날은 신어머니께 더 말씀드리지는 못하고 그 자리를 물러났다.

하지만, 내 마음 한구석에서는 신어머니가 아무리 나의 독일 유학을 반대하셔도 나는 기필코 독일로 유학을 떠나고야 말겠다는 불타는 의지가 솟구쳤다.

할 수 없이 나는 혼자서 유학 준비를 시작했다.

신어머니는 굿이나 치성이 있는 날에는 나를 어머니의 이문동 신당으로 불렀다. 나는 신어머니의 뜻을 거역할 수가 없어 어머니 댁에 기거하며 집안일을 거들고, 굿을 배우고 있던 신 동생과 함께 굿이나 치성을 드리러 다녔다. 나는 굿이나 치성을 드리는 중간중간에 시간 날 때마다 신어머니를 조르기 시작했다. 그렇게 1년이 지났다.

그러던 어느 날, 신어머니는 나를 신당으로 부르더니 이렇게 일렀다.

"그래, 네 뜻을 잘 알았다. 내가 '조흥윤' 교수님께 전화해 놓을 테니 그분에게 가서 인사를 드리고 공부하도록 해라. 그러나 네가 공부한답시고 신령님을 모시는 일과 무업을 절대로 게을리해서는 안 된다. 알겠느냐?"

그렇게 해서 나는 1998년 가을 학기에 한양대 문화인류학과에서 조흥윤 교수를 처음 뵙게 되었다. 그 후부터 그의 지도에 따라 한양대 문화인류학과 청강생이 되어 문화인류학과 샤머니즘을 공부하고, 학술회의에 참석해 논문 발표를 듣고, 다른 학생들과 함께 현장 조사를 하면서 여러 지역의 굿을 찾아다니며 참관하기 시작했다.

나는 기회가 있을 때마다 굿이 진행되는 곳에서 현장 조사를 병행하며, 문화인류학과 수업을 청강(聽講)했다. 아울러 매일 신령님 전에 엎드려 기도를 올리면서 1년 6개월 동안 독일 유학을 준비했다. 그리고 2000년 10월 6일 서른일곱의 늦은 나이에 그토록 오랫동안 열망했던 독일 함부르크로 유학을 떠났다.

요아킴의 죽음
영혼의 반려인
두 번째 인다리

내 영혼의 반려인 요아킴(Joachim)은 내가 십여 년간 독일과 스위스 유학을 마치고 한국으로 귀국을 준비하기 전부터 다양한 질병에 시달렸다.

그는 나와 혼인하기 전인 1988년에 심장의 대동맥이 파열되어 독일의 함부르크 대학병원(독: UKE, Uni Klinikum Eppendorf) 심혈관센터에서 그 병원의 첫 환자로 한 차례 심장 대동맥에 스텐트 시술을 받았다.

그 이후 요아킴에게 발생한 질병은 담석증(영: Cholelithiasis)이었다. 나는 요아킴을 함부르크 대학병원에 입원시켰다. 세계적인 간이식 전문가이자 그의 주치의였던 로기어스(Dr. Dr. Xavier Rogiers: 1956~2019) 교수가 복강경 시술로 요아킴의 몸 안에 있던 담석과 담낭을 한꺼번에 제거했다.

로기어스 교수는 진료 시에 내게 요아킴과 같이 몸에 담석이 잘 생기는 사람은 원래 내성적인 성격이라 스트레스를 받고, 고민이 생기면, 그 고민을 혼자서 끌어안고 끙끙거린다고 했다. 이런 내성적인 성격을 가진 사람은 담낭을 제거해도 건강과 스트레스 관리를 제대로 하지 않으면 언젠가 담도나 또 다른 곳 어딘가에 담석증이 생긴다고 말했다. 그렇게 되면 환자에게 생긴 담석이 담도암으로 발전되는 경우가 종종 있으니, 환자에게 운동과 스트레스 관리를 철저하게 하라고 당부했다.

요아킴은 몸에서 담낭이 제거된 이후부터 눈에 띄게 쇠약해졌다. 이후부터 그는 병치레를 자주 했다. 그는 담낭 제거 시술을 하고 2년 후에 혈전으로 인해 왼쪽 눈의 망막이 폐쇄되어 실명했다. 한쪽 눈을 실명한 요아킴은 조금씩 삶의 의욕도 잃어갔다. 그래도 그는 나의 간병을 받으며 나머지 오른쪽 눈으로 글쓰기를 하며, 자기 스스로 건강관리에 힘썼다.

다행히도, 독일은 의료시스템이 좋고, 요아킴이 개인보험에 가입해 있어서 특실에 입원해 대학교수에게 진료받을 수 있었다. 요아킴이 대학병원에 입원하면 주치의인 교수 외에도 보조 의사가 환자를 체계적으로 관리해 주었다. 이 때문에 나는 크게 에너지를 소모하거나 환자를 돌보는 일에 신경을 쓰지 않고도 요아킴을 돌보면서 학업과 사회활동을 병행할 수가 있었다.

나는 2011년 초부터 요아킴의 불안정한 건강이 타국에서의 삶에 큰 걸림돌이 된다고 판단했다. 그래서 향후 우리 두 사람의 말년은 아무래도 한국에서 보내는 것이 좋겠다고 결론을 내렸다.

내가 함부르크 조형예술대학의 마이스터 스튜덴트(독: Meister-student) 과정을 마치자마자, 우리는 독일 영주권을 포기하고 2011년 12월 초에 한국으로 영구 귀국했다.

나는 미래의 삶을 준비하기 위해 한국으로 영구 귀국하기 한 해 전에 광화문 근처의 작은 오피스텔에 '후투라에네르기아(라틴어: Futura Energia, 미래 에너지라는 뜻) 심리영성상담소'를 개원하면서 사업자등록을 했다. 그때까지만 해도 요아킴의 건강 상태는 대학병원에서 주기적인 추적 관찰과 약물치료를 받기는 했어도 건강상으로 큰 문제 없이 양호한 편이었다.

요아킴과 나는 독일 집의 짐을 정리해 포장한 후에 해운회사를 통해 한국으로 이삿짐 화물을 발송했다. 요아킴은 그의 독일 변호사 및 회계사와 함께 그간 운영했던 독일의 유한책임 회사를 폐업. 정리했다. 2011년 12월 초에 우리 두 사람은 오랜 독일 생활을 완전히 정리한 다음 비행기에 몸을 싣고 한국으로 다시 돌아왔다.

우리가 2011년 12월 초 귀국했을 때, 요아킴이 소유했던 방배동 아파트의 전세 만료 기간이 1년 정도 남아 있었다. 우리는 할 수 없이 광화문에 있는 나의 심리영성상담소 사무실 아래층에 오피스텔을 하나 더 임차해 요아킴은 아래층에 살고, 나는 위층 사무실이 있는 오피스텔에 살면서 각자 해야 할 일들을 처리하고 식사 시간이 되면 만나곤 했다.

독일에서 44년 이상 살았던 요아킴은 한국에서의 복잡다단한 삶이 힘겨웠는지 그 이후부터 건강이 눈에 띄게 나빠지기 시작했다. 우리는 요아킴의 건강관리를 위해 경기도 광주로 이사를 결정했다. 방배동 아파트의 전세 기간이 만료되는 시점에 맞추어 아파트는 시세보다 매매 금액을 낮춰 세입자에게 매각했다.

우리는 집시와 같이 생활하던 오피스텔의 삶을 마감하고, 경기도 광주의 비교적 저렴한 아파트를 하나 매입해 둥지를 틀었다.

나는 아파트를 매입하고 남은 차액으로 요아킴의 투병을 위한 병원비와 생활비를 충당했다. 내가 광화문에서 운영했던 심리영성상담소도 경기도 광주로 이전했다.

요아킴의 심장에 있는 대동맥류는 그동안 큰 문제 없이 그럭저럭 잘 관리되었지만, 2014년을 기점으로 그가 가진 대동맥류는 갑자기 언제 터질지 모르는 시한폭탄으로 변해버렸다.

요아킴은 선천적으로 심혈관 질환의 가족력을 가지고 태어났다. 그는 독일 함부르크에 체류했던 1997년 당시부터 심혈관 질환인 대동맥류를 앓았다. 1988년에 심장 대동맥이 파열되어 함부르크 대학병원(독: UKE, Uni Klinikum Eppendorf) 심혈관센터에서 병원의 첫 환자로 한 차례 심장 대동맥에 스텐트 시술을 받았다.

요아킴은 우리가 독일 아렌스부르크(독: Ahrensburg)에 살았을 때부터 한국을 방문하면 강남의 K대학병원의 심혈관센터에서 주기적으로 진료와 검사를 받고 있었다.

2014년 5월 초 요아킴의 주치의는 CT를 촬영하고 판독지를 확인한 후에 요아킴의 심장 대동맥이 5.5Cm로 팽창되어 있어 파열될 가능성이 있으니 서둘러 개복하고 인공혈관 치환 수술을 하면 좋겠다고 진단했다. 우리는 주치의에게 요아킴이 개복하고 인공혈관 치환 수술을 받게 되면 어떤 위험과 부작용이 예상되느냐고 물었다.

요아킴의 담당 주치의였던 J교수는 즉답을 피하며 잠시 머뭇거리다가 간신히 대답했다.

"환자의 생명을 담보해야 하는 위험한 수술입니다. 저에게 환자는 가족과 같은데, 생명을 담보로 하는 수술을 쉽게 권할 수도 없습니다. 그렇다고 이렇게 심장 대동맥이 크게 팽창해서 언제 파열될지도 모르는 시한폭탄 같은 상태를 그대로 방치할 수도 없는 위험한 상황입니다."

당시 요아킴은 한국의 K대학병원 심혈관센터 J교수에게 받는 진료와 병행하여 독일 로스톡(Rostock) 대학병원의 심장혈관센터에서 니나버(Dr. Christopf A. Nieaber) 교수에게도 진료를 받고 있었다.

우리는 요아킴이 자신의 생명을 담보로 하는 심장 대동맥 인공혈관 치환 수술을 받아야 하는 상황이라, 아무래도 처음부터 요아킴을 진료하고 스텐트 시술을 진행했던 원래 주치의 니나버 교수의 자문과 진단을 들어보기로 했다.

니나버 교수는 우리가 한국으로 이사한 1년 후부터 영국 런던의 왕립 브롬톤 종합병원(영: Royal Brompton Hospital)의 교수로 이직해 근무하고 있었다.

나는 요아킴이 한국 대학병원에서 CT 촬영한 영상을 CD로 복사해 영국의 로열 브롬튼 종합병원의 니나버 교수한테 국제우편을 보냈다. 우리는 니나버 교수의 진단과 개복 수술에 대한 의견을 듣고 요아킴의 수술 여부에 관한 최종적인 결정을 내려야겠다고 생각했다.

2주 후에 니나버 교수의 소견서가 이메일로 도착했다.

니나버 교수는 요아킴이 쇠약한 상태에서 위험을 감수하고 무조건 개복해서 인공혈관 치환 수술을 감행하기보다 조금 더 시간을 두고 경과를 관찰하는 것이 좋겠다는 의견을 보내왔다.

나는 니나버 교수의 독일어 소견서를 번역하여 2부를 출력했다. 이후 K대학병원 심혈관센터에서의 요아킴 다음 진료일에 J교수에게 소견서를 전달했다. J교수는 우리 두 사람에게 요아킴의 상태가 사실 위험한 상태이긴 하지만 위험을 무릅쓰고 수술을 강요할 수도 없는 상태이니 좀 더 신중하게 수술 여부를 결정하라고 조언해 주었다.

불안하고 초조한 세월은 자꾸만 흘러갔다.

요아킴의 건강 상태가 불안한지라, 우리에게는 언제 터질지 모를 요아킴의 심장 대동맥류로 인해 노심초사하는 날이 점점 많아졌다. 나는 새벽에 일어나면 요아킴의 생활 기록지에 혈압과 체온, 체중을 측정하고 시간과 측정 수치를 메모했다. 그리고 그의 건강 상태가 어떻게 변화되어 가는지 매일 관찰 일기를 썼다.

물론 요아킴 본인한테도 자신의 신체 변화 상태를 스스로 기록하라고 독려했다. 요아킴은 내 의견을 잘 따라 주었다.

우리는 한국으로 영구 귀국한 이후부터 그렇게 하루하루 불안하고 공포에 가득 찬 삶을 꾸려나갔다.

나는 언제 발생할지 예측할 수 없는 요아킴의 응급상황에 대비하기로 했다. 그래서 요아킴이 급히 응급실로 이송되는 경우를 대비해 커다란 백팩 안에 요아킴의 심장 대동맥을 CT 촬영한 영상과 병원을 진료하는 동안 발급받았던 의무기록 사본 등 응급처치에 필요한 자료를 넣어두었다. 또한 요아킴이 병원에 입원하는 상황이 발생할 때 필요한 의약품, 옷가지, 타올과 세면도구, 실내화, 안대, 마스크 등을 넣어 늘 현관 앞에 준비해 두었다.

인간은 누구나 긴박한 상황이면 당황하고 허둥대게 마련이다. 그때는 머리가 텅 비어 하얗게 되고, 허둥거리며 정작 중요한 것들을 챙길 겨를이 없다.

요아킴과 나는 달랑 둘이서만 살아서 위급한 상황이 되면 우리를 도와줄 사람이 따로 없으니 더더욱 비상 상황에 미리미리 대비해야 했다.

2015년 10월 15일, 새벽 기도를 끝낸 나는 아침 준비를 마치고 요아킴의 침실로 갔다. 요아킴은 아침 8시가 좀 지났는데도 머리가 무겁다면서 침대에 줄곧 누워만 있었다.

누워있는 그의 모습을 보니 갑자기 눈물이 핑 돌며 가슴이 덜컥 내려앉았다. 바로 그 순간 내 마음속에서는, "아. 이제 올 것이 왔구나. 이제 나는 어쩌지? 나는 아직 그와 이별할 준비도 못 했는데…."라는 생각이 잠시 스쳐 지나갔다.

나는 가뜩이나 겁에 질려 있는 요아킴을 놀라게 하고 싶지 않아서 짐짓 아무렇지도 않은 듯 태연한 표정으로 그에게 다가갔다. 혈압계와 체온계를 챙겨 평소처럼 그의 체온을 체크하고, 혈압을 측정했다.

평소 기상했을 때 요아킴의 혈압은 K대학병원에서 처방해 준 약물을 복용하면 평균 135-90-75 정도를 유지했는데, 그날은 60-60-95였다. 나는 혹시나 내가 혈압을 잘못 측정했나 의심스러워서 10분 간격으로 3번이나 더 혈압 체크를 했다. 역시 같은 수치가 나왔다.

나는 이 상황은 요아킴의 혈관이 이미 파열되어서 혈액이 어디론가 새어나가고 있다는 증거라고 판단했다.

일단 119에 전화를 걸어 응급 전화를 받은 119 직원에게 우리 집의 주소와 이름, 환자의 현 상태를 자세하게 설명했다. 이어서 요아킴이 독일에서 1988년 심장 대동맥 근처에 스텐트 시술을 받았다고 말했다. 그가 얼마 전에 CT 촬영했을 당시에 대동맥의 크기가 5.5Cm로 부풀어 오른 상태였는데, 아무래도 심장 대동맥이 팽창해 파열된 것 같다고 했다. 덧붙여, 환자의 의식이 아직은 명료한 상태라고 말했다.

119 전화를 받은 직원은 응급구조대가 20분 이내로 도착할 터이니 병원의 응급실로 이동할 준비를 하라고 말했다. 나는 알았다고 하고 119 전화를 끊자마자, 요아킴을 침대에서 일으켜 파자마를 벗기고, 편안한 옷으로 갈아입힌 다음, 모자와 마스크를 씌웠다. 그러고는 그를 롤러가

달린 의자에 앉혀 거실로 데려가 소파에 등을 기대고 잠시 쉬게 했다.

잠시 후에 119 응급구조대원들이 도착했다.

그들은 요아킴을 환자용 이동 침대에 누인 후, 신속히 엘리베이터로 옮겼다. 나는 요아킴의 응급실 입원에 필요한 물품이 든 백팩을 짊어지고 현관문을 잠근 후에 엘리베이터를 탔다.

그때 응급 구조 요원이 내게 물었다.

"환자분을 어느 병원으로 모실까요?"

나는 요아킴이 서울 K대학병원에서 진료받는 환자라고 말했다. 119 응급 구조 요원은 여기는 경기도라 환자를 서울로는 이송할 수가 없고, 경기도 관할 구역 내에 소재한 병원까지만 환자의 이송이 가능하다고 말했다.

그 순간 나는 조금 당황하여 응급 요원에게 되물었다.

"그럼, 여기서 가장 가까운 대학병원이 어디죠?"

그들이 BS대학병원이라고 말하자마자 나는 허둥지둥하며, 그럼 얼른 그 병원으로 환자를 이송해 달라고 부탁했다. 응급 요원들이 요아킴에게 수액을 놓고 체온과 혈압을 다시 측정한 후에 자신의 이름과 주소, 나이와 현 상태를 물었다.

나는 너무 놀라서 눈을 동그랗게 뜨고 마음이 텅 빈 상태로 두려움에 온몸을 바들바들 떨고 있는 요아킴의 한 손을 꼭 잡은 채, 한 손으로는 그의 이마를 쓰다듬으며 말했다.

"괜찮아요, 두려워하지 마세요! '인명은 재천(在天)'이니, 당신은 수술받으면 반드시 다시 회복할 수 있어요. 편안한 마음으로 의료진과 하느님께 당신의 운명을 온전히 맡겨보세요!"

그제서야 요아킴은 내게 고개를 한 번 끄덕이고는 눈을 감고 스르르 잠이 들었다. 그의 눈에 한 줄기 굵은 눈물이 흘러내렸다.

요아킴의 눈시울에 흐르는 눈물을 바라보니 내 가슴이 다시 한번 더 덜컥 무너져 내렸다.

'아아… 어쩌면 좋지? 나는 아직 요아킴과 이승에서 작별할 준비도 하지 못했는데…!'

자꾸 이런 생각만 들었다. 이내 나는 이를 악물고 목구멍에서 치밀어 오르는 눈물을 간신히 참고 또 참았다.

한 30분쯤 지났을까?

119구급차는 BS대학병원 응급실에 도착했다. 응급 구조 요원은 내게 우선 병원 응급실의 접수 창구로 가서 요아킴의 입원 수속부터 하라고 했다. 나는 창구의 직원에게 요아킴의 인적 사항과 현재 상태, 그리고 간단한 과거 병력을 설명하며, 준비해 간 의무기록 사본과 CT 촬영한 영상을 건넸다.

그러자 요아킴의 심장혈관 응급수술에 필요한 여러 검사가 일사천리로 진행되었다. BS대학병원의 응급실 심혈관센터에는 그날 여의사인 J교수가 당직 근무를 하고 있었다.

그녀는 내게 영상자료를 이미 담당 교수님께 핸드폰으로 전달했다고 하면서 우리한테 잠시 응급실에서 기다리라고 했다.

응급실에 요아킴의 병상이 배정되었다. 나는 요아킴의 병상 옆에 딸린 작은 나무 의자에 비스듬히 눈을 감고 기댔다.

너무 긴장해서인지 내 몸은 온통 뻣뻣하게 굳었다. 때맞춰 내게 극심한 피로감이 몰려와 눈이 스르르 감겼다.

자꾸만 졸음은 쏟아지는데 응급실의 주변이 하도 번잡하고 어수선해서인지 정작 잠은 들지 않았다. 그렇게 폭풍 전야의 적막한 시간이 흘러갔다.

요아킴은 응급실 입원 직후에 필요한 응급처치를 받았다.

이튿날이 되어 의료진들이 요아킴의 응급수술을 위한 준비를 마쳤을 때 그는 중환자실로 이송되었다. 중환자실의 요아킴 담당 간호사는 나더러 의료진들이 환자를 잘 보살피고 있을 터이니, 집에 가서 입원 생활에 필요한 물품들을 모두 준비해 오라고 했다.

담당 간호사는 중환자실에 입원한 환자가 당장 필요한 물건 목록을 적어주었다. 나는 간호사가 적어준 물품을 병원의 지하 의료기 판매점에서 구매하여 전달했다. 그러자 간호사는 내게 지하 3층의 중환자실 보호자실로 내려가 직원과 함께 보호자 등록을 하라면서 환자의 바코드가 찍힌 종이를 건넸다.

나는 일단 중환자실 보호자실로 내려가 보호자 등록(지문 등록과 사물함 등록)을 마쳤다. 이어서 택시를 타고 광주 집으로 가서 병원 생활에 필요한 물품을 목록대로 주섬주섬 챙겨 다시 중환자실 보호자실로 돌아갔다.

그 이후부터 나는 꼼짝 없이 중환자실 보호자실에서 머물러야 했다. 중환자의 보호자인 나는 요아킴을 하루에 두 번, 오전과 오후 정해진 면회 시간에 30분씩만 만날 수 있게 되었다.

요아킴은 BS대학병원 심혈관센터의 P교수팀에 의해 개복한 후에 8시간 정도 소요되는 심장 혈관의 상행 하행 대동맥궁 인공혈관 치환술을 받았다. 나는 8시간이 넘는 수술이 끝나 전광판에 수술 종료를 알리는 문자를 확인한 후에 요아킴을 만나러 갔다. 그때 요아킴은 그야말로 거의 빈사 상태였다.

수술 후 마취에서 깨어난 요아킴을 처음 면회했을 때, 그는 아예 아내인 나를 인지하지도 못했다. 그때 요아킴은 핏기 하나 없이 비쩍 마른 몸에 퀭한 눈으로 허공만을 멍하니 응시하고 있었다. 잠시 후에 그는 다행히도 내 얼굴을 알아보고 엷은 미소를 지었다.

"힘겨운 수술 받느라 너무 고생했어요. 잘 견뎌줘서 고마워요!"

나는 그의 손을 잡고 머리카락을 쓰다듬으며, 겨우 이런 말로 수술 후 탈진 상태가 된 그를 위로해 주었다.

나는 요아킴이 입원해 있는 동안 병원에서 마련해 준 지하 3층의 중환자실 보호자실에서 기거했다. BS대학병원의 규정상, 중환자실에 입원한 환자의 보호자는 환자에게 긴급한 상황이 발생하게 되면 의료진과 10분 이내에 연락이 닿아야 했다.

이 때문에 나는 집에는 도무지 갈 수도 없었다. 중환자실 보호자실은 남녀 혼숙으로, 20명 가까이 함께 생활해야 하기에 비좁고 번잡한 데다 여러모로 불편함을 감내해야만 했다.

내가 중환자실 보호자실 생활에서 가장 힘들었던 것은 극도로 과민해서 잠을 제대로 잘 수 없는 상황이었다. 중환자실 보호자실은 환자에게 발생하는 긴급 의료행위와 처치를 위해 보호자들이 수시로 서명하거나 환자를 방문해야 해서 시도 때도 없이 사람들이 들락거렸다.

그럴 때마다 예민한 나는 통 잠을 잘 수가 없었다. 나는 요아킴이 입원하는 기간 내내 거의 뜬눈으로 밤을 지새우곤 했다. 피로가 내 몸에 절어도 어찌할 도리가 없었다.

생사를 넘나드는 긴박한 상황에서 환자를 돌보는 보호자의 병원 생활은 그야말로 긴장의 연속 그 자체였다. 전쟁터를 방불케 하는 병원 생활에서 그나마 하나의 위안은 환우의 보호자들과 병원 주변을 산책하는 시간이었다.

환자의 보호자 모두의 마음은 온통 중환자실에 누워있는 환자에게 쏠려 있었으나, 그나마 잠시 짬을 내어 동병상련의 마음으로 서로서로 지지하고 위로했으니 그 시절 우리에게는 '전우애' 같은 마음도 싹텄다.

나는 비록 7년 전에 요아킴을 하늘 여행으로 떠나보냈지만, BS대학병원의 중환자실에서 동고동락했던 몇몇 환자의 보호자들과 깊은 인연을 맺었다. 지금도 우리는 가족처럼 서로 연락하며 어려울 때마다 서로 돕고 지낸다.

요아킴은 한국의 BS대학병원에 2015년 10월 15일 처음 입원해 10월 16일 대동맥 치환 수술을 받고 한 달 보름 만에 퇴원했다.

그는 퇴원 직후에는 전동침대에 누워서 생활해야 했다. 그래도 그는 물리치료와 재활 훈련을 성실하게 받아 6개월 정도 휠체어에 의지했다가, 다시 재활 치료를 받아 보행기를 이용해 조금씩 걷기 시작했다. 그리고 한 달간 지팡이에 의지해 걷다가 기나긴 노력 끝에 드디어 스스로 걸어 다닐 수 있게 되었다.

나는 병원에서 퇴원한 후부터 따로 간병인을 두지 않고 요아킴을 전적으로 돌봤다. 요아킴은 요양 등급 3등급을 받았다. 하지만, 나는 요아킴을 전적으로 돌보며 방문 요양 담당 간호사가 일주일에 2회 집으로 방문하도록 해서 그를 전문적으로 간호하고 돌보게 했다.

시간이 얼마 정도 지나자, 요아킴은 어느 정도 건강을 회복했고, 스스로 자율적인 생활을 할 수 있게 되었다. 그는 1주일에 한 번씩 BS대학병원을 방문해 외래 진료를 받고, 매일 오전에 병원에서 처방한 약물을 복용해야 했다.

요아킴이 심장 대동맥 치환 수술을 받은 후에 몸이 조금씩 회복되는 속도에 비례해 병원의 진료 간격도 점점 길어졌다. 요아킴은 병원에서 처방한 약물을 복용하고, 나의 집중적인 간병과 캐어를 받으며 길고 처절한 투병 생활을 이어갔다.

시간이 흐르면서 나는 요아킴의 생명이 길어야 3년을 넘길 수 없다는 사실을 감지했다. 그래도 나는 그가 두려움에 떨면서 자신의 처지를 비관하거나 절망할지 몰라 겉으론 아무런 내색도 하지 않고 그를 돌봤다.

요아킴은 철저하고 성실하게 재활과 생존을 위한 투쟁을 이어갔다. 나는 그런 그를 명치 끝이 아려오는 슬픔을 머금고 그저 바라다보았다.

나는 얼마 남지 않은 요아킴의 생애 마지막을 행복하고 멋지게 마무리할 수 있도록 거의 모든 사회활동을 잠정적으로 중단했다. 당연히, 지인들과의 친교(親交)나 피치 못할 만남도 최소한으로 줄였다.

'신의 딸'로서 요아킴을 돌보는 일에 매달려 신령님께서 주신 업무와 소명을 완수하기 위해 다방면으로 뛰어다니며 영적인 고통에 시달리는 아픈 영혼들을 돌보는 일도 되도록 잘 조율하기 위해 최선을 다했다.

나는 새벽에 일어나 육신의 정화와 기도를 끝내고 나면, 요아킴의 혈압과 체온을 재고, 체중을 측정해 생활 기록지에 기록했다. 24시간을 요아킴의 곁에 머물며 간호하고, 식사와 약을 챙겨 복용하게 했다. 그가 평소에 섭취한 음식과 복용한 약, 배설한 양과 배설물의 상태도 신중하게 관찰해 그의 생활 기록지에 자세하게 기록했다.

아울러 나는 요아킴의 건강과 섭생을 위해 우리가 독일에서 살았을 때 먹었던 유기농 식품을 인터넷으로 '직구'해서 그의 식단을 꾸렸다. 그렇지만 요아킴의 육신은 차츰차츰 쇠약해지고 이별의 순간은 소리 없이 점점 더 가까이 다가오고 있었다.

"내가 정말 요아킴을 위해 할 수 있는 최선은 무엇일까?"

나는 그의 제한된 생명 앞에서 더욱 고민할 수밖에 없었다.

요아킴은 수술한 직후부터 다시 천진한 소년이 되었다.

그는 생존하는 것 외에 달리 미래에 대한 걱정이 없는 원초적인 삶을 살았다. 요아킴의 개복했던 수술 부위가 아물고 연약한 그의 몸이 차츰 회복되기 시작했다. 요아킴은 몸이 조금씩 회복되는 속도에 맞추어 생의 활기를 되찾았다.

그때 그는 정말이지 하고 싶은 것도 많고, 먹고 싶은 것도 정말 많았다. 나는 그런 그가 그래도 참으로 고마웠다. 그래서 그가 해달라는 것은 여건만 되면 뭐든지 다 해주었다. 서글프지만, 그렇게라도 해서 요아킴이 내 곁에 오랫동안 머물러 주기를 진정으로 바랐다.

다른 한 편으로, 요아킴의 생존을 위한 투병을 곁에서 묵묵히 지켜보는 그 시간이 내게는 비탄과 인고, 절망의 시간이었다. 때로는 언제 닥칠지 모르는 그와의 영원한 이별의 순간이 두려워서 나도 모르게 몸서리를 치고, 소리 없는 눈물을 흘리며 공포로 치를 떨어야 했다.

그래도 시간은 자꾸만 흐르고, 우리의 애달픈 이별의 순간은 점점 가까이 다가오고 있었다.

2017년 10월 15일 저녁 8시경.

저녁 식사 중이던 요아킴은 갑자기 소리를 지르며 숨을 쉴 수가 없다고 했다. 그때 그의 얼굴은 새빨갛게 변했다. 나는 이런 상황이 발생한 까닭은 요아킴의 복부 대동맥이 터져서 나타난 현상이라 판단했다.

나는 부랴부랴 다시 119 구급대에 전화를 걸었다.

만 2년 전에 심장 대동맥이 파열되어 BS대학병원에서 응급수술을 받은 요아킴이라는 환자인데, 이번에는 복부 대동맥이 파열된 것 같고, 환자의 생명이 위독한 상황인 것 같으니 되도록 빨리 와달라고 요청했다.

요아킴은 복부 부위가 참을 수 없이 아프고 숨을 쉴 수가 없다고 쉴 새 없이 소리쳤다. 그는 다시 BS대학병원 응급실로 이송되었다. 응급실에서는 요아킴의 혈액 검사와 X-ray 및 복부 CT 촬영이 진행되었다.

나는 요아킴이 이제 다시는 집으로 돌아올 수 없음을 감지했다.

이 상황은 요아킴이 2015년 10월 16일 의료진의 심장 대동맥 인공혈관 치환 수술로 선물 받았던 만 2년간의 삶이 종료되었음을 알리는 것이었다. 우리는 절망과 공포로 점철되었던 이승에서의 삶을 정리하고, 덤덤하게 하늘이 내리신 영원한 이별을 준비해야만 했다.

복부 대동맥 인공혈관 치환 수술을 받은 요아킴은 상태가 위중해 인공적인 혼수상태에서 계속 잠만 잤다. 그러던 요아킴은 결국 깨어나지 못하고 의식불명의 상태에 빠졌다.

의료진들의 다각적인 노력과 적극적인 연명치료에도 불구하고, 요아킴의 생명은 조금씩 더 소멸해 갔다.

요아킴은 중환자실 병상에 누워 인공호흡기를 꽂고, 항경련제를 투여받으며, 혈액투석까지 받았다. 그리고도 모자라, 폐렴이 걸려 기도를 절개해 삽관했다.

그렇게 우리는 조금씩 이승에서의 이별을 준비하고 있었다.

2017년 11월 10일 금요일 오후.

BS 대학병원 심혈관센터 중환자실에서 적극적인 연명치료를 받고 있던 요아킴에게 다발성 뇌경색 증세가 생겼다.

그는 머리에 뇌파를 검사하는 기계를 달고, 몸에는 중환자실용 혈액투석기가 연결되어 있었다. 그는 의식불명의 상황에서도 어린아이처럼 쌔근쌔근 잠을 자고 있었다.

"요아킴, 아픈 육신에 갇혀 너무 고통스러워하지 말고, 슬퍼하지도 말아요!"

나는 그에게 귓속말로 속삭였다. 이어서 독일어로 된 엘리자베스 퀴블러 로스의 말을 인용하며 이렇게 말했다.

"요아킴, '죽음은 끝이 아니라 찬란한 시작'이라고 해요. 사람은 누구나 한번은 죽게 마련이고, 당신이 저보다 조금 일찍 이 세상을 떠나는 것뿐이에요."

마지막으로 나는 요아킴에게, "제발 당신이 병들고 아픈 육신의 고통에서 벗어나 새처럼 가벼워졌으면 좋겠어요."라고 말하자 그의 왼쪽 눈에 한줄기 눈물이 고였다.

그 이후부터 그의 육신은 내 말에 더 이상 반응하지 않았다.

나는 매일 면회 시간이 되면 요아킴의 얼굴과 목, 손과 발을 가제 수건으로 닦아주고, 소독제를 손과 발에 바르고 새 양모 양말을 갈아 신겼다.

그리고 요아킴의 귀에다 대고 지장경을 낭송해 주었다. 그가 저세상으로 영혼 여행을 떠날 때까지 이 의례를 지속하리라 다짐하면서….

느닷없이 거센 서러움과 가슴이 찢겨 나가는 것 같은 고통이 밀려들었다. 이제 나는 사랑하는 요아킴과 영원히 작별을 고해야 한다고 생각하니 울컥하고 슬픔이 밀려들었다. 가슴이 미어지는 아픔과 고통스러운 침묵만이 그의 병상을 에워싸고 있었다.

나는 요아킴의 머리에 손을 얹고 기도하면서 그가 이 세상에서 평온하게 눈을 감을 수 있기를 기원했다. 그 후에 요아킴의 왼손과 오른손, 발바닥의 '용천혈(湧泉穴)'을 자극했다.

용천혈의 위치는 인체 내 360개의 혈 자리 중에서 유일하게 발바닥에 있다. 용천혈이란 이름은 이 혈 자리를 자극하면, '생명과 기운이 샘처럼 솟아난다'하여 붙여졌다. 주로 머리나 뇌의 질병을 치료할 때 활용되며, 각종 질환의 응급처치에 사용되는 구급혈 중의 하나다. 용천혈은 인체의 노폐물을 배출해 주고, 신장의 기능을 강화하는 혈 자리다.

나는 요아킴의 용천혈을 자극하는 동안에 치병주, 광명진언, 항마진언 외에도 요아킴의 투병에 필요한 여러 경문을 낭송해 주었다.

나의 이런 기도가 요아킴이 홀로 저세상으로 여행을 떠날 때 외로움과 두려움을 조금은 덜어주기를 간절히 바라면서….

오전에 요아킴을 면회하는 동안 중환자실 당직의인 K교수가 다가와 내게 의학적이고, 인위적인 조절에도 한계가 있어 엄청난 노력으로도 요아킴의 의식회복이 어려울 것 같다고 말했다. 그 말은 이제 요아킴의 생명이 얼마 남지 않았음을 암시했다.

2017년 11월 12일 오전 요아킴의 면회를 마친 나는 중환자실 담당 간호사에게 요아킴의 임종을 대비해 준비할 물건들을 챙기기 위해 잠시 집에 다녀와야겠다고 말했다. 택시로 집에 돌아와 요아킴의 임종에 필요한 물건들을 이것저것 챙겨서 다시 병원으로 돌아갔다,

언제 맞을지 모를 요아킴의 임종에 필요한 물건들을 지하 3층의 엘리베이터 앞의 유료 물품 보관함에 보관했다. 위기 상황 발생 시에 피곤으로 찌들어 곤히 잠든 중환자실의 다른 보호자들을 깨우지 않고, 되도록 빨리 요아킴의 임종에 필요한 물건을 준비해 중환자실로 향하기 위해서였다.

2017년 11월 13일.

나는 이른 저녁 식사를 마치고 나서 요아킴을 마지막으로 면회했다. 요아킴이 오늘 하루를 넘기지 못하고 하늘 여행을 떠날 것이라는 강렬한 예감이 들었다.

그러자 몸이 나른해지면서 갑자기 참을 수 없는 졸음이 밀려들었다. 나는 중환자실 보호자실로 돌아와 휴대폰을 진동으로 설정하고 초저녁에 일찍 잠을 청했다.

밤 11시 50분쯤이었을까?

혼곤한 잠에 빠져 나는 비몽사몽 잠 속에서 헤매다 꿈을 꾸었다.

꿈속에서 요아킴은 여러 개의 문이 있는 방들이 늘어서 있는 긴 회랑에 딸린 방 안에서 문을 열고 걸어 나와서 음산한 기운이 어둑하게 깔

린 긴 복도를 홀로 걷고 있었다.

나는 요아킴을 보자 너무도 반가워 그의 이름을 크게 불렀다. 그런데, 요아킴은 내가 부르는 소리에도 아랑곳하지 않고 뒤를 돌아다보지도 않았다. 그는 문이 수십 개가 있는 긴 회랑의 복도에서 하나의 문을 열고 들어가서는 또 하나의 문을 닫고 나와 계속 걷기만 했다.

꿈인데도 불구하고, 나는 그런 요아킴을 보면서 그가 지금 하늘 여행을 떠나고 있다는 사실을 감지했다.

그때였다.

휴대폰의 진동벨이 요란하게 울렸다.

벌떡 일어나 복도로 나와 전화를 받았다.

중환자실 당직 수간호사의 전화였다.

"어머님, 빨리 중환자실로 오셔야겠습니다."

수간호사는 전화를 받자마자 이렇게 말했다. 나는 서둘러 유료 물품 보관함에 가서 잠긴 문을 열고 요아킴의 임종에 필요한 물건들을 챙겨 엘리베이터를 탔다.

쿵쾅거리는 심장의 고동 소리를 들으며, 칠흑같이 적막한 밤중에 홀로 엘리베이터를 타고 심혈관센터 중환자실로 달려갔다.

이어 나는 심혈관센터 중환자실의 비상벨을 눌렀다.

당직 수간호사가 조용히 중환자실 문을 열고 나왔다. 그녀는 나를 보자마자 내 어깨를 따뜻하게 감쌌다.

"제 남편이 벌써 하늘나라로 떠나셨나요?"

나는 그녀에게 이렇게 물었다.

그녀는 내게 고개를 가로저었다.

"아니에요, 아버님께서 어머님이 오실 때까지 기다리고 계세요. 얼른 아버님께로 가보세요!"

수간호사가 다정하게 말했다.

그녀의 이 말이 절망하고 있던 나에게 정말 큰 위로가 되었다.

나는 한달음에 달려서 요아킴에게로 갔다.

다행히 그때까지 요아킴의 숨은 붙어 있었다.

그때 중환자실의 당직 의사가 내게 다가왔다. 당직 의사는 요아킴의 병상 커튼을 닫아주며, 내게 아버님과 충분한 시간을 갖고 작별 인사를 마치면 환자의 사망 선고를 내려야 하니 자신한테 바로 연락해 달라고 했다. 나는 당직 의사에게 알았다고 말했다.

나는 요아킴에게 조용히 다가갔다.

그리고 그에게, "요아킴, 저의 반려가 되어 17년을 함께 해 주셔서 진정으로 행복하고 감사했어요. 오늘 당신은 지장보살님이 이끄는 반야 용선을 타고 피안으로 떠나야 해요. 이제 하늘 여행 떠날 준비가 되셨나요?"라고 물었다.

그의 눈에 또 한줄기의 눈물이 흘러내렸다.

나의 눈에도 소리 없는 눈물이 하염없이 흘러내렸다.

이승에서의 마지막 이별의 순간이었다.

『사후생』의 저자이자 생전에 '호스피스 운동(영: Hospice Movement)'을 전개했던 스위스 출신의 정신의학자인 엘리자베스 퀴블러 로스(Elisabeth Kuebler-Ross: 1926~2004)는 죽음의 과정을 연구한 학자이다.

호스피스(독: Hospiz)는 라틴어인 호스피탈리스(Hospitalis)와 호스피티움(Hospitium)에서 유래했다. 독일어 문화권에서는 환자를 돌보기 위한 고정 관리 시설을 의미한다. 말기 질환 환자가 임종에 직면해 여생 동안 삶의 질을 유지하면서 존엄한 죽음을 맞이할 수 있도록 '완화 치료(영: Palliative Care)'와 함께 신체적, 심리적, 영적인 고통을 견딜 수 있도록 총체적으로 돌보는 행위(영: Holistic Care)가 호스피스다.

퀴블러 로스는 생의 말기 환자의 적응 과정을 부정(영: Denial), 분노(영: Anger), 타협(영: Bargaining), 우울(영: Depression), 수용(영: Acceptance)의 다섯 단계로 나누어 제시했다. 말기 환자의 가족들도 이와 유사한 적응의 단계를 겪는다고 한다.

요아킴을 돌보는 동안에 나도 길고 처절한 5단계의 적응 과정을 거쳤다.

나는 요아킴과 이승에서의 영원한 작별을 고하고 나서 길고 처절한 생존을 위한 투쟁과 길고 긴 투병 과정을 겪어냈다.

이 길고 험난하고 고독한 삶을 견디며 나는 매일 아침 일어나 1,000일 동안 향으로 목욕재계를 한 후에 기도에 임했다. 나는 이 기도의 힘에 의지해 삶을 간신히 버텨냈다.

아… 만약 내게 종교적인 신념과 소명이 없었더라면 어찌 되었을까?

생각만 해도 정말 끔찍하다.

9 고통의 연금술

"영혼의 메아리가 시시각각 나를 삼킨다.
흐느낌과 모욕 가득 찬 패배자의 쓰디쓴 웃음.
그 뜨거운 흐느낌은 용암이 되어
흘러 흘러
네 영원의 강가에서 스러져 갈 것이니
나 이제
마음속 성스러운 아편을 벗 삼아
너를 위한
매혹의 저녁에
작은 촛불을 켜리라.
내 그리움이 고통의 눈물로 불어난 강가
붉어진 노을 언덕을 홀로 거닐다 보면
나는 전설의 MIDAS가 되어
망각의 강을 건넌다.
내 고통은 더 큰 고통으로 말미암아
스스로 치유가 될지니
내 안의 너 MIDAS여!
내 고통을 스러져 가는 저 금빛 노을에 물들게 하라!"

독일의 철학자 니체(Friedrich Wilhelm Nietzsche: 1844~1900)는『우상의 황혼(독: Goetzen-Daemmerung)』에서 "나를 죽이지 못하는 것은 나를 보다 강해지게 한다."라고 썼다. '신의 딸'로 살면서 '영혼의 뻘밭'을 거닐며 질곡(桎梏)의 삶을 살다 보니, 그의 말을 절실하게 공감할 수 있다.

　서양 철학사에서 니체만큼 인간의 정신과 영혼에 많은 영향을 끼친 철학자도 드물 것이다. 디오니소스적인 것(독: Das Dionysische)에 천착했던 그는 평생을 끔찍한 '병마령(病魔靈, 독: Krankheitsdaemon)'과 투쟁하며 살았다.

　디오니소스적인 것은 삶을 추동하고, 예술을 이끄는 충동인 도취와 망각으로 파괴를 통해 새로운 창조와 생성의 기쁨을 누리는 상태를 뜻한다.

　나는 삶에 지치고 힘에 부칠 때, 니체를 떠올린다.

　"니체는 과연 운명의 여신이 그를 병적으로 파괴하는 과정을 어떻게 극복하고, 고통과 고난을 어떤 방법으로 대처했을까?"

　이렇게 상상해 본다. 그는 끊임없는 고통을 통해 늘어난 마음의 근육과 영적인 '맷집(매를 견디어 내는 힘이나 정도)'을 키워갔을 것이다. 이 맷집이 자신을 더욱 강하게 만든다는 사실을 니체는 '고통의 연금술'을 통해 터득했으리라.

　"신도 아니고, 인간도 아닌" 채로, 이 세계에도 저 세계에도 속하지 못하는 이 '신의 딸'은 27년째 영혼의 뻘밭을 거닐며 고독하고 스산한 삶을 꾸려가고 있다.

　나는 현실의 고난과 인간관계의 어려움에 봉착할 때마다 독일어로 된 니체의 글을 낭송한다. 그리고 소가 되새김질을 하듯이 니체의 글을 여러 번 천천히 음미해 본다.

　나는 니체가 자신의 유한성을 극복하는 동안 지성을 고양하고, 영혼을 승화시킨 이 시대의 진정한 '초인(독: Uebermensch)'이라 여긴다.

니체는 끔찍한 고문을 당할 때 신음하는 "무수히 (많은) 소리"를 내는 두통을 앓았다고 한다. 신의 딸인 나도 거의 사십 평생을 편두통에 시달렸다. 나는 아직도 코로나19 2차 접종 후에 발생한 부작용으로 인해 생긴 만성 염증과는 끊임없는 사투를 벌이고 있다.

코로나19 백신 2차 접종 후부터 내 몸의 면역체계가 교란되어 류머티즘과 고혈압 외에도 베체트병 등이 생겼다. 이 때문에 나는 2022년 2월 15일 광주시 보건소에서 '백신접종 예외자 증명서'를 발급받아 아직도 긴 투병 중이다.

내가 30대 후반까지 앓았던 편두통은 모든 판단 능력을 마비시킬 정도로 지끈지끈 아프고 쑤시다 못해 금방이라도 뇌관이 터질 것만 같은 단말마(斷末摩: 숨이 끊어질 때의 모진 고통)의 고통이었다.

이 고통은 나의 영적인 감수성이 예민한 탓이기도 하고, 감각을 인지하는 통각이 과도하게 발달한 탓인 듯도 싶다. 성장기 때 나는 종종 내 육신을 갈가리 찢어 놓는 극도로 예민한 신경망을 가진 것 자체를 저주로 여길 때가 많았다.

니체는 하루에 한 시간 반 이상 일할 수 없는, 거의 장님에 가까운 나쁜 두 눈을 가졌다. 그는 온몸을 후벼 파는 고통을 당하면서 우리에게 그 많은 저작을 남겼다.

아아… 니체는 그렇게 유약(柔弱)하고 쇠잔한 육체를 가지고, 영혼을 고사시키는 단말마의 고통을 끌어안고서 어떻게 그토록 숭고하고 고양된 지성을 발현할 수 있었을까?

정녕… 그는 초인인 '짜라투스트라(그리스어: Zarathustra, 영: Zoroaster, 이란 북부 지역에서 태어난 예언자)'로 현현했나 보다.

원초적 공감 능력을 지닌 강신 무당은 성무가 되는 과정에서 낯설고 거친 삶에 내던져져 숱하게 많은 '신병'과 '신가물'과 같은 영적인 고통을 당한다. 이승과 저승을 넘나들며, 산 자와 죽은 자의 영혼과 소통할 수 있는 무당의 영적인 능력은 이 길고 험난한 고난과 역경을 극복하는 연단의 과정을 통해 체득되고 완성된다.

샤만은 인류 최초의 원초적인 공감 능력을 지닌 '호모 엠파티쿠스(라틴어: Homo Empathicus)'다.

호모 엠파티쿠스는 라틴어로 '공감하는 인간'이라는 뜻이다. 공감하는 인간은 특유의 공감 능력을 통해 타자를 향한 연민을 느끼고, 감정이입을 시도해 타자의 감정과 정서를 공유할 수 있다.

샤만은 '상처 입은 영혼의 치유사'로서 죽은 자의 영혼과 소통할 수 있을 뿐만 아니라, 의식의 공명 상태가 높아 타인의 고통을 공감(共感)하고 승화(昇化)시킬 수 있다.

샤만은 영성 치료에 임할 때, 타인의 고통을 자기의 내면에 수용하고, 그 고통을 자신의 고통으로 육화시켜 인간을 치유한다.

강신 무당 후보자는 무당으로 입문하기 전 지난(至難)한 삶을 살아오면서 정신적인 평형이 일시적으로 무너지는 '신병(神病)'에 시달린다. 그는 꿈[강신몽(降神夢)]과 환각을 동반한 신병의 고통을 감내하고 극복하는 과정에서 성(聖)과 속(俗)의 극단적인 분리, 그리고 이상과 현실의 괴리를 경험한다.

정도의 차이는 있지만, 이 지독한 '신병'과 '신가물' 과정은 강신 무당이면 누구나 필연적으로 경험하는 통과의례(영: Initiation, 입문 의례)의 한 과정이다. 강신 무당 후보자는 신병과 신가물을 겪으며 그에게 주어진 종교적인 비전(영, 독: Vision)과 소명을 확신하게 된다.

강신 무당 후보자는 이 길고도 처절한 신병과 신가물을 통해 연단(鍊鍛: 몸과 마음을 굳세게 함)의 원형적인 과정을 거치면서 인간을 향한 넓고 깊은 이해와 공감 능력을 강화한다.

신가물 상태의 강신 무당은 현세적인 삶과는 약간 동떨어진 세상에서 사랑하는 사람의 죽음, 현대적인 의학으로는 치유될 수 없는 질병과 돌발적인 사고, 경제적인 궁핍 등 원인을 규정할 수 없는 다양한 방식의 영적인 고통을 당한다.

강신 무당이 극복해야 하는 영적인 고통의 방식은 연금술(영: Alchemy) 과정의 기본 3단계와 유사한 영적인 고난이 중첩된 일련의 '신가물' 과정이다. 이 과정에서 강신 무당은 그의 내면에 잠들어 있던 창조적이며 신성한 본성과 만난다.

중세의 연금술사들은 '신성한 과학'인 연금술을 통해 금속의 완벽성과 동시에 내적인 완벽성을 추구했다. 그들에게 물질은 영혼이 깃든 살아 있는 생명체였다. 연금술사들은 물질이 하나의 형상에 머무르지 않고 끊임없이 변용(變容)하는 속성을 가졌다고 믿었다. 그들은 연금술의 전 과정을 통해 물질과 정신이 융합된 '완전한 하나의 전체(영: Hologram, 독: Ganzheit)'로 구성되어 있음을 인식했다.

연금술사들이 연금술로 연마하는 물질을 통해 도달하고자 했던 궁극적인 목표가 바로 주술적으로 고양되고, 종교적으로 승화된 영혼을 획득하는 것이었던 듯하다. 상징적으로 볼 때, 연금술은 모든 물질에 내재(內在)된 신성의 씨앗과 더불어 정신적으로 농축된 생명의 정수(精髓)를 얻는 것이다. 그것의 완성품이 곧 '원물질(라틴어: prima materia)'로 구성된 금(金)이다.

스위스의 분석심리학자인 칼 융(Carl Gustav Jung: 1875~1961)은 연금술사들이 실험실에서 진행했던 작업이 물질만을 대상으로 한 것이 아니라 연금술사들의 내면에서 일어나는 상징적인 표현이라고 가정했다.

중세의 소수 엘리트 계급에 속했던 연금술사들은 연금술의 과정이 "유사 종교적"인 과정이라는 사실을 인식했다. 그들은 물질 속에 숨겨져 있는 본질을 관찰하고 연마하는 동안 무의식으로부터 심상(心象)과 비전(영: Vision)을 얻었다. 나아가, 그들은 자신이 연마하는 물질을 통해 금을 획득하려고 했을 뿐만 아니라 물질 속에 숨겨져 있는 신비적 변환의 상징인 '신성[세계의 혼, 라틴어: anima mundi]'을 추출하려 했다. 물질 속에서 신성을 발견한 그들은 신의 계시나 내적인 조명(영:

Illumination)을 통해 진정으로 영적인 구원에 이르고자 했다. 연금술
사들은 다양한 물질들을 용해하거나 부패시켜 태초의 상태로 만들면,
그 속에서 실체인 '금'을 추출할 수 있다고 믿었다.

칼 융은 연금술이 그가 제창한 분석심리학과 서로 깊은 연관성을 가
지고 있다고 확신했다. 연금술사들이 연금술을 정련하는 과정을 통해
궁극적으로 얻으려고 했던 '현자의 돌(라틴어: lapis philosophorum)'이
정신 치료를 진행하면서 '창조적인 맴돌이 과정'을 경험하며 완성되는
'자기(독: Selbst)'의 투사라고 확신했다.

분석심리학에서 자기란 한 인간이 의식과 그림자를 통합하고, 무의
식과의 합일을 이루며, 분열되어 있던 대극이 통합된 성격 전체의 중심
을 의미한다. 자기는 인격이 완성되어 전체성을 이룬 상태다.

나는 연금술의 3단계 과정을 강신(降神) 무당 후보자가 겪는 신병
의 과정과 연결을 시도해보았다

강신 무당 후보자가 겪는 신병의 첫 번째 과정은 연금술의 니그레도
(라틴어: nigredo, 검정, 분리 또는 해체) 과정에 해당할 수 있다. 이 과
정에 도달한 무당 후보자는 부패와 용해의 과정에서 의식과 무의식의
중간 단계인 지나온 삶과의 단절과 해체를 경험한다.

이 시기는 불가항력적이다. 심리학의 관점에서 보면, (일시적인)
죽음(라틴어: mortificato)을 의미하는 일종의 자아의 '퇴행(독, 영:
Regression) 상태', 혹은 익숙한 세상과의 단절로 인한 우울증을 경험하
는 상태다.

강신 무당 후보자는 기존에 맺어왔던 인연들과 분리를 경험하거
나 인간관계가 파괴되는 이별의 수난을 경험한다. 이 시기에 돌입한 무
당 후보자는 정서적으로 그야말로 '혼돈의 덩어리(라틴어: massa con-
fusa)' 상태에 침잠하게 된다.

그는 이 과정에서 일시적으로 인격의 해리와 정신의 점진적인 분열
을 겪을 수 있다. 강신 무당 후보자의 육체는 통과의례의 한 과정으로써

신성성을 획득하고 승화하기 위해 재생의 여러 과정을 거친다. 이것은 '상징적인 죽음(통과 의례적인 시련과 죽음)'의 과정이다.

강신 무당 후보자의 육신은 제의적이고 상징적인 죽음을 통해 모태의 '자궁으로 퇴행(라틴어: regressus ad uterum)'하거나 원초적인 어머니의 몸으로 회귀한다. 그리하여 그의 육신은 장차 그에게 강림할 몸주 신령에 의해 갈가리 찢기고, 갈라지고 토막이 나면서 해체된다.

그는 통과의례에서 이와 같은 '지옥으로의 하강(라틴어: descensus ad inferos)'의 시련을 감내해야만 다른 사람의 질병을 치유할 수 있는 영적인 능력을 획득한다.

심리학적인 관점에서 볼 때, 몸주 신령으로부터 강신 무당 후보자는 니그레도 상태(흑화 상태)에서 정신적으로는 자신의 근원으로의 회귀를 체험하게 된다.

연금술에서 사용되었던 '수은(영: Mercury)'은 의식과 무의식 사이에 투영된 형상인 메르쿠리우스(라틴어; Mercurius, Hermes)로 대표된다.

메르쿠리우스는 그리스·로마신화에서 여러 신의 사자, 부와 행운의 신이며, 가도, 항해, 상업의 수호자인 동시에 한국 샤머니즘 신화의 바리공주와 같이 망자(亡者)를 저승으로 인도하는 신이다.

메르쿠리우스는 물질에 내재한 '세계 창조의 혼'이기도 하다. 그것은 물질 실험의 처음이자 끝이며, 금속이지만 액체 상태이며, 물질이지만 영(靈)이고, 차갑지만 뜨겁고, 독(毒)인 동시에 치유의 물이며, 대극을 하나로 잇는 상징이다.

칼 융은 이와 관련하여 그리스에서 3세기에 생존했던 조지모스(Zosimos of Panopolis: ca. 250-ca. 310 n. Chr.)가 꿈속에서 경험했던 환상에 주목했다.

조지모스는 그리스어로 작성된, 가장 오래된 연금술에 관한 책, 『Codex Marcanus』를 저술한 자연 철학자이자 연금술사다. 그는 자신의 논문 곳곳에 꿈에서 경험했던 환상을 기록했다. 조지모스는 꿈에서 그의 육신이 칼에 찔려 조각조각 토막이 나고, 가죽이 벗겨지고 참수되어 불에 태워졌다. 그는 자신의 영혼을 고양하고, 정신적으로 승화작용(昇華作用)을 도모하기 위해 모든 것을 감내했다.

조지모스의 체험은 엘리야데(Mercea Eliade: 1907~1986)의 『샤머니즘, 고대적 접신술』에 나오는 '제의적인 죽음-재생-부활'이라는 통과의례의 모티브와 유사한 점이 있다.

강신 무당 후보자는 대극의 긴장이 야기되는 영적인 상황에서 지나온 삶을 통해 유지해 왔던 기존의 질서를 무너뜨리고, 과거의 삶을 스스로 파괴한다. 그는 삶의 불확실성을 온몸으로 체험한다. 강신 무당 후보자의 인격이 니그레도 상태에 접어들었을 때, 잠재적인 '불안민감성(영: Anxiety Sensitivity)'을 가졌다면, 그는 심장발작이나 조현병(구: 정신분열병) 외에도 다양한 정신장애를 겪을 수 있다.

불안민감성은 개인이 불안을 경험할 때 나타나는 증상인데, 극도의 민감성을 드러내고, 공황발작이나 공포를 증가시키는 중요 요인이다.

강신 무당 후보자는 니그레도 상태에서 자신의 존재 기반을 뒤흔드는 깊은 당혹감을 경험한다. 이는 생존의 공포와 원인 불명의 불안을 경험하는 과정이다.

이 무렵 그에게는 부적절하고 불안정한 신념이 싹틀 수 있다. 만약 그가 이 단계에서부터 도태되면 평생 여러 직업을 전전하거나 정신장애에 시달리게 되고, 영원한 블랙홀에 빠져 현실 세계로 귀환할 수 없다.

강신 무당 후보자는 이제 연금술의 두 번째 단계인 알베도(라틴어: Albedo, 흰색, 재결합) 상태에 돌입한다. 그는 과거의 세속적인 영혼을 정화하는 과정에서 '카타르시스(라틴어: Catharsis)'를 체험한다.

카타르시스는 마음속에 억압되었던 감정의 응어리를 언어나 행동으로 표출해 정신의 안정을 찾는 행위다. 카타르시스라는 단어에는 인간의 가장 기본적인 정서인 슬픔(독: Trauer), 고통(독: Schmerz), 분노

(독: Wut), 역겨움과 혐오(독: Ekel & Phobie), 그리고 기쁨(독: Freude)과 쾌감(독: Lust)을 정화(독: Reinigung)하거나 배설(독: Entleerung)한다는 뜻이 내포되어 있다.

이 시기에 돌입한 그는 상징적인 죽음을 통해 육체로부터 분리된 영혼이 정화되어 재생되는 단계를 거친다. 그는 과거의 소자아(독일어: Alter Ego)를 죽이고 성스러운 영혼을 획득한다. 이때 그는 자신의 무의식 안에 억압되어 있던 '그림자(독: Der Schatten)'와 직면한다.

그림자는 분석심리학에서 무의식에 존재하는 의식되지 않은 자아의 어두운 측면으로, 자아가 의식하지 못하는 무의식적인 내용은 야성적인 본능(本能)이나 충동(衝動)과 함께 끊임없이 외부로 투사된다.

한국의 샤머니즘에서는 강신 무당 후보자가 지닌 그림자의 부정적인 인격을 상징하는 '허주(虛主: 잡귀, 잡신)'와의 투쟁 상태에 돌입한다. 그는 이 과정을 거치면서 변성 의식 상태에 도달해 영적인 확장을 경험한다. 이때 강신 무당 후보자의 영혼은 정화되지만, 사고와 영적인 능력이 때에 따라서는 확장되거나 위축될 수도 있다. 이 과정을 거치면 혼돈의 덩어리였던 강신 무당 후보자의 정신과 영혼이 정화되고 소우주의 질료가 통일되어 다시 배치된다.

세 번째 단계인 루베도[라틴어: Rubedo, 붉은색, 융합(영; Conjunction)]는 강신 무당의 내면에 존재하는 이원적인 요소들, 그림자와의 긍정적인 융합, 실질적인 자아와 이상적인 자아의 결합, 남녀 양성과 대립하는 것들의 결합(라틴어: coincidentia oppositorium)이 이루어진다. 남성적인 것들과 여성적인 것들, 밝은 것들과 어두운 것들, 고귀함과 천함, 그리고 분리되었던 것들이 모두 다시 통합되는 시기다.

이 단계에서 강신 무당 내면의 신적인 것과 인간적인 것은 완전히 통합되고 합일을 이루게 된다.

연금술의 최종 단계로, '현자의 돌(라틴어: lapis philosophorum)'이나 '소우주의 아들(라틴어: ilius microcosmi)', 또는 전체성인 '자기(自

己, 독: Selbst)'의 상징인 안트로포스(헬라어: anthropos, 인간, 위를 바라보는 존재)로 다시 태어나는 단계다. 현자의 돌은 '세계의 정신(라틴어; spiritus mundi)'의 응축이자 만물의 시작과 끝을 의미한다.

이 시기는 영원불변의 정신적인 시간인 카이로스(라틴어: kairos) 상태이며, 새로운 형상을 갖춘 존재로 탄생하는 시기다. 강신 무당 후보자는 의식의 각성이 이루어지고, 무의식의 다양한 요소들 모두가 긴밀하게 통합되어 자기(Selbt)로 완성된다.

강신 무당 후보자는 그의 의식과 무의식을 완전히 통합할 뿐만이 아니라 대극들을 통합해 전체성을 성취한다. 이때 그는 내밀한 운명의 영적인 안내자(독; Seelenfuehrer, 라틴어: Psychopompos)인 몸주 신령과의 일체화 또는 '신성혼(라틴어: hieros gamos)'을 체험한다.

강신 무당 후보자는 모든 통과의례의 과정을 극복하고 정서적으로 안정된 상태로 있다. 서로 다른 대극들이 통합되어 정신의 전체성을 이룬 상태, 곧 강신 무당 후보자와 몸주 신령이 완전한 합일을 이룬 상태다.

이때부터 그는 강신 무당 후보자가 아닌 '신인(神人) 합일'의 경지에 도달한 것이요, 강신 무당이 곧 '신인(독: Der Gottmensch)'으로 승화된 상태다. 그는 비로소 인간 영혼을 치유할 수 있는 능력과 함께 강림한 몸주 신령의 모든 권능과 위엄을 갖추게 된다.

신인 상태의 강신 무당은 정신의 감응력이 높아져 저승 세계, 또는 죽은 자의 세계를 자유자재로 넘나들며 여러 차원으로 영혼 여행을 할 수 있다.

강신 무당 후보자가 무당으로 입문한 후로도 평범하고 익숙한 일상을 멀리하고, 음험한 야수와도 같은 세상에 무방비로 내던져진 상태에서 생존하며, 영적인 고난을 극복하는 것이 수월하지는 않다.

나는 1997년 8월 28일 신내림굿을 받은 이후부터 줄곧 자연인의 욕구와 의지를 따르기보다 몸주 신령이 내려주신 소명을 실천하는 길을 택했다. 나를 찾고 영적인 조언을 구하는 내담자와 인연이 깊은 사람들을 보살피며, 그들을 위해 기도하는 일에 영적인 에너지와 시간을 바치는 삶의 방향이다.

이 '신의 딸'은 올해로 27년째 몸주 신령님께서 부여하신 무업(巫業)을 수행하며 숱한 영적인 고통과 고난이 점철된 삶을 꾸려 가고 있다.

나는 아직 영적인 고난에 직면할 때마다 무던히도 내적인 갈등을 겪는다. 이 내적인 갈등은 나의 종교적인 소명과 선천적인 기질의 부조화와 불완전하게 통일된 영적인 이질성을 자각하는 과정이다.

강신 무당으로 살아오는 동안 삶의 고난과 직면할 때마다 마음 중심을 다잡고, 오뚜기처럼 다시 올곧게 설 수 있었던 원동력은 샤머니즘에 대한 굳건한 신념과 종교적인 소명을 가졌기 때문이다. 더 중요한 것은 하루도 거르지 않고 진행했던 신명 기도의 덕분이다. 내게 기도할 힘이 남아 있지 않았더라면, '자살증후군'을 가지고 태어난 나는 아마도 나의 삶을 스스로 마감했을지도 모르겠다.

2017년 11월 14일 내 영혼의 반려인 요아킴이 하늘 여행을 떠난 지 7년째인 현재까지도 나는 육체적인 고통을 동반한 영적인 고통으로 점철된 긴 '신가물' 기간을 극복해 나가고 있다. 이 길고 고통스러운 신가물의 과정을 겪는 동안에 나는 매일 신명 기도를 진행해 왔다.

신가물의 고통을 겪는 과정에서 나는 고통에도 휴면기와 활동기라는 주기가 반복되어 나타난다는 사실을 새롭게 경험했다. 또한 삶의 고통을 당하면 당할수록 발현되지 않고 무의식에 잠들어 있던 영적인 능력과 영안이 하나씩 열리는 것을 체험했다.

강신 무당은 영적인 고난과 육체적인 고통을 감내하고 극복하는 과정에서 여러 차원의 영안(靈眼)을 여는 비법을 스스로 획득한다. 인간 세상과 현실 세계를 초월한 시야는 더욱 확장되고, 잠재되어 있던 새로운 영적인 능력이 개발되는 것을 스스로가 감지할 수 있다.

나는 '소우주(독: Der Microkosmos)' 안에서 일어나는 일련의 고통의 연금술을 통해 창조적인 영성을 성장시키려고 부단히 노력하고 있다.

이 소우주의 존재는 바로 칼 융이 인간 정신의 중심(독; Das Zentrum der menschlichen Psyche)이자 전인적인 인격체라고 명명한 '자기(독: Sebst, 영: Self)'를 의미한다.

융은 의식의 4가지 기능이 통합을 이루는 전인격의 완성 단계를 개성화로 간주했다. 의식의 4가지 기능이란 사유(독: Denken), 감정(독: Fuehlen), 감각(독: Empfindung)과 직관(독: Intution)을 일컫는다.

한 인간은 그의 전 생애를 통해 일련의 통과의례인 '자아와 자기의 상호 변화 과정'을 경험한다.

융은 이 과정을 자기실현(독: Selbstverwirklichung) 또는 개성화 과정(독: Individuationsprozess)이라고 명명했다.

나 또한, 영성 상담가로서의 정체성을 갖기 위해 부단히 노력하며, 융이 강조하는 전인격화 과정인 '개성화(독: Individuation)'를 완성하기 위한 기나긴 과정에 몰입해 있다.

10

타지마할 무당의
세 어머니
그리고
세 어머니의
죽음

1997년 8월 28일 신의 딸로 입문해 27년째 '집 없는 무당'으로 무업을 이어가는 나에게는 세 분의 어머니가 계셨다. 지금은 세 분 어머니 모두 유명(幽明)을 달리했다. 나는 이 세 분의 어머니로부터 많은 정신적인 영향과 삶의 인도를 받았다.

나의 생모는 '육신의 어머니'로, 나를 낳아 생명의 빛과 육신을 선물해 준 육친(肉親)이다.

김금화 선생은 '영혼의 어머니'로, 1997년 8월 28일 나의 신내림굿을 주재하여 '영혼의 뻘밭'을 헤매던 내게 신령님들이 강림하게 하고 좌정시켜 '영적인 생명'을 선물해 주었다.

퀴니스 하르트만(Kuehnis-Hartmann Anna Thekla) 여사는 나의 '정신의 어머니'다. 그녀는 내가 2003년부터 2006년까지 스위스 쮜리히의 체. 게. 융 인스티튜트(독: Carl Gustav Jung Institut Zuerich)에 유학해 영성심리학을 전공했을 때, 교육분석 과정을 지도했던 교육분석가다. 나는 그녀가 하늘 여행을 떠날 때까지 그녀를 어머니라기보다는 '영혼의 누이(독; Seelenschwester)'라고 불렀다.

나는 강신 무당으로 입문하여 신령님들을 모시며 모악산 산신님의 이데아(Idea)인 '샤머니즘의 르네상스'를 실현하기 위해 각고의 노력과 인종(忍從)의 삶을 살고 있다. 27년이란 세월은 비교적 긴 성무 기간이다.

나는 세 분의 어머니로부터 그들의 능력에 따른 지도와 편달을 받으며 영(靈). 혼(魂). 육(肉)의 '삼위일체(독, 영: Trinity, 기독교의 삼위일체를 뜻하는 영어 단어)'를 완성하기 위해 노력해 왔다.

정신의 어머니 퀴니스 하르트만 여사의 죽음

2015년 7월 19일 새벽 0시 4분에 나는 퀴니스 하르트만 여사로부터 이메일 한 통을 받았다. 내가 그녀에게 교육분석을 받았을 당시 그녀는 거의 이메일을 쓰지 않았다. 우리는 손편지로 서로 소통하거나, 필요한 경우 전화로 연락을 주고받곤 했다. 그녀와 나는 내가 칼 융 연구원의 학업을 마치고, 한국으로 영구 귀국한 이후에도 주로 손편지로 소통하곤 했다.

그런 그녀가 내게 이메일을 보냈으니, 참으로 놀라운 일이었다. 그런데 그녀가 이메일로 나에게 쓴 편지의 내용은 더욱 충격을 던졌다. 그녀가 이승에서 나와 영원한 작별을 고하겠다는 내용이었기 때문이다.

그녀의 이메일에는 다음과 같이 쓰여 있었다.

"사랑하는 내 영혼의 누이여,

나는 중병에 걸렸고, 췌장암(독: Pankreaskarzinom)으로 전이되었습니다. 나는 매일 쇠약해지고는 있지만, 심리적으로는 잘 견디고 있습니다.

나는 당신이 그동안 나를 신뢰해 준 것과 당신과 내가 따스한 마음과 영적인 연결고리로 이어진 우정에 대해 진정으로 감사를 드립니다. 당신의 모든 일이 잘 성취되기를 기원합니다.

당신의 안나 데킬라 퀴니스 하르트만"

– 독일어 원문을 우리말로 옮김.

나는 그녀의 이메일을 출력해 신령님 전에 올리고, 그녀를 위해 초와 향을 켠 후에 신단 앞에 엎드려 기도를 올렸다. 그 후 나는 그녀와 이승에서의 마지막 작별을 어떤 방식으로 고해야 할 것인지 곰곰이 생각했다.

당시 나는 심혈관 대동맥류라는 중증 장애를 앓고 있는 영혼의 반려인 요아킴을 돌보느라 그의 병상을 지키고 있었다. 그래서 스위스 여행은 마음만 있지 꿈도 꿀 수가 없었다.

하루를 꼬박 생각하고 나서, 나는 손편지 한 통과 함께 그녀에게 마지막 선물을 해야겠다고 마음을 굳혔다. 일단 나는 독일어로 그녀에게 작별을 고하는 짤막한 편지를 썼다. 편지에는 그녀가 내 영혼의 누이로서 나와 인연을 맺은 것에 대한 감사와, 영적인 연결고리로 시종일관 나를 지도하고, 동반해 준 것에 대한 감사, 병든 육신을 떠나 자유로운 영혼이 되어 하늘나라에서 훠어이~ 훠어이~ 날아다니며 영원한 안식을 취하라는 내용을 적었다.

그리고 1997년 8월 28일 신내림굿 당시에 김금화 선생으로부터 받은 오색실 한 뭉치에서 일부분을 잘라 하나의 '동심결(同心結: 염습의 띠를 맬 때, 두 끝을 내어 맞대어서 매는 매듭)'로 '고(매듭)'를 묶은 다음, 침향 한 통을 포장해 동봉한 후에 우체국 EMS 특급우편으로 발송했다.

제발, 내가 보낸 편지와 이승에서의 마지막 선물을 받고 그녀가 하늘 여행 떠나기를 간절히 기원하면서….

그로부터 5일 후에 나는 퀴니스 하르트만 여사의 남편으로부터 이메일 한 통을 받았다. 그때까지 나는 하르트만 여사의 남편과는 일면식도 없었다. 그의 편지에는 병상에 누워 임종을 기다리는 아내가 부탁해 대신 편지를 쓰게 되었고, 그녀가 내게 다음 두 가지를 전해달라고 했다는 내용이 기록되어 있었다.

첫째, 내 마지막 편지를 받아 평온하고 행복한 마음으로 하늘 여행을 떠날 수 있게 되어 감사하다는 내용.

둘째, 그녀의 마지막 소원은 내가 보낸 선물 중에서 오색실을 그녀의 관 속에 넣어 함께 하늘 여행을 떠났으면 좋겠다는 것.

그녀의 남편인 하르트만 씨가 쓴 이메일에는 그녀가 젊은 날 수녀원에서 생활했고, 6.25 전쟁이 발발했을 때 수녀로서 한국으로 파견되어 봉사하기를 원했으나 여러 가지 사정으로 뜻을 이루지 못했다는 내용이 쓰여 있었다.

그런 내용과 함께, 그는 그녀가 생의 마지막을 준비하는 동안에 출간을 준비했던 성모마리아 성상화 몇 장을 이미지 파일로 첨부했다. 마지막으로, 그는 내가 언젠가 스위스를 방문하면 자기 집을 방문해 손님으로 머물러 달라는 당부를 덧붙였다.

나는 하르트만 씨의 이메일을 받고 감사의 인사와 함께 현 사정을 전하며, 나의 '영혼의 누이'가 이승에서의 마지막 시간을 차분하게 정리하고 멋진 하늘 여행을 떠날 수 있게 도와달라고 간곡히 청했다.

나는 그 후부터 줄곧 신단에 초와 향을 켜고, 신령님들께 하르트만 여사가 편안히 임종할 수 있기를 간절히 기도드렸다.

2016년 6월 21일 오전에 나는 다시 하르트만 씨로부터 퀴니스 하르트만 여사의 임종과 장엄미사를 알리는 이메일 한 통을 장엄미사 초대장과 함께 받았다.

그는 이 이메일에 다음과 같이 썼다.

"지난 목요일에 나의 아내인 안나 데킬라가 중병의 시간을 고통스럽게 투병한 끝에 평온하게 잠들었습니다. 당신과 당신의 기도가 내 아내가 임종할 때까지 동반한 것에 대해 진심으로 감사를 드립니다. 나는 당신이 내 아내를 위해 행했던 그 모든 일이 항상 그녀와 함께했다는 사실을 확신합니다.

아내의 장엄미사 초대장은 따로 첨부합니다."

첨부된 장엄미사 초대장에는 퀴니스 하르트만 여사가 생존 당시 임종을 준비하며 쓴 카드가 함께 담겨 있었다.

"모든 영역에서 풍요로웠던 삶을 뒤로하고, 나는 사랑하고, 배려 깊은 나의 남편과 그의 가족, 나의 형제자매와 친지들, 그 누구보다도, 내가 병상에 있을 때 애정을 가지고 의학적으로 돌봐주었던 지인들, 나와 깊은 우정으로 연결된 이웃들과 영원한 작별을 고합니다.

아울러, 다음 생을 준비하는 동안에 내게 피안으로 옮겨가기 위한 마지막 시간을 선물해 준 나의 질병에 대해 감사드립니다.

당신들을 위한 나의 마지막 축복을 담은 기원은 다음과 같습니다.

하나님께서는 당신들을 수호하실 것입니다-이것은 절대적이고, 이해 불가능한 신비이며, 그분은 당신들의 걱정하는 손을 잡아주실 것입니다."

이렇게 해서 나는 정신의 어머니이자 내 영혼의 누이인 퀴니스 하르트만 안나 데킬라 여사와 이승에서의 영원한 작별을 고했다.

나는 그녀가 생전에 깊은 신심을 가졌던 독실한 신앙인이었기에, 하나님의 따스한 품 안에서 풍요로운 영생을 누리고 있을 것이라 믿는다.

영혼의 어머니인 김금화 선생의 죽음

2019년 2월 23일 오전에 나의 신어머니이자 국가무형문화재 제 82-나호 '서해안 배연신굿 및 대동굿' 보유자인 나랏무당 김금화 선생이 88세로 별세했다.

나는 신령님 전에 초와 향을 켜고 신어머니의 마지막 가시는 길을 밝히기 위해 기도를 올렸다. 당시 나는 영혼의 반려인 요아킴 영혼의 극락왕생을 위해 1,000일 기도에 몰입 중이었다. 큰 염을 세워 1,000일이라는 적지 않은 시간 동안을 작정하고 금기를 지키며, 오신채(五辛菜)의 섭취를 피하고 향을 녹인 물로 목욕하며 성실하게 기도를 진행했다.

오신채는 불교에서 향이 강하고 자극성이 강해 수행에 방해가 되므로 섭취를 금하는 5가지 채소다. 오신채에는 파, 마늘, 부추, 달래, 흥거(또는 양파)가 속한다.

그런데 기도의 마지막을 이틀 남긴 시점에서 기도를 파하고 김금화 선생의 장례식장을 찾아가 조문할 수가 없었다.

그뿐만이 아니다. 나는 당시 일간지인 '데일리스포츠한국'에 [유명옥의 샤머니즘 이야기]라는 고정 칼럼을 연재하고 있었다. 나는 일단 신령님 전에 엎드려 기도를 올리고 나서 신어머니의 하늘 여행길에 무엇을 하는 것이 가장 의미 있는 일인가 오래도록 생각했다.

2019년 2월 17일에 나는 이미 신문사에 1주일분의 칼럼 원고를 전송한 상태였다. 이 때문에 설사 내가 신어머니인 김금화 선생을 위한 추도문을 쓴다고 해도 신문에 게재될 가능성은 희박했다. 나는 기도로써 신문사에 내 의지를 관철해야겠다고 마음을 굳혔다.

나는 신문사의 편집 담당 K기자와 전화로 통화한 후에 아래의 추도문을 써서 이메일로 전달했다. 다행히도 데일리스포츠한국 신문사에서는 편집 회의를 거쳐 2019년 2월 25일자 신문에 〈만신 김금화 선생 하늘의 부름을 받다〉라는 제목으로 김금화 선생의 추도문을 게재했다.

신령님들의 가호와 원력에 힘입어, 한국 문화사에서는 처음으로 무당의 추도문이 신문에 게재된 것이다. 아래에 칼럼 전문을 인용한다.

〔유명옥의 샤머니즘 이야기〕
만신 김금화 선생 하늘의 부름을 받다
: 2019.02.25 09:14
: http://www.dailysportshankook.co.kr/news/articleView.html?idxno=204197

나의 신어머니이자, 국가무형문화재 제82-나호 '서해안 배연신굿 및 대동굿' 보유자인 나랏무당 김금화 선생이 23일 오전 88세로 별세했다.

김 선생은 1931년 황해도 연백에서 태어나 열두 살에 신병(神病)을 앓고 17세에 만신인 외할머니 김천일로부터 신내림굿을 받아 무당이 되어 평생을 한 맺힌 영혼들과 함께하며 백의민족의 아픔을 보듬어 왔다.

일제 식민시대와 6.25를 거쳐 김 선생이 월남해 활동했던 1960년대와 1970년대는 사람들이 "저기 사람하고 무당 간다."라고 손가락질하며 무당을 노골적으로 냉대하며 업신여겼고, 무당은 혹세무민 한다는 이유로 경찰에 끌려가 고초와 억압을 받았다.

김 선생은 70년 세월 동안 험난하고 서러운 무당의 삶을 묵묵히 견디 '외로운 길, 무당의 길'에서 인간문화재로, 큰무당으로 한국 전통문화를 대표하는 '종합예술가'로 세인들 앞에 당당히 섰다.

무당의 삶은 "밥을 먹어도 신의 밥을 먹고 잠을 자도 꿈이 더 많으며 사랑하는 사람과 결혼하기가 영 쉽지 않고 자식들로부터는 왜 자신을 낳았느냐는 원망을 듣기가 일쑤"가 된다.

– 황루시,『우리 무당 이야기』

김 선생은 무당의 사회적인 환경을 극복하고, '마음의 병'을 가진 사람들을 치유하며 1982년 한국 최초로 한·미 수교 100주년 기념 문화사절단으로 미국에서 굿을 공연했다. 한국의 전통문화를 널리 알려 세계에서 가장 영향력이 있는 무당으로 인정받았다.

2009년 스승의 날, 김금화 선생은 내 손을 잡고 의릉의 솔밭 길을 걸으며 "딸아, 무당의 설움은, 무당으로 성공하는 것 외에는 풀 수 있는 방법이 없다."라며 독일의 학문을 열심히 배워 큰 무당이 되어 많은 아픈 사람을 치유하라고 주문하셨다.

1997년 김금화 선생은 신내림굿에서 애기 무당이 된 내게 무구를 던지며 공수를 주셨다.

"불리러 가요, 외기러 가요. 닫힌 문을 열러 갈 제. 나를 따라 오너라, 험하고 머나먼 길이니라. 가도 가도 끝이 없고, 가고 또 갈 제 나만 쫓아 오너라. 넘어지면 일어나거라. 일어나면 또 넘어진다. 또다시 일어나야 하느니라. 수 없이 넘어지고 수 없이 일어나거라. 넘어지고 넘어지다 보면 마침내 네가 설 곳이 있느니라."

영혼의 어머니, 김금화 선생이시여,

아픈 영혼의 치유라는 소명을 내려놓고 부디 평안히 영면하옵소서!

지난 26년을 돌이켜 보면, 나는 살아생전 신어머니의 기대에 부응하지 못하는 불초한 제자이며, 반푼이 무당이었다.

서해안 배연신굿과 대동굿 보유자이자 국무(國巫)였던 김금화 선생은 모자라도 한 참 모자란 이 제자를 애써 "굿도 잘하고 서서 잘 불리는 무당"으로 키우려고 했다.

하지만, 나의 신명계는 도(道)줄이라 앉은 부리가 세고, 독실한 불교 집안 출신인 데다 약사보살, 지장보살 등 불사 계통의 신(령)이 세차게 강림해 좌정하고 계시다. 이 때문에 못난 제자 무당은 모시는 신령님들이 예정해 놓으신 '영혼이 아픈 사람들의 치유'를 위한 길을 걷고 이끄는 삶을 살아가야 했다. 그래서 불초하게도 신어머니의 뜻을 따를 수가 없었다. 이 상황이 내게는 늘 해소되지 않는 '마음속의 짐'이 되었다.

김금화 선생 주변에는 특별히 내가 아니어도 기량(器量)이 뛰어난 제자들이 즐비(櫛比)하다. 그들이 한국 사회에서 각자의 역할을 다하고 있었다. 그 덕분에 나는 마음 놓고 내 신령님들이 이끄시는 대로 독일과 스위스에서 유학하고, 전통적인 무당의 삶이 아닌 '영성상담가'로서의 소명을 수행하며 살아갈 수가 있었던 것 같다.

나는 1997년 8월 28일에 갓 신내림굿을 한 애동제자였을 때 신어머니 댁에서 기거하며 6개월간 김금화 선생을 모시고 살았다. 신어머니를 지근거리(至近距離)에서 모시고 살면서, 나는 김금화 선생이 여러 면에서 엄격하고 성격이 까다롭긴 하지만, 무척 정이 많은 분이라는 사실을 경험했다. 하지만, 신어머니는 내게 말씀과 행동으로는 그다지 다정다감함을 표현하지는 않았던 것 같다.

김금화 선생은 엄격하고, 강인하고, 한 치의 흐트러짐이 없이 최선의 노력을 다하는 성실한 분이었다. 신어머니는 처음에는 강신 무당인 내가 공부하는 것에 대해 반대했다. 그 후 그녀는 내가 독일과 스위스에서의 학업을 마치고 귀국해 활동하기 시작했을 때부터 나를 있는 그대로 수용하고 내가 하는 일을 존중해 주었다.

이제 내 신어머니 김금화 선생은 저승에서 도를 닦아 굿을 할 때 '성수님'으로 내려 내 신 가족들의 몸에 강림할 것이다.

황해도 무당들은 망자가 된 자신의 스승을 신격화해서 신령으로 모시며 '성수 신령'이라 부른다. 성수 신령은 영험한 (강신) 무당이 사망한 후에 신격으로 모셔진 신령이다. 성수 신령은 강신 무당의 영험함을 북돋아 무업이 번창할 수 있도록 도와주고, 무당의 재앙을 물리쳐 주는 신령이다.

강신 무당은 굿에서 성수거리를 진행할 때 성수님을 모시기 위해 성수님의 복색을 갖추어 입는다. 성수거리에서 무당은 꽃갓을 쓰고, 오른손에는 성수 부채를, 왼손에는 아흔아홉 상쇄방울을 든다. 신아버지를 모시는 강신 무당은 '남성수'로 모시고, 신어머니를 모시는 강신 무당은 '여성수'로 모신다.

생모의 죽음

2021년 3월 10일 새벽 3시 30분이었다.

사위는 쥐 죽은 듯이 고요했다. 나는 육순이 된 지금까지도 나이 마흔아홉부터 시작된 갱년기 장애에 시달리고 있다. 갱년기 장애가 하도 극심해 2020년 1월 31일 코로나19 역병이 한국에 상륙하기 전까지도 나는 잠들기 전에 호르몬 대체제 1정을 복용해야만 했다.

나는 평소에도 찬물을 마시지 않고 생수를 100도까지 끓여 물컵의 70%를 채우고, 나머지 30%는 상온에 둔 생수를 타서 '음양탕(또는 냉온탕)'을 만들어 마신다. 그날도 어김없이 300ml 용량의 머그잔에 음양탕을 담아 호르몬 대체제를 복용하고는 빈 컵을 침대 옆의 협탁 위에 올려 두었다. 그 후 신령님 전으로 가서 신단(神壇)에 엎드려 잠자기 전에 하루를 마무리하는 기도를 드리기 위해 초를 켜고 향을 피웠다.

신단에 향의 연기가 뭉게뭉게 피어올랐다.

이와 때를 맞추어 바람도 전혀 없는데, 아무도 없는 침실의 협탁 위에 올려 두었던 머그잔이 건드리지도 않았는데 스르르 떨어지더니 그야 말로 박살이 나버렸다.

깨진 머그잔은 2017년 3월 초에 샀던 빌레로이 앤 보흐(Villeroy & Boch)사의 부활절 에디션이다. 나는 이 머그잔을 영혼의 반려인 요아킴(Joachim) 생의 말년에 중증 심혈관 장애로 인해 대동맥이 파열되어 심장 대동맥 인공혈관 수술을 받고 투병할 때 구매했다. 깨진 머그잔이 내게는 요아킴과의 소중한 기억이 담긴 추억의 상징물이다.

2017년 3월 초에 나는 깨진 머그잔을 생의 마지막 단계에 진입해 있던 요아킴을 위해 독일에서 인터넷으로 '직구'했다. 그의 마지막 부활절을 기념해 주려는 마음을 담아…. 빌레로이사의 부활절 기념 머그잔과 접시는 다과 그릇, 그리고 삶은 달걀을 담는 도자기와 세트로 구성되어 있다.

나는 이승에서의 생명이 제한된 세상에서 가장 소중하고, 존경하는 요아킴에게 마지막으로 생의 아름다움과 삶의 윤택함을 선물해 주고 싶었다. 그는 하늘 여행을 떠날 때까지 이 깨어진 머그잔을 애지중지했었다.

그 귀한 컵이 갑자기 깨져 버렸는데도 아깝다는 생각이 전혀 들지 않는 것이 참으로 이상스러웠다. 희한하게도, 아끼던 컵이 깨져서 아깝다거나 소중한 컵을 잃은 안타까움보다는 뭔지 모를 내 안의 심적인 부담감이 줄어드는 편안함, 또는 비움이나 내려놓음… 같은 안도감이 밀려왔다.

실은 머그잔이 깨진 그 순간이 나를 낳아주신 생모와 보이지 않게 연결된 '영적인 탯줄'이 영원히 잘리는 순간이었다. 나는 머그잔이 협탁에서 저절로 떨어져 깨어진 것을 '동시성 현상(독: Synchronitaetsphaenomen)'으로 이해했다.

분석심리학을 창시한 스위스의 칼 구스타브 융(Carl Gustav Jung: 1875~1961)은 자신의 영적인 체험과 심리학적 탐구를 통해 동양과 서양의 전통적인 사상을 접목하기 위해 다양한 시도를 진행했다. 그 과정에서 생성된 개념이 바로 동시성 현상이다.

융은 영적인 능력이 높은 외가 혈통의 영향으로 불가사의하고 신비로운 현상들에 둘러싸인 어린 시절을 보냈다.

연금술을 연구하던 당시 융은 점성술의 연구와 주역의 점복(占卜)을 직접 시도하기도 했다. 그는 별들의 운행과 인간에게 일어난 사건 사이에 모종의 연관성이 있을 가능성을 가정했다.

융은 이를 인과성(영: Causality)이 아닌 '동시성(독: Synchronizitaet, 영: Synchronicity)' 개념으로 설명했다.

융은 1930년 독일의 뮌헨에서 리하르트 빌헬름(Richard Wilhelm: 1873~1930)에 관한 회고 연설을 진행했다. 리하르트 빌헬름은 독일의 중국학자이자, 『태을금화종지(太乙金華宗旨)』를 번역해 1971년에 『황금꽃의 비밀(독: Geheimnis der goldenen Bluehte)』이라는 제목으로 출간했다. 이 회고 연설에서 융은 처음으로 '동시성'이란 단어를 사용했다.

1952년에 융은 인간의 심리 세계와 외부의 물질세계 사이의 우연한 것처럼 보이는 "의미 있는 (시간적인) 일치"를 담은 논문인 〈비인과적(非因果的) 연결 원리로서의 동시성(독: Synchronizitaet als ein Prinzip akausaler Zusammerhaenge)〉을 발표했다.

동시성은 깨달음이나 각성을 통해 얻어지며, 하늘과 인간은 원래 하나로서 서로 감응하는 존재라는 '천인감응(天人感應), 또는 천인합일(天人合一)' 사상과도 맞물려 있다.

천인감응 사상은 중국 한나라 때의 유학자였던 '동중서(董仲舒: BC 176~BC 104)'가 주장했는데, 천체와 인간의 유기적 관계를 설정한 것이다. 그는 천인감응 사상을 통해 재이(災異: 재난이 되는 괴이한 일)와 상서(祥瑞: 복되고 좋은 조짐)가 발생하는 원인을 설명했다.

군주의 행위로 인해 재이(災異)와 상서(祥瑞)가 발생하는데, 정치와 도덕이 문란하고 음양의 운행이 교란되면 재이가 발생하고, 군주가 바르면 음양의 운행이 정상화되어 상서로운 현상이 생긴다는 이론이다.

동시성은 이미 발생한, 똑같거나 유사한 의미를 지닌 둘 혹은 그 이상의 사건들이 인과적인 연결고리가 없음에도 시간적인 일치를 보이는 것이다. 자연에서 비롯되어 물리적인 인과법칙을 따르지 않고 독립적으로 작용하는 우연의 일치를 뜻한다.

동시성은 자연발생적인 예감, 시공간을 초월한 지각 및 예지몽, 어떤 일의 징후, 또는 예조나 조짐, 서로 다른 공간에서 두 사람 이상이 같은 꿈을 꾸는 것, 하늘의 계시 등을 포함하는 포괄적인 개념이다.

나는 머그잔이 깨진 순간을 당시 사경을 헤매던 내 육신의 어머니에게 유고가 생길 조짐으로 해석했다. 분명 어머니가 오늘을 넘기지 못하고 하늘 여행을 떠나갈 것이란 예감이 강하게 밀려들었다.

내 육신의 어머니는 2021년 1월 27일부터 경기도 화성시에 소재한 한 요양병원의 중환자실에서 뇌경색과 폐렴이 동시에 진행되어 힘겹게 투병하고 있었다. 어머니는 두 번의 죽을 고비를 넘기고 간신히 숨만 붙어 생존해 있었다.

어머니가 결국 오늘 돌아가시게 되겠다는 예감이 자꾸 밀려드는 것을 어쩔 수가 없었다.

나는 94세의 나이에, 육신의 기능이 거의 소멸하여 힘겹게 투병하는 어머니가 너무 가엽고 그녀가 몸소 겪어내야 하는 육신의 고통을 애달프게 생각했다. 신령님 전에 엎드려 기도를 올리면서 내 어머니가 이제는 그만 생을 향한 집착을 놓고, 병든 육신을 떠나 훠어이~ 훠어이~ 자유롭게 날아오르기를 기원했다.

어머니를 위해 기도하는데, 그간 어머니를 자주 찾아뵙지 못한 죄스러움과 불효 때문에 눈물이 왈칵 쏟아져 내렸다. 코로나19 역병이 만연한 상황에서 폐에 기저 질환이 있는 나는 병원 진료도 제대로 받지 못하고 있던 터라 요양병원에 입원해 있는 어머니를 방문하는 일은 엄두도 낼 수가 없는 처지였다.

또한 나는 요아킴을 여의고, 장례를 치르는 과정에서 샤머니즘의 금기를 어긴 벌로 인해 기나긴 고통과 경제적인 궁핍으로 점철된 길고 처절한 신가물 기간을 보내고 있기도 했다. 나의 삶이 하도 팍팍하고 고통스러운 데다 생존을 위해 힘겹게 투쟁하느라 더더욱 어머니를 찾아뵙지 못했다.

마음이 아픈 영혼의 '영적인 치유'라는 소명을 완수하기 위해 몸주 신령에게 바쳐져 동분서주하는 막내딸의 삶은 그야말로 고통의 연금술 그 자체였다.

어머니의 영면을 위해 기도하던 중에 그래도 어머니가 살아 숨 쉬고 계시는 동안에 한 번이라도 더 병원을 방문해 어머니의 서서히 식어가는 손이라도 편안하게 잡아드렸어야 했는데…하는 후회가 물밀듯 밀려들었다.

나는 내가 요양병원에 입원해 계신 어머니를 방문하면, 어머니는 곧바로 눈을 감으실 것이라 예상했다. 솔직히, 나는 이러한 두려움과 다시 직면하는 것을 감행할 수가 없었다. 이것도 끝없는 나의 이기심이겠지만, 나는 어머니가 비록 요양병원의 침대에 누워 숨만 쉬고 계실망정 이승에, 내 곁에 오래도록 머물러 주기를 바랐다.

"개똥밭에 굴러도 이승이 낫다."라는 옛말도 있잖은가?

나는 보고 싶은 어머니를 뵙지도 못하고, 기도를 위해, 또 출간을 위해 글을 쓴다는 핑계로, 그토록 모질게도, 신명 기도와 내담자를 위한 기도에 전념하고 있었다. 그 핑계로 나는 요양병원에 계신 어머니를 찾아뵙는 일을 차일피일 미루었다. 신의 딸이 된 이상, 내게는 사사로운 혈연과 인정보다는 종교적 소명이 더 중요하다고 생각했다.

2017년 12월 말경에 어머니는 샤머니즘의 '대수대명(代壽代命)' 의례에 힘입어… 한 번은 생사의 고비를 넘겼다.

나는 1997년 8월 28일에 신내림굿을 받고 황해도에 무의 뿌리를 둔 강신 무당으로 입문한 후에 생에 처음으로 나를 낳아준 어머니를 위해 단 한 번 대수대명 의례를 진행했다.

나는 당시 90세에 들어섰던 어머니를 위한 대수대명 의례에서 산 닭 대신에 북어와 생돼지고기를 가지고 진행했다. 그 당시 어머니는 정신력도 좋고, 독립심이 강해서 그나마 혼자서 밥도 지어 드실 수 있을 만큼의 체력이 남아 있었다.

하지만, 나의 외가 쪽 조상 중의 한 분이 '서낭고'에 매여 해탈하지 못해 노령이 되어 날로 쇠약해진 어머니의 발목을 잡아 어머니는 자주 병마(病魔)를 일으켰다.

한국의 샤머니즘에서 서낭신(성황신, 城隍神)은 마을의 수호신이다. 서낭신은 외부에서 마을로 들어오는 재앙이나 액살, 질병 등을 막아주는 방어적인 역할의 신령으로, 치병(治病)과 제액(除厄), 풍요(豐饒)뿐만이 아니라 토지와 마을의 안녕 및 방어와 수호의 기능을 담당했다. 오늘날의 서낭당은 그야말로 "한 많고, 고통과 생의 미련이 많아 탈도 많은 혼령(魂靈)이 모여드는 (혼령들의) 집합소"다.

한국의 샤머니즘 전통에 의하면, 조상이 객사했거나, 깊은 원한을 가지고 죽어 원귀가 되면 구천을 떠돌다가 동네 어귀에 있는 서낭나무의 '서낭 대신'에게 붙들려 옴짝달싹도 하지 못해 속박된 상태가 된다. 이를 '서낭(성황)고, 또는 성황에 묶인 상태'라고 표현한다.

조상들이 서낭고에 묶여 있으면 그 영혼은 이승에서 해탈하지 못해 많은 심적인 고통을 당한다. 서낭에는 안식을 이루지 못하고 떠도는 다양한 혼신들이 안식을 찾고 굶주림을 면하기 위해 많이 모여든다.

서낭은 상징적으로 '고(苦)의 세계'를 의미하며, 이승을 해탈하지 못한 조상들을 천도(薦度)하기 위해 서낭에서 (저승) 문을 열어 주어야 영적인 속박으로부터 해방되고 자유로워져 피안(彼岸)으로 건너갈 수 있다.

나는 어머니가 외가 쪽 조상의 영적 얽힘으로 인해 고생하시길래 어머니를 조금이라도 편안케 하고자 이 의례를 진행했다. 다행스럽게도, 어머니는 대수대명 의례를 진행한 이후부터 아흔이 넘은 고령임에도 큰 탈 없이 몇 년을 그덕그덕 혼자서도 잘 버텼다.

고맙게도 둘째 언니 부부가 어머니를 지근(至近)에서 지극정성으로 잘 섬기고 있었다. 그래서 나는 어머니에 대한 별다른 근심 없이 강신무당으로서의 소명을 꾸려나갈 수 있었다.

2021년 1월 27일 오후에 둘째 언니가 내게 전화했다.

언니는 어머니가 요양 중인 병원의 담당 의사가 전화했다고 하면서, 아침부터 어머니의 건강 상태가 좋지 않아 중환자실로 옮겼으니 이제 마음의 준비를 해야 한다고 말했다.

언니의 전화를 받으며, 퍼뜩 "아, 이제 올 것이 왔구나!" 하는 생각이 들었다. 그렇지만, 한편으로 나는 인간적으로 어머니가 2018년 봄에 나와 약속한 일을 기억하며 믿음의 끈을 놓고 싶지 않았다.

당시 어머니는 내게, "나를 하늘이 데려가시더라도, 꼭 우리 막내딸이 두 번째 책을 출간한 다음에 하늘 여행을 떠나야지!" 하고 입버릇처럼 말했다. 내게는 어머니의 이 말이 꼭 스스로에게 '다짐'하는 샤머니즘적인 '주문(呪文)'처럼 들렸다.

솔직히 불초한 막내딸은 남편을 여의고, 찌질이 궁상에 고생고생하는 모습만 어머니께 보여드렸다. 나는 제발 내 삶이 더 편안하고 안정될 때 어머니가 홀가분한 마음으로 하늘 여행을 떠나기를 바랐다.

하지만 이제 어머니는 하늘의 부름을 받아 피안으로 건너가야 했다. 나는 내 어머니의 정신력이 보통 사람을 뛰어넘을 정도로 강인하다는 사실을 너무도 잘 알고 있다.

어머니가 힘들게 투병하며, 사경을 헤매고, 몇 번의 죽을 고비를 넘긴 채 숨만 붙어 생존해 계신 것도 나 때문임을 잘 안다. 나는 어머니가 남편 잃고 홀로 되어 고생만 하는 무당 막내딸을 남겨두고 이승을 하직하자니 차마 눈을 감지 못한다는 사실을 감지했다.

나는 둘째 언니 핸드폰에 SMS 문자로, 이승에서 마지막으로 어머니께 바치는 시를 발송했다. 언니에게 어머니의 숨이 붙어 있을 때, 막내가 보냈다고 하면서 어머니의 귀에 대고 이 시를 읽어 드리면 곧바로 숨을 거두실 것이라고 말했다.

"엄마…
한평생 못난 자식 걱정하느라 고생만 하시다가

이제는 이 세상을 하직할 시간이 가까웠네요.

오늘은 무슨 저녁인가요?

이제 월광도사 님과 지장보살 님의 인도로

엄마가 저세상으로 떠나가야 할 시간입니다.

희고 흰 달빛은 서리와 같고, 강인한 엄마의 의지는 옥과 같네요.

달이 지고, 엄마가 저세상으로 하늘 여행을 떠나시면,

엄마는 밝고 투명한 달로 환생해

둥글게 둥글게 떠오르실 겁니다.

병든 육신에 머무르지 마시고…

자식 걱정 모두 내려놓으시고…

부디 편안히 영면하소서!

막내딸 명옥 올림.”

둘째 언니는 2021년 3월 10일 오후 4시 18분, 다시 내게 전화를 걸어 비통한 목소리로 “막내야, 엄마가 자꾸 혈압이 떨어지고, 몸이 차갑게 식어가고 있는데, 곧 운명하실 것 같다.”라고 말하며 오열(嗚咽)했다. 이제 피할 수 없는 운명의 시간이 점점 다가오고 있었다.

샤머니즘의 ‘사제(司祭)’인 나는 직계 가족의 시신을 보는 것이 금기(禁忌, Taboo)인 까닭에 막상 어머니가 돌아가셔도 어머니의 장례식에 참석조차 할 수가 없는 비통한 상황이다.

전 세계의 샤머니즘 전통에 의하면, 강신 무당은 직계 가족의 시신을 보면 영안(靈眼)이 흐려져 삼세(전생, 현세, 미래)를 동시에 통시(通視)할 수 있는 영적인 능력을 잃게 된다. 그러므로, 강신 무당이 직계 가족의 시신을 보는 것은 샤머니즘의 가장 큰 금기다.

나는 내 개인 사정 때문에 이미 2017년 11월 14일 남편이 돌아가셨을 때 원치 않았으나 불가항력으로 한 번의 금기를 어겼다. 이때 나의 몸주 신령님들께서는 내게서 영적 능력을 거두어 가는 대신 ‘신의 벌전

(罰錢)'을 받아 나의 가장 취약한 부분인 금전의 고통을 내리셨다.

'신의 벌전'이란 한국의 샤머니즘에서 사람이 부정(不淨)한 행위를 했거나 샤머니즘의 터부를 어기는 등 실수나 과오(過誤) 또는 잘못된 행동으로 신의 벌을 받는 것으로, 6가지 종류가 있다.

첫째, 칠성(七星) 벌전.

인간의 생명과 재물을 관장하는 칠원성군(북두칠성)에게 불경죄를 범해 발생하는 벌전. 금전적인 손실뿐만이 아니라 가족의 생명도 위태로워질 수 있다.

둘째, 삼신[三神 또는 산신(産神)] 벌전.

삼신은 임신, 출산, 육아를 담당하는 세 명의 여성 신령이다. 태신(胎神)은 아기의 생명을 점지하여 모태에 장차 태어날 아기를 잉태하게 하는 신령이고, 산신(産神)은 산모가 아기를 출산하게 돕는 신령이며, 육신(育身)은 아기의 생육을 담당하는 신령이다. 삼신 벌전은 이 세 명의 여성 신령에게 불경죄를 범했을 때 받는다. 삼신은 기도를 좋아하므로 삼신의 노여움과 벌전을 풀어내려면 많은 정성을 들여 기도해야만 한다.

셋째, 산신(山神) 벌전.

산 일을 진행할 때 산신의 노여움을 유발했거나 산 주변의 공사를 잘못 진행하는 경우, 그리고 산소나 묘지 주변을 잘못 건드렸거나 아무렇게나 훼손했을 때 발생한다. 인부들의 갑작스러운 사망이나 불의의 사고, 멀쩡하던 기계가 오작동되는 등 기이한 방식으로 나타난다.

넷째, 당산(堂山) 벌전.

마을에서 당제(堂祭)를 지낼 때 신을 노엽게 하거나 지내던 당제를 갑자기 중단할 때 발생한다. 또한 마을 어귀의 수호신인 당산나무를 이유 없이 베어내거나 잘못 건드릴 때도 벌전을 받을 수 있다. 이때 주로 그 마을에 거주하는 노인들이나 젊은 청년들에게 잇따른 사고가 발생한다.

다섯째, 살생(殺生) 벌전.

정당한 이유 없이 동물이나 물고기 등을 다량으로 잔혹하게 죽이거나 없앨 때 받는 벌전이다.

여섯째, (시주) 단지 벌전.

집안 대대로 모시던 칠성단지, 제석단지, 대감단지, 업단지, 조상단지 등을 제대로 보존하지 못하거나 갑자기 없애려는 경우에 발생한다. 갑작스럽게 집안의 공줄이 끊기고, 잦은 우환이 발생하며, 가족의 생명이 위협을 받고, 집안에 위태로운 일들이 발생한다.

말하자면 나는 위의 6가지 벌전 중에서 칠성님께 불경죄를 범했다. 나 홀로 요아킴의 장례식을 치르다 보니, 요아킴의 염습을 진행할 때 불가피하게 직계 가족인 남편 시신을 건드렸기 때문이다. 그로부터 만 6년이 지난 현재까지도 근신(謹愼) 중이며, 회개와 참회의 기도를 하고 있다.

나는 둘째 언니한테 어머니의 운명 후에 처리해야 할 일 중에서 몇 가지 당부의 말과 부탁을 하면서 어머니의 장례식과 49재까지만 언니가 처리하고 마무리해 주십사 간곡히 청했다.

대신 나는 신당에서 어머니의 '영가(靈駕, 죽은 사람의 혼백을 높여 부르는 말)'를 위해 삼우제를 지내고, 49일간의 천도 기도를 진행하려고 마음먹었다. 내 눈에서는 하염없는 눈물이 소리 없이 흘러내렸다.

갑자기 가슴 저 밑바닥에서부터 감당하기 어려운 서러움이 울컥 밀려들었다.

"아아… 몸주 신령에 의해 선택된 강신 무당의 팔자란 이렇게 서러운 것인가? 세상 살아가면서, 보고 싶어도 보지 못하고, 하고 싶어도 하지 못하는 것이 이리도 많아서야 어디 강신 무당으로 살아갈 수가 있단 말인가?"

나는 어머니의 영가천도를 위한 49일 기도를 준비하며 나에게 어머니는 어떤 존재였을까 곰곰이 생각해 봤다.

내 어머니는 우수한 두뇌와 참으로 강인하고, 배포가 크고, 꿋꿋한 인격을 겸비한 여걸(女傑)이었다. 어머니는 마음속에 따뜻한 정(情)과 깊은 사랑을 품고는 있었으나, 평생 그것을 여간해서는 내색하거나 드러내지 않았다. 내 어머니는 나를 향한 큰 사랑의 마음은 있었으나, 여타의 어머니들처럼 세세하게 챙겨주고, 잔정이 많은 사람이셨다고는 말할 수가 없다.

내 어머니의 인격을 한마디로 요약하면, 어머니는 그야말로 "찔러도 피 한 방울 나오지 않는" 그런 강인하고 냉철한 이성을 지닌 철의 여인이었다.

어머니는 구십 평생 드라마틱하게 요동치며 전환되는 삶을 살아 내면서도 삶의 위기나 고난이 닥칠 때마다 마음 한자리 흔들리지 않고 그 시기에 가장 합리적이며 적절한 결정을 내렸다. 그녀는 결정한 사항들을 흔들림 없이 유지하며 최선을 다해 실행해 나갔다.

나의 엽기적인 이성과 판단력은 내 어머니로부터 부여받은 유전인자인 것 같다.

나는 어머니를 여의고 나서 조선 중기의 시인이자 정치가였던 송강(松江) 정철(鄭澈, 1536~1594)의 시조를 나지막하게 읊조렸다.

송강은 조선의 선조(宣祖) 재위 시에 활동했던 시인이자 정치가요 문인이다. 그의 연시조(聯詩調) 〈훈민가(訓民歌)〉 16수의 제4연은 다음과 같다.

어버이 사라신제 셤길 일란 다하여라.
(어버이 살아계실 제 섬길 일은 다하여라)
디나간 휘면 애닯다 엇디 하리.
(지나간 후면 애닯다 어찌 하리.)
평생애 고텨 못할 일이 잇뿐인가 하노라.
(평생에 고쳐 못할 일이 이뿐인가 하노라.)

어버이는 자식이 효도할 때까지 기다려 주시지 못하니, 살아 계실 적에 잘 섬겨야 하는데… 강신 무당이 되기 전에는 어머니께 한 번도 실망을 안겨 드린 적이 없는 막내딸이었는데… 강신 무당으로 입문해 종교적인 소명에 치중한 삶을 꾸리다가 보니, 어머니를 섬기고 돌보는 일을 소홀히 했다.

아, 나는 어머니를 여의고 나서야 때늦게 참회할 수밖에 없는 상황이니, 나의 삶 또한 가련하고 가련하다.

사랑하는 내 어머니시여,

부디 저세상에서는 평온하고 안락한 삶을 누리소서!

11

모셔오다

지장보살님을

시댁의 신부리인

구애비 鬼業

한국의 무당은 크게 '강신무(降神巫)'와 '세습무(世襲巫)'로 구별된다. 강신 무당 후보자는 그의 몸주 신령에 의해 선택되어(신이 지피어), '신병(神病)'을 앓는 과정에서 장차 자신의 몸주로 강림할 신령을 만나게 된다.

그는 신부모를 모시고 신내림굿을 진행하는 동안에 무구(巫具, 부채와 방울 등 무업에 필요한 물건)뿐만이 아니라 자신의 몸주 신령의 영적인 능력(靈力)과 권능을 획득하게 된다. 이와 같은 입무(入巫) 의례 과정을 거쳐 무당으로 입문한 무당을 강신무라고 하고, 가계를 통해 조상 대대로 이어온 무업을 계승한 무당을 '세습무'라고 부른다.

몸주 신령으로부터 영적인 능력(靈力)을 부여받고, 영적인 세계와 현상계를 잇는 강신무는 자신의 영적인 능력을 활용해 인간의 길흉화복을 조절하고, 공동체를 치유하며, 죽은 자를 정화해 저승으로 안내한다.

세습무에게는 자신의 혈통[또는 혼맥(婚脈)]에 따라 조상 대대로 이어져 온 '무업(巫業)'과 무의 사제권이 세습된다. 그들은 주로 샤머니즘의 제의를 주재하고, 신령 및 초자연적인 존재에게 인간의 길흉화복을 기원하는 사제의 기능을 수행한다.

강신무는 집안에 '만신(萬神)부리'나 '조상(祖上)부리'라고 부르는 조상의 내력이 있고, 신령이 그를 도구로 선택해 신병을 앓은 후에 신내림굿을 통해 입문한 무당이다.

강신 무당으로 입문하는 과정에서 강신 무당 후보자에게 "신이 지피고, 신이 내리는" 까닭은 과거에 언젠가 무업을 수행했던 무당 조상의 영혼이 있기에 가능한 것이다. 신부리는 자녀, 손자, 조카, 형제 등 혈연 관계 또는 고부(姑婦, 시어머니와 며느리)간, 부부지간과 같이 가까운 인척 관계로 이어지고, 영적으로 세습된다.

간혹 강신 무당이 아니라도 역학이나 점복(占卜), 기도와 수행을 지속했던 조상이 있는 경우에 부리가 작용할 때도 있다. 그 외에도, 무업이 아닌 다른 종교의 사제로 활동했던 조상령(종교령)이 있는 경우에 신부리가 작용하기도 한다.

이에 반해, 세습무는 부리를 이어서 무당으로 입문하는 것이 아니라, 무업과 사제권(司祭權)을 조상으로부터 물려받거나(세습하거나), 무업을 하는 집안과의 혼맥을 통해 이어지는 무당 사회의 사회적인 제도다.

강신 무당은 신부리 외에 새로운 신(령)을 받아 모실 때, 깊은 영적인 인연이 있어 사망한 강신 무당의 생전에 무업에 사용했던 신물(神物)을 습득하는 특별한 영적인 체험을 할 수 있다.

이를 '구애비(鬼業)'라고 부른다. 구애비는 강신 무당으로 입문하게 될 후보자가 과거에 신령을 모시며 부채나 방울, 신복, 징과 제금 같은 물건을 사용했던 사망한 무당과의 영적인 인연이나 정신적인 감응의 연결고리가 있을 때 무의식적인 상태에서 행하는 경우가 많다.

구애비를 떠오는 강신(降神) 무당 후보자는 습득한 신물(神物)을 통해 그 물건의 주인이었던 사망한 무당의 신령을 추가해 새로운 신령으로 모시게 된다.

최진아는 2009년 11월 한국민속학 50호에 발표한 〈새로운 신을 받아들이는 현상, 구애비(鬼業)-신물 습득 사례를 중심으로(한국민속학 50(2009)〉라는 논문의 467쪽에서 그동안 "구애비 현상은 무업 입문 유형의 하나로만 받아들여져" 왔지만, 최근 들어 구애비 현상은 "이미 무업에 입문한 기입문자(강신무)에게도 나타"난다고 보고했다.

최진아는 같은 논문의 467쪽에서, "구애비의 유형에는 이미 사망한 무당의 것을 가져오는 사후(死後) 구애비가 주로 알려졌으나, 생존해 있으나 무업을 중단한 무당에게 떠오는 산구애비 현상"이 나타나고 있음에 주목했다.

산구애비는 현재까지도 주로 신부모나 신의 형제. 자매 또는 신의 가족이 무업을 진행하는 동안에 신자녀(나 신후배 등)에게 미리 신물을 나누어 주어 그의 영력을 계승할 수 있게 하는 장치로 활용되고 있다.

최진아는 같은 논문 468쪽에서 "구애비의 한자식 표현인 귀업(鬼業)이 곧 귀신을 부리는 일을 업으로 삼는, 곧 무업(巫業)의 다른 표현"임을 강조했다.

구애비는 신(령)을 청배하고, 좌정시키며, 신령의 공수(영: Oracle)를 전하는 직능을 가진 강신 무당이 영적으로 체험하는 매우 중요한 종교현상이자 그의 영험함을 나타내는 징표다.

최진아는 같은 논문의 468쪽에 구애비를 통해 강신 무당이 떠오는 신물(神物)이 "신체구(神體具), 청신구(請神具), 점구(占具)가 주를" 이룬다고 썼다.

강신 무당들 대다수는 신령을 청배하는 방울과 부채, 신령의 의사를 전달할 때 매개로 사용하는 엽전, 이 외에도 징과 제금, 장군 칼과 대신 칼 등을 구애비로 떠온다.

강신 무당이 신부모(또는 신가족)로부터 산구애비를 떠올 때 간혹 신복(神服)을 물려받을 경우도 있다. 나는 김금화 선생의 생존 당시 독일로 유학하기 전인 1999년에 신어머니의 신복(神服)을 한 벌 물려받았다. 구애비를 통해 떠온 신물들은 강신 무당이 무업을 수행할 때 없어서는 안 되는 필수적인 도구들이다.

과거에는 강신 무당으로 입문하게 될 후보자(혹은 기존의 강신 무당)가 구애비를 행하는 경우는 신병을 앓을 때, 몸이 아플 때, 극단적으로 암시를 받기 쉬운 최면상태에 빠져 있을 때다. 이때 멀쩡하던 사람이 무언가에 홀린 듯 이끌려 전에 한 번도 가본 적이 없는 낯선 곳에 가서 땅을 파거나 혹은 박수(손뼉)를 치기도 했다고 한다.

때로는 무당으로 입문하게 될 후보자의 강신 상태가 최고조에 도달했을 때 느닷없이 생면부지의 집에 들어가 무구나 무복을 "내놓아라!" 하고 호통을 치거나 명령하기도 한다.

한국의 샤머니즘에서 강신 무당 후보자가 구애비를 찾는 과정에서 신령이 강림해 최초로 내뱉는 말이나 호통을 '포함' 또는 '푸앙'이라고 부른다. 이때 그의 호통은 곧 신의 말(또는 공수)로 인식된다.

강신 무당 입문 후보자가 구애비를 체험할 때 신병이 저절로 치유되는 경우도 있다. 반대로, 입문 후보자의 몸이 마비되는 등 육체적인 고통이 동반되어 나타나기도 한다.

이는 구애비를 통해 획득한 신물을 매개로 영적으로 연결된 과거 무당의 에너지와 구애비를 행하는 현재 무당의 영적인 에너지가 교차하며 심령의 에너지가 충돌을 일으킬 때 나타난다.

안타깝게도, 최근 들어 한국의 샤머니즘에서는 이 구애비 현상이 현저하게 줄어들었거나 아주 희박해져 버렸다. 구애비는 신(령)의 선택에 따라 강신 무당으로 입문해야 하는 후보자가 강신 상태에서 경험하는 종교현상으로, 개인의 선택이나 의지가 개입될 수 없다.

구애비는 강신 무당으로 입문하는 후보자가 과거에 전혀 안면이 없음에도 불구하고, 무업을 수행했던 과거의 강신 무당이 사용한 신물을 획득하고, 그 신물을 매개로 사망한 무당이 모셨던 신격을 영적으로 계승하는 현상이다.

최진아는 같은 논문의 468쪽에서 구애비 현상을, "안면 관계가 전혀 없는 상황에서 이후 사용자가 이전 사용자의 신격을 신물이라는 매개물을 통해서 계승하는 현상으로서, 물질(物質, shamanic materials)을 매개로 하여 새로운 몸주신을 받아들이는 비혈연적 종교 계승으로 해석"했다. 사례를 더 면밀하게 조사해 봐야 하겠지만, 구애비 현상은 혈연 및 비혈연 관계에서도 동시에 나타날 소지가 다분하다.

　내가 강신 무당으로서 시댁의 신부리를 모시게 된 사례는 순전히 나의 현몽(現夢) 때문이었다. 꿈에 나타난 현상과 시댁의 귀업을 떠오게 된 사연은 다음과 같다.

　2009년 9월 1일 새벽 4시경 북부 독일 아렌스부르크(Ahrensburg) 시의 집이었다. 나는 독일의 함부르크 조형예술대학에서 디플롬을 취득한 후에 전공 심화과정 (독: Aufbaustudium, Meister Student) 재학 중이었다. 새벽 4시면 벌써 일어나서 향을 녹인 물로 목욕을 한 후에 신령님들께 정화수를 바치고 기도해야 할 시간이다.

　하지만 이날은 유독 몸이 나른하고 무거워서 도무지 눈이 떠지지 않았다. 아주 깊이 잠든 것도 아니었다. 의식은 희미하고 몽롱한 느낌이 드는 가시(可視) 상태에서 꿈을 꾸었다.

　나는 한국에서 개최하고 있는 어느 국제 행사에 참석하였다.

　수없이 많은 관객이 설레는 마음으로 좌석에 앉아 행사가 개막되기를 기다리고 있었다. 꿈속에서도 나는 무녀로서 예정 시간보다 조금 늦게 행사장에 도착했다.

　얼굴이 기억나지 않는, 오래전부터 알고 있었던 어떤 남자가 나를 알아보더니 자기 자리로 나를 안내했다. 그곳은 일반 관객들이 앉아 있는 맨 앞줄의 귀빈석이었는데 그가 나를 그곳으로 안내했다. 귀빈석 가운데에는 개막 행사에서 축사(祝辭)를 낭독할 여자 한 분이 앉아 있었다. 나는 공교롭게도 그녀의 옆자리에 앉게 되었다.

　그가 그녀를 내게 소개하며, "000 님 잘 알고 계시지요? 이분은 한국의 유명한 지장보살 님 탱화의 거의 모든 밑그림을 그리시는 분이세요. 왜 지장보살 님의 초록색 눈만 제외하고는 밑바탕이 검정으로 채색되어 있잖아요. 지장보살 님께서 아직 눈을 안 뜨고 계셔서 그래요. 혹 타지마할 님께서 나중에 다시 한국에 오시면 이분을 한 번 찾아가 보세요."라고 소개했다.

　그녀는 나를 그에게서 소개받자 마치 원래부터 잘 알고 있었던 듯 나의 양손을 잡으며 아주 반갑게 맞이했다. 잠시 후에 그녀가 호명되자 그녀는 일어서서 연단으로 나가더니 관중들에게 인사를 한 후 축사를 했다.

　장면이 바뀌었다.

　행사가 끝났는지 나를 안내한 남자를 포함해 몇몇 사람들이 나와 함께 차를 마시러 가자며 지장보살 탱화의 밑그림을 그리는 작가의 작업실로 찾아갔다. 그녀의 작업실에 도착하니 그녀는 가부좌를 틀고 앉아서 그림을 그리고 있었다. 그녀가 앉아 있는 뒤로는 예전에 그녀가 그렸던 그림들이 길게 세워져 있었다. 연꽃 그림도 있고, 여러 가지 그림들이 정돈되지 않은 채로 너저분하게 널려 있었다.

　우리 일행이 그녀의 곁에 자리를 잡으니, 그녀는 다시 먹을 갈아 내게 그림을 한 장 그려주겠다고 했다. 나는 극구 사양했으나 그녀는 막무가내였다. 까만 바탕의 그림에는 지장보살 님의 얼굴이 그려져 있었다. 지장보살 님의 눈은 에메랄드빛으로 채색되어 있었는데, 눈이 부실 정도의 너무도 푸른 눈이었다. 나는 지장보살 님의 탱화에 그려진 그 에메랄드의 눈빛에 압도되어 잠에서 깨어났다.

　어찌나 그 꿈이 생생했던지, 잠에서 깨어나서도 한참 동안 지장보살 님의 그 푸르고 영롱한 눈이 바로 내 눈앞에 머무르고 있는 것처럼 느껴졌다.

　"참으로 이상도 하다. 왜 이런 꿈을 꾸었을까?"

　나는 속으로 이런 생각을 하며, 하루 동안 그 꿈을 이리저리 해석하느라 골머리를 썩이다가 저녁을 먹으며 요아킴한테 간밤에 꾼 꿈 이야기를 꺼냈다.

　"요아킴, 실은 말이지요. 제가 오늘 새벽녘에 지장보살 님을 그리는 사람한테 지장보살 님 탱화 한 장을 억지로 선물 받는 꿈을 꾸었어요. 그런데 제가 그 탱화를 받지 않겠다고 했는데도 그 여자분이 어찌나 막무가내로 제게 그 탱화를 그려서 안겨 주는지 할 수 없이 받아서 왔어요. …이상해요. 이 꿈이 필경 지장보살 님을 새로운 신령님으로 모시는 꿈인 것 같은데, 아무리 생각해도 우리 친정은 지장보살 님을 모시는 '신부리'가 없는데. 왜 이런 꿈을 꿨는지 모르겠어요."

이렇게 말했더니, 요아킴은 내 말을 듣고 한참을 아무 말도 없이 빙그레 미소를 지으며 골똘히 생각에 잠겨 있었다.

"아, 말씀 좀 해보세요! 답답하게. 혹시 당신 집안에도 신령을 모셨던 조상님이나 친척이 계셨나요?"

나는 하도 답답해서 요아킴에게 이렇게 채근하자, 그는 다시 말없이 빙긋 웃기만 했다. 궁금증이 생긴 나는 다시 물었다.

"아니, 당신은 왜 묻는 말에 대답은 하지 않으시고 그저 미소만 짓고 계시는 거예요?"

그러자 그가 한참을 뜸을 들이고 나서 천천히 입을 뗐다.

"웅~ 실은… 내가 당신한테 별로 얘기하고 싶지 않아서 꺼내지 않았는데 말이지… 우리 외삼촌이 평양에 계실 때 신이 내리셔서 지장보살 님을 몸주 신령으로 모시고 신당을 잠깐 운영하면서 무업을 하셨어요. …그러던 어느 날, 삼촌은 갑자기 자신의 신당에 도끼를 들고 들어가서는 그가 모셨던 신상과 무구들을 모두 깨부수고 신당을 치워버리셨어요. 그리고 지금은 무업을 하지도 않으시는데, 삼촌은 지금 중증 암에 걸려 생사를 오가며 투병하고 계세요."

이렇게 대답하는 것이었다.

"아니, 그런데 왜 여태 제게 한 마디도 그 말씀을 하지 않았던 거죠?"

내가 물었더니, 요아킴은, "그게 뭐 자랑스러운 일이라고 당신한테까지 이런 이야기를 하겠어요? 삼촌이 계속 신령님을 모시는 것도 아니고… 게다가 당신은 독일에 유학을 와서 공부하는 중인데, 그것이 그다지 우리 삶에 중요한 일도 아닌데요!"라고 대답했다.

"뭐라고요? 뭐가 중요한 일도 아니라는 건가요? 아무리 여기가 독일이라지만, 당신이 신령을 모시는 강신 무당하고 결혼을 했으면 당연히 당신 집안의 신의 부리와 내력을 얘기해 줘야지요. 그래야 시댁 쪽의 신부리를 가리 잡아 같이 모시지요. 안 그러면 신의 탈이 생기는 것도 몰라요?"

이렇게 다그치자 그제서야 그는 몇 마디 더 덧붙였다.

"웅… 그 이후로 삼촌이 월남해서 운수사업을 운영했는데 사업에 실패하셨어요. 그 후 줄곧 충청도에 사시는데, 지금은 암에 걸려 투병 중이세요. 나는 어머니가 돌아가신 이후로 우리 가족 및 친족과 거의 연락을 두절하고 지내요. 하지만, 삼촌은 신을 모시지 않는 대가로 신벌(神罰)을 받고 계신 건지 몰라요!"

"아무튼… 지장보살 님을 모셔야 하는 접신몽을 꾸었으니, 제가 이제부터 지장보살 님을 새로운 몸주 신령으로 모셔야 해요. 지장보살 님을 모시기 전에 다른 신령님들과 합의를 받아서 좌정시켜야 해요. 제 신령님들께 기도해 볼게요. 답을 어떻게 주실지는 모르겠지만…."

그 꿈을 꾸고 나서 한 달쯤 지났을까?

어느 날 새벽. 갑자기 온몸이 사시나무 떨리듯 떨리고 내 몸이 오그라드는 것 같은 한기를 느끼며 잠에서 깨어났다. 사위가 칠흑처럼 어두컴컴한데 내 침실이자 서재의 한쪽 벽면에서는 희미한 하얀 불빛이 조금씩 새어 나오고 있었다. 벌떡 일어나서 그 빛이 나오는 곳을 향해 천천히 다가갔다.

아 그런데, 거기에는 한 개의 두루마리가 나무 손잡이가 있는 골동 그릇에 담겨 있었다. 명주실로 묶여 있는 그 두루마리를 끌러보니 승복을 입은 신령님 한 분과 얼굴은 늙었는데 전체적으로 동자 모습을 한 소년, 그리고 학이 한 마리 그려져 있는 탱화가 나왔다.

깜짝 놀라 바로 요아킴의 침실로 가서 이 탱화의 출처를 물어보려다가 너무 이른 새벽이라 그를 더 자게 하는 것이 낫겠다 싶어 우선 이 탱화를 신령님 전에 가지고 가서 기도 준비를 했다.

신령님들께 기도하면서 여쭈었다.

"제 신령님들, 시삼촌이 한때는 지장보살 님을 신령으로 모셨다고 합니다. 그런데, 저도 지장보살 님 탱화를 선물 받는 꿈을 꾸고 해서 이제 지장보살 님을 새로운 신령님으로 모셔야 할 것 같은데 어찌해야 하나요?"

나의 신령님들께서는 시댁에서 모셨던 지장보살 님을 합의 동심해 반갑게 맞이해 주셨다. 나는 이 지장보살 님을 신령으로 좌정시키고 지금까지 시댁의 신령님을 계승하여 함께 모시고 있다.

12

금기를 범하다 Taboo
샤머니즘의

2017년 11월 14일 새벽 영혼의 반려인 요아킴(Joahim)이 BS대학병원 심혈관센터 중환자실에서 급성호흡부전으로 하늘 여행을 떠났다.

나는 그의 장례를 치르는 과정에서, "직계 가족의 시신을 보면 안 된다."라는 샤머니즘의 절대적인 금기를 인지하고 있으면서도 불가피하게 어기고 말았다.

나는 '천손(天孫)'으로서 샤머니즘 금기를 범한 죄로 인해 '칠성(七星) 벌전'을 받았다.

칠성 벌전은 인간의 생명과 재물을 관장하는 칠원성군(북두칠성)으로부터 받는 벌로, 엄청난 금전의 손실과 고통뿐만 아니라 생명까지도 위태로움에 처한다.

나는 요아킴의 가족이나 친족이 아무도 참석하지 않은 장례식을 치르기 위해 홀로 요아킴의 염습(殮襲)에 참여했다.

염습이란 사람이 죽으면 장례를 치를 때 입관 전에 망자의 시신을 닦고, 수의를 입히는 장례의 한 절차다.

요아킴이 사망했을 때 그는 심혈관센터의 중환자실에 입원해 하도 오랫동안 입에 인공호흡기를 물고 있어서 아예 입이 다물어지지도 않았다. 그래도 나는 윤기 하나도 없이 비쩍 마르고 병든 육신에 갇혀 영원히 잠든 요아킴의 영혼이 자유롭게 되어 훠어이 훠어이 날아다닐 수 있으니 그나마 다행이라고 생각했다.

한국인에게 죽음이란 이승에서 저승으로 공간의 이동을 의미한다. 또한, 한국의 샤머니즘에서 죽음은 부정(不淨)한 것으로 간주하는데, 죽음의 부정을 '상기(喪忌)'라고 한다. 이때 무당은 망자의 영혼을 정화하기 위한 죽음 의례를 진행한다.

한국의 전통적인 죽음 의례는 평안도의 다리굿, 황해도와 서울, 경기 지역의 진오기굿(서울 새남굿), 호남(진도)의 씻김굿, 남해안과 동해안의 오구굿, 제주도의 시왕(十王)맞이굿 등이 있다. 각 지역은 저마다 전통적으로 전승되는 특색이 있어 죽음을 처리하는 방식들도 제각기 다르다.

기본적으로, 죽음 의례를 진행하기 위해 초빙받은 무당은 사람이 죽으면 제갓집의 망자가 죽은 곳을 '자리걷이(집가심 또는 방가심)'를 한 후에 망자의 영혼을 정화해 천도한다.

자리걷이는 사람이 죽은 자리의 부정을 제거하려는 데 목적이 있다. 자리걷이를 집전하는 무당은 고리짝을 긁으며 상주와 복을 입은 사람들에게 망자의 '넋두리(지청구)'를 전한다. 무당은 이 같은 죽음 의례를 통해 망자의 이승과 저승의 길을 가르고, 산 자와 죽은 자의 세계를 분리한다.

한국인의 생사관에 나타나는 죽음은 인간의 존재가 사라지거나 소멸하는 것이 아니다. 오히려 망자가 새로운 인격체로서 또 다른 삶을 준비하며 다시 태어난다고 믿는다.

스위스 출신의 엘리자베스 퀴블러 로스(Elisabeth Kuebler-Ross: 1926~2004)는 『사후생(영: On life After Death)』을 출간했고, 생전에 호스피스 운동을 전개했던 정신의학자다.

그녀는 오랜 기간 인간의 '임종 연구'를 통해, "죽음은 끝이 아니라 찬란한 시작이다(독: Der Tod ist kein Ende, sondern ein strah-lender Beginn.)"라고 주장했다.

동서양을 통틀어 죽음이 끝이 아니라 또 다른 차원의 통과의례의 시작이라는 관념을 가진 사람들이 혼재해 있다.

전 세계의 샤머니즘적인 세계관에 의하면, 죽은 자의 망령은 산 자에게 위해를 가하고 주술적으로 사기(邪氣)를 감염시킬 우려가 있다. 또한, 망자의 영혼은 장례를 치르는 기간에 유가족을 떠나지 않고 그들의 주변을 '맴돈다'는 믿음도 있다.

전 세계의 강신 무당들은 직계 가족의 시신을 보면, 부정한 기운이 몸에 닿아 영안(靈眼)이 탁해지거나 영안이 닫힌다.

아울러, 삼세(전생, 현세, 미래)를 동시에 통시(通視)할 수 있는 영적인 능력도 점차 사라지게 된다.

이와 같은 믿음은 '감염의 법칙(영: Law of Contagion)'을 통해 발생할 수 있는 위험을 선제적으로 차단하고, 망령(亡靈)과의 접촉을 피하고 멀리하기 위한 수단으로 작용한다.

감염의 법칙[전염주술(傳染呪術)]이란 언젠가 한 번 물리적으로 접촉했던 것들은 더 이상의 접촉을 하지 않더라도 나중에 시간과 공간을 초월해 상호 작용을 계속한다는 것이다.

나는 강신 무당이 직계 가족 망령과의 접촉을 금하라는 금기를 잘 지켜야 함에도, 나 혼자서 요아킴의 장례를 치르기 위해 염습을 할 때 그의 시신과 접촉할 수밖에 없었다.

그 이후부터 나의 삶에 수많은 변화가 일어났다.

2017년 11월 17일 요아킴의 장례를 치른 후부터 7년 동안 줄곧 나는 경제적인 어려움뿐만 아니라 수많은 병마(신병, 身病)와 신가물(신의 가물: 신령의 의지에 의한 영적인 고난)에 시달렸다. 이 바람에 나는 아직도 고통스러운 나날들을 보내고 있다.

예로부터 전해 내려오는 상·장례(喪·葬禮)와 연관된 타부는 다음과 같다.

첫째, 초상을 치른 사람은 격리 기간이 끝나면 망자를 위해 사용했던 그릇들을 모두 깨부수고, 자신이 입었던 옷가지와 사용했던 물건들을 모두 소각해야 한다.

둘째, 상가에는 절대로 출입하지 않아야 하고, 상가의 음식이나 상을 치른 사람과도 접촉하지 말아야 한다.

셋째, 망자와 접촉했거나 망자를 매장하는 의식에 참석한 사람은 영적으로 불결하므로 당분간 주변 사람들과의 접촉을 금한다.

넷째, 죽은 자의 시신을 만졌거나 접촉한 사람은 10개월 내내 부정한 상태로 있다.

다섯째, 망자에게 입힐 수의를 만들 때 바늘에 실을 꿰고 나서 끝을 옹치지 않는다. 수의를 옹쳐서 꿰매면 망자의 저승길이 막혀버려 망자가 저승으로 이동하지 못하게 된다. 이 때문에 망자의 영혼이 바느질한 사람에게 실의 매듭을 풀어 달라고 계속 따라다니기 때문이다.

여섯째, 타부의 규정을 어긴 사람은 가까운 장래에 위중한 병에 걸려 죽게 된다.

죽음과 망자에 관한 금기는 동서고금이 다를 바 없다. 아직도 죽음은 곧 부정한 것이고, 죽은 자의 영혼은 죽은 뒤에도 오래도록 남아 살아남은 사람들에게 해를 끼칠 가능성이 있다고 여기는 관념이 남아 있다. 이런 믿음 때문에 죽음과의 접촉은 곧 공포와 두려움의 대상이 된다.

죽은 자에 대한 타부는 악마적인 힘에 대한 두려움을 회피하기 위한 수단으로 작용하며, 산 사람들은 사령과의 접촉을 꺼린다.

타부[Taboo(영), Tabu(독): 금기(禁忌)]는 본디 폴리네시아어로, 정신분석학을 창시한 오스트리아의 지그문트 프로이트(Sigmund Freud: 1856~1939)에 의해 다각적인 분석의 대상이 되었다.

타부는 한 집단에서 관습이나 종교, 윤리, 도덕 등의 영향을 받아 어떤 행위나 행동을 금지한 문서화하지 않은 불문율이다.

또한 타부는 그 안에 내재한 일종의 관성적이며 악마적인 힘에 대한 두려움이다. 금기를 통해 일상과 비일상, 성(聖)과 속(俗), 정갈한 것과 부정한 것의 영역을 구분한다.

원시적인 타부는 신성함과 부정함의 구분이 없이 융합된 상태로 존재하며, 마성적(魔性的)인 것, 접촉해서는 안 되는 것이다. 타부는 정화(淨化)와 희생(犧牲)이 맺고 있는 관계 속에서 확연하게 드러난다.

프로이트가 1940년에 출간한 독일어판『토템과 타부(독: Totem und Tabu)』의 26~28쪽에는 타부에 관해 다음과 같은 글이 실려 있다.

타부에는 '삼가다(꺼리다)'라는 개념이 내포되어 있다.

타부는 금지와 제약 안에서 드러낸다. 타부의 의미는 '성스러운 두려움(독: Heilige Scheu)'인데, 상반된 방향으로 분리된다. 한편으로는 '신성한' 또는 '봉헌된' 그 무엇이고, 다른 한 편으로는 '무시무시한', '위험한', '금지된', '부정한' 것을 의미한다. 타부에 관한 제약들은 바로 종교적인 또는 도덕적인 금지다.

타부는 예측할 수 없는 돌발상황을 방지하기 위한 소극적인 행위로, 종교적인 의미에서 금지하는, 제의적으로 또 다른 것을 제한할 때도 사용한다.

금기에 관한 풍습 대다수는 오랜 삶의 경험에서 비롯된 정형화된 규칙을 담고 있다. 일부의 금기는 인지능력의 향상과 시대의 변화 및 사회·환경적인 요소에 부응하여 첨가되었거나 사라졌다.

어떤 금기는 새 시대에 맞게 변형되거나 축소되고, 시대적인 의미가 중요하게 부각이 되기도 한다.

한국인은 대부분 민속의 속신(俗信) 신앙이나 금기를 특별히 믿지 않는 사람이라도 "좋은 것이 좋다"라는 생각에서 금기를 지키는 경우가 많다.

원칙적으로 우리가 타부를 범했을 때 따르는 처벌은 내적이며 자동으로 작용하는 효과적인 장치에 맡겨진다. 일반적으로, "훼손된 타부가 스스로 복수한다."라는 믿음이 전해 내려온다. 그래서 "타부를 위반한 자는 그것을 통해 자신이 타부가 된다."라고 말한다. 왜냐하면, 타부를 위반한 사람에게 마치 신비스럽고 위험한 마성적인 힘(독: Zauberkarft) 전체가 이양(또는 전이)의 대상이 된 듯이 타인들로부터

(접촉) 금지의 대상이 되기 때문이다.

때로 사람들은 타부를 범함으로써 발생할 수 있는 위험들을 상쇄하기 위해 속죄하는 행동과 정화의례를 통해 심적인 부담감을 덜어내기도 한다.

타부는 "사람, 장소, 사물, 일시적 상태 등 비밀스러운 성질의 운반자나 근원이 되는 모든 것"을 의미한다. 사람들이나 정령들에 특수한 주술적인 힘이 내재해 있다는 원시적인 믿음이 타부를 에워싸고 있다. 때로는 무생물을 매개로 하여 타부가 전달될 수도 있다. 타부의 힘은 질병, 죽음, 감염 등과의 접촉을 통해 전달되며, 접촉 시에 힘을 방출한 유기체의 저항력이 약할수록 파괴적인 결과를 낳는다.

타부는 결국 악마적인 힘에 대한 두려움을 회피하기 위해 활용되며, 두 가지 방향에서 연상작용을 한다. 타부는 "'신성하고', '일상적인 것을 넘어서는' 숭고한(독: erhaben) 것"이며, "'위험스럽고', '부정하고' '무시무시한'" 그 어떤 것이다.

신령님을 모시며 살아가는 무당에게는 전통적으로 지켜야 할 금기가 많다. 이 때문에 무당들은 사람들과의 관계에서 파생되는 고통을 스스로 감내하며, 험하고 냉정한 세상에서 살아가기 위해 관습적으로 꺼리고, 삼가고, 지켜야 할 계율도 그만큼 많다.

제4장

샤머니즘의 회귀

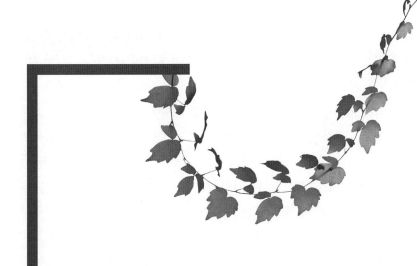

1

원초적인 종교
꿈꾸는 사람들의
혁명과 개혁을
샤머니즘

영조 시대 무녀 독갑방 사건

영조실록 61권, 영조 21년 2월 12일 갑인 2번째 기사에는 좌의정 송인명과 우의정 조현명, 교리인 송창명이 조징과 이경중의 '무고(巫蠱)'를 고발하기 위해 나눴던 대화가 기록되어 있다. 기사의 제목은 "조징과 이희의 무고를 고발한 송인명·조현명의 아룀"이다.

이 자리에서 좌의정 송인명의 종제인 송창명은 '독갑방(獨甲房)'이라는 '요사스러운 무당'에 관해 이야기를 꺼냈다.

영조 재위 21년, 1745년 2월 13일에는 무녀인 '독갑방(獨甲房)'이라는 '요사스러운 무당'의 매흉(埋凶) 사건이 발각되었다.

본명이 '차섬'인 무녀, 독갑방(망량방)은 세간에 소문이 파다할 정도로 궁궐에 자주 드나들었다. 그녀는 서울 중부동에 거주하며 도깨비를 몸주 신령으로 모시는 무당인데, 그녀의 남편 유명복은 양반 가문 출신이었고, 그녀는 그의 첩이었다.

한국의 전근대적인 시기에는 세도가에서 무당을 첩으로 삼는 경우가 많았다. 가부장적인 유교 사회의 조선은 엄격한 신분제도를 유지했다. 당시 무당은 팔천에 속하는 천민으로, 도성 밖으로 쫓겨나 외곽에 기거하며 험난한 삶을 살아가야만 했다. 그들은 생존하기 위해 몸부림을 치며 무업 이외에도 자구책으로 갖은 방법을 동원하며 살았다.

독갑방은 무고와 매흉과 같은 샤머니즘의 흑주술(영: Back Magic)에 능했던 것 같다. 그녀는 누군가의 사주를 받아 사도세자와, 효장세자의 빈궁인 조씨의 거처인 현빈궁(賢嬪宮)을 저주했다.

흑주술은 사악하고 이기적인 목적을 달성하기 위해 초자연적인 힘이나 마법을 사용하는 행위다. 한국의 샤머니즘에서 주로 사용하는 대표적인 흑주술은 고독, 고술, 고흑이다.

이 기사의 내용으로 미루어 보면, 영조 재위 시에 유독 흑주술을 통해 왕이나 왕족을 저주하는 사건이 다수 발생했던 것 같다. 이 시기에 일부 사대부들이 영험한 무당의 능력을 빌어 역모를 일삼고, 자신의 입신양명과 부귀영달을 꾀했다는 것을 추론할 수 있다.

조선 시대의 무당은 '팔천(八賤)'에 속했다. 팔천이란 천역(賤役, 천한 업무)에 종사하는 여덟 천민으로, 사노비, 승려, 백정, 무당, 광대, 상여꾼, 기생, 공장의 여덟이다.

조선왕조실록에 의하면, 독갑방은 사대부 집과 여러 궁가(宮家)를 빈번히 왕래하며 매흉을 서슴지 않고 행했다.

독갑방은 무녀 신분임에도 도깨비와도 같이 신출귀몰하고, 주술과 비방에 능했기에 양반 신분인 남편을 등에 업고, 권력층의 비호를 받으며 양반가에 널리 회자(膾炙)되었던 모양이다.

당파싸움이 잦았던 영조 재위 시에는 몇몇 사대부들이 무당과 결탁해 샤머니즘적인 주술을 정치적인 수단으로 이용했다.

그들은 입신양명과 정치적인 권력을 쟁취하려고 무당과 손잡고 주술과 사도(邪道)를 서슴없이 행했다.

조선 시대에 활동했던 무당 중의 일부는 주술과 비방을 활용해 직·간접으로 배후에서 권력을 행사했다. 독갑방은 당시의 정치 권력층과 결탁한 브로커이자 큰 손으로 정치 무대에 등장했던 것 같다.

한국의 샤머니즘에서 무고(巫蠱)와 매흉은 대표적인 흑주술에 속한다. 무고는 '고독(蠱毒)'이라고도 불리며, 고대부터 동양에서 널리 사용되어 온 가장 사악한 주술이다.

갑골문(甲骨文)에 의하면, 무고와 고독에 사용된 한자인 '벌레 고(蠱)'자는 그릇 속에 많은 벌레를 담아둔 모양을 형상화한 글자로, 그냥 벌레가 아니라 인위적으로 배양한 독충이며 뱃속에 들어있는 벌레다. 과거에는 사람의 몸 안에서 기생하는 기생충도 고와 같은 의미로 사용했다. 여기에서 '유혹(誘惑)', '고혹(蠱惑)'이라는 단어가 유래되었다.

이 외에도 중국의 고서에는 고가 '공개적인 장소에서 효수나 책형으로 참수당한 자의 귀신'이라고 기록되어 있다.

효수는 죄인을 목 베어 높이 매달아 놓는 형벌이고, 책형은 죄인을 기둥에 묶어 창으로 찔러 죽이는 형벌이다.

지금까지 한국과 중국에서 전해 내려오는 고독의 주술에 따르면, 뱀, 지네, 전갈, 독거미, 독나방, 독개구리, 독벌, 불개미, 그리마, 두꺼비와 같은 맹독성 동물을 모아 한 항아리에 가득 넣고 뚜껑을 닫는다. 항아리 안에서 차츰 산소가 줄어들고, 먹을 것이 사라지면, 서로 먹고 먹히는 약육강식(弱肉強食)의 쟁탈전이 벌어진다. 이렇게 해서 항아리 안에 있던 벌레가 모두 죽고 최후에 한 마리의 벌레만 살아남게 된다. 이 벌레는 어마어마한 독기와 강한 주술적인 영혼을 품은 '충귀(蟲鬼)'가 된다.

이 벌레의 독을 모아 가루로 빻은 후에 음해하고자 하는 사람이 먹을 음식물에 함께 섞는다. 고의 독에 노출되면 몸 안에서 각 동물의 독이 가진 성질에 따라 신경독, 순환독, 배설독 등이 퍼진다.

고로 만들어진 동물의 독에 중독된 피해자의 증상은 다양하지만, 결국 일정 기간이 지나 죽게 된다.

매흉은 사기(邪氣, 요사스럽고 사악한 기운)를 전달해 특정한 상대방을 저주하여 병들게 하거나 사망에 이르게 할 목적으로 흉측한 물건(예: 사람의 해골, 뼛가루와 뼛조각, 여우나 고양이의 머리, 관 조각 등)이나 비방을 만들어 원하는 장소에 파묻고 저주하는 행위이다.

고래로부터 알려진 무고의 방법은 크게 3가지가 있다.

한국과 중국의 샤머니즘에서 지금까지 전해 내려오는 여러 가지 주술의 방법을 참고해 무고에 관해 정리하면 다음과 같다.

- 고독(蠱毒) : 독이 있는 곤충이나 동물, 파충류 등을 모아 인위적으로 배양해 고(蠱)로 만들고, 그 독을 이용하여 남을 해치는 주술.
- 고술(蠱術) : 상대방을 상징하는 물건이나 대체물, 예컨대 인형(제웅), 사주와 이름을 쓴 종이, 머리카락과 손톱. 발톱 등을 훼손하거나 상처를 가하고, 상대방에게 온갖 저주를 퍼부어 위해(危害)를 가하는 주술.
- 고혹(蠱惑) : 고(蠱, 벌레)를 일부러 사람의 몸 안으로 집어넣거나, 사마귀, 여우의 꼬리나 생식기 등과 같은 것을 이용해 음고(陰蠱) 또는 양고(陽蠱)의 숙주(宿主)를 만들어 상대방을 유혹하는 주술.

샤머니즘적인 주술은 조선의 왕실과 정치권력의 중심부에서 크게 세 가지의 목적으로 적극 활용되었다.

첫째, 조선왕조의 내명부에 속한 비빈들과 같은 여성이 중심이 되어 샤머니즘의 흑주술을 활용한 예이다. 그들은 왕실 권력을 쟁취하고 왕의 총애를 유지하기 위해 적극적으로 샤머니즘을 활용했다. 그들은 국왕의 총애를 등에 업고 종종 궁중 안에서 저주나 비방 등의 사건을 일으켰다. 저주나 비방 사건은 왕의 총애를 얻거나 권력을 유지하기 위한 왕실 내의 치열한 암투 수단으로 작용했다.

둘째,역모나 변란을 일으켰던 남성을 중심으로 샤머니즘이 이용되었다. 그들은 '왕권천수설(王權天授說)' 또는 진인(眞人) 사상을 자신들의 권력 유지를 위한 수단으로 활용했다.

조선왕조에서 역모의 주동자들은 사회의 변혁을 꿈꾸며 진인이라 불리는 메시아적 인물을 내세웠다. 이들은 종종 '범상난언(犯上亂言)'과 '모반대역(謀反大逆)' 같은 사건들을 일으켰다.

왕권천수설은 한 국가의 왕은 하늘이 점지한 인물이 된다는 믿음이고, 범상난언은 현 통치 체제에 반감이 있는 자가 불온(不穩)한 발언을 퍼뜨려 민심을 혼란케 하는 행위이다.

현대의 허위사실 유포 행위에 해당한다.

조선 초기인 태조의 집권 시에는 중국의 법률 '대명률(大明律)'이 형사법으로 활용되었다. 태조 4년(1395년)에 대명률을 수정하여 조선의 실정에 맞는 〈대명률직해〉가 편찬되었다.

모반대역은 대명률직해에 규정된 10악(惡)의 첫 번째로, 국가의 사직을 위태롭게 하거나 왕권을 상징하는 종묘, 산릉, 궁궐을 훼손하는 죄를 말한다.

사회변혁의 주체가 되고자 하는 세력들은 무당이나 술사를 동원해 왕을 은밀하게 저주하고 매흉이나 고독 등과 같은 흑주술을 적극적으로 활용했다. 동시에 반란군을 일으켜 정권의 탈취를 시도하기도 했다.

진인의 출현에 대한 예언이나 왕조교체설(또는 현 왕조 쇠망설)과 같은 정치적인 예언은 신비. 주술적인 종교운동으로 전개되었다.

조선 시대에 발생했던 역모 사건과 반역의 담론은 무격(巫覡)들이 주도적으로 생산했다. 당시의 무당이나 술사들은 사회의 급격한 변동과 때를 맞춰 민초(民草)들의 '진인(眞人)'과 초월적인 존재에 대한 기대와 믿음에 부응하고자 했다. 그들은 미륵 신앙을 통한 영적인 구원을 주제로 한 담론을 주로 생산해 유포시키기도 했다.

조선 시대에 발생했던 여환 사건(1688)과 차충걸 사건(1691)은 무격들과 그들의 추종자들이 종말론과 반역의 담론을 생산하고 주동한 사건이다. 당시의 무당이나 술사들은 사회의 급격한 변동과 '진인(眞人)'과 초월적인 존재에 대한 기대와 믿음, 미륵 신앙을 통한 영적인 구원을 주제로 한 담론을 주도하고 생산했다.

셋째, 샤머니즘이 집단적인 치유와 심리적인 안정을 유지하는 데 이바지했다.

샤머니즘은 국가적인 위기와 사회적인 변혁의 시기 또는 역성혁명 등이 발생했을 때마다 민중의 불안한 심리를 회복하고, 심리적인 위안과 안정을 찾아 사회적인 위기에 능동적으로 대처하려는 수단으로 활용되었다.

　어느 시대와 민족을 막론하고, 현실의 삶에 만족할 수 없거나 시대의 주류에서 밀려난 정치인들과 술사들은 현 정권의 몰락과 새로운 세상의 도래를 꿈꾼다. 또한 스스로 타개할 수 없는 현실에 불안감과 암울함을 느낀 대중들은 '사회적인 변동과 종교적인 갈망'에 대한 욕구를 일으키게 마련이다.

숙종 시대 중 운부와 이영창의 역모 사건

조선왕조의 숙종 재위 23년, 1697년 1월 10일에 이영창의 역모 사건이 발생했다. 반역 모의를 주도했던 이절과 유선기 등이 형벌을 받아 죽임을 당하고, 나머지 역모 가담자들은 귀양을 갔다. 이영창과 그의 무리가 획책했던 역모 사건을 재구성했다.

　이영창은 이절의 집에 유숙하면서, 이절에게 장지(葬地)를 얻으려면 자신의 스승인 운부(雲浮)를 만나보라고 넌지시 권했다.

　당시 떠도는 풍문에 의하면, 이영창의 스승인 운부는 70세 정묘생(丁卯生)의 중으로, 송의 명신이었던 왕조(汪藻)의 후손이라고 했다. 운부는 명나라가 망한 뒤 중국에서 표류하다가 조선으로 들어와 머리를 깎고 금강산 옥정암에 은거했다. 풍문에 의하면, 운부의 재주는 촉나라의 '제갈공명(孔明)'과 '유기(劉基)'에 비견할 만하다고 했는데, 천문(天文)과 지리(地理), 인사(人事)에 모두 통달했다고 한다.

　운부는 불경을 중들에게 가르치며 우수한 백여 명을 선별해 자신의 비술(祕術)을 전수했다. 그는 여러 도(道)를 왕래하며 팔도의 중들과 결사체를 조직하고 '장길산(張吉山)' 일파와도 결탁했다.

　장길산은 숙종의 재위 시에 활동했던 조선의 3대 도적으로 체포되지 않고 종적을 감춘 전설적인 인물이다.

이영창의 주장에 따르면, 운부는 이른바 진인(眞人)이라고 칭하는 정(鄭)가를 일단 왕으로 옹립한 후에 중국을 공격하고, 최(崔)가를 차기 왕으로 추대해 조선을 평정하려고 계획했다.

이영창과 운부의 무리는 11월 3일에 거사를 치르기로 의기투합했다. 이영창은 세전노자 신분인 최상중(崔尙仲)·최상성(崔尙晟) 형제를 돈을 내고 노비 신분에서 벗어나게 해 왕으로 옹립하고 새로운 나라를 세우기로 모의했다.

이영창은 운부가 정묘생(丁卯生)이고, '진인은 기사년(己巳年) 무진월(戊辰月) 기사일(己巳日) 무진시(戊辰時)에 태어났다.'라고 말했다.

그러자 이익화는 비기(秘記, 비밀스러운 기록)에, '진년(辰年)과 사년(巳年)에는 성인(聖人)이 나고, 오년(午年)과 미년(未年)에는 즐거움이 대단하다.'라는 기록을 언급했는데, 비기에 기록된 내용을 자의적으로 해석해 당시의 시대 상황과 자신의 역모 계획을 꿰맞췄다.

이들의 역모를 알게 된 별무사 김체건은 이영창과 그의 무리를 뒤쫓아가 결박해 체포하고 그들을 구속했다.

크게 노한 숙종은 이미 구류되어 있던 '혜찰'이라는 중과 이영창 일파를 즉시 잡아다 내병조에 국청을 설치하고 문초하도록 명했다.

심문을 통해 이영창이 역모를 주도했다는 사실이 밝혀졌다. 이 과정에서 최상중과 최상성 형제도 연달아 형신(刑訊)을 받았으나, 역모의 계획을 자백하지 않고 죽었다.

형신은 죄인의 정강이를 때리며 죄를 자복하도록 심문하는 것이다.

역모를 주도한 배후 인물 이영창은 자신의 역성(易姓)혁명을 성공시키기 위해 사실을 날조하고 왜곡했다.

결국 최씨를 왕으로 옹립해 역성혁명을 꿈꿨던 이영창은 국청에서 일곱 차례의 공초와 형신을 받고 죽었다.

영조 시대 순정이란 궁인이 일으켰던 모해 사건

영조 재위 6년, 1730년 3월 9일에는 순정이란 궁인이 행한 매흉(埋凶) 사건이 발각되어 궁궐이 발칵 뒤집혔다.

영조가 왕위에 오르기 전 거처의 궁인이었던 순정(順正)은 매흉을 통해 효장세자(진종, 영조의 장자)를 모해(謀害)해 사망케 하고, 영조의 옹주 4명을 죽이려고 시도하다가 발각되었다.

순정(順正)은 성미가 사납고 시기심이 있는 여인으로, 그녀는 궁내에서 큰소리를 지르며, 패악질을 일삼고, 세자의 사친(私親)에게 불순한 짓을 하는 일이 잦아 궁궐에서 내쳐졌다.

사친은 후궁 소생으로 즉위한 왕의 친부모나 왕비와 후궁의 친부모다.

영조는 순정에게 허물이 있음에도 신축년에 다시 궁인으로 입궐하도록 허락했다. 순정은 세자가 책봉된 후에 갑진년부터 세자와 두 옹주를 보필하는 옹주방에 소속되었다.

그녀는 동궁의 나인(內人)이 되지 못하자 불만과 앙심을 품고 무신년부터 흉악한 짓을 일삼기 시작했다. 영조는 순정을 의심할 만한 심증은 있었으나 직접적인 증거가 될 만한 단서가 없어 그녀를 잠자코 놔두었다.

영조의 원랑(原郎, 세자)인 '경의군(敬義君)'이 갑자기 병환이 나자, 그를 진료했던 의원조차도 병의 증세와 원인을 도무지 알 수가 없었다. 그 밖에, 화순 옹주가 홍진을 겪은 후에 괴이하게도 하혈 증세가 생겼다. 순정은 강보에 싸여있던 왕녀 4명에게도 독약을 썼다.

결국 순정이 궐내에서 매흉을 통해 영조의 혈속을 남김없이 제거하려 계획하고, 세자의 모친인 정빈 이씨에게 독기를 부렸기 때문이라는 사실이 밝혀졌다. 그뿐만 아니다. 창경궁 근처에는 뼛가루와 뼛조각 그리고 쇠기름 같은 것이 곳곳에 뿌려져 있었고, 빈궁과 옹주의 방 담장 밖에도 무언가가 묻혀 있었다.

이에 진노한 영조가 대신들과 포도대장 등을 불러 죄인인 순정과 세정을 인정문에서 친국했다. 죄인 순정과 함께 음모에 가담한 복랑. 구월, 김덕이도 모두 내수사에 갇혔다.

순정과 함께 국문(鞫問)당한 세정은 세교에서 거름을 지는 김중청에게서 사람과 여우의 뼛가루를 구해 그것을 편지 봉투에 싼 뒤에 거여지를 통해 전달하면서 순정에게 뼛가루를 이용해 사람을 죽이는 방법을 가르쳐 주었다.

국문을 받은 순정과 세정은 자신들의 죄를 낱낱이 자백했다. 매흉에 가담한 죄인들은 무기고 앞에서 국법에 따라 처참(處斬, 목을 베여 죽이는 형벌)되었다.

조선 시대의 혁명가들은 '하늘이 점지한 인물이 왕이 된다.'라는 '왕권친수설'을 매우 중요시했다. 그만큼 사주팔자는 현 체제를 전복하려는 사람들과 새로운 세상을 건설하려는 혁명가에게 개인의 삶과 운명을 넘어선 중대한 의미였다.

요승 처경이 범한 조요서요언(造妖書妖言)의 죄

숙종의 재위 2년, 1676년 11월 1일에는 요승(妖僧)인 '처경'이 주도했던 또 하나의 해괴한 사건이 발생했다. 강원도 평해 출신의 승려인 처경은 용모가 청수하고, 재주가 신이(神異)해서 세인들에게 생불로 추앙을 받았다. 그는 불우했던 과거의 신분을 보상받기 위해 요망한 글과 말로써 소현세자의 유복자를 위장했다. 그는 의금부의 국문을 통해 '조요서요언(造妖書妖言)'이라는 죄목으로 처형되었다.

'조요서요언'이란 죄목은 이른바 '요망한 글과 말을 지어 대중을 미혹시킨 죄'라는 뜻이다.

떠돌이 불승이었던 처경은 자신의 신분을 소현세자의 유복자로 위장하기 위해 유증 자료를 조작하고 영의정 및 왕실의 인물들과 접촉을 시도하다가 의금부에 압송되어 집중적인 심문을 당했다.

이 사건에 관한 자료는 숙종실록 5권, 숙종 2년(1676년) 11월 1일 기묘 1번째 기사에 실려 있다.

처경은 평해군(平海郡)의 아전 손도(孫燾)의 아들이다. 그는 세인들에게 용모가 자못 '청수(淸秀)'하고, 재주가 '신이(神異)하다'는 평가를 받았다. 처경은 옥으로 만들어진 작은 불상을 가지고 소원하는 바를 성취해 준다며 선전하고 다녔다.

소문에 의하면, 그는 귀공자와 같이 수려한 용모 못지않게 곡기를 끊고서도 막힘없이 경문을 풀어주는 능력까지 갖추고 있었다.

처경이 생불(生佛)로 추앙을 받자, 사람들이 앞을 다투어 그의 주변으로 몰려들었다. 그를 지척에서 따르던 무리 중에 67세의 '묘향(妙香, 본명은 백아개)'이라는 여종은 항간에 떠돌던 "소현세자의 유복자가 물에 던져졌다."라는 소문의 인물이 바로 처경이라 여겼다.

그녀는 처경의 앞모습이 생불(부처)과 같고 뒷모습은 왕자와 같아 소현세자의 유복자라고 확신했다.

처경은 후일 인조의 손자이자 인평대군의 셋째 아들인 복창군(福昌君), 이정(李楨, 1642~1680) 집안의 사람들에게서 들었던 이야기를 참고해 왜능화지에 '소현 유복자, 을유 4월 초 9일생'이라 쓰고, '강빈(姜嬪)'이라는 두 글자를 첨가했다.

스스로 신분을 위장한 처경은 와병 중인 영의정, 허적의 집에 가서 울면서 자신이 강빈의 유복자라는 증표를 내보였다. 영의정을 대신해 좌의정인 권대운이 처경을 만나서 그가 제시한 증표를 자세히 살폈다. 권대운은, 처경이 내민 증표에 오서(誤書)가 많이 발견되자 처경의 신분을 의심했고, 그를 수상쩍게 여겨 숙종에게 이 사실을 아뢰었다.

숙종은 신하들을 모아 처경을 처결할 방도를 물었다. 처경은 결국 중죄인으로 서울의 훈련도감 북영에 설치된 추국장에 섰다.

추측 컨데, 처경이 소현세자 유복설(遺腹說)을 재구성한 까닭은 그 자신이 고귀한 출생임을 주장하고 어필하기 위해 자신의 삶을 재구성하려 했던 것 같다.

처경은 불우한 환경 속에서 자란 비천한 승려의 삶을 만회하기 위해 자신의 비범한 능력과 그를 따르던 무리를 이용해 신분을 세탁했다.

강빈의 아들로 신분을 위장하여 불우했던 유년의 삶을 보상받고, 새로운 삶을 쟁취하려던 처경은 본래의 신분이 발각되어 용산의 당고개에서 처형되었다.

떠돌이 중에 불과했던 처경은 자신에게 생불의 이미지와 '남겨진 왕실의 후예'라는 신화적인 이미지를 덧붙여 부귀영달을 꿈꾸다가 스물다섯의 불우한 인생을 끝으로 참형을 받아 형장의 이슬로 사라진 비운의 승려다.

해주 무당 애진의 제사

우리는 처경의 사건을 통해 당시 민중들에게 불승들, 또는 무당이나 술사들이 비범한 영적인 능력이나 치유와 예지 능력을 남용 또는 오용하며 부귀영달을 꿈꾸는 과정을 확인했다.

처경이 처참하게 죽임을 당하고 나서 11년 후인 숙종 재위 17년, 1691년에 황해도 재령에 거주했던 무당인 애진(愛珍)이 처경을 위해 제사를 지냈다. 그녀는 당시 61세의 양민이자 무업을 생업으로 삼았던 '조이달'의 처(妻)다. 조이달은 차충걸과 함께 '난폭한 말로 임금을 범한[亂言犯於上] 죄'로 참수되었다.

한국의 샤머니즘에서는 살아생전 종교에 심취하여 독실하게 수행했거나, 종교인이 종교적인 소명을 완성하지 못해 한을 품고 생을 마감하면 '종교령'이 되어 떠돈다는 믿음이 전해온다.

신들림(혹은 지핌) 현상이 강신 무당에게 아무 때나 일어나지는 않는다. 신들림 현상 대부분은 일종의 '동기감응(同氣感應)'에 의해 발생한다.

동기감응은 『주역(周易)』 '중천건괘(重天乾卦)'의 "동성상응(同聲相應) 동기상구(同氣相求)"에서 유래되었다.

동성상응은 '번개가 치면 우레의 소리가 뒤따르듯이 주파수가 같은 소리끼리는 서로 응한다.'라는 뜻이고, 동기상구는 '같은 기질이나 기운끼리는 서로 찾아서 모인다.'라는 뜻이다.

이런 현상은 (같은) 기는 서로 감응하므로 사람이 부모로부터 육체를 받는 것[氣相感應 猶人受體於父母]과 같다. 동기감응론의 원리는 죽은 조상과 후손은 같은 유전인자(同氣)를 가지고 있으므로, 같은 기(氣)가 서로 감응하고, 기운이 같은 파장의 DNA 유전인자를 가진 사람에게 전달된다는 것이다.

해주의 무녀 애진은 천기(天機)에 관한 공부를 진행하고, 처경의 영혼을 위로하는 제사를 지냈다. 그녀는 처경의 혼령과의 동기감응에 힘입어 대중들의 종교적인 갈망에 부응하려고 했을 것이다. 이와 관련한 내용은 숙종실록 18권, 숙종 13년, 1687년 4월 30일 정축 1번째 기사에서도 확인할 수 있다.

특진관 이선은 숙종에게, 해주(海州)의 요망한 무당이 역적인 이남을 위한 사당을 세우고, 처경을 배향한 사실을 아뢰며 그들의 죄를 엄중하게 다스릴 것을 주청했다.

17세기 말(숙종 17년, 1691년) 황해도 해주 수양산 일대에서는 죽은 처경을 영험한 신령으로 간주해 신봉하는 동시에 '정필석(鄭弼碩)'이라는 이름을 가진 생불도 함께 추앙했다. 무녀인 애진은 주도적으로 처경을 신위(神位)로 모셔 배향하며 제사를 지냈다.

한국의 샤머니즘에서는 예로부터 생존 시에 불우한 삶을 살았거나 억울한 죽음으로 죽어간 영웅들을 신령으로 받들어 모시고 있다.

이선의 주청을 들은 숙종은, "해주의 무녀를 멀리 떨어진 섬에 정배(定配)하라."라고 명했다. 숙종은 '소현세자(昭顯世子)의 유복자(遺腹子)'를 사칭하여 왕실의 권위와 정당성을 실추시킨 처경과 그를 따르는 무리가 일으킨 소요를 신속하게 척결하려고 했다.

아울러 역적을 기억하는 사당을 철폐하고, 그를 위해 제사를 지냈던 무녀를 절해고도로 유배하도록 명함으로써 사건을 종결했다.

앞서 여러 사례에서 살펴본 바와 같이, 조선 시대에 발생한 역모나 변란 사건에서 주목할 만한 점은 변란의 주모자들이 사회의 변동기 때마다 민간신앙 형태의 유언비어를 의도적으로 퍼뜨렸다는 사실이다. 그들은『정감록(鄭鑑錄)』과 같은 예언서와 풍수도참 사상도 함께 유포했다. 때로는 '참요(讖謠)'를 삽시간에 퍼뜨리기도 했다.

참요란 시대적 상황이나 정치적인 징후의 암시가 담긴 동요이며, 루머(영: Rumor)는 근거가 없는 소문이나 풍문을 일컫는 말이다. 소문이나 풍문으로 떠도는 루머는 예나 지금이나 민중의 불안한 심리를 파고들어 세간의 여론을 주도하며 왜곡하고 있다.

조선 시대 후기의 역성 혁명가들은 풍수도참 사상을 담은『도참비기(圖讖秘記)』를 활용해 당시 왕조의 멸망과 정권의 교체를 예언했다. 이들은 미륵의 출현과 후천개벽 사상(後天開闢 思想)을 내세워 당시 체제의 전복과 사회제도의 변혁을 꾀했다.

후천개벽설은 한국의 신종교에서 태동한 개념으로, 시운의 변화로 암울했던 선천 세계가 끝나고 광명한 후천 문명의 세계가 시작된다는 종교 사상이다.

한국의 풍수(風水)·도참(圖讖) 사상은 왕조의 변혁기마다, 때로는 역병이 돌고 사회가 혼란스러워 민심이 흉흉해진 틈을 타서 더욱 기승을 부리며 눈덩이처럼 번져 나갔다.

역성(易姓) 혁명가들은 민간신앙이나 풍수지리, 이단 사상을 활용해 그들의 지지 세력을 모으고 체제의 반란을 주도했다. 이때 종교적인 내용을 담은 사상들은 절망에 빠진 민중들에게 새로운 구원과 희망의 메시지로 작용했다.

풍수지리설은 고려시대 초기 선각국사인 '도선(道詵, 827~898)'에 의해 전개되어 고려 왕조 탄생의 정당성을 유지하고 국가를 경영하는 이데올로기로 활용되었다.

특히 고려의 태조 왕건(王建, 877~943)은 〈훈요십조(訓要十條)〉를 통해 후손들에게 풍수지리설을 신봉할 것을 하교하기까지 했다.

풍수(風水)란 '바람을 막고 물을 얻는다.'라는 '장풍득수(藏風得水)'의 준말로, 주역에서 이론적인 기틀이 완성되어 하나의 지리 사상으로 확립되었다. 풍수의 기본 원리는 '피흉추길(避凶趨吉)'인데, 땅의 경로를 따라 흐르는 살아있는 기운(生氣)과 사람이 접촉함으로써 길함을 얻고 재앙을 피한다는 원리다.

땅의 생명(생기, 生氣)은 시간의 흐름과 그 땅을 소유한 사람의 기운에 영향을 받아 왕성해지거나 쇠약해진다. 인간은 그가 소유한 땅의 지기(地氣)가 왕성할 때 부귀와 영화를 누리고, 지기가 쇠약해지면 그 땅을 소유한 사람에게 재앙이나 불운이 닥친다.

한국의 풍수지리설은 나중에 권선징악(勸善懲惡)의 윤리성이 추가되어 민간신앙으로 자리를 잡았다. 현대에 와서는 자생풍수의 경험을 토대로 과학적이고 합리적인 '경험 지리학'으로 발전되었다.

도참설(圖讖設) 내지 참위설(讖緯設)은 중국 전한 말의 애제와 평제 때에 후한의 장형(張衡, 78~139)이 발전시킨 이론으로, 중국 상고시대의 다신교적 민간신앙에서 유래했다.

도참의 '도'에는 미래의 신호나 상징, 예징(豫徵)이나 표징. 징후. 전조나 암시가 포함되어 있다. '참'은 세언(細言). 미언(微言). 은어(隱語)로 구성된 상징적인 언어로, 국가나 왕조 또는 특정 인물의 길흉화복을 예언하는 것이다.

'도'와 '참'이라는 두 단어가 합해진 도참(圖讖)은 인간의 길흉화복과 왕조의 흥망성쇠에 대한 예언 혹은 징조다.

한국 사회에서 풍수지리설과 대부분의 도참 관련 예언서는 왕조의 멸망, 국가적인 운명의 예견과 전망이 다수 포함되어 있어 사회적인 여론을 형성했다.

조선 태종(太宗, 1367~1422)은 참위술수(讖緯術數)가 혹세무민(惑世誣民)한다고 개탄했다. 그는 예언서들이 민중을 현혹하고, 유언비어를 날조한다며 금서(禁書)로 지정해 예조에 엄명을 내려 모두 불태웠다.

도참예언서는 예로부터 현재까지 체제에 대한 불만과 거부. 체제의 전복과 왕조의 멸망 및 사회적인 변혁을 꿈꾸는 자들에게 매우 실용적인 도구로 활용되고 있다. 혁명가들은 민심을 조작하는 도구로 도참예언서를 활용하기 위해 기록된 내용을 작위적으로 해석하고, 자신들의 반란이나 역성혁명에 중대한 의미를 부여하거나 정당화했다.

『정감록』에는 '한양 이씨 왕조'의 멸망과 '계룡 정씨 왕조'의 출현[이망정흥(李亡鄭興)] 및 '계룡산 도읍(신도안)' 등이 기록되어 있다. 수백 년 동안 금서로 분류되어 온 도참예언서는 여러 사람의 손에 의해 전사(轉寫)되어 은밀하게 전파되고 있다.

조선 시대 대부분의 역모와 변란은 점복과 풍수, 예언과 주술에 능했던 무당과 술사(術士)들의 적극적인 주도로 이루어졌다. 역모나 변란의 주모자들은 천기를 조작하고, 관상학적 지식을 동원했다. 그들은 '진인(眞人)'을 사칭해 반(反) 왕조의 상징성을 가진 특정한 인물에게 신화적인 이미지를 부각하고 정신적인 구심점으로 삼았다. 그들은 항간에 루머를 퍼뜨려 민심을 조작해 짧은 기간에 동조자들을 급조할 수 있었다.

진인은 도가, 도교, 불교, 선도 등에서 도와의 합일을 이루어 영적으로 승화된 종교 수행자를 일컫는다.

장자(莊子)라 불리는 장주(莊周, BC 369~BC 286)는 송나라 출신으로 세속을 초탈한 삶을 살았다. 그는 현재까지도 도를 실현한 '남화진인(南華眞人)'으로 추앙되고 있다.

예나 지금이나 불안은 인간의 이성을 마비시키고, 영혼을 잠식한다. 예측 불가능한 상황과 맞닥뜨린 사람들은 현 상황을 이해하고 효과적으로 대응하기 위해 거짓과 진실 여부를 불문하고 그가 취할 수 있는 모든 정보를 수집한다.

아직도 선거철만 되면 항간에 근거를 알 수 없는 루머가 떠돌고, 도참설이 대중의 마음속으로 깊숙이 파고들고 있다.

2

미친 영향

한국교회에

샤머니즘이

샤머니즘

교회로간

고종황제는 1884년 7월 3일 미국 출신의 감리교 선교사였던 R. S. 메클레이(Robert Samuel Maclay, 1824~1907)에게 '교육과 의료 사업에 한정해 선교 활동을 하도록 윤허(允許)했다. 이와 함께 공식적으로 한국 기독교의 역사가 시작되었다.

한국에서 기독교가 비교적 짧은 역사에도 불구하고 급속도로 성장한 배경에는 무엇보다 한국인의 신앙심 기층에 깔린 기복적인 사상이 큰 몫을 차지했던 것 같다.

샤머니즘은 한국인의 민족성과 의식구조 및 사고방식, 교육과 신앙관의 형성, 그리고 삶의 철학에 지대한 영향을 끼쳤다. 하지만, 현재까지도 한국교회 내에서는 샤머니즘적인 기복성이 기독교적인 가치관에 부정적인 영향을 끼치고 바른 신앙생활을 저해한다는 이유로 거센 비판의 대상이 되고 있다.

감리교 선교사였던 헐버트(Homer Bezaleel Hulbert, 1863~1949)는 감리교 선교사로 일제 강점기에 입국해 대한민국의 독립운동을 도왔으며. 한국 YMCA의 초대 회장을 역임했다. 그는 한국을 무척 사랑했는데, 말년에 "내가 젊은 날 사랑했던 한국 땅에 묻히고 싶다."라는 유지를 남겨 현재 양화진 외국인 선교사 묘역에 고이 잠들어 있다.

헐버트는 생존 당시 한국인들은 배타적이지 않은 혼합적인 종교 성향을 지니고 있으며, 고난을 당할 때에는 영혼의 숭배자가 되어 민속신 앙을 따른다고 했다. 한국인들의 신앙관에 관한 탁월한 통찰이다.

샤머니즘은 기독교계의 다각적인 비판에도 불구하고, 장구한 세월 동안 특유의 실용성으로 인해 한국인의 삶과 심성에 굳건히 뿌리를 내 려 한국 문화와 교육 및 인격 형성에 지대한 영향을 끼쳤다.

관용(寬容, 영: Toleration)을 지닌 한국인은 외래 종교를 거부감 없이 수용하고, 타민족의 새로운 문화와 사상을 융합해 새로운 형태의 샤머니즘으로 발전시켰다.

샤머니즘은 끈질긴 생명력 가진 한국인의 기층 신앙이요, '리좀(불: Rhizome: 뿌리)'으로, 다른 종교와 문화의 배척과 핍박을 견디고 관용 과 포용력으로 완성된 '민중의 종교'다.

우리 조상들은 샤머니즘적인 의례를 통해 '제액초복(除厄招福, 나 쁜 징조와 재해를 물리치고 복록과 경사스러운 일을 부름)'과 무병장수 및 왕생극락(往生極樂)을 꿈꿨다.

우리 조상들에게 샤머니즘은 다양한 질병을 고치고, 현세에서의 풍 요로운 삶을 이루도록 도우며, 예기치 못한 재앙을 적극적으로 모면할 수 있도록 돕는 고도의 실용적인 생존 방책이었다.

기독교가 한국에 유입될 당시만 해도 가진 자들의 핍박과 억압을 받으며 힘겨운 삶을 감내해야 했던 민초(民草)들은 천상 옥황상제를 천상의 최고신으로 숭배해 왔다. 기독교가 유입될 당시의 선교사들은 한국인이 숭배하고 있는 천상의 최고신인 하느님과 기독교의 유일신 여호와를 동일 개념으로 번역해 선교를 진행했다.

그 덕분에 기독교로 개종한 사람들이 샤머니즘과 융합한 기독교를 별다른 저항감 없이 수용할 수 있었다.

현재 한국의 교회 내부에는 아직도 지극히 현실주의적이고 기복적 인 샤머니즘과 융합한 기독교 신앙을 가진 성도들이 있다. 그들은 자신 들이 믿는 하나님을 마치 앙재초복(殃災招福, 재앙을 피하고 복을 기원하는 것)의 대상이기를 기대하는 것 같다.

자신이 기독교인임을 강조하는 사람 중 일부는 신앙을 통한 기적을 열망하고, 강력한 신비주의적인 체험을 추구하며, 현실 중심적인 복된 삶을 염원한다.

일부 기독교 계통의 이단 교파 성도들은 샤만적인 예언 능력과 치유 능력을 가진 샤만과 같은 목회자를 열망하고 숭배한다. 이는 성령의 임재를 강조하는 광신적인 심령 집회나 은사 집회를 이끄는 이단 교회에서 특히 두드러진 현상이다.

일정한 교회에 교적을 두지 않은 성도들은 끊임없이 소위 "영발이 강한" 교회나 기도원을 찾아다닌다. 그들은 마치 은사와 축복을 중재하는 목회자나 설교자들을 필요로 하는 것 같다.

최근 일부 기독교계 이단 종파에서 신비주의와 기복 신앙을 앞세워 상업적인 종교화를 유도하는 현상이 눈에 띈다.

이들은 (샤머니즘적인) '강신술'과 기독교가 모호하게 통합한 행태의 절충적인 교회를 표방한다. 이들이 이끄는 성령 부흥 집회는 마치 강신 무당이 공동체의 치병과 치유를 위해 신령을 모시고 진행하는 '굿'에서의 집단적인 신들림 현상과 유사해 보인다.

또한 '신비주의'를 지나치게 강조하는 기독교계의 일부 이단 집단에서는 과도한 헌금을 바치도록 강요한다. 그들만의 하나님을 찾는 성도들은 나르시스적인 욕망과 이기적인 목적을 달성하기 위해 마치 투자하듯이 교회에 헌금과 십일조를 바친다. 이러한 행위는 한국 기독교의 탈(脫)기독교 현상을 가속화한다.

독일어판 구약성서 말라기 3장 10절(유명옥 번역)에는 다음과 같은 기록이 있다.

"전지전능한 나, 여호와가 요구하노라. 너희가 전체적으로 수확한 양의 십분의 일(십일조)을 내 신전으로 가져와 그것으로 여분의 양식이 남아 부족함이 없도록 하라. 너희는 그렇게 함으로써 내가 (너희에게)

한 언약을 지키는지를 시험하여 보라. 나는 하늘의 자물쇠를 다시 열어 너희에게 나의 축복을 선사하리라."

이 구절을 읽으면, 마치 성서에서 인간의 본성인 기복 행위를 조장하고 있는 것처럼 느껴진다. 나는 성도가 교회에 십일조(十一條)를 바치는 행위는 여호와와 언약을 맺은 백성이 여호와로부터 받은 축복과 사랑에 대한 순종과 감사의 마음을 대신해 헌신하는 하나의 상징적인 행위라고 생각한다.

최근 들어 일부 기독교계의 이단 교파에서는 성도들에게 '성령'과 '성령 체험'을 두드러지게 강조하고, 입신과 방언을 지나치게 선동하고 있다. 이들이 조장하는 성령 체험은 샤머니즘의 신들림 현상에서 나타나는 '엑스타시(영: Ecstasy: 자기를 초월한 황홀경)'와 거의 흡사하다. 일부 이단 교회의 목회자들은 삼위일체 신론의 대체물로써 치병과 기복, 성령의 임재를 강력하게 독려하기도 한다.

광신주의와 기복적인 신앙에 뿌리 깊게 젖어있는 이단 기독교인들은 접신(接神)과 엑스타시를 경험하고, '성령을 받고, 성령으로 거듭났다'라고 주장한다. 이를 적극적으로 추구하는 사람들은 유독 신비체험과 방언, 엑스타시를 갈구하며 영험한 무당을 찾아다니듯이 기도원이나 열광적인 성령·부흥 집회를 찾아다닌다.

'샤머니즘적인 영성'을 가진 일부 이단 기독교인들은 열광과 엑스타시가 난무하는 분위기 속에서 강렬한 스트레스의 해소와 치유, 카타르시스(Catharsis, 내적인 정화)를 추구한다. 그들은 내적인 성숙보다는 자신의 기독교 신앙 속에 침잠해 있는 샤머니즘적인 사고방식 그대로 신앙심을 키워가는 것 같다.

최근 들어, 한국교회 내에서는 샤머니즘과 결합한 종교 혼합주의가 전파되어 성도들의 신앙관도 점차 세속화되고 샤머니즘과의 경계가 희박해지고 있다.

'가계 치유(개신교계, 가계 저주론)' 기도는 샤머니즘과 기독교 신앙이 혼재되어 나타나는 단적인 현상으로, 한국인의 조상 신앙과 결부된 기복신앙(祈福信仰)에서 유래했다. 가계 치유 기도는 기독교계와 가톨릭계가 공식적으로 금지했음에도 불구하고, 아직도 일부 성도들 사이에서 암암리에 행해지고 있다.

가계 치유라는 개념은 1972년 영국 출신의 성공회 신자이자 내과와 정신과를 동시에 진료했던 '케네스 맥알(Kenneth McAll, 1910~2001)' 박사에 의해 처음으로 주장되었다.

맥알은 그가 중국에서 체험했던 구마 의식(독: Exorzismus, 귀신을 쫓는 의식)에서 정신적으로 많은 영향을 받았다.

맥알은 현대 의학으로는 제대로 치유할 수 없었던 임상 환자들을 다년간 조사했다. 그는 특정한 환자들이 앓고 있는 현재의 질병이 가계의 조상으로부터 물려받은 영적인 상처들로 인해 마음과 영혼에 문제가 생겨 유발되었다고 확신했다. 맥알이 조사했던 환자들은 일종의 영적인 '속박 증후군(영: Possession Syndrome)'을 앓았다.

속박 증후군은 인간관계에서 두 사람 사이의 균형이 파괴되면서, 한쪽이 다른 한쪽에 수동적으로 예속되는 현상을 의미한다.

가계 치유 기도는 '죄의 전가 사상'에 기초하고 있다.

죄의 전가 사상이란 조상들의 죄가 (특정한) 후손들에게 유전되어 그 후손들이 조상들과 같은 죄를 반복해서 저지르거나 고통과 질병에 시달리며 불행한 삶을 살아갈 가능성이 있다고 믿는 것이다.

가계 치유 기도의 논리는 죄 많은 조상을 둔 후손들은 조상으로부터 후손에게 유전되는 죄의 연결고리 및 통로를 끊어야 한다는 논리로 귀결된다. 가계 치유 신앙을 가진 사람들은 그렇게 함으로써 후손들이 조상들의 영적인 속박과 저주받은 삶에서 벗어날 수 있다고 믿는다.

가계 치유 기도의 배경에는 '가계 저주론'이 자리하고 있다. 이에 관한 자세한 내용을 좀 더 깊이 알고자 하는 독자는 1997년 메릴린 하키가 출간한 『가계에 흐르는 저주를 끊어야 산다』라는 책과 김홍기 목사가 쓴 『가계저주론, 그 실체를 밝힌다』를 읽으면 좋을 듯하다.

가계 치유 기도의 신봉론자들과 후손들은 가계 치유 기도를 통해 조상들이 지은 죄를 용서한다. 조상들은 이 기도를 통해 영적인 속박과 저주받은 삶에서 벗어날 수 있다. 후손들은 이 기도의 마지막 단계인 '성체성사'를 통해 죄 많은 조상을 용서해야만 완전한 가계 치유를 기대할 수 있다고 주장한다.

2008년 가톨릭교회는 가계 치유 기도가 샤머니즘적인 세계관과 연결되어 있고, 성서를 자구적으로 해석해 신도들에게 영적인 해악을 미칠 가능성이 농후하기 때문에 공식적으로 금지했다.

현재 한국의 개신교회 역시 가계 치유 및 가계 저주론과 관련된 행위를 전면적으로 금지하고 있다.

가계 치유 기도는 말하자면 천주교의 구마 의식과 한국적인 샤머니즘의 세계관이 결합한 독특한 형식의 기도라고 할 수 있다.

어쩌면 기독교계 일부 종파가 양적인 팽창을 위해 점차 기독교 교리와 샤머니즘적인 세계관을 모호하고 절충적으로 혼합해 재융합하는 길을 모색하고 있는지도 모르겠다.

3

바꿀 수 있을까?
인위적으로
과연 운명은
사주와 운명

이 주제에 대해서는 일란성 쌍둥이에 관한 연구를 중심으로 살펴본다. 일란성 쌍둥이로 태어난 사람들은 같은 날, 같은 시간에, 같은 부모로부터 같은 유전자(영: Gene)를 가지고 태어났을 뿐만 아니라 가정환경과 가족, 친지들까지 공유한다. 이들은 성인으로 성장해서도 외형적으로 매우 유사할 뿐만이 아니라 천성과 기호까지도 비슷하다. 하지만 같은 사주를 가진 쌍둥이라 할지라도 다른 운명으로 살아가는 경우가 대부분이다.

명나라에서 태어난 '만민영(萬民英, 1521~1603)'은 사주명리학 서적인 『삼명통회(三命通會)』를 저술했다.

그는 쌍둥이의 사주뿐만 아니라 같은 사주로 태어났으나 다른 운명을 살았던 사람들의 삶을 수집해 기록했다.

만민영은 같은 사주를 가진 사람이라고 해도 후천적으로 운명에 영향을 미치는 다양한 조건들로 인해 운명의 차이가 확연히 존재할 수 있음을 일찌감치 간파한 학자다.

인간의 운명을 후천적으로 달라지게 할 수 있는 요인들은 다음과 같다.

성별과 인성, 태어난 가문과 가정환경, 조상의 음덕(蔭德)이나 업보(業報), 태어난 시대와 장소(기후와 풍토), 양생(養生), 종교의 유무, 학력, 직업과 배우자의 선택, 인간관계, 본인의 깨달음, 추길피흉(二趨吉及避)의 상황에서 취하는 자유 선택과 행동 등.

인간의 사주와 운명론을 연구한 프로젝트는 아니지만, 1979년 미국의 미네소타 대학 심리학과의 '토마스 부샤드 주니어(Thomas J. Bouchard Jr, 1937~)' 교수는 '따로 양육된 쌍둥이의 미네소타 연구(Minnesota Study of Twins reared apart)'라는 프로젝트를 진행했다. 이 프로젝트에 참여한 연구의 대상은 태어나자마자 서로 다른 가정에서 양육되어 성장한 쌍둥이들이었다.

미네소타 연구는 유전적인 요인과 환경의 상호 작용이 인간의 성장과 발달에 어느 정도 영향을 미치는지 집중적으로 탐구한 작업이다.

부샤드 교수 연구팀은 미네소타 연구 프로젝트를 통해 일란성 쌍둥이가 다른 환경에서 자랐음에도 (외형적으로) 유사한 상태로 성장했음을 증명했다. 이뿐만이 아니다.

연구에 참여했던 쌍둥이들은 종교와 사회. 문화, 언어와 인종 및 가정환경이 다른 곳에서 자랐음에도 불구하고, DNA에 의존하는 체질량지수(영, BMI: Body-Mass-Index, 인체의 비만도 지수)와 체질 등 신체적인 조건이 유사했을 뿐만이 아니라 가치관과 기호, 버릇이나 습관, 기질과 성격적인 특성이 거의 비슷한 상태로 성장했다.

이러한 연구 결과는 유전자가 지닌 지배적인 효과를 증명하고 있다.

그렇다면 일란성 쌍둥이들의 운명은 어떠한가?

우리 주변에는 같은 날, 같은 시간에 일란성 쌍둥이로 태어난 사람들이 사주팔자가 같음에도 불구하고 종종 서로 다른 삶을 살아가는 걸볼 수 있다. 이는 유전자의 체계가 인간의 모든 성질과 환경적인 상황에서 똑같은 강도로 작용하거나 발현되지는 않는다고 하는 것을 추론하게 한다. 아울러 특정한 상황에서 유전자가 미치는 영향이 외부적인 환경과 조건에 크게 의존할 수 있음을 시사하고 있다.

사주팔자가 같은 두 사람의 인생을 다르게 만드는 주된 원인은 무엇일까?

그들이 자라온 가정과 사회적인 환경 못지않게 특정한 상황에서 그들의 행동을 유발하는 특정한 유전자와 더불어 후천적인 환경의 작용

때문이 아닌지 조심스럽게 추측해 본다.

그간의 내 경험을 종합하면, 개개인은 서로 다른 사회적인 경험을 통해서 DNA 패턴이 불일치하게 되고, 인간의 행동 특성과 환경의 상호 작용에 따라 개인의 선택이 확장 또는 축소될 가능성이 있는 것 같다. 그에 따라 인간의 운명도 다소 변화될 가능성은 열려 있다.

캘리포니아대학교 심리학부의 낸시 시걸(Nancy Segal, 1951~) 교수는 쌍둥이에 관한 연구로 일가를 이룬 전문가다. 그녀는 『의도적으로 분리된: 입양으로 분리된 쌍둥이와 세쌍둥이에 관한 논쟁적인 연구 속으로(영, Deliberately Divided: Inside the Controversal Study of Twins and Triplets Adopted Apart)』라는 제목의 책을 출판했다.

시걸 교수가 진행했던 연구의 논지는 DNA 인자가 특정한 상황에서는 특정한 선택을 유도할 가능성이 있다는 것이다. 유전자를 100% 공유하는 일란성 쌍둥이는 유전적인 영향으로 인해 어릴 때부터 서로 멀리 떨어져 살아도 비슷한 체격과 유사한 성향의 인격으로 성장한다.

같은 유전자를 100% 공유한 일란성 쌍둥이는 신체적인 조건이나 취향, 선호도, 습관과 같은 영역에서 유사성을 가질 수는 있지만, 자라온 환경의 변화로 인해 다른 운명으로 살아갈 수 있다. 인간의 성장과 성격을 구성하는 유전자가 나이가 들수록 혈연의 유사성에 대한 지배 효과를 상대적으로 발휘하지 못하기 때문일 것이다.

인간의 삶과 운명은 그 사람이 가진 종교와 신앙, 삶의 철학과 신념, 운명을 사유하고 수용하는 방식 및 후천적으로 주어진 환경과 인생의 갈림길에서 스스로가 어떤 선택을 하느냐에 따라 크게 변화될 여지가 있다.

같은 사주를 가진 일란성 쌍둥이는 두 사람이 같은 유전자를 가지고 태어났더라도 문화와 인종, 사회적인 환경이 다른 나라에 살면서 경험하는 양육의 방식과 생활. 교류하는 사람들과의 관계, 환경적인 영향 등으로 인해 서로 다른 삶을 살아갈 가능성이 있다.

최근 행동유전학자들에 의해 진행되고 있는 쌍둥이에 관한 연구는 일란성 쌍둥이가 오랜 시간 동안 떨어져 살아도 함께 생활한 것처럼 습관과 행동이 닮아있음을 밝혀냈다.

'행동유전학(영; Behavioural Genetics)'은 인간의 특정 행동에 개인차가 발생하는 원인을 규명하기 위한 학문이다. 이 학문은 유전자의 발현과 함께 사람이나 동물 행동의 연관성을 연구하는 유전학, 행동학, 심리학을 포괄한다. 이는 유전적인 영향(영: Genetic Influences), 공유(共有) 환경적인 영향(영: Shared environmental Influences), 비공유(非共有) 환경적인 영향(영: Nonshared environmental Influences)으로 분류해 연구가 진행되고 있다.

공유 환경적인 영향은 부모의 사회, 경제적 수준 등 한 가정에서 성장하면서 공유하는 총체적인 환경이 영향을 준다. 비공유 환경적인 영향은 개인의 신체적인 영역과 우연한 사고 및 사회적 관계 등 가족 구성원들과 공유하지 않고 개별적으로 체험하는 환경이 영향을 준다.

위의 세 가지 요인 중에서 비공유 환경은 주로 형제. 자매들의 '자아개념(영: General Self-Concept)' 및 사유의 변화와 발전을 유도하는데, 이런 이유로 같은 부모 밑에서 자란 형제. 자매라 할지라도 서로 다르게 성장하게 한다. 이는 '본성'과 더불어 '양육'이 특정한 행동을 유발하게 하고, 특별한 상황이나 환경에서 특정한 선택을 하도록 유도할 수도 있다는 사실을 시사하고 있다.

이런 이유로 유전자를 100% 공유하는 일란성 쌍둥이라 할지라도 자라온 환경이나 사회. 경제적인 수준, 지적인 능력, 불확실한 상황을 견디는 능력, 살아가면서 교류하는 사람들과의 관계와 같은 후천적 조건과 중요한 순간에 맞이하는 선택으로 삶이 달라지는 경우 개인의 운명도 약간씩 변화될 여지가 있다.

그렇다면 무당(巫堂)이 지닌 신성(神性), 무(巫)뿌리(神부리)인 샤먼의 유전자(DNA)는 천성(天性, 영: Nature)일까, 전사(영: Transcription)일까?

한국의 샤머니즘에서 강신 후보자에게 주로 사용하는 '신부리'와 '신가물(神家物)'이라는 단어가 이를 어느 정도는 설명해 준다. 두 단어는 강신 무당이 '몸주 신령'에 의해 선택을 받는 데에도 일정한 조상의 영향과 유전적인 내력(來歷)이 있다는 점을 강조한 말이다.

신부리는 영적인 경험을 생성시키는 유전자인 천성(天性, 영: Nature)과 함께 유전자의 전사를 유발하는 각인된 경험 및 생활 환경적인 요소에 의해 표출되고 발현된다. 이를 '유전자의 다면 발현 효과(多面發現, 영: Pleiotrophic Effects)'라고 부른다. 다면 발현은 하나의 유전자가 여러 가지 유전적인 효과를 통해 두 개 이상의 형질을 발현하는 것이다.

최근 들어 급속도로 발전한 '후성유전학(영: Epigenetics)'에 의하면, 후천적인 경험이 유전자와의 상호 작용을 통해 생명체의 형질을 만들어 내고, 세대를 뛰어넘어 대물림될 수도 있다는 것이다. 후성유전학은 생명체의 후천적인 경험도 즉시 사라지지 않고 생식세포를 통해 일정 부분은 후대에 전달될 가능성이 있음을 시사하고 있다.

신가물은 집안에 대대로 신(령)을 모신 내력과, 영적으로 정화와 천도가 되지 않은 종교령이 있고, 특별한 영적인 능력과 감응력으로 인해 향후 신(령)이 강림할 몸체로 사용될 후보자를 일컫는다. 또 하나의 다른 의미로는 '신의 가물'의 줄임말로, 신(령)이 내린 풍파나 영적인 고난이다.

이 외에도 '조상 가물'이라는 표현이 있다. 조상 가물이 있는 사람은 영매의 체질을 가지고 태어난다. 그의 집안에는 영적으로 승화된 신령급의 존재가 아니라 해탈하지 못한 '(종)조상귀(祖上鬼)'나 '선망귀(先亡鬼)'가 떠돌고 있다. 이러한 조상의 내력을 가지고 있는 후손들의 삶은 해탈하지 못한 조상령의 간섭이 많고, 영가(靈駕)에 의한 장애와 뇌파의 장애가 종종 발생하게 된다.

(종)조상귀란 혼인을 했으나 자식(아들)을 생산하지 못하고 사망해 이승에 한과 생의 미련이 남아 저승으로 가지 못하고 구천을 떠도는 '원귀(冤鬼)'다. 이 혼신들은 같은 가문에 후손이 태어날 때 기회를 틈타 후

손의 사주 천간(天干)에 고착한다.

천간은 갑(甲), 을(乙), 병(丙), 정(丁), 무(戊), 기(己), 경(庚), 신(辛), 임(壬), 계(癸)로, 십간(十干)이라고도 부른다.

선망귀는 모태에 잉태가 되었지만, 낙태나 불의의 사고로 인해 태아 상태로 사망했거나, 어린 나이에 요절한 경우, 또는 혼인을 한 번도 하지 못하고 죽는 바람에 원한이 깊이 사무쳐 있는 영적인 존재다. 이 귀신은 생전에 충족하지 못한 바람과 마음이 남아서 가족이나 친족의 주변을 떠돌다가 후손이 태어날 때 사주의 지지(地支)에 고착해 신기와 조상 가물을 형성하게 된다.

십이지(十二支)라고도 부르는 지지는 자(子), 축(丑), 인(寅), 묘(卯), 진(辰), 사(巳), 오(午), 미(未), 신(申), 유(酉), 술(戌), 해(亥)다.

조상 가물이 든 사람은 특정한 시기에 이르면 종조상귀나 선망귀가 달라붙어 영적인 고통을 당하기 쉽다. 또한, 조상 가물의 작용으로 신기(神氣)가 발동하면 종종 뇌파가 불안정해지며 우울증, 조현병, 공황장애, 분노 조절 장애와 같은 정서장애에 시달릴 수 있다.

조상 가물이 있는 사람은 샤머니즘 의례를 통해 원귀가 된 조상귀나 인연귀의 영적(靈的) 얽힘과 원한을 풀고 정화·천도함으로써 비로소 영적으로 자유로워질 수 있다.

이 글을 쓰는 '신의 딸'과 유사한 사주와 영성을 가진 평생지기가 있다. 그녀는 현재 서울의 한 종합대학교의 교수인데, 그녀의 외가에도 신부리가 있다. 하지만, 그녀는 무당으로 입문하지 않고도 제도권의 교수로서 비교적 평탄한 인생을 살고 있다.

친구의 어머니는 그녀가 고등학교에 다녔을 때 '신누름굿(이미 들린 신을 잠시 눌러서 신내림을 막는 의례)'을 진행했다고 한다. 그 이후에 그녀의 어머니는 그녀의 앞날을 위해 주기적인 샤머니즘 의례와 기도를 통해 많은 정성과 공을 들였다고 한다. 친구는 현재 천주교 신자로 신앙생활과 후학을 양성하는 일에 매진하고 있다.

내 나이 26세에 아버지가 운영했던 니트 공장이 부도가 나면서 우리 집은 풍비박산이 났다. 그 과정에서 나는 혈혈단신으로 고난과 역경의 운명에 정면으로 맞서 싸우며 부단히도 생존을 위해 투쟁했다. 나는 척박한 사회적인 환경과 토양 위에서 운명을 개척해 생존했지만, 영적인 세계의 얽힘으로 인해 많은 심리적인 장애와 영적인 손상을 입었다.

나는 1997년 8월 28일 33세의 나이에 몸주 신령으로부터 부름을 받아 강신 무당으로 입문했다.

만약 그 시기에 내가 따뜻한 가정에서 부모님과 형제자매의 정성 어린 돌봄과 보살핌을 받았더라면 어떠했을까 가끔 상상해 본다. 그래도 내가 거역할 수 없는 운명으로 인해 강신 무당으로 입문했을까?

한국의 샤머니즘에서 몸주 신령에 의해 무당 후보자로 선택되고, DNA 유전자에서 '신부리'가 발현된다고 해서 누구나 강신 무당으로 입문하는 것은 아닌 듯하다.

신병을 앓는 기간과 신부리가 발동하는 시기에 당사자가 어떤 사회적인 환경에 처해 있는가, 어떤 유형의 사람들과 인간관계를 맺고 있는가, 불안정한 상황에서 당사자는 적응 행동을 어떻게 하는가 하는 점과 이에 못지않게 가족과 사회의 정서적인 지지와 조력의 여부가 향후 강신 무당으로 입문하는 데 직접적인 요인으로 작용하고 있는 듯하다.

결국 강신 무당으로 입문하는 데에는 DNA에 각인된 신부리보다는 무당 후보자가 처한 사회적인 환경과 개인적인 자질이 더 결정적인 역할을 하는 것 같다.

자, 그럼 한 인간의 운명을 변화시키는 요소로는 어떤 것이 있을까?

나의 지난 26년간의 임상 경험과 현지 조사를 토대로 추정하면, 운명을 변화시킬 가능성은 대략 30% 정도인 것 같다. 운명을 변화시키는 요인에서 중요한 요소를 다음 몇 가지로 분류했다.

1) 건강한 육체와 건전한 사고의 정도

2) 운명을 대하는 사고방식과 접근 방법의 차이

3) 종교와 신앙의 유무

4) 사고의 탄력성과 위급한 상황에서의 신속한 대응력의 정도

5) 불확실성을 견디는 맷집의 유무

6) 선택과 집중의 정도

7) 지행합일의 삶: 생각과 행동이 일체화(표리일체)된 삶의 여부

8) 긍정적 포기 여부(새로운 운명을 받아들이려면 과거의 좋지 않은 습관이나 태도를 버리고 교정해야 한다. 과감한 포기를 통해 균형 잡힌 삶을 준비한다.)

9) 유능하고 정직한 조언가의 활용과 조언의 수용 정도

10) 긍정적 & 부정적 나르시시즘의 극복과 융화의 정도

11) 영적인 세계의 질서에 대한 겸허함과 인내심의 정도

12) 삶과 철학, 또는 지식과 행동의 일관성 여부(이상과 현실의 괴리를 줄이려는 노력)

13) 인간관계와 인간관계를 유지하는 방식(신의. 협력의 지속 및 인덕이나 공덕의 여부)

14) 자신의 실수와 실패를 정직하고 겸허하게 수용하고 수정하는지의 여부

15) 성공을 위한 타이밍과 방향 설정의 유무

16) Stress에 대응하는 능력과 회복 탄력성의 정도

17) 영적인 세계에 대한 외경심과 존중 여부

18) 사회적인 봉사와 헌신의 정도

19) 꾸준한 독서와 자기 수행의 여부

20) 섭생과 영양 섭취의 정도

21) 자신이 한 약속을 지키는 정도

22) 생활하는 터전이나 장소의 변화(기후와 풍토)

23) 상대방이 나에게 가진 '척(慼)'의 유무

'척'은 상대방의 마음을 거스르는 것으로, 타인이 나에게 갖는 서운한 마음이나 원한이다. 척신은 본인의 행동에서 비롯되고, 그것의 인연에 따라 인마(人摩), 신마(神摩), 심마(心魔)의 방식으로 작용한다. 척신은 사람의 마음과 몸에 붙어 온갖 괴로움을 주고, 인생을 순탄하게 살지 못하게 하며 인간관계가 꼬이게 한다.

4

무당의 사회사와 범죄사

무당은 고조선 시대 이래로 줄곧 공동체의 안녕과 치유, 영적인 조화와 사회적인 질서를 유지하는 역할을 해 왔다. 현대의 무당은 세인들에게 치유와 저주가 동시에 가능한 이중적인 능력을 지닌 존재로 인식되어 있다. 격변하는 시대와 사회적인 요청에 따라 무당의 역할도 차차 변모하고 있다.

최근 들어 무당의 역할과 영적인 능력은 축소되고 파편화되어 개인화하는 과정에 있다. 샤머니즘도 세인들의 중점적인 비판과 거부, 은근한 탄압의 대상으로 전락해 가고 있다.

한국 사회에서 무당은 다양한 방면에서 긍정적인 역할을 하고 있음에도 불구하고, 유감스러운 일이지만, 과거 일부 무당들이 범했던 암흑의 역사가 존재한다. 한국의 샤머니즘 역사에서 중대한 사회적인 범죄를 저지른 무당들은 몸주 신령이 부여한 무업(巫業)과 종교적인 소명을 완수하는 일은 뒷전이었다.

그들은 주로 자신이 가진 영적인 능력을 행사해 반역을 주동하거나 개인의 부귀영달을 위해 다양한 범죄를 저지르고 저주를 일삼았다.

샤머니즘과 관련한 범죄를 자행한 무당들은 사리사욕과 인간의 어두운 욕망을 채우기 위해 신령이 그에게 부여한 영적인 능력을 오용 또는 남용하기도 했다. 그들은 신령의 이름을 빙자해 요사한 술법을 부리고, 민중을 미혹하거나 풍기 문란도 서슴지 않았다. 때로 그들은 저주나 비방과 같은 '흑마술(영: Black Magic)'을 사용해 혹세무민하거나 방화 또는 기물 파손, 인명을 손상하는 중대한 범죄를 저지르기도 했다.

흑마술은 악의적이고 이기적인 목적 달성을 위해 초인적인 힘이나 마법을 부적절하게 사용하는 행위다.

치유되지 않고 방치된 심리적인 문제를 가진 무당들은 언젠가는 '모럴 해저드(영: Moral Hazard, 도덕적 해이와 부도덕한 행위)'로 인해 공동체의 안녕과 질서를 교란한다. 이런 무당들은 도움을 구하는 사람들의 삶을 파괴하고 역기능적인 행위를 일삼는다. 일부 무당들이 저지르는 중대한 사회적인 범죄는 현재까지도 공론화되지 않은 채 독버섯처럼 자라며 암암리에 성행하고 있다.

나는 종종 한국 샤머니즘의 역사에서 일부 무당들이 행한 흑마술과 같은 역기능적인 행위가 성행하지만 좀처럼 드러나지 않은 까닭은 어디에 있을지 질문해 본다.

첫째, 과거 샤머니즘이 영적인 존재나 보이지 않는 힘의 개입이라고 믿었던 사람들의 수효가 최근 들어 급격히 감소하고 있다. 사람들은 어려운 일이 닥치면 무당에게 샤머니즘 의례를 의뢰한다. 하지만 그들은 이러한 사실을 수치스러워해 애써 감추고 부인한다. 때로는 무당들 스스로가 영적인 미혹에 빠져 사악한 행위를 전횡하는 일도 있다.

둘째, 사회적인 문제를 일으키는 무당들 대부분은 살아오는 동안 심각한 심리적인 결핍을 경험했거나 경계성 인격장애(영: Borderline Personality Disorder), 자기애성 인격장애(영: Narcissistic Personality Disorder), 또는 반사회적 인격장애(영: Antisocial Personality Disorder)와 같은 치유되지 않은 병리적인 장애를 가지고 있다.

경계성 인격장애란 신경성과 정신병 사이에 있는 정신·병리적인 질환이다. 환자는 자아 구조의 취약성으로 인해 불완전한 자기상과 함께 정서와 대인관계가 매우 불안정하고 감정의 기복이 심하다. 이 장애를 가지고 있으면 만성적인 공허감과 권태감이 번갈아 나타난다.

경계성 인격장애 환자는 불안정한 인간관계를 맺고, 종종 지극히 충동적으로 행동한다. 환자들 대부분은 성장기에 부모나 심리적으로 가까운 사람들로부터 학대나 방임을 당한 경험이 있다. 환자는 낭비벽이 심하고, 도벽, 도박, 자해, 자살 시도, 약물 남용 등을 시도한다. 또한 환자는 친밀한 인간관계에서 심한 양가감정과 정서적인 불안을 나타낸다. 이에 못지않게 환자의 심리상태는 자신과 긴밀한 인간관계를 맺는 상대방을 향한 극적인 이상화와 악마적인 평가절하를 반복하며, 배신감과 실망 등 극단적인 감정이 자주 교차한다.

자기애성 인격장애는 자기 스스로에 대한 과장된 평가와 타인에게 인정받고 싶은 욕구, 다른 사람에 대한 공감 능력과 관심의 결여, 극단적인 자기 중심성, 그리고 상대방에 대한 착취와 기생적인 성향 등을 특징으로 하는 질환이다. 자기애성 인격장애 환자는 무한한 성공욕을 가지고 있으며, 주변 사람들로부터 존경과 관심의 대상이 되려고 끊임없이 시도한다. 상대방에 대한 공감 능력이 부족한 환자는 이 과정에서 죄책감 없이 타인에게 지극히 착취적이고, 사기성을 드러낸다.

반사회적 인격장애는 자기애성 성격장애의 하위 유형으로, 사회적인 규범에 부합하지 못하고, 타인의 권리를 침해하며, 거짓말, 사기성, 공격성, 무책임함과 더불어 죄의식이 없이 범법행위를 일삼는 인격장애다. 반사회적 인격장애 환자는 특히 공감하는 능력이 부족하고, 무자비하며, 죄책감이 결여(缺如)된 사고나 인지, 반응의 오류가 있다. 반사회적 인격장애 환자는 자신의 행동에 따른 결과를 고려하지 않고 행동하려는 경향이 강하다. 그뿐만 아니라 자기 행동에 전혀 후회나 죄책감을 느끼지 않고 원하는 것을 얻으려고만 한다.

한국의 샤머니즘에서 신내림굿은 신령에 의해 선택된 후보자가 강신무당으로 입문하는 통과의례일 뿐만이 아니라, 그가 향후 신령의 일을 대행할 수 있는 도덕성과 윤리성을 갖추었는지를 검증하는 장이기도 하다.

나아가 강신 무당으로 입문하는 과정에서 신내림굿 직전에 진행되는 '허주(虛主, 신가물인 강신 무당 후보자에게 접신된 잡귀와 잡신) 벗기기'는 강신 무당 후보자의 그림자와 콤플렉스로 대표되는 심리적인 장애를 상징적으로 치유하고 극복하는 장으로 활용된다.

한국의 샤머니즘에는 '무불통신(無不通神)'이라는 단어가 있다. 무불통신은 '무불통지(無不通知)'라는 단어의 변용이 아닐까 추측한다. 무불통지는 세상의 이치나 원리가 모르는 것 없이 환하게 트여 있는 상태를 의미한다. 샤머니즘 업계에서는 통상적으로, 무당 후보자인 신가물이 신내림굿을 거치지 않고 강신(降神)이 되어 "말문이 열린" 상태를 의미하는 단어로 사용된다.

신가물에게 신(령)과 소통할 수 있는 창구가 저절로 열려 신(령)의 공수나 영적인 세계의 언어를 전할 수 있는 능력이 생겼다는 뜻이다.

무불통신이 된 신가물 대다수는 그들을 영적으로 이끌어 줄 신선생(신어머니 또는 신아버지)이 없다. 이들 대부분은 정식으로 신내림굿 절차와 허주 벗기기 과정을 거치지 않고 곧바로 무업을 진행하는 경우가 많다. 이렇게 입문할 경우, 신가물은 더러 부단한 기도와 영적인 수행의 힘으로 자신과 허주를 정화하고 영적인 고양을 성취할 수도 있다.

하지만, 허주를 벗기는 절차를 거치지 않은 신가물들 대부분은 제대로 좌정하지 않은 몸주 신령(주로 해탈하지 못한 조상령)과 정화되지 않은 허주가 동시에 접신(接神)이 이루어져 무업을 진행하는 경우가 허다하다. 이 때문에 그들의 영적인 능력은 정화되지 않은 신령과 허주의 능력이 혼미한 상태로 뒤섞여 있다.

이런 경우, 신가물의 몸에 '사령(邪靈)'이 강한 허주가 가짜 신령으로 자리를 잡아 마치 무당의 몸주 신령처럼 행세하는 경우가 생긴다.

셋째, 한국 사회에서 사회적인 물의를 일으키고 혹세무민하는 범죄를 저지르는 무업자들 대부분은 신내림굿 과정을 제대로 거치지 않고, 무불통신으로 접신이 된 경우가 부지기수다. 이들은 사리 판단 능력이 부족하고, 옳고 그름을 제대로 분별할 수 없으며, 사회적인 규범을 준수하는 일이 드물다. 그들은 이 바람에 사회적인 문제를 일으키고, 혹세무민하는 행위와 풍기 문란도 서슴지 않는다.

1971년 7월 26일은 인류가 아폴로 15호를 발사해 최초로 달에 착륙했던 역사적인 날이다. 아이러니하게도, 같은 시각에 대한민국의 종로구 와룡동에선 '서옥희' 무당이 처녀 귀신의 넋을 달래다 고혈압으로 사망하는 사건이 발생했다.

서옥희 무당은 아폴로 15호가 달을 향해 출발한 7월 26일 하오 10시 반쯤 서울 종로구 와룡동의 김숙렬 씨 집에서 19세의 나이에 염세자살한 선 모 양의 혼을 위로하고 천도하기 위해 (진오귀)굿을 진행했다. 서 무당은 당시 38세였고, 고혈압을 앓고 있었다. 그녀는 저녁 7시부터 굿을 시작해 3시간 내내 쉬지 않고 징을 치며 굿을 진행하던 도중에 갑자기 쓰러졌다.

간혹 무당이 망자의 영혼을 정화하고 치유하기 위해 가역적(의도적)인 접신(接神)을 시도할 때 강력한 사기가 몸에 달라붙거나, 집착과 염력이 강한 사령이 붙는 경우 실신할 수가 있다. 자살한 선 양의 어머니 외에 굿을 참관했던 관객 50명은 서옥희 무당이 굿을 하는 도중에 쓰러진 것을 "처녀 귀신이 무당을 덮친 것"이라 생각했다.

그들은 쓰러진 무당을 응급처치하거나 병원으로 옮기지 않고 그대로 굿하는 장소에 놓아두고 이웃 무당을 불러 계속 굿을 진행했다. 서옥희 무당은 그들이 굿을 계속 진행하는 동안에 불행하게도 응급처치를 받지 못한 채 숨을 거두고 말았다. 죽은 영혼을 위로하고 천도하기 위해 굿을 진행하는 동안에 산 무당이 사망하는 의료 사고가 발생한 것이다.

샤머니즘 의례를 진행하는 행위는 종종 수많은 부작용과 영적인 위험이 동반될 수 있다. 무의(巫醫, 영: Medicine Man)인 무당은 샤머니즘 의례를 진행하면서 언제 닥칠지 모르는 영적인 사기의 침입과 의례의 부작용에 대비해야만 한다. 무당은 자신은 물론, 제갓집과 굿에 참석한 사람들을 보호하고 지킬 책임과 의무가 있다.

인터넷에 '무당'에 관한 기사라는 키워드로 검색하면, 무당과 관련한 사건. 사고에 관한 다양한 기사가 검색된다. 샤머니즘에 관한 순기능보다는 대부분 미신타파, 굿에 대한 폐단, 무당들의 방화 및 범죄행위 등과 같은 역기능적인 기사들이다.

1920년부터 1970년까지는 과학지식의 보급과 문화적인 수준의 향상 및 계몽주의의 영향에도 불구하고, 사람들에게 샤머니즘에 대한 깊은 관심과 신앙관이 있었다. 보도된 기사는 주로 미신을 믿는 사람들이 근절되지 않고 있음을 한탄하고, 무당들의 단속을 촉구하는 내용이다.

예나 지금이나, 신문에 게재된 샤머니즘과 무당에 관한 부정적인 기사는 대체로 미신, 굿에 관한 폐단, 무당의 협박과 혹세무민 행위 등과 같은 사회문제를 주로 거론하거나 비판하고 있다. 언론에 노출된 무업자들(또는 무당)이 행한 범죄와 사건. 사고는 무당의 사기와 겁박, 신을 빙자해 금품을 갈취하는 행위가 대부분이다. 또 미신에 빠진 사람들에 대한 사회문제들도 언급되고 있다.

때로는 무당이나 샤머니즘 행위를 미신, 혹세무민하는 행위라고 공공연히 비판하면서, 또 다른 한편으로는 관공서 등에서 무당에게 굿을 의뢰한 기사도 더러 실려 있다. 우리 사회의 샤머니즘에 대한 이중적인 잣대를 대변하는 기사들이다. 보도된 몇 개의 기사들은 샤머니즘 의례의 실용성과 실효성을 간접적으로 인정하고 있기도 하다.

터가 나쁜 경찰서 내에서 잇단 사망사고가 발생하자 굿을 진행한 것을 보도한 기사가 있는가 하면, 한편으로 '미신 타파'를 위해 앞장서야 할 관공서에서 굿을 한 사실을 한탄하고 있다. 짧은 기간 내에 횡단보도의 같은 지점에서 7명이 교통사고로 사망하자 지박령을 위로하고, '수레바퀴 지신'께 무사고를 빌며 기원하는 굿을 진행한 기사도 보도되었다.

굿도 때로는 효험이 있다는 점을 보도한 기사도 여러 개가 발견된다. 또 변화된 한국의 사회상을 반영하는 샤머니즘 의례의 기사도 눈에 띈다.

1980년대에 들어서는 굿의 긍정적인 효과가 사회적으로 부각이 되었다. 이에 발맞춰 민주화 운동권에서 대동굿을 적극적으로 활용했다.

샤머니즘 의례가 민중들에게 가슴속에 맺힌 울분과 한을 대리해 풀어주는 역할 및 해원과 상생의 힘을 발휘하는 기능과 더불어 무당들의 긍정적인 사회참여가 시작된 것이다.

종로 2가 탑골공원에서 '한국정신대문제대책협의회(현 정의연)'가 주최한 정신대 진혼굿을 보도한 기사도 있다.

1991년 4월 26일 명지대생 '강경대' 씨가 데모를 진압하는 과정에서 사용한 경찰의 쇠파이프 구타로 사망했다. 신촌 일대에서는 강경대 씨의 사망 1주기에 맞추어 '추모 거리굿'이 거행되었는데, 이 굿에 관해 보도한 기사도 있다. 이 기사는 강 씨의 타살이 지배 권력의 일관된 민중 탄압이라고 성토했다.

4.3 항쟁 기념일을 맞아 중요무형문화재 제71호인 제주칠머리당영등굿 보유자인 '김윤수' 심방이 제주 한라체육관에서 진행했던 '도민해원상생굿'에 관해 보도한 기사도 있다. 이 행사에는 4.3 항쟁으로 사망한 영가를 천도하기 위해 유족과 관련자 700여 명이 참석했다.

국립민속박물관에서 왜구의 도발로 인해 명성황후가 시해된 '을미사변'의 발생 99주년을 기념해 진행했던 명성황후를 위한 '넋풀이굿'을 보도한 기사가 있다. '천복화'라는 무당 이름으로 활동하는 신명기 무당이 '명성황후 해원굿 보존회'를 결성하고, 무업과 병행하여 후학을 양성하고 있다.

미국령 괌에서 추락한 대한항공 여객기 801호 참사로 사망한 영가를 위로하기 위해 '김병기' 무당의 주도로 진행된 진혼굿에 관해 보도한 기사도 눈에 띈다.

무당이 굿을 진행하다가 인명에 손상을 입혀 사망에 이르게 하거나, 무당 자신이 사망한 부정적인 기사도 읽을 수 있다.

맹인 판수가 충북 청주군 현도면 선동리에서 병굿을 진행하다가 환자에게 붙은 귀신을 몰아낼 목적으로 복숭아나무 가지로 환자를 심하게 구타(구타법)해 사망에 이르게 한 사건을 다룬 기사다.

한국 샤머니즘의 치병 굿에서 사용하는 '구타법'은 환자의 신체에 붙은 귀신이나 악령들을 동쪽으로 뻗은 복숭아나무 가지로 구타해 폭력을 행사함으로써 쫓아내는 방법이다. 이때 사용하는 복숭아나무 가지는 춘양(春陽)의 생기가 충만해서 사악한 기운을 제압하고 백귀(百鬼)를 쫓는 구마(驅魔)의 힘이 강력하다.

환자의 신병을 고치기 위한 굿을 진행하던 부부 무당이 목이 마르자 소주로 오인해 마신 파리약에 중독되어 사망한 비극적인 사건도 보도되었다. 아무리 신령을 모시는 무당이라고 해도 종종 부주의로 인해 발생하는 사고를 예방하기란 쉽지 않다.

굿을 진행하고자 하는 욕망이나 굿 구경을 하고 싶어서 신을 빙자해 방화를 저지른 사건도 있다. 황해도 장연군 속달면 태탄리에서 모녀가 저지른 방화 사건은 주재소에서 굿을 허락하지 않을 것을 예상한 모녀가 저지른 방화 사건이다. 이들은 굿을 진행하기 위한 물밑 작업으로 방화(放火)를 저질렀다.

이 외에도 무당이 굿을 진행할 목적으로 '도깨비불'이라는 유언비어를 퍼뜨리며 11차례나 방화를 저질러 구속되기도 했다. 다행스럽게도 동네 청년들과 경찰관이 연대해 사이비 무당의 범죄를 색출했다.

샤머니즘의 민속 치료적인 측면을 부각한 기사도 실려 있다. 극심한 가뭄이 들자, 마을의 부녀자 20여 명이 합심해 가뭄을 타개하기 위한 수단으로서 나체로 기우제를 지낸 사건이다.

굿을 끝낸 후에 굿에 사용했던 물건을 사후 소각하는 문제로 인해 인명의 손상이 발생하기도 했다. 굿을 마무리 짓고, 뒷전을 풀고 나서 굿에 사용했던 조상 옷과 기타의 물건들을 소각할 때 불이 다른 곳으로 옮겨붙지 않도록 특별히 주의해야 한다.

1975년 2월 26일 중앙아프리카의 차드 공화국에서는 한 여성 정치인이 자신의 정치적인 목적을 달성하기 위해 샤머니즘 의례 중에서 흑마술을 동원했기에 대역죄로 처벌되는 사건이 발생했다. 차드 공화국의 여성 정치인이 현직 대통령을 축출할 목적으로 나이지리아 무당 2명을 초빙해 흑마술을 행해 대역죄로 피소된 사건이다.

이 기사를 통해 우리는 동서고금을 막론하고, 샤머니즘적인 방법, 특히 흑마술을 활용해 자신의 숙적을 제거하고, 이기적인 목적을 달성하려고 시도한다는 사실을 확인할 수 있다.

샤머니즘 연구가인 조성제는 2013년 『신을 조롱하는 무당』이라는 책을 출간해 무당들이 부정적인 행동을 일삼는 사실을 고발했다. 저자는 이 책의 92~100쪽에 걸쳐, '이런 무당 조심, 베스트10'을 게재했다. 그가 조심하라고 조언한 무당들은 다음과 같다.

1) 거액의 광고비를 쓰는 무당
2) 죽는다, 사업 망한다고 겁주는 무당
3) 자기가 최고라며 굿을 강요하는 무당
4) 큰 신이 들어와서 돈 많이 번다고 내림굿 강요하는 무당
5) 예약 전화하면 한 달 또는 두 달 기다려야 한다는 무당
6) 전통적 방법으로 점사를 보지 않는 무당
7) 앉자마자 반말하고, 욕하면서 기죽이는 무당
8) 진한 화장에 장신구로 몸을 감싼 무당
9) 과잉 친절을 베푸는 무당
10) 집요하게 연락하는 무당

우리 삶에 문제가 생겼을 때, 내담자(또는 단골, 의뢰인)가 어떤 상담가나 무당을 선택하느냐 하는 것은 결국 그의 영적인 인연의 문제다. 한 개인이 무당의 조언에 따라 어떤 행동을 할 것인가를 최종적으로 결정하는 것도 당사자 고유의 책임과 몫이다.

부디, 우리 사회가 샤머니즘에 관한 일반인들의 잘못된 선입관과 믿음을 버리고, 무업을 통해 사리사욕을 채우려는 무업자들의 부정적인 행위들이 근절되길 바랄 뿐이다.

칼 구스타브 융과 그의 영매 Medium 헬레네 프라이스베르크

칼 구스타브 융(Carl Gustav Jung, 1875~1961)은 바젤대학교의 교수인 오이겐 브로일러(Eugen Breuler, 1857~1939)의 지도로 1902년에 박사학위 논문을 제출했다. 이 논문의 제목은 〈소위 심령 현상에 관한 심리학과 정신병리에 관하여(독: Zur Psychologie und Pathologie sogenannter occulter Phaenomene)〉다.

융은 이 논문을 준비하면서 헬레네 프라이스베르크(Hellene Preiswerk, 1881~1911)가 진행했던 강령회(降靈會) 또는 교령회(불: Seance)에 참석해 많은 영감을 받았다. 헬레네는 융의 이종사촌 여동생으로 특별한 영매 능력이 있었다.

'세앙스'는 불어로 '회합'이라는 뜻으로, 교령회(강령회)는 다수의 참석자가 원형으로 된 테이블에 둘러앉아 영매를 통해 초자연적인 존재(망자, 조상, 악령 등)와 소통하거나 계시를 받기 위해 행하는 일종의 접신술(接神術) 회합이다.

한국의 샤머니즘에서 강신 무당이 신령의 공수를 받거나 망자와의 영적인 메시지를 교환하기 위해 자발적으로 접신을 유도하는 행위와 대비된다.

이러한 유형의 영적인 회합의 참석자는 영매를 통해 죽은 이의 영혼을 불러내어 대화를 시도했다. 융이 생존했던 당시의 강신술 회합에서는 주로 '자동 서기증(영: Psychography, Spirit writing, Automatic writing)'이 활용되거나 영매의 입과 목소리를 통해 전달되는 제 세상의 소식이나 망자의 메시지를 수신했다.

자동 서기증은 자신의 의지와는 상관없이 영매의 신체 또는 팔이 저절로 움직여 어떤 영적인 존재로부터 전달받은 정보를 전하는 현상이다.

자동 서기증 상태가 되었을 때 영매의 의식 상태는 크게 2가지로 나타난다. 그 하나는 영매의 의식이 완전한 트랑스 상태로 몰입되는 경우, 다른 하나는 영매가 자신의 의식을 또렷하게 유지하면서 영매의 손만 저절로 움직이는 경우다.

아울러 영매가 강령회 과정에서 빙의가 되었을 때 영매의 몸에서는 '엑토플라즈마(독: Ektoplasma)'라는 물리적 현상이 동반된다.

보통은 하얀색의 점성이 있는 아메바와 같이 여러 모양으로 움직이는 물질로 나타난다.

엑토플라즈마는 프랑스의 생리학자인 '샤를 리세(Charles Richet, 1850~1935)'가 그리스어인 'Ektos(밖으로)'와 'Plasma(꼴을 이루다)'를 합성해 만든 개념이다. 리세는 엑토플라즈마를 일컬어, "영적인 에너지가 물질적 매질을 통해 구체화 된 것"이라고 규정했다.

이 외에도 영매는 자신의 능력을 통해 사물의 위치 이동, 염력, 공중부양, 유체 이탈 등을 통해 저세상의 영적인 메시지를 확인할 수 있었다.

칼 융이 생존했던 1900년대 후반기(1850~1890)의 사람들은 강령회에 매우 심취했다. 그들은 심령 현상에 대해 지대한 관심으로 연구에 몰두하거나 강신술 회합에 직접 참여하기도 했다. 우리가 익히 알고 있는 과학자 중에서 진화론을 주장했던 찰스 다윈이나, 방사능 연구로 노벨상을 두 번이나 수상했던 퀴리 부인, 전화를 발명한 그레이엄 벨, 상대성 이론을 발명한 아인슈타인 외에도 셜록 홈스의 작가인 코난 도일과 화가인 에드워드 뭉크도 강령회에 자주 참석했다.

강령회는 1840년 미국에서 출현했지만, 주로 유럽의 중산층이나 상류층을 열광시키며 널리 전파되었다. 세계의 지성들이 강신술과 영매술에 깊은 관심을 보이기 시작한 이유는 그들이 살았던 시대가 세기말의 현상과 맞물린 '과학의 격변기'였기에 가능했을 것이다. 이 시기는 어떤 비상식적인 주장도 받아들일 수 있는 '지적인 관용의 시대'였다.

하여간 미국에서 출현한 강령술이 영국에 상륙했고, 1882년 케임브리지 대학과 옥스퍼드 대학 출신의 학자들을 중심으로 '심령연구협회(영: SPR, Socity for Psychological Reserch)'가 결성되었다. 이 시기에 영국은 강령술의 절정기를 이루었고 심령연구의 근원지가 되었다.

칼 융은 어느 여름날 오후에 갑자기 주방에서 엄청난 굉음을 들었다. 융은 그 순간 주방에서 호두나무로 만들어진 낡은 식탁 중앙의 가장자리가 반으로 갈라진 것을 발견했다. 이를 계기로 융은 공간과 시간, 인과 관계를 따르지 않는 '동시적 사건들의 비(非)매개적인 소통'이라는 하나의 법칙을 발견하게 된다. 융은 이를 '동시성 이론(독: Synchronizitaetstheorie)'으로 발전시켰다.

동시성 이론은 융이 1952년에 발표한 논문, 〈비인과적 연결 원리로서의 동시성(독: Synchronizitaet als ein Prinzip akausaler Zusamm-enhaenge)〉에 상세히 서술되어 있다. 융은 그의 주변에서 정신 내면의 상태와 외적인 현상의 상호 작용으로 일어나는 다양한 경험들을 통해 인과율로는 설명할 수 없는 우연한 사건의 의미 있는 일치(독: Koinzidenzen)를 종종 확인했다. 그는 이러한 사건들이 "두 개의 서로 다른 심리적 상태들의 동시성에 의거한다."라고 생각했다.

융이 정의한 동시성의 원리는 대략 다음의 3가지 유형이다.

첫째, 한 개인의 의식 상태가 객관적으로 상호유사성을 가진 외적인 사건과 시간적으로 일치하는 경우

둘째, 한 개인의 의식이 지각되지 않은 상태에서 동시적으로 둘 또는 그 이상의 의미 있는 외적인 사건과 일치하는 경우

셋째, 한 개인이 경험하는 의식의 상태가 미래에 발생할 사건을 예

지하고 그 후에 발생하는 사건이 서로 일치하는 경우

현대 정신의학계에서 융은 '신영지주의자(독: Neo-Gnostiker)' 또는 '뉴에이지의 아버지'로 불린다.

영지주의(영: Gnosis)란 단어는 헬라어인 'gnosis(지식)'에서 비롯되었다. 동서양의 철학과 종교가 융합되어 나타난 현상으로, 신적인 계시와 현몽을 통해 초자연적 지식을 소유할 때 구원에 이를 수 있다는 사상이다. 초기 영지주의자들은 자신들만이 구원에 이르게 하는 '비밀스러운 지식'을 가졌다고 주장했다.

융을 영지주의자로 부르는 까닭은 그가 연금술이나 점성술, 심령술과 같은 초자연적이며 영적인 현상과 신비주의에 깊이 심취했기 때문인 듯하다. 융은 자신의 의학박사 학위 논문에 특정한 심리적인 상태와 초자연적인 것, 영적인 힘들에 대한 가설들을 기록했다.

융의 외가인 프라이스베르크 가(家)는 개신교적인 전통이 강하고 목사를 많이 배출한 유서 깊은 가문이다. 특히 그의 외조부인 사무엘 프라이스베르크(Samuel Preiswerk, 1799~1871) 목사는 영적으로 탁월한 능력을 지닌 사람이었다.

프라이스베르크 목사는 자신의 주변이 죽은 사람들로 에워싸여 있다고 믿었다. 그는 그들과 영적인 대화를 나눌 수 있는 능력을 겸비했는데, 서재에 항상 죽은 첫 번째 부인인 막달레나(Magdalena)를 위한 의자를 하나 마련해 두었다.

또한 그는 설교할 글을 작성할 때, 죽은 영혼들이 자신을 훼방하지 못하도록 융의 어머니인 '에밀리에(Emilie Jung, 1848~1923)'를 그의 등 뒤에 앉혀 놓았다. 사무엘의 아내였던 아우구스타(Augusta Preiswerk-Faber, 1805~1865) 역시 예지력과 죽은 자들을 볼 수 있는 영적인 능력을 소유한 여인이었다고 전한다.

이런 가풍을 이어받은 칼 융의 어머니 에밀리아는 히스테릭하고 초능력을 가진 이중적인 영혼의 소유자였다. 그녀는 자주 예지몽을 꾸었고, 초자연적인 현상에 포위되어 살면서 오랫동안 신경증을 앓았다. 융은 자신의 어머니가 "문제 많고 또 모순적인 인물"이라고 회고했는데, 그녀는 정서가 분열되어 있었다.

어머니는 융이 어렸을 때 아버지와의 결혼 생활 문제 때문에 신경증을 앓아 여러 달 동안 병원에 입원했다. 융은 어머니가 입원하자 습진에 걸렸다. 습진은 부분적으로 정서적인 문제가 원인이 되어 발생한다.

융은 어린 시절에 어머니가 신경 쇠약에 걸려 몇 달간 병원에 입원했을 때, '모성의 부재'를 경험하며 많은 시간을 고통받았던 듯하다. 그래서인지 융은 1961년에 아니엘라 야페가 대필한 『회상, 꿈, 그리고 사상(Erinnerungen, Traeume und Gedanken』이라는 제목의 자서전에서 "사랑이라는 단어를 떠올리면 항상 불신을 느꼈다."라고 회고했다. 그는 평생 여자들을 지독하게 불신했다. 특히, 어머니인 에밀리에게는 애정과 미움이 뒤섞인 '양가감정의 태도'를 취했다.

융의 외가 쪽 친척들은 강령회(교령회)에 자주 참석했다. 이 회합에서 열다섯 살이었던 융의 사촌 여동생인 헬레네(축약형 헬리) 프라이스베르크(Helene(Helly) Preiswerk, 1881~1911)가 융의 영매 역할을 했다. 외사촌 여동생인 헬리는 융보다 6살 어린 1881년생으로, 어린 시절부터 융을 짝사랑했다.

1895년 7월에 행해진 강령회에서 사무엘 프라이스베르크는 영혼의 안내자가 되어 융의 친조부인 칼 구스타브 융(Carl Gustav Jung, 1794~1864) 교수를 동반하고 나타났다.

융과 똑같은 이름을 가진 친조부인 칼 구스타브 융은 스위스 바젤 대학교의 의과대학 교수로 재직했고, 프리메이슨의 스위스지부 관사 숙소의 그랜드 마스터가 되었다. 항간에는 융이 『파우스트(Faust)』를 쓴 독일의 대문호인 요한 볼프강 폰 괴테(Johann Wolfgang von Goethe, 1749~1832)의 '혼외자'로 알려져 있다.

융의 친조부는 생전에 융의 외조부인 프라이스베르크 목사와 그다지 사이가 좋지는 않았다고 한다. 하지만, 영매인 헬리가 빙의(憑依)에 빠졌을 때 융의 외조부가 친조부를 동반하고 나타났다. 그녀는 두 사람의 목소리로 "우리는 너희들 모두를 지켜보고 있다."라고 말했다,

융은 그의 몇몇 사촌들과 함께 헬리를 영매로 내세워 여러 차례 강령회를 진행했다. 헬리는 융의 영매로서 즉흥적인 트랑스에 빠져 접신을 시도했다. 이 회합은 1895년 6월부터 1899년까지 진행되었다. 강령회의 첫 번째 주기는 1895년 가을에 끝났다.

헬리가 영매가 되어 진행했던 두 번째 주기의 강신술 회합은 1897년 가을과 겨울에 두 번째로 행해졌다. 이와 관련된 여러 기록을 참고하면, 융은 1898년 봄에 이르러서 강신술에 대한 흥미를 잃었던 것 같다. 융은 헬리와 행했던 강령회에서 세밀하게 관찰했던 영적인 체험을 분석. 정리해 박사 논문을 제출했다.

융은 그의 박사학위 논문에서 헬리의 몽유병(영: Sleepwalking, 독: Somnambulismus) 및 히스테리, 기억상실과 몽롱한 의식의 상태에서 경험했던 현상들을 기록하고 분석했다.

헬리는 트랑스 상태에 빠질 때, 자신을 진짜 헬레네 프라이스베르크라고 부르는 '이본느(Yvonne)'라는 이름의 영혼으로 변신하기도 했다. 이본느는 헬리보다 훨씬 더 성숙하고 자신감이 넘쳤으며 지적인 여인이었다. 때로는 헬리가 서로 다른 두 개의 파괴적인 남성의 인격으로 변신하기도 했다. 이때 헬리에게 나타난 두 개의 서로 다른 인격은 서로가 상대방을 인지하지 못하는 상태를 드러내기도 했다.

트랑스 상태에서 헬리는 자신과 다른 사람들의 수많은 과거의 삶을 계시하기도 했다. 그 내용에는 극적인 정사(情事)들에 관한 내용이나 묘사도 종종 포함되어 있었다. 헬리는 융의 관심을 끌기 위해 가짜 환영을 만들어 내고, 계시의 여러 부분을 왜곡하거나 꾸며내기도 했다.

하지만, 1899년에 행했던 강령술에서는 헬레나가 샤만적인 입문 의식과 유사한 비전을 보았다고 전해진다.

융은 헬리가 트랑스 상태에 빠졌을 때, 그녀가 일시적인 기억상실과 이중적인 의식 상태일 뿐만 아니라, 기면 상태 또는 몽유병적인 상태, 병리적인 꿈을 꾸는 상태, 병리적인 기만 상태를 보였다고 분석했다.

융은 또한 접신에 빠진 헬리의 정신 상태를 때로는 뇌전증(간질병)적인 발작의 상태, 히스테리적인 상태, 신경 시스템의 고갈 상태, 또 때로는 신경 쇠약의 상태로 명명하기도 했다. 융은 헬레나와 강령회를 진행하는 동안에 그녀의 병리적인 열등의식과 거짓으로 꾸며낸 행위를 여러 차례 목격하기도 했다.

융은 헬리가 진행했던 접신 상태의 의식을 관찰하면서 히스테리와 뇌전증[(구)간질, 영: Epilepsy]은 동일한 소인으로 발생하고, 이 두 개의 정신질환이 완전하고 명확하게 구분될 수 없음을 확인했다. 아울러, 융은 히스테리와 뇌전증 현상은 서로 다른 방식으로 발현이 되고, 상이한 강도와 지속성이 발생한다고 생각했다.

융은 심령 현상의 연구를 계기로 인간의 무의식에 깊이 천착하게 되었다. 그 연구의 결과물이 오늘날 '분석심리학(독: Die analytische Paychologie)'이라는 학문을 태동시킨 원동력이 되었다.

융의 외가 쪽 친척인 스테파니 춤스타인 프라이스베르크(Stefanie Zumstein-Preiswerk) 작가는 1975년에 융과 영매인 헬리의 관계 및 삶의 배경에 관한 내용을 다룬 『체 게 융의 영매(Medium): 헬리 프라이스베르크의 이야기(독일어 원제: C. G. Jungs Medium: Die Geschichte d. Helly Preiswerk)』를 출간했다.

6

예술을 논하다
Joseph Beuys의
무당
현대미술계의
타
지
마
할

2018년 1월 23일 Joseph Beuys의 기일에 즈음하여, 21세기 무당 타지마
할이 그의 예술을 논하고자 한다.

예술은 그 자체만으로도 인간 영혼의 치유를 유도한다. 현대예술계
에는 이를 일찍부터 간파했던 예술가가 있었으니, 그가 바로 자신을 '샤
만(영: Shaman, 독; Schaman)'이라고 주장했던 요셉 보이스(Joseph
Beuys, 1921~1986)다. 그는 '예술을 통한 치유'로 예술사의 새로운 지
평을 열었던 독일의 전위예술가이기도 하다.

보이스는 전 생애 동안 자연과의 조응을 통한 예술의 치유를 추구했
다. 그는 자기의 삶에 예술과 (샤머니즘적인) 제의를 육화한 작품을 완
성했고, 예술을 통한 자가 치유를 꿈꿨다.

보이스는 1981년 8월에 "나의 전 생애가 광고였다."고 주장했다.

고대의 예술은 제의와의 융합과 혼용을 통해 이루어졌다. 1985
년 유네스코 세계유산으로 지정된 스페인의 알타미라 동굴 벽화(영:
Altamira Cave)가 그 한 예다. 태고의 인류는 신을 경배하는 종교의식
을 거행할 때 역동적인 에너지로 상징되는 소나 비손, 사슴. 돼지. 말, 양
과 같은 동물들을 산 제물[공희(供犧)]로 바쳤다.

알타미라 동굴 벽화에 그려진 동물 그림들은 일종의 '주술의 부산
물'이다. 이 그림들은 고대 수렵 문화 시대의 제의에 사용했던 희생제물

과 밀접한 관계를 맺고 있다.

과거의 인류는 주로 그들의 삶을 위협하는 낯선 존재들과의 소통을 위해, 그리고 종족들을 융합, 결속하고, 공동체의 안녕과 질서를 유지하기 위해 주술적인 제의를 진행했다.

그들은 의례를 통해 악령을 몰아내고, 질병과 전염병을 치유하며, 부족의 질서를 파괴하는 행위와 부족 구성원들이 범한 '타부(영: Taboo, 독: Tabu)'를 해결하고, 전사자들을 위무하며, 위협적인 삶의 요소들을 제거하려고 했다.

타부는 신성한 것과 속된 것, 깨끗한 것과 부정한 것을 구분하고, 그것에 대한 접근이나 접촉을 금지하는 습속이다. 아울러 그들은 씨족사회의 안녕과 질서를 중시하며 샤머니즘 의례를 주기적으로 행함으로써 영적인 세계와 현상계의 조화를 회복하고, 깨어진 삶의 질서를 바로잡아 평화로운 삶을 유지하고자 했다.

고대의 샤머니즘적인 의례는 종합예술인 동시에 인간의 생명과 질서의 유지 및 수렵과 채취에 도움을 주었다. 고대인들은 (샤머니즘적) 종교의례를 주관했던 주술사이자, 의사이며, 씨족의 왕을 '샤만(영: Shaman, 독: Schaman)'이라고 불렀다.

샤만들은 공동체에 속한 상처받은 영혼을 치유하기 위해 그들의 신에게 살아 있는 제물을 '봉헌(대수대명)'했다. 이때 샤만은 공동체의 일원들이 사냥과 전쟁으로 사망했거나 살생한 뭇생명들을 정화하고 천도하는 의례를 진행했다. 고대의 샤만은 샤머니즘적인 제의를 통해 영계와 현상계의 원활한 소통을 꾀했던 소수의 선택된 엘리트였다.

『샤머니즘, 고대적 접신술』의 저자인 엘리야데(Mircea Eliade, 1907~1986)는 샤머니즘을 학문적인 영역으로 끌어 올려 집대성한 종교학자다. 그는 샤만을 '상처 입은 (영혼의) 치유사(영: The Wounded Healer)'라고 불렀다.

고대의 샤만은 현실 세계를 초월한 숨겨진 최상의 리얼리티(영:

Suprime Riality)를 통찰할 수 있는 탁월한 영적 능력을 지닌 사람이었다.

샤만은 '엑스터시(영: Ecstasy, 독: Ekstase)'를 통해 영혼 여행을 시도한다. 엑스터시는 고대적인 접신술을 통해 도달하는 탈혼(脫魂)·망아(忘我)의 상태다. 샤만은 자기의 육체에 몸주 신령의 강림을 유도하고, 원초적인 체험을 기반으로 신인합일(神人合一)의 경지에 도달한 상태에서 환자의 질병을 치료한다. 아울러 샤만은 공동체의 안녕을 위해 헌신해 죽은 자의 영혼을 정화하여 저승으로 인도한다.

샤만은 샤머니즘적인 제의를 통해 죽음에의 근접 체험(독: Die Nahetoderfahrung)과 제의적(祭儀的)인 죽음을 통해 원초적이며 새로운 생명을 탄생시키고, 아울러, 자기 자신을 재생하기 위한 자기희생 의례를 진행한다. 그는 이 의례를 통해 영(靈)·혼(魂)·육(肉)의 완전한 합일과 몰입을 추구한다.

요셉 보이스는 1961년부터 1972년까지 독일 뒤셀도르프의 예술 아카데미(독: Kunst Academy)의 자유 미술 전공 교수로 재직했다. 그는 1970년 봄학기와 1974년부터 1975년 겨울학기까지 함부르크 조형예술대학(Hochschule fuer bildende Kuenste Hamburg)에서 객원교수로 자유 미술(독: Freie Kunst)을 강의하기도 했다.

보이스는 예술을 자신의 전 생애 동안 '광고'로 활용했고, 샤머니즘적인 미학을 활용해 원초적인 생명과의 긴밀한 소통을 꾀했다.

아울러 그는 예술을 통해 잠든 영혼을 일깨우고 인간 영혼의 원초적인 생명의 복귀를 꿈꾸었다.

보이스의 사상을 대변하는 대표적인 작품이 바로 뉴욕의 르네 블록 갤러리(독: Galerie Rene Block)에서 전시된 '코요테(Coyote) 프로젝트', '나는 미국을 사랑하고 미국은 나를 사랑한다(영: I like America and America likes me.)'이다. 보이스는 이 프로젝트를 완성하기 위해 북미산 야생 코요테 한 마리를 동반하고 전시장에 등장했다.

보이스는 미국의 케네디 공항에 도착하자마자 병원 환자를 후송하는 차에 실려 전시장까지 갔다. 그 후, 그는 자신의 트레이드마크(영: Trademark, 사람의 특징을 나타내는 외모 또는 성향)인 중절모를 눌러 쓴 채 재빨리 갤러리의 전시장 안으로 뛰어 들어갔다. 전시장 안으로 들어간 보이스는 온몸을 펠트로 감싼 후에 천천히 코요테에게 다가갔다.

"위협적인 (자연) 에너지"를 가진 난폭한 야생의 코요테는 처음엔 보이스에게 전혀 관심을 보이지 않다가 점차 시간이 흐르자, 조심스럽게 보이스의 주변을 탐색하기 시작했다. 보이스와 코요테는 같은 전시 공간에 머물며 교감을 시작했다. 보이스는 야생의 무법자에게 다가가 그를 가슴에 안고 애정이 듬뿍 담긴 사랑의 키스를 선물했다.

보이스는 코요테가 막강한 통일성과 영적인 생성을 위한 "집단적인 정신"을 상징한다고 설명했다. 보이스는 코요테 프로젝트를 통해 자연의 생명을 담지한 원초적이고 창조적인 세계와의 새로운 커뮤니케이션에 도전했다. 그는 코요테 프로젝트를 통해 종교심리학에서 말하는 자신의 "내부에서" 불이 붙는 정서와 같은 열정적인 삶의 체험을 추구한 것이다.

야생의 코요테와의 원초적인 커뮤니케이션을 추구했던 보이스의 작품은 어쩌면 그가 태어난 독일 북부의 목축지대인 '클레베스(Cleves)' 지방의 민간 전승의 소산물일지도 모르겠다. 보이스는 신비적인 신화와 전설 및 민담이 많이 전해오는 지역에서 무형의 언어로 이루어진 샤머니즘 전통을 자연스럽게 체화했을 것이다.

보이스는 뮌헨의 막스밀리언 거리의 도보 구역에서 이어지는 구역에 자리 잡은 쉘만과 클뤼저(Schellmann & Klueser) 갤러리에서 주관했던, "네 상처를 드러내라!(독: Zeige deine Wunde!)"라는 환경예술 작품도 설치했다.

이 프로젝트를 통해서 보이스는 "죽음은 나를 깨어있게 한다(독: Der Tod haelt mich wach)."라고 하며, 우리에게 예술을 통한 자가 치유(영: Self-Healing, 독: Selbstheilung)를 제안한다.

그는 이 작품으로써 현대판 '메멘토 모리(라틴어: Memento mori:

죽음을 생각하라)'를 상기시켰다.

보이스는 현대 산업사회의 해체와 인간 소외, 극단적인 인간성의 상실을 우려하며, "네 상처를 드러내라! 네 병을 치유(治癒)하려면, 그 치유하고자 하는 병을 알려라."라고 권고했다.

보이스는 강팍하고 소외된 삶을 꾸려가는 현대인의 마음속에 누가 볼세라 꼭꼭 감추어 둔 상처를 스스로 드러내라고 조언한다. 스스로 상처를 드러냄은 자가 치유를 향한 최소한의 노력이다. 우리는 자신의 상처를 드러냄으로써 인간이면 누구나 경험하는 근원적인 고통과 직면한다. 그 고통 안에는 치유의 핵과 희망이 싹트고 있다. 인간은 누구나 자신만의 치유를 향한 새로운 탈출구가 준비되어 있다.

쿤스트아카데미 뮌스터(독: Kunstakademie Muenster)의 게오르그 임다할(Georg Imdahal, 1961~) 교수는 2013년 7월 16일에 쥐트도이체 차이퉁(독: Die Sueddeutsche Zeitung) 기고문에서 "영원한 히틀러소년(독: Der wiger Hilterjunge)"이자 20세기 예술가 보이스에 대해 자신의 전기와 이력을 왜곡했다고 전면으로 비판했다.

보이스는 2차 세계대전이 발발하자 의과대학 재학 중에 공군병으로 징집되었고, 비행 연습 도중에 그의 전투기가 추락하는 바람에 크리미아반도에 떨어졌다고 주장했다. 아울러 타타르족이 온몸이 얼어붙어 사경을 헤매던 자신을 발견해 데려다가 샤머니즘적인 민간 치유법으로 자신의 목숨을 구해주었다고 했다.

보이스는 타타르족이 자신의 골절 부위와 화상을 입은 환부에 동물의 지방을 바르고, 냉기로 둘러싸인 온몸을 펠트로 된 담요로 감싸 온기를 회복하게 하는 민간요법으로 치료해 주었다고 주장한 것이다.

현대의 미술사가들도 확장된 예술 개념의 발명가인 보이스의 이 같은 주장을 사적인 신화를 스스로 짜깁기한 일종의 '전설'로 여긴다. 보이스의 주장은 이제 '타르타르 전설(독: Die Tartarenlegende)'로 치부되고 있다.

어쩌면 보이스가 전 생애 동안 의도적으로 자기 스스로를 미화시키고, 신비주의화(또는 신화화)하면서 진실을 왜곡하고 과장했을지도 모르겠다. 보이스가 주장한 내용의 진위는 현재로선 확인할 길이 없다. 어쨌거나 나는 작가인 보이스의 이 같은 주장이 샤만의 통과의례 구조와 도식을 닮았다고 생각한다.

보이스의 주장은 엘리아데가 강조했던 샤만이 입문 의례에서 경험하는 "제의적인 죽음. 재생. 부활의 도식"과 유사한 체험이다.

네오샤먼(영: Neoshaman)으로 활동했던 보이스는 서구인으로서는 드물게 의식의 확장(독: Die Bewusstseinserweiterung)과 샤머니즘적인 세계관을 통해 그의 작품 세계를 구현했다. 보이스는 그의 전 작품을 통해 인간을 죽음의 위기로 몰아간 전쟁과 빈한한 시대 상황을 고발하고 유럽인이 잃어버렸던 무한한 상상력과 직관의 회복을 추구했다.

보이스는 또한 현대 산업사회에서는 "사람은 누구나 예술가"라고 주장했다. 그는 인간의 집단 무의식에 녹아든 무한한 창조성을 개발하도록 독려하고, 끊임없는 예술을 통한 자가 치유를 추구했다.

나는 보이스가 '긍정의 과잉'으로 인해 발생하는 질병의 시대를 살아가는 현대인에게 자가 치유와 원초적인 인간성의 회복을 시도했던 행위예술가라고 생각한다.

7

푸른 눈에 내린 신령

동서양 샤머니즘의 혼재 또는 융합현상

2007년 5월 13일 일요일 밤 11시 SBS에서는 김종일 PD가 연출한 스페셜(85회) 프로그램, 〈푸른 눈에 내린 신령〉이라는 다큐멘터리 영화가 방영되었다.

김종일 PD는 2005년 이 작품의 제작 단계에서 독일에 유학 중인 내게 전화로 연락했다. 그는 전화통화에서 자신이 한국의 샤머니즘과 관련한 작품 한 편을 제작 중이라고 말했다.

그는 내게 작품을 제작한 취지를 간략히 설명하면서, 내가 가까운 장래에 한국으로 귀국하게 되면 주인공인 독일 여성 안드레아 칼프(Adrea Kalff)의 한국식 신내림에 관한 이야기를 나누고 싶다면서 만나기를 청했다.

2005년 6월 말 독일 대학의 여름 방학 기간에 나는 잠시 한국을 방문해 1개월간 머물렀다. 우리는 문화일보 건물 안에 있는 스타벅스 카페에서 만났다. 김종일 PD는 나에게서 "독일 여성이 정말로 신병을 앓고, 신(령)이 몸에 들렸는지, 신(령)이 들렸다면, 그녀는 왜 하필 한국의 김금화 만신으로부터 신내림굿을 받는 것인지"에 대해 알고자 했다.

스위스 출신으로, '분석심리학(독: Die Analytische Psychologie)'을 창시한 칼 구스타브 융(Carl Gustav Jung, 1875~1961)은 "인간의 영혼에는 원시적인 기능과 종교적인 형태를 지닌 원초적인 잔재들이 계속 존재할 수 있다."라고 생각했다.

융은 인류에게는 개인 무의식이 있고, 현대적인 인간의 무의식 심층부에는 원시적이며, 고태적인 부분이 존재한다고 주장했다. 융은 의도적으로 '원시적인(독: primitiv)'이란 단어 대신에 '고태적인(독: archaisch)'이라는 단어를 주로 사용했다.

융은 문화와 인종, 언어와 종교를 초월하여 전 인류가 개인적인 영역을 초월해 공통으로 소유한 꿈과 신화가 존재하는데, 이를 '집단 무의식(독: Das kollektive Unbewusste)'이라고 명명했다. 융은 샤머니즘을 문화적인 이미지와 상징으로 이루어진 종교적이고 집단적인 개념으로 파악했다. 집단 무의식에는 많은 샤머니즘의 '원형들(독: Die Archetypen)'도 존재한다.

원형은 의식의 제어와 통제를 받지 않은 무의식의 '집단적인 표상들(독: Representative Kollektiven)'로, 고대로부터 존재해 온 집단 무의식의 '원초적인 상(독: Urbild)'이고, '가공할 만한 위력(독: Wirkkraefte)'이 있다.

나는 김종일 PD에게 융의 이론에 근거하면, 샤머니즘은 융이 말한 '집단 무의식'의 개념에 속하기 때문에 안드레아 칼프가 비록 독일인일지라도 한국의 신령이 그녀의 몸주 신령으로 강림(降臨)했을 가능성이 있다고 했다.

나는 이 글을 쓰는 현재까지 황해도의 계보로 신내림굿을 통해 나의 신 동생이 된 안드레아를 한 번도 만난 적이 없다. 비록 안드레아가 김금화 선생으로부터 한국적 방식의 신내림굿을 받았다고는 할지라도, 그 당시에 안드레아가 문화와 인종, 언어가 다른 나라에서 한국 무당으로 제대로 성무를 할 수 있을지는 쉽게 예측할 수가 없었다.

그녀가 비록 한국 무당으로 입문한 독일의 샤만으로서 독일과 유럽, 하와이를 오가며 적극적인 활동을 이어가고는 있지만, 지금도 나는 솔직히 그녀가 한국의 강신 무당이라고는 생각하지 않는다.

한국의 샤머니즘 역사를 살펴보면, 조선 시대부터 외국의 신령(주로 중국 계통의 신령)이 유입되어 외국계의 신령들을 모시는 무당들이 다수 있었다.

안드레아의 신들림 현상은 동양과 서양이라는 지역적인 차이와 동서양의 무당이라는 차이만 있을 뿐이다.

현재까지 생존하는 연로한 강신 무당 중에도 외국의 신령, 특히 중국 계통의 신령을 모시는 무당이 있다. 특히 인천과 그에 부속된 도서 지역을 중심으로, 6.25 한국전쟁 당시 UN군 최고 사령관으로 참전해 인천상륙작전을 지휘했던 맥아더(Douglas MacArthur, 1880~1964) 장군을 몸주로 모시고 있는 무당들도 있다.

또한, 현재에도 관우를 관성제군 신령으로 모시는 무당들도 있다. 명나라 장수인 '진유격(陳遊擊, 생몰년 미상)'은 정유재란 중이던 조선 선조 31년(1598년)에 울산 전투에서 총상을 입었다.

그는 서울 숭례문(남대문) 외곽에 있는 거처에서 요양하며 '남관왕묘(南廟)'라는 사당을 세웠다. 이 시기부터 명나라 장수들은 신의 조력(助力)을 기원하고, 군사들의 심리적인 안정과 사기를 북돋우기 위해 관제(關帝) 신앙을 널리 확산시켰다.

진유격이 남관왕묘를 건립한 이후부터 조선에는 중국 후한의 장수였던 '관우'를 신격으로 모시는 '관제 신앙'이 굳건하게 뿌리를 내렸다. 특히 1691년에 숙종이 친히 능행(陵行, 국왕이 왕릉에 행차하는 행위)을 하고 관우 장군의 사당을 방문한 것을 계기로 관제 신앙이 한국의 문화와 융합되기 시작했다. 관제 신앙은 숙종 때부터 영조. 정조에 이르기까지 주로 왕권의 강화를 위한 신앙으로 활용되었다.

그 후 구한말 대한제국 시대에 이르러서 관제 신앙은 고종의 정실이자 순종의 모후였던 '명성황후(明成皇后, 1851~1895)'의 강력한 후원에 힘입어 왕실과 지배층의 주된 신앙으로 자리를 잡았다. 명성황후는 조선왕조 역사상 가장 샤머니즘에 심취했던 왕후였다.

관제 신앙은 19세기를 전후하여 조선 전역으로 확산이 되었다. 관제 신앙의 중심이 된 관왕묘는 덩달아 명성황후의 '별기은(別祈恩)'과 왕실의 강력한 후원에 힘입어 그 수효가 급속도로 증가했다.

별기은은 무격(巫覡)이 국가와 왕실의 안과태평을 위해 명산대천에서 제사를 지내는 국가 의례다.

명성황후는 1882년(고종 19년)에 임오군란(壬午軍亂)이 발발했을 당시에 반란군을 피해 궁중을 탈출해서 충주로 피신했다. 이때 자신을 '관우의 딸'이라고 주장하는 '이성녀(李姓女, 이씨 성을 가진 여성이라는 뜻)'라는 무당을 만났다.

이성녀 무당은 명성황후에게 환궁할 시기를 예언해 주었고, 그즈음에 명성황후는 이성녀와 함께 무사히 환궁했다.

그 후 명성황후는 그녀에게 '진령군(眞靈君)'이라는 군호의 작위를 하사하며 혈육처럼 총애하고 의지했다.

명성황후는 고종 20년(1883년)에 서울 송동(宋洞, 혜화문 근처 명륜동)에 관왕묘(關王廟)인 북묘(北廟)를 세우고 진령군을 거주하도록 명하고, 이곳을 관우 모시는 사당으로 활용했다.

광무 6년(1902년)에는 새문 밖의 천연동에도 숭의묘(崇義廟)라 불리는 서묘(西廟)가 들어섰다. 이 외에도 도성을 중심으로 2개의 사당이 더해져 동서남북 4곳에 관왕묘가 세워졌다.

진령군은 고종의 재위 시에 명성황후의 총애를 등에 업고, 몸주 신령을 빙자해 고종과 명성황후를 현혹했다. 그녀는 왕실의 '그림자 권력'이 되어 각종 인사 청탁과 뇌물을 받는 등 국정을 농단하고 사리사욕을 챙겼다. 또한 당시 병약했던 왕세자(후의 순종)를 위해 기도와 굿(무사(巫事))을 행한다는 구실로 금강산 만이천봉에 쌀 한 섬과 돈 천 냥, 무명 한 필씩을 올리게 하여 엄청난 국가의 재산을 탕진하고, 매관매직을 일삼았다.

청일전쟁이 끝나고 개화파 정부가 들어서자, 친일 내각은 진령군의 재산을 몰수하고 그녀를 북묘에서 추방했다. 그 후 북묘는 1909년에 국

유지로 귀속했다가 친일 단체인 '신궁경의회(神宮敬義會)'로 귀속되었다. 북묘에서 쫓겨난 진령군은 삼청골 오두막에 숨어 지내다가 1895년 을미사변(乙未事變)으로 명성황후가 시해되자 자신의 처지를 비관해 자살했다고 한다.

한편 고종의 계비이자 영친왕 '이은(李垠, 1897~1970)'의 모후인 '순헌황귀비 엄씨(嚴氏, 1854~1911)'도 관성제군을 몸주로 모시는 윤성녀(尹姓女, 윤씨 성을 가진 여자라는 뜻)라는 무당을 신임하고 총애해 '현령군(賢靈君)'이라는 군호를 하사했다.

순헌황귀비 엄씨(嚴氏)는 현령군을 위해 장충동에 관성묘인 '서묘(西廟)'를 지어주었다. 이 밖에도 순헌황귀비는 근대의 여성 교육에 뜻을 두어 진명여학교와 숙명여학교(현 숙명여대)를 설립하기도 했다.

구한말에는 대한제국을 중심으로 관우 장군을 몸주로 모시는 무당들 다수가 득세했다. 관제 신앙은 이에 힘입어 왕실과 사회 지배층을 중심으로 세간에 더욱 확산이 되었다. 그중에는 자신을 '전내신'이라고 주장하면서 사당을 세우고, 문복자(問卜者, 점을 보러 오는 사람)를 현혹하고 혹세무민을 일삼는 무당도 있었다.

한국의 관제 신앙에서 관우의 신격과 위상 및 호칭이 다양하게 변천했다. 처음에는 무신(武神)이었던 관우는 무신(武神)에서 재신(財神)으로, 다시 무신(巫神)으로 변천되었다.

영조 재위 20년인 1744년에 관우를 위한 제사가 '국조속오례의(國朝續五禮儀)'에 '소사(小祀)'로 등재되어 정식으로 사전(祀典, 제사를 지내는 예전)에 편입되었다. 이후부터 외래 신령으로 추앙받던 관우는 한국에서 공식적으로 주기적인 제사를 받게 되었다.

그 후 민간에서 관제 신령은 하늘의 옥황상제에 버금가는 신격으로 격상되었고, 관제 신앙은 치병과 더불어 재앙을 막아주고 집안을 번영하게 해주는 신격으로 숭배되었다. 근래에도 관제 신앙은 민간신앙을 신봉하는 사람들 사이에서 주요 주문인 '운장주(雲長呪)' 또는 '관운장주(關雲長呪)'와 함께 계속 숭배되고 있다.

최근 들어 관성제군은 상업이나 사업가들에게 재물을 가져다주는 신격이 되었다. 관제 신앙은 무당들 사이에서 특히 소원성취를 위한 기도에 영험하다는 이유로 계속 숭배되고 있다.

관성제군은 주로 서울 굿의 '성제 거리'에서 관찰된다. 관성제군은 성제 거리에서 황색포를 입고, 왼손에는 황색. 적색. 백색의 삼색기를, 오른손에는 '청룡언월도(靑龍偃月刀)'를 든 장군으로 등장한다.

삼국지에서 관우가 사용했던 청룡언월도는 원래 중국 전쟁에서 보병과 기병들이 사용한 대형의 검인데, 용이 새겨져 있고, 칼날 부분에는 반월형의 긴 손잡이가 있다.

이 외에도, 조선 시대에는 궁궐(창덕궁에 잔재가 남아 있음)과 중앙 관서 또는 지방의 관아에 또 다른 외국계 신령을 모시는 '부근당(付根堂)' 또는 '부군당(符君堂)'이 있었다. 일부 부근당에서는 송씨 부인 또는 송씨 처녀(처녀 귀신) 같은 여성 신령을 모셨다. 아울러 동명왕, 공민왕 등 왕신(王神)이나 최영, 임경업 같은 장군신(將軍神)도 함께 모셨다.

또 다른 부근당에서는 촉한의 정치가였던 '제갈량(諸葛亮, 와룡선생(臥龍先生), 181~234)'이나 남송의 정치가였던 '문천상(文天祥, 1236~1282)' 같은 중국의 신격을 모셨다.

숙종의 재위 시인 1707년(숙종 33년)에는 관아의 안녕과 평안을 기원하기 위해 사역원(司譯院)의 부근당이 중건되었다. 이곳에서는 무당들이 동원되어 정기적인 의례를 거행했다. 사역원은 고려와 조선 시대에 외국어의 통역과 번역에 관한 업무를 담당했던 관청이다.

부근당은 조선왕조 말까지 명맥을 유지하다가 1898년에 모두 철폐되었다. 현재는 부근당 신앙이 한강 주변에 있는 몇 개 마을을 중심으로 마을의 수호 신격으로 자리해 주로 마을굿[동제(洞祭)]으로 활용되고 있다. 마을굿 형태로 널리 알려진 부근당 굿은 한강 밤섬 일대의 '마포 부근당 굿'이 대표적이다.

1950년대 6.25 한국전쟁 이후로는 인천과 주변 지역을 중심으로 미국의 '맥아더(Douglas MacArthur, 1880~1964)' 장군을 몸주로 모시는 무당들도 생겨났다. 주한 UN군 사령관으로 한국전쟁에 참전했던 맥아더 장군은 "노병은 죽지 않는다. 다만 사라져 갈 뿐이다(영: Old soldiers die, they just fade away.)"라는 명언을 남겼다.

최근에는 성모마리아를 몸주 신령으로 모시는 몇몇 무당도 있다. '신명기'라는 이름의 황해도 계통 무당은 '천복화'라는 무당 이름으로 '명성황후 해원 굿 보존회'를 결성해 주기적으로 '명성황후 해원대제'를 진행하고 있다.

신명기 만신은 2001년에 『무당 내력』이라는 책을 출간했는데, 26세에 '김진관' 박수를 신아버지로 모시고 신내림굿을 받아 강신 무당으로 입문했다. 그녀는 몸주 신령으로 한웅천왕, 명성황후, 백마장군, 옥천대사를 모시고 있다.

그녀는 무당으로 입문한 이후에 명성황후가 꿈에 자주 나타나 1993년부터 황후의 넋을 위로해 주기 위한 해원굿을 진행한다고 했다. 그녀는 그 이후 '성모마리아'가 신령으로 강림하여 또 한 분의 몸주 신령으로 모시고 있다고 공개했다.

이 외에도 문화재 위원이며, 보건대학교 교수로 재직했던 '석대권'은 1995년에 대구 지역 무당에 관한 사례 보고 형식의 논문을 한 편 발표했다. 이 논문의 사례8에 나오는 '이0자'는 '동명정사'라는 무당 이름으로 활동했다. 그녀는 논문 발표 당시 무업 경력 6년, 주요 활동 지역은 대구 서구 성당동이다.

그녀는 사례 보고 당시 44세로, "19년 동안 교직 생활을 하였고 대학원까지 나왔"으며, 하 법사에게 신(내림)굿을 받은 후부터 줄곧 무업을 진행하고 있었다.

석대권은 이 논문에서 동명정사 무당이 "교회의 집사로 활동"하는 동시에 "중앙의학회의 회원으로서 심령 치료 분야에서도 활동하고 있다.”라고 보고했다.

- 석대권, 〈대구 지역의 무속에 관한 사례 보고〉, 향토문화 제9·10집, 184쪽(1995)

이처럼 한국 사회는 ‘피흉추길(避凶追吉, 흉한 일은 피하고 길한 것을 따른다는 뜻)’을 모토로, 현세를 긍정하는 실용주의적인 종교이자, 생존을 위한 사회적인 전략 시스템으로서의 한국 샤머니즘의 역사가 존재하고 있다. 한국 민중의 열망과 사회적인 지지 및 수요가 없었더라면 한국에서 샤머니즘이 현재까지 존속하지는 못했을 것이다.

조선왕조 시기에는 성리학적인 지배 이념의 한계를 극복하기 위해 동·서양의 신격이 혼재하는 양상을 보인다. 한국의 샤머니즘 역사에서 외국 계통의 신격이 한국으로 유입된 현상은 그 시기에 국가의 위태로운 운명과 불안한 시대상을 반영한다.

‘경달래’라는 한국명을 가진 로렐 켄달(Laurel M. Kendall, 1947~)은 미국자연사박물관의 아시아관 큐레이터이다. 그녀는 1970년 평화봉사단의 일원으로 한국을 방문한 이래로 30년 넘게 한국의 샤머니즘을 현지 조사했다. 그녀는 한국 여성의 삶과 샤머니즘 연구에 몰두했는데, 한국의 굿판을 여성이 주도하는 것에 깊은 관심을 가졌다. 그녀는 한국의 샤머니즘을 ‘여성의 종교’로 규정했다.

아울러 켄달은 한국 무당 대부분이 여성이거나 여성의 복장을 한 남성임에 주목했다. 그녀는 한국의 무당을 일컬어, “가정주부의 그리고 가정주부를 위한 의례 전문가(영: a Ritual Expert of and for Housewives)”로 규정했다.

특히 켄달은 한국이 1990년대를 거쳐 IMF 금융위기를 겪었을 때 자본주의라는 틀 안에서 샤머니즘이 어떻게 순응해 나가고 있는가를 주요 연구 대상으로 삼았다. 그녀는 굿을 의뢰하는 사람의 80% 이상이 중소기업 사업자 또는 자영업자임은 시장의 예측 불가능성과 불확실성을 반영한다고 추론했다. 그녀는 현대 한국 사회의 무당은 불안정하고 예측 불가능한 자본 시장에서 위안을 제공하고 있다면서, 한국의 샤머니즘이 자본주의에 민첩하게 적응하고 생존한다고 분석했다.

한국의 샤머니즘은 실용적인 하나의 완전한 종교체계이지만, 현재 한국 사회에서는 박근혜 전(前) 대통령의 탄핵 사건 이후 공공의 영역을 통한 논의의 대상에서 점점 사라져 있는 듯하다.

샤머니즘은 사람들에게 부정적인 이미지가 덧씌워져 현재는 타인에게 애써 감추거나 부끄러움을 주는 미신 또는 혹세무민하는 악습으로 전락했다. 신(령)을 모시는 무당으로서 이러한 현상이 안타까울 뿐이다.

8

사례 아넬리제 미헬의 마지막 엑소시즘 독일에서의

'구마(엑소시즘, 영: Exocism, 독: Exorzismus)' 의식은 가톨릭에서 진행하는 악령이나 귀신을 쫓는 의식이다. 독일의 마지막 공식적인 엑소시즘은 아넬리제 미헬(Anneliese Michel(원명: Anna Elisabeth Michel, 1952~1976))의 사례다.

미헬의 사례는 미국에서 영화 〈엑소시스트(Exocist)〉〈에밀리 로스의 엑소시즘(Exocism of Emily Ross)〉로, 독일에서는 한스-크리스티안 슈미트(Hans-Christian Schmid, 1965~) 감독에 의해 〈리퀴엠(Requiem)〉'이라는 제목의 영화로 제작되어 상영되었다.

독일어 문화권에서는 미헬에게 빙의된 악령을 쫓기 위해 진행했던 구마 의례를 '클링엔베르크의 엑소시즘(독: Exorzismus von Klingenberg)'이라고 부른다.

미헬의 구마 의례는 1975년부터 1976년까지 주당 1~2회 총 10개월 동안 67회나 진행되었다.

1976년 7월 1일 독일 뷔르츠부르크(Wuerzburg) 교육대학의 학생이었던 미헬은 극심한 기아와 영양실조 및 탈수로 인한 후유증으로 사망했다. 사망할 당시 미헬의 몸무게는 30.91kg이었다.

검찰은 미헬이 영양실조로 사망하자 미헬에게 구마 의식을 진행했던 에른스트 알트(Ernst Alt, 1938~?)와 아르놀트 렌츠(Arnold Renz,

1911~1986)라는 2명의 가톨릭 사제와 그녀의 부모를 고소했다. 네 명의 피고는 미헬을 죽음에 이르게 한 죄로 관할 법원에 고소되었다. 이들의 사법적인 소송은 수년간이나 진행되었다.

미헬은 1952년 9월 21일 남부 독일의 바이에른주에 속하는 라이프 핑(Leibfing)이라는 도시에서 엄격하고 독실한 가톨릭 신자인 부모의 장녀로 태어났다.

그녀는 태어났을 때부터 몸이 쇠약했고, 면역력과 질병에 대한 저항력이 좋지 않았다. 그녀는 어렸을 때부터 융통성이 전혀 없이 매우 종교적이며 엄숙한 분위기의 가정에서 자랐다.

미헬의 모친은 미헬이 사춘기에 접어들자, 이성의 친구를 사귀거나 파티에서 춤추는 것조차 금지했다. 미헬의 어머니는 1950년 미헬의 아버지와 결혼하기 전에 익명의 남성과 이성적인 관계가 있었고, 혼전 임신한 상태였는데, 결혼하기 전에 이미 딸을 낳았다. 이 아이는 두 사람이 결혼한 후 얼마 지나지 않아 신장암으로 사망했다.

미헬의 어머니는 혼전 임신으로 세인들에게 손가락질당했던 과거의 트라우마 때문이었는지 미헬을 더욱 엄격하게 키웠다. 미헬은 또래의 다른 아이들에 비해 어린 시절부터 제3의 에너지와 힘에 억눌리고 휘둘리며 종교적으로도, 영적으로도 가톨릭교회에 깊이 속박되어 있었던 것 같다. 미헬은 6살 때부터 할머니와 함께 새벽 6시에 집에서 나와 걸어서 새벽 미사에 참석했다.

그녀는 성장기에 부모와 조모로부터 완벽하고 사랑스러우며, 순종적이고 결점이 하나 없는 가톨릭교회의 모범적인 아이로 키워졌다.

미헬은 항상 가톨릭교회가 요구하는 이상적인 자아상에 부합하지 못할까 두려움에 떨며 살았다. 그녀는 자신에게 좋지 않은 일들이 일어날 것이란 어둡고 불길한 예감에 시달리며 어린 시절을 보냈다.

미헬은 엑소시즘의 후유증으로 사망할 때까지 건강한 신념과 자기 확신을 가진 삶을 살지 못했던 것 같다. 그녀는 항상 가톨릭적인 죄의식

콤플렉스와 종교적인 노이로제에 시달리며 청년기를 보냈다. 이 바람에 미헬은 자신의 원초적인 욕구와 종교적인 도그마 사이에서 엄청난 갈등과 분열을 겪으며 이율배반적인 삶을 살았던 것 같다.

미헬은 자기 자신을 스스로 '뱀(독: Die Schlange)'이라 칭했다. 서구 문화권에서 뱀은 남성의 영혼을 상징하며, 인간을 성적으로 유혹하는 존재의 원형이다. 미헬은 성년이 되면서 자신의 여성성이 상징하는 원초적이며 성적인 욕구를 제대로 통제하지 못했던 듯하다.

16세가 되던 1968년 9월에 미헬은 처음으로 온몸에 심한 경련을 일으켰다. 그녀의 주치의는 미헬의 신경 발작을 '측두엽 뇌전증(영: Epilesy, (구)간질)'으로 진단했다.

뇌전증은 뇌신경 세포의 일시적인 장애로 인해 흥분상태가 과도하게 유발됨으로써 의식의 소실과 발작, 육체의 경련과 행동의 변화를 일으키는 만성적인 질환이다. 뇌전증 환자의 뇌 기능에 일시적인 마비와 발작이 반복적으로 나타난다.

1970년부터 사망하기 직전까지 담당 의사는 신경의 경련을 방지할 목적으로 미헬에게 향정신성 약물을 처방했다. 주로 정신건강의학과에서 처방하는 향정신성 약물은 신경증이나 정신증의 치료에 사용하고, 인체의 중추신경계에 작용한다. 우리나라에서는 향정신성 약물이 심리적인 의존성과 금단 증상이 있어 마약류관리에 관한 법률로 관리하고 있다.

미헬은 뇌전증을 치료하기 위한 약물을 복용한 이후부터 폐렴과 폐결핵을 앓았다. 의사가 처방한 약물은 미헬의 종교적인 사상과 세계관에 좋지 않은 영향을 끼쳤지만, 미헬의 신경 발작은 어느 정도의 호전을 보였다.

1973년 초부터 미헬은 방바닥과 천장에서 지옥으로부터 들려오는 소리를 들었다. 미헬의 치료를 담당한 의사는 그녀의 이런 증상을 '편집증적인 조현병(구 정신분열증)'이 발현된 것으로 진단했다.

미헬은 1973년 11월부터 뷔르츠부르크 대학병원에서 신경과 진료와 치료를 받았다. 담당 의사는 미헬의 뇌파검사 결과를 판독해 신경 발작의 원인이 '좌측 측두의 손상으로 인해 발생한 것'이라고 진단했다.

1973년 여름에 미헬은 생애 처음으로 이탈리아의 산 다미아노(San Damiano)로 성지순례를 다녀왔다. 그녀는 성지순례 기간 내내 모든 종교적인 의식에 사용되는 성물들에 대해 엄청난 거부감을 드러냈고, 신성한 치유의 샘물을 담은 유리잔을 밀쳐버리기도 했다.

미헬은 자신에게 일어나고 있는 이해할 수 없는 영적인 증상이 평소의 독실한 가톨릭 신자인 자신과는 다른 낯선 존재가 빙의되어 발생했다고 확신했다. 그녀는 종종 자신보다 우위에 있는 어떤 의식(존재)이 조종하는 것 같은 느낌을 받았다.

그렇지만, 정작 미헬 본인은 스스로 강력한 어떤 다른 힘을 제어할 수 없을 때가 더 많았던 것 같고, 이미 제3의 영적인 존재가 빙의되어 파괴적이고 분열적인 상태를 경험하고 있었던 듯하다.

그즈음에 미헬은 아샤펜부르크에 재직 중인 한 가톨릭 사제를 만나서 자신의 영적인 체험을 설명했다. 하지만, 그 사제는 미헬의 성물에 대한 거부 행위가 반드시 빙의와 관련이 있다고는 판단하지 않았다.

그는 미헬에게 다시 의사의 도움을 받기를 권했고, 에틀레벤(Ettleben)이라는 곳에서 영혼의 인도자이자 사제로 근무하는 에른스트 알트 신부를 소개해 주었다.

성지순례를 인솔했던 안내자는 미헬의 영적인 상태가 매우 심각하다고 판단했다. 성지 여행 안내자는 예수회에 소속되어 가톨릭교회 내에서 빙의와 구마 의식 전문가인 '아돌프 로데빅(Adolf Rodewyk, 1894~1989)' 사제와 접촉했다.

당시 로데빅 신부는 독일 주교회의 악령론(독: Daemonologie) 영역에서 신학적인 자문과 대형 구마 의식을 거행하고 있었다.

알트 신부는 미헬을 1973년 가을부터 2주에 한 번씩 만났다. 그 후부터 그는 미헬을 1974년 11월까지 한 달에 한 번씩 만났다. 1974년 가을에 알트 신부는 미헬과 영적인 대화를 진행하면서 그때까지 미헬이 악령에 의해 완전히 점령당한 상태는 아니라는 결론에 도달했다. 미헬은 알트 신부를 자신의 영적인 자문으로 지정했다.

미헬과 그녀의 부모는 미헬이 당하는 영적인 고통과 징후를 의학적으로 수용하기를 거부하고, 그녀의 영적인 상태를 종교적인 의미에서 해석하려고 노력했다.

알트 신부는 1975년 7월 1일에 미헬에게 처음으로 구마 의식에 관한 이야기를 꺼냈다. 이때부터 미헬은 부모 집에서 칩거에 들어갔다.

알트 신부는 미헬이 소속되어 있는 뷔르츠부르크 교구의 '요제프 슈탕글(Josef Stangl, 1907~1979)' 주교에게 미헬의 속박된 영혼을 위한 치유를 위해 엑소시즘을 진행할 수 있도록 허가해 달라고 요청했다. 슈탕글 주교는 1975년 8월 3일 처음으로 고통받는 미헬의 영혼을 구제하기 위해 알트 신부에게 소규모의 '축귀 의식(독: Die Teufelsaustreibung, 가톨릭교회에서 진행하는 구마 의식)'을 진행하도록 허가했다.

1975년 8월 이후부터 미헬의 정신과 영적인 상태는 심각하게 나빠졌다. 미헬은 거의 잠을 자지도 않았다. 그녀는 내면에서 강력하게 솟구치는 엄청난 충동을 느끼며, 미친 듯이 날뛰고 마구 소리를 질러댔다. 이때 미헬은 자발적으로 금식을 시도했는데, 나중에는 곤충을 삼키고, 자신의 오줌을 마시는 등 심각한 자기 파괴적인 행동을 일삼았다.

이 시점부터 알트 신부는 미헬에게 신경정신치료 전문 병원에서 치료받을 것을 권했다. 미헬의 부모는 그녀가 병원 치료를 받게 되면 향후 그녀의 교사로서의 경력에 흠집이 생길 것을 우려했다.

로데빅 신부는 1975년 9월 초순에 미헬을 방문한 후에 슈탕글 주교에게 미헬의 영적인 상태를 보고하며, 대형 엑소시즘을 진행하도록 소견서를 전달했다. 이를 진행할 엑소시스트(구마사)로 아르놀트 렌츠 신부가 확정되었다.

1975년 9월 16일에 슈탕엘 주교는 '리투알 로마늄(라틴어: Ritual Romanum, 1614년에 제정한 가톨릭 전례 로마 예식)'에 근거해 대형 구마 의식을 진행하도록 지시했다.

슈탕엘 주교는 후일 미헬의 사망 사건이 뜨거운 사회적인 이슈로 떠오르자, 공개적으로 자신은 미헬에게 구마 의식을 허락한 적이 없다고 주장했다. 그는 미헬 사건이 발생한 직후 얼마 지나지 않아 세상을 떠났다.

슈탕엘 주교는 사망하기 직전에 게오르크 라칭어(Georg Razinger, 1927~2022) 대주교(후의 교황 베네딕토 16세, 독: Papst Benedict XVI)에게 마지막으로 고해성사했다. 그는 당시 자신이 "정신적인 혼돈의 상태(독: Geistige Umnachtung)"에서 악령에게 속박된 미헬의 영혼을 구하기 위해 구마 의식을 진행하라고 허락했다고 고백했다.

렌츠 신부가 미헬에게 첫 번째 구마 의식을 행한 것은 미헬의 사망 9개월 전이었다. 그가 구마 의식을 진행하는 동안에 미헬의 입을 통해 대략 6명의 악령이 등장했다. 그 악령들은 루시퍼(Lucifer)뿐만이 아니라 유다(Judas), 네로(Nero), 카인(Kain)과 히틀러(Hitler) 및 1572년부터 1575년까지 에틀레벤의 사제로 근무했던 발렌틴 플라이슈만(Valentin Fleischmann, 생몰년 미상)과 같은 인간형 악령도 있었다.

렌츠 신부는 미헬이 다른 사람들이 지옥으로 떨어지는 것을 방지하기 위해 '속죄(대속)'의 의미로 빙의(憑依)가 되었다고 주장했다. 미헬은 스스로 죽은 후에 영원한 축복을 누릴 것이라 확신했다.

1976년 3월 3일 사순절(독: Fasten) 기간이 시작되자 미헬은 내면의 목소리가 음식물을 먹지 말라고 명령했다며 음식물의 섭취를 완전히 거부했다. 이 시기에 미헬은 정신적으로도 육체적으로도 눈에 띄게 피폐해졌던 것 같다.

그녀는 1976년 4월 중순부터 아예 침대에서 일어나지도 못했다.

미헬은 스스로 구원에 이르기 위해 자신을 지배하려는 낯선 힘의 위력에 굴복되었다. 미헬의 정신적인 기능은 그녀를 장악한 영적인 존재들로 인해 스스로 통제할 수 없을 정도로 마비되었다.

어떤 종교를 막론하고, 원칙적으로 축귀[逐鬼, 구마(驅魔)] 의식은 빙의된 영혼을 무조건 쫓아내는 것이 아니라 영적인 속박에 시달리고 있는 영혼을 자유롭게 하고, 영적인 상처를 치유하기 위해 진행한다.

미헬은 젊고 도발적이며 원초적인 영혼의 소유자였던 같다. 그녀에게 빙의된 6명의 악령은 미헬의 적대적이고 공격적인 상징의 인격이라 할 수 있다. 그녀는 필요 이상으로 엄격한 종교 교육으로 무장된 독실한 가톨릭 신자였고, 미헬에게 빙의된 악령들은 그녀의 극단적인 인격 분열을 투영하고 있다.

* 참고한 자료

1. Felicitas D. Goodman, 『Anneliese Michel und ihre Daemonen(아넬리제 미헬과 그녀의 악령들)』, Christiana Verlag, 2006
2. Anneliese Michel-aus Wikipedia, der freien Enzyklopaedie http://de.wikipedia.org/wiki/Anneliese_Michel

9

욥에의 응답 Antwort auf Hiob

세상을 살다 보면, 종종 거센 운명의 바람과 삶의 파도에 정면으로 맞서야 할 때가 있다. 이때 '신의 딸'은 견디기 힘든 삶의 고통이나 곤욕과 마주하며 구약성서에 기록된 두 인물의 삶을 떠올린다. 사울(Saul) 왕과 욥(Hiob)이다.

나는 그들이 걸어갔던 "영혼의 어두운 밤"과 환난의 길을 생각하며 "영혼의 뻘밭"을 천천히 걷는다. 그리고, 나의 삶을 다시 한번 더 점검하고 크게 심호흡한다. 신기하게도 그렇게 하면, 또 하루를… 또 새로운 "태초의 아침"을 만날 새로운 희망과 용기를 얻게 된다.

나는 1997년 8월 28일 사무(師巫)이신 김금화 선생의 인도로 황해도 강신 무당으로 입문한 지난 26년간 지속적인 '고통의 연금술'을 통해 끊임없는 연단(鍊鍛)의 과정을 거쳐서 지금의 내가 되었다.

연단이란 쇠붙이를 불에 달군 후에 두드려서 단단하게 하듯이, 몸과 마음을 굳건하게 연마하는 것이다.

아직도 내 앞에는 "무소의 뿔"처럼 혼자서 걸어가야 할 '천 개의 고원'이, 길고도 긴 영성의 길이 놓여 있다.

스위스의 분석심리학자인 칼 융은 〈욥에의 응답(독: Antwort auf Hiob)〉이라는 제목의 글을 썼다. 융은 이 글에서 경건하고 순종적이며 의로운 욥과 더불어 과격한 감정으로 인해 스스로 고통받는 모순적인 야훼의 상을 분석했다.

융은 구약성서에 묘사된 분노와 질투의 화신인 '야훼'(히브리어: Jahwe, 구약 성서의 하나님)를 일컬어 자애로움과 무자비함이 공존하며, 창조적인 힘과 파괴의 의지가 병행하는, 통찰력과 무분별이 뭉뚱그려진 인격이라고 분석했다.

융은 욥에의 응답을 통해 이미 야훼에게 단죄받은 욥이 신의 어두운 측면(그림자, 영: Shadow, 독: Schatten)과 어떻게 대면했는지, 또한, 신의 어두움은 욥의 의식과 무의식에서 어떻게 작용했는지를 심층적으로 분석했다.

구약 성경의 욥기에 의하면, 욥은 구약 시대의 우스(독: Uz) 땅에 살며 아들 일곱과 딸 셋을 두었다. 칠천 마리의 양과 삼천 마리의 낙타, 오백 쌍의 소와 오백 마리의 암나귀를 소유한 욥은 종들을 여럿 소유한, 동방에 있는 그 누구보다도 유복한 집안의 가장이었다. 그는 독실하고 올곧으며 하나님을 경외하고, 악한 일을 거들떠보지도 않는 의로운 사람이었다.

구약 시대의 야훼는 빛과 어둠을 동시에 창조했다. 어느 날 야훼는 욥의 신의를 시험하기로 결심했다. 사탄은 이 기회를 틈타 야훼의 예민함을 파고들어 욥을 향한 불신감과 시기심을 충동질했다. 그러자 야훼는 충성스러운 욥의 정직함과 의연함을 믿었음에도 욥을 사탄의 손에 맡겼다. 욥기 1:12에서 야훼는 욥의 신앙심과 인내심을 시험하려고 욥을 사탄의 손에 맡기며, 그의 몸에는 손을 대지 말라고 명했다.

사탄은 죄 없는 욥으로부터 모든 소유물을 약탈하고 욥의 권속을 살해했으며, 의도적으로 욥의 삶을 초토화했다. 그 과정에서 욥은 야훼로부터 신변을 보호받지 못하고 그대로 방치되었다. 야훼는 욥을 사탄에게 내맡겨 간접적으로 자신이 창조한 어둠 속으로 내몰고 심리적으로 학대했다.

욥은 사탄의 농간으로 소유했던 모든 삶의 권리를 박탈당했다. 욥은 영적인 고통을 참고 견디며, 일어나 겉옷을 찢고, 머리털을 깎고, 땅에 엎드려 야훼를 향한 예배를 올렸다.

구약 시대에 옷을 찢는 행위는 애도나 슬픔을 표현하는 하나의 상징이다. 이 외에도 구약 시대에 슬픔을 표현하는 또 다른 방법은 머리에

재를 뿌리거나, 세마포로 만들어진 옷을 입기도 했다.

　욥의 주변 사람들과 친구들은 그를 도덕적으로 괴롭히며 박해하고는 그를 버리고 모두가 떠났다. 그 틈을 노린 사탄은 욥의 몸을 쳤다. 그러자 욥의 몸에는 발바닥에서 정수리까지 부스럼이 생겨났다.

　그 순간에도 욥은 변함없이, "질투심이 많은 도덕의 감시자"인 야훼를 향해 자신의 정당함과 신앙적으로 결함이 없음을 증명하려고 노력했다.

　융은 우리가 "영혼의 어두운 밤"이나 "영혼의 뻘밭", 또는 무지의 세계를 건너며 환난과 정면으로 직면할 때, 환난으로부터 도피하기보다는 스스로 정감이나 격정을 인정하고, 격정의 폭력에 내맡기라고 조언했다.

　『영혼의 어두운 밤』은 '십자가의 성 요한(St. Jahn of the Cross, 1542~1591)'이 쓴 책의 이름이다.

　무의식은 인성의 모든 측면, 밝음과 어두움, 선과 악과 같은 대극으로 구성되어 있다.

　심리학에서 '정감(영: Affect, 독: Affekt, 정동)'은 외부의 자극에 대한 육체적이며 심리적인 표현이다. 정감은 심리적으로 정적 또는 부정적인 반응이 외부로 표출된 것이다. 정감은 감정(영: Feeling)과 정서(영: Emotion) 및 기분(영: Mood)에 대한 경험이고, 때에 따라서는 통제하기 힘든 폭발적으로 (과)격한 감정이 동반되기도 한다.

　욥은 자신이 가진 모든 것을 잃고, 발바닥에서 정수리까지 종기에 걸려 무자비한 사탄 앞에 혈혈단신 홀로 섰지만 아무도 원망하지 않았다. 그러면서도 그는 결코 야훼의 전능함과 의로움을 의심하지도 않았다. 두려움과 비탄에 빠진 욥은 전능자이자 '정의로운 재판관'인 야훼 앞에서 그가 한없이 무력하고 나약한 존재라는 사실을 깨닫는다.

　나 또한 매일 새벽에 향물로 몸을 정화하고, 초와 향을 켜고 신단에 엎드려 기도하는 동안 신단에 엎드린 나 자신이 한없이 무력하고 나약한 존재라는 사실을 깨닫는다. 내가 오체를 땅에 대고 신단에 절을 하고, 기도를 드리며 스스로 교만해지려는 마음의 고삐를 잡아 겸허해지는 과정을 매일 경험한다.

욥기 3:25~3:26에서 욥은, "내가 두려워했던 것이 나를 덮쳤고, 무서워했던 것이 마침내 오고야 말았다. 나는 평화도 없고, 휴식도 없으며, 안식도 없고 불행만이 다시 찾아왔구나!"라고 독백한다. 그리고 욥은 욥기 13:20~13:21에서 다음과 같이 기도를 드린다.

"주여, 두 가지만 행하지 말아 주소서. 그리하시면, 저는 당신 앞에서 숨지 않겠나이다. 당신의 손을 나에게서 거두어 주소서. 당신을 향한 두려움으로 인해 제가 두려움에 떨지 않게 하소서."

욥은 진노를 멈추지 않는 야훼를 향해 살이 아프고 애곡(哀哭, 슬프게 울다)하면서도 끝까지 자신의 결백함을 주장하며, 그가 가진 허물의 진정한 원인이 무엇인가를 알고자 했다. 욥은 야훼께 자신이 행한 죄악이 얼마나 많은지, 자신의 허물과 죄가 얼마나 있는지 반문한다.

자신의 간구(懇求)에도 불구하고, 전혀 응답이 없는 야훼를 향한 두려움과 공포에 사로잡혀 깊은 절망에 빠졌지만, 욥은 야훼가 하늘에서 그를 돌보지 않았더라면 존재하지 않을 것이라 믿었다. 그는 야훼가 고난을 겪는 자에게는 빛을, 마음이 아픈 자에게는 생명을 주심을 누구보다 잘 알고 있었기에 야훼를 믿고 떠나지 않았다.

구약성서에 묘사된 야훼는 "지혜와 권능", "경륜과 판단력(욥기 12:13)" 및 인간의 생사 병탈권을 소유한 무소불위의 능력 그 자체였다.

융은 〈욥에의 응답〉에서 전지전능한 능력 그 자체인 야훼가 유독 욥에게만 동정심도 없이 잔혹함과 무자비함만을 드러냈다는 것을 지적했다.

그렇다면 왜 야훼는 그토록 무자비하게 욥을 시험했을까?

야훼의 분노에 직면한 욥은 두려움에 소스라칠 것만 같은 공포 속에서 야훼를 향해 계속 기도를 올린다.

융은 『인간의 상과 신의 상』 309쪽에서 구약성서에 나타난 야훼가 "자기 자신과의 모순 속에 있"다고 지적했다. 융은 야훼가 "분열된 것이 아니고, 이율배반Antinormal이며, 완전한 내면의 대극성이며, 그의 엄청난 역동성, 그의 전지전능에 없어서는 안 되는 전제조건"으로 인식했다.

구약성서에 기록된 야훼는 "인간이 그가 원했거나 기대했던 것처럼 행동하지 않을 때에는 종(種)으로서나 개인으로서의 인간에 대해서 지나치게 흥분"하는 성향을 보이는 존재다.

- 칼 융, 『인간의 상과 신의 상』 310쪽.

융은 야훼가 "도덕적이기에는 너무 무의식적"인 점을 지적했다. 그 까닭은 야훼가 "전체성에 들어있는 모든 특징 그 자체"이기 때문이다. 구약 시대의 야훼의 의인화된 상은 "완전한 정의인 동시에 그 역(逆)"이기도 하며, "이것 또한 마찬가지로 온전"하고, "비판적 사고를 좋아하지 않"는 성향을 지닌 존재다.

- 칼 융, 『인간의 상과 신의 상』 313쪽.

어쩌면 야훼는 욥이 스스로 자신의 허물과 죄를 깨닫지 못하는 무지와 두려움을 견딜 수 없었을지도 모르겠다.

야훼의 형상을 닮은 욥은 온몸으로 사탄의 그토록 집요하고, 추악한 행태를 견뎌냈다. 그는 결국, "(야훼의) 내면에 있는 모순을 인식하고, 그럼으로써 그의 인식의 빛 자체가 신적인 누미노제를 획득하기에 이른다."

- 칼 융, 『인간의 상과 신의 상』 319쪽.

'누미노제(독: Das Numinose)'는 1917년 독일의 신학자인 루돌프 오토(Rudolf Otto, 1869~1937)가 출간한 책, 『Das Heilige(독: 성스러운 것)』에서 신적인 것과 존재의 기적 및 신비적인 체험을 설명하기 위해 사용한 신학 용어다. 사람의 영혼을 사로잡는, 존엄하고 외경심을 불러일으키는 "무섭고도 거룩한 신비적인 경험"을 의미한다.

누미노제는 '신비스럽고, 두려우면서도 매혹적인 것'이며, 궁극적으로 성스러운 실재의 신비에 대한 매혹과 두려움의 양면성을 가지고 있다.

나는 욥기를 읽으며, 27년 동안 신령님들을 모시며 쉴 새 없이 만났던 환난과 '신가물'을 자주 떠올린다.

신가물은 '신의 가물'의 준말로, 무당이 신령의 의지로 인해 받는 영적인 고통이나 고난이다.

나는 삶에서 환난과 감당할 수 없는 고통이 엄습하는 순간마다 마음속으로 맹자의 고자장(告子章) 상편을 천천히 되새김질하며, 그 숱한 인생의 고통을 맷집 좋게 견딜 수 있는 인내심과 겸손함을 배운다.

천장강대임어시인야(天將降大任於是人也)
(하늘이 장차 그 사람에게 큰일을 맡기려고 하면)
필선고기심지(必先苦其心志)
(반드시 먼저 그 마음과 뜻을 괴롭게 하고)
노기근골(勞其筋骨)
(근육과 뼈를 깎는 고통을 주고)
아기체부(餓其體膚)
(몸을 굶주리게 하고),
공핍기신행(空乏其身行)
(그 생활은 빈곤에 빠뜨리고),
불란기소위(拂亂其所爲)
(하는 일마다 어지럽게 한다).
소이동심인성(所以 動心忍性)
(그 이유는 마음을 흔들어 참을성을 기르게 하기 위함이며)
증익기소불능(曾益其所不能)
(지금까지 할 수 없었던 일을 할 수 있게 하기 위함이다)

사무(師巫)이신 김금화 선생이 1997년 8월 28일 나의 신내림굿에서 경관 만신이 되어 내려주신 공수가 '신의 딸'인 '타즈마할'의 좌우명이다. 참고로, 'Taj Mahal'은 페르시아어로 '세상에서 가장 아름다운 꽃'이란 뜻이다.

"넘어지고, 넘어지고 넘어진 곳에 네가 설 곳이 있느니라!"

엔돌 무당의 공수
사울왕과

'신의 딸'로서 몸주 신(령)을 모시고 세상을 살다 보면, 더러는 새로운 신명(神明)을 모시기 직전에 거센 '신가물(신의 가물: 신령에 의한 고난)'을 만나게 된다.

신명은 천지신명(天地神明)의 줄임말로, 하늘과 땅의 신령을 일컫는 말이다.

한국의 샤머니즘에서 신가물이란 단어에는 두 가지 의미가 담겨 있다. 하나는 신명이 센 집안 출신이거나, 신령을 모셨던 집안의 뿌리(신부리: 영적인 내력)가 있으며, 신의 기운을 남달리 많이 받는 사람을 일컬을 때 사용한다. 다른 하나는 강신 무당이 신령으로부터 받는 영적인 고난 또는 신령이 강신 무당을 연단(鍊丹)시키기 위해 내리는 '우환(憂患)과 질고(疾苦)'를 의미한다.

강신 무당은 무당으로 입문하고 나서도 몸주 신령을 모시며 성무(成巫)가 되는 동안에 종종 인간의 힘으로는 도저히 감당하기 어려운 시기를 만난다.

성무란 신내림굿을 받고 강신 무당으로 입문해 아픈 영혼들의 치유와 신령들뿐만 아니라 조상신과 기타 잡귀. 잡신을 포함한 모든 신적인 존재와 영적인 존재를 잘 "부릴 수 있는" 경지에 다다른 무당으로 성장하는 것이다.

잘 부릴 수 있다는 것은 신령이나 영적인 존재를 감동·감화시켜 감응할 수 있는 능력을 가졌다는 뜻이다.

강신 무당은 성무하는 과정에서 현실의 불확실성을 견디는 내공과 더불어 영적인 세계를 향한 외경심과 부단한 인내심, 그리고 성실함을 배운다.

이 '신의 딸'도 신령님들을 모시며, 영혼이 아픈 사람들의 영적인 치유를 돕는 과정에서 종종 '환난(患難)'과 직면할 때가 있다. 그때마다 나는 구약성서에 나오는 사울(Saul) 왕과 욥(Hiob)이라는 인물의 삶을 떠올린다. 나는 그들이 겪은 영적인 환난을 되새겨 보며, 현재의 내가 겪는 고단한 삶의 의미를 찾고, 최선을 다해 현재의 난관을 극복하려고 노력한다.

솔직히 말해, 신령님께서 내게 내리신 영적인 고통을 감내하는 일이 말같이 쉽지는 않다. 나는 사울 왕과 욥의 삶을 되새기며 현실의 고통과 정면으로 맞서 싸우며 난관으로 점철된 '고난의 징검다리'를 하나씩 건너간다.

구약성서에 나오는 사울 왕은 이스라엘이 통일되자, 야훼의 "기름 부음을 받는" 은총을 입고 최초의 왕으로 등극한 인물이다.

사무엘서 상권은 사울이 왕으로 등극한 지 2년 만에 선지자인 사무엘을 대신해 스스로 번제를 지낸 이야기와 '엔돌(히브리어: En Dor, Endur)'이라는 지역에서 신접한 여인을 만나 죽음에 이르기까지의 내용이 상세하게 기록되어 있다.

엔돌은 히브리어로 '거주지의 샘'이란 뜻인데, 구약 시대의 나사렛에서 동쪽으로 약 10km 떨어진 지점에 있는 구약 시대의 영적인 전적지다.

구약 시대에는 오직 제사장만이 야훼를 위한 제사를 지낼 권능을 부여받았다. 선지자인 사무엘은 블레셋과의 전쟁 중에 사울 왕에게 7일 후에 '길갈(히브리어: Gilgal)'로 오겠다고 약속했다. 하지만, 사무엘은 약속한 기간이 지났음에도 길갈에 나타나지 않았다. 사울 왕은 군사들이 사기를 잃고 뿔뿔이 흩어지는 등 상황이 다급해지자 스스로가 제사장이 되어 화목제물로 번제를 지냈다.

공교롭게도, 사울 왕이 번제를 지내자마자 사무엘이 다시 나타났다.

사울 왕은 사무엘에게 부득이한 상황이라 그가 사무엘을 대신해 야훼께 번제를 지냈다고 설명했다.

사무엘은 사울 왕이 야훼의 명령을 지키지 않았을 뿐만 아니라 망령되이 행동했다고 크게 꾸짖었다. 아울러 그는 사울 왕의 나라가 오래도록 유지되지 못할 것이고, 이미 야훼는 마음에 맞는 사람(다윗)을 새로운 왕으로 선택했다고 전했는데, 사무엘의 이 말은 사울 왕이 야훼로부터 공식적으로 단죄되었다고 선언한 것이다.

사울 왕은 전쟁 중이라 불안하고 초조해져 사무엘의 길갈 도착이 지연되는 것을 기다리지 못했다. 게다가 사울 왕은 조급한 마음에 제사장의 신분이 아님에도 불구하고 번제를 지냈다. 사울은 금기를 범했을 뿐만 아니라 직권을 남용했다.

구약 시대의 야훼는 제사장이라는 성스러운 직무를 이스라엘의 12지파 중에서 유독 모세(Moser)의 형인 '아론(Aaron)'의 남자 후손에게만 맡겼다.

그밖에도, 사울 왕은 다윗과 공모했다는 이유로 85명의 성스러운 직분을 가진 제사장을 참혹하게 살해했다. 야훼의 허락 없이 제사장을 죽이는 행위는 야훼의 권위에 대한 전면적인 도전이며, 야훼를 향한 명백한 불순종이요, 불경죄를 범한 것이다.

사무엘상 15:23에 의하면, 사무엘은 사울 왕에게, "불순종은 사술(邪術: 요사스러운 술법)을 행하는 죄와 같고, (야훼의 뜻을) 거역하는 것은 우상에게 절하고 우상을 숭배함과 같음이라."고 했던 야훼의 말을 환기했다.

사울 왕은 본디 겸손하고 순종적인 사람이었다. 그런데 어느 순간부터 탐욕을 일삼고, 날로 교만해졌다. 사울 왕은 야훼가 엄격하게 금지한 행동을 여러 차례 범했을 뿐만 아니라, 알면서도 야훼가 '죄악'으로 여기는 사술을 행하고, '불순종'과 '불경죄'를 저질렀다.

이런 일로 인해 사울 왕은 야훼로부터 단죄되고 '말씀의 기갈(飢

渴)'을 경험하며 영원한 버림을 받았다.

구약의 시대는 야훼께 순종하는 것이 제물을 올리는 것보다 낫고, 사려 깊은 것이 숫양의 기름보다 낫다는 가치관이 지배했다.

사울 왕은 그 이후로도 자신의 불경한 행위에 대해 전혀 뉘우친다거나 회개하지 않았다. 야훼가 불경스럽고 불순종한 사울 왕으로부터 영원히 등을 돌리자, 야훼와 사울 왕 사이는 영원히 단절되었다.

사울 왕은 사무엘이 죽자, 진노한 야훼에게서 용서받기 위해 간절히 기도를 올렸다. 야훼는 불경한 죄인의 기도를 듣지 않았고, 사울 왕의 꿈에서도, 우림(히브리어: Urim)으로도, 선지자로도 전혀 응답하지 않았다.

우림은 야훼의 의중을 묻고자 할 때 대제사장이 입는 의복인 '에봇(히브리어: Ephod)'에 넣는 물건이다. 에봇은 구약 시대에 대제사장이 입었던 가슴과 등을 덮는 긴 조끼 모양의 상의로, 한복의 쾌자와 유사한 기능을 하는 옷이다.

이에 답답하고 조급해진 사울 왕은 야훼의 의중을 알고자 했다. 그는 그 자신이 직접 영토에서 추방했던 신접한 여인을 찾으라고 명령하는 이율배반적인 행태를 보였다. 사울 왕은 직접 신접을 행하는 여인을 만나기 위해 가나안 땅에 귀속된 '엔돌'이라는 곳으로 갔다.

초기 가나안의 종교는 의식을 동반한 조상숭배의 형식을 취했다. 당시 가나안 사람들은 죽은 왕들과 죽은 조상들을 주술로 불러내어 당시에 살아 있는 왕을 축복하도록 했다. 히브리어의 '엘로힘(Elochim)'은 하나님 또는 신(복수인 신들)을 나타내는 단어다.

사울은 야훼가 이미 자신으로부터 떠났고, 신접자를 찾아가 점복을 행하는 일이 금기를 어기는 일임을 알고 있었다. 그는 한밤중에 남의 눈을 피하려고 변장한 후에 신접하는 여인을 은밀하게 찾아가 그녀에게 접신술로 사무엘의 영혼을 불러올리기를 청했다.

야훼는 신명기(독일어: 5. Mose) 18장 9~11절을 통해, "점장이, 예언가, 술객, 마술을 행하는 자, (마법의) 주문을 외우는 자, 퇴마사, 점성술을 행하거나 죽은 자에게 묻는 행위를 하는 자가 있어서는 안 된다."
라고 엄명했다. 그런데, 사울 왕은 상황 논리를 앞세워 엔돌의 신접하는
여인에게 '접신술'을 행하는 불경죄를 저질렀다.

신접한 여인은 한눈에 변장한 사울 왕을 알아보았다. 여인은 접신술
을 통해 저승으로부터 누군가를 불러냈는데, 사울 왕은 겉옷을 입은 그
형상을 사무엘과 동일시하고 예를 갖추었다. 그런데 이 형상이 진짜 선
지자 사무엘이었는지는 검증할 수가 없다.

엔돌의 신접한 여인은 야훼의 뜻에 따라 이스라엘은 이미 다윗의 통
치로 넘어갔다고 말했다. 야훼는 사울 왕을 완전히 버렸으며, 그와 아들
들이 블레셋 군대에 의해 죽임을 당할 것이라고 예언했다.

신접한 여인이 전해준 공수는 사울 왕에게 일종의 절망적인 사형선
고나 다름없었다. 이 공수(신탁)를 접한 사울 왕에게는 한 줄기 희망의
빛마저 모두 사라졌다. 사술을 행하고 불경죄를 범한 사울 왕은 끝없는
절망감에 사로잡혀 블레셋과의 전쟁이 시작된 지 1주일 만에 스스로 자
기 칼을 취하고 그 위에 엎어져 죽음을 선택했다.

블레셋과의 전쟁에서 요나단과 두 아들도 함께 죽었다. 사울 왕이
야훼가 금지한 사술을 행하고, 불순종과 불경 행위를 범해 초래한 비극
적인 결말은 곧 죽음이었다.

나는 사무엘서 상권을 읽으며, "그런데 왜 사울 왕은 야훼로부터 영
원한 버림과 단죄를 받았을까?" 곰곰이 생각해 본다. 구약성서에는 야
훼가 사울의 후임으로 세운 '다윗' 왕도 비도덕적인 행위를 범한 기록이
있다. 그런데 왜 야훼는 유독 사울 왕만을 단죄했을까?

여기서 우리는 신의 영역과 인간의 영역, 성(聖)과 속(俗)의 영역이
확연히 구분됨을 확인할 수 있다.

사울 왕은 상황 논리를 앞세워 신의 영역에 속한 제사장의 권한을
임의로 사용하고 권력을 남용했다. 그뿐만 아니라 야훼의 명령을 거역
하는 불순종도 범했다. 그것도 모자라 사울 왕은 다윗과 공모했다는 이

유로 번제를 지내는 직무와, 성막을 지키고 율법을 가르치는 성스러운 직무를 담당하는 85명의 제사장을 무참히 살해했고, 절체절명의 순간에 엔돌의 신접하는 여인을 찾아가 야훼가 사술(邪術)이라고 규정해 엄격히 금한 접신술을 행하게 했다.

　야훼의 시각에서 보면, 사울 왕이 행한 여러 가지의 불경죄는 야훼를 향한 정면 도전이고, 신성한 야훼의 권위를 훼손한 행위로 해석될 소지가 다분하다. 이 때문에 사울 왕은 야훼로부터 단죄되고, 영원한 버림을 받지 않았을까?

　만약 사울 왕이 야훼의 말씀을 순종하고, 조금만 더 불확실성을 견디는 힘과 인내심을 가졌더라면 어찌 되었을까? 나아가 사울 왕이 야훼께 그동안 자신이 행했던 여러 불경죄와 사술을 행한 죄를 모두 고백하고 진심으로 뉘우치고 회개했다면, 그 자신을 교살하는 불행은 일어나지 않았을지도 모른다.

　이 '신의 딸'이 보기에, 사울 왕을 자기 교살로 이끈 가장 결정적인 동기는 바로 엔돌에서 신접술을 행하는 무당의 부정적인 공수 때문이 아니었을까 싶다.

　사울 왕은 신접한 여인으로부터 야훼가 그에게서 영원히 등을 돌렸고, 이스라엘의 왕권을 다윗에게 넘겨주었다는 공수를 들었다. 그는 절망한 나머지 한없이 나약해져 스스로 통제할 수 있는 모든 힘을 잃었을 것이다. 이후, 사울 왕은 신접하는 여인의 공수가 갖는 심리적인 구속력에 지배당해 자신의 운명을 스스로 포기했을 것이다. 그는 이성적인 판단력을 잃는 순간 모든 희망의 끈을 놓아 버렸을지도 모른다.

　인간이 불경죄를 저지른 후에 자신이 행한 죄를 진정으로 회개한다면, 다시 신의 은총과 영적인 구원을 얻을 수 있을 것이다.

　엔돌에서 신접하는 여인의 공수는 '신령의 도구'로 살아가는 내게 많은 교훈을 남긴다.

야고보서(독: Jacob) 3:6에 기록되었으되, "혀는 또한 불이요, 불의의 세계"라고 한다.

미래를 예언하는 자는 '세 치의 혀'로써 절체절명의 순간에 처한 사람들에게 생사 병탈권을 발휘할 수 있다. 이 세 치의 혀로써 어려운 상황이나 고난의 운명에 처한 사람을 긍정적으로 변화시킬 수도 있고, 그의 인생을 영원한 파멸의 길로 인도할 수도 있다.

예언자도 역시나 작은 유혹에도 종종 흔들리는 유약(柔弱)한 존재다. 그는 신 앞에 나아가 스스로 나약함과 불완전함을 고백하며 어려움과 고난에 처한 인간에게 도움의 손을 잡아주어야 한다. 그가 '희망적인 메시지'를 전달함으로써 고난에 처한 자가 삶의 끈을 부여잡을 수 있도록 인도해야 하지 않을까?

제5장

현주소
샤머니즘의

1

신
가
물
무
당
의 神
病
신
병
과

이 글은 2019년 10월 10일 데일리스포츠 한국에 같은 제목의 칼럼 형식으로, [유명옥의 샤머니즘 이야기]에 게재한 글을 수정·보완했다.

'신병'과 '신가물'은 한국의 샤머니즘에서 무당 후보자가 신내림굿을 받기 전, 그리고 신내림을 받고 무당으로 성무하는 과정에서 새 신명을 모실 때마다, 또는 '신의 벌전' 등과 같이 영적인 수난을 동반하는 현상이다. 이것은 꼭 무당의 육체적인 질환만을 의미하는 것이 아니라 포괄적인 의미의 '고난'을 총칭하는 의미로 사용된다.

　신병은 신령을 모시고 무업을 진행해야 할 소양과 운명을 지닌 무당 후보자(신가물)에게 신이 들릴(지필) 때 전조 현상으로 나타난다. 무당 후보자는 원인을 알 수 없는 육체의 질병과 함께 오랜 세월 억압된 우울 및 다양한 인간관계의 고통, 급작스러운 사고나 우환, 질고 등 모진 고난과 풍파를 경험한다.

　시간이 흐름에 따라 무당 후보자가 겪는 초자연적인 신병은 그를 선택한 신령의 성향과 활용 목적에 따라 스펙트럼이 다양한 고통과 영적인 장애로 전환된다. 한국의 샤머니즘에서 '신병'과 '풍파'는 신령이 특정한 후보자를 선택했다는 중대한 표징이다.

　신병(神病, Shin-byung)은 홧병(Hwa-byung)과 함께 정신신체

장애의 일종으로, '문화특유증후군' 또는 '문화관련증후군(영: CBS, Culture-Bound Syndrome, Culture-Specific Syndrome)'이다.

문화관련증후군이란 그 나라 특유의 문화와 정서 및 역사와 관련이 있거나 문화적인 차이로 인해 발생하는 정신적인 장애나 증상이다.

신병을 앓게 되면 발병 초기에 미지의 세계나 영적인 세계에 대한 과도한 관심과 공포, 불안감이 생기고, 심리적으로 불안정해진다. 이와 함께 전신의 쇠약감, 불면증, 현기증, 식욕 부진, 복통과 소화기 계통의 문제 및 관절통, 만성적인 두통과 같은 신체적인 장애와 섭식장애를 동반한다.

시간이 흐름에 따라 신병 환자는 조상 및 죽은 영혼 등 샤머니즘적인 원형에 사로잡혀 일시적인 인격의 해리를 경험하게 된다. 환자가 오랜 세월 억압된 우울증과 극심한 스트레스에 시달릴 때 특별한 심신상의 자극을 받으면 신병이 촉발할 수 있다.

신병은 육체적으로는 약물이나 수술 등 의학적인 처치로는 완전한 치유나 회복 불가능한 복합적인 '부정형 신체 증후군'이다. 그런데 신병을 앓는 무당 후보자가 신내림굿을 하면 대부분 언제 그랬냐는 듯 병이 깨끗이 치유된다. 신병은 청정(淸淨)한 신령을 자신의 몸주로 맞아들여 강신 무당으로 입문함으로써 치유되는 병이다.

내 경험에 비추어 보면, 신내림굿을 통한 신병의 자연적인 치유는 완전한 치유가 아니라 훗날 특정한 사유로 인해 특별한 질환과 함께 재발(再發)할 가능성도 있다.

신내림과 함께 일시적으로 치유된 신병은 무당이 몸주 신령을 모시며 무업을 진행하는 동안에 다양한 변화를 겪는다.

무당의 신병은 삶에서 만나는 또 다른 고난과 신령의 성격, 인간관계의 얽힘 등 사회. 환경적인 요인과 신가물의 강도에 따라 재발하거나 악화할 가능성도 여전히 남아 있다.

신병 증후군은 자율신경실조증 또는 '부정수소(不定愁訴) 증후군'에 속한다. 정상적인 상태의 인체는 교감신경과 부교감신경이 정교하게 균형과 조화를 이루며 작동하고 있다. 하지만, 특정한 사유로 인해 인체에 균형이 깨지면 자율신경실조증이 나타나게 된다.

자율신경실조증의 주요 증상으로는 전신의 무력감, 만성적인 피로와 권태, 사지가 무겁고, 어깨 결림, 만성적인 전신 통증, 항상 머리가 무겁고 몽롱한 증상, 가슴이 두근거리고 호흡이 불안정함, 손발의 저림, 발기부전 및 불감증 등이다.

특히 극도의 스트레스와 함께 인체에 과도한 노폐물이 축적되고, 오랫동안 필요 이상의 각성 상태를 유지하거나 과도한 긴장 상태에 처해 있으면, 교감신경이 장기간 흥분되어 자율신경실조증이 나타날 수 있다.

신병의 증상은 무당 후보자의 신체적인 조건과 사회적인 환경, 그가 속한 집안의 종교. 문화적 전통과 학력 및 사회 경험, 유전적인 소인에 다소 영향을 받는다.

신병은 주로 머리를 짓누르는 듯한 두통이나 편두통, 과도한 긴장, 과각성, 초조감, 이명, 불면증, 심장을 조이는 듯한 통증, 구름 위에 뜬 듯한 몽롱함, 환각과 환시를 동반한 정신의 혼미함, 소화불량, 어깨 위에 무언가 얹혀 있는 느낌, 원인이 불분명한 장기간 하혈, 인체의 마비, 언어능력의 일시적인 상실, 시야의 흐려짐 및 인지의 왜곡 등과 같은 육체적인 징후로 나타난다.

이와 같은 신병의 육체적인 징후는 만성적인 우울과 과도한 스트레스에 지속적으로 노출되어 인체의 통각수용기와 통증 감수성이 활성화됨으로써 강화된다.

신병을 앓는 무당 후보자는 스스로 감당하기 힘든 심적인 고통과 육체적인 고통에 시달리는 과정에서 영적인 인연이 있는 신선생(神先生, 신어머니 또는 신아버지)를 만난다.

신선생은 무당 후보자의 몸에 붙어있는 '잡귀와 잡신(허주)'를 벗기고, 정한 신을 몸주 신령으로 받아들이는 신내림굿을 진행한다.

허주를 벗기거나 쫓는 의례를 우리말로 '햇푸림'이라 부른다. 강신 무당으로 입문하는 후보자가 몸주 신령을 모시기 전에 행하는 의례로, 잡귀와 잡신을 쫓고 신병을 없애기 위해 조밥과 오색천을 담은 '잿밥(齋飯)'을 던지고 나서 신어머니는 신딸의 몸에 여러 번 오색천을 두르고 찢어준다. 이렇게 해서 강신 무당의 몸과 마음이 정화되면 비로소 '신의 길'이 열리고, 청정한 신령이 '신다래(다리)'를 타고 몸주가 되어 강신 무당의 몸으로 하강하게 된다.

　무당 후보자는 통과의례인 신내림굿을 거치며 영혼이 정화되고 고양되면서 신령과의 합일을 이루면 '신적인 인간(독: Der Gottmensch)'으로 승화되므로 이때에야 비로소 신의 세계로 들어서게 된다.

2

고난
관계에서 겪는
몸주 신령과의
무당이
신가물

이 글은 2019년 10월 11일 데일리스포츠 한국에 같은 제목의 칼럼 형식으로, [유명옥의 샤머니즘 이야기]에 게재한 글을 수정·보완했다.

'신가물(神家物)'은 신명(神明)이 센 집안 출신이거나, 신령을 모셨던 집안의 뿌리(신부리: 영적인 내력)가 있거나, 신의 기운을 남달리 많이 받는 사람을 일컫는 말이다. 신가물로 선택된다는 것은 신령에 의해 태어날 때부터 신의 제자로 점지된 몸체를 가졌다는 뜻이다.

이는 신가물에 해당하는 자가 "신에게 묶여 있고, 감겨 있으며, 얽혀" 있어 평생 신령을 모시며 무업(巫業)의 길을 걸어가야 한다는 것을 뜻한다. 이 때문에, 신가물이 신을 받아 모시기 전까지 그의 집안에는 갖가지 우환(憂患)과 질고(疾苦)가 끊이지 않는다.

한국의 샤머니즘에서는 일반적으로 "신가물이 집안에 들었다." 또는 "신가물이 몸으로 치고 들어왔다."라는 피동 형식의 문장으로 표현한다.

강신 무당 후보자의 신병은 장차 몸주로 임할 신령이 접신된 경우에 특히 강렬하게 표출되고, 주로 신체적 질환이나 정신적 고통으로 진행된다. 이에 반해, 신가물은 신체적 질병, 삶의 고난이나 풍파, 정신적인 고통 등이 혼합적으로 표출되어 신병보다는 좀 더 포괄적인 고난으로 진행된다.

신가물의 '가물(家物)'은 집안의 재물이라는 뜻이다. 태어날 때부터 무당으로 점지된 운명을 가진 사람을 일컬어 '신가물'이라고 한다. 이 경우의 가물은 접미사인 감에서 변형된 용어인데, 감은 아래의 3가지 뜻으로 활용되고 있다.

첫째, 옷감, 땔감 등과 같은 재료

둘째, 신랑감, 장군감 등 일정한 자격이나 조건을 갖춘 사람

셋째, 구경감, 놀림감, 우월감 등 대상이 되는 도구나 사람 또는 느낌

신병을 앓는 무당 후보자인 신가물은 인연이 있는 무당을 찾아가 무꾸리 또는 점복을 통해 자신이 신(령)을 모셔야 할 사람이라는 사실을 인식한다. 그 후 신가물은 샤머니즘 사제로서의 종교적인 소명을 수용하고, 신내림굿을 결정하는 과정이 필요하다.

신내림굿에서 신가물은 자신에게 내린 신령들의 이름을 낱낱이 밝혀낸다. 신내림굿에서 신가물과 신령이 합일되어 몸주 신령으로 좌정하게 되면 그동안 겪었던 거의 모든 신병 현상이 일시에 사라진다. 신병과 신가물은 무당이 샤머니즘 사제로 입문(入門, 영 & 독: Initiation)하는 과정에서 그야말로 몸으로 겪어야 하는 샤머니즘적인 고난이다.

한국의 샤머니즘에서 신내림굿은 신가물이 신령과의 온전한 관계를 맺기 위해 진행하는 굿이다. 신내림굿에서 신가물은 주무(主巫, 신어머니 또는 신아버지)인 경관 만신의 인도로 일단 자신에게 붙은 허주(잡귀와 잡신)를 풀어내고, 조상의 맺힌 한을 해원(解冤)한다.

신어머니는 우선 신가물인 무당 후보자에게 붙은 사령(邪靈)을 쫓아낸다. 다음 순서로 무당 후보자가 모시게 될 '정한 신령(신명, 神明)'만을 정확히 가려내어 신가물의 몸주로 받아들이고 좌정시키는 의식인 '신가림'을 진행한다.

그 후 '고(苦)풀이'라고 부르는 과정을 통해 신가물에게 맺혀있는 영적으로 엉킨 문제와 삶의 매듭들을 정리한다.

한국의 샤머니즘에서 고풀이는 무당의 신내림굿이나 전라도의 씻

김굿에서 주로 연행되고 있다. 고풀이는 무당이 신가를 부르면서 '고 (袴)'라고 부르는 무명(또는 베)을 일곱 개 또는 열두 개로 묶은 매듭을 푸는 것이다. 이때 의례를 진행하는 무당은 무당 자신이나 제갓집의 고통과 한[恨 또는 원(冤)] 등을 상징적으로 해원(解冤)한다.

고는 본디 매듭을 의미하지만, 상징적으로 원망(怨望)이나 원통(冤痛)함, 한(恨), 고통으로 해석되기도 한다.

신내림굿은 일종의 통과의례(영 & 독: Initiation)로서, 신가물인 강신 무당 입문 후보자가 공동체에 자신을 도구로 선택한 신령을 찾아내어 몸주 신령으로 받아들였음을 알리고, 앞으로 신(령)의 뜻에 따라 살아갈 것을 공표하는 의식이다.

신령과 무당의 관계는 신내림굿을 진행한 후부터 '신(령) 위주의 일방적 관계'에서 벗어나 '신(령)과 신가물의 쌍방적 계약 관계'로 새롭게 정립된다. 이후 신령은 무당의 수호신으로서 무당에게 그가 가진 권능을 부여하고 무당을 수호하며 영적인 세계로 인도한다.

신병의 발생원인 神病

현대 정신의학의 눈부신 발전에도 불구하고, 흔히 '신병(神病)'이라고 불리는 영적인 질환은 현재까지 그 발생의 원인과 기전이 명확하게 밝혀지지 않았다. 일반적으로 신병은 크게 두 가지의 원인으로 인해 발생하기가 쉽다.

그 하나는 몸주 신령의 선택으로 인해 '신가물(신령을 모시는 사람으로 점지된 몸체)'이 강신 무당으로 입문하기 위한 통과의례의 과정에서 시작되는 신병과 그 이외에 영적인 문제로 인해 발생하는 빙의나 객귀 들림과 같은 일반적인 '신들림 현상'이다.

신병의 발생 원인을 세분하면 아래와 같다.

1) 신령의 선택(강신 무당의 경우)
2) 가족력(신부리)
3) 유전인자 및 영적인 재능(영적인 감수성과 감응력)
4) 환경적 요인(샤머니즘에 대한 친화감 및 이끌림)
5) 신령계(조상계) 및 영적인 세계와의 긴밀한 접촉
6) 스트레스 취약성
7) 무의식의 범람

첫 번째, 신령의 선택에 의한 신병

신의 제자, 또는 샤머니즘의 사제(司祭)로 입문하는 과정에서 겪는 필수적인 영적인 정화의 과정이다. 강신 무당 입문 후보자가 통과의례의 과정에서 장차 몸주가 될 신령의 "지핌, 또는 들림"에 의해 겪게 되는 일련의 심리, 사회적인 복합증후군으로서의 신병을 말한다.

이 같은 경우, 무당 후보자에게 처음에는 삶의 방향이 상실되는 경험이 일어난다. 그 후에 그는 내적인 압박감에 시달리다가 자기의 능력과 영적인 에너지로 신병을 극복하고 신내림굿을 진행하면서 자가 치유에 도달한다,

이후 강신 무당 후보자는 몸주 신령으로부터 치유 능력과 권능을 부여받아 영적인 치유사(또는 샤머니즘의 사제)로 입문하게 된다. 이런 경우의 신병은 신내림굿을 받지 않으면 영구히 치유되지 않는다. 신내림굿을 받는 길 외에 다른 선택의 길이 없다.

두 번째, 가족력(신부리)으로 인해 발생한 신병의 경우

신병을 앓고 있는 당사자가 자신의 신병을 어떻게 극복하느냐와 신령을 몸주로 수용할 자세와 영적인 세계를 대하는 태도 여하에 따라 신병 치유의 결과가 크게 달라질 수 있다. 한국의 샤머니즘에는 "무당 집에서 무당 난다."라는 말이 전해온다. 이 말은 강신 무당의 신들림 현상에는 어느 정도의 '신부리'가 작용한다는 의미다. 신부리는 '신의 뿌리'라는 뜻으로, 조상의 영혼 또는 집안에서 대대로 모셔오는 신(령)을 뜻한다.

세 번째, 유전인자 및 영적인 재능(영적인 감수성과 감응력)

이 유형의 경우는 유전적으로 타고난 영적인 재능과 감수성의 정도에 따라 신병의 양상이 다양하게 전개된다. 신병을 앓는 환자의 타고난 기질이 영매 체질이거나, 영적인 감수성과 기감(氣感) 능력을 타고난 까닭에 다른 영혼의 파장을 강하게 감지하거나 영적인 감응력이 높아 발생하는 경우다. 이런 능력을 타고난 사람들에게는 타 영혼의 간섭이

나 영적인 에너지 또는 사기(邪氣: 삿된 기운)의 침입이 자주 일어나는 데, 심지어 본인의 영과 새로이 접촉한 영의 충돌 및 영적인 거부 현상으로 인해 뇌에 영구적인 손상이나 장애를 입을 수 있다.

네 번째, 환경적 요인(샤머니즘에 대한 친화감 및 이끌림)

이 경우는 신병에 걸리는 사람이 샤머니즘적인 의례(무꾸리 및 점복, 굿, 치성, 산기도 등)에 유별나게 친화감을 느끼고 종종 의례를 따라다니다가 자신과 영적인 사이클이 맞거나 전생의 인연이 있는 영가(靈駕, 인연귀나 조상귀)가 접신되는 경우다. 주로 자살한 영가, 거리 귀신, 객사 고혼, 무사귀신, 한을 품고 청춘에 간 영혼, 불의의 사고로 사망한 영혼, 살해당한 영혼, 잡귀, 잡신과의 접촉으로 발생하는 신병이다.

이때 경험하는 신병은 신병을 앓는 당사자가 빙의된 영가의 영적인 상태에 강한 영향을 받을 수 있다. 이때 환자는 접신(빙의)된 영가가 죽음을 경험했을 당시의 상태와 품성 그대로를 육체로 체현하게 된다. 한국의 샤머니즘에서는 신병을 앓는 당사자가 접신(빙의)된 영가의 증상을 그대로 전달받아 느끼는 것을 '표적(表迹, 겉으로 드러난 흔적)'이라고 한다.

이 경우의 신병은 무당으로 입문하는 것이 아니라 빙의된 영을 정화하고 천도하는 의례를 통해 치유되면 다시 일상적인 생활을 할 수 있다.

다섯 번째, 신령계(조상계) 및 영적인 세계와의 긴밀한 접촉

신병을 앓는 당사자의 집안에 한(恨)과 원(怨)이 많고, 영적인 집착이 강한 조상이나 해탈하지 못한 조상이 있는 경우, 조상이 서낭고에 매여 있는 경우, 또는 자신의 명대로(사주팔자대로) 살지 못하고 불의에 간 조상들이 많은 경우다.

신병을 앓는 환자에게 집념이 강한 조상이 접신되어 일어난다. 이때 빙의되는 조상령들은 주로 이승에 속박되어 저승으로 떠나지 못하고 영적인 고통을 당하는 영가들이다. 이런 조상령들이 신병을 앓는 환자를

앞세워 자신의 이승에서 맺힌 한을 풀고자 할 때 신병을 앓게 된다.

이 종류의 신병은 빙의된 조상령이 아직 신령으로 임할 수 있을 만큼 영성의 단계에 도달하지 못했다. 하지만, 한 맺힌 조상령이 신병을 앓는 사람의 몸주 신령 행세를 하며 자손을 신 제자로 삼아 이승에서 이루지 못한 한을 풀고자 하는 경우다.

신령의 택함을 입어 강신 무당으로 입문하기 위한 통과의례의 일환으로 겪는 신병과 해탈하지 못한 '조상령'에 빙의되어 앓게 되는 신병의 전개 방식은 매우 흡사하다. 이 때문에 두 계통의 신병을 명확히 구분하기란 쉽지 않다. 한국의 샤머니즘에서는 이런 조상령과 빙의령을 '허주(虛主)' 또는 '허령(虛靈)'이라고 부른다.

신내림굿에서는 강신 무당으로 입문하는 의례자는 그에게 붙은 허주를 벗기는 의례를 진행한 후에 본 과정으로서 신내림굿을 진행한다.

여섯 번째, 스트레스 취약성으로 인해 발생하는 신병

이 경우의 신병을 앓는 사람은 주로 태어날 때부터 심리적인 취약성, 특히 스트레스의 반응에 취약한 상태로 태어난다. 이런 유형의 사람들이 살아가는 동안 부딪치게 되는 인간관계의 스트레스가 강렬해질 때 발생한다. 환자가 신병을 앓는 시기에는 환경적인 요인의 스트레스를 적절하게 해소하지 못하고 만성적으로 누적되어 있다.

이때 발생하는 신병은 환자의 사회, 심리적인 상황과 뇌의 기질적인 장애가 동시에 나타날 수 있다.

스트레스의 취약성으로 인해 발생한 신병은 일종의 '정신신체장애(독: Psychosomatische Krankheit)'이기 때문에 샤머니즘적인 치병 의례와 더불어 심리치료를 병행하면서 정신과 의사의 진료와 향정신성 약물 처방을 받아 복용해야 치유가 가능할 것 같다.

일곱 번째, 무의식의 범람

개인 무의식의 범람으로 인해 나타나는 신병이다. 개인 무의식의 범람으로 발생하는 신병 환자는 초기에 이유 없는 불안감과 함께 안절부절 못하고, 정신 집중을 제대로 하지 못하며, 대인관계를 극도로 기피하게 된다. 시간이 경과 되면, 이런 유형의 신병 환자에게 생각의 흐름에 심각한 장애가 생긴다. 이때 환자는 불면증이 심해지면서 꿈과 현실 및 환상 등을 명확하게 구분하지 못하고, 정서적으로 매우 불안정한 상태가 된다.

환자에게는 반복적으로 죽은 자의 세계, 귀신, 전쟁, 괴물 등과 같은 끔찍한 환상이 나타난다. 이후부터 환자에게 점진적으로 자극을 인지하는 기능과 현실을 검증하는 능력에 오류가 생기고, 환청과 다양한 환각 증상이 더해져 결국 조현병(구, 정신분열증)으로 진행된다.

이처럼 신병은 영적으로 다양한 루트와 연결고리에 의해 발현되거나 발병하기 때문에 신병의 유발 인자에 따른 정확한 진단과 처방을 통해 환자의 상태에 따라 맞춤형으로 치료해야 한다. 신병을 앓는 환자가 강신 무당으로 입문하게 되는 계기는 '신기'보다는 '신부리'의 작용과 '신들림' 현상이 훨씬 강력하게 작용하고 있다고 할 수 있다. 신가물인 강신 무당 후보자의 대부분 조상 중에는 무당이나 종교인, 역술인 등 과거에 영적인 업무에 종사했던 조상이 있기 때문이다.

4

靈力
영력
획득

강신
무당
의

강신 무당이 영력을 획득하는 길에는 크게 3가지 방법이 있다.

　강신 무당 후보자가 신병을 체험하면서 장차 그 자신의 몸주로 강림하는 신령의 영적인 능력을 고스란히 전수를 받는 길, 기도와 수행을 통해 그의 DNA에 각인된 선험적이며 영적인 지혜의 물꼬를 열어 영적인 능력을 스스로 터득하는 길, 그리고 금식과 영적인 고행이다.

　이 세 가지의 영력을 획득하는 길은 모두 강신 무당 자신의 피나는 노력과 자아의 욕구를 끊임없이 절제(또는 포기)하고 몸주 신령의 인도에 순종하며 따르는 것에서부터 시작된다.

　강신 무당도 육을 입은 인간인지라 자신의 본능을 제어하고, 끊임없이 일어나는 자아의 욕구를 통제(또는 포기)하는 과정이 그리 쉽지는 않다. 강신 무당이 신령을 모시고, 기도와 샤머니즘적인 의례를 진행하며, 무업을 진행할 때는 예로부터 관습적으로 전해오는 수많은 금기(禁忌, 독: Tabu, 영: Taboo)'와 영적인 세계의 원칙들을 성실하게 지켜야 한다.

　금기는 관습적으로 금지와 제약을 통해 드러나는 '성스러운 두려움(독: Heilige Scheu)'이다.

　심지어, 강신 무당에게 식욕, 성욕, 수면욕과 같은 생리적인 욕구를 통제해야 하는 상황도 빈번하게 발생할 수 있다.

　강신 무당은 주로 금식과 신명 기도를 통해 집중력을 고도로 유지하고 강화하면서 영력을 획득하는 방법을 활용한다. 인체는 인위적으로 포만감을 차단하고, 신진대사를 제한하면 육신의 능력이 제한된다. 이때 강신 무당은 특수한 감수성과 함께 영적인 민감성이 높아져 최고조의 인지능력 상태에 도달하면서 초인적인 지각상태를 획득할 수 있다.

강신 무당이 영력을 획득하는 모든 과정에는 사기(邪氣)나 수비의 침입과 같은 어느 정도의 영적인 위험 부담이 따른다. 때로 강신 무당은 자신이 획득하는 영적인 능력에 상응하는 대가를 치를 수도 있다.

한국의 샤머니즘에서 '수비'는 '수부'라고도 하며, 한자로는 수배(隨陪)라고 표기한다. 주신(主神)을 따라다니는 여러 종류의 귀신이다.

내게 신령이 지펴(짚혀) 강신 무당으로 입문하기 전인 1997년 정월 초순이었다. 선배 언니의 소개로 나의 심각한 영적인 문제를 자문받기 위해 만신(萬神) 한 분을 뵌 적이 있다.

만신은 만 가지 신을 모신다는 뜻으로, 신 내린 무당을 높여 부르는 말이다.

당시 그 만신은 불광동 시장 안 골목의 후미진 신당에서 30년 이상 무업(巫業)을 이어가고 있던, 키가 훤칠한 멋쟁이였다. 그녀는 불광동과 연신내 일대에서 고객을 대하는 매너가 좋기로 유명한 사람이었다.

1997년 당시 나는 심각한 '신병(神病)'에 걸려 있었다. 주체할 수 없는 신기(神氣)로 인해 점점 더 일상생활을 꾸려내기가 곤란한 지경에 이르렀다. 나는 불광동 만신과 만남을 주선한 선배 언니와 함께 '무꾸리(강신 무당이 행하는 신점)'를 받으러 그녀의 신당에 갔다.

우리가 만신의 신당을 방문했을 때는 이미 점심시간이 지난 오후 1시 경이었다. 만신은 막 점심상을 물리고 무꾸리 손님을 맞이할 채비를 하고 있었다.

선배 언니는 그 신당의 오랜 단골이어서 만신과 친밀한 신뢰 관계를 유지하고 있었다. 만신은 예약도 없이 찾아온 우리를 무척 반겼다. 만신은 우리 일행에게, "우리는 막 점심상을 물렸는데… 그래, 두 분 점심은 드시고 오신 거요?"라고 물었다.

우리가 바로 대답하지 못하고 우물쭈물 머뭇거리자. 만신은 우리가 필경 점심을 챙기지 못했다고 판단한 모양이었다. "잠깐 계셔! 내 중국집에 전화해서 두 분께 점심을 시켜드리리다. 그런데, 두 분 뭘 드시려우?"라고 물었다.

우리는 당황해 손사래를 치며, "선생님, 아니에요. 상담이 끝나면 시장통에서 간단하게 요기하면 되어요. 바쁘실 터인데, 마음 쓰시지 않으셔도 돼요."라고 대답했다.

만신은, "아니, 무슨 소리를 하시는 거예요? 식사 시간에 우리 집에 찾아온 손님을 절대로 배곯게 하지 않겠다는 것이 제 삶의 철칙입니다. 그러니 잠자코 제가 주문한 음식을 맛있게 드시기나 하세요!"라며 한사코 만류하는 우리에게 점심을 주문해 주었다.

점심 밥상은 신당이 아닌 고객의 대기실로 사용하는 응접실에 차려졌다. 만신은 중국집에서 배달되어 온 식사 외에도 냉장고에서 주섬주섬 맛있는 음식들을 꺼내 상 위에 곁들여 차려주었다.

얼떨결에 우리는 황송하고 감사한 마음으로 만신이 차려준 점심상을 받아 맛있게 먹기 시작했다.

상을 받은 지 한 10 여분이 흘렀을까, 상담 예약을 한 여자 손님이 응접실로 들어섰다. 만신은 우리 두 사람에게, "그럼 두 분 점심 맛있게 들고 계셔! 두 분이 식사하는 동안에 내 이 손님을 먼저 상담하고 나서 두 분을 상담해 드리리다."라고 말했다.

우리는 점심을 먹은 다음, 방금 온 고객이 상담을 끝내고 돌아간 후에 다시 신당으로 들어갔다. 선배 언니는 신령님 전에 나아가 향을 하나 켜서 향로에 꽂은 후에 세 번 절을 했다. 나는 묵묵히 언니가 하는 행동을 바라보다가 선배 언니가 세 번째 절을 시작할 때 나도 모르게 두 손을 합장하고 고개를 숙였다.

그러자 내 안에서는 뭔가 내적으로 숙연해지는 느낌과 함께 만신과 그분이 모시는 신령님들에 대해 무한한 신뢰의 마음이 일어났다.

만신은 동그란 '점상(占床, 부채, 방울, 엽전, 쌀 등과 같은 점치는 물건을 올려놓은 상)' 앞에 단정하게 좌정한 후에 우리 둘 중에 누가 상담할 것인지 물었다. 그제야 선배 언니는 만신에게 정식으로 나를 소개했다.

고향 후배인데, 아무 이유 없이 몸이 여기저기 아프고, 최근 들어 영적인 체험을 많이 해서 상태가 어떤지 선생님께 무꾸리를 한 번 받게 하려고 데려왔다고 말했다. 나는 합장하고 만신에게 공손하게 목례를 올렸다.

점상 앞에 좌정한 만신은 내 사주를 물어 상담 노트에 적더니, 주문을 외우며 방울을 들어 만신의 몸주 신령님을 청배했다.

잠시 후에 그녀는 신당의 신령님들 형상을 힐끗 한 번 쳐다보더니 내게 다음과 같은 공수를 주었다.

"어쩌면 좋다니… 너는 아직도 마음의 준비를 하지도 않았는데… 지금까지 살아온 삶과는 정반대로 평생 남에게 봉사해야 하는 삶을 살아야 하겠다. 너의 몸주 신령님이 되실 분은 이미 너의 정수리에 내려와 앉아 계시니, 너는 매일 매일을 살아 내는 것이 그리 힘겨울 수밖에…! 너도 앞으로 나 같이 만신을 몸주로 모시는 무당이 되어야겠구나. 이게 정말 쉬운 일이 아닌데, 이걸 어째?"

공수를 들은 선배 언니는 만신에게, "아니 선생님, 그렇다면 얘가 언제나 신내림을 받아야 한답니까?"라고 물었다. 이에 만신은 이미 나의 몸에 신기가 모두 차올랐으니 한 시도 지체할 시간이 없다고 말했다.

나는 그녀가 전한 공수에 소스라치게 놀라 온몸에서 힘이 모두 빠져나가 실신할 지경이었다. 겨우 기운을 가다듬은 후 만신에게 신을 받으면 앞으로 어떤 삶을 살아가게 되느냐고 물었다.

만신은 내게, "네가 가진 모든 것을 포기하고 오로지 신령님께서 이끄시는 대로 순종하고 따라야 하는 삶이다. 신의 세계는 칼날과 같아서 어떠한 인간적인 타협을 허용하거나 용납하지 않으신다. 헌데, 너는 정신적인 욕구도 많고, 하고 싶은 일도 많은 데다 자존심도 무척 강하고, 고집도 무지 센데, 그 험한 길을 걸어갈 수 있을지는 현재로선 잘 모르겠구나."라고 말했다.

　나는 만신에게, "선생님, 제가 무당으로 입문하지 않을 방법은 정말 없을까요? 저는 정말이지 무당이 되는 것은 죽기보다 싫어요. 저는 사람들한테 뒤에서 손가락질당하는 무당이 되느니 차라리 죽어버렸으면 좋겠어요."라고 말했다.

　만신은 고개를 끄덕이다가 나를 가만히 응시하더니, "그래, 내가 네 맘을 잘 안다. 나도 너와 같은 과정을 거쳤으니까. 그런데 너는 너무 강한 신령님이 몸주로 임하셔서 '신누름굿'을 할 수도 없어서 만신의 길을 걸어가는 것을 전혀 피할 길이 없단다. 그러니 마음을 다잡고 몸을 정결하게 한 후 항상 기도해라! 나머지는 네 몸주가 되실 신령님들께서 너를 항상 바른길로 인도하실 게다."라고 말했다.

　참고로, 신누름굿은 신이 들린 무당 후보자가 무업을 하지 않거나 신내림굿 기간을 얼마 정도 유예하기 위해 진행하는 굿이다.

　그때 내가 절망의 표정과 몸짓을 짓자, 만신은 우리 두 사람에게 다음과 같은 말을 했다.

　"저는 이 엄동설한에 지난 한 주일 동안 제자 두 명을 데리고 산 기도를 다녀왔어요. 지금 내 나이가 예순하고도 다섯이고, 아들도 둘이나 있고, 단골도 많고, 신령님의 도우심과 원력으로 재산도 제법 모아 이만하면 일하지 않아도 먹고살 만해요. 이제 무당 경력이 30년도 훨씬 넘어 내 육체의 에너지는 점점 쇠잔해 가고, 몸의 여기저기가 불편해지고 아픈 곳도 있어요. 그런데 엄동설한에 몸주 신령님들을 청배하기 위해 몸을 정화하려고 영하 5도가 넘는 추위에 계곡의 얼음을 깨고 찬물에 들어가 목욕재계한다고 상상해 보세요! 어제는 무당인 제 삶이 하도 기가막히고 야속해서 밤새 울었어요. 저는 무당이 된 이후에는 안락함을 제대로 누려 보지도 못했고, 한 번도 편하게 누워 쉬지도 못했어요. 죽는 순간까지 무당은 이같이 어렵게 신령님을 모시는 삶을 살아야만 해요. 내 앞의 이 젊은 처자도 역시 신령이 주신 소명의 굴레를 짊어지고 평생 봉사의 삶을 살아가야 해요. 이 세상의 아무와도 함께 할 수 없는 험한 무당의 길을 걸어야 한다니, 사정이 딱하고 기가 막히고, 제 마음이 너무 아프네요."

그 순간 나는 속으로, "그래? 신내림굿을 받고 몸주 신령께서 주신 과업을 완수하는 것이 거역할 수 없는 내 숙명이라면 이렇게 신병으로 매일매일 고통을 당하느니 차라리 무당의 삶을 받아들이는 편이 낫지 않을까?"라고 생각했다.

그러한 생각은 불광동 만신에게 무꾸리를 받는 바로 그 순간뿐이었다. 다시 일상으로 되돌아오니, 고집스럽고 독선적인 나의 에고(독: Ego, 인간의 인식과 행위의 주체가 되는 자아)가 발동했다. 나는 나 자신에게 절대로 신령의 도구로 평생 봉사하는 삶을 살아가고 싶지 않다고 외쳐대고 있었다.

신을 받는 것을 거부하고, 신기가 내게서 점점 더 강하게 발동하자 나는 할 수 없이 꼭두새벽에 천 근이나 되는 무거운 몸을 억지로 질질 끌면서 일어나 향을 녹인 냉수로 목욕하고 108배를 하며 수행을 시작했다. 기도하는 동안에는 많은 시간을 거의 금식했다. 어느 때는 온종일 물 한 모금도 입에 넘어가지 않았다.

극도로 피로한 상태가 여러 날 지속되자 눈앞에 형체 없는 자욱한 기운 같은 뭔가가 보였다. 이 뭉게구름 같은 기운들은 뭉쳐서 내 주변을 맴돌았다. 때로는 누군가의 아득한 목소리도 조금씩 귀에 들려왔다. 무슨 소리인가 귀를 기울여 자세히 들으려면 그 목소리는 이내 어디론가 흩어져 달아나 버렸다.

이러한 현상은 밤이 되면 더 강렬하고 또렷한 영상으로 떠올랐다가 사라졌다. 그러고 나면 극심한 피로가 몰려와 땅으로 꺼질 듯 고꾸라져 잠이 들어버렸다.

그러던 어느 날이었다. 나는 평소에는 전혀 TV를 시청하지도 않던 사람인데, 그날따라 뜬금없이 TV를 켜고 싶었다. MBC TV에서는 김금화 선생의 '만수대탁굿'이 방영되고 있었다.

만수대탁굿은 황해도 지역의 무당들이 연행하는 규모가 큰 재수굿이다. 큰 만신이 직접 자신의 만수대탁굿을 진행하는 경우는 자신의 극락왕생을 기원하며 산 영혼의 길을 가르는 의미가 크다.

예로부터 만신이 만수대탁굿을 세 번 하면 모든 소원이 이루어진다고 한다. 무당이 초년에 진행하는 굿을 소대탁, 중년에 진행하는 굿을 중대탁, 말년에 진행하는 굿을 만대탁이라고 부른다.

김금화 선생은 인터뷰하는 방송 기자에게 자신이 사용하고 있는 무구(巫具)를 보여주며 하나씩 설명해 주었다. 그녀가 보여주는 무구를 보자 돌연히 이상한 기운이 내 몸 안에서 일어났다. 갑자기 내 몸이 '뇌전증[영: Epilepsy, (구) 간질]' 발작이 일어나는 것처럼 떨리기 시작했다. 이 떨림은 신령의 거울이라 여겨지는 청동으로 만들어진 '(일월) 명두[明斗, 또는 명도(明圖)]'를 설명할 때까지 계속되었다. 도저히 내 정신력으로는 통제할 수도 없이 강렬한 경련이 멈추지 않았다.

뇌전증은 대체로 유전적이고, 뇌신경 세포의 일시적인 이상으로 인해 과도하게 흥분상태가 유발되면서 나타난다. 의식의 소실과 발작, 행동과 성격의 변화를 동반하며 뇌기능과 신체의 일시적인 마비 증상이 만성적. 반복적으로 발생하는 뇌 질환이다.

나는 이 경험을 2000년에 출간한 나의 자서전, 『집 없는 무당』의 124쪽에 다음과 같이 기록했다.

"그런데 나는 그것(무구)을 보는 순간, 목 줄기를 타고 뭔가 뜨거운 불기둥이 치솟는 듯한 황홀한 느낌을 받았다. 어떤 거대한 검은 기둥이 하늘로 치솟는 듯한 기분이 들면서 내 몸이 약간 떠오르는 것 같았다. 신령님이 수직으로 내리 쏟아붓는 그 많은 기운을 주체하지 못해 눈앞이 아찔했다."

돌이켜 보면, 이것은 접신의 경험이었고, 근육의 경련과 마비를 동반한 통제 불가능한 떨림은 바로 직통 '신내림'의 체험이었던 것 같다.

이 경험을 한 직후부터 내게는 전에 없었던 영적인 능력이 생겼다.

만나는 사람들의 미래와 운명의 길이 보였다, 그에게 붙은 사기 같은 것도 또렷한 형상으로 보였다. 이렇게 해서 나는 몸주 신령님으로부터 영력을 전수(傳受)했다. 결과적으로, 내가 획득한 영력의 루트는 "몸주로 강림하는 신령의 영적인 능력을 고스란히 전수하는 길"이었다.

신령
무당
내면의 반려

한국의 샤머니즘에서 무당이 섬기는 신령은 숱하게 많이 존재한다. 강신 무당은 인연이 깊은 여러 신령을 수용할 수 있는 '영적인 그릇(도구)'인 통각기를 가지고 있다. 강신 무당의 신령은 '내면의 반려(伴侶)'인 동시에 그를 영적인 세계로 인도하는 내적인 지혜의 보고이며, 영적인 능력과 에너지의 원천이다.

사람들은 강신 무당을 일컬어 '만신(萬神)'이라 부른다. 이는 강신 무당이 '다령관(多靈觀)과 다신관(多神觀)'을 가지고 있고, 그들이 섬기는 신령들이 오랜 역사의 순환 과정을 통해 수없이 많이 존재하기 때문이다.

융 학파의 개념으로 볼 때, 강신 무당의 몸주 신령(神靈)은 '내적인 인도자(독: Der innere Fuehrer, Psychopompos)'인 '필레몬(Philemon)'이라고 할 수 있다.

필레몬은 그리스어로 '친절한 사람'이라는 뜻으로, 1913년 융의 꿈에 처음으로 등장했다. 융은 꿈에 나타난 필레몬의 형상을 그의 책 『레드북(독: Das rote Buch)』에 직접 그렸다. 융은 생의 말년에 쮜리히 근교의 볼링엔(Bollingen) 호숫가에 손수 성탑을 지어 은둔했는데, 성탑의 문 위에 라틴어로 "필레몬의 성지, 파우스트의 회개(Philemonis Sacrum-Fausti Poenitentia)"라고 직접 새겨 넣었다.

아니엘라 야페가 쓴 『C. G. Jung의 회상 꿈, 그리고 사상』이라는 독일어판 책의 186~187쪽에 의하면, 필레몬은 융의 꿈에 흰 수염이 달린 '탁월한 통찰력'을 지닌 노현자의 형상으로 나타났다. 융은 필레몬을 '영혼의 구루(Guru)'라고 표현했다. 필레몬은 융의 꿈과 환상에서 중요한 역할을 했는데, 융은 필레몬을 "내가 아닌 다른 힘"이라고도 표현했다.

한국 샤머니즘의 신령계는 한국계의 신령과 외국으로부터 수용되어 정착한 신령들로 구성되어 있다. 아울러 무당 개인의 조상과 영적인 인연에 의해서 모셔지는 인신(人神)들도 있다.

(강신) 무당들 각자가 모시는 신령의 형상(形像)은 한국 사회의 변화상과 민중의 애환 및 정서가 고스란히 투영되어 있다. 또 한국 샤머니즘에 나타난 신령들에 대한 신관은 신령을 모시는 무당 개인과 샤머니즘을 연구하는 학자들에 따라 스펙트럼이 다양하다.

강신 무당들 개인이 저마다 자신만의 신령 체계와 신관(神觀)을 가지고 있어서 신령의 체계를 획일적으로 구분하고 판단하는 데는 다소 무리가 따를 수 있다. 한국의 샤머니즘에서 강신 무당이 보편적으로 모시는 신령은 크게 조상신, 정신, 잡귀. 잡신이다.

강신 무당이 무당으로 입문하기 전 후보자 시절에 처음으로 만나 그의 몸에 "신령으로 지피고(내리고)", 그를 결정적으로 무당이 되도록 인도한 신령을 '몸주 신령'이라고 부른다. 또한, 강신 무당으로 입문한 후부터 무업(巫(業)을 진행할 때 대표적으로 영험(靈驗, 영검)함을 주시는 신령을 '주장 신령'이라고 한다.

특별한 경우를 제외하고, 몸주 신령은 주로 한 분이지만, 주장 신령은 강신 무당이 활동하는 시기와 영적인 능력의 성장에 따라 "불려주는" 신명(神明, 하늘과 땅의 신령)의 신격이 변화될 수 있다.

'불리다'라는 단어는 '부르다'의 피동사로, 사전적인 의미는 '말이나 행동 따위가 주위를 끈다.'라는 뜻인데, '수량이나 부피 등이 본디보다 커지다.'라는 뜻의 '불어나다'로 의미가 확장된 듯하다. 한국의 샤머니즘에서는 무당이 신령의 영적인 능력과 후광을 입어 세인들에게 그의 명성이 널리 알려지고, 단골과 재물이 늘어나는 것을 의미한다.

샤머니즘 연구가인 조흥윤은『巫, 한국 무의 역사와 현상』이라는 책 26쪽에서 무신의 위계가 계급에 속한 신령의 우세를 통해서 결정되고, 그것은 조선왕조의 사회, 신분 상태를 반영하고 있다고 피력했다. 그는 "하늘. 땅. 바다의 여러 신령"이 서열로 보아 가장 높은 자리를 차지하고 있다고 주장했다. 아울러, 정신(正神)의 범주에 포함되는 신령으로 "옥황천존(玉皇天尊). 일월성신(日月星辰). 칠원성군(七元星君, 또는 七星). 산신(山神). 사해용왕(四海龍王). 삼신제석(三神帝釋). 부처님. 신중(神衆)"을 들었다.

조흥윤은 또한 신령의 계급을 다음의 5계급으로 나누며, 이것은 신령의 위계를 반영하는 것이라 주장했다.

첫째, 선관 및 보살 계급의 신령(하늘, 땅, 바다의 신령들이 여기에 속한다): 옥황천존, 일월성신. 칠원성군, 산신, 사해용신, 삼신제석 등

둘째, 전안 계급의 신령(중국에서 유래된 신령들이 이 범주에 속한다): 관성제군, 소열황제(유비), 장장군(장비), 와룡선생(소열황제의 사무인 제갈량) 등

셋째, 박수, 만신 계급의 신령(한국의 토착 신들이 이 계급에 속한다): 최영 장군, 별상(왕위를 지키지 못했거나 비극적인 죽임을 당한 왕들의 신격화), 군웅(신격화된 전쟁영웅), 창부씨(무당의 예능 신) 등

넷째, 뒷전무당 계급의 신령(여기에 속한 신령은 하위 신에 해당): 걸립, 말명, 맹인신장, 성황사신 등

다섯째, 넋대신 계급의 신령(이 계급에 속한 무당은 넋무당이라고도 한다): 십대왕(시왕) 사자 또는 사재, 넋대신 등

조흥윤은『巫, 한국 무의 역사와 현상』181~189쪽에 이 다섯 단계로 구별된 신령의 계급에서 신령들의 위계 및 성격과 관련해 다음과 같이 분석했다.

첫째, 거의 모든 신령이 다소간 하늘신의 기능을 가지고 있다.

둘째, 한국무 안에서 신령의 위계가 어떤 계급에 속한 신령의 우세를 통해서 결정될 뿐만 아니라 그것은 조선왕조의 사회 신분 상태를 반영하고 있다.

셋째, 신령의 위계와 관련하여 몇몇 신령은 여러 무당 계급에 걸쳐 모셔지고 있는 것이 눈에 뜨인다.

샤머니즘 연구가이자 샤머니즘 박물관장인 양종승은 1999년 서울대 비교문화연구소 주관으로 개최한 샤머니즘의 비교문화론 세미나에서 〈한국 무신의 구조 연구〉라는 논문을 발표하며 아래의 두 가지를 주장했다.

첫째, 무신은 여러 신들이 다신 체제로 군림하면서 서로 간에 질서만 유지될 뿐 등급·계급·위계가 존재하지 않는다. 무신들의 질서란 등급에 의한 계급적인 위계질서가 아니라 서로 간의 예의 바르고 올바른 행동의 예의 질서를 말한다.

(중략)

무신들 간에는 상하관계를 결정하는 서열 계급이나 등급이 존재하지 않는다.

둘째, 무신들 서로 간에는 서로 협동·협력·협의·협상·협약·협조 등을 하지 않는다. 무당은 무신을 하의받는다. 무당이 하의를 받는 것이지 무신들이 서로 간에 하의를 받는 것이 아니다.

- 양종승, 〈한국 巫神의 구조 연구〉, 비교문화연구 제5호, 187쪽, 188쪽, 189쪽
  에서 발췌 인용

강신 무당 대부분은 '빙의'와 '몸주가 될 신령의 강림'으로 인해 의식의 변화를 경험한다. 시베리아 계통의 강신 무당들은 변화된 의식 속에서 타계를 여행하지만, 한국의 강신 무당은 (몸주) 신령이 무당의 몸 속에 강림하는 것이 기본적인 양상이다. 또한, 한국 무당의 신들림 현상에서는 일본과 동남아 등지에서 나타나는 동물 빙의가 (거의) 없다.

한국의 강신 무당들은 각자 고유의 영적인 체험을 통해 나름의 신관(神觀)과 신령체계를 가지고 있다. 그들의 까다로운 신관을 체계적이고

과학적으로 따지고 재단해 함부로 설명하거나 단편적으로 분석하는 것은 위험천만한 태도라 생각한다.

기본적으로, 한국 샤머니즘의 신격은 주로 자연숭배와 조상숭배를 중심으로 형성된 것 같다. 아울러 강신 무당들 대부분은 그가 모시는 신령의 위력과 계급의 순위를 굳이 질서정연하게 정립하려고 하지 않는다. 그렇지만, 유력한 주신과 이를 따르는 저급한 영의 무리 사이에는 계급의 차이가 엄연하고 명확히 정해져 있다.

강신 무당들은 공통으로 자연신에서 유래한 신(령)을 모시며, 아울러 자신만의 고유한 신(령)인 조상신(령)과 시조령(始祖靈), 영웅령(英雄靈) 및 그밖에 별도로 인연이 있는 신(령)으로서의 인신령(人神靈)을 모신다.

나의 경우는 1997년 8월 28일 신내림굿을 받아 애동 기자(갓 신내림한 무당)였을 때 몸주 신령 외에도 내 몸에 강림하신 몇몇 신령들만 단출하게 모셨다. 자연신인 하늘. 땅. 바다의 신령으로서 옥황천존(상제). 삼신제석. 사해용왕. 일월성신. 북두칠성, 그리고 모악산 산신님, 약사보살님과 약사 대신 신령 등, 불교 사찰을 창건한 집안 출신이다 보니 불교(佛敎) 계통의 신령을 주로 모셨다. 그 후에 차차 성무가 되면서 외가 쪽 줄기로 왕족 및 장군 계통의 신령들과 지관이었던 조상 신령들, 그 외에도 군웅 신을 모시는 동시에, 나와 영적으로 인연이 있는 도사 계통의 개별 신령들도 함께 모시게 되었다.

나는 2000년에 작고하신 아버지를 10개월 동안 '(조상)걸립'으로 모시다가 2000년 10월 초에 독일로 유학을 떠나며 함께 모시고 갔다.

걸립(乞粒)은 집의 대청이나 처마 아래, 현관 입구에 거주하는 신령으로, 강신 무당의 집안에서 모셔진다. 걸립은 강신 무당이 성무하는 과정에서 중요한 역할을 담당하며, 다른 신(령)들의 사자(使者), 또는 신(령)들을 수행하고 보필하는 '중급령'이다. 걸립은 굿의 뒷전에서 가장 먼저 모셔진다. 걸립은 무당에게 손님을 끌어다 주고 재물을 모아주는 신령으로, 만신 몸주 걸립, 양위 몸주 걸립, 직성 걸립, 본향 부군 걸립

등을 포함한 24걸립이 있다.

나는 지난 2005년 스위스 칼 융 연구원에서 '분석심리학(Die Analytische Psychologie)'을 공부하던 도중에 교육 분석을 받으며 걸립에 모셔졌던 선친이 조상신 계급으로 승격했음을 인지하고 조상 신령으로 모셨다.

또한 2022년 8월 12일(음력 7월 15일) 백중(百中, 갖가지 곡식을 차려 망자의 혼을 위로하고 천도하기 위해 제를 올리는 날)에 인연이 있는 사람들과 내담자의 조상을 천도하기 위해 지장 기도를 하면서 지장경을 읽고 있었다. 그때 조상 신령으로 자리를 잡았던 선친이 지장 도사로 내게 강림해 뭇 인연들의 조상 천도를 주관했다. 그 이후부터 나는 영적으로 승격한 선친을 '지장 도사' 신령으로 좌정해 모시고 있다.

1997년 갓 신내림굿을 받은 후부터 나는 근 2~3년간은 '넋대신' 계급의 신령을 모시지 못했다. 내가 1997년 무당으로 입문했을 당시는 직계 가족 중에 '인다리'로 사망한 분이 없었기 때문이다.

'넋대신'이라는 신령은 무당의 직계 가족이 사망 후 영계에서 도를 닦아 무당에게 내리는 신령인데 조상과 관련된 점괘를 뽑는다.

'인다리'는 강신 무당 후보자에게 이미 몸주가 될 신(령)이 임했음에도 불구하고, 무당 후보자가 몸주 신(령)을 받아 무당으로 입문하는 것을 거부했을 때 발생한다. 이때 장차 강신 무당의 몸주 신령으로 강림할 신령이 영적인 능력을 행사하여 신벌을 내리는데, 그의 가족, 친지 등을 차례로 죽게 하거나 특별한 이유 없이 다치게 한다.

내림굿 당시와 그 후 내가 애동 기자였을 때 줄곧 내게 가장 확실하고 빈번하게 강림하시는 신령은 모악산 산신님과 모악산 산신 도사님, 약사 대신님 세 분이었다. 세 분의 신령은 매우 배타적이고 카리스마가 강했다. 내가 신내림굿을 받고 입문하여 애동 기자였던 시기에는 여성 조상 신령들이 내 몸에 그다지 많이 강림하시지는 않았다.

신내림굿을 받고 갓 입문한 1997년 8월 말일부터 1999년 말까지 무업을 행할 당시 내게 상담을 요청했던 분들은 주부가 거의 없었다. 당시 나에게 영적으로 자문받던 분들은 주로 '시절 인연'이 있던 분들이 소개한 대학교수나 예술가, 언론. 방송인, 정치인이 대다수였다.

그 당시 나는 어떤 신령이 영적인 주도권을 잡고 있느냐에 따라 상담자와의 영적인 인연이 생겼다. 내담자를 상담하거나 자문할 때 상담 내용도 주도권을 잡고 있던 몸주 신령과 내담자들의 조상과의 인연의 얽힘이나 맺힘에 따라 결정되었다.

차츰 성무가 되어감에 따라 몸주 신령들의 위계질서는 남성 신격과 여성 신격 사이에서 조화와 화합이 이루어지며 보다 체계적으로 확립되었다. 이것은 나의 여성성이 성장함과 비례하여 이루어졌다.

나의 영적인 체험에 의하면, 몸주 신령을 제외한 신령들은 주로 주장 신령과 보조 신령으로 이원화된 체계로 활동한다.

이 신령들은 각자의 특성과 역할에 따라 무당의 몸에 내리고, 영적인 권능으로 강신 무당을 불려주고 있다.

강신 무당의 삶은 몸주 신령들의 위계질서가 어떻게 확립되고, 신령들 상호 간에 화합이 어떻게 이루어지는가에 따라 크게 달라지는 듯하다. 또 신령을 모시는 도구인 무당이 심리적으로도 정서적으로도 안정되어야 한다는 것을 체득했다. 강신 무당은 몸주 신령들이 제대로 좌정(坐定)이 되고 무당 본인의 삶이 조화를 이루어야 무업을 통해 사회. 경제적인 안정을 이루는 것 같다.

강신 무당은 성무가 되는 동안에 신어머니나 신선생(神先生)으로부터 무업과 기예, 샤머니즘 의례의 전반적인 기능을 습득할 수 있다. 하지만, 그 외의 샤머니즘적인 신관이나 세계관 및 철학을 제대로 배울 수 있는 길은 그렇게 체계적이거나 다양하지 않은 것 같다.

나의 경우는 몸주 신령과의 관계가 일종의 영적인 커뮤니케이션(영: Bio Trance Communication)을 통해 싸이클을 주고받는 역학적인 피드백(영; Feed-Back) 관계로 설정되어 있다. 강신 무당과 몸주 신령이 서로에 대한 신의, 협력 및 영적인 조화가 없이는 무업과 종교적인 소명을 성공적으로 수행할 수 없을 것이다.

(강신) 무당과 신령은 서로 의존하는 절대적인 관계이기 때문에 두 계층 사이에는 서로에 대한 무한한 신뢰와 상호 협력, 그리고 사랑이 전제되어야만 가능하다.

나는 무당들 스스로 신령에 대한 믿음과 신뢰를 회복하고, 자신만의 신관을 제대로 정립해야 더욱 굳건한 큰 무당으로 성장할 수 있다고 믿는다.

이 밖에도 무당에게는 '대신 할머니'로 통용되는 '몸주 대신(또는 몸주 대감)'이 있다. 이 신령은 신의 세계와 인간의 세계를 매개하는 신령으로, 무당의 조상 또는 무당이 죽은 후에 다른 무당에 의해 모셔지는 신령이다. 천하 대신, 지하 대신, 벼락 대신, 군웅 대신, 장군 대신, 창부 대신, 호구 대신, 별상 대신, 명두 대신, 천룡 대신, 박수 대신, 작두 대신이라 불리는 열두(12) 대신이 있다.

이 신령은 무당이 무꾸리와 신점 및 굿과 제의를 진행할 때 실생활에 직접 활용할 수 있는 영력(靈力)과 재주(技藝)를 주어 무업을 생업으로 삼아 살아갈 수 있도록 도와주는 신령이다.

주로 무당의 조상 중에 영계에서 도를 많이 닦아 내공이 높은 영적인 인격체가 신령이 되어 무당의 몸에 실린다.

대신 할머니(대신 할아버지일 경우도 있다.)는 우리가 보통 강신(降神) 무당에게 '무꾸리(점복, 占卜)'를 하기 위해 문복을 하러 가면 무당에게 점을 쳐주고 공수를 주는 신령이다. 무당의 '신령 화본(무화, 巫畵)'을 보면, 머리를 곱게 빗어 올려 쪽을 지고 비녀를 꽂아 단정하게 점상(占床)에 앉은 형상의 신령이다.

한국의 샤머니즘에서 강신 무당과 몸주 신령과의 관계 정립은 장차 무당이 자신의 무업을 성공적으로 수행하고 사회적인 역할과 소명을 꾸려나가는 데 있어 결정적인 역할을 한다.

2000년대를 기점으로 한국 무당들의 평균 학력과 교육 수준이 상당히 높아졌다. 무당들이 신앙심만 충만하고 고차원적인 신령의 구조와 내용에 관심이 없지는 않겠지만, 샤머니즘 자체가 문서를 통하지 않고 구전으로 전승되다 보니 신관이나 종교적인 도그마는 아무래도 기성 종교에 비하면 덜 체계적일 수밖에 없다.

한국 샤머니즘의 신관에 관한 연구가 미흡하고 혼선을 빚는 주된 이유는 최근 들어 스승으로부터 제대로 된 무(巫) 학습을 받지도 않고 입문해 무업을 진행하는 무당들이 우후죽순처럼 생겨나기 때문일 것이다.

이와 더불어 한국의 샤머니즘 현장에서 무당의 영험함과 신성성보다는 기예와 형식 및 명성을 더 중시하는 태도와 구전 형식으로 전승되는 도제식 학습 방법으로 인해 오인된 현실을 낳기 때문이기도 하다.

구애비와 만신 말명

이 글은 2019. 03. 06. '데일리스포츠한국'의 [유명옥의 샤머니즘 이야기]에 〈구애비와 만신 말명이란?〉 제목으로 게재했던 칼럼을 수정·보완했다.

2020년 2월 23일 나의 신어머니이자 나랏무당 김금화 선생이 이승에서의 소명을 다하고 하늘의 부름을 받아 영혼 여행을 떠났다. 한국의 샤머니즘에서는 무당이 죽으면 무조(巫祖) 신령이 된다는 믿음이 전해 내려온다. 이 신령을 '말명(萬明)'이라고 부른다. 말명 신령은 자신과 영적인 사이클이 가장 잘 맞는 무당 후보자를 선택해 그에게 내린다.

　말명 신령이 들린 무당 후보자는 다양한 형태의 영적인 체험[선몽, 환시, ESP(초감각적 지각) 등]을 통해 말명 신령과의 인연을 만난다. 이때 무당 후보자는 말명 신령의 과거 행적에 따라 무구를 찾아 '신물(神物, 부채, 방울, 엽전, 무신도, 신복, 징이나 제금)'을 습득하여 과거의 무당이 행했던 업(業)을 가지고 오게 된다. 이 행위를 일컬어 샤머니즘업계 전문 용어로 "구애비(鬼業)를 떠온다."라고 표현한다. 구애비는 말하자면, 강신 무당이 귀신(신령)의 힘을 빌려 무업(巫業)을 수행하는 것을 뜻한다.

　제주도 신화 연구의 선구자인 현용준(玄容駿, 1932~2016)은 '구애비'를 일컬어 "비혈연적 세습"으로 규정했다.

　말명이란 단어는 신라 김유신의 어머니의 이름인 '만명(萬明)'에서 유래되었다. 만명은 사망 후에 신령이 되어 '말명'으로 불렸고, 신당에는 '명두(明斗)'라는 동경(銅鏡)을 걸어 말명신의 신체(神體)로 삼았다.

일제 강점기까지 중부지역 천신(薦新)굿의 마지막 거리인 뒷전 직전의 '말명 거리'가 행해졌다. 말명 거리에서는 만신 몸주 말명 등을 청해 모시기 위해 '말명 청배(萬明 請拜)' 무가와 '말명 공수'가 행해졌다.

천신굿은 무당과 단골 관계를 유지하는 중산층 이상의 집안에서 신령과 조상령을 대접하기 위해 행하는 일종의 재수굿으로, 1년에 한두 번, 정기적으로 봄과 가을에 한 번씩 지냈다. 봄에 지내는 굿을 '꽃맞이굿', 가을에 지내는 굿을 '햇곡맞이굿'이라고 불렀다.

말명 거리는 제가집의 조상 가운데 이름이 알려지지 않고 과거에 무당으로 활동했던 이들을 통합하여 말명으로 모시는 거리다. 이때 무당은 노란 몽두리를 입고 말명 신령을 모셔 놀렸다. 지금은 굿의 중간에 잠시 말명의 이름만 거론하고 사라져 가는 추세다.

중요무형문화재 104호인 '서울새남굿'을 포함한 중부지역의 무당들은 노란 몽두리에 방울과 부채를 든 할머니 모습의 무신도(巫神圖)를 모신다. 무당들은 신당이나 굿당에 신령의 얼굴을 상징하는 놋쇠로 만든 명도(明圖)나 명두(明斗)를 무신도 위에 걸고 말명 신의 신체로 삼았다. 더러는 죽은 무당의 신복(神服)을 고리짝에 담아 굿당에 모시기도 한다. 이를 '대신 할머니' 또는 '대신(大神) 말명'이라 부르며 무조(巫組)로 섬기고 있다.

대신 말명은 무당으로서 죽은 이를 총칭한 것으로, 대개는 여성 신령으로 상징된다.

그 외에도 황해도 지역의 철무리굿과 대동굿 및 만수대탁굿에는 '도산 말명 방아찜굿'이라는 절차가 있다. 이 절차에서 말명이 풍요를 기원하기 위해 명(命)과 복(福)을 방아에 찧어서 인간에게 내려준다. 이 굿은 무당으로 죽은 도산 말명이 서방을 아흔아홉 얻어놓고도 다시 시집간다는 해학적인 내용을 담고 있다.

황해도 굿에서는 무당이 죽은 후에 그와 영적인 인연이 있는 강신무당에 의해 모셔지는 경우가 있는데, 이를 '성수(星宿)'라고 부르고, '성수 거리'에서 모셔진다. 남자 무당이 신령으로 임하면 '남성수', 여자 무당 신령은 '여성수'라고 부른다.

황해도 굿에서 만신은 성수 거리를 모실 때에 홍치마에 남치마를 덧입고, 상의는 남색 쾌자를 입은 후에 흰색 도포 위에 검은 쾌자를 덧입고 실띠를 맨다. 머리에는 토인갓(방갓)을 쓰고 왼손에는 흰색의 큰 부채, 오른손에는 방울을 들고 장구잽이가 치는 느린 거상장단(擧床長短)에 맞춰 '얼싸'라는 구음과 함께 긴 거상 춤을 추면서 아래의 만세받이를 부르며 신령을 청배한다.

거상장단은 잔치할 때 음식상을 올릴 때 연주하는 궁중 음악인 '거상악(擧床樂)'에서 유래되었다. 굿에서는 신령을 모시기 위해 상을 올릴 때 연주하는 장단이다.

"모여랴오 모여랴오 토인성수님을 모여랴오~
토인성수님 모십니다."

7

한국 샤머니즘의

죽음의례

이 글은 2019. 03. 07. 데일리스포츠 한국의 [유명옥의 샤머니즘 이야기]에 같은 제목으로 게재했던 칼럼을 수정·보완했다.

한국인에게 죽음은 정상적인 죽음과 비정상적인 죽음의 두 가지 유형이 있다. 샤머니즘 연구가인 이용범은 〈한국 전통 죽음 의례의 변화〉라는 논문에서 "한국 사회에서 정상적인 죽음과 비정상적인 죽음은 '통과의례의 통과 여부'와 '죽음의 공간', '죽음의 방식'"이라는 기준으로 나누었다.

샤머니즘의 죽음 의례는 망자가 어떻게 죽었는가에 초점을 맞춘다. 노환이나 질병으로 인한 사망과 같이 자연스러운 죽음 외에 사고, 타살, 자살, 전쟁으로 인한 사망 같은 죽음은 비정상적인 죽음으로 간주한다. 비정상적인 죽음의 망자는 그로 인해 자신에게 닥친 불의의 죽음을 인지할 수가 없어 일반 조상으로 좌정하지 못하고 '잡귀, 잡신'으로 전락해 떠돌게 된다.

잡귀, 잡신은 이승을 떠나 저승으로 들어가지 못한 채 정처 없이 떠돌면서 사람들에게 해를 끼치는 원귀(冤鬼)로 위험한 존재다. 한국의 샤머니즘에서는 망자가 원귀나 잡귀, 잡신이 되어 방황하거나 떠도는 경우 굿이라는 죽음 의례를 행했다. 하지만, 정상적인 죽음의 경우 반드시 죽음 의례를 행하지는 않았다.

한국 샤머니즘의 죽음 의례는 '오구굿'이나 '씻김굿'의 형태로 전승되고, 대부분 죽음 이후에 행해진다. 한국에서 죽음 이전에 행해지는 생전의 죽음 의례는 불교의 '생전 예수재(豫修齋)'와 샤머니즘의 산오구굿, 산씻김굿의 형태로 구비 전승되고 있다.

　　한국의 샤머니즘에서는 각각 지방마다 조금씩 죽음 의례와 형식에 차이가 있으나 망자의 죽음 의례는 대체로 '진부정', '관넋', '자리걷이'의 순서로 진행이 된다.

　　진부정은 단골집에서 초상이 나면 무당이 자신의 신당에서 신령들에게 단골집에서 발생한 망자의 죽음을 고하는 것이다.

　　관넋은 무당이 발인 전에 관 앞에서 청혼(聽魂)하여 망자의 못다 한 말을 가족에게 전해주는 것이다. 이때, 망자가 무당의 입을 빌려 남겨진 가족에게 하는 이야기를 '넋두리(지청구)'라고 한다.

　　특히 자리걷이는 발인 날 저녁 무당이 상갓집에서 행하는 죽음 의례다. 무당은 사망한 장소를 정화하고 부정을 가신 후에 망자의 영혼을 정화하고 망자의 말을 가족들에게 전달해 망자의 넋과 직접 대화를 나눈다. 이때 무당은 '산 자와 죽은 자를 해원'하는 역할을 담당한다.

8

무당의 현주소

민중의 사제(司祭)

이 글은 2019. 03. 08. 데일리스포츠 한국의 [유명옥의 샤머니즘 이야기]에 같은 제목으로 게재했던 칼럼을 수정·보완했다.

새벽녘 무릎을 꿇고 기도하는데 코끝에 알싸한 통증이 몰려왔다.

독일과 스위스 유학을 마치고 한국으로 돌아와 그동안 경험했던 쓰라린 기억들이 떠올랐다. 나는 무업을 수행하며 이 땅의 숱한 사람들이 아직도 샤머니즘에 대해 지극히 냉담하고 착취적이라는, 인정하고 싶지 않은 현실과 자주 직면하게 된다.

대학원에서 종교학을 전공하는 한 후배가 "민간신앙 수업할 때 무녀는 '천민들(민중)의 사제'라 하더군요."라고 말했다. 오늘은 이 말이 메아리처럼 되새김질을 쳤다.

타(他) 종교의 사제와 비교해 이 사회가 요구하는 무당의 역할은 때로는 가혹하고 이중적이다. 한국 사회에서 무당은 신분이 존중되거나 보호받지 못하면서도 인간 영혼의 치유라는 막중한 책임과 의무를 수행하고 있다. 수없이 많은 사람이 무당에게 정당한 대가를 치르지도 않으면서 '소비재'로서의 역할을 강요하고, 영적으로 착취하며 조롱한다. 왜일까?

샤머니즘은 한국의 기층문화의 정신적 뿌리와 '얼'임에도 천대와 핍박을 받은 지난한 역사가 있다. 고조선 때는 '무당(巫堂)'이라는 단어가 국가의 제천의례를 주관하는 제사장이며 왕이라는 신분을 의미했다. 조선 시대는 유교를 정치이념으로 삼아 무당을 천민으로 전락시켰고, 일제 식민시대 무당은 신도이즘에 의해 신사참배를 강요당하는 신세였다. 공산주의자들은 인민의 정신을 황폐화한다는 이유로 무당을 인민 재판에 회부했다. 새마을 운동을 주관했던 정부는 굿을 '미신(迷信)'이라고 규정하여 금지했다.

갖은 핍박에도 불구하고, 한국의 샤머니즘은 타 종교를 수용하며 새 생명으로 거듭났다. 예로부터 무당은 가진 자에게 버림과 핍박을 받은 민중들을 껴안아 치유해 오고 있다.

장구한 세월, 한국 문화의 '원형의 담지자'요 '민중의 어머니'인 무당은 긴 어둠의 터널을 뚫고 나와 "프로메테우스(그리스어: Prometheus)의 불씨"를 키워왔다.

9

부정적인 시각 관한 한국 샤머니즘에

한국 샤머니즘은 크게 정치적, 사회적, 개인적 기능으로 활용되었다. 선사시대부터 삼국시대까지는 샤머니즘이 정치적, 사회적, 개인적인 기능이 모두 융합되었다. 삼국시대의 샤머니즘은 불교의 수용과 함께 정치적 기능이 점차 상실되어 갔다. 통일신라 시대의 샤머니즘은 사회적·개인적 기능만 수행했다. 조선에서 사림파가 집권한 16세기는 샤머니즘에 대한 배척이 본격화되었던 시기다.

현재 한국 사회에서 샤머니즘은 개인의 길흉화복을 담당하는 세속화된 기능만 두드러지게 남게 되었고, 샤머니즘을 바라보는 세인들의 이중적인 잣대가 존재한다. 한국 사회는 샤머니즘이 현재의 의미가 없는 과거의 불합리하고 비현실적인 관습의 하나로, 사람들을 미망과 미혹으로 이끄는 부정적인 미신으로 보는 견해와 샤머니즘이 한국인의 고유한 전통과 문화를 담지한 중요한 전통이나 민속종교로 인식되고 있다. 하지만, 샤머니즘 하면 대체로 부정적인 시각이 지배적이다.

샤머니즘 연구가인 이용범은 2017년 2월 발행된 기독교사상, 특집 논문, 〈무속을 바라보는 한국 사회의 시선〉에서, "무속에 대한 기존 인식이 한국인의 현실 삶에서 기능해 온 무속의 실체를 보여주기보다는 자기 시선에서 재구성해 낸 무속의 이미지를 보여 준다."고 지적했다.

1920년대 근대문명과 함께 등장한 사회 이데올로기는 샤머니즘을

"비과학적이고 비합리적인 미신이며, 윤리 의식이 없고 개인이나 그가 속한 집단의 기복(祈福)만을 추구하는 이기적 행동양식"이라는 부정적인 시각으로 바라왔다.

샤머니즘은 다양한 부정적인 시각에도 불구하고, 자연재해와 인간의 생로병사 및 조상계와 연결된 영적인 문제가 발생했을 때 주로 활용되고 있다. 이 때 사람들은 샤머니즘 의례를 통해 즉각적인 해결책을 찾거나 한 맺힌 영혼의 정화나 천도와 같은 삶의 제반 문제를 적극적으로 해결하기 위한 목적으로 활용되고 있다.

'풍류 신학'을 주창한 유동식(1922~2022)은 무교를 "한국 문화의 심층부에 자리하고 있는 지핵(地核)"이라고 표현했다. 또 구한말에 감리교회 선교사로 한국을 방문했던 헐버트(Homer Bazaleel Hulbert, 1863~1949)는 "한국인이 사회생활에서는 유교를, 철학에서는 불교를, 어려움을 당하면 무속을 중요하게 여긴다."고 주장했다.

한국 민중에게 포괄적 위기 상황이 발생했을 때, 사람들은 실용적인 샤머니즘 의례를 진행한다. 한국 사회에서 샤머니즘은 나름의 사회적인 역할과 긍정적인 기능을 수행하고 있어 현재까지 '현재 진행형의 문화'로 살아남아 우리의 삶에 큰 영향을 미치고 있다.

10

신딸 신어머니와 한국 샤머니즘에서

2019년 2월 23일 오전 나의 신어머니인 나랏무당, '김금화(1931~2019)' 선생이 88세의 나이로 별세했다. 그녀는 국가무형문화재 제82-나호, '서해안 배연신굿 및 대동굿' 보유자였다.

강신 무당은 신내림굿을 받으면 자동으로 신 가족이 생긴다. 강신 무당에게 신내림굿을 인도해 준 신부모(신어머니 또는 신아버지), 신자매, 신형제, 그 외 신어머니의 신형제와 신자매들… 이들 모두가 갓 신내림굿을 받은 '애동 제자'의 신가족이 된다.

강신 무당으로서의 삶은 새 '생명과 영적인 에너지의 뿌리'인 신성(神聖)과의 첨예한 갈등을 스스로 조율하면서 살아야 하는 삶이다. 그는 신(령)이 내려주시는 밥을 먹고, 신령이 인도하는 길을 걸으며, 꿈에서도 선몽(先夢)을 받는다.

신령을 모시며 강신 무당으로 살아간다는 것은 항상 바늘방석에 앉아 있는 것과 같이 긴장된 삶이다. 세인들의 영적인 치유를 담당하는 강신 무당의 삶은 그야말로 '살얼음판'을 디디는 것과 같이 조심스러운 삶의 연속이다.

나의 신어머니인 김금화 선생은 한평생 세인들이 뒤에서 손가락질하는 무당의 삶과 사회적인 환경을 극복하고, '마음의 병'을 가진 사람들을 치유하는 삶을 살았다.

생전에 김금화 선생은 종종 신딸들에게, "무당이란 세상의 갈라진 것을 모으고, 찢어진 것을 아물리고, 뜯어진 것을 꿰매는 사람이다."라고 강조했다.

한국 사회에서의 무당의 삶은 신어머니인 김금화 선생의 삶의 철학과 같이, "상처 입은 조개가 진주를 만드는 과정"일 성싶다.

강신 무당인 내 삶의 철학은 나와 인연이 있는 내담자들을 영적인 가족으로 받아들여, 그들을 가슴에 보듬어 고통과 슬픔을 달래고, 아픔을 어루만져 상처 입은 영혼을 치유한 후에 건강한 사회인으로 복귀시키는 것이다.

2009년 5월 15일 스승의 날 김금화 선생은 영혼의 반려인 요아킴과 함께 방문한 내게 셋이서 이문동 근처에 있는 '의릉'의 솔밭으로 산책하러 가자고 했다.

의릉은 조선 숙종과 희빈 장씨의 장자였던 경종과 그의 계비인 선의왕후 어씨의 능으로, 1970년 사적으로 지정되었다.

비탈진 언덕길을 오르던 신어머니는 내게, "딸아, 무당의 설움은, 무당으로 성공하는 것 외에는 풀 수 있는 방법이 없다."라고 했다.

덧붙여, "딸아, 시련이 나를 여기까지 오게 했단다. 너는 서양 학문을 공부했으니 더 큰 세계로 나아가 마음의 병을 앓는 사람들을 치유하거라!"라고 당부했다.

1997년 8월 28일 김금화 선생은 신내림굿에서 내게 붙어 있는 부정한 것을 정화시키고 신의 세계에서 다시 태어나도록 인도해 주었다. 그녀는 나의 흩어진 머리를 '천수(天水)'로 씻어 가지런히 빗긴 후 다시 땋아주었다. 천수는 굿을 진행할 때 굿상에 올리는 정화수다.

그 후, 김금화 선생은 내가 앞으로 몸주 신령께서 내려주신 무업을 수행할 때 사용하라고 부채와 방울을 던져주었다. 부채와 방울, 이 두 개의 무구(巫具, 무당이 신을 부르기 위해 사용하는 도구)는 강신 무당이 무업을 수행하는 데 있어서 필수 불가결한 성물(聖物)이요, 신령과 인간을 매개하고 연결하는 가장 중요한 수단이다.

신내림굿에서 무구를 던져주는 의례는 신딸이 신어머니로부터 방울과 부채를 하사받아 새로운 무당으로 입문하는 의식이다.

신어머니는 내게 무업을 수행하는 길은 "험하고 머나먼 길"이라고 했다. 아울러, "수없이 넘어지고 수없이 일어나거라!" 하는 공수를 주었다. 두 문장에는 무당으로 살아가야 하는 험난한 길이 펼쳐져 있어 삶이 무척 힘겨울 것이라는 경고가 담겨 있다.

강신 무당으로 살아가는 길은 '천 개의 고원'이나 되는 길고도 험난한 영성의 길이다. '무소의 뿔'처럼 혼자서 걸어가야만 한다. 그 누구도 대신할 수 없는 외롭고 스산한 삶이다.

"넘어지고 넘어지다 보면 / 네가 설 곳이 있느니라."

이 공수에는 무당이 성무하는 과정에서 끝없는 고난과 역경을 만나고, 그 모진 고난에 굴복하지 말아야 한다는 신어머니의 당부가 담겨 있다. 강신 무당은 극에 달한 고통을 자기 내면에 육화하고, 영적인 능력을 부단히 연마해야만 한다.

1997년 강신 무당으로 입문하던 날, 나는 신어머니가 내린 신가를 통해 많은 위안을 받았다. 그리고 이 공수를 마음속에서 여러 번 암송하며, 깊이 아로새겨 두었다. 신어머니의 공수를 되새기며 신령의 세계에서 내 자리를 찾고, 사회적인 소명을 완수하리라 굳게 다짐했다.

신내림굿에서 신어머니가 대접에 정화수를 담아 청솔가지 끝에 천수(天水)를 축여 새 만신의 정수리에 찍어 발라 내리고, 새로 머리를 땋아주는 의식은 황해도에 무의 뿌리를 둔 강신 무당이라면 누구나 경험하는 통과의례다. 이 의식은 강신 무당 입문 의례자가 입문(入門, 영 & 독: Initiation)하기 전까지 깃들어 있었던 허주(잡귀, 잡신)를 깨끗이 정화하고, 마음을 청결하게 하는 역할을 한다.

스승인 신어머니가 신딸의 흐트러진 머리를 천수로 정화해 다시 단정하게 땋아 올려주면, 신딸은 세속적인 인간에서 벗어나 영원한 신의 세계에서 신령을 모시는 정한 몸으로 새롭게 태어난다.

신어머니는 이 의례를 진행할 때 청솔가지로 만든 붓으로 정화수를 찍어 신딸의 정수리에 뿌리며, "천상옥황에서 정화수를 내렸으니 맑은 물로 모든 부정을 깨끗이 푸는 것이다."라는 공수를 준다. 이 의례는 물이 가진 상징성인 성스럽고 깨끗함을 활용하며, 신어머니는 천수로 신딸의 영혼을 정화한다.

기독교에서의 세례나 천주교에서 영세와 마찬가지로, 굿에서 사용하는 물은 주술(呪術)적인 힘을 지닌 '생명의 물(독: Lebenswasser)'이다. 굿에서 사용하는 물은 단지 더러움을 깨끗이 씻어내는 의미뿐만이 아니라 근원적으로 '거듭남', 새로운 인간으로 '다시 태어남(새남)', '새생명(또는 영혼)을 부여받음'이라는 의미가 있다.

이는 물이 자연에 생명을 부여하고 성장을 촉진하며, 끊임없이 회귀하는 생명의 원천을 상징하기 때문이다.

아울러 황해도의 신내림굿에서 신어머니가 새로 태어난 신딸의 머리를 가지런히 땋아주는 행위는 신어머니에게서 신딸로의 '무성 유전(巫性 遺傳)'되는 무의 뿌리인 '신부리'가 계승되고 있음을 상징한다.

이러한 의식은 각 지역에서 연행되는 굿마다 조금씩 다른 방식으로 진행된다. 예를 들어, 서울새남굿의 신내림굿에서는 신어머니가 신딸의 귀밑머리를 조금 깎아준다.

신어머니가 부채와 방울을 신딸의 치마폭에 던져주면, 신어머니와 신딸 사이에 신물(神物)인 부채와 방울을 매개로 영적인 연결고리가 생긴다.

한국의 샤머니즘에서는 "무당의 근본은 부채와 방울"이라는 말이 전해온다. 그만큼 강신 무당에게 있어 부채와 방울은 필수 불가결한 성물이다. 신어머니는 신의 씨앗을 상징하는 방울과 바람을 상징하는 부채를 신딸에게 전함으로써 자신이 속한 지역의 샤머니즘 전통과 신부리(뿌리)를 계승하라는 의지를 강력하게 전달한다.

신딸은 이 땅에서 씨앗 형태의 '방울(아흔아홉 상쇠 방울)'로써 하늘의 신령을 청배하고, 잡귀, 잡신을 떨쳐내며, 무업을 수행할 때 준엄한 신령의 권능(權能)을 위임받는다.

그는 향후 이 무구로써 신어머니의 정신을 계승해 깨어진 영적인 질서를 회복하고, 공동체의 치유와 안녕을 유지한다.

그리고 이어진 신어머니의 공수!

"내가 너에게 신내림한 은혜는 네 머리카락을 베어 짚신을 삼아줘도 갚지 못하는 은공이니라."

신어머니가 신딸에게 신내림굿을 해준 은공은 부모님으로부터 물려받은 소중한 머리카락을 가지고 신어머니께 짚신을 삼아(만들어) 바칠 정도로 크나큰 것이다.

신어머니의 이 공수는 지난 26년간 세인들의 냉대와 손가락질과 수군거림을 받으면서도 나 자신의 마음 중심을 잃지 않는 근원적인 힘이 되었다. 또한, 내가 다른 곳에 한눈을 팔지 않고 오로지 모악산 산신님의 이데아(Idea)인 '샤머니즘의 르네상스'를 꿈꾸며 앞만 보고 매진할 수 있도록 한 원동력으로 작용했다.

2007년 12월 7일 독일 유학 중이던 나는 신어머니인 김금화 선생의 이문동 신당을 방문했다. 그녀는 내게 자서전인 『비단 꽃 넘세』에 "유명옥, 사랑하는 딸 큰 무당 되여라."라고 친필로 적어 건네주었다.

나는 불초(不肖, 어버이의 덕망이나 유언을 이어가지 못하는 어리석음.)하게도 큰 무당이 되라는 신어머니의 바람을 이루지 못하고, 전통적인 무당의 삶을 살고 있지 않다. 몸주 신령님으로부터 신어머니인 김금화 선생과는 다른 종교적인 소명을 부여받았기 때문이다.

나는 '상처 입은 영혼의 치유자(영: The Wounded Healer)'이자 '영성 상담가'로 일하며, 영혼이 아픈 사람들의 '자가 치유'를 도우며 살고 있다. 아울러 몸주 신령님인 모악산 산신님의 이데아인 "샤머니즘의 르네상스"라는 소명을 완성하기 위해 내 나름의 방식으로 노력하고 있다.

김금화 선생은 자서전, 『비단꽃 넘세』278쪽에서 '외로운 길 무당의 길'이라는 제목의 글에서 신어머니의 역할에 대해, "신어머니는 스승 이전에 같은 무당으로서 그 지난한 길의 고통이 어떤 것인지 잘 아는 사람."이라고 썼다.

신어머니와 신딸의 관계는 신의 계통인 '신부리(신뿌리)'가 '신의 다래, 인의 다래(다리, 인연이라는 뜻)'로 연결되어 있다.

강신 무당은 성무가 된 상태에서도 신어머니와 신딸의 관계를 평생 유지한다. 이는 강신 무당이 성무(成巫)하는 과정이 전 생애에 걸친 교육과 훈련이 필요하기 때문이고, 신딸이 신어머니의 자녀인 동시에 제자이기 때문에 가능하다.

신어머니와 신딸은 '신연(神緣)'으로 맺어지고, 신어머니는 모성애를 지닌 신딸의 대모(代母)이자, 신제자의 인격을 훈련하고 이끄는 스승이다. 강신 무당은 샤머니즘의 현장학습을 통해 한국 문화의 원형을 평생 학습하며 연마해 나간다.

'샤머니즘 원형의 담지자'인 강신 무당은 신부리와 영적인 인연(神緣)에 따라 신어머니를 만난다. 그래서 신어머니와 신딸은 영적인 뿌리와 신의 계통이 유사하다.

그들은 자신의 몸주 신령님을 매개로, DNA 인자에 각인된 선험적 경험과 정신의 탯줄 하나로 연결된 깊은 인연 관계를 맺는다.

신어머니와 신딸의 관계는 무성(巫成)의 연결고리가 있어 낳아 길러주신 육친보다도 더 깊은 정신의 뿌리로 연결되어 있다. 신어머니와 신딸의 관계는 영적인 탯줄로 연결되어 있고, 이들 사이에는 이승과 저승을 잇는 영혼과 정신의 다리(천상 다래)가 가로질러 있다.

신내림굿 초기에는 신어머니와 신딸 관계에서 무의식적인 투사와 동일시를 경험하기도 한다. 이들은 '신비적인 참여(불어: Participation Mystique)' 방식으로 소통한다.

'신비적인 참여'란 1910년 프랑스의 사회인류학자인 레비 브륄 (Lucian Levy-Bruhl, 1857~1939)이 특별한 방식으로 연결된 두 개체

사이에서 무성의 영적인 연결고리를 표현하기 위해 처음으로 사용한 용어다. 상징과 환상, 감화(친화)력 및 감응력 등과 같은 특정한 방식으로 연결된 본능적이며 영적인 연대를 의미한다. 신비적 참여라는 단어에는 모든 지상의 것과 신적인 존재, 문화적인 환경, 가족 및 자연과 일체화된 소속감이 내포되어 있다.

칼 융은 신비적인 참여를 태초에 주체와 객체가 원초적으로 분리되지 않은 본원적인 무의식 상태로 파악했다.

레비 브륄은 『원시인의 정신세계』에서 원시인들은 자연과의 신비로운 교감(交感) 또는 합체(合體)를 통해 그들의 삶에 다양한 존재들이 참여하고 있다고 썼다.

문헌학에 정통했던 칼 융의 비서이자 분석심리학자였던 마리 루이제 폰 프란츠(Marie Luise von Franz, 1915~1998)는 『Some Aspects of Transference(전이의 몇 가지 측면)』의 238쪽에서 '영원한 운명적 연대감(영: fated Togetherness in Eternity)'이라는 표현을 썼다.

신어머니와 성무된 신딸의 관계는 신부리와 몸주 신령, 무구를 매개로 형성된 영적인 동반자 관계를 유지하게 된다.

11

무꾸리와 점복_{占卜} 사용 설명서

이 글은 2019. 02. 01.~2019. 02. 11. 데일리스포츠 한국에 게재했던 저자의 고정 칼럼을 일부 수정·보완했다.

물질문명이 고도로 발달하지 않았던 시대에 살았던 원시 종족부터 현대 과학 문명의 지배를 받는 현대인에 이르기까지 점복(占卜)은 여전히 크게 성행하고 있다. 이러한 현상은 비단 한국에만 국한된 현상이 아니라 이성과 합리주의가 발달한 독일어 문화권(독일, 스위스, 오스트리아 등)에서도 마찬가지다.

　인간이면 누구나 도래하지 않은 자신의 미래에 대한 궁금증과 호기심을 갖기 마련이다. 스위스에서는 범법자로 교도소에 수감되었다가 출소한 후에 점성술(영: Astrology)로 천문학적인 매출을 올리며 주목받는 주식회사를 운영하는 사업가들도 있다.

　과연 '점복'이란 무엇이고, 왜 점복은 고대로부터 지금껏 사람들에게 많은 관심을 받으며 여전히 성행하고 있을까?

　점복이란, 예측이 불가능한 미래의 일이나 인간의 능력으로는 알 수 없는 것을 주술적인 힘과 능력을 동원하여 추리 또는 판단하는 행위다. 특히 신점(무꾸리)은 신이 내린 무당이 인간과 신령 사이를 교통할 수 있는 주술적인 능력을 활용해 조짐이나 징후, 꿈을 바탕으로 예측하기 힘든 미래사의 길흉을 추리. 판단하는 개인적이며 심리적인 행위다.

척박한 환경에서 생존의 위협을 받았던 고대인들은 삶을 개척하고, 자연을 적극적으로 지배하기 위해 점복을 행했다. 점복은 인간의 적극적인 의지로 삶을 통제하고, 보이지 않는 위험에 대해 방어하기 위한 하나의 필연적인 장치로 기능하고 있다.

점복은 인과 관계로부터 결과를 미리 도출하는 기술인데, 원인에 해당하는 어떤 일이 나타날 조짐[예조(豫兆)]을 기초로 하여 미래에 다가올 결과를 도출하는 일종의 변증법적인 해석의 과정이다. 이러한 점복술은 하루아침에 이루어진 게 아니라 인류가 오랜 세월의 경험과 학습을 통해 축적한 '지식의 보고'이자, '정보의 소산'이다. 스위스의 분석심리학자인 칼 융이 말한 집단무의식의 '원형(독: Archtypen)'이다.

예로부터 우리에게 점에 관해 "점은 세 번 봐야 한다."라는 말과 함께 "점쟁이는 남의 돈을 그냥 받아먹지는 않는다."라는 속설이 전해 내려온다. 왜 그럴까?

그것은 우선, 한 사람의 점복자(占卜者)에 의해 나오는 점괘가 그의 인격과 학습된 경험 및 지식 등과 같은 여과 장치를 통해 걸러져 인위적이고 다양하게 해석될 여지가 다분히 숨어 있기 때문이다. 또 더러 같은 점괘라 할지라도 해당 점쟁이의 경험과 지식, 인격의 정도에 따라 반대로 해석될 가능성도 있다.

참고로, 점이라고 하는 것은 두 명의 점복자가 같은 사안을 두고 점을 친다고 하더라도 일단 점을 치고 점괘가 뽑히면 두 명의 점복자에게 거의 비슷하거나 같은 점괘가 나온다.

이 글을 읽는 독자들도 한두 번은 경험해 보았겠지만, 점복자는 정도의 차이가 있긴 해도 최소한 점괘 하나 정도는 잘 맞춘다. 예로부터 사람들이 이런 경험을 많이 해왔기 때문에 "점쟁이는 남의 돈을 그냥 받아먹지는 않는다."고 한다.

그런데, 독자들에게 같은 점괘가 나왔는데도 불구하고, 만약 두 명의 점복자가 저마다 다른 해석을 한다면 이 글을 읽는 독자들은 과연 어떻게 대처할 것인가? 차선책으로, 독자들은 제3의 점복자를 찾아가서 점을 또 한 번 봐야 할 것 같다. 복채가 좀 더 들긴 해도.

독자들이 시간을 두고 심사숙고하여 세 명이 해석해 준 점괘로 자신만의 고유한 판단을 내려야만 한다. 최소한 독자들이 인생에서 중요한 문제에 대해 점을 본 바로 그 자리에서 경솔하게 판단해 쉽게 결정을 내리는 것보다는 더 합리적일 수 있다.

잠깐, 여기서 짚고 넘어가야 할 점 하나!

내가 이 글을 쓰는 이유는 독자들에게 대한민국의 운세 산업 발전을 위해서 수없이 많이 점복을 행하라고 권유하는 것이 아니다. 순간의 선택으로 인생이 좌우되는 것을 최소한 줄여보자는 의도에서다. 자신의 소중한 인생을 점괘에만 맡기지 말고, 좀 더 신중하게 주체적으로, 그리고 고유한 판단으로 이어 나가자는 것이다.

12

사례

아들이 사망한

무당의 치성 후

이 글은 2019. 02. 07. 데일리스포츠 한국의 [유명옥의 샤머니즘 이야기]에 "무꾸리와 점복 사용설명서(2) 나쁜 점괘가 나와도 신중하라"라는 제목으로 게재했던 칼럼을 수정·보완했다.

우리에게 나쁜 점괘가 나올 때 우리는 '자기암시(영; Auto Suggestion)'에 빠질 가능성이 있다. 우리는 일반적으로, 어떤 현상을 본인의 이성을 통해 검증 과정을 거치지 않고, 무비판적으로 수용하는 심리 과정을 암시라고 부른다. 자기암시란 스스로 일정한 관념을 반복적으로 주입해 자발적으로 암시를 갖는 것이다.

　독자들이여, 점을 볼 때는 "돌다리도 두드려 보고 건너듯이" 신중하게 점복자를 선택하시라! 나쁜 점괘가 나오면 점술가에게 의례를 바로 맡기지 말고 신중한 결정을 해야 점복자의 사술(邪術)에 빠져 아까운 돈을 낭비하지 않고 영적인 사기꾼의 꼬임으로부터 자신을 보호할 수 있다.

　두 명의 점복자가 같은 점괘를 뽑았다면 그 점괘는 맞을 확률이 높다. 그런데, 같은 점괘를 가지고 두 명의 점복자가 다르게 해석했다면 어떻게 해야 할까?

　이 순간은 스스로가 '알람 시그널'을 작동시켜야 할 때다. 왜냐? 나쁜 점괘가 나왔다고 해서 사술을 행하는 점복자의 말만 믿고 덜컥 굿이나 치성을 맡기는 날에는 영적인 문제가 해결되기는커녕 아까운 돈만 날리고, 패가망신하기 십상이다.

1920년 4월에는 아들의 신병을 치료하기 위해 무당에게 치성을 의뢰한 집안이 패가망신하는 사건이 발생했다.

강원도 회양군 당양면 상신원리 K씨 외 3명이 살인 미수죄로 경성지방법원의 공판에 부쳐졌다. K의 넷째아들이 몇 해 전에 '신병(神病)'이 들어 같은 동네의 K라는 무당을 청해 병을 낫게 해달라고 치성을 드렸다. 그런데 아들의 신병이 낫기는커녕 치성을 드리고 나서 수일 후에 환자가 사망했다.

제갓집(무당에게 굿을 의뢰한 집)에서는 환자의 병을 낫게 해달라고 치성을 드렸는데 아들이 죽었으니, 무당이 환자를 죽도록 기도한 것이 아닌지 의심했다. K씨의 집안 식구들은 치성을 드렸던 모자를 마당에 눕혀 목을 밟고 몽둥이로 때려죽이려 했다. K씨 집안은 신병을 앓았던 아들을 위해 치성을 드렸으나 돈도 잃고, 사람도 잃고, 경찰에 잡혀 쇠고랑을 차게 되었으니, 세상에 이런 기막힌 일이 또 어디 있을까?

우리는 무당의 점괘를 받으면, 인생에서 피치 못할 어려움이나 난관에 봉착했을 때 신중한 선택을 통해 굿을 의뢰하게 된다.

굿에서는 무엇보다 본인의 정성과 적극적인 참여가 가장 중요하다.

구마 의식
귀신 쫓는
독일에서 발생한

우리가 무당에게 의뢰해 굿을 진행하게 되면, 대부분 어려웠던 상황이 서서히 개선되거나 신령님들과 조상님이 내려주시는 '굿 덕'을 본다.

그렇지만, 영적 얽힘으로 인해 무당과 제갓집이 합심해 정성껏 굿을 진행했는데도 그 굿의 그 결과가 때로는 좋지 않게 나타나는 경우가 더러 생긴다. 이런 일은 우리 주변에서 대중매체를 통해 심심치 않게 접할 수 있다. 요즘은 제갓집에서 굿을 진행한 무당을 종종 사기죄로 고소하는 경우도 있다.

환자에게 정신과적 문제가 발생했거나 빙의가 되어 영적인 문제가 생겼을 때 "귀신을 쫓는 의례를 진행하는 것"은 비단 한국의 샤머니즘을 믿는 가정에서만 특화되어 일어나고 있는 것은 아니다.

환자가 정신병을 앓고 있을 때 먼저 병원을 방문해 이 질환의 원인을 찾기보다는 주로 무당이나 점복자를 찾아가 무꾸리나 점복을 행한다. 그리스도교에서는 예수 그리스도의 이름과 권능으로 마귀 세력의 속박과 지배하에 있는 사람들을 고통에서 벗어나게 하고, 영혼을 구원하기 위해 '구마 의식(독: Exozismus)'을 진행한다.

한 예로, 2015년 12월 5일 밤에 독일의 줄츠바흐(Sulzbach)에서 기독교 계통의 신앙을 가진 한국인 가족이 일으킨 사망 사건이 보도되었다.

프랑크푸르트의 인터콘티넨탈 호텔에 투숙한 한국인 가족은 환자에게 붙은 귀신을 쫓기 위해 구마 의식을 진행했다. 이 과정에서 그들은 환자를 심하게 구타하여 결국 죽음에 이르게 했다.

이 사건으로 주범인 K씨(44세)와 그녀의 미성년 자녀들이 함께 구속되자 독일 전역은 발칵 뒤집혔다.

독일 경찰이 신고를 받고 출동해 호텔의 객실에 들어섰을 때 41세의 P라는 여자 환자는 이미 사망한 상태였다.

그녀의 입은 수건으로 재갈이 물려져 있었고, 피의자들로부터 몸이 묶인 채 수 시간 동안 계속 구타를 당했다.

이 사건은 긴 재판 과정을 거쳐 환자의 사망 사건이 발생한 후 거의 2년이나 지난 2017년 2월 21일 독일의 프랑크푸르트 암 마인 법정에서 다시 재판이 열렸다. 같은 날 베를리너 모르겐 포스트(독; Berliner Morgenpost)는 또 한 번 이 사건을 다뤘다.

신문은 피의자들이 "종교적이고, 영적인 것에 현혹"되어 독일에서 법으로 금지되어 있던 귀신을 쫓는 '엑소시즘'을 행했고, 이 바람에 사망 사건이 발생하게 되었다고 보도했다.

이 재판에서 직업이 간호사였던 주범 K씨(44세)에게 6년의 실형이 선고되었다.

구마 의식의 후유증으로 사망한 환자 P씨는 살아 있을 당시 자신에게 '뱀 귀신(사탄의 다른 형상)'이 들렸다며 스스로 확신하고 있었다는 사실도 알려졌다.

14

귀신 들림의 치료
신병과

이 글은 2019. 02. 11. 데일리스포츠 한국의 [유명옥의 샤머니즘 이야기]에 〈무꾸리 및 점복 사용 설명서, 신병과 귀신 들림의 치료 방법〉이라는 제목으로 게재했던 저자의 칼럼을 수정·보완했다.

만약 가족 중 한 명이 '신병(神病, 영: Shin-byung)'을 앓고 있거나 귀신 들림과 유사한 증상을 앓게 된다면 독자 여러분은 과연 어떤 선택을 할 것인가? 나는 우선 종합병원의 정신건강의학과에 환자를 데리고 가서 전문의의 진료를 받으라고 조언하고 싶다. 그 후, 주치의의 판단에 따라 환자의 진단에 필요한 모든 의학적인 검사를 받아야 한다.

제발 용하다는 무당이나 점복자를 찾아다니면서 '운세 쇼핑'을 하는 것을 자제하시라는 말이다. 왜냐하면 신병이나 귀신 들림의 초기 증상은 조현병(舊, 정신분열병)과 해리성 인격장애의 증상과 매우 유사하여 증상만으로는 그 병을 구분하기가 쉽지 않기 때문이다.

또한 정신과적인 병의 치료는 "조기 진단과 조기 치료"가 무엇보다 선행되어야 하고, 치료의 지연으로 만성화되면 될수록 병의 회복과 예후가 좋지 않다.

그런데 정신건강의학과 전문의에게 환자의 진단에 필요한 모든 의학적인 검사를 받게 했음에도 불구하고 진단을 명확하게 내리지 못할 경우는 어떻게 대처해야 하는가?

이때는 환자의 의학적인 검사 결과물과 전문의의 진단서를 갖고 영적인 전문가를 찾아 조언을 구할 필요가 있다. 환자의 보호자가 정신적인 문제와 영적인 상태를 명확하게 알지도 못하면서 섣부르게 무당이나 영적인 치유사에게 귀신을 쫓는 행위를 맡긴다면, 그것은 오히려 환자의 생명을 위중한 상태로 빠뜨리는 결과를 초래할 수 있다.

아직도 우리 사회는 자신과 가족의 정신과적인 문제가 있을 때 용하다는 무당이나 점복자들을 찾아 점복을 행하며 간편하게 자신의 입맛에 맞는 운세 쇼핑을 하는 사람들이 더 많다.

왜 그럴까?

나의 경험상, 많은 한국인 중에는 무당에 준하는 영적인 능력과 "과거(전생)의 선험적인 경험"을 기억하는 '창조적인 영성'을 소유한 사람들이 많다. 이런 사람들을 일컬어 프로이트(Sigmund Freud, 1856~1939)와 융(Carl Gustav Jung, 1875~1961)은 "고태적인 잔재를 가진 사람들(영: Archaic Man)"이라 불렀다.

이들은 살아오는 동안 고난이나 역경이 닥쳤을 때 샤머니즘적인 의례를 통해 그야말로 "굿이나 의례의 덕", 또는 신령님들이나 조상님들로부터 "영적인 호혜"를 입은 경험을 많이 가지고 있다. 이러한 학습된 경험 때문에, 이들은 주변의 환자가 정신과적 질병을 앓고 있음에도 불구하고 샤머니즘적인 진단과 처방을 더 선호하는 것이다.

때때로 영적인 질병과 정신과적 문제의 상호 교차점으로 인해 질환이나 병의 증후가 유사할 수 있다. 정신과 전문의라고 해도 환자의 영적인 질병에 대해 오진할 가능성이 있고, 영적인 치유사도 운명적으로 정신과적인 문제의 질병을 제대로 진단하고, 치료하지 못할 경우가 생길 수 있다. 이럴 경우, 환자는 질병의 적절한 치료의 시기를 놓쳐 돌이킬 수 없는 상황으로 진전될 수 있어서 각별한 주의가 필요하다.

15

가진 사람들 고태적인 잔재를

Archaic Man

이 글은 저자가 2019. 02. 11. 데일리스포츠 한국에 게재했던 칼럼을 수정·보완했다.

한국인 중에는 강신 무당에 준하는 영적인 능력과 DNA 인자에 각인된 과거(전생)의 선험적인 경험을 기억하는 사람들이 있다. 이러한 '창조적인 영성'을 소유한 사람들은 겉으로는 다른 사람들과 별반 다름없이 평범하게 살아가고 있는 것처럼 보인다.

하지만, 내적으로 그들은 시공간을 초월하여 원시인(고대인)들과 유사한 자신만의 전통적인 사고방식을 고집하고 있다. 특히 그들은 자신들이 소유한 '영적인 감응력'을 통해 평생 현대 문명과 타협하지 않고 자연적인 섭리와 법칙에 순종하며, 자신이 속한 우주와 신비하고도 긴밀하게 소통하며 살아간다.

영적인 감응력이란 한 개인이 몸에서 표현되는 영적인 진동과 주파수를 통해 외부 세계의 에너지 흐름을 읽어내고, 눈에 보이지 않는 정보들을 수신하고 교감하며, 반응하는 능력이다.

나의 경험상 '창조적인 영성'을 소유한 사람들은 자신이 속한 세계와 또 다른 세계(신과 조상의 세계)를 연결할 수 있는 지혜와 소통의 열쇠를 갖고 태어나는 것 같다.

서양의 종교학자들과 미래학자, 그리고 인류학자들은 이구동성으로 "대한민국은 세계에서 가장 샤머니즘이 활발하게 숨 쉬고, 호흡하는 나라."라고 말한다. 그만큼 한국에는 무당도 많고, 샤머니즘 의례를 행하는 사람이 아직도 많다.

『원시인의 정신세계』의 저자인 레비 브륄(Lucien Lévy-Bruhl, 1857~1939)은 유럽인과 원시인의 정신세계에 존재하는 차이에 많은 관심을 가졌던 인류학자다.

그는 신비적, 전(前) 논리적인 '원시인의 정신'과 개념적, 논리적인 '현대인의 정신' 사이의 관계는 삶을 이해하는 관점과 생각만 다를 뿐 궁극적으로는 마찬가지로 보았다. 레비 브륄은 이렇게 설명한다.

원시인의 삶에서는 결코 우연이란 존재하지 않는다. 원시인들은 그들의 삶에 예기치 못한 일들이 발생하면, 그것이 예기치 못했던 사고(事故)로 인해 일어난 것이라는 생각은 전혀 하지 않는다. 그들은 항상 마법(이나 주술)에 관한 생각만이 머릿속에 가득 차 있다.

시시때때로 원시인들의 삶과 정신세계에는 '경험에 대한 무감각'이 나타나기도 한다. 그들은 자기 두뇌 속에서 서로 다른 인과 관계를 하나로 연결하는 '관계 사고'와 마술적인 사고와 관념을 계속 발전시켜 간다. 원시인들이 개인이나 사회집단의 일원으로서 일상에서 경험하는 재난이나 사고는 항상 자연 속에 감추어져 있던 '신비스러운 힘의 드러남'이다.

게다가, 고태적인 잔재를 가진 사람들은 상호 침투로 인한 순환적인 사고와 본능적이며 특별한 영적인 연결고리로 작용하는 '신비적인 참여(불: Participation Mystique)'를 통해 자연 속의 모든 신비한 대상과 미지의 존재들과 무언의 소통을 지속하고 있다.

'신비적인 참여'란 대상과 자신을 동일시할 경우, 서로의 차이에 대한 인식의 경계가 사라져 두 개체가 함께 동화되는 현상이다. 이때 신비적인 참여를 경험하는 두 사람은 무의식적으로 상호 교류하면서 침투된 생각으로 인해 많은 심리적인 영향을 받는다.

16

문수와 문복 問數 問卜
호모 아우구란스
점치는 인간

이 글은 저자가 2019. 02. 13. 데일리스포츠 한국에 게재했던 칼럼을 수정·보완했다.

한 치 앞도 예측할 수 없는 복잡다단한 현대인의 삶에서 불안을 종식하고 마음의 중심을 잡으며 살아가려면 자기만의 합리적인 방법이나 안전장치가 필요하다. 이것이 많은 이들이 미래를 예측하기 위해 강신 무당이나 점복자를 방문해 점복을 행하는 실용적인 이유다.

지난 26년간 나의 샤머니즘에 관한 현지 조사를 종합하면, 삶의 위기를 만나 점을 치는 사람들이 점쟁이가 도출한 점괘를 100% 신뢰하지는 않는 것 같다. 점복을 행하는 사람은 자기 삶에서 발생하는 불안을 적극적으로 통제하면서 현실적인 이익을 도모하거나 언제 닥칠지 모르는 잠재적인 위험에 대비하고 관리하기 위해 점을 치는 것으로 보인다.

이들은 자신에게 처한 중대한 문제를 결정하기에 앞서 참고 수준에서 점을 치고, 이들이 점을 치는 행위는 자신의 이익을 극대화하기 위해 점괘를 이해하는 수준에 머물러 있다.

그렇더라도 점복에 대한 경험이 많으면 많을수록 도출된 점괘에 관해 신뢰하는 수준이 높아지는 것을 알 수 있다.

또 사람들은 점복(占卜)을 통해 한 개인의 결정론적인 미래를 자기 나름의 실용주의적 방식으로 수용하고 관리하고자 접근한다. 그들에게 점복자의 점괘는 길흉에 미리 대비함으로써 현재의 불안감을 해소하고, 미래에 닥칠지도 모를 리스크를 적극적으로 통제·관리하며, 실용적인 이익을 추구하기 위한 고도의 수단인 셈이다. 결국 점복을 행하는 자는 점괘를 실용주의적 관점에서 수용하고 활용하려 한다.

자, 그럼 '점치는 인간'인 '호모 아우구란스(라틴어: homo augu-rans)'는 점복자에게 점을 치기 전에 어떻게 해야 할까? 점을 치는 사람의 입장으로 볼 때, 점을 치는 방식은 크게 두 가지가 있다.

그것은 '문수(問數)'와 '문복(問卜)'이다.

문수(問數)는 점을 보려는 자가 점복자에게 자신의 개인 정보[주로 생(生). 연월. 일. 시의 사주(四柱)]를 알려준 다음 나온 점괘를 그냥 듣는 것을 말한다.

문복(問卜)은 자신이 알고자 하는 것을 구체적인 방식으로 질문하여 점쟁이가 '예', '아니오'의 단답형으로 대답하게 하는 점보기 방식이다.

이를테면 신년이 되어 토정비결과 같은 한 해의 운세를 보는 것은 문수요, "올해 집을 살까요, 팔까요?" 하고 물어 점쟁이로부터 단답형의 '예', '아니오' 하는 대답을 받는 것이 문복이라 할 수 있다.

17

바넘효과
Banum Effect

포러 효과 또는
Forer Effect

이 글은 2019. 02. 14. 데일리스포츠 한국에 〈점괘, 이건 알아두세요. 내 삶과 굳이 일치시키는 '포러 효과'〉란 제목으로 게재했던 저자의 칼럼을 수정·보완했다.

점을 보려는 사람은 점복자가 도출한 점괘의 해석과 관련하여 사전에 꼭 알아야 할 것이 있다.

점괘는 일반인들의 초자연적인 현상에 관한 믿음과 밀접한 관련이 있고, 점괘의 효과는 점괘를 검증하는 자의 주관적인 심리상태에 많은 영향을 미친다. 이것은 이미 과학적으로 입증된 사실이다.

일반인들은 점복(占卜) 신앙에 대한 믿음과 막연한 기대감 때문에 점괘에서 애써 자기의 삶과 밀접한 사항에 대해 상호 관련성을 찾으려고 노력한다. 사람들이 점괘를 주관적으로 검증하게 되면 두 개의 무관하거나 임의적인 사건들이 서로 밀접한 관계가 있다고 인식할 가능성이 매우 높아진다.

점을 보는 사람들은 무의식적으로 자신의 성격과 점복자에게서 나온 점괘 사이의 일치성을 추구하는데, 이러한 현상을 일컬어 '포러 효과(영: Forer Effect)' 또는 '바넘 효과(영: Banum Effect)'라고 부른다. 이 효과는 주로 점성학, 영성 치료, 투시, 타로, 꿈의 해몽 등과 같은 초심리학의 다양한 분야에서 적극적으로 활용되고 있다.

그렇다면 '포러 효과'란 무엇인가?

사람은 누구에게나 보편적으로 통용되는 일반적인 사항을 자신의 성격이라고 묘사하거나 설명하면, 그것이 자신만이 가지고 있는 특성이라고 믿으려는 성향이 있다. 또 점복자가 어떤 말을 해도 그것이 자기의 모습이라 여기고 진지하게 받아들이려고 노력한다. 점을 보는 사람은 이미 어떠한 점괘든지 수용할 자세를 가지고 있다는 뜻이다

일반인들은 점복자들이 전달한 점괘를 특별히 자신에게 맞는 것으로 여기지만, 그 점괘는 누구에게나 적용할 수 있는 막연한 '보편성'이 있을 따름이다. 도출된 점괘는 다양한 범위의 사람들 누구에게나 천편일률적으로 적용할 수가 있다. 점괘에 대한 믿음의 효과는 문장이 막연하면 막연할수록 더욱더 높은 신뢰도를 보인다. 이때 점괘는 일종의 '플라시보 효과(영: Placebo Effect)'가 있다.

플라시보 효과란 우리말로 '가짜 약(위약) 효과'라고도 하는데, 약물학에서 인체에 실질적인 영향이 없는 위약(가짜 약)을 처방하고 환자에게 복용하도록 했을 때 현재 상태의 개선이나 질병의 호전이 나타나는 현상이다.

점을 보는 사람은 점복자의 권위를 신뢰하므로 도출된 점괘가 오직 자기에게만 적용된다고 믿고, 스스로가 해석한 문장을 적용한다. 이것은 그 개인이 도출된 점괘를 자기 편향적인 방식으로 수용하고, "개인의 논리(영: Psycho-Logic)"를 추구할 때 빠질 수 있는 함정이다.

흥미롭게도, 때론 어떤 점괘가 어떤 사람에게는 한 치의 오차도 없이 꼭 들어맞는다는 것이다. 나는 이런 사람을 가리켜 '샤머니즘적인 영성'을 가진 사람들이라고 명명한다.

샤머니즘적인 영성을 가진 사람들에 관한 내용은 다른 장에서 자세히 다뤘다.

18

이야기

점집에 관한

독일 벼룩시장의

이 글은 2019. 02. 15. 데일리스포츠 한국의 〈독일 벼룩시장 점집 이야기, 레드 와인 건네며 줄 서서 기다리게〉란 제목과 2019. 02. 15. 〈바가지 같은 독일 점집, 1주일 생활비만 한 금액의 복채〉라는 제목으로 게재했던 저자의 칼럼을 수정·보완했다.

2000년대 초반, 독일 함부르크 조형예술대학에 유학 중일 때였다.

나는 주말이면 취미 삼아 늘 내가 살던 도시의 주변에서 열리는 벼룩시장을 줄기차게 누볐다. 벼룩시장에서라면 나의 노스텔지어(영: Nostalsia)를 자극하는 값싸고 아름다운 옛 어른들의 물건들을 자주 만날 수 있었다.

노스텔지어를 한 단어로 표현하면 '향수'로, 타향에서 고향을 그리워하고, 지나간 시간(과거)을 그리워하는 것이다.

게다가 나와 전혀 안면이 없던 사람이 과거에 썼던 물건들을 만지다 보면, "이런 물건을 썼던 사람은 과연 어떤 생각과 철학으로 자신의 삶을 유지했을까?" 하는 의문이 든다. 이어서, 이 물건은 어쩐지 나와 깊은 인연이 있었던 것처럼 느껴지기까지 한다.

하루는 함부르크 포펜뷔텔(Poppenbuettel) 지역의 명품 백화점에서 골동품 시장이 열렸다. 독일에서 이름난 골동품 시장은 당시 독일 돈으로 약 3유로(한화 4,000원 내외) 정도의 입장권을 사야 들어갈 수 있다. 독일 사람들은 워낙 알뜰해서 특별한 목적이 없는 한 이렇게 돈을 내고 들어가는 벼룩시장을 즐겨 방문하지는 않는다.

나는 도대체 얼마나 좋은 물건이 거래되기에 입장권까지 받나 싶은 호기심과 평소에 사고 싶었던 좋은 물건과 그것을 거래하는 사람들의 태도를 살펴보고 싶은 욕심에 거금 3유로를 내고 한 번 들어가 봤다.

과연 평소에 다른 벼룩시장에서는 거의 볼 수 없었던, 수려하게 차려입은 금발의 할머니들과 중산층 이상으로 보이는 사람들이 몸에는 멋진 장신구를 걸치고 상인들이 진열한 제품을 돋보기로 자세히 살펴보고 있었다.

한 가지 더 놀라웠던 사실은 사람들이 벼룩시장의 가장 중심부에 길게 줄을 서서 뭔가를 기다리고 있었다. 호기심이 발동하여 나도 한 번 그곳으로 가까이 가봤다.

그곳에는 값비싼 장식의 하얀 몽고식 텐트가 쳐져 있었고, 대들보에는 '점집(독: Wahrsagerrei)'이라는 간판이 붙어 있었다.

깜짝 놀란 나는, "어머나, 세상에… 이런 곳에서 이렇게나 많은 사람이 점을 치려고 기다리고 있네! 와, 대박이다!"라고 생각했다. 하도 많은 사람이 줄을 서서 기다리고 있으니 행사 요원이 다가와 그들로부터 50유로(한화로 70,000원 정도)의 복채를 받고, 점 손님들을 예약한 후에 예약 표와 레드 와인을 한 잔씩 건네며 줄을 서서 계속 기다리게 했다.

내게는 많은 독일인이 50유로나 되는 복채를 내고 점을 보려고 줄을 서 있는 것이 참으로 놀라운 일이었다. 2024년 현재 복채인 50유로는 한화로 7만 4천원 남짓하지만, 독일의 화폐 가치로 50유로면 슈퍼마켓에서 1주일간 먹을 식료품과 생필품을 사고도 남을 만한 큰 액수다.

갑자기 나에게, "아니, 합리적인 사고를 하고, 잘 짜인 사회제도와 질서가 지배하는 나라 사람들이 도대체 왜 점을 보고 싶어 하는 거지?"라는 의문이 들었다.

우리나라처럼 급변하는 사회제도와 경제적인 변동 때문에 한 치 앞도 내다볼 수 없는 불확실성에 시달리는 것도 아닌데 말이다. 하도 궁금해 나는 함부르크 조형예술대학의 독일인 동창인 마리아와 스위스의 칼 융 연구원의 몇몇 동료들한테 이 사실을 물어본 적이 있다,

그들은 이구동성으로, 많은 독일어 문화권 사람들이 너무 잘 짜인 사회의 질서로부터 새로운 삶의 기회와 미래의 가능성을 찾고자 점을 본다고 대답했다.

참으로 아이러니한 일이다. 우리 인간에게는 불확실한 삶도, 물이 샐 틈 없이 잘 짜인 확실한 삶도 힘들기는 마찬가지인가 보다.

몇 년이 흘러 크리스마스 시즌에 나는 핸드 메이드 제품으로 된 호두까기인형과 크리스마스 장식품을 사기 위해 '크리스마스 마켓(독: Weihnachtsmarkt)'으로 달려갔다. 이번에는 한국 출신의 함부르크 조형예술 대학 동창과 함께였다.

아나나 다를까? 그곳에도 역시 집시가 점을 치는 잘 꾸며진 점집이 하나 있었다. 이번엔 나도 거금 50유로를 내고 점을 한 번 보리라 마음 먹었다. 갑자기 내게 장난기가 발동했다.

나는 주머니에서 50유로를 꺼내어 동창한테 건네며, "이 돈으로 네가 먼저 점집에 들어가서 점을 쳐봐라! 그 후 나도 한 번 점을 볼 터이니까. 그녀가 얼마나 점을 잘 치는지 나중에 우리 두 사람의 점괘를 가지고 비교, 검증해 보게…!"라고 말했다.

20분쯤 지나 그 친구가 점을 보고 나오자, 나도 들어가 복채를 내고 점을 봤다. 그런데, 집시는 10분간이나 아무 말도 없이 나를 한참이나 이리저리 살피더니, "다음 해에 시집가서 아이를 낳고 잘 살 것."이라는 점괘만 주었다.

나는 속으로, "뭐야… 뭐야… 이 시추에이션은? 겨우 이 한마디를 들으려고 집시에게 거금 50유로의 복채를 냈단 말이야? 돈이 썩어났지…!"

크리스마스 마켓에서 집시에게 거금 50유로의 복채를 내고 점을 본 나는 실망이 이만저만이 아니었다. 점집에 같이 갔던 동창과 점괘를 비교하는 과정에서 집시 점쟁이에게 심지어 사기를 당한 기분도 들었다.

집시 점쟁이가 우리 두 사람에게 똑같이, "다음 해에 시집가서 아이를 낳아 잘 살 것."이라는 점괘를 주었기 때문이다.

"에라잇… 웃기는 짬뽕 같으니라구! 그래, 우리가 아무리 동양 여자라고는 해도 두 사람의 나이 차이가 엄청난데 나한테 아이 운운하다니…! 쯧쯧… 차라리 내가 집시인 당신한테 점을 쳐 주는 것이 더 낫겠다."

이런 생각마저 들었다.

"참나, 제 앞날도 못 내다보는 점쟁이가 남의 앞날을 봐주겠다고 설쳐대다니…! 아휴, 그래서 옛 어른들이 '선무당 사람 잡는다.'라고 하셨나 보다. 그래, 좋다. 내 독일 운수 산업의 발전을 위해 100유로를 쾌척했다고 생각한다. 대신, 다시는 독일에서 점을 보지 않으리라."

이렇게 다짐했다.

요즘 독일에서는 계속 비의 중독(독: Esoteriksucht)과 점성학 중독(독; Astrosucht)과 관련한 토론이 진행되고 있다.

예상외로 독일 사회에 점복과 관련한 중독이 사회문제로 많이 부각이 되는 모양이다. 자, 다음은 독일의 esoteriksucht.de에 올라온 중독자들의 보고서를 종합, 정리한 내용이다.

점복과 관련한 중독자 대부분은 주로 인터넷과 전화로 점쟁이를 만난 경우다. 특히 점 중독은 '익명성(독: Anonym)'을 보장하는 인터넷 사이트에서 더욱 기승을 부리고 있다.

점쟁이들은 교묘하게 인터넷 포털 사이트를 이용해 처음엔 무료 운세로 자아 구조가 취약한 사람이나 현재의 불확실한 상황에 빠져 자신감을 잃게 된 '영적인 미아들'을 낚았던 것 같다.

사실 점을 한 번도 본 적이 없는 초짜가 이런 사이트에 한번 발을 들여놓게 되면 미혹에 빠져 지속적인 운세 쇼핑을 하게 될 가능성이 농후하다. 이런 사람들은 스스로가 문제의 해답을 정해 놓고 원하는 대답만 들으려고 하기 때문이다.

요즘 젊은 층에서는 이런 사람을 가리켜 '답정너'라고 한다.

"답은 이미 정해져 있어, 너는 그 답만 말하면 돼!"

'답정너'는 자신이 듣고 싶은 대답을 미리 정해 놓고, 상대방에게 질문을 던져 본인이 원하는 답을 말하게 하는 사람이다.

이런 사람들은 자신이 듣고 싶은 말을 듣기 위해서 끊임없이 점쟁이들을 찾아다니며 집요하게 같은 질문을 해댄다.

그러다가 그들은 자신들의 심리를 꿰뚫고 있는 영적인 사기꾼들에게 낚여 영원한 미궁에 빠질 가능성이 농후하다.

19

중독 토론 사이트

독일의 인터넷 점

이 글은 2019. 02. 20. 데일리스포츠 한국의 〈점성학 중독에 빠진 독일, 듣고 싶은 말만 찾는 사람들〉라는 제목으로 게재했던 저자의 칼럼을 수정·보완했다.

독일의 비의(秘儀)와 점성학 중독 사이트에는 운명, 윤회(독: Karma), 다양한 신들, 종말론, 또는 '이중적인 영혼(독: Dualseele, 한 인간에게 내재한 두 개의 영혼)'에 관한 주제가 많다.

점 중독자들은 처음에는 인간관계의 문제(이혼, 상실, 사랑하는 사람과의 헤어짐, 다툼), 인생의 중대한 결정, 업무 및 직업과 관련한 스트레스와 일상의 불안감 때문에 점복자(占卜者)를 찾았다고 한다.

점 중독자들은 이구동성으로 이렇게 이야기한다. 처음에는 점쟁이의 점괘가 아주 잘 맞았고, 점쟁이들이 자기 말을 경청해 주고 공감해 주어 편안함을 느꼈다는 것이다. 점 중독자들 대다수는 내밀한 삶의 문제를 나누고 이야기할 사람이 없이 고독한 삶을 살고 있었다. 특히 그들은 '자기 확신'을 갖지 못하는 상황에서 점쟁이를 찾았다.

또 점쟁이들이 자신의 판단 능력과 감각을 초월해 많은 것을 알고 있다고 확신했다. 이후 점 중독자들은 빠른 속도로 점쟁이들의 술수에 빠져들었고, 계속해서 운세 쇼핑을 하게 되었다.

흥미로운 사실은 점 중독자들이 자기의 삶과 미래의 운명을 알고자 갈망했고, 자신의 삶을 적극적으로 조율하고 통제하는 수단으로 점쟁이의 점괘를 활용했다는 사실이다. 심지어 그들은 점을 통해 타인들에게 자기 능력이 타인들보다 뛰어나다는 사실을 증명하고자 했다. 그들을 낚은 점쟁이들은 바로 이런 이들의 '소울메이트(영: Soulmate, 영혼의 친구)'가 되어 '장밋빛 미래'를 약속하는 점괘를 건네주었다.

점 중독자들은 적게는 1년, 많게는 5년 정도 한 점쟁이에게 머물렀다. 그들 중에는 점쟁이와 2만 회가 넘는 전화 통화로 엄청난 빚을 진 사람도 있었다.

점쟁이들은 그들의 입맛에 항상 딱 맞는 점괘를 건네주었다. 삶이 고독하고, 사회성이 부족한 사람들은 영적인 사기꾼들의 감언이설을 곧이곧대로 믿고 자신들의 소중한 삶을 통제하고 조율하려고 했다.

결과적으로 그들은 엄청난 빚더미에 올라앉아서 이제는 사람들을 멀리하고 불신하게 되었다.

현실적인 상태를 검증하지 못하고, 자신이 원하는 대답만을 들으려는 사람들이 받아들여야 할 교훈은, 점쟁이의 점괘를 맹목적으로 수용하는 것은 위험천만한 일이라는 점이다.

20

도래한다 샤머니즘 시대가 가면 테크노 시대가 *Techno*

'테크노 시대가 가면 샤머니즘의 시대가 온다'라는 제목은 한국 샤머니즘의 신(新)풍속도와 관련시킨 말이라고 할 수 있다. 디지털 영성 시대의 점복과 운세 산업의 주목할 만한 특징은 다음과 같다.

1) 한국의 샤머니즘은 현재 우주 근원의 생명 에너지와의 합일을 추구하는 신내림 또는 신들림이라 불리는 영적인 현상이 줄어들고, 무속 학원에서 만들어지는 무당이 더 많아지는 추세다. 신명과 신부리(무의 뿌리), 문서[본서(本書)] 등의 연결고리로 맺어진 신어미-신딸(신아버지-신아들)로 이어지는 전통 도제식 전승 방식이 점점 쇠퇴하고 있다.

최근 들어 세인들에게 무당이라는 직업을 가지고 있으면 일시에 큰 돈을 벌 수 있다는 인식이 강화되었다. 이제 무당이라는 직업이 특별히 각광을 받는 직업군으로 부상하고 있다.

이에 부응해, 전혀 신들림을 할 수 없는 가짜 무당도 생겨나 인위적이고 위장된 접신(接神) 행위를 통해서 돈벌이를 추구하기도 한다.

2) 샤머니즘에서 무당이 담당해야 할 신체적, 정서적, 영적인 치유의 과정에서 '치병(治病)의 기능'이 점차 쇠퇴하고, 무당의 영적인 능력이나 신령의 무력(巫力)이 점차 약화되는 경향이 있다.

3) 무당이나 역술인이라는 직업이 전문적인 엔터테이너(영: Entertainer)로서 주목받고 각광(脚光)을 받는 시대다.

4) 성 소수자들과 연예계에 종사하던 사람들이 신을 받아 무당으로 입문하는 경향이 두드러진다. 과거에는 화류계 출신이 무당으로 많이 입문했다면, 근래에는 연예인, 트렌스젠더 등 성 소수자들과 다양한 엔터테이너들이 대거 입문해 샤머니즘 업계에 새로운 지각변동을 일으키고 있다. 이들은 자신들이 가진 기예와 재능을 십분 활용해 언론, 방송 등에 출연해 세인들의 주목을 받으며 샤머니즘의 대중화에 앞장서고 있다.

5) '셀프 역술인'이 등장한다. 신령의 선택을 받아 입문해 무꾸리나 신점을 보는 강신(降神) 무당보다는 스스로 역학을 공부해 역학으로 점을 보거나, 타로(Tarot) 등 점술 기능을 습득해 직업 전선에 뛰어드는 경향이 강해지고 있다.

6) 후기 산업사회에서는 점복 행위가 '스낵컬처(영; Snack Culture)'로 정착되고 있다.

스낵컬처는 스낵을 즐기는 것처럼 가볍게 소비되는 문화를 말한다. 최근 들어 점복을 이용하는 연령층이 점차 낮아지고 있는데, 젊은 층은 점을 보는 것 자체를 스트레스 해소나 일종의 유희와 오락으로 활용한다. 이때 활용되는 점복은 단기적인 힐링 효과를 발휘할 수 있다.

7) 무당이 심리상담가나 정신과 의사가 행하는 심리치료 영역에서 치유의 역할을 일부 수행함으로써 일시적인 위로와 희망의 메신저 역할을 담당하고 있다. 때로는 취업 준비나 초조한 현실로 인해 삶이 불안정한 청춘을 위로하기도 한다.

점복은 사주만 있으면 자신의 정보를 모두 제공하지 않아도 간편한 상담이 가능한 장점이 있다. 내담자는 자신의 정보를 드러내지 않고, 도출된 점괘를 통해 삶을 재생할 방법을 모색하며, 단편적인 심리상담과 위안을 받으려는 사람들이 이용하기에 적합한 시스템이다.

8) 점복자 전공 영역의 세분화 시대가 열렸다. 점복자가 질병과 치유, 연예, 결혼과 이혼, 정치, 비즈니스 영역, 진로 및 적성 등 선택과 집중을 통해 자신만의 특화된 영역으로 상담을 진행하고 있다.

9) 역술은 재테크와 만나기도 한다. 최근 들어 비교적 젊은 층의 점복자가 늘어남에 따라 미래를 예측하는 시장에서 역술을 주식 및 펀드 투자 같은 영역과 접목해 복합적인 서비스를 제공하는 점복자들이 늘어나고 있다. 불확실성의 시대를 사는 현대인에게 미래를 예측하는 것은 미래의 경쟁력과 성공을 좌우하는 중요한 요인이기 때문일 것이다.

10) 샤머니즘이 문학, 영상문화(웹툰, 게임, 영화), 축제 등과 같이 한국 문화의 콘텐츠 영역에서 두각을 나타내며 적극적으로 활용되고 있다.

11) 신성성과 영험성(靈驗性)을 강조하는 샤머니즘적인 종교의례로써 개인과 집단을 위한 굿보다는 전통문화의 보존이라는 명목의 중요 무형문화재로 지정된 굿에 대한 사회. 문화적인 관심이 점차 고조되고 있다. 이제 일반인들에게 굿은 종교의례가 아닌 종합예술의 하나로서 수용되고 있는 셈이다.

12) 공동체의 이익을 위한 마을굿(동제, 洞祭) 형태는 점차 쇠퇴하고, 개인적인 부의 축적과 삶의 편의를 위한 치성을 중심으로 한 샤머니즘적인 의례(재수굿, 내림굿, 병굿 등)가 확대되고 강화되는 추세다. 이로써 샤머니즘 판에도 자본(資本)의 영성화와 영성(靈性)의 자본화 경향이 강해지고 있다.

13) 공동체의 의례(마을굿 등)를 집전했던 세습무가 점차 쇠퇴하고, 강신무가 세습무 지역에 세력을 확장하는 현상이 두드러지고 있다. 이 외에 점차 무속학원이나 비인가 무속대학을 통해 배출되는 학습무가 증가하는 추세다.

14) 각 지역의 특수성에 따라 연행되고 보존. 전승되었던 전통 굿이 점차 쇠퇴하고, 여러 지역의 굿이 잡다하게 혼용·융합되어 동시에 연행되는 추세다. 이제는 샤머니즘 의례에서 여러 지역의 굿이 복잡하게 뒤섞이고, 전승 계보를 전혀 가늠할 수도 없는 정체불명의 굿들이 산발적으로 연행되고 있다.

15) 일반인들은 굿이나 샤머니즘 의례에 관심을 기울이기보다는 미래

를 예측해 즉각적이며 경제적인 이익을 취할 수 있는 무꾸리(신점)와 점복에 관심을 집중해 적극적으로 자신의 삶을 보완하기 위해 활용하고 있다.

16) 굿판에서의 무당의 위엄이나 위상은 점차 약화 또는 축소되고, 굿을 의뢰한 제갓집의 욕구가 적극적으로 개입되면서 의뢰인의 입김이 점점 강해지고 있다. 아울러 주로 대형 병원을 무대로 제갓집과 무당 사이에서 굿을 중개하고 거래하는 사람들(일종의 굿 브로커)까지 생기고 있다. 굿을 중개하는 브로커들은 대학병원 또는 유복한 노인 환자를 돌보는 요양보호사를 끼고 활동한다.

그들은 중증 장애 환자, 암이나 치매 환자, 또는 불치병을 앓는 환자와 보호자들에게 접근해 샤머니즘적인 의례를 진행해야 환자의 완치가 가능하다고 하면서 샤머니즘 의례를 유도하기도 한다.

17) 전문 직종에 종사하는 중산층 사람들이 샤머니즘을 활용해 자신의 부족한 능력을 보완하고, 삶의 질을 향상하려고 적극적으로 점복을 활용하고 있다. 최근 들어 무당이 제갓집의 굿을 주재하면서도 굿을 한 거리도 제대로 진행하지 못해 '청송 무당'을 불러 굿을 진행하는 경우가 비일비재하다.

청송 무당이란 굿을 주재한 무당이 일정한 보수를 주고 초빙해 정해진 굿의 몇 거리를 도맡아 진행하게 하는 무당을 말한다. 청송 무당을 불러 굿을 진행하는 무당들 대부분은 제갓집에게 신령의 공수 한 마디도 전할 수가 없는 경우가 많다.

사실 굿에서 무당이 신과 인간 사이를 중개하고 연결해 주는 가장 중요한 수단이 바로 '공수[신탁(神託, 영: oracle)]'다. 자신이 굿을 주재하면서 굿을 한 거리도 진행하지 못하고, 제갓집에게 신령의 공수를 제대로 전할 수 없는 무당을 과연 진정한 무당이라고 할 수 있을까?

참고로, 공수란 신령(神靈)이 무당의 몸에 실려 무당의 입을 통해 전하는 말이다.

종교적인 소명이 아닌 세속적인 목적, 특히나 경제적인 이익을 목적으로 입문하는 무당들이 늘어나는 현실은 슬프고도 안타까운 일이다.

18) 점복이 개인을 상담하는 영역에서 기업형 산업 영역으로 확대되고 있다. 일부 점복자들이 인터넷 포털사이트를 활용하거나 시중 은행 및 증권회사 등과 손잡고 사주, 타로, 서양 점성학 등을 빅데이터로 묶은 다양한 형식의 운세 포털 서비스를 제공한다. 이제 점복이나 운세 서비스가 새로운 비즈니스 모델로 활용되고 있다.

19) 무꾸리나 점복이 비단 샤머니즘에만 국한되어 진행되고 있는 것이 아니라, 다양한 종교계로 확산하고 있다. 일부 이단 기독교계와 신흥 종교의 교주 및 기타 타 종교인들이 자신이 속한 교단의 신도 수를 늘리고 교세를 확장하기 위한 수단으로 점복을 적극적으로 활용하고 있다.

20) 점복과 운명 소비 행동 소비층의 연령이 점차 낮아지고 있다. 과거에는 주로 4~50대의 여성 인구가 가정과 가족 구성원의 안정을 유지하기 위해 점복을 주로 활용했다. 최근 들어 점복을 활용하는 연령대가 낮아지면서 점복의 방식이나 매체를 활용하는 행위가 점차 다채로워지고 있다. 특히, 젊은 층을 중심으로 점에 대한 부정적인 인식이 줄어들면서 점복을 자기의 삶에 적극적으로 수용해 활용하려고 한다.

21) 출장형 점복 서비스가 점차 확대되고 있다. 과거에는 운세 출장 서비스가 특정한 계층과 특수한 목적을 가진 사람들을 위한 점복을 행했다면, 요즘은 출장 서비스가 보편화. 일반화하는 추세이다. 요즘같이 시간이 돈인 시대에는 고객이 주체가 되어 원하는 날짜와 시간을 정해 원하는 장소로 점복자를 요청해 점을 치는 방식이 유행하게 된다.

22) 점복 산업이 유통업 및 서비스 산업과 융합한 새로운 비즈니스 모델로 활용되고 있다. 영화관이나 백화점, 대형마트 등에서 점복 마케팅을 활용해 대단위 행사장에서 다양한 고객층을 다량 확보하고 있다.

23) 이제는 무당이나 역술가 외에도 치유자(영: Healer)와 심령술사(영: Psychic)로 총칭되는 타로카드(영: Tarot Card) 전문가, 점성술사, 전생 전문가 등 개별적으로 영력(靈力)이 뛰어난 사람들이 학원을 열거

나 개인 지도 또는 문화센터, 사회교육원 등의 특별 강의에 초빙되어 강습회를 개최하거나 전문가로 활동하는 시대가 되었다. 이들은 소속사를 따로 두거나 PD, 프로모션, 콘서트 및 홍보 전문가들과 협업해 종종 언론, 방송 등에 출연하고, 유튜브와 SNS 등 1인 매체를 운영해 전격적으로 고객층을 확보하고 있다.

21

셀프 Self 점의 시대
신풍속도
한국 샤머니즘의

요즘은 정치인, 대기업 임원, 공무원, 박물관이나 화랑의 학예사, 의사, 약사, 심리학 박사들도 정년 후에 제2의 직업으로 역술가를 꿈꾸거나 자기 고유의 업무와 점복을 병행해 활용하려고 한다.

　의료기술의 발달과 생활 수준의 향상으로 인해 한국인의 평균 수명(남성: 86.7세, 여성: 90.7세)이 증가하면서 많은 이들이 은퇴 후를 겨냥한 제2의 직업으로 역술가를 꿈꾼다.

　점술을 공부해 창업하고 점복자가 되는 길은 적은 자본으로 혼자서 창업하기에 적합하고, 점복자 본인이 치매나 인지능력의 장애만 없다면 평생 직업으로 활용하기에 합당하기 때문일 성싶다. 요즘은 스스로 사주 역학과 타로로 점을 쳐서 아르바이트로 학비를 조달하는 대학생들도 더러 있다. 심지어 장래 희망이 무당이라는 친구들도 생겨나고 있다.

　참으로 격세지감을 느낀다. 예전에는 무당의 신내림은 거부하고 싶은 '운명의 멍에'이자 가족에게는 애써 숨기고 싶은 수치스러운 타부(영: Taboo)였다. 요즘은 오히려 점술가가 희망 직업군이 되어가고 있다.

　점복자가 어떤 유형을 활용해 점을 칠 것인가를 막론하고, 점복을 행할 때는 인간의 지능이나 감각 능력을 초월한 고도의 정신적인 훈련과 전문적인 기술이 필요하다.

주역을 기초로 점복을 운행하는 사주(四柱). 역학(易學)은 많은 이론을 암기해야 하고, 점복을 행하는 전문적인 지식과 기술을 습득하는 데까지 오랜 시간이 걸리고 고도의 집중력을 요구한다. 점복을 직업으로 삼으려는 젊은 층은 주로 속성으로 배워 곧바로 직업에 적용할 수 있는 타로점이나 점성술을 선호하는 것 같다.

요즘 사람들이 앞다투어 점복을 배우는 목적이 반드시 점복 행위를 통해 새로운 직업을 갖기 위한 것만은 아닌 듯하다. 점복을 배워 셀프 점을 치게 되면, 고통스러운 삶의 문제를 어느 정도 해결할 수 있거나, 미래에 대한 불안이나 두려움을 스스로 극복할 수도 있겠다는 생각이 큰 역할을 하는 것으로 보인다.

아울러 한 치 앞도 내다볼 수 없는 예측 불가능한 상황이나 삶의 부침이 생길 때 스스로 도출해 낸 점괘를 통해 어느 정도 현실을 통제할 수도 있기 때문인 듯하다.

이런 이유 말고도, 점복을 배워 자원봉사를 하며 사회적으로 불안감을 가지고 있는 사람들에게 의지할 수 있는 최후의 보루 역할을 하려는 사람들도 더러 있다.

"선무당이 사람 잡는다."라는 속담이 있듯이, 점복자는 '세 치 혀'로 타인의 운명과 삶의 길흉화복을 예언하고, 심리 컨설팅과 인생을 자문하는 역할을 하는 삶을 살아가야 한다. 이는 점복에 대한 전문적인 지식뿐만 아니라 다양한 인생의 경험과 뛰어난 공감 능력, 직관과 더불어 남다른 영적 능력이 필요한, 매우 까다로운 직업이라는 말이다.

그렇기에 일반 사람들이 점복자의 길을 쉽게 여겨 어쭙잖은 단편 지식으로 타인의 인생을 좌지우지하는 직업을 선택하는 오류를 범하지 않았으면 싶다.

"디지털의 시대가 가면, 샤머니즘의 시대가 온다."

서양의 종교학자나 미래학자들은 이렇게 점쳤다. 이 예언은 인터넷과 스마트폰에서 그대로 실현되고 있다. 인터넷에 접속해 '샤머니즘'을 키워드로 쳐 보시라! 얼마나 다채롭고 신비한 세상이 펼쳐지고 있는지 쉽사리 경험하게 될 것이다.

'뉴에이지(New Age) 시대'를 넘어선 '디지털 영성의 시대'에 돌입한 한국!

디지털 영성 시대의 샤머니즘은 "개인주의에 적합하게 된 영적 체험의 경향(C. Taylor)"과 함께 "영성의 자본화 및 자본의 영성화"를 촉발해 새롭고 적극적인 변신을 꾀하고 있다.

22

있는 것일까?
과연 바꿀 수
예정된 운명

이 글은 저자가 2019. 02. 27. 데일리스포츠 한국에 〈운명은 바꿀 수 있는가? 결정적인 변인은 '선택의 순간'〉이라는 제목으로 게재했던 저자의 칼럼을 수정·보완했다.

운명! 역술가들은 대개 '운칠기삼(運七技三, 운이 7할이고 재주나 노력이 3할이라는 뜻)'이라고 말한다. 또 운세 산업에 종사하는 직업을 가진 분들은 "사주는 바꿀 수 없지만, 운명(運命)은 바꿀 수 있다."라고 주장한다.

심리학과 점성학, 신화 등 다양한 관점에서 인간의 삶을 연구했던 운명 연구가들은 사주(四柱)가 단지 출생한 주인공의 천성과 타고난 그릇 됨됨이나 운명의 방향을 '알려주는' 것이지 '결정'하는 것이 아니라고 주장한다.

사주란 대우주의 자연계와 인간계의 본질로 구성된 한 개인이 생래적으로 타고난 운(運)과 명(命)이다. 사주 명리학에서는 그 개인의 운명을 지탱하는 4개의 기둥인 연주(年柱), 월주(月柱), 일주(日柱), 시주(時柱)를 기초로 운명을 추론한다. '샤머니즘적인 영성'을 가지고 태어난 사람을 제외하고, 보편적인 개인이라면 그 사람의 사주를 기초로 그의 인품과 성격, 직업, 부귀와 빈천, 길흉과 성패를 대략 70% 추론할 수 있다.

강신 무당으로 입문한 지 올해로 27년째인 나의 현지 조사와 임상 경험에 의하면, 인간의 운명은 어머니의 뱃속에서 생명으로 잉태되어

DNA 인자가 결정되는 순간 70%는 이미 결정되고, 나머지 30%는 살아가는 동안의 노력, 순간의 선택, 그리고 삶의 환경 변화에 따른 변수로 결정되는 것을 알게 되었다.

나의 경험상, 그중 가장 결정적인 변인은 바로 "순간의 선택"이다. 인간의 삶에는 하늘과 신령이 돕는 '천시(天時)'가 있어 이때 '천우신조(天佑神助)'가 작용한다.

우리는 하루에도 수십 번 이상 선택의 기로(岐路)에 서고, 삶의 고비마다 중대한 선택을 해야만 한다. 사회·환경적인 요인에 부과된 이 선택이 운명에 중대한 변인으로 작용하여 70% 정해진 틀 위에 마지막 30%를 채움으로써 인간의 삶을 결정하는 것 같다.

"인간의 운명은 일종의 색칠 그림책의 밑그림과 같다. 운명의 기본 틀은 DNA 인자에 이미 각인되어 태어나고, 나머지는 주어진 밑그림 위에 환경적인 요인으로 선택해서 당신의 노력으로 덧칠하는 색상에 의해 결정된다."

나는 이렇게 인간의 결정론적 운명(숙명)과 노력으로 변화할 수 있는 삶을 설명한다.

밑그림에 빨간색을 칠하느냐, 파란색을 칠하느냐에 따라 그림의 전체적인 분위기와 인상이 정말 달라 보이지 않는가?

이처럼 운명은 전체적인 틀에서는 크게 변하지 않지만, 순간순간의 선택에 따라 약간씩 변화될 여지는 얼마든지 있다. 또한, 강신 무당은 샤머니즘적인 의례를 통해서 한 인간의 운명의 사이클 안에서 일정한 시기로 집중해 영적인 에너지를 전용하거나 나누어 사용할 수 있다.

23

변화시키다

학문으로

예정된 운명

무당의

이 글은 2019. 02. 28. 데일리스포츠 한국에 〈예정된 운명, 노력으로 변하다. 부정적 예언 오히려 자극이 돼〉라는 제목으로 게재했던 저자의 칼럼을 수정·보완했다.

'하늘의 뜻을 아는' 지천명(知天命)의 나이를 넘어서서 나는 올해 '이순(耳順)'의 나이에 들어섰다. 이순이란 『논어(論語)』 위정편(爲政篇)에 나오는 말이다. '나이 예순(60세)부터는 생각이 원만해져 어떤 일을 들어도 이해가 바로 된다'라고 한다. 나아가 마음이 너그러워져 어떤 거슬린 소리도 유연하게 수용할 수 있는 여유와 아량이 생긴다는 의미로도 해석할 수 있다.

내 나이 서른여섯 살이었을 때 늦깎이로 독일 유학을 준비했다. 나는 당시 영적인 일을 수행하는 다양한 부류의 분들을 만났는데, 하나 같이 내게 독일 유학을 만류했다.

"신(神)을 모시는 일은 학문과는 전혀 상관이 없는 영역이다. 무식하고 맑아야 오히려 신이 잘 내린다. 무당이 무슨 공부냐? 그것도 독일에서! 너는 절대로 학문을 할 수 없는 사람이다. 내 말이 틀리는지 맞는지 한 번 두고 봐라!"

이렇게 호언장담하는 분들까지 있었다.

나는 독일 유학을 극구 만류하는 분들의 말을 들을 때마다, "원 세상에…! 미래를 내다본다는 분들이 하나 같이 반대라니…. 내게 희망과 용기를 주지는 못할망정 쪽박을 깨도 유분수지!"라고 생각했다.

심지어 부정적인 미래를 속단했던 몇몇 분들은, "너의 사주에는 학마살(學魔煞, 배움에 마가 끼어 학업(學業)을 방해받는 살)이 끼어 공부를 절대로 할 수도 없고, 독일에 들어가자마자 다시 한국으로 돌아와야 할 팔자다. 신을 모시는 무당인 네가 독일에서 학위를 받으면 내 손에 장을 지지마!"라고 했다.

나는 그들이 나에 대해 부정적인 예언을 할 때마다, "아, 그래요? 제가 독일에서 학위와 졸업장을 들고 선생님께서 호언장담한 예언이 틀렸다는 것을 확인시키기 위해 다시 돌아오겠습니다."라고 말했다.

그렇게 다짐하듯 말한 후 얼마 지나지 않아 독일로 유학을 떠났다.

공부가 힘에 겨워 포기하고 싶은 생각이 들 때마다 나는 그분들의 예언을 자주 떠올렸다. 그들의 부정적인 예언이 오히려 '영혼의 회초리'가 되어 나를 단련시켰다. 나는 예정했던 학업을 마치고 지금은 '영성 상담가'가 되었다.

예정된 운명이 70%라면 변화가 가능한 30%에 집중해 자신의 삶을 개척하면 될 일이다!

우리가 운명을 스스로 변화시키려 할 때는 삶이 비록 자신을 속일지라도, 어떤 상황에서도 마음 중심이 흔들리지 않을 영적인 '맷집'이 절실히 필요하다. 아울러, 그 무엇보다 현실과 지금-여기에 충실한 삶을 살고자 노력해야 한다.

여러분의 과거는 이미 지나갔고, 미래는 아직 다가오지도 않았다. 여러분이 지금-여기에서의 삶에서 어떤 책임 의식을 갖고 어떻게 사느냐가 미래의 삶을 위해 매우 중요하다.

또한 여러분이 살아오는 동안 언젠가 또는 누군가로부터 영적인 도움을 받았다면, 반드시 그 대가를 지불하라! 그렇지 않으면 여러분이 도움을 받았던 일에 대한 반대급부가 부정적인 부메랑이 되어 여러분이 그 영적인 대가를 몇 배로 갚아야 할 시기가 반드시 도래한다.

　운명은 한 시기에 정체된 것이 아니라 계속 순환한다. 세상에는 영원한 승자도, 영원한 패자도 없다. 운(運)이란 하늘로부터 여러분에게 주어진 영적인 조건들을 시기에 맞게 스스로 운행하고 조율하는 것이다.

24

취약한 사람들 영적으로 강한 피암시성이

이 글은 저자가 2019. 02. 21. 데일리스포츠 한국에 〈피암시성이 강한 사람들, 영적인 집회 신중하게 결정해야〉란 제목으로 게재했던 저자의 칼럼을 수정·보완했다.

내 생각에는 '피암시성'이 강하고 "자아 구조가 취약한 사람들"은 점을 보는 일과 샤머니즘적인 의례, 기타 타 종교의 영성 체험을 강조하는 집회에 참석하는 일을 되도록 신중하게 결정해야 할 것 같다.

피암시성이란 타인이나 주변의 암시를 비판과 현실 검증 절차도 없이 받아들여 자신의 의견 또는 태도에 반영하는 것이다.

샤머니즘적인 영성을 가진 사람들은 주로 영적인 감응 능력과 영매의 체질을 타고난 사람들이다. 이들은 샤머니즘적인 행위(점복, 굿이나 치병 의례, 신당의 방문, 심령술 집회 등의 참여)뿐만 아니라 기도원 체류 및 엑스터시 댄스와 같이 격렬한 감정이 동반된 체험 등 종교적인 집회나 의례에 자주 참석하고 있다.

이와 같은 행사에 참석한 후부터 그들에게 전에 없었던 정신질환이나 정서장애가 갑작스럽게 발생하기도 한다. 이런 유형의 사람들은 무의식 깊숙이 이미 정신질환이나 정서장애가 잠재되어 있어 정서장애가 쉽게 발현되거나 정신질환이 촉발된 것이다.

내가 아주 어렸을 때 우리 동네에 어머니가 자주 다녔던 당골네(신을 받아 신점을 치는 사람을 일컫는 말) 한 분이 계셨다. 내 기억에 그녀는 꽤 기품과 교양이 있는 분이었다. 어머니는 내게 그녀가 과거에는 국회의원의 아내였다고 귀띔해 주었다.

그녀가 무당으로 입문하기 전에 한 번은 남편의 정치생명이 궁금해서 점을 치기 위해 한 무당집에 '무꾸리'를 하러 갔다고 한다. 그녀가 신당에 들어갔을 때 울긋불긋한 신상들과 탱화가 그녀의 눈에는 꽤 좋아 보였던 모양이다.

그녀는 자기도 모르게, "어머, 나도 이렇게 신을 모셨으면 좋겠다." 라고 말해버렸다. 그날 이후부터 그녀에게 저절로 신이 내려서 국회의원 남편과 이혼하고 무당으로 살기 시작했다고 했다. 추측하자면, 그녀는 '영적인 감수성'이 매우 예민했나 보다.

나는 지난 26년간 내담자들을 자문하면서, 나와 인연이 깊은 사람들과의 영적인 교류를 통해 '피암시성'이 강하고 샤머니즘적인 영성을 가진 사람들을 종종 만났다.

그들 대부분은 무의식에 분화되지 않은 심리적인 '콤플렉스(독: Komplex)'와 치유되지 않은 영적인 상처, 그리고 정서적인 장애가 동시에 의식화되지 않은 상태로 엉켜 있었다. 콤플렉스는 대부분 정신 에너지의 과잉과 과잉 열정 때문에 생긴다.

나는 '창조적 영성'을 가진 특별한 사람들에게 정신 및 심리 장애가 발생하는 시기에는 그 개인이 가진 특수한 환경과 인간관계의 여러 조건이 종합적으로 작용한다는 사실을 경험했다.

심리적인 취약성이나 영적인 감수성이 발달한 사람은 격렬한 감정을 동반하는 기도나 집회, 샤머니즘적인 의례에 참석하는 것이 매우 위험할 수 있다. 자칫 잘못하면 무의식의 에너지가 범람하거나 무의식에 잠재되어 있던 샤먼적 에너지가 범람해 자기의 힘이나 의지로는 스스로 통제 불가능한 상태에 처할 수 있기 때문이다.

25

해결
사
회
적

점
복
과

문
제
의

이 글은 2019. 02. 22. 데일리스포츠 한국에 〈사주명리학 일상을 위한 문제해결의 정보로 쓰이다〉라는 제목으로 게재했던 저자의 칼럼을 수정·보완했다.

나는 독일의 점 중독자들과 같이 자아 및 정신 구조가 취약한 사람들은 점 복을 행할 일이 아니라 정신 치료사(정신과 의사, 정신 분석가, 심리치료 사)를 찾아가 '심리치료'를 받아야 한다고 생각한다. 그런데 그들은 왜 그토 록 막대한 비용을 낭비하며 전화나 인터넷으로 군이 점쟁이를 찾았을까?

그것은 아마도 독일의 의료체계의 영향을 받은 점도 일부 있기 때문일 것 이다. 독일 전역에는 다양한 정신 치료사들이 활동하고 있지만, 자신이 원하고 필요할 때마다 치료사들에게 찾아가 쉽게 진료를 받을 수 있는 것은 아니다.

독일뿐만 아니라 우리나라도 코로나19(Covid-19) 역병이 창궐한 이후부터 정신건강의학과를 찾는 사람들이 확연히 늘었다. 이제는 우리 나라도 정신건강에 대해 상담하려면 정신건강의학과에 예약하고도 많 은 기간 동안 기다려야만 진료를 받을 수 있다.

독일에서 환자가 정신 치료를 받으려면 우선 거주 지역 담당 주치의 (독: Hausarzt)를 찾아가 1차 진료를 받아야 한다. 주치의는 환자의 심 리상태에 대한 1차 진료를 마친 후 다음의 진료 행위를 결정한다.

주치의가 환자에게 진료의뢰서를 써주어도 환자가 스스로 정신 치료사를 찾아서 진료받기가 쉽지는 않다.

독일에서 활동하는 정신 치료사들의 숫자보다 환자의 숫자가 월등히 많아 정신 치료사들 대부분은 건강보험으로 진료비를 지급하려는 환자의 진료를 꺼린다. 정신 치료사의 입장으로는 진료비를 현금으로 지급하는 개인 환자들도 많은데 굳이 골치 아픈 건강보험의 적용과 법적인 제재를 감수하려고 하지 않는다.

사람들 대부분은 이런저런 불가피한 사유로 간편하게 접근할 수 있는 점복자를 찾았고, 심리적인 취약성을 가진 사람들은 쉽게 점 중독에 빠져든 것 같다.

한국의 의료체계로 볼 때도, 현재 정신건강과는 과포화 상태다.

게다가 정신과 진료를 받기 위해 의사를 찾아가는 일 자체도 큰 용기를 내야 한다. 설사, 환자가 병식(病識, 질병에 대한 인식)이 있어 정신과를 진료하는 의사를 찾아가 자신이 하고 싶은 말이나 현재의 심리 상태를 마음껏 이야기하고 싶어도 시간상의 제약으로 인해 오랜 시간 동안 자신의 이야기를 터놓고 상담할 수도 없다.

이 때문에 사람들은 자신의 심리적인 문제를 적극적으로 해결하려고 노력하지 않고, 인스턴트식품을 섭취하듯 간편하고 손쉽게 점복자를 찾아가 얼마간의 복채를 내고 궁금한 점만을 알려고 한다.

심리적인 문제를 가지고 있으면서도 쉽고 간편하다는 이유로 점을 보려는 사람들이 점복자를 선택하는 데 따른 함정이 있다.

그들은 영적인 사기꾼으로부터 가스라이팅과 심리적인 착취, 그리고 막대한 금전의 손실을 당할 수 있다.

더러는 점복자들이 가지고 있는 치료되지 않은 심리적인 문제와 정서적인 장애로 인해 '정신적인 감염'이 될 수도 있다.

특히 정신적인 감염은 놀라울 정도로 강렬하므로, 내담자(來談者) 자신이 스스로 병적이고 오염된 인격의 점복자(占卜者)로부터 자신을 보호할 수 있는 장치를 찾고, 주체적이며 다각적인 주의를 기울여야 하겠다.

26

차
이
세
대
별
의
식
의

신
앙
에
관
한

샤
머
니
즘

2008년 초겨울, 독일 체류 중에 오래전부터 친분이 있던 분의 소개로 대기업의 홍보이사로 재직하는 분과 인연이 되어 저녁 시간을 함께 보낸 적이 있다. 그는 처음 만난 내게 자신은 회사가 끝나면 사주·역학을 배우러 다닌다고 했다.

"아니, 도대체 대기업 홍보이사님께서 뭣 때문에 사주·역학을 배우러 다니신대요?"

"아, 네… 제가 지금 회사에서 정년(停年)을 채우면 사주·역학을 가지고 제2의 직업을 한 번 가져 볼까 해서지요."

그래서 이런 대화를 나누게 되었다.

또 내가 오래전부터 알고 지냈던 전직 기자와 보험설계사는 스스로 사주·역학을 배워 자신의 인맥 관리를 하고 있다.

강신(降神) 무당인 나로서는 조금 당황스러운 이야기가 아닌가?

당시 나는 사주·역학을 활용한 점복 행위가 노후 대책의 일환이 될 것이라고는 미처 생각하지도 못했다.

"야… 세상이 참 많이 변했구나! 점복으로 직업을 갖는 것을 당당하게 이야기할 수 있는 시대가 왔으니!"

그런데 그는 정말 몇 년 동안 사주·역학을 배워 남의 운명을 쉽게 점쳐줄 수 있다고 생각하는 걸까? 그것이 타인들의 운명에 얼마나 막중한 책임과 의무가 따르는 일인 줄은 알고나 하는 말일까?

1990년대 후반의 샤머니즘 신앙에 관한 의식 성향은 다음과 같았다.

기본적으로, 한국인의 정신세계 심층부에는 다양한 샤머니즘적인 요소가 내재(內在)해 있다. 한국 샤머니즘의 주요 역할은 크게 점복(占卜)과 예언, 양재(禳災)와 초복(招福) 또는 기복(祈福), 망자 천도와 치병(治病), 가무(歌舞)와 오락(娛樂) 등이다.

1. 1990년대에는 특별한 계층을 제외하고, 전반적으로 남성은 여성과 비교해 샤머니즘적인 신앙과 관심이 적었다.

2. 남성과 여성은 모두 점복의 유형과 종류에 대해 거의 무지했다. 남녀노소를 막론하고, 관혼상제와 같이 그들의 인생에 중요한 시점에서는 역학으로 점복을 행하는 점복자를 주로 찾았다. 그 외에 정신장애, 원인 모를 불의의 사고나 비명횡사 등 영적인 문제가 얽혔거나 원하는 바를 성취하기 위한 의례를 진행할 때는 강신 무당을 주로 활용했다.

3. 남성과 여성 모두 주로 자신의 사주를 활용한 전화 운세 서비스나 컴퓨터로 사주와 역학을 이용한 비대면 점복을 이용했다. (신 내린 무당의 상담을 받으려면 직접 대면해서 무꾸리를 받아야 하는 심리적 부담감 때문에 직접적인 상담을 피했던 것 같다.)

4. 사람들은 운명과 팔자가 날 때부터 이미 정해져 있지만, 개개인의 노력으로 약간의 변화될 여지가 있다고 믿는 경향이 강했다.

그렇다면, 20년이 지난 2024년 현재 한국의 샤머니즘 지형은 어떻게 변화되고 있을까? 다음은 변화된 한국 샤머니즘의 신풍속도다.

1. 현재는 여성의 사회활동이 점차 늘어나면서 상대적으로 남성의 사회적인 환경과 역할이 축소되고, 미래가 불확실해지는 추세다. 최근 들어 샤머니즘에 대한 호기심과 관심의 강도가 높아져서 여성들보다는 남성 점복 이용자가 증가하는 추세다.

아울러, 점복 행위가 취미와 오락의 형태로 확대되면서 세대별로는 젊은 층의 점복 이용자가 급속도로 증가하고 있다.

2. 예나 지금이나 변함없이 선호하는 점복자 유형은 무당 형 신점이다. 다만, 젊은 층의 점복 행위자가 늘어나면서 사주·역학이나 신점보다는 주로 비주얼을 통해 단기간의 운명을 예측할 수 있는 타로(영: Tarot)점과 점성술이 대세다.

3. 대중매체 또는 은행 및 증권 고객 사이트 등에서 다양한 인터넷 무료 운세 서비스가 제공되고 있어서 남녀노소 할 것 없이 인터넷을 활용한 비대면(非對面) 점복 행위자가 확연히 늘고 있다.

4. 운명과 팔자는 어느 정도 자신의 노력으로 변화시킬 가능성이 열려 있다는 사회적인 가치관이 확대되어 점복 행위를 통해 운명을 적극적으로 수용하고 통제하려는 시도가 확대되고 있다.

5. 빅데이터를 이용한 점복이 재테크와 연계되어 다양한 방면에서 활용되고 있다.

6. 스스로 사주나 타로, 점성술을 배워 점을 치는 셀프 점이 증가하고 있다.

27

타고나는 것인가?

운명은

사주와 관상
四柱 觀相

'만사가 팔자소관(八字所關)이다.'

'팔자가 늘어졌다.'

'여자 팔자는 뒤웅박 팔자다.'

'사주(팔자)에 없는 관(冠)을 쓰면 이마가 벗어진다.'

'팔자 도망은 독 안에 들어 있어도 못한다.'

우리는 일상생활에서 이런 말을 자주 사용하거나 듣는다. 우리가 이런 말들을 무의식적으로 자주 사용한다는 것은 그만큼 사주팔자(四柱八字)가 한국인의 운명과 가치관에 미치는 영향이 지대하다는 증거다.

점치는 인간, '호모 아우구란스(라틴어: homo augurans)'인 역술가는 사람들의 운명을 감정할 때 주로 선천명(先天命, 정명론)으로 작용하는 사주(四柱)를 활용한다.

사주는 사성(四星)·강서(剛書)·경첩(庚帖)이라고도 부르며, 우리가 태어난 생년(年柱)·월(月柱)·일(日柱)·시(時柱)를 말한다.

사주명리학에서는 사람을 소우주(小宇宙, 독: Mikrokosmos)로 가정한다. 사주는 인간의 영혼을 집에 비유하는데, 그를 중심으로 서 있는 네 개의 기둥이다. 때로 사주는 자연의 변화와 춘하추동(春夏秋冬) 사계절을 의미하기도 한다.

사주는 한 인간이 세상에 태어나 모태로부터 태아의 탯줄이 잘리는 순간에 결정된다. 이때 태양과 달을 포함해 우주 공간에 있는 5개의 행성(목성, 화성. 토성. 금성, 수성)의 위치에 따라 인간의 운명과 성격이 결정된다고 판단하는 것이다.

이 밖에도 사주에는 한 인간의 출생과 유전정보가 아로새겨져 있다. 이것이 한 사람의 운명을 결정짓는 기본적인 인성(人性)의 정보로 작용한다. 사주를 토대로 한 개인의 성격유형과 기질, 건강과 운세, 재능과 소질, 적성, 육친(六親) 관계 등을 70% 정도는 추론할 수 있다.

사주명리학에서는 그 사람의 사주가 운세를 나타낸다는 뜻으로 '명리(命理)'라 부르고, 사주를 종합. 분석해 그 사람의 길흉화복을 짚어보는 것을 '추명(推命)한다.'라고 한다.

사주는 하늘을 뜻하는 천간(天干)과 땅을 뜻하는 지지(地支)로 구성되어 있다. 명리학에서는 사주를 기본 데이터로 하여 한 사람이 살아온 생애와 다가올 미래의 길흉화복(吉凶禍福)을 점친다.

천간은 십간(十干)으로 구성되어 있다. 갑(甲), 을(乙), 병(丙), 정(丁), 무(戊), 기(己), 경(庚), 신(申), 임(壬), 계(癸)를 일컬으며, 갑(甲), 병(丙), 무(戊), 경(庚), 임(壬)은 양(陽)이고, 을(乙), 정(丁), 기(己), 신(申), 계(癸)는 음(陰)이다.

지지(地支)에도 양과 음이 배합된 십이지(十二支)가 있다. 자(子), 축(丑), 인(寅), 묘(卯), 진(辰), 사(巳), 오(午), 미(未), 신(申), 유(酉), 술(戌), 해(亥)다. 이때 자(子), 인(寅), 진(辰), 오(午), 신(申), 술(戌)은 양이요, 축(丑), 묘(卯), 사(巳), 미(未), 유(酉), 해(亥)는 음이다.

사주론은 한 인간을 중심으로 한 네 개의 축인 기둥과 천인감응론(天人感應論)과 음양론(陰陽論)을 기초로 만들어졌다. 여기에 우연성(偶然性, 영: Contingency, 예기치 않게 발생하는 것)이 개입되어 한 사람의 인생을 좌우한다. 인간의 사주는 사람의 운명을 추론하고 판단하는 기본적인 체계로 작용하지만, 한 인간의 운명은 사주팔자로만 국한해서 전개되지는 않는다.

역술가가 한 인간의 사주를 추명(推命)할 때는 하늘을 의미하는 십간과 땅을 의미하는 십이지를 조합하여 계산한다. 이 모두를 배합하면 60개가 되어 '육십갑자(六十甲字)'라고 부른다.

인간의 운명(運命)은 사주와 음양오행론(陰陽五行論)을 씨줄로, 한 인간이 스스로 운영해 가는 자유의지(선택)를 날줄로 하여 엮어가는 삶의 운로(運路)를 통해 계속 순환하고 있다. 인간의 운명에서 특정한 시기에 우연성·모호성·개연성이 개입될 수 있다.

이 외에도 한 개인이 지닌 삶의 역량과 의지, 그가 가진 다양한 욕구 및 인성뿐만 아니라 인간관계를 맺고 유지해 나가는 방식, 삶을 대하는 태도와 자세, 살아가는 공간과 시간, 사회·환경적인 요인도 영향을 미친다.

운명은 한 인간이 인생의 기로(岐路)에서 취하는 순간적인 판단과 다양한 요인들이 상호 유기적으로 합쳐져 역동적인 관계를 형성하면서 변화될 수 있다. 이 모두가 다각적으로 작용해 한 사람의 운명에 영향을 준다. 우주의 삼라만상은 전체라는 거대한 틀 속에서 다양한 요인들의 유기적인 조화로 작동하고 있다. 그러므로 인간의 운명에서 인생의 향방이나 길흉이 이미 확정되어 있다고 단정을 짓기는 매우 어렵다.

서구 과학계에서도 인간의 운명과 생명의 영역에 변화의 움직임이 일고 있다. 독일 출신의 이론물리학자이며 '양자역학(독: Quanten-mechanik)'의 창시자이자, 1932년 노벨물리학상을 수상한 하이젠베르크(Werner Heisenberg, 1901~1976)는 '불확정성의 원리(不確定性原理, 영: Uncertainty Principle)'를 주장했다.

그는 "우리가 관찰하는 것은 자연 그 자체가 아니라 우리의 질문 방법에 노출된 자연이다."라고 주장했다. 그의 주장에 따르면, 우리의 삶에서 명확하게 규정할 수 없는 예측 불가능한 것들과 애매모호(曖昧模糊, 말이나 행동 또는 태도가 분명하지 않고 희미함)한 현상들도 이제는 현대 과학의 영역으로 수용해야 할 것이다.

바야흐로 과학의 영역에서도 비과학·비논리적인 요소를 상보적(相

補的)으로 융합하려는 시도가 일고 있다.

이 밖에도 중국의 청나라 때 작가였던 포송령(浦松齡, 1640~1715)은 당시 민간에 떠돌던 기이한 이야기들을 묶어『요재지이(聊齋志异)』란 책을 썼다.

이 책에는 신선, 여우, 유령, 귀신이나 도깨비에 관한 이야기들이 많이 수록되어 있는데, 여기에 '운칠기삼(運七氣三)'이란 단어가 나온다.

운칠기삼은 인생에서 고정불변하는 운(運)이 7할이고, 자신의 재주(노력)가 변수(變數)로 작용해 변화할 수 있는 확률이 3할이라는 뜻이다. 이 말은 모든 일의 성패는 궁극적으로 운에 따라 이루어진다는 의미로 사용된다. 인생에서 환경과 운의 중요성을 강조한 것이다.

우리 속담에는 "하늘은 스스로 돕는 자를 돕는다."라는 말이 있다. 또한『삼명통회(三命通會)』권1에는 "사람이 수신(修身)하고 그 뜻을 정하여 노력하면 하늘로부터 정해진 운명도 이길 수 있다[人定勝天].", "정신일도 하사불성(情神一到 何事不成)" 등의 말도 있다.

우리가 인생을 살아가면서 어떤 어려움이 닥치더라도 불굴의 의지로써 스스로 부단히 노력하면 하늘도 감응하여 복을 내린다. 인간의 운명은 많은 부분이 날 때부터 주어진 것이기도 하지만, 우리의 인생에서 운(運)은 움직이면서 계속 순환하므로 꾸준한 노력을 통해 타이밍을 잘 맞추면 자신만의 성공을 거둘 수 있다.

맹자는 "천작(天爵, 하늘이 인간에게 내린 선천적인 본성과 재능)을 잘 닦으면 인작(人爵, 사람이 주는 벼슬)은 저절로 따라온다."고 주장했다. 인간의 운명은 타고난 사주팔자뿐만 아니라 매 순간 또는 사건마다 본인의 선택과 노력 및 의지에 따라 어느 정도는 변화될 수 있다는 암시 같기도 하다.

그렇다면 인간의 관상(觀相)은 또 인간의 삶에서 어떤 작용을 하는가?

노예제도를 폐지한 미국의 제16대 대통령인 아브라함 링컨(Abraham Lincoln, 1809~1865)은 "사람의 나이 마흔이면 자신의 얼굴에 책임을 져야 한다."라고 말했다.

　사람의 관상은 타고날 뿐만이 아니라 후천적으로도 변화의 여지가 다분하다. 우리는 부모님께서 물려주신 유전정보에 의해 기본적인 육체의 '꼴'과 '틀'을 가지고 태어난다. 때로는 얼굴의 모양이 살아가면서 다양하게 변화되고 달라질 수 있다. 그 사람의 몸가짐과 마음가짐, 인격의 수양 여부와 섭생, 영양 상태, 사회적인 환경, 만나는 인연들에 따라 얼굴이나 몸의 형태가 얼마든지 달라질 수 있기에 한 말이 아닌가 싶다.

　내담자의 운명에 관한 자문을 하다 보면, 사주와 관상만으로는 그 사람의 운명을 전부 예측하기가 참으로 어렵다는 사실을 깨닫게 된다.

　사람의 관상은 삶을 대하는 태도(긍정 또는 부정)와 심성, 섭생, 그 중에서도 특히 그 사람이 매일 섭취하는 음식과 식생활이 좌우한다. 생식을 위주로 하는 채식가인가, 육식을 주로 섭취하는가, 본인이 요리를 직접 조리해서 식사하는가, 슬로우푸드(영: Slow food)나 정크푸드(영: junk food) 위주의 식생활을 하고 있는가에 따라 얼굴의 모양새와 육체에서 발산하는 기운도 달라질 수 있다.

　슬로우푸드란 패스트푸드에 상응하는 개념으로, 화학조미료를 첨가하지 않고 전통적인 방식으로 조리하는 건강한 식품이고, 정크푸드란 열량은 높고 영양적인 조건이 골고루 갖추어지지 않은 인스턴트 음식이나 패스트푸드를 총칭한다.

　관상가가 사람의 운명을 추론할 때는 골격(骨格)과 혈색(血色), 육체에서 퍼져 나오는 기운에서 느껴지는 첫인상이 가장 중요하다. 그에게서 뿜어져 나오는 아우라나 기운의 상태(따뜻하거나 차가운 느낌) 같은 것을 살핀다. 다음은 그 사람이 사용하는 언어와 말씨, 표정이나 태도, 행동거지를 통해 전체적인 상태를 살핀다. 마지막으로 그 사람의 기(氣)의 흐름과 강도를 보고, 삶에 대한 철학, 타인을 대하는 마음과 씀씀이를 살핀 후에 종합적으로 다가올 운명의 길흉을 판단해야 한다.

　일본에는 '미즈노 남보쿠(水野南北, 1754~1834)'라는 전설적인 관상가가 있다. 그는 『남북상법(南北相法)』이라는 관상학(觀相學)과 관련한 책을 저술했다.

　남보쿠는 젊어서 하도 쌈박질을 잘하고 사고뭉치라 교도소에도 한번 다녀왔다고 한다. 게다가 그는 행색도 볼품이 없고, 인상은 좋지 않은 데다 몸에는 칼자국이 심했다고 한다. 그는 각 지방을 여행하고 방문할 때마다 사람들로부터 미즈노 남보쿠 본인이 맞는지 매번 의심의 눈초리를 받았다고 한다.

　남보쿠는 옥중에서 수감생활을 하는 동안 '해상도사'를 만나 관상학의 기초를 배웠다고 한다. 그는 관상을 더 깊이 연구하기 위해 이발소에서 머리 빗는 일로 3년, 목욕탕에서 때밀이(세신사)로 3년을 보냈고, 화장장의 묘지기로도 3년을 더 일했다.

　이 대목에서 우리는 남보쿠의 직업에 대한 대단한 노력과 열정을 읽을 수 있다. 그런 그가 한 사람의 운명은 그 사람의 관상만으로는 전부 예측하기가 참으로 어렵다는 사실을 깨달았다. 그는 연구에 연구를 거듭한 결과 사람이 삶을 대하는 태도와 섭생, 그중에서도 특히 그 사람이 매일 섭취하는 음식과 식생활이 관상을 좌우한다는 사실을 깨닫게 되었다.

　남보쿠는 『남북상법』에서 관상(觀象)에 임하는 사람은 "상을 볼 때에 가장 먼저 그 사람의 전체적인 모습을 살펴야 한다."고 조언했다.

　그 다음에 기력(氣力)의 강약(强弱)과 남을 배려하거나 보살피는 [陰德] 마음 및 마음 씀씀이를 살펴야 한다. 그 후에 그 사람의 말과 행동을 관찰한 후에 골격(骨格)이나 혈색(血色), 연령의 상태를 살펴 종합적으로 운명의 좋고 나쁨을 판단해야 한다.

　관상가가 관상을 통해 타인의 운명을 예측할 때는 그만큼 신중하게 살피고 예언하라는 충고다. 관상에는 그 사람의 기질과 성품, 삶의 철학과 인격뿐만이 아니라 과거와 현재, 그리고 미래에 관한 다양한 정보가 고스란히 담겨 있기 때문일 것이다.

　우리가 세상을 살아가는 동안 시시각각 변화하는 환경에 대처하면서 변하는 마음가짐과 몸가짐에 따라 인상이 달라지고, 나아가 그의 운명도 변화될 수 있다.

남보쿠의 글을 읽어보면, 운명이란 확정되어 고정불변한 것이 아니라 어느 정도는 비정형의 원리로 흐르는 물과 같이 변화할 가능성이 열려 있음을 유추할 수 있다. 여기서 가장 중요한 것은 타이밍이다.

인간이 원하고 그것을 얻고자 하는 노력이 운명으로 작용한다. 결국은 인간이 무엇인가 이루고자 하는 강력한 의지와 노력이 그의 운명이 된다는 뜻이다.

28

흔히 정초가 되면 삼재에 든 사람이나 입시를 앞둔 수험생, 취업 준비생, 국가고시를 준비하는 사람들, 각종 재앙에 시달리는 사람들이 자신의 소원을 성취하려고 하거나 액운을 방지하기 위해 소중히 간직하는 증표인 부적(符籍)을 볼 수 있다.

부적은 인간과 신(령), 또는 영적인 세계와의 사이에서 소통하는 기호 또는 부호다. 부적은 일상생활에서 소원을 성취하기 위해, 다산과 풍요를 기원하고, 재물(財物)을 적극적으로 취득하며, 인간의 힘으로 쉽게 해결할 수 없는 질병이나 재앙으로부터 인간의 영육(靈肉)을 보호하기 위해 제작되었다.

삼국유사연구회를 운영하는 장정태 박사는 〈한국인 부적 신앙의 역사〉란 논문의 242쪽에서, "옛사람들은 하늘이 제왕(帝王)에게 수명(受命)의 증거로 내리는 것을 부명(符命)이라 했고, 하늘이 내리는 국록(國祿)을 부신(符信), 제왕의 옥인(玉印)을 부새(符璽)라고 불렀다."라고 썼다. 과거에는 인간이 감히 범접할 수 없는 신성불가침의 영역에 속해 있는 것들을 일컬어 '부(符)'로 표시했다.

고대의 부적은 삿된 기운이 범접하지 못하게 하고, 주술을 담기 위한 도구(주물, 呪物)로 활용되었다. 부적은 주로 거북의 등껍질, 날짐승의 뼈나 치아, 돌, 조개, 나무토막[복숭아나무, 벼락 맞은 대추나무, 천금

목(千金木)]과 종이 등을 사용했다.

현대에는 부적을 주로 무당, 역술인, 점복자, 불가의 스님, 도교 수행자들이 제작한다. 부적은 황색의 괴황지나 흰색의 화선지(창호지) 위에 붉은색을 내는 '경면주사(鏡面朱砂)' 또는 '영사(靈砂)'로 주술이 담긴 기호나 문자를 조합해 그려서 사용한다.

부적에 사용되는 노란색의 한지는 '괴황지(槐黃紙)'라 부른다. 흰색의 화선지에 느티나무와 홰나무(정자나무)의 열매에서 추출한 루틴(영: Rutin)이라는 황색 색소를 물들여 사용한다. 이름에 담긴 한자에서도 알 수 있듯이, 괴황지를 만드는 홰나무(槐木, 회화나무)는 버드나무, 복숭아나무 등과 함께 잡귀를 쫓는 나무로 알려져 있다.

부적을 쓸 때 사용하는 붉은 색의 '경면주사(鏡面朱砂)'는 진사, 단주, 주사, 단사라고도 부른다. 중국 후난성의 진주(辰州)가 원산지다. 경면주사는 '황화수은(HgS, 수은(Hg: 8%) & 유황(S: 14%))'이 주성분이다.

경면주사라는 이름은 적색의 천연광물에 거울의 표면과 같은 광택이 난다고 해서 붙여졌다. 극음의 에너지인 수은과 극양의 에너지인 유황이 조화롭게 결합한 특별한 에너지의 결정체다.

영어로는 시나바(영: Cinnabar)인데, 페르시아어의 '용의 피(영: Dragon's Blood)'에서 유래했다. 경면주사는 결정체가 선명한 적색의 광택이 있으며, 약간 투명하고 불순물이 없고, 덩어리의 크기가 크며, 커팅이 많고 광채가 좋을수록 고급 상품이다. 고가의 천연광물이라 금과 비슷한 가격 수준으로, 중량 단위인 '돈(錢)'으로 환산해 거래된다.

우리 조상들은 경면주사가 발산하는 특유한 에너지와 유익한 약용 성분을 조합해서 고급 한약재로도 활용했다. 경면주사는 맛이 약간 달고 혼백(魂魄)을 편안하게 하며, 마음을 진정시키고 신(神)을 기르며 귀신의 삿된 악을 제압하고 다스린다.

경면주사는 진정작용과 진경작용(鎭痙作用, 경련을 진정시킴)이 있어 신경성 병증과 뇌전증(간질), 우울증 등의 정신병을 치료할 때 약물로도 사용한다.

한국의 샤머니즘에서는 신경병이나 광증(정신병증)을 치료하기 위해 병부(病符)를 제작해서 불에 태운 후에 청수(青水)에 타서 환자에게 마시게 한다.

한약재인 경면주사는 과거에는 기사회생의 신약으로 알려진 '우황청심원'의 주재료로도 사용되었다. 최근 국내에서는 우황청심원 제품에는 수은이 포함된 주사를 제외한 처방으로 제조. 판매되고 있다.

광물질의 한약재가 울화를 진정시키는 작용을 하므로, '수비(水飛)'라고 부르는 까다로운 처리 과정을 거쳐 만든다. 이때 사용하는 방법을 '수비법(水飛法)'이라고 한다.

수비법은 가루를 청수에 넣고 휘저어 잡물을 없앤 후에 물 위에 뜬 것만을 채취하는 방법인데, 약간의 독약이나 귀한 약재를 쓸 때 활용한다. 물에 녹지 않는 광물이나 패각류(貝殼類)를 갈아서 고운 가루가 물에 뜨는 성질을 이용해 약제를 정결하게 한 후에 청수로부터 미세한 분말을 취하는 방법이다. 수비법을 이용한 한약재는 인체에 흡수가 잘 되고, 섭취할 때 인체의 자극을 줄일 수 있다.

경면주사는 심신을 안정시키고, 혈맥을 원활하게 흐르도록 하며, 고열로 인해 '수승화강(水昇火降)'의 장애로 정신이 혼미해지고 헛소리하는 증상을 치유하고 정신을 명료하게 한다. 또한 경면주사는 해충과 세균에 대한 강력한 살균 효과도 있다.

수승화강은 중국의 전통 의학서인 『황제내경(黃帝內經)』에 나오는 말로, 물과 같이 찬 기운은 올리고, 불과 같이 뜨거운 기운은 내려야 한다는 뜻이다.

중국에서는 경면주사를 '상인의 돌'이라 불렀다. 주사의 붉은 색과 석영의 삼방정계(영: trigonal)의 결정체인 찬란한 광채로 인해 현시와 부를 창출하는 돌로 인식되어 붙여진 이름이다. 경면주사가 발산하는 신비한 에너지는 사기를 쫓고, 영적인 잠재력을 일깨우며, 자가 치유 능력을 강화한다. 경면주사는 그 자체만으로도 사기(邪氣)를 쫓을 뿐만이 아니라 육체의 기운을 정화하고 맑게 하여 결과적으로 좋은 운을 불러들인다.

부적(符籍)은 상형문자인 한자(漢字)의 파자(破字)와 인도의 산스크리트어가 조화롭게 균형을 이루는 기호로 조합된 문자로 구성되어 있다. 부적에는 강신 무당이 접신(接神)한 상태에서 신령의 영험한 능력과 함께 단숨에 써 내리는 '신필(神筆) 부적'과 영부적 사전 등 부적 전문 서적을 참고해 제작하는 '일반 부적'이 있다.

어떤 부적이든 간에 부적을 제작하려는 사람은 아침 일찍 일어나 온몸을 향물로 정화하고 나서 동쪽을 향해 정화수를 올린 다음, 초를 켜고, 향을 사른다. 그 후 동쪽을 향하여 세 번 절한 후에 '고치삼통(叩齒三通, 이를 딱딱하고 세 번 마주치는 것)'을 행한다.

부적은 사용 목적에 따라 크게 세 가지로 분류한다.

첫째, 주력(呪力)을 활용함으로써 좋은 것을 증가시키거나 소원을 성취하게 하는 부적. (재수대길부, 초재부(招財符), 관직부, 합격부, 소원성취부, 만사대길부 등)

둘째, 보이지 않는 영적인 힘을 불러들여 사기(邪氣)나 재액, 재앙을 예방하려는 부적.

(병부(病符), 재난방지부, 삼재예방부, 액운소멸부 등)

셋째, 살(殺)을 막아주는 부적

(상문부, 도살부(屠殺符), 제살부(除殺符))

부적은 누구나 영부적 사전을 보고 제작할 수 있다. 그렇긴 하더라도 오랫동안 수행하고 기도하는 사람이 맑고 청아한 기운과 심혼의 에너지를 불어넣어 제작한 부적이라야 영험함과 신비한 효험이 제대로 발휘될 수 있다.

한국에서 가장 오래된 부적에 관한 기록은 삼국유사의 '고조선' 편에 수록되어 있다. 환인 천제는 아들 환웅에게 세상을 다스리는 데에 필요한 천부인(天符印)을 주었다. 천부인은 하늘의 권위를 상징하는 비,

구름, 바람의 세 가지 인(印)을 의미한다. 천부인은 제정일치 사회에서의 절대권력을 상징한다.

- 장정태, 〈한국인 부적 신앙의 역사〉 244쪽을 참고해 정리함.

부적에 관한 조선 시대의 기록은 조선왕조실록, 연산군일기 연산 9년(1503년) 4월 28일 갑자 4번째 기사에서 찾을 수 있다.

사헌부의 종5품 지평(持平)으로 봉직했던 '권헌(미상~1504)'은 국무(國巫)인 '돌비(石乙非)'가 혹세무민(惑世誣民)한다며 상소를 올렸다. 당시 돌비는 사람들에게 신당의 가운데 걸린 '거울(명도, 명두)' 안에 신(령)이 있고, 놋그릇은 부처님께 대접하는 그릇이라고 홍보했다.

돌비가 국무라는 지위를 이용해 비상한 술법으로 사람들을 기망하고, 부적으로 사람들을 미혹시키자 본부(本府)에서 그녀를 색출해 체벌하려고 했다. 그녀가 눈치를 채고 숨어버리자, 관원들은 집안을 샅샅이 뒤져서 겨우 부적(符祝) 넉 장만을 찾아냈다.

예로부터 민가에서는 세시풍속으로 입춘에 '입춘대길(立春大吉), 건양다경(建陽多慶)'이라는 문구의 입춘방(立春榜)을 붙였다. 조선 시대에는 입춘 때 관상감(觀象監)에서 벽사문(辟邪文)을 올렸다. 정초에 귀신을 쫓기 위해 복숭아나무 조각에 부적을 조각하거나 벽사문을 적어 걸어두는 풍습은 현재까지 남아 전해 내려오고 있다.

그렇다면, 현대인에게 부적은 어떤 의미를 지니고 있을까?

현대인에게 부적은 비단 부적 신앙으로만 의미를 지니는 것은 아니다. 소원성취, 시험 합격, 사고방지 부적 등과 같이 개인이 부적을 소지함으로써 부족한 기운을 채우거나 사기를 제거해 자신감이 향상되고, '자기암시'의 효과가 증대된다.

인간은 부적을 이용해 심리적인 안정을 얻고, 현재보다 나은 삶에 대한 기대감과 함께 적극적인 삶의 의지를 유지하려고 한다.

부적을 소지함으로써 상실감과 불안감에 시달렸던 개인의 마음속에 새로운 희망을 불어넣을 수만 있다면, 부적(符籍)을 소지하는 행위를 무조건 미신을 믿는다는 식으로 부정적이고 비판적으로만 인식할 필요는 없지 않을까?

자, 그렇다면 독자가 개인적인 사유로 부적을 지니게 되었다면 실용주의적 관점에서 어떤 자세를 취해야 할까? 우리가 부적을 지닐 때 통상의 '부적 사용 설명서'는 다음과 같다.

1) 부적의 유효 기간: 특별한 목적을 위해 제작한 부적 외에는 일반적으로 부적의 유효 기간은 1년이다.
2) 부적을 펴보지 말 것. 부적을 펴보게 되면 부적에 들어 있는 신령한 기운이 사라져 부적의 효험이 없어진다.
3) 간절히 기도하는 마음과 함께 부적을 소중히 다룰 것.
4) 되도록 몸에서 가장 가까운 곳(스마트폰이나 지갑, 베개 등)에 넣거나 지닐 것.
5) 부적의 효능과 결과를 의심하지 말 것.
6) 부적에 대한 확고한 믿음으로 신뢰할 것.
7) 부적을 다른 사람에게 자랑하거나 보이지 말 것.
8) 부적을 실수로 빨거나 훼손하게 되면 부적의 효험이 즉시 사라짐.

부적의 유효 기간과 관련하여 덧붙일 사항이 있다.

부적 제작 후 1년이 지난 후에는 개인마다 별도의 길일을 택하여 축원한 후에 부적을 소각해야 한다.

그렇게 하지 않으면 유효 기간이 지난 부적에서 오히려 사기가 달라붙어 부적을 지닌 사람에게 위해가 될 수 있다.

붙이는 부적을 사용할 때는 부적을 잘 펴서 윗부분에만 풀칠해서 붙인다. 부적의 윗부분만 풀로 붙이는 이유는 사람들이 드나들 때마다 새로운 기운을 불러들여 나쁜 액운은 사라지고 좋은 에너지를 불러들이기 위해서다.

진정한 무당

29

이 글은 2019. 01. 31. 데일리 스포츠 한국에 게재했던 저자의 칼럼 내용을 수정·보완했다.

만들어지는 무당도 진정한 무당이라고 할 수 있을까?

또 신내림굿은 받았지만, 접신(接神)이 없는 무당도 과연 진정한 무당이라고 할 수 있을까 하는 문제에 대해 생각해 본다.

한국 사회에서 강신 무당은 주요 3대 업무인 무꾸리(점복)와 굿, 치병 의례를 수행하기 위해서 입무(入巫, 신내림굿을 받고 무당으로 입문하는 과정)하는 2가지 방법이 있다.

그 하나는 장차 몸주 신령으로 임하게 될 신령에 의해 택함을 받아 신병(神病)을 통해 강신 무당으로 입문하는 경우다. 신병에 걸린 무당 후보자가 장차 신어머니(또는 신아버지)가 될 무당을 만나 신어머니의 인도에 따라 '신내림굿'을 진행해 자신에게 들린 신을 정화하고 몸주신으로 받아들여 강신무가 되는 과정이다.

또 다른 하나의 루트는 소위 말해서 '무불통신(無不通神)'이라는 자동 말문 열기를 통해 신내림굿 절차 없이 무업(巫業)을 진행하는 것이다.

두 번째의 경우는 강신 무당 입문 후보자의 영혼이 제대로 정화되지도 않았고, 또 그가 신령과 정식의 영적인 교감도 없이 아무 소리나 떠오르는 대로 마구 지껄일 수 있다. 입무(入巫) 후보자가 잡귀. 잡신이 들려 자신의 신기(神氣)를 드러내고, 마치 미친 사람처럼 행동하는 것을 "허주가 씌었다"라고 하며, 이때 발설하는 헛소리를 '지청구'라고 한다.

무불통신으로 입문한 당사자는 홀로 무업을 수행하는 과정에서 '조현병(구 정신분열병의 새로운 명칭)' 환자의 환청과 신의 소리인 '공수(空授, 영: Orakel, 신탁)'를 혼동할 가능성이 농후하다. 이들은 자신이 경험하는 환청을 마치 신령의 소리, 혹은 샤머니즘 업계의 전문 용어인 '아는 소리'라고 착각할 수 있다.

게다가 그를 영적으로 바르게 이끌어 줄 신어머니(또는 신아버지) 같은 '신(神) 선생'도 없으니 자칫 잘못하다가는 영적으로 사기(邪氣, 사악한 기운)가 붙을 가능성도 배제할 수는 없다. 이렇게 해서 신이 들린 점복자는 어려운 처지에 처한 사람들이나 정신적인 한계 상황에 몰린 사람들에게 겁을 주거나 협박하면서 그들을 해할 가능성이 농후하다.

영적인 사기꾼들은 자신의 유익을 구하기 위해 심리적으로 어려운 상황에 놓여 있거나 자아의 경계가 불안정한 사람들을 호시탐탐 노린다. 그들은 정신적인 혼란에 빠진 사람들을 심리적으로 유인해 조종하거나 정신을 미혹하게 한 후에 다방면으로 착취를 일삼는다.

사람들은 이런 이들을 가리켜 혹세무민하는 '영적인 사기꾼'이라고 하며, 이런 사람들을 빌미로 전체 무당들을 싸잡아 비난한다. 바르지 못하게 살아가는 영적인 사기꾼 한 사람 때문에 "한 마리의 미꾸라지가 온 시냇물을 흐리듯이", 신령이 주신 소명을 지키며 정직하고 바르게 살아가는 무당들까지 '덤터기'를 쓰게 된다.

덤터기는 타인이 억지로 떠맡기는 억울한 누명이나 큰 걱정거리다.

강신 무당 입문 후보자가 굳이 값비싼 내림굿 비용을 치르면서 신어머니(또는 신아버지)를 모시고 정식으로 내림굿의 절차에 따라 입문하는 중요한 이유가 있다. 허주굿(햇푸림)을 통해 자신에게 임한 몸주 신령과 사령(邪靈)인 '허주(허령, 사령, 기타 잡귀 잡신)'를 정화하여 바르고 정한 신령만을 선별해 '몸주 신령'으로 받아들이기 위해서다.

신내림굿은 종국적으로는 입무(入巫) 후보자가 자신이 속한 공동체에서 샤머니즘의 '사제(司祭)'로 입문하는 과정이다.

그는 신내림굿을 통해 자신의 종교적인 소명을 적극적으로 수용하고, 해당 지역사회의 구성원으로서 향후 무업을 수행할 수 있도록 공개적인 승인을 받는 일련의 절차다.

최근에 연행되는 신내림굿은 내가 1997년 8월 28일 신내림굿을 받을 당시와 사뭇 차이가 난다. 나의 본관은 '문화유씨(文化柳氏)'로, 황해도 구월산의 문화현에 '신부리'를 가지고 있다.

한국의 샤머니즘에서 신부리는 '신(神)의 뿌리(불휘)'를 일컫는 용어로, 줄여서 '부리'라고 부른다. 신부리는 주로 '만신(萬神)부리', '조상(祖上)부리'로 사용한다.

신부리는 신내림굿을 통해 무당으로 입문해 몸주 신령을 모시는 (강신) 무당의 과거 조상 중에 무당으로 활동했거나, 가족이나 친척 중에서 종교적인 행위를 수행했고, 종교에 심취해 수도(修道)하다가 죽은 조상의 영혼 또는 집안 대대로 내려오는 (조상) 신을 일컫는다.

황해도의 구월산은 태음력의 9월에서 유래되었는데, 황해도 은율군, 삼천군, 안악군, 은천군에 걸쳐 솟아있다. 구월산은 예로부터 영산(靈山, 신령스러운 산)으로 널리 알려져 있는데, 백두산, 묘향산 금강산, 칠보산, 지리산과 함께 한반도의 명산 가운데 하나다.

나는 1997년 6월 초에 황해도에 신부리를 둔 영적인 인연과 몸주 신령님의 인도로 '김금화(金錦花, 1931~2019)' 선생을 뵙고 신어머니로 모시게 되었다. 김금화 선생은 당시 중요무형문화재 제82-나호, '서해안 배연신굿 및 대동굿 보유자'이자 나랏만신이었다.

나는 신병을 앓으며 홀로 해결할 수 없는 영적인 문제를 안고 끙끙거릴 때 영적인 자문을 구하기 위해 이문동 신당으로 김금화 선생을 찾아갔다. 그녀는 '무꾸리(신점을 일컫는 샤머니즘 용어)'를 통해 내게, "어카네, 네가 내 자리에 앉아야겠다."라는 공수를 주었다. 그 공수는 내가 무당이 되어야 한다는 청천벽력 같은 소리였다. 그 후 나는 우여곡절 끝에 1997년 8월 28일 김금화 선생의 인도로 신내림굿을 받아 황해도 무당으로 입문하게 되었다. 내가 신내림굿을 받을 당시만 해도 신내림 굿은 최소한 3일간 진행했다.

황해도 신내림굿은 입무 후보자의 본향산의 명기를 받고 자시(子時) 기도를 통해 말문을 여는 절차, 허주(사령과 잡귀, 잡신)를 벗기는 절차, 마지막으로 작두를 타고 '고(매듭, 일의 어려운 고비나 부분 또는 영적 얽힘)'를 풀면서 진행하는 신내림굿으로 구성되어 있다.

2018년 8월 초순에 나는 실로 오랜만에 인왕산 국사당에서 진행했던 한 후배의 신내림굿을 참관했다. 그때 신내림굿의 절차가 눈에 띄게 간소화되어 진행되는 걸 보고 깜짝 놀랐다. 이 또한 한국의 샤머니즘이 세속화의 길을 걷고 있다는 방증일 것이다.

사실 샤머니즘 자체가 지극히 세속적인 종교인데 굳이 세속화를 운운하는 것은 '어폐(語弊, 말의 폐단이나 결점)'가 있을지도 모르겠다.

요즘은 무당이나 점복자가 무꾸리나 점복을 통해 입무 예정자(신내림굿을 받고 무당으로 살아가야 하는 사람)에게 신이 들렸다고 공수를 주고, 짧은 시간 안에 급조하여 신내림굿을 진행하는 경우가 허다하다.

장차 신어머니가 될 무당은 몸주 신령에 의해 택함을 입어 평생 신의 제자로 살아갈 사람을 선별하고, 신령을 내리게 인도하고, 평생 제자인 무당의 '영적인 인도자'가 되어야 한다.

그뿐만 아니라 신내림굿은 무당 후보자가 영적으로 고양되어 성숙이 되었을 때 길일을 택해 영계를 열어 진행해야만 한다.

그렇지 않으면, 입무 후보자가 신내림굿을 받았지만, 그의 몸주 신령이 제대로 좌정하지 않거나 말문을 열지도 못하는 경우가 생긴다. 이렇게 어설픈 신내림굿을 받은 사람들은 대게 무업(巫業)을 포기하고 평범한 일상으로 되돌아가 평생 어렵게 자신의 삶을 이어가기도 한다.

이 때문에 신병이 들린 사람은 자신이 신내림굿을 진행해 종교적인 소명을 가진 강신 무당으로 살아가야만 하는지, 아니면 '누름굿'을 진행해야 할지를 신중하게 결정해야 한다.

(신)누름굿은 장차 신령으로 강림할 신령에 의해 신병이 들린 사람에게 붙은 신을 내려주는 대신 일시적으로 신명의 힘을 눌러주는 굿이다.

무당 입문 후보자가 신내림굿을 진행했으나 아예 말문을 열지 못하는 경우가 더러 있다. 이런 경우, 애동 제자(갓 신내림을 받은 무당)는 일단 일심 정성으로 계속해서 산 기도를 진행하거나, 마음 수행을 지속하다가 추후 영적으로 성숙하면 저절로 말문이 열리기도 한다. 그렇지 않으면, 신어머니를 따라 굿판을 다니며 도제식으로 무업(굿, 고사, 치성, 기도 등)에 종사하다 보면 스스로 말문이 열릴 경우도 있다.

또 다른 방법으로는 인연이 있는 다른 신(神)선생을 찾아가 다시 길일을 택하여 '(신)가리굿'을 해서 말문이 열리는 사례도 있다.

신가리굿에서 가리란 '가림'에서 파생된 단어로, 무당의 소명을 지닌 자의 주관 신령을 제대로 찾고, 본명 신령줄과 조상 신령들을 보다 정확하고 세밀하게 가려내고 진단하기 위해 진행하는 2차 신내림 굿을 말한다.

최근에는 강렬한 '신내림'과 '신들림', '구애비(鬼業)'라 불리는 현상이 점차 줄어들고 있다. 이제는 신명(神明)과 신부리[무(巫)의 뿌리], 문서[본서(本書)] 등이 영적인 연결고리로 맺어지고, 신어미-신딸로 이어지는 전통적인 전승 방식보다는 무속학원에서 만들어지는 무당이 더 많아지는 추세다.

이런 현실 때문에 무당의 '치병(治病)적인 직능'은 점차 쇠퇴하고 무꾸리와 점복의 형식이 다채롭게 도입되어 확산 일로에 있다.

강신 무당의 샤머니즘적인 지식의 전승(傳承)은 전통적으로 신어머니를 통해 받은 소위 '문서'와 의례가 진행되는 장소에서 도제식 현장학습을 토대로 이루어졌다.

이 밖에 무당의 문서는 신자식(신딸)이 신부모(신어미)로부터 구전

(口傳) 또는 현장학습을 받는 과정에서 자연스럽게 전달되었다.

과거에는 갓 신내림굿을 받은 '애동기자(애기 무당)'는 신내림굿을 진행한 후에도, "영험은 신령에게서 오지만 재주는 (스스로) 배워야 한다."라는 샤머니즘의 전통에 따라 스스로가 부단히 노력해 굿의 절차를 자발적으로 습득했다.

대중매체가 발달하기 이전에는 신애기(신딸 또는 신아들)는 샤머니즘 전통을 제대로 습득하기 위해 신어머니 집에 기거하며 신어머니의 수발을 들거나 굿판의 현장에서 기예를 서서히 익혀 나가야 했다.

신애기는 신부모와 함께 기거하는 동안 샤머니즘에 관한 전반적인 지식(굿 또는 고사, 치병 의례 등을 진행하는 법, 굿상 차림, 신복과 신물의 관리 등)과 샤먼의 전통적인 예법을 배웠다. 무당이 샤머니즘 의례를 습득하는 과정은 오랜 세월 동안 혹독하고 고단한 훈련과 성무 과정을 통해 주로 현장에서 습득해야만 했다.

나도 1997년 신내림굿을 진행한 후에 신어머니인 김금화 선생 댁에서 6개월간 기거하면서 신어머니의 수발을 들고 도제식으로 무업(巫業)을 익혔다.

최근 들어 무속학원의 잇단 개원과 함께 국가 지정 무형문화재 단체의 '(전통 굿)보존회'가 결성되었다.

이제는 샤머니즘 의례를 전수하는 기관들도 많아지고, 매체를 통해 샤머니즘 의례를 습득하는 방법도 다양화되고 있다.

이 단체들은 유튜브와 개인 비디오 등과 같은 다양한 매체를 활용해 샤머니즘 의례와 지식을 전달하고 '전통 굿 보존회'에서 진행하는 수업은 샤머니즘 의례의 전반적인 학습장(場)으로 활용되고 있다.

이제는 스스로 배울 의지만 있다면, 무당으로 입문하고자 하는 후보자들이 수강 등록을 하고 무속학원이나 샤머니즘 전수 기관에서 샤머니즘 의례 강의를 듣고 교육을 받을 수도 있다.

그뿐만이 아니다. 유튜브나 영상자료 등과 같은 다양한 매체를 활용하면 샤머니즘 의례를 속성으로 습득할 수도 있다.

이처럼 무업(巫業)을 습득하는 루트는 다양해졌지만, 신들림과 신령을 모시는 일은 아무래도 애기 무당이 샤머니즘 현장에서 신선생(神先生)의 수발을 들며 습득해야만 제대로 된 무(巫)의 학습이 이루어질 수 있을 것 같다.

신제자(神弟子)를 바른 무당의 길로 인도하고 지도하는 신 선생 없이 무당으로서의 자질과 교양, 신령과 신도를 대하는 마음가짐과 전반적인 샤머니즘적인 철학을 습득하기는 어렵다.

무당으로 입문하기 위해 무속학원을 찾는 사람들이 제대로 된 무당으로 성무를 하는 데 필요한 제반 요소를 골고루 갖추고 배워 올바른 무당으로 성무(成巫)가 될 수 있을지 현재로선 의문이다.

노파심이 아니길 바랄 뿐이지만.

30

샤머니즘 중독
중독으로서의
관계와 종교

영적인 카운셀링을 하다 보면 마치 '운세 쇼핑'을 하듯이, 새로운 무당들이나 용하다는 점복자들을 미친 듯이 찾아다니는 사람들을 만나게 된다. 샤머니즘의 숨겨진 중독은 그들의 활동이 영적인 차원에서 이루어지고 있고, 그들 스스로가 자신의 행위를 종교적으로 정당한 영적인 활동으로 인지해 이미 중독으로 변질이 되었음에도 겉으로는 잘 드러나지 않는다.

샤머니즘 중독자들 대부분은 샤머니즘과 의례에 대한 과도한 관심과 집착, 무당(또는 점복자)과 신령에 대한 과다한 충성심을 보인다. 이들은 빈번하게 굿과 치성 같은 샤머니즘 의례를 의뢰하면서 무당이나 점복자들과 집착적인 인간관계를 유지하려고 한다.

세상에는 무당이라는 직업을 앞세우며, 종교 중독 성향의 사람들을 치유하기는커녕 중독환자들을 보다 심각한 중독으로 이끄는 영적인 사기꾼들도 있다.

샤머니즘 자체가 '무형의 종교'이자 개별적인 데다 지극히 현실 구복적인 종교이다 보니 무당들이 저마다 구현하는 샤머니즘적인 세계관에 다소의 차이가 있을 수 있다.

샤머니즘 중독자들은 낮은 자존감과 함께 병리적인 자기애와 결핍된 심리적 욕구를 감추고 왜곡하며 샤머니즘에 투사하려는 성향이 강하다. 현재로선 샤머니즘 중독자들의 영적인 문제를 제대로 진단하고 치료할 수 있는 사회적인 장치가 절대적으로 부족한 듯하다. 샤머니즘 중독자들은 기본적으로, 자아의 구조가 불안정하거나 취약하므로 무엇보다도 정신과적인 상담과 약물치료, 인지행동치료를 통해 왜곡된 기억을 바로잡는 정서적인 치유가 선행되어야 한다.

모든 중독자는 지나온 삶을 통해 경험했던 인간관계로 인해 만성적인 죄책감에 시달리며 심각한 고통을 받는다. 그들은 자신이 집착하는 대상이나 강렬한 자극을 통해 내적인 긴장을 완화하려고 한다. 이런 경험을 가진 사람들은 특히 샤머니즘에 집착하면서도 그들 스스로가 중독되고 있다는 사실을 전혀 인식하지 못한다.

샤머니즘 중독자들은 처음에는 자신이 처한 현실적인 문제의 해결점을 찾고, 장차 도래할 미래를 알고 싶어서 무당이나 점복자들을 찾는다. 이들은 자신의 현실적인 문제를 해결하기 위한 지름길을 찾으려고 다양한 운세 쇼핑과 운명 소비 행동에 나서고 있다.

차차 시간이 흐르면서 그들은 혼자의 힘으로는 견딜 수 없는 끔찍한 고립감과 절망, 비탄을 극복하기 위한 수단과 고통스러운 현실을 회피할 목적으로 무당이나 점복자를 끊임없이 찾아다닌다. 샤머니즘 중독자들은 현실 문제에 직면하여 스스로 해결책을 찾으려고 노력하기보다는 순간적인 기적을 바라고, 자신의 문제가 즉각적이면서 뭔가 신비스러운 방식이나 기적으로 해결되기를 열망한다.

샤머니즘 중독자들은 대부분 불안감이 심하고, 심리적으로 불안정하며, 자아 구조가 취약해 타인에게 의존적인 데다 요행(僥倖)을 바라는 성향이 강해서 단기간에 무당이나 점복자에게 홀딱 빠져들기 일쑤다. 종종 그들은 영적인 사기꾼들로부터 영적인 사기와 착취를 당하거나, '가스라이팅(영: Gaslighting)'을 당한다.

가스라이팅 또는 가스등 효과는 패트릭 해밀턴(Patrick Hamilton, 1904~1962) 원작의 연극, 〈가스등(영: Gaslight, 1938)〉에서 유래되었다. 가스라이팅을 행하는 자는 우선 자아의 구조가 취약한 사람의 심리나 어려운 상황을 교묘하게 조작한다. 이때 가스라이팅을 당하는 사람은 스스로 자기 자신을 의심하게 되는데, 그는 현실감과 판단력을 상실하고, 타인의 지배와 통제를 받아들이고, 학대와 착취를 당하게 된다.

가스라이터는 사람을 설득할 수 있는 능력이 뛰어나 회유와 협박, 기만 등의 방법을 동원한다. 가스라이팅을 당한 사람은 우울증이나 불안, 초조감이나 공황발작을 일으키는 동안에 점차 자기 자신을 의심하고, 현실감을 잃은 채 판단 능력과 검증 능력을 상실한다. 가스라이터는 이를 이용해 착취 대상에게 정서적인 학대를 일삼고, 교묘한 방법을 동원해 무력해진 대상을 착취하며 결국 심리적으로 지배하게 된다.

샤머니즘 중독자들이 혼란스러운 자아를 확립하고 스스로 자기 자신을 제대로 통제하려면 우선 심리상담가나 정신과 의사 등 전문가에게 자신의 문제에 대한 진단을 받고 조언을 구하는 것이 좋다. 그런데 그들은 대개 복잡한 정신과 진료를 받는 것은 피하고, 익명성을 보장받으며 자신이 원하는 대답만을 듣기 위해 무당이나 점복자를 끊임없이 찾아다닌다. 샤머니즘 중독자 중에는 '답정너'가 참으로 많다.

'답정너'란 "내가 듣고 싶은 답은 이미 정해져 있어, 너는 내가 원하는 답을 그대로 이야기하기만 하면 돼."라는 뜻으로, 젊은 층에서 주로 유통되는 신조어다. 자신이 듣고 싶은 대답을 미리 정하고 나서, 상대방에게 같은 질문을 반복하며 원하는 대답만을 들으려는 사람이다.

중독(영: Addiction, 독: Sucht)은 라틴어의 'addictus'에서 유래했는데, '동의하다, 양도하다, 굴복하다, -에 사로잡히다, -의 노예가 되다'란 뜻이다. 중독에 취약한 사람들 대부분은 중독을 유발하는 유전적인 코드와 정서적으로 취약한 구조를 가지고 태어난다.

중독자들은 대개 자극에 대한 과도한 열망과 보상 심리를 가지고 있고, 내적인 충족감을 추구한다. 그들은 대체로 불확실성을 견디는 인내심이 부족하고 자신감이 결여(缺如)된 상태다.

샤머니즘 중독자들은 샤머니즘에 대한 심리적인 의존성(영:

Psychological Dependence)이 매우 높다, 이들은 평소에 아무 일이 없어도 습관적으로 무당이나 점복자들을 방문하거나, 수시로 샤머니즘 의례가 진행되는 굿당이나 정기 공연장 등을 찾는다.

샤머니즘 중독자들에게는 무당이나 점복자들이 도출한 점복이나 예언이 맞거나 틀리거나 그다지 중요하지 않다.

점복이 미래를 예언해 주고, 어느 정도 현실 통제의 가능성을 제시하기 때문에 중독적인 성향이 있거나 심리적인 취약성을 가진 사람들은 무당이나 점복자에게 열광할 수밖에 없다.

인간의 내적인 자신감은 점복이나 예언에 의존하면서 생기는 것이 아니다. 살아오는 동안 학습된 경험을 바탕으로 실패를 극복하는 과정에서 스스로 터득하고 배양해 나가는 것이다.

샤머니즘 중독의 실마리는 고민을 편안하게 들어주고, 따스한 손길로 잡아주는 어머니(또는 친구) 같은 무당(또는 점복자)과 중독자의 관계가 돈독하게 성장하면서 부지불식간에 싹튼다.

중독자들은 자신의 통제되지 않는 영적인 혼돈 상태를 자상한 무당(또는 점복자)이 보호해 준다고 착각한다.

샤머니즘 중독자들은 삶의 두려움과 불안으로부터 도피하기 위한 수단으로 무당이나 점복자를 선택해 끊임없이 점복과 샤머니즘적인 의례를 진행하도록 하며 자신에게 부족한 경험과 영적인 에너지를 충전하려 하고 있다.

종교 중독의 한 형태인 샤머니즘 중독자들의 특성은 다음과 같다.

첫째, 자기암시와 영적인 감응력이 높다.

중독은 일반적으로 한 가지 일에 반복적이고 지속적인 충동을 느끼거나 대상에 대한 정상적인 사고와 판단을 할 수 없는 상태로 치닫는다.

샤머니즘 중독자들은 극단적인 암시를 받기가 쉬운 피암시성이 강하고, 영적인 감응력이 매우 높다. 이런 성향의 사람들은 불확실한 상황에 처할 때나 견디기 힘든 부정적인 진실과 직면할 때, 그에게 무엇을 어떻게 해야 할지 결정하고 이끌어 줄 전지전능한 인물을 절실하게 필요로 한다. 그들은 요행(僥倖)과 기적을 바라면서 영적인 능력자를 찾게 되는데, 시간이 흐를수록 영적인 사기꾼들의 암시와 심리적인 영향을 받고, 영적인 능력자에게 절대적으로 의존(依存)하게 된다.

둘째, 사기성이 있는데도 겉으로 보아 친절하고 다정한 무당이나 점복자를 맹신(盲信)하고, 그에게 깊이 몰입한다.

샤머니즘 중독자들은 자신의 주변에서 일어나는 상황을 정확히 인지하거나 사태의 심각성을 제대로 파악하지 못한다. 현실을 검증하는 능력과 이성적인 판단 능력을 상실한 그들은 점복자의 감언이설과 거짓 예언까지도 점점 더 맹신하게 된다. 이때 영적인 사기꾼들은 가스라이팅을 통해 중독자들을 마치 자신의 소유물처럼 지배하고 조종하며 자신의 이익만을 꾀한다.

셋째, 샤머니즘 중독자는 흑백논리와 관계 사고적인 체계를 가지고 있다.

자신의 주변에서 일어나는 일들과 인간관계를 맺는 사람들을 대할 때 운명론을 바탕으로 판단하고, 선과 악에 대한 극단적이고 이분법적인 흑백논리를 가지고 있다. 이들은 자신이 원하는 것을 채워주지 않으면 쉽게 분노하고 순식간에 공격적인 태도로 돌변한다.

아울러 이들은 자신의 주변에서 일어나는 서로 무관한 사건이나 사소한 우연의 일치를 경험하면, 그것이 자신에게 매우 중요한 경험이라고 생각해 특별한 의미를 부여하며 '운명적인 경험'이라고 받아들이고 있다.

넷째, 샤머니즘 행위에 적극 몰입하는 동안에 심각한 사회적인 고립 상태가 된다.

샤머니즘 중독자들은 짧은 시간 내에 점복자 또는 사기성이 농후한 무업자들의 감언이설에 쉽게 현혹될 수 있다. 나태한 성향과 사행성을 가진 사람들은 영적인 사기꾼들의 집중적인 가스라이팅 대상이 되어 가스라이터가 유도하는 샤머니즘적인 의례와 점복 행위에 깊이 빠져 많은 시간과 에너지, 재산을 탕진하게 된다.

수도 없이 반복되는 샤머니즘적인 의례는 중독자들에게 자신의 문제를 보호하고 유지하는 장치로 작용하고, 지속적인 유용성을 확보하기 위한 전략이자 수단이 된다. 샤머니즘 중독자들은 샤머니즘 의례를 진행하기 위해 자신의 경제력을 초과해 과도하게 물질을 남용함으로써 종국에는 파산에 이르고, 가족관계마저 파괴함으로써 스스로 고립하게 된다.

다섯째, 불안과 갈등을 해소하기 위해 샤머니즘 의례(儀禮)에 강박적으로 참여하고 점복 행위에 깊이 몰입한다.

샤머니즘 중독자들은 영적인 사기꾼이 유도하는 다양한 굿에 참여하며 '무감'을 쓰면 우울했던 기분이 전환되거나 황홀한 감정이 고조되며 '카타르시스(그리스어: Katharsis)'를 경험하게 된다.

'무감'이란 굿에서 무당이 아닌 제갓집 사람들이나 굿에 참여한 사람이 신복을 입고 춤을 추는 행위로, 무감을 서고 나면 아픈 곳이 자가 치유되고, 신의 공덕(神의 功德)을 입는다.

카타르시스는 그리스어로 '깨끗이하다', '깨끗이 치우다'라는 뜻으로, 내적인 갈등이나 억압했던 감정의 응어리를 외부로 발산하고 마음을 정화해 정서적인 안정을 찾는 행위다.

이런 이유로 샤머니즘 중독자들은 시시때때로 굿당을 이리저리 기웃거리거나 샤머니즘 공연이 열리는 공연장을 찾아다닌다. 그들이 굿에서 무감을 쓰고 추는 춤은 충족되지 않은 욕구를 채우고, 불안과 갈등을 동시에 해소하기 위한 몸짓이다.

아울러 그들은 기회만 있으면 헤아릴 수 없을 정도로 많은 점복자를 찾아가 점복을 행한다. 샤머니즘 중독자들은 무당이나 점복자가 자기를 속속들이 알고 있고, 초인적인 능력이 있는 사람이라는 '전능 환상'에 젖어있다. 그들은 무당이나 점복자에게 집단무의식의 '치료자 원형상'을 투사하고, 그들에게 정서적으로 집착하면서 병리적인 전이를 일으킨다.

여섯째, 샤머니즘 중독자는 샤머니즘 의례의 참여나 무당과의 돈독한 관계 유지를 가족으로부터 도피하기 위한 수단으로 활용한다.

샤머니즘 중독자는 자기의 삶이 그가 행하는 샤머니즘적인 활동의 지지와 도움으로 살아간다고 믿는다. '주술'은 그들의 삶에 필수 불가결한 부분이 된다. 그들의 기분 전환을 방해하거나 위협하는 것은 누구나 적으로 삼는다.

그들은 의례 행위를 반대하거나 제지하는 가족이나 친구에게 엄청난 분노와 적대감을 표출하고, 그런 사람들을 모두 자신의 적이나 악마로 여기며, 스스로 가족을 떠나거나 인간관계를 단절한다. 이때부터 관계를 맺는 무당이나 점복자는 그들의 새로운 가족이다.

일곱째, 평소에도 과도한 긴장 상태에 있다.

샤머니즘 중독자는 내적인 평화를 누리지 못하고, 만성적인 공허감과 상실감에 시달리면서 과도한 긴장 상태에 처해 있다. 이들은 샤머니즘적인 의례를 통해 자신의 공허감을 채우기 위해 중독에 빠진다. 그들은 스트레스에 대해 과도한 취약성이 있어 삶에서 시시때때로 발생하는 스트레스를 제대로 해소하지 못한다. 이 바람에 그들은 다양한 '정신·신체 장애'에 시달리는데, 주로 만성적인 두통, 고혈압이나 당뇨병, 과체중, 만성적인 불안감과 우울증, 수면장애, 알레르기, 천식 등을 앓는다.

여덟째, 굿을 통한 엑스타시와 황홀경을 열망한다.

샤머니즘 중독자는 굿을 내면의 억압된 감정을 배출하는 통로로 삼아 카타르시스를 추구한다. 그들이 굿을 찾아다니는 이유는 굿을 통해 탈혼망아(脫魂忘我) 상태를 유도하고 카타르시스를 느끼기 때문이다. 그들이 궁극적으로 추구하는 것은 신인합일의 영적인 체험이 아니라 황홀경과 쾌락에 대한 열망이다.

아홉째, 구도자적인 성향을 지닌 사람들일수록 무당이나 점복자에게 친화감을 느끼고. 자연스럽게 중독에 빠져든다.

구도자적인 성향의 사람들은 천성적으로 내향적이고 직관적이다. 그들은 종종 고통이나 무력감에 과도하게 시달리고, 영혼과 영적인 삶에 깊은 관심을 보인다. 그들은 영적인 문제에 관해 자신과 심오한 대화를 할 수 있는, 영적인 경험이 많은 사람을 찾는다. 이들이 영적인 대화의 상대로 비교적 손쉽게 만날 수 있는 대상이 무당과 점복자다. 그러다가 샤머니즘 중독에 서서히 빠지게 된다.

샤머니즘 중독은 중독자가 무당과 점복자, 또는 샤머니즘적인 의례에 과도한 의존과 집착을 보이는 현상이다. 이 현상은 샤머니즘 의례를 남용하거나 오용하는 행위를 통해 드러난다.

샤머니즘 중독자는 기본적으로 자아가 불안정하고, 자기학대를 일삼는다. 그들은 의례를 통해 강렬한 신내림 등과 같은 샤머니즘적인 체험에서 유도되는 황홀경과 기적을 열망한다.

샤머니즘의 중독 현상은 중독자가 기적과 요행을 바라서 빠져들기보다는 만성적인 공허감과 끊임없이 발생하는 내적인 불안을 제대로 통합하지 못하기 때문에 발생하는 것 같다.

31

쇠퇴와 상실
그리고
영적인 능력의
샤먼 무력(巫力)의 약화

인류에게 있어 디지털 시대와 다양한 전파 매체의 발달로 인해 샤먼들의 영적인 능력은 간접적으로 점점 쇠퇴 일로에 처해 있다. 현대는 스마트폰과 TV, 라디오, 컴퓨터, 오디오 매체와 같은 다양한 디지털 제품에서 매시간 수많은 전파가 생성되어 흐르고 있다. 이 바람에 천상계와 지하계, 인간계를 잇는 영적인 파장은 심각한 커뮤니케이션의 방해를 받는다.

샤머니즘을 집대성한 종교현상학자이자 인류학자인 엘리야데(Mircea Eliade, 1907~1986)는 1974년 『샤마니즘, 고대적 접신술(영: Shamanism. Archaic Techniques of Ecstasy』(Princeton Uni. Press)를 출간할 당시에 이미 샤먼들의 영적인 능력이 점차 쇠퇴하거나 약화하고 있음을 시사한 바 있다.

샤먼의 무력(巫力) 약화에는 다양한 전파의 방해로 인한 영적인 커뮤니케이션의 장애 외에도 몇 가지 주된 요인이 더 있다. 그중 하나는 세상 사람들의 샤머니즘에 대한 믿음과 신앙심이 점차 희박해지는 것이다.

또 다른 하나의 요인은 자본주의와 결합한 종교성이 비의(독: Esoterik)에 집중되고, 영성을 돈을 주고 손쉽게 구매하거나 소비하려는 사람들이 증가하면서 '자본의 영성화'와 '영성의 자본화'가 가속화되는 현상 때문이다.

이런 일련의 과정을 통해 전 세계는 샤머니즘을 포함한 종교의 영역에서 '종교의 세속화'가 진행되고 있고, 종교사회학에서는 종교의 세속화 현상이 집중적인 연구 대상으로 떠오르고 있다. 종교의 세속화 연구에서는 급격한 사회변동의 결과가 종교에 어떤 변화와 영향을 미치는지를 탐구한다.

종교의 사회적 중요성 감소와 함께 종교의 세속화 문제는 현대 사회에 있어서 비단 샤머니즘에 국한되어 나타나지 않고, 점차 인류 전체 종교현상의 공통 문제로 등장하고 있다.

현대 사회에서는 사회제도의 발달과 함께 국가 중심적인 정치제도가 발달함으로써 그간 종교가 담당했던 사회의 조정과 통제 및 사회 구성원의 조화 기능을 이제는 정치가 담당하게 되었다.

눈부신 자본 시장경제의 발전은 정신적이며 영적인 가치를 일괄하여 물질적인 가치로 측정하고 대체하기에 이르렀다. 이에 따른 결과로, 종교의 사회적인 중요성이 점차 감소하고, 종교적 가치가 새로운 가치(특히 경제적인 가치)로 대체되는 현상이 나타나고 있다.

최근 들어, 샤머니즘은 종교의 세속화에 대한 직접적인 영향권에 놓이게 되었다. 특히 현대에 들어서면서부터 합리적인 사고와 실증주의적인 사고의 발달로 인해 초자연적인 세계를 구심점으로 구현되는 샤머니즘적인 신앙과 그에 부수되는 종교의례와 샤머니즘의 믿음 체계는 점차 불신이 되고, 적극적으로 부정되고 있다.

또한 샤먼 스스로가 현실과 타협해 샤머니즘적인 의례를 임의로 변형하거나 일부의 의례를 배제하여 세속화의 가속화에 한몫한다. 지역사회와 공동체를 유지하기 위한 샤머니즘의 영향력은 현실주의와 실용주의의 영향으로 말미암아 점차 축소 또는 상실의 과정을 겪고 있다.

샤머니즘의 사제인 무당은 인류의 역사 이래로 줄곧 노모스(영: Nomos)와 코스모스(영: Cosmos) 사이에서 중개자 또는 영적인 조율사 역할을 담당해 왔다.

인간을 사회의 혼돈과 무질서로부터 보호하고, 영적인 세계와 현상계의 조화를 꾀했던 샤머니즘의 종교. 사회적인 위상은 점차 축소되거나 상실되는 과정에 있다. 이에 따라 샤머니즘의 의례와 관습도 점차 사회적인 영향력이 줄어들고 있다. 샤머니즘 고유의 정체성이 축소 또는 상실되는 과정에서 샤머니즘은 타(他) 종교와 융합된 형태로 새롭게 변용되거나 심리치료의 영역으로 편입되는 등 다양한 변신을 꾀하고 있다.

또한 서구의 계몽주의 사상과 합리적인 사고로 무장한 현대인들과 기독교인은 그들의 눈에 비친 샤머니즘의 신비적인 요소와 비합리적이고 비이성적인 부분을 제거하거나 은폐시키려는 시도를 일삼는다.

이에 부응하여, 무당의 사회적인 위상이 격하되고 있고, 샤먼 자신도 스스로 현실 타협적인 자세를 취한다.

최근 들어, 샤먼의 예언자적 기능과 영적인 치유자(治癒者) 기능은 자본의 영성화 경향에 보조를 맞추어 점차 축소되고, 샤먼적인 가치와 영향력은 점점 상실되거나 하락하고 있다.

미국의 사회학자인 래리 샤이너(Larry E. Shiner, 1934~)는 종교의 세속화를 종교의 쇠퇴와 같은 맥락에서 이해한다. 그는 주로 기독교적인 사회에 있어서 종교의 세속화를 논하고 있다. 그의 이론을 확장해 샤머니즘의 세속화 이론에 적용해 보았다.

1) 샤머니즘의 종교적인 위상과 비이성적·비합리적인 부분들이 제거되고, 문화·예술적, 오락적 측면이 강화되었다.

2) 샤머니즘의 사제가 스스로 세상의 변화에 부응하고 동조하는 현상과 더불어 현실 타협적인 자세를 취한다.

3) 샤머니즘 종교성의 사회적인 분리 : 풍어제나 마을굿 등과 같은 공동체의 의례가 점차 줄어들거나 쇠퇴하고, 샤머니즘적인 의례가 개인적이고 사적인 영역으로 축소되는 추세다.

4) 샤머니즘적인 믿음과 제도의 변형 : 샤머니즘의 초자연적이며 신성한 영역은 문화나 공연의 한 영역으로 파편화되고, 샤머니즘적인 의례가 개인의 책임 영역으로 제한되었다.

5) 샤머니즘의 종교적인 가치관과 성스러움은 상실되고 기복(祈福)과 주술(呪術)에 대한 지대한 관심만이 확산 일로에 있다.

6) 종교 다원주의의 영향을 받은 샤머니즘과 다른 기성 종교의 융합으로 인해 샤머니즘 고유의 정체성은 점차 상실되고 있다.

7) 영성의 자본화와 상품화: 샤머니즘적인 의례(무꾸리, 점복, 치병 의례, 굿 등)는 자본시장의 구매 가능한 상품으로 전락하고 있다.

샤머니즘에서 의례의 신성성은 점차 사라지고, 의례의 구조나 형식 조차도 돈을 가지고 프로그램을 사고파는 거래처럼 개인의 기호에 따라 취사선택(取捨選擇)할 수 있게 되었다.

제 6 장

정신치유 샤머니즘과

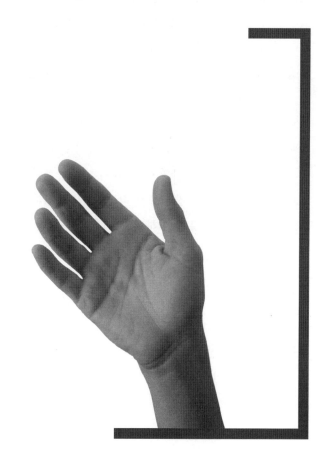

1

질
병
관
의
샤
머
니
즘

초기 인류는 이 세상의 모든 사물에 정령(精靈)과 영혼이 깃들어 영적인 힘을 발휘한다고 믿는 '다신관(多神觀)'과 '정령 숭배 사상(영: Animism)'을 가졌다. 그들은 영적인 존재들과 악귀들이 자연현상을 변화시킬 수 있고, 질병과 재앙을 일으키는 주요 원인이라고 믿었다.

우리는 일상에서 '재수가 없다', '운이 나쁘다', '신명(神明)이 난다'. '~을 해야 직성이 풀린다'와 같은 샤머니즘적인 표현을 자주 사용하는데, 이는 아직도 다신관의 잔재가 남아있다는 방증이다. 우리가 무의식으로 사용하는 샤머니즘적인 표현에 샤머니즘의 원형과 이원론적인 사상이 드러난다. 샤머니즘의 세계관은 음양오행 사상을 바탕으로 대우주인 자연과 소우주인 인간의 조화를 기초로 구성되었다.

현대 과학 문명이 발달하기 직전인 근대(18세기 말~19세기)까지만 해도 한국인은 전체로서의 하나인 대우주 자연과 소우주인 인간의 상호 유기적인 작용을 믿었고, 인간은 정신적 요소인 영혼과 물질적 요소인 육체가 결합한 존재로 인식했다.

또 번개와 바람, 홍수와 같은 자연적인 힘과 인간의 원한이 극에 달하게 되면 재화(災禍)를 발생시키고, 인간의 몸에 초자연적인 존재(신이나 정령)나 악귀가 침입하면 질병이 발생한다고 믿었다. 이 때문에 질병이 발생하면 민간 의료나 원시적인 의료체계에 전적으로 의존했다. 근대까지만 해도 종교와 주술, 의술의 경계가 분화되지 않은 상태라 인간과 신의 세계를 연결하는 샤먼이나 주술사(呪醫)가 의사의 역할을 담당했다.

조선 시대에는 강신 무당이 전통적인 무의(巫醫, 무당 치유사)로서 질병의 치유를 담당했다. 우리 조상들은 질병이 주로 조상(령)이나 귀신 등 인격적인 존재가 개입하거나 간섭해 발병한다고 믿었다. 이때 무의(巫醫)가 인간의 몸에 침입한 존재를 몸 밖으로 축출하면 환자의 질병이 치료된다는 생각이 일반적이었다.

샤머니즘적인 세계관을 가진 사람들은 음식물을 섭취할 때 악귀가 이를 매개로 입안으로 들어온다고 믿었다. 또 환자가 악질(惡疾)에 걸리면 죽은 영혼이나 객귀(客鬼, 떠돌아 다니는 잡귀나 잡신)가 침입해 병의 '빌미(재앙이나 질병 등의 불행이 생기는 원인)'가 되었다고 생각했다. 이때 비교적 가벼운 질병은 '객귀물림'을 진행했다.

병의 증세가 좀 더 위중한 경우는 강신 무당을 불러 병굿이나 푸닥거리와 같은 치병 의례를 진행했다.

한국의 샤머니즘에서 '굿', '마지', '풀이'는 무의들이 환자에게 붙은 병마를 쫓아내기 위해 진행했던 의례이고, 주술적인 방법으로 병마를 쫓는 행위를 '가신다'. '떤다'. '푼다'라고 표현했다.

의학과 의료기술이 현저하게 발달한 현대까지도 일부 사람들은 신병(神病)이나 정신질환이 생기면 여전히 인격적인 존재인 신령이나 귀신(잡귀. 잡신) 등이 개입하거나 간섭해서 병이 발병했다고 믿는다.

이때, 질병이 외부로부터 사람의 몸에 들어온다(침입한다)는 의미로 '덧(입덧)'이나 '탈(배탈)' 등으로 부른다.

요즘도 더러는 정신질환에 걸리면 무당(또는 법사, 판수)에게 의뢰해 병굿과 '치병 의례'를 진행하는 사람들도 있다.

우리는 아직도 일상생활에서 '신바람이 난다'. '~을 해야 직성이 풀린다'. '정신[혼(魂)]이 나갔다'. '얼이 빠졌다'. '병에 걸렸다'. '병이 나갔다'. '감기가 들었다'. '운이 나쁘다', '재수가 없다'. '돌아가셨다' 등과 같은 샤머니즘적인 표현을 자주 사용하고 있다. 이런 표현에는 한국인들의 샤머니즘 원형과 이원론적 사상이 관련되어 있다.

샤머니즘적 세계관에 의하면, 질병은 주로 빙의(憑依)나 (병마의) 침입과 '영혼의 상실'에 의해 발생한다.

한국인들이 가진 샤머니즘의 세계관은 음양오행의 이론을 바탕으로 대우주인 자연과 소우주인 인간의 조화를 기초로 구성되었다. 인간은 정신적 요소인 영혼과 물질적 요소인 육체가 결합한 존재다.

프로이트(Sigmund Freud, 1856~1939)는 『토템과 타부(독: Totem und Tabu)』에서 인간의 영혼을 생명을 이끌고 추동하는 근원적인 힘인 동시에 '정신 활동의 담지체'로 이해했다.

예나 지금이나 인간의 영혼은 생명을 이끌고 추동하는 근원적인 힘이며 정신 활동의 담지체다. 우리 조상들은 인간이 유한한 육신과 영생불멸하는 영혼을 소유하고 있어 죽어서 자기의 육체를 떠난 영혼은 다른 사람의 육체로 이동하거나 그 안에서 기거할 수 있다고 믿었다.

인간은 정(精)·기(氣)·신(神)으로 구성되어 있고, 음양의 기운이 조화로운 상태에서 형(꼴)을 이루는데, 사람이 태어나면 음양의 기운이 응결하고, 죽으면 음양의 기운이 흩어진다. 육체는 음(陰)적·물질적인 요소이고, 혼은 양(陽)적·정신적인 존재다.

인간은 죽으면 육체와 혼이 분리되어 육체는 흙으로 돌아가고, 육체를 떠난 영혼은 하늘로 올라간다. 강신 무당은 샤머니즘적인 의례를 진행할 때 자율성을 가진 영혼을 이승으로 불러올 수도 있다.

우리는 어르신이 사망하면 "돌아가셨다."라고 한다. 이 표현에는 망자가 자신이 태어난 근원(根源)으로 다시 돌아간다, '되돌아간다'라는 의미를 담고 있다.

독일어 문화권에서는 사람이 죽어서 목사나 신부가 교회나 성당에서 장례식을 거행할 때, "Erde zu Erde, Asche zu Asche, Staub zu Staub(흙은 흙으로, 재는 재로, 먼지는 먼지로(돌아가리라))!"이라고 말하며 관 위에 흙을 한 줌 뿌린다. 이 표현은 하느님이 생명을 주셔서 태어난 인간이 다시 하느님이 계신 곳으로 되돌아간다는 의미를 담고 있다.

샤머니즘적인 세계관에 의하면, 인간의 영혼은 육체를 떠나서도 영원히 존재한다. 인간의 영혼은 사람의 몸 안에 깃든 생령(生靈)과 죽어 인간의 몸에서 분리되어 저승으로 떠나는 영혼인 사령(死靈)으로 분류한다.

사령은 다시 이승에서 천수(天壽)를 다하고 순조롭게 살다가 저승으로 간 '조상 신령'과 생전에 원한이 있어 저승으로 가지 못하고 악령이 되어 이곳저곳을 헤매며 인간을 괴롭히는 '원귀(冤鬼)'로 분류했다.

원귀는 종류가 많다. 천수를 다하지 못하고 불의의 사고로 사망한 영혼, 억울하거나 분한 마음을 품고 죽은 영혼, 아사(餓死, 굶어 죽음) 후 배가 고파 먹을 것을 구하는 영혼, 세상에서 모진 고생만 하며 살다가 한을 품고 죽은 영혼, 사고나 피살 등으로 인해 비명횡사한 영혼, 유교의 가족 중심적인 사자 의례에서 배제되어 제사(祭事)를 받지 못하는 영혼, 집이 아닌 다른 데서 죽은 영혼[객사(客死)한 영혼], 무사귀신(無祀鬼神, 죽은 후에 후손으로부터 제사를 받지 못하는 영혼)' 등이다.

우리 조상들은 원귀가 이승에 고착해 머물며 흩어지지 않고 맺히면 음혼(陰魂)이 되어 저승으로 들어가지 못할 뿐 아니라 요망하고 사악한 기운으로 변해 살아있는 사람들에게 위해(危害)를 가하고 부정적인 영향을 끼친다고 믿었다.

조선 시대에는 원귀가 살아있는 사람에게 위해를 가하고, 질병이나 죽음을 초래할 수 있다고 믿었기 때문에 국왕이 몸소 국가적인 차원에서 '국행의례(國行儀禮, 국가가 주관하는 의례)'인 '여제(厲祭)'를 베풀어 무사귀신을 위로하고 영적으로 깨어진 조화를 이끌었다.

'여귀(厲鬼)'는 살아생전에 원한을 품고 불운하게 죽었거나 제사를 지내 줄 후손이 없어 인간에게 해를 끼치는 귀신으로, 이들을 위로하는 제사가 바로 여제다.

조선 시대의 여제(厲祭)는 국왕이 몸소 역병이나 기근에 시달리는 불쌍한 백성들을 위로하고 구휼(救恤)하는 의례로 자리매김했다. 특히나 전국에 역병(전염병)이 창궐할 때 국가나 마을 단위로 주도해 유교식 제사의 형식과 절차를 갖추어 여제를 지냈다. 현재까지도 서울의 평창동에는 조선 시대에 여제를 지냈던 여제단이 보존되어 있다.

한국의 샤머니즘적인 세계관에 의하면, 건강을 유지하려면 천명(天命)에 순응하고 음양이 균형과 조화를 이뤄야 한다. 건강한 상태는 정신과 육체의 기혈이 균형을 이루고, 질서가 정연하며, 영육이 조화로운 상태다. 인간은 천명과의 부조화로 인해 육체에서 기(氣)의 균형이 깨질 때 질병에 걸린다고 믿었다. 전(全) 세계로 눈을 돌릴 경우의 샤머니즘 질병관에 의하면, 인간은 크게 5가지의 매개 방식으로 질병에 걸린다.

첫째, 사령 또는 정령의 침입이나 빙의로 야기되는 질병의 개념(영: Spirits Intrusion): 조상신, 객귀(客鬼, 뜬 귀신), 잡귀. 잡신, 망자, 신령(또는 선신)이 인간의 육체에 임재(臨齋)하여 발생하는 질병. '(귀신이) 씌었다(들렸다)', '(신령이) 지폈다'. '살이 끼었다'. '상문이 들었다' 등으로 표현된다.

둘째, 금기(영: Taboo)의 파괴 또는 신성(神聖)을 침해했거나 신벌로 인한 질병의 발생 개념: '부정을 탔다'. '동티가 났다'. '(조상)신이 노하셨다' 등으로 표현된다.

셋째, 영혼의 피탈(탈혼) 또는 상실(영: Loss of Soul): 여러 가지 사유로 인해 인간의 영혼이 육체에서 빠져나가거나, 영혼이 길을 잃어 사령에게 붙들려 질병이 발생한다는 개념. '정신(넋)이 나갔다'. '얼이 빠졌다'. '넋을 놓았다'. '혼이 나갔다' 등으로 표현한다.

넷째, 타인의 저주로 인한 질병의 발생 개념(영: Disease Sorcery): 주술사(또는 무당 등 영적인 능력을 행사하는 자)나 적대감을 가진 사람이 행하는 흑주술(영: Black Magic) 또는 마술적인 행위로 질병이 발생한다는 의미.

다섯째, 물질의 침입(영: Object Intrusion)에 의한 질병의 개념: 사기(邪氣)나 앙심(怏心) 등 부정적인 마음을 품은 주술사나 개인이 다른 인간에게 벌레 등의 곤충류나 파충류, 독이 있는 동물, 죽은 동물의 해골 및 날개, 화살, 뼛조각, 가시 등과 같은 물질을 발사해서 발생하는 질병의 의미.

한국의 샤머니즘에서 첫째의 원인에 의해 질병이 발생하면 주로 '객귀물림' 또는 '물림게질'이라는 비교적 간단한 의례를 행한다.

객귀(客鬼)란 '객사귀(客死鬼)'라고도 하며, 집 밖이나 집이 아닌 객지(타지)에서 죽은 사람의 혼령이다. 교통사고, 자살, 타살, 익사 등으로 불행하게 죽은 영혼이 좌정하지 못하고 손님처럼 떠돌며 다른 사람에게 붙어 탈을 일으킨다고 하여 붙여진 이름이다.

평소에 멀쩡했던 사람에게 객귀가 들리면 별안간에 두통이 생기고, 오한이 들면서 하품이 나고, 입맛이 전혀 없으며, 음식을 먹으면 구역질이 난다. 이때 객귀물림의 의례는 꼭 강신 무당이 아니어도 전반적으로 민속적인 전통 신앙을 가지고 있는 사람도 진행할 수 있다. 과거에는 주로 가정주부나 집안에서 가장 나이가 든 아녀자가 행했다.

전라도 지방에서는 객귀물림 의례를 집전하는 사람은 몸을 정화한 후에 동쪽으로 향하게 환자를 앉히고, 바가지에 물(우물물 또는 흐르는 물)을 떠온다. 부엌에서 식칼을 가져와 이 우물물에 환자의 머리카락을 식칼로 조금 베어 넣고, 식칼로 환자의 몸을 훑는 시늉을 한다. 이때 환자에게 바가지 안에 침을 세 번 뱉게 한다, 우물물에 된장을 풀어 환자 앞에 놓고 들고 발을 동동 구르면서 아래의 주문을 외운다.

"허세사 - 객구야 듣거라. 동네방네 삼서낭에서 물린 것도 아니고 잡구 잡신(잡귀 잡신)으로 물린 거니께. 너그라 거룩하니 썩 받고 많이 묵고 썩 물러나그라. 안 물러나면 대칼로 목을 질러서 저 대추나무에다 풍던져 버릴랑께. 얼른 가그라. 허세사-"

의례를 진행하는 사람이 이렇게 주문을 세 번 외치고서 칼질을 세 번 하고, 침을 뱉은 다음에 칼날을 밖으로 향하게 해서 던진다.

이런 방법으로 객귀물림을 하면 어지간한 객귀는 떨어져 나가면서 환자의 병이 낫는다.

이렇게 해서도 환자가 병이 낫지 않으면, 환자와 인연이 깊은 객귀나 원한이 깊은 사귀(邪鬼)가 강하게 달라붙은 까닭이라 판단한다. 이런 경우에 판수나 법사를 불러 독경 의식(주로 귀신을 쫓는 '옥추경'을 낭독함.)을 진행하며 객귀를 쫓아내거나 강신 무당(또는 당골네)을 불러 객귀의 원한을 푸는 병굿이나 치병 의례를 진행한다.

인연이 깊은 사귀나 객귀가 몸에 달라붙어 병이 난 경우는 무당이 치병 의례를 진행한다. 이때 객귀를 위로하고, 그의 한을 정화한 후에 이승과 저승의 길을 갈라 저승으로 돌려보내야 환자의 질병을 완치할 수가 있다. 이때 환자의 질병을 치유할 수 있는 기간을 놓치면 환자가 급사할 때도 있다.

한국의 샤머니즘에서 둘째는 신성(神聖)을 모독하거나 금기를 범해 일어나는 벌이나 재앙으로, 소위 '탈'이라 부른다. 인간이 신성한 존재에게 잘못을 저지른 행동에 대한 (부정적인) 결과가 초래된다고 믿는 신앙에서 비롯되었다.

이로 인한 질병은 환자 스스로가 신성을 모독한 주체 앞에 엎드려 자기 잘못을 회개하고 직접 잘못을 빌거나 강신 무당에게 의뢰해 신성의 노여움을 풀고 달래는 의례를 진행하면 병이 깨끗이 낫는다.

셋째는 시베리아 샤머니즘의 주요 질병 관(觀)이다. 한국의 샤머니즘에서도 소위 "넋이 나갔다"는 표현에서도 알 수 있듯이, 어떤 특정한 사유로 인해 환자의 의식이 소실되는 상태를 일컫는다. 이때도 강신 무당은 병굿이나 치병 의례를 진행하면서 환자에게서 떠나간 영혼을 불러들여 다시 제자리에 좌정시키면 환자의 병이 치유된다. 이때 환자의 질병을 치유할 수 있는 시간을 놓치면, 환자는 다각적이고 만성적인 정신 장애를 앓거나 조현병(구 정신분열병)에 시달릴 수도 있다.

넷째에 해당하는 저주의 방법은 '흑주술(영: Black Magic)'로, 일반적으로 활용하는 2가지 방법은 '염매(厭魅)'와 '고독(蠱毒)'이다.

염매는 짚이나 헝겊으로 저주하려는 형상(인형)을 만들거나, 종이에 사람의 형상을 그린 후에 저주하는 사람의 사주와 이름을 적는다.

그 인형에 활, 창, 칼 등으로 공격해서 저주하는 사람을 병들거나 죽게 하는 주술이다.

고독을 행할 때는 놋주발에 곤충이나 파충류를 잔뜩 모아서 넣고 뚜껑을 닫아 둔다. 이때 주발 안에 있던 곤충들 사이에서 약육강식의 쟁탈전이 시작되어 서로 먹고 먹히는데, 마지막으로 생존한 한 마리의 벌레가 바로 '고((蠱)'다. 일단 이 고를 불에 태워서 분말을 만든다.

이 분말을 술이나 음료, 음식 등에 몰래 넣어 타인에게 먹이면, 이음식을 먹은 사람은 강력한 '충귀(蟲鬼)'의 독에 중독되어 심한 복통을 앓고 병이 들거나 수일 내로 급사할 수 있다.

염매와 고독이 원인이 되어 발생한 질병은 신속하게 그 원인을 찾아제거하거나 이에 대한 해독제로 비방을 행함으로써 환자의 질병이 사라지게 된다.

위의 4가지 질병 발병(發病)의 원인으로 볼 때 질병이 반드시 바이러스의 침입이나 불의의 사고로 인해 발병하는 것만은 아니라는 것이다.

상당수의 질병은 '심인성'으로 발병하는데, 현대의 의학에서는 이런 경우의 질병을 '정신 신체 장애(독: Psychosomatische Krankheit)'라 부른다.

정신 신체 장애는 환자가 어떤 심리적인 원인이나 사회적인 관계, 또는 만성적으로 극심한 스트레스로 인해 신체적인 장애를 일으키거나 이미 발병한 질환이나 질병에 취약한 부분이 더욱 악화가 되는 현상이다.

한국의 샤머니즘 질병관에서 강신 무당은 무꾸리(신점(神占)를 통해 우선 환자가 앓는 질병의 원인을 찾아내고 이에 대한 길흉을 판단한다. 이때 그는 환자 몸에 나타난 이상을 진단하고 치료하는 치병(治病)의 기능을 담당한다. 때로는 무당이 사제(司祭)이자 의례의 전문가로서 중증 질병을 치유하기 위해 병굿을 진행한다.

과거의 인류는 대부분 샤머니즘적인 병인론(病因論)을 가지고 있어서, 질병을 신의 저주 또는 귀신이나 악귀의 소행으로 여겼다.

질병에 걸린 사람은 영적인 존재에 대한 '성스러운 두려움(독: Heilige Scheu)'을 가졌다.

19세기 후반에 이르러서야 비로소 현대 의학과 심리학 이론이 등장하면서 질병에 대한 새로운 관점이 생겼고, 심리학 이론을 영혼의 질병에 접목해 해석하기 시작했다.

정신의학자인 칼 융(Carl Gustav Jung, 1875~1961)은 인간에게 닥친 '일시적인 정신의 위기'는 살아오는 동안에 심리적인 문제가 정화와 치유를 거치지 않고 방치되어 무의식에 혼돈과 적체 상태로 남겨져 있기 때문이라고 생각했다.

우리는 정신의 위기에 처했을 때, 비로소 삶의 문제들과 심리적인 장애를 근본적으로 자가(自家) 치유할 수 있는 계기를 만날 수 있다.

인간은 원인이 불분명하고, 기존의 치료 방법으로는 도무지 치유를 받지 못하는 정신·신체적인 장애를 경험하는 과정에서 영혼의 정화와 영적인 진화 및 영성의 성장을 이룬다. 살아가는 동안 인식에 대한 깨달음은 파도처럼 갑작스럽게 밀려드는데, 우리는 무의식 안에 원형으로 잠들어 있는 신성(神性)을 스스로 깨우고, 회복하기 위한 과정을 겪는다. 이때 일시적으로 영적인 혼돈과 정신적인 정체 상태를 만나게 된다.

나는 영적인 정화와 자기 정체성을 찾는 일련의 회복 과정을 일컬어 '창조적인 맴돌이 과정'이라고 명명했다. 환자가 이 과정에서 일시적인 혼돈과 정체되어 있던 정서적인 문제들을 해소하고 영적인 균형이 다시 회복하면, 자신의 질병을 '자가 치유'할 수 있는 능력을 얻는다.

만성적인 정신질환(조현병, 경계선 인격장애, 자기애성 인격장애 등)에 시달리는 환자의 경우에는 더더욱 그렇다.

〈국제질병분류(ICD-10)〉의 '황홀경과 빙의(영: Trance and

Possession Disorders)'라는 '해리성 몽환 상태(영: Trance State)'는 환자의 주의력이 특정한 부분에 국한되어 집중되고, 인지능력은 현저하게 제한된다.

황홀경이나 빙의 상태에 있는 환자는 영혼이나 미지의 힘에 사로잡히거나, 제3의 인격에 의해 강력한 영향을 받는다. 빙의령은 환자의 생각에 깊숙이 파고들어 감정을 자극하고, 기억을 왜곡하며, 인지능력을 심각하게 제한하려고 한다. 빙의(憑依) 환자는 그의 고유한 주체성이 사라지거나 제한되고 다른 주체성으로 대체된다.

이때 환자는 주변에 대한 인식이나 지각이 변하거나 환자 스스로가 자신을 통제할 수 없는 상태, 별난 행동과 움직임을 보인다.

이 진단의 범주와 관련해 현대인들이 앓고 있는 일부의 정신적인 질병은 여전히 영혼의 문제와 관련되어 발생하고 있다.

2

굿 _{Gut} is Good

샤머니즘 문화권에서 굿이 알타이 어족(語族)인 퉁구스어로 '행복이나 행운'을, 투르크 어족에 속하는 야쿠트어로는 '새의 형상으로 나타나는 영혼'을 의미한다.

문화인류학자인 조흥윤은 『巫와 민족문화』라는 책의 246쪽에서 굿을 "기복을 위한 영혼 관련 종교의례"로 규정했다. 그는 굿의 기능을 안과태평, 치병, 영혼 천도, 조상 및 신령 접대 등으로 구분했다.

종교학자인 박일영은 분도출판사에서 출간된 『한국 무교의 이해』라는 책의 87쪽과 88쪽에서 굿은 "한. 살. 탈, 고 등으로 표현되는 비구원의 상황인 불행을 제거한다든가 궂은일을 극복하여 행복 내지는 구원을 비는 종교의례"라 규정했다.

한국의 샤머니즘에서 무당이 주재하는 굿은 신내림굿을 제외할 경우, 주로 인간의 개인적이며 현세적인 기복을 달성하기 위해서, 조상이나 영적인 인연의 얽힘을 풀기 위해서, 또는 인간이 샤머니즘의 금기(禁忌, 영: Taboo)를 범했거나 삶의 조화가 깨어져 무질서해진 일상을 회복하기 위해서 진행하고 있다.

무당은 샤머니즘 의례를 주재(主宰)하며 음주와 가무를 통해 신령을 청해 모시고, 정화되지 않고 떠도는 영혼(객귀, 잡귀. 잡신)을 위무하거나 액운을 몰아낸다. 아울러 무당은 개인과 사회의 영적으로 깨진 질서와 부조화의 상태를 치유하고 조화를 회복시키기도 한다.

무당은 굿이라는 의례를 집전하며 그가 속한 집단(공동체)을 강력하게 응집시키는 능력을 활용한다. 무당은 굿에서 연희자인 자신과 굿에 참여한 사람들을 하나로 융합하고 집단적이고 사회적인 치유를 동시에 가능하게 한다. 굿은 한마디로 '상호의례의 사슬'인 것이다.

굿이 지닌 가장 큰 장점은 굿이 개방적이어서 굿판에 참여한 무당, (조상) 신령, 굿을 의뢰한 제갓집, 굿을 구경하려고 모인 사람들 모두를 위한 "공동의 치유 의례"라는 점이다. 굿에 참여하는 사람들은 굿을 주재하는 무당을 구심점으로 '공동체 의식(We-feeling)'과 심리적인 유대감을 형성해 혼연일체가 된다. 굿에서는 유사한 심리적인 장애가 있는 사람들의 동시다발적인 '집단 치유'가 가능하다.

아울러 굿은 오랫동안 치유되지 않은 채 사람들 가슴 속 깊이 억압해 묻어두었던 원(怨)과 한(恨), 그리고 불안과 갈등을 풀어내는 소통과 승화의 장으로도 활용될 수 있다.

실용주의적인 의미에서 볼 때, 굿은 공감 능력이 뛰어난 무당이 권력자들에게 짓눌린 민중의 삶의 고뇌와 고통을 위무(慰撫)하고 어루만지며, 그들의 우울감, 긴장감, 불안감과 같은 감정의 응어리들을 찾아내 집단적인 '정화(라틴어: Katharsis)'를 실현하는 과정이기도 하다.

그리스 철학자인 아리스토텔레스(Aristoteles, chr. 384~322)는 그의 책 『시학(詩學, Poetica』에서 비극이 관객에게 미치는 작용으로 '카타르시스'의 중요성에 대해 언급했다.

카타르시스라는 단어는 아리스토텔레스 생존 당시 '죄(욕망)를 씻어낸다.'라는 종교적인 의미로 사용되었다. 그 후 카타르시스는 "오염(영: Miasma)을 씻어내 재앙에서 벗어난다"라는 뜻으로 의미가 확장되었다.

카타르시스는 인간의 감정을 승화시켜 완전한 인격체로 성장할 수 있도록 유도한다. 카타르시스를 통해 인간의 격정(激情, 영: Affect, 강렬하고 갑작스럽게 발생하는 감정)은 다듬어지고 정화된다.

굿에 참가한 사람들이 무감을 쓰고 춤을 추면서 자신에게 남아 있던 영적인 응어리나 한을 풀어내고, 자기 정화와 집단 치유를 유도하는 것과 유사한 작용이 바로 카타르시스인 것이다.

한국의 샤머니즘에서 굿은 대표적인 종교 제의로, 인간사의 길흉화복을 관장하는 신령과 신령의 능력을 빌어 자신의 목적을 추구하고자 하는 단골, 단골과 신령을 중재하는 무당이 만드는 영적인 대화와 소통의 장이다. 이때 활용되는 굿판은 성(聖)과 속(俗)의 영역을 가르고, 집단의 정화와 집단 치유를 실현하는 장소다.

굿은 다음의 세 가지 절차에 따라 진행된다.

1) 청신(請神)

굿을 주재하는 무당은 인간의 생명과 운명을 좌우하는 능력을 가지고 있다고 여겨지는 신령을 위한 굿상을 차린다. 신령을 위한 굿상을 차린다. 무당은 샤머니즘 신가(神歌)를 부르며, 음주와 가무를 통해 제 신령들을 굿판으로 초대한다. 청신은 무당이 굿을 진행하기 위해 굿당에 신(령)들을 좌정시키는 행위다.

2) 오신(娛神)

무당은 춤과 음악, 신가(神歌)를 부르며 굿에 초청된 신(령)들을 즐겁게 한다. 이 과정에서 무당은 정화되지 않은 채 원한을 가진 조상의 혼령들을 따로 불러내 산 자와 죽은 자가 만나 대화를 나누도록 중개한다. 이때 무당은 혼령들의 억울함을 위무하고 영혼을 정화한다. 이에 감응(感應)한 신령과 (조상 및 한이 맺힌) 혼령들은 무당의 입을 통해 굿을 의뢰한 단골에게 영적인 메시지인 '공수(신탁, 영: Oracle)'를 전한다.

공수란 몸주 신령과 조상 신령이 강신(降神) 무당의 입을 통해 인간에게 자기 의사를 전하는 신탁행위이고, 잡귀. 잡신, 비운에 간 혼령 등이 무당의 입을 통해 전하는 소리는 지청구(넋두리)라고 한다.

공수 현상은 주로 강신 무당에게서 나타나며, 각 지역에 따라 부르는 명칭도 다르다. 전라도 지방의 강신 무당인 당골네들은 공수를 '공줄' 또는 '공사'라고 부른다. 경상도 지역에서는 '포함'이라고 한다. 신(령)이 무당의 몸에 강림해 무당의 입을 통해 인간에게 공수를 내리는 것을 일컬어 '공수를 준다'라고 표현하며, 신(령)이 내린 신탁을 인간이 받는 것을 '공수를 받는다'라고 말한다.

3) 송신(送神)

굿에 모셔졌던 신령들을 다시 그들이 머물던 곳으로 돌려보내는 절차다. 무당은 송신의 과정에 자신의 감정을 고조시킨 후 굿에 참여한 모든 이의 마음이 정화(淨化)되고 치유(治癒)되도록 유도한다.

한국의 샤머니즘에서 무당은 위와 같은 영적인 에너지의 '응집과 풀이'를 기본 구조로 한 굿을 통해 영적인 '화합과 공유(공감)를 위한 의례의 장'을 연다. 굿에서 무당은 공동체의 정화와 치유를 도모하고, 깨진 질서의 회복과 유지를 위한 의례를 진행한다.

결국 굿이란 무당이 속한 공동체나 집단을 응집시켜 주고 역량을 강화하는 '상호의례의 사슬'인 것이다.

제의의 연구에 천착했던 신학자인 톰 드라이버(Tom F. Driver, 1925~2021)는 『The Magic of Ritual: Our Need for Liberting Rites that Transform Our Lives and Our Communities(제의의 마법, 우리의 삶과 공동체를 변형시키는 해방 제의의 필요(성))』라는 책에서 합리주의 시대를 사는 현대인이 상실한 의례의 중요성에 관해 역설했다.

그는 "우리가 제의를 잃어버리는 것은 길을 잃는 것이다."라고 강조했다.

제의(영: Rituals)란 우리가 삶에서 만나는 실존적 문제들을 상징적으로 표출하는 영적인 활동이며, 현재의 상황을 (긍정적으로) 변형되도록 유도하는 주술이다. 우리는 제의를 통해서 사회 질서의 형성과 유지,

공동체적인 유대의 강화, 개인 및 사회적인 변화를 유도할 수 있다.

　무당에게 굿을 의뢰하는 사람들은 굿과 샤머니즘적인 제의를 통해 삶의 균형과 조화가 깨져 무질서해진 삶을 수정하고, 삶의 고뇌나 죄책감, 불안이나 내적인 혼란, 이별이나 죽음과 같은 한계 상황을 적극적으로 통제하고 극복하려고 시도한다.

　한국의 샤머니즘에서 굿은 내적인 혼란을 겪는 인간 스스로가 삶의 불합리나 부조리를 수정하고, 희망과 좀 더 나은 세상을 만들기 위해 진행하는 적극적인 실천 의례다.

3

샤머니즘적인 영성을 가진 사람들 대부분은 '장 중심형(직관형)' 인간으로 본능과 습관에 따라 행동하도록 각인되어 태어난다.

장 중심형 인간이란 개념은 '에니어그램(영: Enneagramm)'에서 비롯되었다.

에니어그램은 2500년 전 지금의 아프가니스탄 지역(바빌론)에서 활동했던 이슬람교의 신비주의인 수피즘(영: Sufism) 수행자들 사이에서 구전(口傳)하던 삶의 지혜가 집대성된 것이다.

수피즘 수행자들은 신에게 도달하는 길을 열기 위해 에니어그램을 개발했고, 이를 자아실현과 수행의 한 프로그램으로 활용했다.

그 후, 아르메니아 공화국 출신의 러시아 철학자이자 신비주의자인 게오르기 구르지에프(George Grurdjieff, 1866~1949)가 『위대한 만남 (영: Meeting with remarkabel Men)』이라는 책을 통해 에니어그램을 처음으로 서구에 소개했다.

에니어그램은 1916년 무렵에야 비로소 현대적인 면모를 갖추었다. 미국 스탠포드대학의 돈 리챠드 리소(Don Richard Riso, 1946~2012) 교수와 작가인 러스 허드슨(Russ Hudson)은 에니어그램을 심리학에 접목해 이론으로 정립하고 가톨릭 예수회로 전파했다.

에니어그램은 그리스어로 "9개의 점으로 이루어진 그림"이란 뜻이다. 아홉이란 의미의 에니어(ennea)와 점, 도표, 무게라는 의미의 그라모스(grammos)가 합성된 단어다. 에니어그램은 우주 창조의 기본이 되는 힘인 '3과 7의 법칙'을 융합한 도형으로, 유대교의 카발라(히브리어: Cabala) 신비주의의 '생명의 나무(영: Tree of Life)'가 상징하는 9가지 특질에 반영시켜 만들어졌다. 에니어그램은 원(Circle)과 삼각형(영: Triangle) 및 좌우대칭의 헥사드(영: Hexad)로 구성되어 있다.

에니어그램에서 원은 이상향 및 성격의 완성, 영원성, 우주의 만다라, 신은 하나를 상징하고 있다. 삼각형은 균형의 일치감과 안정을, 헥사드는 여섯 개로 된 별인데, 변화와 성장 및 상호 작용을 의미한다. 에니어그램은 9가지 인간의 성격유형과 그 유형들의 연관성을 형상화한 기하학적 도형으로 이루어져 있다.

수피즘 수행자들은 에니어그램을 자기 안의 진정한 자아를 일깨우는 동시에, 영적으로 참된 성장을 방해하는 심리적인 장애물들을 극복하고 인격적인 성숙을 유도하기 위한 수련법으로 활용했다.

에니어그램에서는 인간의 성격유형을 크게 본능형, 감각형, 사고형의 세 그룹으로 분류한다. 이 3개의 그룹은 인체의 장기들과 미묘한 연결고리를 가지는데, 이 3개의 요소가 서로 맞물려 상호 작용하면서 인간의 성격이 형성되고 고착된다고 주장한다.

인체의 여러 장기 중에서 '장'은 비유적으로 힘과 의지, 욕구와 본능을 주관하는 에너지의 중심부다. 에너지의 중심이 본능에 집중된 본능형(영: Body Style) 인간은 본능과 생체에너지가 그를 추동하는 힘이다. 본능형에 속하는 사람들은 직관형, 배짱형으로, 체험과 경험을 중시하고, 자신에게 주어진 냉혹한 현실과 환경에 저항하며 스스로가 운명을 통제하려고 한다.

이들의 내면에 정화되지 않고 잠재된 감정은 분노와 억압이다.

장 중심형 인간들은 살아가는 동안 끊임없이 독립적인 삶을 추구하는데, 이러한 노력 덕분에 대담함과 결단력을 동시에 소유한 카리스마적인 리더로 성장한다.

장 중심형 인간의 무게 중심은 하복부인 장에 있는 소화기계로 집중되어 있다. 이들에게는 의지와 힘이 삶을 유지하고 통제하는 수단이므로, 주로 본능과 습관에 따라 행동한다.

이 유형의 사람들은 자신의 목표나 성취하고자 하는 일에 에너지를 집중하여 사용한다. 이들은 특히 창의력(創意力)과 내적인 독립심이 강하고, 확고한 신념과 열정(熱情)이 많다. 이들의 주된 관심사는 자기 자신의 내적인 성장과 사회적인 정의, 현재의 삶과 미래를 향한 비전(영: Vision)이다.

장 중심형 인간들을 이끄는 내면의 감정은 분노인데, 이들은 비교적 고집이 세고, 종종 현실을 직시하지 못하거나 강박적으로 행동할 때도 있다. 이 유형에 속하는 사람들의 체격은 비교적 큰 근골격계형이다.

장 중심형 인간들은 강력한 스트레스 자극을 받으면 주로 장 신경계의 문제가 발생하는데, 주로 과민성 대장 증세와 신경계의 교란이 많이 일어나 점차 배설과 소화 기능이 쇠약해진다. 이들의 소화관에서는 만성적인 염증이 종종 발생하는데, 염증성 장 질환(영: IBD)인 '궤양성 대장염'과 '크론병(영: Chron's Disease)'이 대부분이다.

인체에서 만성 염증은 전신 면역을 방해하고 억제하는 작용을 하며, 이때 생성된 만성 염증은 호전과 재발을 반복하면서 면역력을 크게 저하해 질병에 걸리기 취약한 상태를 만든다. 그뿐만 아니라, 인체에서는 만성적인 복통과 혈변, 설사가 빈번하게 일어난다.

인체에서 이러한 증상이 장기간 진행되어 만성화되면 장이 점점 굳어지며 전신의 쇠약감과 무력감이 오고, 체중이 점차 줄어든다.

장 중심형 인간에게 나타나는 여러 증상의 발병 원인은 현재까지 명확하게 밝혀지지는 않았으나 최소한 유전적인 소인(素因)이 있는 것으로 추정된다. 이 '신의 딸'도 장 중심형, 직관형 인간이다. 내가 살아오는 동안에 다양한 질병을 앓았던 경험과 26년간의 임상 경험을 토대로 추측하자면, '샤머니즘적인 영성'을 소유한 사람들 대부분이 장 중심형 인간으로, 장신경계(ENS, Enteric Nervous System)에 다양한 취약성을 가지고 태어나는 것 같다. 이들이 강력한 스트레스 자극을 받으면 장내 미생물과 인체 면역시스템 사이에 이상 반응이 일어나 종종 몸 안에서 만성적인 염증이 발생하는 것 같다.

또한 장 중심형 인간들은 평소에도 과각성, 과도한 긴장 상태를 유지하므로, '통각(痛覺)의 과민(영: Hyperalgesia)' 상태에 처해 있다.

장 중심형 인간들은 과도한 긴장과 각성으로 인해 뇌에서 생체에너지가 과다하게 사용되기 때문에 뇌에 빈번하게 과부하가 걸리고 쉬이 피로감을 느낄 수 있다.

그렇다면, 장 중심형 인간은 건강을 유지하고, 면역력을 강화하기 위해 어떻게 섭생(攝生, 인체가 생명을 유지하기 위해 음식을 섭취하는 것.)을 해야만 할까? 다음은 내가 평소에 장 건강을 유지하고, 면역력을 증대시키기 위해 사용하는 방법이다.

하나. 해독 효소와 레몬 디톡스를 활용한 주기적인 디톡스(영: Detox) 요법

인체에 과도하게 축적된 독소와 노폐물, 활성산소, 만성 염증 등을 제거하는 행위. 독소는 대사 활동에서 생성되는 물질이나 세균에서 만들어지는 내독소와 화학물질(농약, 식품첨가물, 공해 오염물질, 살충제, 청경제, 성장촉진제 등) 및 전자파와 방사선과 같은 외독소가 있다. 이 외에도 스트레스로 인해 생성되는 스테로이드 농도가 균형이 깨지면서 염증 반응이 증가해서 발생하는 독소도 있다. 음료를 통한 디톡스 요법은 체지방 분해와 염증 배출을 통해 항산화 작용을 도울 수 있다.

둘. 운동 요법

주기적으로 숨이 차거나, 땀을 흘릴 수 있는 강도의 운동을 한다. (빠르게 걷기, 조깅, 헬스, 수영, 등산 등)

셋. 디톡스 목욕

반신욕, 족욕, 사우나, 온천욕 등으로 자연스럽게 몸에서 땀을 배출할 수 있도록 유도한다. 물의 온도는 38~40도가 적당하며, 30분~1시간 정도 시행한다. 디톡스 목욕을 하면 혈액순환이 개선되고, 피로의 회복과 불면증을 회복하는 데 탁월한 효과가 있다. 집에 욕조가 있을 때 디톡스 목욕 방법은 다음과 같다.

가. 재료: 탄산 소다 200g, 굵은소금 200g (대략 종이컵으로 1컵)

나. 욕조 물의 온도: 38도

다. 욕조 물의 양: 욕조의 70%

라. 목욕 방법

① 욕조에 38도 이상의 뜨거운 물을 받는다.

② 욕조 안에 모든 재료를 넣고 잘 녹을 수 있게 젓는다.

③ 목의 윗부분(얼굴)만 빼고, 몸을 욕조 안에 푹 담그고 30분에서 1시간 정도 그대로 눈을 감고 이완된 상태로 머문다. (이때 물이 너무 뜨겁다고 느껴지거나, 어지럼증이 일면 욕조 밖으로 나와 잠시 쉬었다가 다시 들어가서 같은 방법을 취한다.)

④ 욕조 안에서 30분~1시간 정도의 시간이 지나 몸에서 땀이 나면 욕조 밖으로 나온다.

⑤ 바디크렌저를 사용하지 않고, 그냥 미지근한 물로 몸을 닦는다.

⑥ 수건으로 몸을 말리고, 보습제를 바른다.

⑦ 특별한 일이 없으면 바로 취침하거나 1시간 정도 휴식을 취한다.

⑧ 최소한 1달에 한 번 디톡스 목욕을 실행한다.

이 디톡스 목욕 요법을 행함으로써 몸속에 누적된 노폐물이 땀과 함께 배출되고, 피부는 매끄럽게 윤기가 나면서 몸은 한결 가벼워진다.

넷. 단식과 명상 및 기도

장기간에 걸친 만성적인 스트레스는 염증성 사이토카인(영:

Cytokine)의 과다한 분비를 촉진해 만성 염증을 유발한다. 그뿐만 아니라, 만성 염증은 세포의 산화 스트레스를 증가시켜 미토콘드리아를 손상하고 면역 기능을 떨어뜨리며 호르몬의 균형을 교란할 수 있다.

단식은 해독에 주 역할을 하는 간의 건강을 증진하고, 해독에 관여하는 효소의 기능을 향상한다. 명상 및 기도를 통해 스스로가 상한 감정을 치유하고, 내적인 분노와 마음의 응어리를 어느 정도는 해소할 수 있다. 우리 주변에서 과도하게 발생하는 만성적인 스트레스를 스스로 조절하면 결과적으로 인체 내의 염증을 조절하는 효과가 있다.

다섯. 비타민, 미네랄 등 항산화 식품과 제철에 나오는 신선한 식품 섭취

비타민 C와 E, 셀레늄, 베타카로틴, 미네랄 성분 등이 풍부하게 함유된 항산화 식품을 섭취함으로써 활성산소로 인해 야기되는 인체의 산화와 노화를 어느 정도는 방지할 수 있다.

여섯. 포화 지방과 트랜스 지방(영: Trans Fat) 및 인스턴트식품, 가공식품, 패스트푸드 섭취의 제한

트랜스 지방은 액체 상태인 식물성 불포화지방에 수소를 첨가해 고체 상태로 가공하는 과정(부분 경화)에서 생성되는 지방이다. 포화 지방은 체내에서 나쁜 콜레스테롤이라 부르는 저밀도지단백(LDL 콜레스테롤)의 수치를 높이는, 몸에 해로운 지방이다.

인체의 지방조직 내에서 포화 지방과 트랜스 지방이 과도하게 축적되면 지방의 대사를 방해하고, 적혈구나 미토콘드리아의 기능을 감소시킨다. 또 LDL콜레스테롤의 혈중 농도를 높이고, HDL농도를 감소시킨다. 트랜스 지방을 과다하게 섭취하거나, 체내에 트랜스 지방이 많이 축적되면 유방암과 대장암이 유발될 가능성이 매우 높아진다.

이 바람에 심근경색, 협심증, 뇌졸중, 동맥경화증, 관상동맥질환(CAHD)과 같은 심혈관 질환의 유발이나 악화 또는 암, 당뇨병, 알레르기 증상 등을 발병시킬 수 있다.

인스턴트식품은 미리 조리한 가공식품인데, 식품을 제조하고, 가공하는 과정에서 맛과 보존 기간을 높이기 위해 보존제나 식품첨가물(살균제, 산화방지제, 착색제, 발색제, 탈색제, 감미료, 화학조미료, 팽창제, 안정제) 등이 함유될 수 있다.

인스턴트식품이나 가공식품은 다량의 염분과 당분을 주원료로 제조되기 때문에 열량은 높지만, 무기질, 비타민 등과 같은 조절 영양소의 함유량이 결핍될 수 있다. 또 음식의 맛을 강화하기 위해 정제된 설탕과 지방을 첨가할 수 있고, 저장성을 높이기 위해 나트륨 함량을 높이는 경우가 많다.

인스턴트식품, 가공식품, 패스트푸드를 계속 섭취할 때의 가장 큰 문제는 섬유소나 단백질 섭취의 결핍으로 인해 심각한 영양의 불균형이 초래될 수 있다는 것이다.

일곱. 충분한 식이섬유와 발효식품의 섭취

섬유질은 장벽의 기능을 강화하고 장기를 염증성 박테리아로부터 보호하며, 배변을 통해 독소가 배출되는 것을 개선한다. 장기적으로는 인체의 자연치유력을 높인다.

발효는 당질이 미생물에 의해 무산소로 분해되는 현상이다. 발효식품은 곰팡이, 세균, 효모와 같은 미생물이나 균으로 인해 유기물이 분해되어 새로운 형태와 성분이 합성되어 만들어진 음식이다. 발효식품이 완성되면 영양분은 높아지고, 음식의 맛과 저장성이 훨씬 좋아진다.

발효식품을 주기적으로 섭취하면 인체의 소화 기능과 영양소의 흡수가 좋아지고, 음식의 풍미가 향상되며 장내 (유익한) 미생물의 항상성이 유지된다. 결과적으로, 인체의 면역체계가 강화되어 염증이 현저하게 감소한다.

여덟. 맨발로 걷기(영: Earthing, 접지)

어싱은 맨발로 흙길을 걷는 운동을 말한다. 맨발로 흙길을 걸으면 땅의 폭신폭신한 기운을 느낄 수 있는 데다 몸은 가붓하고 상쾌해진다. 어싱은 우리 몸에 흐르는 전자파와 정전기, 나쁜 에너지와 '활성산소'를 손쉽게 방출하고, 이온의 교환을 촉진한다. 아울러 우리는 두 발을 통해 대지(영: Gaia)의 기운을 흡인해 양질의 에너지를 충전할 수 있다.

우리 몸에서 생성되는 활성산소는 염증과 다양한 질병을 유발하고 노화를 촉진한다. 주기적으로 어싱을 하면 가이아(영: Gaia, 대지)의 에너지가 충전되고, 우리 몸에서 생성되는 전자파가 자연스럽게 배출되어 인체의 균형과 에너지의 밸런스가 유지된다.

어싱을 주기적으로 지속하면, 인체 내에서는 활성산소가 사라지고, 염증이 억제되며, 혈액순환이 원활해진다.

결과적으로, 어싱은 인체의 '수승화강(水昇火降)'을 원활하게 해 부교감 신경을 활성화할 수 있는 특효 요법이다.

수승화강법이란 인체의 차가운 기운을 올라가게 하고, 뜨거운 기운은 내려가게 유도해 건강을 유지하는 방법이다.

아홉. 동종요법(영: Homoeopathie)

1790년 독일의 의사였던 사무엘 하네만(Samuel Hahnenmann, 1755~1843)이 개발한 치료법으로, 유사성의 법칙(영: Law of Similar)을 활용해 치료하므로 '유사 요법'이라고도 한다.

질병의 원인이 되는 물질과 동일한 것을 소량 사용해 100도가 넘게 끓인 물을 마시며 인체를 해독한다. 동종요법으로 환자의 자연면역과 치유 능력을 활용해 증상을 치료할 수 있다.

열. 쑥뜸

쑥뜸은 우리 몸에 쑥을 통해 '온열 자극'을 가함으로써 몸을 따뜻하게 하고 차가운 기운을 몰아낸다. 또한 뭉친 근육이 풀어져 기혈 순환을 원활하게 하고 양기를 보충하는 효능이 있다. 이외에도 쑥뜸을 계속하면, 몸 안에 적체되어 있던 사기(邪氣)가 외부로 배출되며, 이때 인체의 독소도 함께 배출할 수 있다.

'의학의 아버지'라 불리는 히포크라테스(Hippocrates of Cos, BC 460~BC 370)는 "수술이나 약물로 환자를 치료할 수 없는 경우에 불로 다스려라!"라고 조언했다.

동의보감에도 이와 유사한 표현이 있다.

"병을 치료하는 큰 방법으로서 겨울에는 마땅히 몸을 따뜻하게 하며, 뜸을 떠야 하고, 약으로 미처 치료하지 못하고 침으로 미처 닦지 못한 곳에는 반드시 뜸으로 치료해야 한다."

열하나. 충분한 수분의 섭취

우리 몸이 하루에 필요로 하는 수분의 섭취량은 대략 2L~2.5L 정도라고 한다. 하지만 각 개인의 유전적인 영향, 신체의 상태와 연령대에 따라 수분 섭취량이 각기 다를 수 있다.

우리가 건강을 유지하기 위해서는 되도록 찬물을 마시는 것보다는 뜨거운 물과 차가운 물을 섞어 '음양탕(陰陽湯, 또는 냉온탕)'으로 마시는 것이 좋다.

음양탕은 인체의 활력을 되찾게 하는 제조법으로 인해 '생숙탕(生熟湯)'이라고도 한다. 컵에 100도까지 끓인 물을 70% 정도 채우고, 나머지 30%는 찬물을 부어 만든다.

음양탕은 음양의 조화가 일시적으로 완성된 상태다.

주의할 점은 반드시 뜨거운 물을 먼저 붓고 찬물을 나중에 부어 음양탕을 만들어야 하고, 물을 섞자마자 바로 마시며, 아침 식전의 공복에 마실 때 가장 효과가 크다. 이것도 역시 물에 강한 대류 현상을 일으켜 물의 활성도가 최대한 높아지도록 유도하고, 수승화강의 원리를 이용한 것이다.

음양탕은 장을 청소하고, 변비를 해소하며, 어느 정도는 다이어트에도 효과가 있다. 아울러 만성 소화불량과 신경성 위염을 예방하고, 위장 장애를 호전시키며 냉증의 해소에도 도움이 된다.

이 외에도 머리를 맑게 하고 집중력이 향상되며, 면역력이 점차 강화되어 감기나 질병을 예방할 수 있다. 특히 여름철에는 변비와 배탈, 설사를 예방하고, 독성물질을 손쉽게 배출할 수 있다.

열둘. 숙면 취하기

사람마다 개인차가 있지만, 대게 잠은 하루에 6~8시간 정도는 자는 것이 좋다. 자신에게 맞는 잠의 주기를 선택해 일정한 시간에 잠들고 일정한 시간에 기상하는 것이 좋다.

건강한 수면(숙면)은 몸의 피로를 해소해 주고, 생체의 리듬을 유지하며, 집중력 향상에 도움을 준다. 만성적인 수면 부족은 집중력을 떨어뜨리고, 고혈압과 치매 발병률을 높인다. 아울러 운동 능력을 낮추고, 비만 확률을 높인다.

또 잠이 부족한 것도 문제지만, 너무 오래 자는 것도 건강에는 그다지 좋지 않다. 건강을 유지하기 위해서는 무엇보다 수면의 질이 좋아야 하는데, 잠을 깊이 잘 자고, 수면 중에는 되도록 잠자리에서 뒤척이거나 깨어나지 않고 숙면하는 게 좋다.

조선의 광해군 때 활동했던 사암 도인의 '사암 침법'을 발굴해 많은 이들을 치유하고, 한의학 르네상스 붐을 일으켰던 '김홍경 (1950~2021)' 한의사는, 『내 몸을 살리는 역설 건강법』이라는 책에서, "편하고 깊은 잠을 위해서는 화내는 마음, 지나친 슬픔, 오랜 근심, 과도한 놀람, 공포, 기쁨, 생각의 집중까지도 버려야 한다."라고 역설했다.

하루를 마감하고 편안한 마음으로 숙면하기 위해서는 잠자리에 누울 때 마음 정리가 필요하다. 속상한 마음, 분노, 인간관계의 상처, 슬픔, 상심, 과도한 걱정, 꼬리에 꼬리를 잇는 생각을 잘라내고 오늘 하루를 무사히 보낼 수 있음에 감사드리는 마음을 가져야 한다.

신병
스트레스와

인간의 삶에서 빈번히 발생하는 스트레스는 우울, 불안, 긴장감, 절망감, 외로움, 고통과 같은 부정적인 정서를 유발한다. 인간은 부정적인 정서가 축적되면, 고통스러운 자기 지각을 일으키는데, 이때 다른 물질이나 대상으로 관심을 돌려 부정적인 정서에서 벗어나려고 한다.

몸주 신령에 의해 강신 무당 후보자로 선택되는 '신가물'들과 '샤머니즘적인 영성'을 가진 사람들은 대부분 '뛰어난 감정 이입 능력'으로 인한 '스트레스 취약성(영: Vulnerability-Stress-Model)'을 가지고 있다.

이 외에 '영적인 감응력'이 발달해 빙의나 영적인 속박을 종종 경험하는 사람들은 대체로 완고하고 의심이 많은 예민한 성격이다. 이들은 스트레스 취약성과 낮은 수준의 '회복 탄력성(영: Resilience)'을 가지고 있다.

회복 탄력성은 라틴어의 'resilire(도약하다, 반사하다)'에서 유래했다. 삶에서 만나는 다양한 시련이나 고난, 또는 역경을 만났을 때 스스로 극복하는 긍정적인 힘이다.

인간은 생래적으로 위기와 실패를 경험하는 과정에서 '영적인 맷집'을 키우고, '마음의 근육'을 단련시켜 좌절감과 무기력을 극복하고 심리적 저항 능력을 끌어올릴 수 있는 존재다. 회복 탄력성은 자기조절 능력과 인간관계를 유지하는 능력, 삶에 대한 긍정성과 사회적인 친밀감에 지대한 영향을 받는다

샤머니즘적인 영성을 가진 사람들 대부분은 비교적 '심리적인 유연성'이 적고, 미세한 자극에도 과민하게 반응하는 민감성 체질이다.

이런 유형의 사람들은 성장기에 사회·심리적으로 갈등하는 상황에서 만성적인 스트레스를 자주 경험하게 된다. 그들은 스트레스를 처리하는 과정에서 극도의 심리적인 경계심과 적개심을 드러낸다.

낮은 수준의 회복 탄력성을 가진 사람들은 대부분 퇴행성(退行性) 기질이 있고, 여러 측면에서 감수성이 예민하며, 감정의 기폭이 크고 정서적으로 불안정하다.

그들은 때때로 감정적이고 충동적이며, 변덕스럽고 모순적이다.

현대 심리학의 아버지라 불리는 윌리엄 제임스(William James, 1842~1910)가 그의 책, 『종교적 경험의 다양성』에 서술한 '이질적인 성격'과 유사하다.

이질적인 성격을 가진 이들은 불합리하고 야성적인 충동이 강하고, 병적인 의심과 만성적인 근심, 현실에서 불확실성을 견디는 내공이 부족하다. 이들은 내성적인 성향으로 인해 좀처럼 자기의 감정을 겉으로 드러내지 않는다. 이질적인 성격을 지닌 이들에게 스트레스가 만성적이며 과도하게 축적될 때 잠재되어 있던 정신병적 기질이 촉발된다.

강신(降神) 무당 후보자들은 신병을 앓고 무당으로 입문하는 과정에서 자신만의 고유한 영적인 능력을 획득한다. 그들은 몸주 신령이나 조상령들, 때로는 잡귀. 잡신들과의 접신(接神)을 시도하는 의도적인 '신내림(가역적 신내림)'을 통해 '변성의식상태(영, ASC: Altered State of Consciousness)'에 도달한다.

변성의식상태란 인간이 일시적으로 체험할 수 있는 트랑스(영: Trance), 유체 이탈(영: Out-of-Body Experience), 빙의(영: Possession), 최면상태(영: Hypnosis), 신비체험, 황홀경(영: Ecstasy) 등과 같은 비일상적인 의식 상태를 의미한다.

변성의식상태는 자연적으로 발생하는 비자발적인 경험(영: Iinvoluntary experience)이다. 이 상태는 신들림이나 신내림뿐만이 아니라 LSD나 대마초, 엑스터시 등과 같은 향정신성 약물이나 환각제를 복용하거나 최면이나 요가. 명상, 금식, 격렬한 몸짓의 춤 등을 통해서 의도적으로 유도할 수도 있다.

변성의식 상태의 인간은 영적인 각성의 수준이 높고, 초자연적인 존재와의 접촉과 영적인 교신(영: Channeling)이 가능하며, '피암시성(영: Suggestibility)'이 강화될 수 있다.

피암시성이란 극단적으로 암시를 받기 쉬운 상태로, 타인의 반응이나 주변 상황에 쉽게 영향을 받고, 암시를 무비판적이며 주관적으로 받아들여 그에 걸맞게 행동하려는 심리 성향이다.

최근의 연구에 의하면, 인간의 감당할 수 없는 만성적인 스트레스나 정신건강 상태, 부모와의 대화 양상, 혐오적인 경험이나 정서적인 방임 또는 정서적인 학대와 같은 다양한 요인들이 피암시성에 많은 영향을 줄 수 있다.

강신 무당들은 샤머니즘 의례 시에 신령을 청배하거나 조상신과 망자의 영혼을 치유·정화하기 위해 빈번하게 가역적인 빙의를 시도하는데, 종종 조상령이나 비운에 간 한(恨) 많은 영혼이 그의 몸에 실리게 될 때 사기(邪氣)의 영향을 강력하게 받는다.

인체가 계속하여 사기(邪氣)에 노출되고, 장기간에 걸친 사회·심리적인 스트레스(영: Psychosocial Stress)를 적절하게 해소하지 못하고 만성적으로 누적되면 뇌혈관 질환과 고혈압, 당뇨나 심장병 등과 같은 대사증후군이 발생하기 쉬운 조건이 된다.

사회적으로 좋은 환경과 안정적인 인간관계, 그리고 가족이나 지인들이 제공하는 사회적인 지지 기반은 스트레스와 그로 인해 발병할 수 있는 다양한 질병을 감소시킬 수 있다.

한 개인에게 사회적인 지지도가 높아지면 스트레스로 인해 유발되는 정신·신체 장애의 발생도 어느 정도까지는 감소시킬 수 있다.

일시적인 스트레스 상황은 인체에서 교감신경계가 자극되어 맥박과 호흡은 평소보다 빨라지고, 정신 활동량이 증가하며 골격근이 수축한다. 이때 생체의 활력이 증가하고 중추신경계의 각성으로 기억과 학습 능력이 향상되고 면역기능도 증가한다.

그러나 스트레스 상황이 장기간 지속되면 몸에서 '아세티콜린'이라는 신경호르몬이 과다하게 분비되어 혈관을 수축시키고 혈액의 흐름을 방해할 뿐만 아니라 인체의 면역세포에서 염증성 '사이토카인(영: Cytokine)'이 분비된다.

사이토카인은 혈액 속에 함유되어 세포 사이의 소통에 관여하고, 다양한 면역 반응을 매개하는 단백질의 일종이다.

한 개인이 신병에 걸려 만성적인 스트레스 상황에 노출될 때 인체는 많은 양의 활성산소를 배출한다. 이때 다량의 활성산소가 유전자를 손상하거나 과산화 지질을 생성해 면역기능을 감소시키고, '감염에 대한 감수성(영: Susceptibility)'을 증가시킨다.

여기서만 멈추는 것이 아니라 심한 경우 인체에서는 '사이토카인 폭풍(영: Cytokine Strom)'이 일어나기도 한다.

사이토카인 폭풍은 일종의 '급성 면역 이상 반응'으로, 주로 외부에서 침투한 바이러스나 병원성 물질에 대응하기 위해, 인체 내의 면역체계가 과도한 반응을 일으킬 때 발생한다. 이때 인체의 면역계는 정상적인 세포까지 공격해 과잉 면역과 염증 반응을 일으킨다.

신병(神病)은 주로 '신부리'가 있는 '신가물(神家物)'에게 나타나는 신령의 선택과 지핌, 혹은 빙의나 사기(邪氣)의 침입 및 개인 무의식의 범람으로 인해 발생할 수 있다. 그렇다고 해서 신병을 앓는 사람 모두가 강신 무당으로 입문하는 것은 아니다.

몸주 신령에 의해 강신 무당 후보자로 선택되는 사람들 대다수가 가계의 조상 중에 '만신 말명(생전에 무당으로 살다가 죽은 조상)'이 있거나 DNA 인자 안에 '신부리'가 있어 심오한 종교적인 심성을 가지고 태어난다. 이들은 신병을 앓는 과정에서 스트레스 취약성과 극도의 심리적인 민감성을 드러낼 수 있다.

신병은 감당하지 못할 사회. 환경적인 스트레스와 복잡다단한 인간관계의 얽힘, 질병과 경제적인 문제 등 복합적인 요인들이 동시에 작용할 때 발현되기 쉽다.

'스트레스 취약성 모델(영: Vulnerability-Stress Model)'은 유전자에 의한 기질적이고 정서적인 특성과 선천적인 취약성이 삶의 경험을 통해 후천적으로 습득한 스트레스 사이의 지속적인 상호 작용으로 인해 나타나는 장애를 설명하는 모델이다.

유전적으로 특정한 장애에 걸리기 쉬운 개인적인 취약성을 가진 사람이 사회·심리적인 스트레스의 자극을 받거나 지속적이고 부정적인 정서를 동반한 스트레스에 노출될 때 잠재되어 있던 정신장애가 촉발될 가능성이 있다.

때로는 뇌에서 충족되지 않은 강렬한 욕구도 스트레스로 인지된다. 스트레스와 불안, 우울은 개인의 '고통에 대한 역치'를 낮추어 같은 강도의 통증이라도 주관적으로 고통을 더 강렬하게 느끼게 한다.

이 밖에도, 어린 시절에 반복적으로 노출된 생활 사건이나 외상이 특정한 스트레스에 대해 취약하게 한다. 어린 시절에 경험했던 불안과 두려움, 공포에 대한 기억은 편도체를 과도하게 자극해 충동을 조절하는 능력을 감소시킨다.

스트레스 취약성은 개인의 유전적인 성향(스트레스 감수성)과 심리적·생물학적인 상황, 인간관계의 영향, 사회·문화적인 요인의 상호 작용에 따라 다양하게 반응할 수 있다.

유전적인 소인과 스트레스를 조절하는 과정은 인간의 성격 발달과 생활 사건에 대처하는 방식 및 태도에도 지대한 영향을 준다.

인체는 만성적으로 과도하고 지속적인 스트레스 자극을 받아 스스로 감당하기 힘든 상황이 되면 질병에 취약한 상태[미병(未病) 상태]가 된다. 여기에 정서적인 방임이 더해지면 일시적으로 이상행동을 일으키거나 정신장애에 시달릴 수 있다. 이때 인체에 감당할 수 없이 많은 사기(邪氣)까지 한꺼번에 침입하면 신병(神病)에 쉽게 노출될 수 있다.

조상의 얽힘이나 산소 바람, 상문이나 객귀(뜬귀) 들림, 빙의가 원인이 되어 발생하는 일시적인 신들림의 유형과 장차 신령이 될 영적인 존재의 선택으로 인해 입문 의례 과정에서 겪는 신(령)의 강림에 의한 신병의 유형은 서로 확연한 차이가 있다.

나의 경험에 비추어 보면, 신(령)의 강림에 의한 신병은 신가물이나 무당 후보자가 극심한 스트레스 상황에서 그가 가진 사회적인 지지 기반이 무너지고, 사회나 가족으로부터 소외를 당하거나, 정서적인 방임 상태에 동시에 노출될 때 발현되는 것 같다.

삶의 고뇌와 애환이 많은 '상처 입은 영혼의 치유사'인 무당도 무업을 진행하다 보면 때로는 마음속 깊이 상처가 쌓여 정서적인 장애를 일으킬 수 있다. 강신 무당으로 입문한 후에 발생하는 신병은 초시간적인 세계로부터 현실 세계를 빈번하게 왕래할 때 발생한다.

이때 발생한 신병은 우울증과 만성적인 공허감, 사회적인 좌절, 이상과 현실의 괴리, 영적인 해체나 실존을 위협하는 질병, 경제적인 궁핍과 내·외의 속박, 사회적인 소외와 상대적으로 낮은 신분, 인간관계와 직무로 인한 스트레스로부터 지대한 영향을 받는다.

강신 무당은 입문한 후에도 타인들과 동등한 인간이기를 포기하고 '신(神)도 아니고, 사람도 아닌' 어중간한 상태로 살아가야 하는데, 사람들 대부분이 평소에는 무당을 하대(下待)하고 도외시한다.

불행히도, 우리 사회는 무당들이 앓는 골치 아픈 마음의 병을 돌보고, 상처 입은 감정을 치유할 수 있는 사회적인 보호 장치나 전문적인 의료기관이 거의 없다.

한국 사회에서 무당은 '영원한 이방인'으로 소외된 삶을 꾸려나가며 오로지 마음 수행과 기도로써 손상된 자존심과 상처를 스스로 가슴에

끌어안고 마음을 다독이며 살아가야 한다. 무당의 삶은 갖은 고뇌를 감내하는 인종(忍從, 묵묵히 참고 따름)과 견딤, 그 자체다.

강신 무당은 평소에도 정서적인 각성 수준이 높고, 개인적인 욕구를 억압한 채 타인의 아픈 영혼을 정화하고 치유하는 사회적인 존재다. 무당들은 샤머니즘 의례를 진행할 때 빈번하게 영적인 사기(邪氣)의 영향을 받으며, 더러는 영적인 에너지를 과도하게 사용할 때가 있다.

나의 경험상, 강신 무당이 신내림굿 이후에 신령이 부과한 소명을 진행하다가 앓게 되는 신병은 외부로부터 강렬한 스트레스 자극을 받을 때, 정서적인 방임을 경험할 때 강화(强化)되거나 악화(惡化)가 되는 것 같다.

때로는 새 신명을 받아들이기 전후에 일시적으로 신병이나 '신가물(신에 의한 고통)'을 경험하거나 기존의 신병이 악화하기도 한다.

5

감정이입 피로 증후군 Empaty Fatigue

몸주 신령님을 모시며, 바이오 트랑스 커뮤니케이션(영: Bio Trance Communication)을 통해 영적인 상담과 기도, 샤머니즘적인 의례를 진행하다가 보면 더러 영적인 에너지뿐만 아니라 극심한 육체의 소진을 경험할 때가 있다.

이 '신의 딸'이 내담자의 영적인 자문을 진행할 때 상담에 주로 사용하는 방법은 바이오 트랑스 커뮤니케이션이다. 내담자가 영적인 상담을 받으려면 정해진 상담료를 지급하고도 직접 나의 신령님들께 정화수를 올려야 한다.

나는 내담자가 올린 정화수를 매개로 신령님의 도구인 나 자신과 내담자의 에너지를 반반씩 합쳐 '태극의 원'을 만든다.

바이오 트랑스 커뮤니케이션으로 진행하는 상담은 상담가와 내담자가 함께 나의 신령님께 생체에너지를 바치는 행위로, 일종의 약식 '인신공희(人身供犧)'라 할 수 있다.

인신공희란 살아 있는 사람을 신적인 존재에게 의식용 제물로 바치는 행위다. 북유럽 신화의 최고신이며 마법과 주술의 신인 '오딘(영: Odin, 독: Wotan)'은 보통 애꾸눈으로 묘사된다. 그는 지혜와 영적인 능력을 얻기 위해 '위그드라실(영: Yggdrasil)'이라는 우주를 뚫고 거꾸로 솟아있는 거대한 물푸레나무에 매달려 자기 자신을 공희(供犧)로 바쳤다.

나는 정화수를 매개로 진행하는 영적인 소통의 방식을 통해 몸주 신령님으로부터 공수(신탁(信託), 영: Oracle)를 포함해 정화수 안에서 떠오른 중첩된 영상과 영적인 메시지를 전달받는다.

공수는 신령이 무당의 입을 통해 전하는 의지나 영적인 메시지다.

이 과정에서 나는 신령님께서 주신 난해한 불립문자(不立文字, 말이나 글로 설명되지 않고 영적인 깨달음을 통해 해독할 수 있는 지식이나 지혜)를 해독하거나, 영적인 세계의 언어를 인간 세계의 언어로 전환해 내담자에게 전달한다. 이와 더불어, 바이오 트랑스 커뮤니케이션 과정에서 영적인 메시지의 수용기로 사용하는 육신에 내담자의 생체에너지를 기호화하고 데이터로 전환한 후에 각인해 둔다.

이렇게 함으로써 나는 추후 내담자를 직접 만나지 않고 그를 위한 기도만 해도 그의 현재 상태와 영적인 문제를 알 수 있다.

바이오 트랑스 커뮤니케이션 상담은 다음과 같은 순서로 진행한다.

1) 나와 내담자는 상담 탁자의 정중앙에 정화수를 올려놓고 서로 정면으로 마주 보고 앉는다.

2) 나는 두 눈을 감은 상태에서 오른손으로 방울을 흔들어 몸주 신령님을 청배(請拜, 절하여 신(령)을 모심)한다. 이때 몸주 신령님께 내담자의 이름과 사주(四柱, 생(生)연월일시) 및 주소를 아뢴다.

3) 내 몸에 신령님의 강림(降臨)이 확인되면, 감았던 두 눈을 천천히 뜨고 정화수 안을 자세히 들여다본다. 이때 갑자기 정화수의 중심으로부터 나선형의 돌기가 일어나면서 얇은 셀로판지에 그려진 것 같은 여러 장의 영상이 중첩되어 솟아오른다.

4) 나는 이때 솟아오른 영상을 가지고 내담자의 영적인 상태를 읽거나 분석한다. 그것은 내담자의 무의식적인 에너지와 조상계 및 현재의 심리상태를 영적인 언어로 리딩(영: Reading)하는 과정이다. 또한, 내가 몸주 신령님의 불립문자(不立文字)를 해독하며, 다가올 미래를 예언하는 과정이기도 하다.

'상처 입은 영혼의 치유사'는 바이오 트랜스 커뮤니케이션을 내담자의 영적인 상태를 분석하고 진단하는 주요 수단으로 활용한다.

때로는 내담자를 영적으로 상담하면서 극심한 피로를 느낄 때가 있다. 나는 상담을 끝내고 내담자를 돌려보낸 후에 극심한 피로와 에너지 소진의 이유가 무엇인지 곰곰이 생각한다.

강신 무당이 느끼는 '영적인 피로감'은 때때로 현실 세계와 초자연적인 세계를 빈번하게 왕래하는 과정에서 발생한다. 이에 따른 부정적인 결과물이 '영혼의 상실(독: Seelenverlust, 영: Soul loss)'이다.

이는 강신 무당이 기존에 지녔던 영적인 능력이 부분적으로 소진되거나 소실되는 현상이다.

상담 후에 혹여 내가 영적인 자문을 할 때 내담자에게 필요 이상의 감정을 이입(移入)한 것은 아닌지 스스로 반성해 본다.

나는 영적인 감수성이 예민해 깨어있는 시간 동안에도 '통각(痛覺)의 과민 상태'에 처해 있다. 다른 사람의 몸에서 일어나는 통증이나 여러 신체 증상뿐만 아니라 그에게 붙은 사기(邪氣, 좋지 않은 기운)까지 느낄 수 있는 '초감각적인 지각 체계'를 가지고 있다.

이러한 능력으로 인해 때때로 과도한 영적인 에너지의 소진과 육신의 고통, 그리고 극심한 피로감을 경험할 수가 있다.

이스트캐롤라이나 주립대학교 대학원의 재활 상담 학과장인 마르크 A. 스테브니츠키(Mark A. Stebnicki)는 그 자신의 소진 경험을 바탕으로 『감정 이입 피로 증후군(영: Empathy Fatigue), 상담사에게도 치유가 필요하다』라는 책을 출간했다.

그는 감정 이입의 빈도수가 높은 상담업무를 진행할 때 전문 직업군에 속하는 상담사(또는 정신요법사)에게 감정 이입에 따른 열정 피로 증후군과 소진 등의 '상담사 손상'이 증가할 수 있음을 경고했다.

상담사는 내담자의 정서와 심리를 다루는 까다로운 업무를 수행하는 직업으로, 고도의 집중력과 정서적인 상태를 유지하며 내담자와의 감정 이입을 시도한다.

영적인 상담이 주 업무인 강신 무당은 샤머니즘 의례에서의 신내림이나 기타 기도하는 과정에서도 '감정 이입 피로'와 '열정 피로', 정신과 육체의 손상 못지않게 영적으로 다각적인 손상을 입을 위험에 처해 있다. 이는 강신 무당이 지나치게 감정 이입에 몰입하고, 내담자가 가진 영적이며 심리적인 문제, 내담자의 질병과 과도한 스트레스를 일으키는 생활 사건들과 계속 직면할 때 발생하게 된다.

이 과정에서 영적인 상담사는 영적인 문제를 일으키거나 정신적인 손상 또는 외상 후 스트레스 장애와 같은 정서 및 심리적 혼란 상태를 경험하기도 하고, 신체적이며 직업적인 소진을 경험할 수 있다.

세계의 모든 샤먼은 몸주 신령이 내려준 과업을 수행하며 살아가는 동안에 아슬아슬하게 펼쳐진 초정상적 건강과 치명적인 질병 사이에 걸린 벼랑 끝의 길을 걷게 된다.

이때 샤먼은 항상 균형 감각을 유지해야 하는데, 탐욕과 시기심, 증오나 분노와 같은 격정에 쉽게 노출되지 않도록 항상 근신해야 한다. 몸주 신령을 모시며 살아가는 삶은 결국 수행자의 삶 그 자체다.

한국의 강신 무당은 선천적으로 영적인 감수성과 감정이입 능력이 첨예하게 발달한 사람이다. 영적인 감응력이 뛰어난 그는 자신만의 감성을 동원해 샤머니즘 의례를 진행하는 동안에 다른 사람의 통증이나 육체적 증상을 자기의 몸에 그대로 체현할 수 있다.

강신 무당이 신령의 지핌에 의해 비록 영적인 권능을 획득했더라도, 그가 가지고 있는 영적인 능력을 계속 연마하지 않고, 수행과 신령을 모시는 일을 게을리하며, 내적인 성숙과 외적인 현실의 조화를 이루지 못하면, 자신이 획득한 영적인 능력은 점차 사장(死藏)되고, 제3의 영적인 존재나 사기(邪氣)의 공격 대상이 될 수 있다.

나는 진정한 영적인 치유자의 길은 각각의 영적인 성장 단계에서 그가 가진 영적인 능력의 내면적인 정화 과정이 필요하다고 생각한다, 더구나 몸주 신령님을 모시는 강신 무당의 삶은 자신의 영적인 능력을 평생 연마해야 하는 고도의 내적인 수련 과정이라고 믿는다.

강신 무당이 때때로 자신의 영력(靈力)을 개인적인 욕구나 탐욕을 채우기 위해 사용하면, 초기에는 그의 몸주 신령으로부터 신벌을 받는다. 그런데도 그가 전혀 자신의 죄를 뉘우치거나 깨닫지 못한다면, 몸주 신령들이 그로부터 하나둘씩 떠난다. 몸주 신령이 떠난 상태에서 무업(巫業)을 지속하는 강신 무당은 '병적인 자기기만'으로 인해 사리사욕만을 채우며 끝내 '영적인 사기꾼'으로 전락하고 말 것이다.

샤머니즘적인 업무의 특성상, 더러는 강신 무당이 무꾸리(점복)나 의례를 진행할 때 단골 또는 내담자의 삶에 적극적으로 개입하거나 간섭해야 할 경우가 있다. 이때 강신 무당은 내담자(제갓집, 단골)의 사고와 정서 및 영적인 경험들을 다루며, 원초적인 감정 이입 능력과 고도의 집중된 인지능력, 그리고 심리적인 향상성을 유지해야만 한다.

그뿐만이 아니다. 강신 무당은 굿이나 치병 의례와 같은 샤머니즘적인 의례를 집전하면서 자발적 신들림을 통해서 제갓집의 조상 신령들, 영적으로 얽혀 있는 인연들, 그 외에도 정화되지 않고 떠도는 영혼들, 저승길을 잃고 구천을 헤매는 원귀나 잡귀. 잡신들을 그의 몸에 "임재(臨在)하게" 한 후에 후손들 또는 제갓집 구성원들과의 의사소통을 중개해야 한다. 그 후에 사령(死靈)들을 정화하고, 억울하고 원통한 원혼들을 위무하고, 원한과 고통으로 엉킨 마음을 풀어주고 달래어 저승으로 인도해야 한다.

이때 강신 무당은 몸으로 내담자(또는 단골)의 고통을 대리하는 경험뿐만 아니라 즉각적으로 나타나는 조상계의 영적인 반응을 다양하게 체험한다. 이러한 과정을 거치면 강신 무당의 영적인 에너지의 고갈과 정서적인 손상은 불가피하다.

강신 무당 스스로가 영적인 손상과 영적인 위험에 대처하기 위해 '자기 보호 전략'과 '자가 치유'의 테크닉을 개발해야만 한다.

아무리 강신 무당이라고 해도 사기(邪氣)로 인해 지속적인 위협을 받는 상황에서 자기 보호 장치도 없이 무방비 상태로 스스로 영혼을 (잠재적인) 위험에 적나라하게 노출하면 곤란하다. 그는 '영적인 접속'으로 인해 자신과 타자와의 경계가 모호해지면서 지속적인 상실감과 만성적인 공허감을 경험할 수 있다.

영적인 접속이란 강신 무당이 자기 자신의 평소 의식 상태를 초월해서 영적인 존재의 의식과 연결된 상태다.

때로는 강신 무당이 비애(悲哀)나 만성적인 공허감(空虛感)과 탈진(脫盡)을 경험할 때 상담사의 손상이 유발될 수 있다.

내가 1998년 8월 28일 갓 신내림굿을 받고 '애동 기자(갓 신 내린 강신 무당)'였을 때, 선배 무당들은 영적인 경험이 부족했던 내게 여러 가지 조언을 해주었다. 특히 선배 무당들은 "무당이 스스로 보호하지 못하면, 몸주 신령들께서도 자네를 보호해 주시지 않네."라고 강조했다. 그들은 이구동성으로 내게 무당 스스로가 자신의 영적인 안녕과 건강을 잘 돌보고 챙겨야 한다고 조언해 주었다.

나는 "아니, 나는 강신 무당이라 몸주 신령님도 계시고, 항상 나를 보살펴 주시는데, 도대체 자신을 스스로 보호해야 하는 이유는 뭐지?"라는 의문을 가졌다. 당시 나는 정말 무식하고 용감해서 나 자신을 보호하는 것이 무엇을 의미하는지 제대로 알지도 못했다.

그 후 영적인 상담과 샤머니즘적인 의례를 진행한 직후에 종종 영적인 에너지와 육체의 소진을 경험했다. 때로는 온몸에서 에너지가 모조리 빠져나가 버린 듯한 극심한 피로를 느낄 때도 있었다. 특히 내담자의 집 안에 영혼이 정화되지 않아 '서낭'에 묶여 있어 저승으로 가지 못하고 이승과 후손 주변을 떠도는 '종교령'이 있을 때 내 육신의 피로가 심했다.

한국의 샤머니즘에서 '숨은 대신'은 살아생전에 무당으로 활동했던 혼신인데, 아직 신령급의 영력에 도달하지 못했거나, 그의 도구로 사용하기에 합당한 후손이 없어 신령으로 불리지 못하는 '조상령'이다. '숨은 대신'이라는 용어는 이 외에도 이미 신내림굿을 받고 말문이 열려 무업을 진행했던 무당이 어떤 사유로 인해 영력이 막혀 무꾸리를 제대로 보지 못하고 영력이 사라진 경우에도 사용된다.

나는 샤머니즘적인 영성을 소유하고, 종교령이 존재하는 집안을 상담한 후에는 한동안 기도와 휴식을 취한다.

그렇게 하고 나서도 그들이 내게 남기고 간 사기(邪氣, 탁하고 좋지 않은 기운)를 완전히 제거하기 위해 주기적으로 기도(祈禱)와 수행(修行)을 통한 '영적인 디톡스 요법'도 병행하고 있다.

2003년 봄학기부터 스위스 쮜리히의 칼 구스타브 융 연구원(Carl Gustav Jung Institut Zuerich)에서 영성 심리학을 공부하는 동안에 전문적으로 내담자와의 '심리적인 거리 두기' 테크닉을 습득했다.

내담자가 가지고 있는 불안, 우울, 분노 등과 같은 부정적인 정서나 정신장애의 '정서적인 전염(영: Emotional Contagion)'의 위험으로부터 나 자신을 보호하는 훈련도 받았다.

정서적인 전염이란 인간관계에서 정서적인 경계를 유지하지 못하고 감정을 과도하게 몰입하는 과정에서 상대방의 강력한 고통이나 정서가 전이되는 현상이다. 이때 정서적인 전염을 겪는 사람은 긍정적인 정서보다는 상대방이 지닌 불안, 우울, 무력감, 분노, 혐오와 같은 부정적인 정서를 주로 경험할 수 있다.

융 심리학이라는 학업을 통해 나 자신을 정서적인 전염과 영적인 사기로부터 보호하는 나름의 수단과 방법을 익힌 것은 정말 다행스러운 일이다. 요즘은 영적인 상담이나 샤머니즘적인 의례를 진행한 후에 영적인 손상의 정도가 현저히 줄어들었다.

강신 무당은 다음의 몇 가지 원인에 의해 영적인 손상(損傷)이나 감정 이입 피로(疲勞)를 경험할 수 있다.

1) 강신 무당은 일상에서 영적인 상담을 진행하거나 종종 자신의

생명을 위협하는 의례(대수대명, 넋 건지기, 죽음 의례 등)를 진행함으로써 높은 수준의 영적인 소진과 감정 이입 피로 증후군을 경험할 수 있다. 강신 무당은 제갓집의 조상이나 가족 구성원의 심리적인 충격과 정서적인 고통을 재현하게 될 때 정서적으로 압도되는 느낌과 함께 공감 피로(영: CF, Compassion Fatigue)와 '대리 외상(영: Vicarious Trauma)'을 경험할 수 있다.

대리 외상은 '간접 외상'이라고도 불리며, 인간관계에서 타인이 지닌 공포나 절망감, 무기력이나 좌절감, 우울감이나 상실감과 같은 고통을 인지하는 과정에서 겪는 심리적인 외상을 경험하거나 내적인 경험이 변형되는 것이다. 대리 외상은 시간이 흐르면서 '외상 후 스트레스 장애(영: PTSD, Posttraumatic Stress Disorder)'와 유사한 장애로 진행되거나 대리 외상을 겪은 후에 심리적인 성장이나 영적인 고양을 이룰 수도 있다.

외상 후 스트레스 장애는 한 개인이 죽음이나 심각한 상해, 또는 신체적인 안녕에 위협을 주는 사건을 경험하거나 직면하였을 때 발생할 수 있는 증상이다.

2) 선천적으로 감정 이입 능력이 뛰어난 강신 무당은 단골(제갓집) 또는 내담자와의 관계에서 강력한 라포를 형성하므로 영적인 소진의 위험도가 상당히 높다.

라포(영: Rapport)란 환자와 의사, 상담가와 내담자가 심리적으로 서로 신뢰를 유지할 수 있는 관계다. 주로 상담이나 치료, 교육과 같은 상황에서 라포를 형성하는데, 이를 통해 인간관계에서 친밀감이 형성되어 상호 신뢰와 협조 등이 이루어질 수 있다.

3) 강신 무당은 세인들의 이중적인 태도와 상대적으로 낮은 사회적 위치, 만족스럽지 못하거나 경제적으로 불안정한 삶, 영적인 질병 등으로 종종 소진(消盡)과 만성피로증후군을 경험할 수 있다.

4) 강신 무당이 때때로 인간관계로 인한 상처 및 사회·심리적인 학대와 정서적인 방임을 경험하면 상담사 손상이 발생할 수 있다.

영적인 상담이라는 업무는 고도의 집중력과 영적 능력을 다각적으로 요구하는 까다롭고 복잡한 작업이다. 아울러, 영적인 상담가는 내담자의 정서와 심리를 깊이 공감하는 동안에 이에 부수되는 정서적인 감염에 대처할 수 있는 자질을 갖추어야 한다.

또 상담가와 내담자 쌍방의 커뮤니케이션은 대화의 주제나 내용적인 측면에 있어서 일정한 눈높이의 수준과 공감 능력을 동시에 유지해야 바람직한 상담 결과를 도출할 수 있다.

영적인 상담사의 성취감은 내담자가 그를 어느 정도 신뢰하는가, 라포를 형성하는 정도, 상호 간에 긍정적인 피드백을 교환하는가에 따라 심리적으로 느끼는 강도가 다르다. 아울러 영적인 상담가의 정서적인 안정 상태, 직업적인 성취감의 유무, 내담자(또는 단골)와의 관계, 사회적인 인정과 같은 평가 기준에 따라 정신건강이 달라질 수 있다.

때때로 영적인 상담가가 어떤 사유로 인해 '공감 배려(共感 配慮)'를 기울이지 않을 때 내담자로부터 부정적인 감정 또는 부정적인 에너지와 함께 정서적인 감염이 동시에 발생하면서 영적인 손상이 촉발될 수 있다.

공감 배려란 상담가가 특유의 공감 능력을 동원해 도움이 필요한 대상에게 호의와 동정심, 도움이나 보살핌을 베풀려고 마음을 쓰는 행위다.

이때 적절한 치료 시기를 놓치면 '번아웃 증후군(영: Burn-Out Syn-drome, 소진증후군)'으로 진행될 가능성도 있다.

번아웃 증후군이라는 용어는 1970년대 심리학자인 헤르베르트 프로이덴베르거(Herbert Freudenberger, 1926~1999)가 처음으로 사용했다. 이 증후군은 주로 의사, 간호사, 사회복지사, 무당, 타 종교의 사제 등 전문적인 직업을 가진 사람에게 나타나는 정신적이며 육체적인 탈진 또는 소진상태를 의미한다.

번 아웃 상태의 영적인 상담사는 신체적, 정신적, 감정적인 증상을 동반한 점진적인 탈진(또는 소진)으로 인해 삶과 업무에 대한 의욕이 점차 상실될 수 있다. 거기에 더해 영적인 상담사의 자존감이 저하되면, 지속적인 에너지의 고갈과 만성적인 피로, 그리고 부정적인 생각이 계속 증가한다. 이때 영적인 상담사의 업무능력은 현저하게 제한되고, 충분한 휴식을 취해도 심리적인 피로감은 회복되지 않으며 만성피로증후군으로 진행될 수 있다.

강신 무당은 굿이나 샤머니즘적인 의례에서 제갓집(내담자 또는 단골) 구성원들이 강렬한 정서를 표출할 때 종종 그들과 같은 강렬한 정서와 '감정 이입 피로'를 경험한다. 강신 무당이 무업을 진행하는 동안에 발생하는 감정 이입 피로증후군을 극복하려면, 지속적인 스트레스에 어떻게 대처하느냐가 무엇보다 중요하다.

이때 내담자(단골, 의뢰인)와 어느 정도의 심리적인 거리 두기를 유지하느냐, 상담과 의례를 진행할 때 공감 능력을 어느 정도 발휘하고, 평소에 강신 무당 자신의 삶을 얼마나 행복하고 만족스럽게 유지하려고 노력하는가가 중요할 것 같다.

6

차
이
점

정
신
병
의

무
당
의
신
병
과

전 세계적으로 분포된 샤머니즘 현상의 핵심 주체는 무당(또는 영: Shaman)이다. '샤먼(영: Shaman)'이란 영어 단어는 원래 시베리아어인데, 그 어원이 완전히 정립되지 못하고 아직도 이견이 분분하다. 그는 신(령)과 인간을 중개하는 자로, 무꾸리와 치병 의례, 굿이라는 샤머니즘적인 종교의례를 집전하는 사제(司祭)다.

한국 사회에서 무당 후보자가 입문하기 전에 겪는 신병은 강신 무당으로의 입문(入門), 그리고 무꾸리와 샤머니즘의 의례를 행할 수 있는 영력(靈力)을 획득하는 소명(召命)이 외부로 표출되는 현상이다.

캐나다 출신의 인류학자인 제레미 나비(Jeremy Narby, 1959~)의 『우주뱀=DNA, 샤머니즘과 분자생물학의 만남』이라는 책의 30~31쪽에는 샤먼에 관해 다음과 같이 정리되어 있다.

퉁구스어로 "샤먼(shaman)은 북을 두드리고 황홀경에 들어가며, 사람들을 치유하는 사람"을 일컫는다. 러시아 최초의 관찰자는 샤먼의 활동을 관찰하고 학계에 보고하며, "그들이 정신적 결함이 있다."라고 기술했다. 샤먼이 신령과의 접신을 유도할 때 나타나는 일시적인 이상 증후를 그들이 외부의 시각에서 수박 겉핥기로 접하고 기술한 까닭이라 생각한다.

헝가리계의 프랑스인 민족학자인 조지 드브뢰(Gerorge Devereux, 1908~1985)는 "요컨대 샤먼을 심각한 신경증 환자, 심지어 정신병자로 간주하지 않을 어떤 근거나 이유도 없다.

　게다가 샤머니즘은 종종 문화적 이상 경련이기도 하다. …간단히 말해서, 우리는 샤먼을 정신착란으로 여긴다."라고 주장했다.

　1949년 구조주의 인류학자인 레비 스트로스(Claude Levi-Strauss, 1908~2009)는 자신의 에세이에서, "샤먼은 정신병자이기는커녕 사실은 일종의 심리치료사"라며, 차이점은 "정신분석가는 듣는 반면, 샤먼은 말한다는 데 있다"라고 기술했다. 그는 "샤먼은 무엇보다 질서의 창조자이고, 사람들의 '산만하고 제멋대로인 고통'을 '질서 있고 이해 가능한 형태'로 변형시킴으로써 치유하는 이들"로 보았다.

　이를 계기로 샤먼과 샤머니즘을 다른 시각에서 바라보게 되었다.

　"1960년에서 1980년까지, 인류학의 기존 권위자들은 샤먼을 질서의 창조자, 혼돈의 지배자 또는 무질서의 제거자로 정의했다."

　전 세계적인 샤머니즘 현상은 특정한 사회와 문화적인 영향으로 다양하게 변형되어 나타난다. 때로는 신병을 앓는 일부 샤먼들에게 일시적으로 망상과 정신병적 상태가 발생할 수도 있다.

　정신의학계에서는 이를 뭉뚱그려 '문화 관련 정신병적 증후군'이라고 부른다. 조지 드브뢰는 이를 '문화적 이상 경련'으로 표현했다.

　한국의 샤머니즘에서 '신병(神病)'은 주로 강신 무당 후보자들 대부분이 신내림을 받고 무당으로 입문(入門, 영: Initiation)하기 이전에 경험하는데, 문화 관련 정신병적 증후군의 범주에 속한다.

　강신 무당들은 몸주 신령과의 일체를 이루어 '신인(神人, 독: Der Gottmensch)'의 상태에 도달하기 위해 '가역적인 빙의(憑依, 영: Possession)'를 시도한다. 이 현상을 외부에서 관찰하는 학자가 인격의 해리나 다중 인격장애(해리성 정체 장애)와 같이 정신병을 앓고 있다거나 두루뭉술한 '혼미주의'의 덩어리로 바라보는 단편적인 시각도 있다.

　퉁구스족의 샤머니즘 현상의 연구에 천착한 러시아 출신의 인류학자 쉬로코고로프(Sergei M. Shirokogoroff, 1887~1939)는 『Versuch einer Erforschung der Grundlagen des Schamanismus(샤머니즘의 기초 연구 시도, Dietrich Reimer Verlag, 1935)』라는 책의 95쪽에서 퉁구스족의 샤머니즘 신병 현상에 부수적으로 따르는 샤먼의 일시적인 정신의 위기를 다음과 같이 분석했다.

"(샤먼의) 소명에 관한 응소(應召) 과정에는 항상 (일시적으로 정신적인 균형이 부분적으로 깨지거나 와해할 수 있는) 히스테리적인 또는 히스테리 유형의 위기가 따른다."

엘리야데는 "샤머니즘을 '고대적 접신술(영: archaic technique of ecstacy)"이라고 정의했고, 샤먼 "입무(入巫) 과정에서 경험하는 병적 상태를 극복한 정신적인 인간"이자 '종교 전문가'로 이해했다.

샤먼은 자기의 병을 스스로 치유하고, 삶의 난관과 역경을 극복한 인간으로, 원초적인 공감 능력을 통해 다른 사람의 병이나 삶의 고통을 치유하는 승화된 존재다.

또한 샤먼은 신경 상태의 급격한 변화를 유도하고, 변환된 의식 상태로 도달할 수 있는 능숙한 영적 테크닉을 가지고 있다. 그는 자기 자신의 의지로 일시적인 흥분상태에서 정상적인 상태로, 우울증 상태에서 조발증(早發症) 상태로 급격하고 자유롭게 감정을 전환할 수 있는 존재다. 이는 샤먼이 자신의 영혼을 고양해 의도적으로 탈혼망아(脫魂忘我)의 상태에 다다르는 고대적인 엑스터시(영: Estasy) 테크닉 중 하나다.

이 밖에도 시베리아 등지의 극북지방의 샤머니즘을 연구한 인류학자, 올마르크스(A. Ohlmarks, 1911~1984)는 『Elmar Gruber, Trance Formation, Schamanismus und die Aufloesung der Ordnung(엘마 그루버, 트랑스 포메이션, 샤머니즘, 그리고 질서의 회복)』이라는 책의 2쪽에, "샤머니즘은 극지방 주민들의 우주적 환경의 영향에 따른 신경증적 불안에서 유래한다."라고 썼다.

그는 '고태적인 히스테리(독: Die archaische Hysterie)'를 경험하는 샤먼과 갑작스러운 의식의 소실과 발작을 경험하는 뇌전증 환자의 차이

점으로, "간질병(뇌전증) 환자는 샤먼과는 달리 의도적으로 망아의 경지에 들 수 없다."라고 주장했다.

샤먼이 영적인 존재와 자율적인 접신을 시도하거나, 영혼 여행을 떠나기 위해 자신의 영혼을 고양해 탈혼망아의 상태에 이르면, 샤먼의 의식도 확장된다. 샤먼의 영혼이 고양되면, 갑자기 엄청난 양의 무의식의 에너지가 충전된다. 이 상태는 육체가 일종의 고압 전기에 감전된 것 같은 신체적 반응을 일으킬 수 있다. 이 현상은 겉으로 보기에 신경세포의 갑작스럽고 무질서한 전기적 활동의 방사(放射)로 야기되는 뇌전증(간질병) 환자의 발작과 유사해 보인다.

독일어로 '에필렙시(Epilepsie)'는 뇌전증(腦電症, 구 간질병)으로 그리스어의 에필렙시아(epilepsia)에서 유래했는데, "신적인 것에 사로잡혔다."라는 뜻이다. 그리스. 로마인들은 뇌전증을 '신성한 질병(그리스어: morbus sacer)', 또는 '헤라클레스의 발작 또는 고통(불어: mal d'Hercules)'이라고도 불렀다. 그리스 신화에 의하면, 헤라클레스는 뇌전증 발작 상태에서 그의 아내와 두 아이를 죽였다.

뇌전증 환자가 갑자기 쓰러지면서 근육의 강직과 함께 의식의 소실을 동반한 격렬한 경련이나 발작을 일으키는 경우가 있다. 이때 환자는 자기 몸을 옴짝달싹도 하지 못하고, 사지를 뒤틀면서 떨거나 경련을 일으키고, 숨을 쉬기도 곤란한 상태가 된다.

외부인이 환자의 발작을 지켜볼 때, "혹시 이 사람이 하늘에서 내린 천벌을 받았거나 귀신이 들린 것은 아닐까?" 하는 의구심을 품게 된다.

현재까지도 아프리카 등 일부 지역에서는 뇌전증이 조상령 또는 사령에 의한 빙의로 인해 발생하는 병으로, 초자연적인 힘의 영향 때문에 걸린다고 간주한다.

'의학의 아버지' 히포크라테스(Hipokrates of Kos, BC 460~BC 370)는 당시 '신성한 질병(sacred disease)'으로 불리던 뇌전증을 하늘에서 내린 병(또는 천벌)이 아닌 뇌의 병으로 인해 나오는 특이한 증상이라고 주장했다.

분석심리학을 창립한 스위스 출신의 정신의학자인 칼 융(Carl Gustav Jung, 1875~1961)은 뇌전증(간질병) 환자가 발작을 일으킬 때 샤먼과 유사한 영적인 환시나 비전(영어: Vision)을 볼 수 있다고 주장했다. 과거에는 독일어 문화권에서도 뇌전증을 "성스러운 질병(독: Heilige Krankheit)"으로 불렀다.

강신 무당 후보자가 입문 전에 앓는 신병은 명확한 병명을 붙일 수 없는 부정수소(不定愁訴)라는 증상이 나타난다.

부정수소는 특정한 신체 부위가 아픈 것이 아니라 몸의 여러 부위가 돌아가며 아프다고 호소하는 것으로, '정신·신체 장애(독: Psycho-somatische Krankheit)'의 범주에 속한다.

이와는 대조적으로, '관념의 붕괴'와 더불어 '세찬 정감(독: Affekt)'과 '원초적인 혼돈 및 충동', 원시적인 투사와 환각 및 망상 증상, 현실 검증 능력의 상실과 사고 기능의 점진적인 약화 등이 특징적인 조현병(구 정신분열병) 환자는 뇌 기능에 생리적인 이상이 나타난다.

조현병은 뇌 기능의 이상과 함께 환자가 성장하는 과정에서 선천적인 기질과 더불어 후천적으로 경험하는 환경적인 요인, 환자의 심리·사회적 요인들이 복합적으로 융합되어 발생한다.

조현병 환자는 심인성에 기인한 발작 시에 극도로 정신 수준을 떨어뜨리는 '통각(독: Apperzepation)의 붕괴'와 '통합부전' 현상을 동반하는데, 이것이 무의식적인 지각의 변이를 일으키는 원인이다.

때로는 조현병과 신병이 환각과 환시, 환청 등 신체적으로 경험하는 증상이나 환자가 체험하는 꿈의 내용에서 매우 유사하다.

조현병 환자의 무의식에는 "집단적 원형상"과 개인적인 자극원이 존재하는데, 환자가 이해할 수 없는 돌발적인 행동을 하거나 이상한 이야기들을 횡설수설하는 원인의 하나다.

환자가 정신병을 앓을 때, 거식. 수면장애. 정신적인 혼란 및 환청과 환각으로 인해 관념의 급격한 붕괴가 나타나거나 인격의 해리나 붕괴가 동반되면 조현병으로 판단한다.

이와는 대조적으로, 신병은 종교적인 현상이다.

강신 무당 후보자가 내림굿이라는 입문 의례를 통과하며 스스로 건강을 회복하고, 불행했던 과거의 삶과 단절을 경험한다. 강신 무당 후보자들은 거의 가계의 혈통에 무당의 조상이나 타 종교의 사제가 있고, 무당으로 입문하기 전에 종교적으로 엄숙한 가정에서 성장했다.

나의 경험에 비추어 보면, 강신 무당 후보자에게 발생하는 신병은 한국 샤머니즘의 사제(司祭)로 입문하기 위해 반드시 거쳐야 할 관문으로서의 의미와 향후 강신 무당으로서의 정체성을 확립하는 데 필수불가결한 요소라 생각한다.

강신 무당 후보자가 경험하는 신병은 타 종교인이 '회심'에 이를 때 나타나는 여러 증상과 유사하다. 신병을 앓는 동안 무당 후보자에게 때때로 엄청난 감정의 흥분과 감각의 동요가 일어나기도 한다. 무당 후보자는 신병을 앓는 과정에서 성(聖)과 속(俗)의 분리와 과거의 일상적인 삶으로부터 종교적으로 새롭게 승화된 삶으로 확연히 분리된다.

모든 종교에 입문하는 후보자와 마찬가지로, 무당 후보자는 다양한 심적 변화를 겪는다.

전 세계에 분포된 샤먼은 세속적인 삶으로부터 자기 자신을 분리함(영: Separation)으로써 신령의 성스러운 권능을 획득하고, 정신의 위기(영: Spiritual Crisis)를 극복함으로써 '신적인 인간(독: Der Gottmensch)'으로 거듭나 '영혼의 치유사'로서의 새로운 삶을 시작한다.

무당 후보자와 이미 신내림굿을 통해 강신 무당으로 입문한 자들은 신병 자체를 "숙명적"이라는 관점에서 "신(령)을 수용하기 위한" 시각으로 바라본다. 그들은 신병이 의학적으로는 치료할 수 없고, 오로지 신내림굿을 통해 강신 무당으로 입문하고 신령과의 교감과 영적인 권능을 가지고 무업을 계속 진행해야 신병의 치료가 가능하다고 확신하고 있다.

내가 강신 무당으로 입문하기 전에 신병을 앓았던 경험을 종합하면, 신병은 무당 후보자의 일시적인 삶의 부적응 상태에서 발생한다.

신병은 신령의 부름에 응소하기 전에 종교적인 소명에 대한 부담감을 견딜 수 없어 삶의 굴레를 벗어나려고 몸부림을 치면서 갈등하는 과정에서 생긴다. 현실 적응에 실패한 강신 무당 후보자는 무의식적으로 삶의 불협화음을 전환하려고 한다. 이때의 신병은 심리적인 문제를 처리하는 과정에서 나타나는 일시적인 "전환에 의한 실패"로 인해 야기되는 장애로, 정신·신체 장애(혹은 심인성 장애, 독: Psychosomatische Krankheit)라고 보아야 타당할 것 같다.

과거에 비교적 평범한 삶을 살았던 강신 무당 후보자는 '신병(神病)'을 앓는 과정에서 자신이 몸주 신령에 의해 택함을 입었고, 종교적인 소명을 가진 존재라는 사실을 자각한다. 이 과정에서 자연스럽게 강신 무당 후보자의 삶이 성(영: Sacred)과 속(영: Profane)으로 분리된다.

신병은 영적으로 성숙해져 신령과 교통하는 성스러운 존재로 거듭나기 위한 총체적인 고통으로, 정신의 균형이 부분적으로 깨지거나 와해가 될 때 나타나는 현상이다.

위기(Crisis)라는 뜻의 그리스어 'krisis(krinein)'는 '분열'을 뜻하고, 라틴어인 'cernere'도 역시 분열을 뜻한다.

앵글로색슨어로 성스러움을 뜻하는 'holy'는 '건강한, 온전한 혹은 전체의'라는 뜻이다. 또 독일어의 'heilen'이란 동사는 '병을 치료한다'는 의미를 가지고 있다.

무당 후보자는 그의 생애에서 신병이라는 정신·신체 장애를 통해 상징적인 죽음의 시련과 다시 한번 맞닥뜨려진다. 이는 무당 후보자가 신령과의 영적인 소통과 자연인 상태의 인간이 오감으로는 도달할 수 없는 초자연적인 세계에 도달하기 위한 강력한 수단이다.

나는 신병의 과정을 강신 무당 후보자가 자기 초월의 체험을 통해 도달하는 '모태회귀(母胎回歸) 현상'의 일종으로 여긴다. 자기 초월적인 현상은 생의 위기와 함께 등장하여 강신 무당 후보자의 영혼이 (승화되고) 성숙할 수 있는 디딤돌과 같은 역할을 한다. 이 시기에는 강신 무당 후보자 자신도 예기치 못했던 삶의 고난과 더불어 강박증, (대인) 공포증, 우울증, 불안감, 적대감, 편집증 등과 같은 정서적인 장애를 경험할 수 있다.

이런 증상들을 전통적인 의학에서는 일련의 정신질환의 징후로 분류한다. 정신의학자에 따라서는 (강신) 무당 후보자의 이상 징후를 정신병이 발병되었다고 판단할 수도 있다. 현대의 정신의학으로는 자기 초월적인 체험과 신비적인 체험을 정신장애나 광기(狂氣)와 구별하기가 쉽지 않다.

강신 무당 후보자가 신병 과정을 거치며 통과의례인 신내림굿이 진행하는데, 그에게 있어서 신내림굿은 속(俗)에서 성(聖)으로, 분열에서 전체성으로 회귀하기 위한 일련의 자기 정화(淨化)의 과정이다.

나는 강신 무당으로 입무(入巫)하기 전, 1997년(33세 때) 이전에 나타났던 신병의 징후들을 자서전,『집 없는 무당』에 다음과 같이 기록했다.

"중학생 때부터 나는 골골거렸다. …특별한 원인도 없으면서 온몸이 돌아가며 아팠다. 눈이 아파 치료하고 나면 머리가 아프고, 머리가 좀 나아지는가 하면 코가 아프고, 입술이 퉁퉁 부어오르고, 치통, 요통, 관절통, 갈비뼈를 온통 바숴 버리는 아픔들… 상체에서 하체로 다시 하체에서 상체로 반복되어 아팠다. 대단치도 않게 시름시름 앓으면서 보일락 말락 어렴풋하게 느껴지는 희미한 죽음의 그림자가 내 눈앞을 왔다 갔다 하기도 했다. 급성 장출혈에 이질, 복통, 그리고 식중독을 일으킬 때도 있었다. 명절 때면 아무것도 먹을 수가 없었다."

– 유명옥,『집 없는 무당』, 천고의 병 신병 앓이, 108쪽.

그렇게 내 온몸이 돌아가며 아프던 신체의 증상들은 신내림굿을 받기 직전엔 여러 가지 다른 증상으로 대체되어 갔다. 특히 아침에 일어나면 그 증상이 심했는데, 누군가에게 흠씬 두들겨 맞은 것같이 온몸이 쑤시고 아팠다. 또 온몸이 항상 솜방망이처럼 무겁고 나른했다. 그러면서 스트레스성 장애라고 하기엔 어쩐지 다른, 점차 집중적으로 머리가 터질 듯이 아픈 증세로 심화했다. 다음은 나의 자서전, 『집 없는 무당』에 수록된 내 몸의 신병 증상들이다.

"매일매일 머리가 아파왔다. 두개골 근처가 뻐근해지면서 시작된 두통은 순식간에 머리가 부서져 버릴 것만 같은 통증을 수반했다. 두 눈은 충혈되어 마치 토끼 눈 같았다. 그리고 눈알이 빠져나갈 것처럼 아팠다. 퉁퉁 부어오른 온몸은 찌뿌드드하니 무겁고 얼굴은 누렇게 떠서 황달 걸린 사람처럼 보였다.

빛이 싫었다. 나는 어두컴컴한 방안에 두 무릎을 세우고 꼿꼿이 앉아 멍하니 허공만 응시했다. 뿌연 물체들이 둥둥 떠다니는 것이 보였다. 나는 헛것을 보고 있구나 생각했다. 아니, 어쩌면 내 사고(思考)는 정지해 버렸는지도 모른다. 검은 옷을 입은 형체가 보이기도 했다. 나를 향해 클로즈업되었다가 사라지곤 했다. 그러면 하루해가 졌다."

　　　　　　　　　　　　　- 유명옥, 『집 없는 무당』, 110쪽.

위에 기록된 신체의 증상들은 주로 현실적 부적응의 상황에 따른 스트레스와 심인성 장애를 동반한 대표적인 '정신·신체 장애' 질환들이다. 특히 "뿌연 물체들이 둥둥 떠다니는 것"과 "검은 옷을 입은 형체가 보이기도 했다. 나를 향해 클로즈업되었다가 사라지곤" 했다. 이 현상은 편두통(영: Migraine)의 전조 증상(독: Vorbotenphase)이 일어날 때와 유사하다. 편두통의 전조 증상에서 시각의 인지는 주로 뇌내혈관의 수축이 갑작스럽게 발생하면서 일시적으로 뇌혈관이 확장되어 통증이 생긴다.

이때 시각적인 환영(영: Optical Illusion)을 보거나 실제의 크기보다 작고 크게 보이는 현상(독: Mikropsie & Makropsie), 형상이 왜곡되어 보이는 것(독: Dysmorphopsie), 마치 망원경을 거꾸로 보는 것처럼 실제보다 훨씬 멀어 보이는 것(독: Teleopsie)과 같은 증상을 동반한다. 이 상태를 '편두통 아우라(주: 시각 변화 단계)' 또는 '이상한 나라의 앨리스 신드롬(Alice-im Wunderland Syndrom)' 증상으로 진단할 수 있다.

나의 신병은 어릴 때부터 끊임없는 육체의 고통을 동반하며 진행되었다. 내가 거의 육십 평생을 하도 육신의 고통을 당하다 보니, 그나마 아픔을 견디는 '맷집'은 훨씬 좋아졌다.

내가 1996년부터 1997년 신내림 직전까지 겪었던 신병은 이상과 현실의 괴리를 경험하면서 시작된 듯하다.

나의 신병은 신(령)으로부터 선택된 자가 자신의 의지로는 어찌할 수 없는 영적인 자유를 향한 몸짓이라고 표현해야 할까? 내가 앓았던 신병 증상들은 숙명으로 의해 개인의 자유의지와 신념이 좌절된 것에 대한 반동으로 나타난 신체의 불협화음은 아닌지…? 정제되지 않은 과잉된 정신의 에너지가 한 곳에 몰입되어 질량의 변동 없이 심리상태에서 신체 상태로 변형되는 과정에서 나타나는 증상이 아니었을까?

손상된 마음 못지않게 정화되지 않은 육체의 상태에서는 부정적이고 역동적인 무의식의 에너지가 범람할 가능성이 있다.

이때 처리되지 않은 감정의 찌꺼기들과 마음속의 표상들이 신체에서 부정적으로 비약된다. 힘겨운 생체 활동과 견딜 수 없는 삶의 표상이 육체의 굴레를 떠나면 에너지의 과잉이 일어난다. 이때 무의식의 에너지가 감각과 운동 신경의 과민, 인체의 마비와 같은 신체적 고통으로 변형되어 되살아나 나의 신병을 더욱 악화시켰던 것 같다.

지금도 나는 사기를 가진 영가(靈駕, 죽어서 안식을 취하지 못하고 떠돌아다니는 혼령)가 몸에 붙으면 주로 안구 부위에 극심한 통증을 일으킨다. 연이어 머리의 왼쪽 부분에서 시작한 편두통 증세가 반사적으로 발생하는데, 눈이 시리고, 눈물이 흐르면서 눈알은 토끼의 눈과 같이 새빨갛게 변한다. 안과에 가서 의학적인 정밀 검사와 진료를 받으면 눈과 관련된 기관에는 아무런 이상이 없다는 진단 결과가 나온다.

강신 무당과 무당 후보자의 신병은 유전적인 요인과 사회, 환경적인 요인, 거기에 무당 자신의 심리적인 문제들이 복합적인 양상으로 전개되면서 신병의 증상이 강화되고, 고강도의 우울증과 자살에 대한 충동이 더욱 강화된다.

신병은 강신 무당 후보자의 고통스러운 사건을 통해 드러나는데, 개인적인 소질과 심리적인 성향에 따라 주로 '신체화 장애'와 '기분장애'로 나타난다. 이는 특정한 사회와 문화, 환경의 영향으로, 특별한 영적인 능력(靈力)이 있는 사람들에게 나타나는 현상으로 일시적으로 정신이 와해가 되거나 초월적인 상태에서 나타나는 '문화 관련 정신병적 증후군'이다.

'신체화 장애'는 환자가 신체적인 질환이 없이 심리적인 요인에 의해 지속적이고 복합적인 신체 증상이 발생하는 장애다.

이에 속하는 증세는 두통, 가슴 두근거림, 복통과 소화 장애, 설사, 생리불순이나 하혈, 알레르기 반응 등이다.

'기분장애'는 외부적인 조건과 상관없이 기분의 변동에 따라 정서의 변화와 인지 장애, 신체적 증상 등이 극단적으로 변하는 장애다.

예로부터 구전되는 샤머니즘의 전통에 의하면, 장차 강림하게 될 몸주 신령에 의해 선택된 샤먼 후보자는 신병을 앓는 과정에서 모진 고통과 시련을 오래 겪을수록 샤먼으로서의 능력은 커지고 확장된다고 한다.

강신 무당 후보자가 살아오면서 입었던 상처들이 깊어져 고통의 응어리로 굳어질 때 나타나는 다양한 장애 중에서 신병(神病)과 정신병(精神病)의 차이는 자신이 가진 질병을 스스로 통제할 수 있는가, 자신의 질병을 극복하고 타인의 질병을 치유할 수 있는 능력이 있는가가 최대의 관건인 것 같다.

7

영적인 점령 Seelische Besetzung

빙의와 Besessenheit

전 세계 인구의 대략 1%에 해당하는 사람들이 선천적으로 특별한 감수성과 영적인 민감성, 또는 사진기와 같은 뛰어난 영상 능력이 있는 '창조적인 영성'으로 태어난다.

이렇게 특별한 능력으로 태어난 사람들은 특정한 시기에 내적인 갈등 상황이나 심리적인 불안과 공포, 과도한 스트레스와 직면할 때 스스로 통제하기 힘든 맹렬한 격정(독: Affekt)과 공격성을 드러낸다. 이때, 그들의 인식과 사고의 체계가 급격하게 변화하고 행동이나 삶의 태도에 심각한 장애가 일어날 수 있다.

이들의 삶에 감당할 수 없는 스트레스 상황이 더해지고, 스스로 해결할 수 없는 삶의 매듭이 생기거나, 인간관계의 상처와 트라우마를 경험할 때 '반응성 신경증' 또는 '이동성 정신병'을 유발된다.

이와 같은 장애는 주로 샤머니즘적인 영성을 가진 사람들이 경험하는데, 이들에게 약간의 정서적인 자극이 가해지거나 삶의 위기 상황에서 자동반사적으로 나타날 수 있다.

이러한 현상이 나타나는 이유는 샤머니즘적인 영성이나 창조적인 영성을 가진 사람들은 생래적으로 스트레스에 대처하는 방식에 특정한 행동을 유발하도록 프로그래밍이 되었기 때문이 아닌가 싶다.

반응성 신경증 또는 이동성 정신병이란 평소에는 정상적인 사람이 강력한 스트레스 자극을 받거나 내적인 갈등으로 인해 급작스럽게 정서가 변화하는 과정에서 정상적인 사고체계가 무너지고, 마치 조현병 환자나 신경증 환자처럼 행동하는 증세다.

우리는 영매(靈媒) 능력을 지닌 사람들을 일컬어 '미디엄(영, 독: Medium)'이라고 부른다. 이들은 생래적으로 영적인 감수성이 높아 다른 차원의 세계와 진동 및 파장, 주파수를 맞추어 교신하는 '채널링(영: Channeling)'이 가능하다.

영매란 살아 있는 사람과 죽은 자의 영혼이 서로 소통할 수 있는 통로를 열 수 있는 능력을 가진 사람이다. 그들은 영적인 기운을 민감하게 감지(感知)할 수 있는 능력뿐만 아니라 직관과 예지력이 뛰어나 혼령이나 다른 차원의 영적인 존재와 인간을 매개할 수 있다.

샤머니즘적인 영성을 가진 사람에게 나타나는 비자발적인 빙의 현상은 그것을 경험하는 개인의 신체와 정신의 기능이 심각하게 저하되고, 영성(영: Spirituality)이 약화가 되었을 때, 또는 삶의 매듭이 생겼거나, 정신적으로 과도한 스트레스 상황과 인간관계로 인한 갈등 및 감정적 얽힘이 심각한 상황에서 발생한다.

때로는 빙의 현상이 사회적인 고립이나 심각한 우울감, 지속적인 권태 상태, 심한 탈진, 명상(주화입마(走火入魔)) 굿이나 샤머니즘적인 의례의 참여, 장례식장이나 화장터의 방문, 빈사 상태, 금식 및 철야기도 (대부분 종교령에 의한 빙의)와 산기도 등을 진행할 때 나타날 수 있다.

주화입마란 상기증(上氣症)으로, 글자 그대로 "불이 달리고 마(魔)가 치고 들었다."라는 뜻이다. 몸 안의 기(주로 화기(火氣))를 제대로 다스리지 못해 기가 역류하거나 폭주하는 현상이다. 주로 명상이나 수행할 때 내·외적인 요인으로 인해 발생하는 부작용이다.

이때 수행자의 마음이 크게 동요되어 인체에 도는 기운과 정신을 스스로 통제하지 못하고, 기운이 역류하거나 폭주하게 된다.

주화입마가 되면, 인체는 상열감이 있고, 교감신경계가 항진되어 가슴이 몹시 두근거린다. 뇌의 정맥혈에서는 정체 현상이 생겨 머리가 금방이라도 터질 것 같은 두통과 집중력이 심각하게 저하된다.

이때 망상(영: Delusion) 및 환청(영: Auditory Hallucination)과 환시(영: Visual Hallucination)가 동반될 수 있다.

빙의 현상은 특히 이를 경험하는 개인이 속한 특정 지역의 인종과 그가 속한 고유한 문화와 교육 및 종교와 신앙에 따른 정신적인 자극이 직접적인 원인이다.

빙의(憑依)라는 단어는 한자로는 "기댈 빙(憑)자'와 '의지할 의(依)자'를 쓰는데, '의지하다, 기대다, 부탁하다, 의탁하다.'란 뜻을 지니고 있다.

빙의의 사전적인 개념은 살아 있는 인간의 몸이나 마음에 초자연적인 존재가 기대거나, 죽은 영혼이 살아 있는 사람의 영혼에 옮겨붙는 현상이다. 빙의는 한 인간이 원인을 알 수 없는 어떤 초자연적인 힘(악령, 영혼, 귀신, 사념(邪念) 등)이나 제3의 영적인 존재에 사로잡히거나, 다른 인격체가 인간의 몸이나 마음에 기대어 그 사람의 행동을 조절하는 현상, 죽은 영혼이 살아 있는 사람의 몸에 옮겨붙는 현상이다. 빙의 개념의 범주에는 '귀신들림, 신들림, 신내림' 같은 현상도 포함된다.

강신 무당이 신령을 자기 몸에 강림하게 하기 위한 가역적인 빙의 또는 종교적인 빙의를 제외한 빙의 현상은 망자의 넋인 조상령, 지박령(영: Earth-Bounded Spirit) 및 부유령(浮遊靈), 사령(邪靈)인 원귀(冤鬼)나 여귀(무사귀신), 미명귀(未明鬼) 및 기타 잡령(雜靈: 잡귀. 잡신) 등과 같이 주로 '저급(低級)령'에 의해 유발된다.

지박령은 특정한 장소에서 사고로 비명횡사(非命橫死)한 영혼이다. 지박령은 자신의 갑작스러운 죽음에 깊은 원한(怨恨)을 품고 있거나, 이승에 강렬한 미련이 남아 저승으로 가지 못하고 그가 죽은 자리에 속박되어 있다.

이 원령은 자신의 원한을 풀기 위해 그가 살았던 곳이나 특정한 지역에 머물며 같은 장소에서 사람들에게 재앙을 초래하고, 지속적인 인명(人命). 인사(人死) 사고를 일으킨다. 건널목이나 교차로 등 같은 곳에서 빈번히 일어나는 교통사고나 익사 사고, 또는 인명사고 및 해마다 같은 날에 발생하는 사고 등이 지박령에 의해 촉발된다.

부유령은 일정한 장소에 정착하거나 머무르지 않고 마음이 내키는 대로 이리저리 정처 없이 떠도는 영혼이다.

원귀는 망혼(亡魂), 유귀(幽鬼), 유령(遺靈)이라고도 부른다. 불의의 사고로 죽었거나, 억울하게 죽은 영혼, 비명에 간 영혼, 세상에 사는 동안 모진 고생만 하다가 원한을 품은 채 죽은 원령(怨靈)이다. 이들은 깊은 원한을 품고 있어 저승으로 가지 못하고, 이승의 이곳과 저곳을 헤매고 떠돌다가 유령으로 나타나 가족과 친지 등을 괴롭힌다.

이들 중에는 결혼하지 못하고 죽은 처녀 귀신(손각시)과 총각 귀신(몽달귀신)도 있다.

한국의 샤머니즘에서는 이들 혼령에게 해원(解寃)굿을 해서 원한을 풀어주거나 영혼결혼식을 올려주어 미련 없이 이승에서 저승으로 떠날 수 있도록 돕는다.

원귀는 자신이 생전에 머물렀던 지역, 또는 살아 있는 사람(특히 친인척)이나 가축에게 위해를 가하고, 질병이나 죽음, 재앙을 초래한다.

여귀(厲鬼)는 살아생전에 원한을 품고 불운하게 죽었거나, 억울하고 불행한 죽음으로 제사를 지내 줄 후손이 없어 인간에게 해를 끼치는 귀신이고, 미명귀는 천수를 다하지 못하고 요절(夭折)한 영혼이다.

지박령과 부유령, 잡령과 같은 객귀(客鬼, 뜬 귀)에 의한 빙의는 그것을 경험하는 사람과 특별한 영적인 인연이 없이도 영적으로 기운과 파장이 맞으면 '심리적인 감응과 상통의 원리'에 의해 발생할 수 있다. 이때의 빙의는 혈연관계가 없거나 인연이 전혀 없는 잡령으로, '우연귀' 인 경우가 대부분이다.

영적인 존재가 살아 있는 사람에게 빙의되는 과정은 사기의 침입(독: Infestation), 사기의 고착(독: Umsessenheit, 라틴어: Circum-session),

사기로 인한 빙의(독: Besessenheit, 라틴어: Possesio) 등 3단계를 거친다.

첫째, 사기의 침입

주로 지박령과 원귀에 의해 괴롭고 귀찮은 일이 발생한다. 이런 영혼들은 자신의 존재를 알리기 위해 가구나 물건들을 악의적으로 망가뜨리거나 고장이 나게 한다. 대부분 전자기기의 파손이나 제품의 오작동 등으로 드러난다. 때때로 물건이 갑자기 사라지거나(독: Deporte), 갑자기 전에 없던 물건이 눈앞에 나타나거나(독: Apporte), 가만히 놓여 있던 물건이 저절로 움직이거나(독: Psychokinesen, 염력에 의한 움직임), 물건의 형태가 일그러지거나 변형(독: Psychoplastiken)된다.

이러한 현상은 서양에서 유령이 출몰해 소란스럽게 소동을 일으키는 것과 유사하다.

둘째, 객귀(뜬귀)의 영(靈)적인 간섭으로 인한 사기(邪氣)의 고착

한 인간이 그의 주변에 지박령이나 인연이 깊은 조상령 및 원귀와 여귀 등에 의해 둘러싸여 정서적으로 안정을 찾지 못한다. 이때 신체에 장애가 생겨 항상 초조하고 불안하며, 불편함을 느끼는 현상이다.

객귀나 잡령 등에 의해 사기가 인간에게 고착되는 까닭은 망자가 불의의 사고나 살해를 당해 천수를 다하지 못하고 비명횡사(非命橫死)했거나, 깊은 원한을 품고 갑작스럽게 죽어 자기의 죽음을 인식하지 못해 혼돈과 미망 상태에 머물러 있기 때문이다.

이런 비정상적인 영혼은 티베트 불교에서 말하는 바르도(Bardo, 중유, 중음신) 상태에 계속 머물러 있어 다음 생을 받지 못한 채 영원한 암흑 속에 고립되어 방황하게 된다.

지박령이 한 장소에 머물며 인간에게 고착되는 까닭은 자신의 영혼을 정화해 줄 인연을 찾아 고립된 상황을 알리고, 인간 세계와 소통하기를 원하기 때문이다.

이런 영혼은 자기의 죽음을 깨닫지 못하는 혼돈과 미망의 상태에 머물러 있으므로, 망자의 영혼을 위해 불경을 읽어주어 불법을 듣고 스스로 각성하게 하거나 사후 의례인 천도재, 씻김굿, (진)오구굿, 새남굿 등을 통해 영혼을 정화해서 저승으로 천도해야 한다.

셋째, 영적인 점령 또는 빙의

영적인 점령은 완전한 빙의 상태가 되기 직전의 단계라 할 수 있다. 이것은 본인이 아닌 다른 (영적인) 존재나 심령의 에너지가 한 인간의 고유한 육체와 의식을 적대적으로 차용(借用)하는 것을 의미한다.

영적인 점령이 되면, 한 인간의 내면에서는 두 개의 모순적인 존재가 투쟁하는 상태에 돌입한다. 영적인 점령 상태는 자기의 육체 안에 마치 기생충을 보유하고 있는 것과 유사하다. 영적인 점령을 당한 개인은 더는 자신을 지배하거나 통제하지 못한다. 이 상태가 되면, 점령한 인격체가 어떤 방식으로든 점령당한 사람에게 정신적인 영역과 생체에너지 영역에 강력한 영향을 끼치게 된다.

인간의 영(靈)과 육(肉)이 특정한 때와 장소에서 자신이 아닌 다른 영적인 인격체 및 기운(특히 사기(邪氣))에 점령된 상태에서는 평소와는 전혀 다른 사람처럼 말하고 행동한다. 이 상태는 스스로 통제할 수 없는 욕망이나 충동, 억압이나 구속력을 작동시키기도 하고, 때에 따라서는 정서적으로 심각한 불안정 상태를 유발한다.

점령을 유발한 개체(영적인 존재)는 영적인 점령 상태에 노출된 사람의 생체와 정신의 에너지를 점진적으로 빼앗아 간다. 이 때문에 영적인 점령을 당한 사람은 계속 기력을 잃게 되고 점점 쇠약해지거나 심리적으로 무기력해진다.

한 인간이 영적인 인격체나 사기에 점령되면, 여러 가지 영적인 장애가 다양한 스펙트럼이 되어 나타난다. 이때 나타나는 다양한 증상은 여러 육체적인 질병이나 정서적인 장애와 유사하게 나타나므로 다른 질환과 혼동하기 쉽다.

육체를 떠난 원령(怨靈)은 원한을 지닌 채 죽은 사람의 혼령으로, 보통 사람들의 가시권에는 보이지 않는다. 자기의 육체를 떠나 염태(念態, 상념의 형태)로만 존재하는 영혼들은 생존했을 때와 똑같은 개성과 인격을 지니고 있다. 이 영혼들은 '중음 상태'에 머무르면서 윤회를 받아 새 생명으로 태어나기 전까지 뭉쳐진 에너지의 상태로 존재한다.

영적인 점령군은 육체가 없이 염태와 생존 당시의 의지로만 존재하므로, 자신과 영적인 사이클이 맞는 살아 있는 사람의 육신이 필요하다. 이 때문에 영적인 점령군은 다른 사람의 육체를 자신의 도구로 활용하려고 한다. 그들 대부분은 눈에 띄지 않게 다른 사람의 영과 육을 장악하므로, 평소에는 고요하고 별로 눈에 띄지 않게 행동한다.

그렇지 않으면, 영적인 점령을 당한 당사자가 무당이나 퇴마사의 힘을 빌려서 신내림굿이나 빙의 치료 등을 통해 점령된 인격체를 제거하려고 하기 때문이다.

한 인간이 영적으로 점령을 당하면, 일단 그 사람이 가진 에너지의 파장과 아우라(영, 독: Aura)가 순식간에 변하게 된다.

아우라는 영기(靈氣)라고도 하는데, 사람이나 어떤 장소에 서려 있는 독특한 기운이다. 게다가 점령당한 인격체의 지각 능력이 점진적으로 쇠퇴하면서 음파(音波, 영: Sound Wave)로 인해 귀가 심하게 진동한다.

음파란 주변의 부분적인 압력의 변화로 인해 물체가 진동해 종이 울릴 때의 파장과 같이 고막을 진동하는 것이다. 이때 공기와 접촉하고 있는 우리의 피부가 미세하게 떨리게 되는데, 우리의 대뇌는 이것을 물질이 아닌 에너지로 인식한다.

영적인 점령 상태는 어떤 종류의 사기(또는 영적인 에너지)가 점령되었는지에 따라 한 인간의 육체적인 영역과 정신적인 영역, 그리고 영혼의 영역에서 다양하고 다채로운 징후를 보인다. 영적인 점령 상태의 징후와 증상은 아래와 같이 매우 다양하다.

1) 누군가에게 실컷 얻어맞아 몸이 바닥에 패대기쳐지는 느낌

2) (뱀장어) 기름처럼 번들거리는 피부

3) 피부에 허물이 벗겨지거나 혀에 나타나는 심한 백태

4) 좋지 않은 음식이나 썩은 것을 먹은 것 같은 부패한 입맛

5) 눈 안이 심하게 긁히는 느낌

6) 심한 편두통과 극심한 두통

7) 사지가 뒤틀리는 느낌을 동반한 끔찍한 고통

8) 등짝이나 허리가 심하게 아픈 증상(이와 같은 고통은 이른 아침에 잠에서 깨었을 때 유독 심하게 느껴지고, 등짝이 아픈 고통은 특히 이른 아침에 기상하자마자 심한데, 종종 위와 장의 문제를 일으키는 경우가 많다.)

9) 근육의 심한 긴장과 고통

10) 기타 원인이 없는 전신의 통증

11) 육체가 마치 바늘에 찔린 것 같은 아픔과 통증

12) 음식을 섭취하면 구토를 일으키거나 위와 장에 부담을 주어 불편함을 느끼므로 차차 음식물의 섭취를 거부하게 된다.

13) 계속 뭔가를 씹고 싶은 강력한 욕구나 뭔가를 먹어 삼키고 싶은 충동으로 인해 폭식증이 생기고, 음식을 많이 먹은 후에는 심각한 포만감 때문에 후회한다.

14) 폭식으로 인해 위와 장에 부담이 가중되고, 내적인 스트레스에 계속 시달린다.

15) 설사, 변비, 복부에 가스가 차고, 위가 쓰리고 아픈 증상이 지속된다.

16) 누군가가 자신의 목을 조르는 듯한 느낌과 가슴이 꽉 막히는 느낌, 공기를 흡입하지 못하는 느낌을 동반하며, 숨쉬기가 곤란한 상태가 된다.

17) 육체의 9개의 구멍(눈, 귀, 콧구멍, 입, 항문과 남녀의 성기)에 무엇인가가 들어온 느낌.

18) 육체의 9개의 구멍이 강한 자극을 받거나 그 구멍에서 액체인 무엇인가가 계속 흘러나오는 느낌

19) 자주 샤워를 하거나 몸을 박박 문질러 목욕을 해도 몸 안에서는 계속 썩는 냄새가 난다.

20) 몸 전체가 무언가가 조화롭지 않은 것 같은 불편함

21) 만성적인 피로와 지속적인 에너지의 상실감

22) 육체 에너지의 3분의 1 정도가 몸 안에서 완전히 빠져나가는 느낌

23) 온몸에 맥이 빠진 느낌과 삶의 의욕을 잃은 느낌.

24) 업무 중 또는 어떤 일에 몰두하고 있는 낮 시간대에 갑작스럽게 닥치는 졸음과 통제 불능으로 순식간에 잠에 빠져드는 증상(기면증, 이때 잠에 빠져드는 시간은 몇 초, 몇 분 정도다.)

25) 사지의 마비. 뭔가에 사로잡혀 자기의 육체에 갇힌 느낌

사기(邪氣, 요사스럽고 나쁜 기운)에 의한 빙의나 영적인 점령은 한 번 시작되어 마음을 텅 비게 하는 습관을 만들면, 저절로 영적인 물꼬가 트인다. 이것을 한국의 샤머니즘에서는 "신구멍 또는 귀문(鬼門)이 열렸다."라고 표현한다.

이렇게 되면, 보통 사람들처럼 누군가를 미워하거나 화를 내거나 분노하기만 해도 즉각적으로 사기나 사령에 점령당해 자기 자신의 주체성을 잃고 방황하게 된다.

8

병들게 한다면?
만약 종교가 우리를
종교중독

종교적인 행위는 인간의 내적인 삶을 풍요롭게 하고, 경건하고 바른 삶으로 이끌어 가는 하나의 도덕적이며 사회적인 장치다. 종교는 때로 자아 구조가 취약한 사람에게 일종의 '영혼의 비타민'으로 작용해 삶의 균형과 내적인 조화를 이끌어 주기도 한다.

종교(Religion)라는 단어는 '양심적인 고려', '신중함'이라는 뜻의 라틴어, 'religio'에서 비롯했다. 라틴어 "religare"는 '숙고하다', '~에 주의를 기울이다.'라는 뜻인데, 원래는 '전조나 규정에 양심적으로 주의를 기울이는 신중함'이라는 뜻에서 유래했다.

이 단어는 re(다시, 반복)와 ligare(묶다, 연결하다)가 합쳐져 '다시 묶는다', '재결합하다'라는 뜻으로 합성되었다.

인간은 종교적인 행위를 통해 영적 신성함을 체험하며, 균형 잡힌 삶과 각자의 개성을 유지할 수 있다.

특정한 종교는 한 개인의 종교와 신앙생활 및 그 개인의 세계관과 내적인 신념을 변화시킨다. 하지만, 우리가 광신적인 종교나 '종교중독'에 빠지면 스스로 통제하고 제어할 수 있는 능력의 한계를 벗어나게 된다. 그렇게 되면, 우리는 평생 삶의 제약과 영적인 속박 속에서 허우적거리거나 심리적 억눌림을 받으며 살아가게 된다.

때로 우리는 종교라는 명분을 앞세운 봉사 활동이나 헌신, 잘못된 믿음으로 인해 현실감각을 상실하고 심각한 심리적인 장애를 일으키거나 영적으로 회복 불가능한 속박에 빠질 수도 있다. 이러한 상태를 '종교적인 노이로제(독: Religioese Neurose)'라고 부른다.

종교적인 노이로제(또는 교회론적인 노이로제, 독: Ekklesiogene Neurose)라는 개념은 1955년 독일의 산부인과 의사이자 정신분석가였던 에버하르트 쉐칭(Eberhard Schaetzing, 1905~1989)에 의해 개념화되었다. 피임약의 반대론자였던 그는, 〈인간을 향한 길에서(독: Wege zum Menschen)〉라는 잡지에 기고한 글에서 종교 노이로제의 개념을 정립했다.

종교적인 노이로제는 개신교가 사회적인 영향력을 강력하게 발휘하는 독일어 문화권에서 처음으로 사회·문화적인 질병으로 인식되었다. 종교적인 노이로제라는 단어가 초기에는 종교, 그중에서도 특히 기독교에서 유발된 심리적인 장애를 뜻했다.

1950년대 중반 쉐칭은 산부인과 의사로 재직하던 당시에 진료했던 환자의 대다수가 성적인 장애와 종교적인 노이로제에 시달리고 있는 것을 확인했다. 그의 남성 환자들은 발기부전(독: Impotenz), 여성 환자들은 불감증(독: Frigitaet)에 시달렸다.

당시 쉐칭이 진료한 환자들은 결혼 생활이나 이성과의 관계를 제대로 유지할 능력을 상실한 채 힘겹게 살아가고 있었다.

종교적인 노이로제에 시달리는 환자들은 대부분 어린 시절에 독실한 종교를 가진 부모에게 필요 이상으로 엄격한 종교 교육을 받고 자랐다. 쉐칭의 종교 노이로제 환자들은 성장기에 강박 장애와 '양심의 가책으로 인한 불안감(독: Gewissensaengstlichkeit)'에 시달렸고, 성인이 되어서는 심각한 정서적인 장애를 앓고 있었다.

쉐칭의 환자들 대부분은 성적인 관심이 고조되는 사춘기에 자위행위(영: Mastervation)를 경험했다. 이 과정에서 어린 시절 부모로부터 받았던 엄격한 종교적인 교육과 자기의 성적인 행위 사이에서 심각한 도덕적인 갈등을 빚으며 성장했다.

환자들의 부모는 자녀들에게 성교육을 진행하면서 자위행위와 성적인 행위에 대해 강렬한 수치심과 죄의식을 갖게 했다.

쉐칭이 진료한 노이로제 환자들은 가치관이 제대로 확립되지 않은 사춘기 성격 발달의 과정에서 성에 관해 필요 이상으로 엄격한 가정 교육으로 인해 흑백논리의 이분법적인 신앙생활을 했다. 그들은 신을 사랑과 은혜를 베풀어 주는 대상이 아닌 공포와 징벌의 주체로 인식했다. 환자들은 이 과정에서 다양한 영적인 장애를 경험했다.

쉐칭은 환자들이 성장하면서 경건한 신앙심과 종교적인 도그마 사이에서 심각한 갈등과 혼란을 겪으며 결국 비정상적인 믿음도 함께 키위간 사실을 발견했다.

사실 종교중독과 경건하고 바른 신앙생활의 경계는 매우 모호하므로 일반인들이 '종교적인 경건성'과 '영적인 질병'을 제대로 분별하고 바르게 인식하기가 쉽지는 않다.

소위 '행위중독'에 속하는 종교중독은 다른 중독과 마찬가지로 점진적으로 이루어진다. 종교중독은 개인의 심리적인 결핍(특히 모성 결핍)과 만성적인 공허감, 영적인 세계를 향한 목마름으로부터 촉발된다. 종교중독자들(또는 영적인 행위 중독자들) 대부분은 '강박적인 성격장애(영: OCPD, Obsessive Compulsive Persnality Disorder)'를 앓고 있다.

강박적인 성격장애자는 질서와 규칙, 조직 생활, 완벽함이나 세밀함과 같은 지엽적인 것에 집착하거나 자신이 처한 환경과 인간관계를 강력하게 통제하려고 한다. 강박증 환자들은 융통성이 부족해 전체보다는 지엽적인 부분이나 원리·원칙에 집착하는 성향이 강하다. 강박적 성격장애는 강박적 사고와 강박적 행동으로 나뉜다.

강박적 사고는 본인은 원치 않는데, 반복적으로 떠오르는 생각이고, 강박적 행동은 강박적인 사고로 인해 생긴 불안을 감소시키기 위해 무의식적으로 어떤 행동을 반복하는 것이다.

종교중독자들은 자신의 결핍과 공허감을 채워 줄 대상인 종교인을 찾는다. 이들은 자신이 선택한 종교를 통해 강력한 권력을 쟁취하려고 시도하거나 타인에게 인정받으려는 욕구가 무척 강하다. 종교중독자의 가장 큰 목적은 "어떤 유형의 감정적인 만남을 갖는 것"으로, 이들은 종교적인 의식과 종교 행위 및 종교들인과의 만남을 자신의 감정을 조절하거나 기분 전환을 위한 도구로 활용하려고 시도한다.

종교중독자들이 종교적인 행위를 통해 추구하는 것은 영적인 흥분과 정신적인 안도감 및 황홀경을 동반한 기분의 전환이다. 종교중독자들은 자신의 결핍과 개인적인 욕구를 억누르고, 많은 시간을 종교적인 삶에 헌신한다. 그들은 종교적인 행위를 통해 자신의 욕구를 충족시키며 현실에서 만나는 고통을 잊으려고 한다. 때로 종교중독자들은 그들의 내면에서 끊임없이 일어나는 공포나 수치심 같은 견디기 힘든 정서로부터 회피하려고 시도한다. 그 과정에서 종교중독자들은 자신이 헌신하는 종교에 파괴적이고 위험스럽게 깊이 몰입한다.

종교중독자들은 대부분 야성적이거나 격렬한 감정의 혼란 속에 빠져 보다 강렬한 감정적인 자극원을 찾는다.

이때, 그들이 가지고 있는 심리적인 결핍이나 트라우마는 종교라는 테두리 안에서 교묘한 도피의 수단으로 활용된다.

중독자들이 종교적인 행위를 통해 봉사하고 헌신하는 태도는 겉보기에 이타주의나 타인을 돕는 행위로 그럴싸하게 위장된다.

그들이 자신의 심리적인 장애와 인간적인 한계, 그리고 성격적 취약함을 감추고, 종교에의 헌신을 방어기제(防禦基劑)로 사용하면 자가 치유의 길은 점점 더 요원해진다.

칼 구스타프 융의 제자이자 뉴욕의 유니온 신학대학원의 교수인 앤 율라노프(Ann Belford Ulanov, 1937~)는 칼 융의 심층심리학을 목회 상담과 기독교의 영성에 융합한 분석가다.

그녀는 종교인 중에서 도덕적인 자학과 복종을 일삼는 사람을 일컬어 '도덕적 자학인(영: Moral Masochis)'이라고 명명했다.

중독(독: Sucht, 영: Addiction)이란 용어는 라틴어인 '아딕투스(addictus)'에서 유래했다. 이 단어는 '항복한, 바쳐진 굴복한, 헌신한'이라는 뜻이다.

중독은 습관적으로 어떤 대상이나 무엇인가에 열중하고 깊이 몰두하는 행위로, 한 개인의 주관적이고 내적인 소인(영: Disposition)이 중독의 계기가 된다. 중독은 마음속에서 끊임없이 일어나는 갈망을 채우기 위해 특정한 행위를 반복하는데, 이를 스스로 통제할 수 없는 무력한 상태다. 시간이 흐를수록 몸과 마음이 점점 욕구를 채우고자 하는 갈망에 사로잡히게 된다.

중독자들 거의 대다수가 삶의 고통이나 자신을 짓누르는 중압감으로부터 잠시나마 해방되려고 특정한 강박 충동적인 행동을 시작한다. 중독자는 자신의 문제와 솔직한 감정을 드러내거나 수용하기를 거부하는데, 이때부터 중독자의 내면에서는 서서히 중독 인격이 자라난다. 중독자들은 자신의 불안감을 감추고, 만성적인 우울을 겉으로 드러내지 않거나 회피하려고 다양한 방법을 모색한다.

한 인간이 강박적인 종교중독에 깊이 빠져들 때는 중독자의 신체의 건강 상태와 정서적인 손상 정도, 인간관계, 주변 환경을 수용하는 태도와 기타 다양한 사회. 문화적인 요인들이 다각적으로 결합한다.

종교중독자들은 편협하고 완고한 믿음을 갖고 있거나 독단적으로 행동하려는 성향이 강하다.

이들은 종종 흑백논리의 이분법적인 사고와 더불어 자아의 분열을 점진적으로 경험하는데, 대체로 중독되기 이전부터 이미 강박적인 성격 장애를 앓고 있다. 종교중독자들은 사고의 탄력성과 융통성이 부족할 뿐만이 아니라 완고함과 엄격함, 영적인 세계를 향한 원인 모를 강한 두려움과 공포가 있다.

종교중독에 빠져드는 사람들 대부분은 만족스럽지 않은 현실로부터 자신을 유리시키며 심각한 결핍을 경험한다. 종교중독자들은 특히 충족되지 않은 모성의 결핍과 타인에게 인정받으려는 욕구가 강한 데다 강렬한 애정 욕구와 소속감의 욕구가 있다.

종교중독자들이 가진 이 같은 심리적인 취약성은 특정한 시기에 종교중독을 더욱 강화할 수 있다.

종교중독자들은 자신의 삶을 대체할 만한 도피의 수단을 찾아다니다가 열광적이거나 도취적인 종교를 만나면 영적인 행위 안으로 교묘하게 숨어든다. 그들은 각종 종교 활동에 열성적으로 참여하면서 현실에서 만나는 고통을 벗어나고자 한다.

남녀노소를 막론하고, 종교중독자들의 인격은 성장을 멈추고 유아적인 상태에 고착되어 있다. 그들은 신의 임재(히브리어: Schekinah)를 갈망하는데, 이들의 종교에 대한 과도한 관심과 헌신이 종종 겉으로 보기에 영적으로 정당한 활동으로 오인된다.

한 개인이 그가 가진 신앙을 내면에서 일어나는 부정적인 감정을 회피하는 방편으로 사용하는 것, 결핍과 공허를 채워줄 대체물로 사용하는 것, 불안하고 침울한 현실로부터 도피하려는 수단으로 사용하는 것, 삶의 통제력을 잃어버릴 정도로 종교에 집착하는 행위가 있으면 종교중독으로 판단한다.

기도와 기도의 응답에 관한 우스운 농담이 하나 있다.

한 초등학교 남자아이가 엄마에게 물었다.

"엄마, 나는 내 소원을 이루기 위해 정말 열심히 하나님께 기도했는데, 왜 하나님께서는 내 기도에 응답하지 않으실까요?"

초등학교 아이의 엄마가 대답했다.

"얘야, 자신의 소원을 이루기 위해 하나님께 기도하는 사람이 어디 너 하나뿐이겠니? 네가 네 소원을 이루려면, 다른 사람보다 더 열심히 진심으로 하나님께 기도하고 남을 위해 봉사를 해야 하는 거야. 알겠지?"

촌철살인(寸鐵殺人 : 간단한 말로도 타인을 감동시키고 약점을 찌를 수 있음)의 유머다.

우리가 믿는 종교는 결코 인간의 유아적인 욕망을 맹목적으로 채우는 도구가 아니다. 우리가 믿는 종교는 진정한 영적인 체험과 더불어 현재의 불완전한 인격의 완성을 돕는다.

종교중독자, 특히나 샤머니즘 중독자들은 신(령)이나 그들의 조상령들이 우리가 살아가는 과정에서 일어나는 복잡다단한 문제와 고통을 주술적(呪術的)으로 덜어주고, 그들의 삶을 좀 더 윤택하게 해주기를 간절히 염원한다.

종교중독자들은 종교를 통해 나르시스적인 욕구를 채우기 위해 지름길을 찾는 현실도피주의자들로, 종교 행위를 통해서 신비적인 경험을 추구하고, 정서적인 갈증과 소외된 인간관계를 해소하려고 한다. 그들은 자신의 종교 행위를 통해 기쁨과 황홀경, 과도한 욕망을 채워 주기를 염원하면서 자신이 신앙하는 대상에 책임을 전가하려는 사람들이다.

종교중독에 빠져들기 쉬운 사람들의 16가지 유형은 다음과 같다.

1) 신을 향한 자기애적인 신앙으로 무장하고, 영적인 체험을 통해 삶의 긴장감과 스트레스를 해소하려는 사람
2) 종교는 심약한 사람에게나 필요하다는 극단적인 가치관을 가진 사람
3) 엄숙한 가정에서 극단적인 종교성과 위압적인 가정 교육을 받으며 성장한 사람
4) 깊은 종교성에 심취해 황홀경을 갈망하며 영적인 구원을 찾는 사람
5) 기존에 신앙했던 종교 및 종교지도자들에게서 실망해 깊은 상처를 입은 사람
6) 가치관의 혼돈, 질병, 실직 및 사업의 실패, 파산, 실연이나 가족, 또는 사랑하는 사람과의 이별 등과 같은 생의 위기에 처해 있는 사람
7) 종교인들에 대한 분노와 실망감을 경험한 사람
8) 기성 종교에 불만을 품고, 사회의 질서를 해체 또는 파괴하려는 사람

9) 가정의 해체와 파괴로 인해 소속감과 안정감이 절실히 필요한 사람

10) 융통성이 없는 부정적인 자기애가 있고, 극단적으로 이상을 추구하는 사람

11) 인생의 목적과 삶의 방향을 상실한 사람

12) 비타협적이며, 엘리트 의식을 가진 독선적인 사람

13) 타인으로부터 인정받지 못하고, 사회적인 냉대와 정서적인 결핍을 경험하는 사람

14) 내면의 분노를 감추고, 종교를 통해서 자신의 만성적인 공허감과 불안감, 열등감 등을 극복하려는 사람

15) 지나치게 높은 삶의 목표를 설정하고, 강박적으로 이를 성취하려는 사람

16) 가까운 사람으로부터 심리적인 학대나 방임을 경험한 사람

위에 열거한 16가지 유형의 사람들은 대체로 감수성이 예민하고 완고하며, 모성 결핍이 심하고, 강박적인 성향이 있다. 이들은 자신의 종교적인 의문점과 심리적인 모순을 신앙하는 종교에 집중적으로 투사한다.

이들은 종교적인 행위에 과도하게 몰입하고, 영적으로 강렬한 체험과 샤머니즘적인 황홀경(영: Euphoria)을 고대한다. 종교중독자들은 그들의 종교망상과 피암시성으로 인해 결국 맹목적인 몽환 상태와 자기최면 상태에 빠져든다. 시간이 갈수록 그들의 신앙은 왜곡되고, 행위 중심의 신앙으로 변모된다.

특히 종교중독자들이 샤머니즘 의례에 참여해 신비한 영적 체험에 빠져들게 되면, 신인합일을 유도하는 열광적인 의례에 걷잡을 수 없이 몰입하고 회복 불능의 상태로 치닫게 된다.

한국 샤머니즘의 최대 장점은 의뢰인의 요구와 갈망에 눈높이를 맞춰 실용성을 제공하는 것이다. 종교중독자의 유아적이고 나르시즘적인 욕망은 일시적으로 샤머니즘적인 강렬한 신들림 현상을 통해 성취될 수 있다.

주술적인 방법으로 무장한 영적인 사기꾼들은 종종 종교중독자의 믿음을 과도하게 자극하고, 그들의 믿음에 동조하는 척하며 가스라이팅 (영: Gaslighting)과 영적이며 물질적인 착취를 일삼는다.

가스라이팅은 타인의 나약한 심리나 견디기 어려운 상황을 교묘하게 조작해 그들에게 판단력을 잃게 하고, 과도한 통제와 지배를 일삼는 행위다.

종교중독자들이 자제력과 판단력을 잃은 상태에서 영적인 사기꾼들을 만나면, 그들의 감언이설에 속아 자신의 욕망을 채우려고 엄청난 재산을 탕진하며 주술적인 의례를 수도 없이 되풀이한다. 이로 인한 폐해로 종교중독자는 소유하고 있던 재산을 모두 탕진하고 종교적인 우울증과 정서적인 장애를 경험할 수 있다.

종교중독자들은 열광과 흥분을 동반한 광적인 종교 집회(기독교의 부흥회, 밤샘 기도, 금식, 굿에 적극 참여)와 신비스러운 체험을 갈망한다. 이때 그들은 집단적으로 열광적인 분위기를 고양하는 신흥종교 집회나 강신 무당들이 진행하는 샤머니즘적인 의례에 친밀감을 가지고 끊임없이 찾아다닌다. 그곳에서 그들은 심리적인 위안과 삶의 의미를 찾는다.

강박적인 종교 행위에 몰입하던 사람이 광적인 종교 집회에 참여하면 광적인 망상과 정신병적 강박관념을 동반한 종교적 우울증(영: Religious and Spiritual Factors in Depression)이 유발될 수 있다.

종교적 우울증은 주로 고통과 외로움에 빠진 병적인 성품의 신앙심이 깊고, 종교적인 성향이 강한 사람들에게서 주로 발병한다. 내담자들이 들려준 종교적 우울증의 경험을 종합하면 다음과 같이 요약할 수 있다.

그들은 열광적인 집회에 참석한 후에 홀로 남겨졌을 때, 불현듯 자신도 모르게 피가 섬뜩하게 얼어붙고, 심장을 멈추게 하는 공포와 마주하게 된다.

이때 경험하는 공포는 마치 자기의 신체 기관이 몸에서 분리되는 것 같은 병적인 공포로, 그들의 마음을 교란한다.

이 공포와 불안은 그것을 경험하고 있는 개인에게 너무나 강렬하고 압도적이어서 일순간 미쳐버릴 것 같은 느낌으로 다가선다.

　예고도 없이 종종 찾아와 죽음의 시간을 재촉하는 것 같은 공포는 그것을 경험하는 개인을 완전하고 절대적인 절망과 영혼의 혼돈 속에 빠뜨리고, 소름 끼치는 두려움으로 홀로 헤매게 한다. 이때 그 개인은 가슴 속에 머물렀던 강렬한 그 무언가가 모래알과도 같이 서서히, 그러나 완전하게 빠져나갈 것 같은 내면의 공허감을 경험한다.

　그는 전에도 알지 못했고, 이제까지 느껴 보지도 못했던 실존적인 불안을 느끼고, 그의 몸은 점차 끔찍한 공포와 두려움으로 가득 채워진다.

　종교적인 신념과 그 신념을 실천하는 영적인 행위는 현실에서의 삶과 주변 환경을 조화롭게 융화시킨다.

　자신의 고통과 아픔, 심리적인 결핍과 상처 및 트라우마를 솔직하게 인정하고 수용하는 것이 종교중독 치료의 첫걸음일 것 같다.

　마음의 갈피를 잃고 방황하는 이들이 종교적인 신념과 신앙의 영적인 실천을 통해 삶의 의미를 찾아 평온하고 희망적인 삶으로 나아가기를 기대해 본다.

9

아직도 한국 민중의 얼을 사로잡고 있는 샤머니즘 신앙

이 글은 저자가 독일 '한국 문화의 집'에서 발간하는 독일어 계간지인 'Kultur Korea(한국 문화)' 2012년 2월판. 53-55쪽에 기고한 같은 제목의 독일어 칼럼을 번역한 한국어에 일부 내용을 수정한 글이다.

서울의 유명한 카페에서의 한 장면이다.

그 카페는 대학생 등 주로 젊은 층이 애용하는 꽤 이름이 있는 장소였다. 카페의 중앙에는 큰 자작나무가 한 그루 서 있었다. 그 자작나무에는 무수히 많은 노란 종이가 달려 있었고, 그 안에는 작은 글씨로 자신의 소원을 담은 내용들이 적혀 있었다. 사람들의 여러 기원이 주렁주렁 담긴 글이 달린 자작나무를 보는 순간 나는 '샤먼의 자작나무'를 떠올렸다.

인류학자인 엘리야데(M. Eliade, 1907~1986)가 그의 책, 『샤머니즘, 고대적 접신술』에서 "샤먼은 의례 때 자작나무에 오른다.

이 행위는 샤먼이 우주목의 최정상을 오르는 행위를 대신한다."라고 했던 그 자작나무 말이다.

신성한 지혜의 저장고인 이 샤먼의 자작나무는 샤먼에게는 생명과 지혜의 나무이자 '세계수 (영: World Tree, 독: Weltbaum)'로 끊임없이 재생을 반복하는 우주를 상징한다. 자작나무의 움푹 파인 홈들은 접신(Ecstasy)된 상태의 샤먼이 통과하는 여러 단계의 하늘을 상징한다.

한국의 강신무당(巫堂, 영: Mudang, Shaman)은 신들린 상태에서 샤먼의 자작나무와 유사한 구조를 가진 작두에 올라 영계와 현상계를 잇는다. 무당은 작두 위에서 제갓집의 고통스러운 운명을 자기의 몸으로 막아내고, 한 많은 조상의 영혼을 천도한다.

제갓집에게 신령의 '공수(空授, 독: Orakel, 신탁)'를 내리고 현실에서 깨어졌던 삶의 조화를 다시 이끌어낸다.

한국의 민중 속에서 가장 활발하게 살아 있던 종교 샤머니즘은 현재 공동체의 안녕이나 풍농, 풍어를 기원하는 마을굿(洞祭), 개인의 삶과 미래를 예언하는 점복, 그리고 개인과 가족들의 문제와 고통을 치유하는 굿과 치병 의례에서 그 기능을 면면히 이어가고 있다.

한국의 샤머니즘을 바라보는 두 가지의 상이(相異)한 견해가 있다.

하나는 하버드 대학교에서 사회윤리학을 강의했던 20세기 최고의 종교학자이자 사회학자로 존경받는 하비 콕스(Harvey Cox, 1929~)의 견해다. 그는 한국의 샤머니즘을 "현대 한국인의 원초적인 신앙심"으로 바라보고 있다.

다른 하나는 과거 선교사들과 주로 기독교 계통의 배타적인 신앙심을 가진 사람들의 견해인데, 한국에서 샤머니즘이 점차 약화(弱化)되고 있으니 멀지 않은 장래에 사라질 것이라는 부정적인 시각이다.

끈질긴 생명력을 가진 샤머니즘은 이런 부정적인 시각과는 달리 한국 사회에서 숱한 기성 종교 및 신흥종교와의 융합을 통해 한국인의 삶에 여전히 큰 영향을 미치고 있다.

하지만 유감스럽게도 신령과 자연과의 조화와 합일을 중시하는 샤머니즘의 종교현상은 한국 사회에서 이제는 '누멘(독: Numen, Pl: Numina)'의 기능이 점차 상실되어 가고 있다.

누멘은 신들이 소유한 신비스럽고, 초자연적인 힘과 영향력을 뜻하는 고대 라틴어다.

샤머니즘은 성(聖)과 속(俗)이 분리되어 공연이나 예술, 점복과 같

영계와 현상계를 잇기 위해
작두에 오르는 무당,
유명옥 솟을굿.
[사진: 변한섭]

은 형태로 세속화(영: Secularization, 독: Saekularisierung)되어 행해
지고 있다.

현재 한국 사회에서 샤머니즘은 인간의 본성과 본능에 가장 충실한
삶의 실용적인 수단이자 원초적이며 기층적(基層的) 종교의 기능을 수
행하고 있다.

최근 한국에서는 젊은 층에서 점복이 취미와 오락의 방식으로 성행
하고 있다. 요즘 대학가 주변에는 각종 음료와 함께 사주, 관상, 궁합, 타
로(Tarot)를 보는 점술 카페가 유행하고 있다. 과거의 한국 역사 속에서
'민중의 종교'로 인식되었던 샤머니즘이 이제는 세속화되어 포스트 모

신들림을 통한
트랑스 상태에 빠진 무당,
유명옥 솟을굿.
[사진: 변한섭]

던 시대에 새로운 문화의 옷을 덧입은 채 귀환하고 있다.

샤머니즘은 대한민국 역사 이래로 한국인의 정신과 삶의 기저에서 끈질긴 생명력을 가지고 여전히 자생하고 있다.

현대의 샤머니즘은 실용주의적인 실존의 철학이자 인간의 한계 상황을 극복하기 위한 적극적인 생존전략이다.

그렇다면 여전히 한국 사회에서 샤머니즘이 건재하고 있는 까닭은 무엇일까?

나는 현재 한국 사회에 나타나고 있는 두드러진 샤머니즘 현상의 특징을 다음과 같이 파악하고 있다.

첫째, 샤머니즘은 한국인의 종교 심성에 뿌리 깊게 자리하고 있어 새로운 외래 종교가 유입되어도 한국인의 종교적 심성에 맞게 변화하고 성장하여 한국 사회의 종교와 문화 전반에 걸쳐 끈질긴 생명력을 지속하고 있다.

둘째, 조화를 추구하는 샤머니즘의 세계관과 한국 민중의 심성이 어우러져 죽음과 질병 등 위기와 상실의 순간에 굿과 치병 의례를 통해 현실적으로 복잡한 문제들을 다양하게 해결해 주어 삶의 안정과 사회적인 필요를 적절히 충족시켜 주고 있다.

셋째, 신앙과 삶의 부조화로 인해 고통을 받는 사람들에게는 샤머니즘적인 세계관과 의례가 일종의 정신적인 치유의 의미를 부여한다. 샤머니즘은 상실감으로 인해 깊은 상처로 고통받는 사람들에게 심리적인 안정감과 정화 기능(영: Catharsis-Function)을 제공한다.

그리하여 샤머니즘은 삶의 고난과 위기의 순간에 현실적인 문제를 능동적으로 극복할 수 있는 지혜와 힘을 보태준다.

넷째, 자유의지를 가지고 자신의 운명이나 삶의 문제, 위기에 대처

서울 새남굿 이수자인 박수무당 이영희의 신당. [사진: 유명옥]

팔미도에서 행해진, 황해도 배연신굿에서 무감 쓰기. [사진: 유명옥]

하려는 이들은 신이나 우주의 질서에 불복하여 자신에게 주어진 운명에 맞서려고 한다. 이들은 점복이나 예언, 또는 샤머니즘적인 의례(굿, 치병 의례)를 적극적으로 활용하고 있다. 결과적으로, 샤머니즘은 인간의 한계 상황을 극복하기 위한 적극적인 생존의 전략으로 기능한다.

다섯째, 인간은 자신에게 주어진 냉혹한 운명에 직면하게 될 때 일상적 책임감보다는 운명이라는 준엄한 결정론을 받아들인다. 주어진 운명을 받아들임으로써 내적인 갈등이 종식되기를 바라는 무의식적인 마음이 샤머니즘을 찾게 하는 것 같다.

한국 사회에서 샤머니즘이 '샤머니즘의 르네상스' 시대를 열며 주로 젊은 층에 큰 반향을 불러일으키는 가장 큰 이유는 비이성성이 지배하는 시대에 합리주의적인 사고와 이성이 극복하지 못했던 정신과 물질, 신과 자연, 인간의 순수한 영성에 대한 갈망이 새로운 문화 형태의 옷을 입고 다시 귀환하고 있기 때문이다.

앞으로 한국인들은 자기의 삶에서 수동적으로 주어진 '미래(라틴어: Futura)'가 아니라 "오게 될 것"이라는 뜻을 가진 '아브니르(불: avenir)'를 더 기대하고 욕망하게 될 것이다.

10

사람들의 특징

샤머니즘을 오·남용하는

있거나 지나친 관심이 영적인 세계에

    1) 그는 언젠가 한 번은 영적인 일에 종사하는 사람(또는 예언가)으로부터 수년 또는 수십 년 후에 "크게 된다(사회적으로 성공한다는 의미)."라는 예언을 들었다. 그는 그야말로 그 말을 곧이곧대로 믿고, 현실성이 없는 무리한 투자, 또는 과도하게 사업을 확장하거나 새로운 프로젝트를 진행한 후에 결국 회복 불가능할 정도로 실패하게 된다.

    2) 그는 자신이 가진 능력에 비해 과대한 욕망이나 탐욕이 넘쳐 스스로 통제하지 못하므로 영적인 에너지가 어둡고 음산하다. 그가 내뿜는 분위기나 아우라(영: Aura)는 칙칙하고 부정적이다.

    3) 그는 자신이 추진하는 일의 성공에 대한 과대한 열망과 신념을 가지고 있다. 그러므로 그는 자신이 가지고 있는 빈약한 인맥과 재물을 동원해 각종 비리, 특혜, 매수, 부패와 타락 및 사기적인 행위를 일삼는다.

    4) 그는 자아의 구조가 취약해 노름, 마약, 알코올, 관계, 종교, 쇼핑, 약물, 섹스(Sex) 등 최소한 1가지 이상의 중독 상태에 빠져 있다.

    5) 그는 특히 물질에 대한 집착이 많아 일확천금을 노리며 모든 수단과 방법을 동원해 자신의 목표에 도달하려고 한다.

    6) 그는 목표를 이루기 위한 자신의 다각적인 노력에도 불구하고 그것으로도 부족하다고 판단되면 샤머니즘적인 의례나 비의적(秘儀的)인 방식을 동원해서라도 문제를 해결하려는 열망에 과도하게 사로잡혀

있다. 그는 자신의 구미에 맞는 무당 또는 그에 준한 영적인 능력자를 찾는다. 초기에 그는 구미에 맞는 종교인에게 많은 돈과 시간, 에너지를 투입한다. 이후 그는 자신이 선택한 영적인 능력자들을 목적을 달성하기 위한 도구나 수단으로 활용한다.

7) 그는 소위 '폼생폼사' 형으로, 자신의 겉모습이 번지르르하게 보이기 위해 일단 고급 외제 승용차를 구매하거나 리스하여 운행한다. 실제로 그는 그가 쓸 수 있는 돈이 거의 없는데도 자기 과시를 일삼으며, 과소비적인 삶의 태도를 지니고 있다.

8) 그는 자신의 배우자 이외에 최소한 한두 명 정도의 또 다른 파트너가 더 있다. 그는 그들을 비즈니스와 섹슈얼리티를 동시에 누리는 대상으로 '오피스우먼(오피스맨/ 보디가드 등)'으로 활용한다. 이처럼 부적절한 인간관계를 유지하는 것이 실패의 원인이 될 수 있다.

9) 그는 인간관계에서 윤리나 도덕성보다는 지극한 '실용성'을 추구하고 심지어 심리적인 착취를 일삼는다. 이 때문에 그의 주변에는 신의를 지키는 인물이 아니라 '도구로 전락한 인간'만이 존재한다. 이것이 또한 실패의 원인이 될 수 있다.

10) 그는 갖은 수단과 방법을 동원해 자신의 목적이 달성되면, 그동안 맺어왔던 인간관계를 '헌신짝'처럼 내던져 버린다. 그 후 그는 자신에게 필요한 도구적인 인간을 찾아 또다시 새로운 '인간 사냥'에 나선다.

11) 그는 자신을 목적을 달성하기 위해 활용할 가치가 있다고 판단되는 사람들에게 초기에는 '간과 쓸개를 빼내 줄 것'처럼 행동한다. 인간관계를 맺은 초기에 그는 이용 대상에게 접근해 '입 안의 혀'처럼 굴다가 착취하려고 선택한 대상이 자신의 목적에 부합하지 않거나, 그를 통해 목적에 도달할 수 없다고 판단되거나, 이용 가치가 하락하면 뒤도 돌아보지 않고 관계를 폐기해 버린다. 이런 행동으로 말미암아 그들의 주변에 비교적 괜찮은 사람이나 좋은 인연들이 거의 남아 있지 않다.

12) 그는 자신이 가진 능력에 비해 '야심이 더 많기 때문'에 이용 대

상으로 활용되는 사람들의 눈에 눈물을 흘리게 하거나 깊은 원한을 갖게 한다. 그에게 이용당한 사람들이 보내는 사기(邪氣)가 부정적인 에너지의 부메랑이 되어 그에게 되돌아온다. 이런 상태에서 그가 성공하거나 자신의 목표에 도달할 가능성은 점점 더 희박해진다.

13) 그는 자신의 목적 달성을 위해 필요한 사람들을 만나면 쉽게 약속한다. 그렇게 하고는 자신이 한 약속을 거의 지키지 않는다. 그는 금전의 거래 시에도 셈이 정확하지 않고 항상 삶의 태도가 흐리멍텅하다.

14) 그는 자신이 이용하고자 하는 대상을 정확히 포획할 수 있고, 포획할 대상의 심리적인 약점을 한눈에 간파할 수 있는 특별한 심리적인 능력이 있다. 그것은 그가 살아오면서 이용 가치가 있는 사람을 선별하는 일종의 동물적인 감각을 발달시켰기 때문이다. 그는 선택한 대상의 심리적으로 취약한 부분에 깊이 파고들어 '감정적인 사기'를 일삼는다. 아울러, 그는 상대방의 허물과 약점을 간파해 그것을 심리적으로 자극한다. 이때 그는 상대방으로부터 동정심을 유발해 자신의 목적을 위한 착취의 수단으로 삼는다.

15) 그는 '모럴 해져드(영: Moral Hazard, 도덕적 해이)' 상태라 최소한 1가지 이상의 경제 범죄 또는 형사 범죄를 저질러 자신의 이름으로 회사를 경영하거나 사람들 앞에 공개적으로 떳떳이 나설 수가 없다. 그러므로 그는 대부분 타인의 명의를 빌려 사업이나 프로젝트를 진행한다. 아울러 그는 자신의 프로젝트나 사업을 담당하는 공무원 또는 해당 업무 담당자를 돈으로 매수해 추진하고자 하는 일을 거리낌 없이 진행한다. 그 때문에 그는 언젠가 이러한 문제가 발각되면 또 다른 법적인 처벌을 동시에 받게 되는데, 항상 '가중처벌(加重處罰)'의 위험에 노출되어 있다.

16) 그는 많은 경우 "돈이면 뭐든지 다 할 수 있다."라는 불합리한 신념에 사로잡혀 있다. 그것은 그가 살아오면서 봉착했던 문제들을 대부분 돈으로 해결한 경험이 축적되어 있기 때문이다. 그는 전문가의 조

언어나 경험을 무시하거나 회피하고 독단적인 판단(또는 비합리적인 신념)으로 업무를 진행하므로 종국에는 실패할 수밖에 없다.

17) 그는 자신이 부족한 모든 것을 샤머니즘적인 의례나 비의적인 방식을 동원해 해결하고자 하는 열망에 사로잡혀 있다. 이 때문에 그는 흑마술이나 영적인 사기꾼의 술수에 빠져들기 쉬운 상태에 항상 노출되어 있다.

18) 영적인 세계에 지나친 관심이 있거나 샤머니즘을 오용 또는 남용하는 사람들은 샤머니즘적인 의례를 진행하며 영적으로 다각적인 도움을 받는다. 어쩌면 그들이 샤머니즘 의례를 통해 학습된 경험 때문에 샤머니즘에 몰입 또는 집착하는지도 모르겠다.

11

샤머니즘적인
영성의
영적인 팽창과
Seelische Inflation
과대망상

우리는 흔히 '샤머니즘적인 영성'을 가진 사람들을 일컬어 "저 사람은 신기가 있다.", "저 사람은 4차원적이야."라고 표현한다.

나는 샤먼에 준하는 '영적인 능력'을 가진 사람들을 일컬어 '샤머니즘적인 영성과 창조적인 영성'을 가진 사람들이라고 명명했다.

인간이 가진 영적인 능력은 예지력, 신통력, 통찰력, 영감, 염력, 영적인 감수성과 감응력, 유체 이탈 또는 데자뷔 현상 등을 경험하는 능력 등이다. 그들 대부분은 삶과 종교성이 자신들의 내적인 요구에 융합하지 못하고 분열된 인격으로 성장하기 쉽고, 많은 경우 성인이 되어서는 신경증이나 정신증적 징후를 가지고 살아간다.

융 학파 분석가인 앤 울라노프(Ann Ulanov, 1938~)가 '정신의 반역'이라고 표현했듯이, 어쩌면 그들이 앓는 심리적인 장애는 DNA에 각인된 삶대로 살아가지 못하고, 자신이 걸어가야 할 길이 아닌 다른 삶을 살아가는 과정에서 발생하는지도 모르겠다.

그렇다면, 샤머니즘적인 영성의 특징은 무엇일까?

1) 특별한 종교성

(집 안의 선대 조상 중에 만신 부리(또는 조상부리)나 다른 기성 종교의 사제, 혹은 점복자로 활동했던 '종교령'이 존재함.)

2) 경계선 성격장애(영: BPD, Bordeline Personality Disorder) 적인 요소와 자기애적 성격 장애(영: NPD, Narcissistic Personality Disorder)적인 요소의 공존

정신분석가인 오토 켄버그(Otto Kernberg, 1928~)에 의하면, 경계선 성격자는 불안 내성의 결여와 충동을 통제하는 능력의 결여, 발달된 승화 통로의 결여와 같은 '자아 구조의 취약성'을 나타내는 성격 구조를 가진 내담자에게 적용하는 용어다. 경계선 성격자는 자아 구조가 취약하고, 불안정한 인간관계와 자해 충동을 가진 전형적 신경증도 아니고 전형적 정신병도 아닌 특성이 있다.

자기애성 성격자는 타인 앞에서 자기 자신을 과시하고, 타인으로부터 사랑과 감탄을 받고자 하는 욕구가 강렬하며, 타인과의 관계에서 지극히 착취적이고, 때로는 기생적이다. 이들은 죄책감이 전혀 없이 함부로 타인과 그들의 재산을 이용할 뿐만 아니라, 마치 자신이 남을 통제하고 소유할 권리가 있는 것처럼 행동한다.

켄버그는 반사회적 성격을 자기애성 성격의 하위 유형으로 정리했는데, 그들의 내면에는 냉담함과 무자비함이 도사리고 있다.

3) 샤만적인 에너지

샤머니즘적 영성을 가진 이들은 샤먼에 준하는 영적인 능력과 생체 에너지를 가진 사람들로, 대부분 시각, 청각, 후각, 미각, 촉각의 오감과 직관이 뚜렷하게 발달해 있다. 이들은 살아가면서 예지몽과 데자뷔 현상, 유체 이탈, 가위눌림, 환청 등을 자주 경험할 수 있다.

이들이 기도나 수행을 통해 자신의 영적인 능력을 보다 고양할 수만 있다면, 정확한 예지력과 직관 능력을 동시에 개발할 수 있다.

4) 원시적인 투사(영: Primitive Projection)와 잦은 관계 사고(영: Ideas of Reference)

샤머니즘적 영성을 가진 이들은 인간관계에서 모욕, 허무, 절망과 좌절, 불안이나 고통 등과 같은 견디기 힘든 부정적인 정서를 경험할 때 내부의 긴장을 덜어내기 위해 주로 원시적인 방어기제를 사용한다. 특히 그들은 불안이나 좌절을 경험할 때 자신을 파괴할 것 같은 위협적인 충동을 불러일으키고, 현재 상황을 의도적으로 부정하거나 제거하려고 한다. 이들은 자신의 부정적인 감정이나 그 감정과 연결된 환상 및 마음 속에 감춘 특정한 사고를 융합해 상대방에게 '투사(영: Projection)'한다.

투사란 방어기제의 일종으로, 개인의 무의식적 충동이나 특성을 타인에게 전가하면서 원인을 돌리거나, 자신의 감정이나 태도를 다른 사람에게 전이시키는 심리다.

관계 사고는 한 개인이 자신의 주변에서 발생하는 사건이나 상황을 인지할 때, 자신에게 현재의 모든 상황이 매우 중요하거나 특별한 의미가 있다고 믿는 것이다.

관계 사고가 있는 개인은 일상에서 발생하는 사건들의 의미를 지나치게 확대하고, 사소한 우연의 일치와 타인의 언행에서조차 중대한 의미를 찾는다.

5) 샤머니즘적인 세계관

샤머니즘적 영성을 가진 이들은 뤼시앙 레비 브륄(Lucien Lévy-Bruhl, 1857~1939)이 『원시인의 정신세계』에서 피력한 바와 같이, 자신을 둘러싸고 있는 세계의 모든 사물에 보이지 않는 어떤 힘(영: Power)이 존재한다는 믿음을 가지고 있다.

이 외에도 그들은 집단적 세계관과 관념을 가지고 있다. 그들의 삶에는 우연이란 존재하지 않는다. 그들의 생각에는 마법과 신비로움만이 존재한다. 또한 그들은 자기의 삶에서 강렬한 인상을 주는 모든 사물에 담긴 신비한 의미 작용에 지대한 관심이 있다.

6) 종교적인 체험과 조현병적(정신분열병적)인 요소의 공존

조현병 환자와 샤머니즘적인 영성을 소유한 사람의 사고에는 종교 친화적인 성향과 특별한 영적인 체험이 공통으로 영향을 끼친다. 이들은 지나치게 예리하고 정교하게 잘 짜인 '종교망상'을 통해 자신을 전지전능한 신이거나 메시아와 동일시한다.

때로는 이들 스스로가 다른 차원의 세계로부터 특별한 계시를 받고, 영적인 사명이 있는 사람으로 인식할 때도 있다. 이들이 심한 죄책감과 두려움에 사로잡힐 때는 자기 스스로 용서받지 못할 큰 범죄를 저지른 죄인이라는 식의 '죄책 망상'이 일어난다.

두 부류는 신비스러운 영적인 종교 체험을 공유하고, 종종 정서적으로 부적절하거나 과장된 반응을 하며, 초자연적인 능력을 소유하고 있다.

7) 과대망상(영: Grandiose Delusion)과 접신 체험

샤머니즘적 영성을 가진 이들 중에는 자신이 특별한 영적인 능력이 있다고 확신하며 자신을 실제의 자기보다 과대하게 평가한다. 이들은 과대한 자기를 현실로 받아들여 상대방을 대할 때 우월감을 가지고 행동하거나 자기 과시를 일삼는다.

이들은 감당할 수 없는 지속적인 스트레스 상황에서, 점집이나 장례식장의 방문, 굿이나 밤샘 기도 등에 참석한 후에 비운에 간 조상령이나 인연이 있는 객귀, 또는 수비 등의 침범으로 인해 접신(接神) 체험을 할 수 있다. 이때 경험하는 접신은 신적인 존재의 강림이 아니라 '귀접(鬼接: 귀신과의 접속)'이다.

8) 과도한 자기반성과 부적응적 완벽주의 성향

샤머니즘적 영성을 가진 이들 중에는 스스로 도달하고자 하는 목표의 기준과 삶의 목표가 비현실적으로 높다. 이 바람에 그들은 자신의 목표가 성취될 가능성이 현저하게 낮아 실패나 실수, 비난에 대한 염려를 지니고 살아간다. 이들은 부적응적 완벽주의 성향으로 인해 자신이 원하는 목표에 도달하지 못하면 과도한 자기반성이나 자기비판을 일삼고, 평소에도 과도하게 긴장되어 있다. 이들은 자기-가치감이 손상되는 것이 두려워 전전긍긍하며 다가오지 않은 미래에 대한 심각한 불안장애에 시달리게 된다.

9) 강박적인 불안

샤머니즘적 영성을 가진 이들은 불확실한 현실을 견디는 내공이 부족한데, 불안감이 생기면 자신의 의지와는 상관없이 특정한 사고나 행동 패턴을 반복한다. 이들이 강박적으로 경험하는 불안감은 인간관계의 얽힘이나 불협화음에 의해 강화되고, 환경적·사회적 요인에 따라 다양하게 드러난다.

10) 사고와 행동의 모순

샤머니즘적 영성을 가진 이들은 '어정쩡한 상황(영: Stuck in the Middle)'에 처하게 될 때 자기중심적인 효율성을 얻기 위해 자신이 평소의 신념대로 행동하지 않고, 종종 이에 반하는 태도로 행동한다. 이들은 특정한 상황이나 긴장된 상태에서 자신의 태도와 행동이 서로 모순되어 양립할 수 없다는 것을 깨닫고 불쾌함을 느낀다. 이러한 불쾌함은 나아가 무의식적인 초조감과 심각한 불안장애를 유발한다.

스위스의 분석 심리학자인 칼 구스타브 융(Carl Gustav Jung, 1875~1961)은, "모든 인간적인 존재는 선천적으로 전체성에 대한 감정과 유효하고 완전한 자기의식(독: Ein machtvolles und vollkommenes Gefuehl des Selbst)이 존재하고, 인간이 성장하게 되면, 심리적인 전체성인 자기로부터 개인화된 자아의식이 출현한다."라고 했다.

－ 마리 루이제 폰 프란츠 외, 『독: Der Mensch und seine Symbole(인간과 상징)』, 128쪽 번역 인용.

아울러 그는 '신경증 이론(독: Theorie der Neurose)'에서 노이로제(독, 영: Neurose)를 "아직은 그 의미를 인지하거나 자각하지 못하는 마음의 고통"으로 이해했다.

융은 노이로제가 자아와 무의식의 상반된 태도 사이에서 과도한 긴장으로 자기조절에 실패했을 때 나타난다고 가정했다.

융의 표현대로, 노이로제는 인간의 전체 정신(독: Selbst, 영: Self)이나 자기(원형)적인 관점에서 보면, 한 개인의 마음이 자기로부터 분열되어 제대로 기능하지 못하는 내적인 해리 상태다.

노이로제는 의식이 무의식으로부터 분리되고, 의식의 자아가 무의식의 자기로부터 해리되었을 때 발생하는 정신적인 고통이다.

종교적인 관점에서 볼 때, 노이로제는 개인의 영성과 종교성이 분리되었을 때 적나라하게 드러난다.

한 개인이 노이로제에 노출되면, 의식은 자기로부터 소외되고, 정신적인 균형을 잃게 된다. 이 때문에 노이로제의 치유에 있어서 가장 중요한 점은 그 개인이 자기 정신의 전체성을 되찾는 길이다.

칼 융은 노이로제의 긍정적인 측면에 지대한 관심을 기울였다. 노이로제는 전체성을 지향하는 과정에서 표면으로 드러난다.

노이로제는 때로 의식의 통일을 지향하고, 의식의 태도 변화와 인격적인 성장을 요구하는 과정으로 작용하기도 한다.

몸주 신령에 의해 선택된 강신 무당(또는 영적인 치유자)이 인간의 영혼 및 현상계와 영적인 세계의 치유와 조화를 유지하기 위해 선결해야 할 과제가 있다. 그것은 무당으로 입문하기 전에 살아왔던 과거의 험난한 삶에서 축적된 심리적이며 영적인 문제를 인식하고, 지속적인 자가 치유를 도모하는 일이다.

강신 무당 입문 후보자가 장차 그의 몸주 신령이 될 영적인 존재에게 선택된 후에 신내림굿을 받았다고 해서 그가 가진 모든 질병이나 심리적인 장애가 동시에 완전하고 영구적으로 치유되었다고 확신할 수는 없다. 강신 무당 입문 후보자의 DNA에 각인된 선험적인 경험과 정신증적 요소는 전인적으로 치유되지 않고 항상 무의식에 뿌리 깊게 잠재되어 있다. 이 요소들이 때에 따라서는 잠재적인 위험 요소로 작용할 수 있다.

영적인 치유자가 자신의 영육(靈肉)이 건강하지 못하면 타인에게 좋은 영향을 끼칠 수 없을 뿐만 아니라, 자칫하면 심리적인 '투사(영: Projection)'와 '역전이(영: Countertransference)'를 일으키고, 내담자에게 부정적인 영향을 미칠 수 있다.

'역전이'란 (정신분석적인) 상담 관계에서 내담자의 전이에 대한 분석가(치료자)의 무의식적이며 전체적인 정서적인 반응이다.

분석가(독: Ananlytiker)는 정신분석적으로 자기를 분석하는 수련 과정을 통해 심리적인 정화의 과정을 거친 사람이다.

역전이는 분석가가 그동안 자각하지 못했던 환자에 대한 특별한 감정의 한 측면인데, 치료에 영향을 주는 무의식적인 갈등과 강렬한 정서가 융합되어 있다.

분석가에게는 이상적인 중립성을 요구하는 분석 작업에 방해 요인으로 작용해 신경증적 갈등을 유발한다. 하지만, 때로는 역전이가 내담자를 이해하는 데 유용할 수도 있다.

나는 강신 무당으로 입문해서 올해로 27년째 내담자를 치유하는 동안에 내게서 영적으로 자문받았던 다양한 직업군의 사람을 만났다. 그들 중에는 정식으로 신내림굿을 받고 강신 무당으로 입문해 오랫동안 무업을 수행했다가 여러 사유로 무업을 접었거나, 신의 제자로 살아가는 삶을 포기한 사람들도 있다.

그들이 전해준 영적인 경험을 종합하면 현실적인 무당의 삶은 소위 '신화적인 치유'와는 좀 거리가 있는 듯하다.

샤머니즘적인 영성을 소유한 자는 무당으로 입문하기 전에 과거(또는 전생)의 선험적인 경험이 DNA 유전자에 각인된 신부리(신의 뿌리)

인 소위 '샤먼적인 코드'를 가지고 태어난다.

이들은 신병을 앓는 과정에서 허주를 벗기고, 몸주 신령이 몸에 강림해서 신내림굿을 진행했다고 하더라도 신병이 일시적으로 치유되었거나, 그들이 가진 심리 장애의 전부가 치유된 것은 아닌 것 같다.

신내림굿을 진행하면, 강신 무당으로 입문하기 전에 가졌던 정신장애와 심리적인 질환 및 영적인 문제들의 많은 부분이 해결된다.

하지만 그가 태어날 때부터 가지고 있는 심리적인 취약성(脆弱性)은 그대로 무의식에 잔존(殘存)하고 있기에 신병이 완치되었다고 진단하는 데 다소 무리가 따른다.

강신 무당은 그의 몸주 신령이 내린 영적인 능력을 연마하는 동안에 자가 치유와 더불어 초인간적인 지각을 획득하고, 초개인적인 차원으로의 승화를 위해 항상 뼈를 깎는 고통을 감내해야 한다.

그들은 시절 인연으로 만나는 사람들과의 인간관계를 통해 역전이를 일으킬 수 있다.

아울러 내담자와 '공유정신증적 장애(불: Folie à deux, 영: Shared Psychotic Disorder)'를 경험할 수 있다. 이때, 그들의 기존에 가지고 있던 정신장애가 악화할 가능성이 열려 있다.

공유정신증적 장애는 망상장애의 하위 유형이다. 이 장애는 부모, 자녀, 형제자매 등 심리적으로 밀접한 관계에서 망상적인 신념이 한 사람에게서 다른 사람으로 전파된다.

망상은 상반되는 증거가 명백하게 제시되어도 변하지 않는 고정된 신념이다. 심리적인 주도권을 쥔 사람이 상대방에게 자신이 가진 망상을 전달한 뒤에 두 명이 같거나 현저하게 유사한 망상적인 신념이나 환각을 공유하게 된다.

정신병적 경향을 가진 사람은 나중에 망상이 사라진 후에도 신념의 흡수 능력을 그대로 유지한다.

강신 무당 후보자가 앓는 신병은 영적으로 소명(召命)받았다는 표징이다. 이들이 경험하는 신병은 대체로 일시적이다.

이들이 강신 무당으로 입문하여 몸주 신령의 도구로 일함으로써 사람들의 다양한 마음의 병을 고칠 수도 있고, 영계의 신령들을 감동, 감화시켜 스스로 다스릴 수 있다.

강신 무당은 신(神)부모나 신(神)선생을 모시고 한국의 열악한 사회적 환경에서 무업을 수행하면서 종종 인연의 사슬 속에서 심리적 얽힘과 스트레스를 경험한다.

그가 유전적으로 스트레스에 취약하거나 불안정한 자아 구조를 가졌다면, 감당할 수 없는 사회·환경적인 요인으로 인해 다시 신병이 재발할 여지가 있다.

이 때문에 영적인 치유를 주도하는 직업을 가진 사람은 해결되지 않은 심리적·영적인 장애를 항상 염두에 두고, 심리적인 문제가 재발하지 않도록 스스로 관리할 책임과 의무가 있다.

영적인 치유자가 자신의 심리적인 문제를 시기적절하게 치유하지 않으면 그는 병리적인 자기애와 자기기만에 빠질 수 있다. 그는 영적인 미망으로 인해 자신이 나아가야 할 방향을 잃고 허우적거리게 된다.

이런 상태에 처한 그는 '영적인 사기꾼'으로 전락해 사회적인 문제를 일으킬 수 있다. 이때 그는 영적인 사제(司祭)임에도 서슴지 않고 '혹세무민(惑世誣民)'해서 사회적으로 지탄받는다.

인간이면 누구나 살아가면서 영적인 팽창 상태를 경험할 수 있다. '자아 팽창(영: Ego Inflation)'은 스위스의 분석 심리학자인 칼 융이 도입한 개념이다. 인간 의식의 중심에 있는 자아(독: Das Ich, 영: Ego)가 어떤 특정한 원인으로 인해 실제 이상으로 과장되었거나 확장된 상태를 의미한다. 팽창된 자아는 마치 자신이 전지전능한 신적인 존재라도 된 듯이 교만해진다.

이때 그는 자신의 정체성을 망각하고, 마음만 먹으면 무엇이든 할 수 있다는 '전능 환상'에 깊이 빠져든다.

신병을 앓았던 경험이 있는 영적인 치유자들뿐만 아니라 강신 무당으로 입문하지는 않았지만, 샤머니즘적인 영성을 소유한 영적인 감수성이 민감한 사람에게서 종종 영적인 팽창이 나타날 수 있다.

샤머니즘적인 영성을 소유한 사람은 정서적으로, 사회·환경적으로 건강하지 못한 상태이거나 스스로 감내할 수 없는 극심한 스트레스 상황에서 종종 영적으로 혼미한 상태(정신적인 미망 상태)에 빠질 수 있다.

때로는 강신 무당이 미혹의 영과 탐욕의 화신이 던진 '영혼의 올가미'에 걸려들어 자신의 의지를 올바르게 통제하지 못하고 허우적거릴 수도 있다. 특히 육신의 건강이 좋지 못할 때 영적으로 휘둘리는 상황이 쉽게 발생할 수 있다.

이 상태에 처한 사람의 내면적인 삶은 황폐해지고, 영적으로도 매우 무질서해진다.

때때로 샤머니즘적인 영성을 소유한 사람들은 어떤 '영적 이끌림'에 의해서, 혹은 스스로가 원해서, 우연한 계기를 만나게 되어 샤머니즘적인 의례에 참가한다. 그는 샤머니즘적인 신비체험이나 입신 체험을 경험하며 마치 자신이 지금까지와는 완전히 다른 영적으로 승화된 전능한 인격체인 양 착각한다.

이때 그의 무의식에서는 스스로 통제할 수 없는 환영(영, 독: Illusion)과 환상(영; Phantasy)으로 뒤죽박죽된 영상이 생산되어 현실과 환상을 혼동한다.

인간은 스스로가 통제할 수 없는 강렬하고 생생한 영적인 체험을 반복하다 보면 자기도 모르게 영적인 팽창 상태에 빠진다.

이때 무의식의 에너지가 범람한다. 이 상태에서 정신을 치료할 적절한 시기를 놓치면 걷잡을 수 없는 인격의 붕괴로 치닫는다.

자아가 팽창한 사람은 쉽게 트랜스 상태(영: Trance State)에 빠지고, 변성 의식 상태(영: Altered State of Consciousness)에도 도달한다.

그들은 문득문득 환영을 보거나 환청을 듣고, 그 자신도 알 수 없는 예지력을 발휘하고, 만나는 사람들에게 '지청구(소위 '아는 소리')'를 남발한다. 이들 대부분은 자아의 구조가 매우 취약해 통제력을 잃고 타인에 의해 조정되기 쉬운 '피암시성'의 상태로 이끌린다.

이런 상태에 처한 사람이 점복을 행할 때, 마음의 중심을 잃고 쉽게 '영적인 팽창' 상태에 빠진다. 자아가 팽창한 사람들 대부분은 주술적인 것에 심취하고, 돈을 버는 일에 급급해 물질세계에만 치우쳐 삶을 탐닉하는 행위를 반복한다.

이 때문에 우리에게는 영적인 파급력이 큰 샤머니즘 의례에 임할 때면 신성한 마음가짐과 겸손함, 영적인 세계에 대한 경외심이 요구된다.

세인들은 바르고 정직하게 자신의 소명을 다하고 있는 샤머니즘의 사제들까지 싸잡아 욕을 하면서 무조건 그들을 부정적인 굴레를 씌우고 기피(忌避)한다.

우리 사회에서 이런 사이비 무속 행위와 비윤리적인 행위들이 사라질 때, 비로소 '검으나 땅에 희나 백성'의 숭고한 영성은 깊이 뿌리를 내릴 수 있으리라 믿는다.

12

한국인들은 심리상담보다 샤머니즘적인 상담을 더 선호한다?

사람들은 영적인 문제뿐만 아니라 심리적인 문제가 있다고 판단될 때 정신건강의학과나 전문 심리상담사를 찾기보다는 우선 역학(易學)을 수단으로 사용하는 점복이나 신이 내린 무당의 무꾸리와 신점과 같은 샤머니즘적인 상담을 선호한다. 그 이유는 무엇일까?

  1) 인터넷과 다양한 대중매체의 발달로 인해 샤머니즘적인 상담이 직접 정신과 진료나 심리상담 시에 정신치료사와 대면해야 하는 심리적인 부담감은 물론 비용과 시간을 확연히 줄여준다.
  아울러 심리상담사나 정신과 의사보다는 점복자의 수가 월등하게 많아 만나기 수월한 데다 점복(占卜)에서 제공하는 서비스의 선택 폭이 넓고 다양하기 때문이다.
  2) 정신과 진료나 심리상담을 받으려면 자신의 신분이나 직업 및 정체성을 적나라하게 드러내야 한다. 이에 반해, 대부분 샤머니즘적인 상담에서는 굳이 자신의 이름이나 신분을 드러내지 않고도 생(生)·연·월·일·시의 사주(四柱)만으로도 얼마든지 상담받을 수 있다.
  이러한 장점으로 인해 신분의 노출을 꺼리는 사람들이 '무명씨(독: Anonym)'로서 상담에 임해 자신의 익명성(匿名性)을 보장받고 상담할 수 있는 장점이 있다.

3) 샤머니즘적인 상담은 상담가와 내담자 사이의 라포(영: Rapport)를 형성하는 치료 시스템이나 세션 등이 전문적으로 분화되어 있지 않고 뭉뚱그려져 있다.

라포란 심리상담이나 정신 치료에서 상담가와 내담자 사이에 감정의 교류를 통해 상호 신뢰 관계와 공감이 형성된 상태다.

샤머니즘적인 상담은 영적인 스펙트럼이 많아 적은 비용으로 동시에 내담자와 동시에 가족, 친지, 비즈니스 파트너 등과 같이 인연이 있는 사람들의 운명에 관한 상담과 다양한 관심 분야를 폭넓게 상담할 수 있다. 이러한 장점으로 인해 샤머니즘적인 상담은 심리상담 및 정신 치료와 비교해 시간과 비용을 절감하는 효과가 있다.

4) 샤머니즘은 문화, 사회, 심리, 종교의 복합체인 까닭에 기존의 종교나 인간적인 능력으로 해결할 수 없는 개인적인 문제와 영적인 문제를 동시에 사회적인 설득력을 바탕으로 해결할 수 있다.

이로써 샤머니즘적인 상담을 받는 내담자에게 영적, 심리적인 안정감과 위안 및 복지감을 줄 수 있다.

5) (강신) 무당은 공동체 의식의 붕괴와 가족주의의 해체를 경험하고 소속감을 상실한 현대인들에게 어머니와 같은 따뜻한 관심과 배려를 선물한다. 이와 더불어, 샤머니즘의 가족주의적이며 전체주의적인 세계관이 간접적으로 가족적인 연대감을 공유할 수 있도록 유도한다.

6) 샤머니즘에는 사회를 유지하고 존속하기 위한 체계와 '기능적인 요건(영: Functional Requirement)'이 남아 있고, 아직도 종교 및 가족제도, 교육제도를 복합적으로 유지하는 기능이 있다.

7) (강신) 무당은 개별적이며 선별적인 심리상담과 수요자 맞춤형 자문을 통해 기성 종교단체로부터 받은 소외감을 치유하고 소속감을 회복하게 한다. 이로써 거대 조직으로 성장한 기성 종교단체로부터 수용되지 못한 채 신앙생활을 하는 사람들의 열등감과 소외감을 다소나마 회복시켜 준다.

8) 미래를 예언하는 역할이 강조되는 샤머니즘적인 심리상담은 자신의 불확실한 미래에 대해 일종의 비전(영: Vision)과 방향을 제시하므로 어느 정도 미래를 예측하고, 통제할 수 있게 돕는다.

9) 샤머니즘적 상담 방법론은 기득권에서 소외(疏外)된 계층의 권익을 어느 정도 보호하고 지지하는 역할을 한다.

10) 샤머니즘적인 점복자들은 어떠한 사전 정보도 없이 '콜드 리딩(영: Cold Reading)'을 통해 이미 내담자의 마음과 문제를 읽을 수 있다.

콜드 리딩은 상대방에 대한 정보가 전혀 없는 상태에서 비(非)언어적, 반(反)언어적인 몸짓이나 미믹(Mimik: 대사가 없이 표정과 몸짓 등의 신체적 동작으로 심리와 감정을 표현하는 것.), 여타의 신호를 통해 상대의 마음을 읽는 기술이다.

이 때문에, 굳이 내담자가 자신의 이야기를 꺼내지 않아도 되는 장점이 있다. 일반인들에게 샤머니즘적인 상담은 복잡하고, 서구적인 상담기법을 활용하는 심리상담에 비해 큰 거부감 없이 손쉽게 접근할 수 있는 몇 가지 장점이 있다.

아직도 사람들은 위에 열거한 다양한 이점 때문에 점복에 관심을 기울이고 점복자(占卜者)를 찾는 것 같다.

13

영성의 & 자본의

자본화 영성화

한국의 샤머니즘은 무형의 종교로, 예로부터 '양재초복(禳災招福)'과 기복을 중심으로 운영되는 대표적인 신앙이다.

양재초복이란 신령이나 영적인 존재에게 뜻하지 않은 불행한 변고를 미연(未然)에 방지하고 복을 기원하는 행위다.

인간이면 누구나 자기의 삶에 재난이나 변고가 없기를 바라며, 영적인 세계의 보호와 좋은 기운을 받아 경제적인 풍요를 누리며, 건강하고 복된 삶을 살아가고자 한다.

샤머니즘은 인류의 역사와 함께 이와 같은 인간의 세속적이며, 현실구복(求福)적인 욕구와 욕망을 성취하도록 실용적으로 돕고 있다.

최근 한국 사회는 시대적인 흐름과 급격한 사회의 변동 및 인식의 변화로 인해 (신)내림굿과 몇 개의 특정한 굿을 제외하고는 무당에게 굿을 의뢰하는 개인이나 단체가 전반적으로 줄어들고 있다.

다양한 종류의 굿 중에서 '재수(財數)굿'이 그나마 현재까지 가장 활발하게 연행(演行)되고 있다.

재수굿은 집안의 안녕과 재복(財福)의 획득, 우환(憂患)이나 질병의 퇴치, 가족의 건강 및 만사형통과 복록을 기원하는 굿이다.

과거 중부지방의 중산층이나 상류층 가정에서는 '천신(薦新)굿'이라고 하여 1년 중 봄과 가을에 정기적으로 수확하는 물품으로 제수를 장만하여 신령과 조상을 대접했다.

재수굿은 현재 한국에서 연행되는 거의 모든 굿의 기본적인 형식이다. 모든 굿은 재수굿을 기본으로 구성한 후에 그 외에 특정한 굿의 목적에 적합한 굿거리를 여러 개 추가하며 진행한다.

결국 현재 연행되는 모든 굿은 살아 있는 사람의 안녕과 복록을 기원하려는 목적에서 진행한다고 볼 수 있다.

한국의 샤머니즘에서 제갓집은 무당에게 굿이나 샤머니즘적인 의례를 의뢰한 집안으로, 대부분 무당과 영적인 세계에 대한 '선택적인 친화성(영: Selective Affinity)'을 가지고 있다. 제갓집은 재수굿을 통해 상업화된 형식의 믿음이나 영성이 상품화된 믿음을 구매하고 소비하는 주체요, 무당은 그들이 찾는 '영성 쇼핑'의 대상이다.

굿의 진행을 맡은 무당은 재수굿을 의뢰한 제갓집의 구성원들이 굿을 통해 신령과 조상으로부터 '굿덕(영: Merit of Ritual)'을 입어 부와 재물을 획득하고자 하는 욕구를 적극적으로 수용한다. 아울러, 무당은 굿의 효과에 대한 제갓집의 기대에 최대한 눈높이를 맞추어 그들의 욕구를 충족시키려고 노력한다.

이때, 재수굿의 효과(재수와 복에 대한 보답)와 굿덕은 신령과 조상령 및 그 외의 영적인 존재의 감응과 단골과 의례를 집전하는 무당이 정성과 공을 들이는 정도에 따라 달라질 수 있다.

재수굿은 기복(祈福)을 통해 재수를 열고, 재복(財福)이 형통하도록 빌고 재앙을 물리치려는 목적에서 진행한다. 굿에서는 무당을 매개로 신도(단골)인 제갓집과 신령 상호 간에 '공감의 윤리(영: The Etic of the Aesthetic)'가 작용한다.

재수굿은 현대인이 '영성의 자본화'와 '자본의 영성화'를 적극적으로 실천하는 하나의 좋은 사례다.

영성의 자본화는 후기 자본주의 문화에서 신자유주의(영: Neo-liberalism)의 영향을 받아 자신이 믿는 신앙을 토대로 자본의 가치를 평가하고 이를 매개로 재물이나 자본을 축적하는 현상이고, 자본의 영성화는 복음과 영성을 활용해 자본주의를 정당화하는 신학의 이데올로기다.

제갓집은 재수굿이라는 '특정한 종교적 재화를 구매'한다. 무당은 재수굿을 진행하는 동안 신(령)과 인간 사이의 영적인 증여와 자본의 교환 행위를 매개한다.

제갓집은 무당을 자신의 대리인으로 내세워 영성 자본(기원과 정성)과 현금 자본을 투자해 신(령)에게 재수와 복을 빈다. 이에 감응한 신령들은 호혜와 은덕을 베풀어 제갓집의 어려운 상황을 구하기 위한 수단과 방법을 제공한다.

여기서 제삿상상에 차려진 제물과 현물인 별비(別費, 인정)는 신령과의 영적인 교환을 위해 제공하는 직접적인 수단이 된다.

별비란 제갓집이 굿을 진행하는 과정에서 무당을 통해 신령에게 정성을 올리거나, 조상굿에서 조상령을 정화하고 천도하며 저승길(수왕길)을 가를 때, 조상이 저승길을 떠날 때 노자(路資)로 사용하라고 전달하는 현금이다.

말하자면 별비는 정해진 굿값 외에 각각의 굿거리마다 제갓집이나 굿에 참석한 사람들이 따로 갹출해 무당에게 제공하는 현금으로, 주로 대감거리와 조상거리 및 작두 거리에서 지출하고 있다.

한국의 무당들이 기복신앙을 종교적으로 실천하기 위해 연행하는 '굿'에서 제갓집 사람들에게 거의 빼놓지 않고 전달하는 신령의 '공수(신탁, 영: Oracle)'가 있다.

신령들은 무당의 입을 빌려 제갓집에게 마치 레퍼토리처럼, "내(신령)가 먹고 남고, 쓰고 남게 도와주고 벌어주마!"라고 약속한다.

공수란 신(령)이 강신 무당에 실려 그의 입을 빌려 자신의 의지와 말을 전달하는 행위다.

굿을 무당에게 의뢰하는 인간이 가진 가장 원초적인 본성은 자기충족적인 기복성(祈福性)이고, 한국의 샤머니즘에서 재수굿은 인간의 기복성을 비교적 잘 활용한 '의례적인 소비(영: Ritual Expenditure)'의 형식이다.

재수굿을 의뢰하는 인간은 신령의 힘으로 굿덕을 입어 특정한 이익의 획득이나 물질적인 성공과 경제적인 풍요가 발현된다고 믿는다.

하지만, 때로는 신령이 제갓집에게 약속한 이 공수가 현실에서 실현되지 않고 부정되거나 잘못된 공수로 남게 될 가능성도 있다.

독일의 사회학자인 막스 베버(Max Weber, 1864~1920)는 『프로테스탄트 윤리와 자본주의 정신(독: Die protestanische Ethik und der Geist des Kapitalismus)』이라는 책에서 칼뱅주의를 비롯한 금욕주의적인 개신교 종파들의 교리가 자본주의 정신의 등장에 지대한 영향을 미쳤다고 주장했다.

막스 베버는 금욕주의적인 종교 윤리가 근대적인 경제인을 길러낸 요람이라고 분석했다.

'노동을 금욕의 수단'으로 간주했던 과거 종교사회는 근대자본주의가 태동한 이후에 변모되었고, 현대 사회에서 노동은 궁극적으로 이윤을 추구하기 위한 목적일 뿐만이 아니라, 부를 소유하는 것이 최고의 미덕이 되었다. 나아가 신자본주의는 이윤의 획득이나 물질적인 성공과 경제적인 풍요가 신의 축복(또는 은총)의 덕택으로 발현된다고 믿는다.

독일어의 '직업(독: Beruf)'이라는 단어는 '소명(독: Berufung)'이라는 단어에서 파생되었다. 직업은 신이 인간에게 명령한 삶의 목적인 노동(勞動)을 정직(正直)하고 성실(誠實)하게 수행하며 완성되는 것이다.

현대는 자본주의가 절정에 도달하면서 점차 자본주의 밑바탕에 깔려 있었던 종교성이 제거되고 있다.

인간의 삶에서 종교를 대신해 금욕주의적인 정신이 사라진 자리에 재화를 향한 강력한 염원이 대체되어 인간의 삶을 지배하고 있다. 이것은 자본의 영성화와 영성의 자본화를 가속화(加速化)한다.

한국 사회의 '지금-여기'에서 유독 샤머니즘만이 기복적인 종교라는 이유로 공공의 적이 되어 세인들에게 지탄받고, 공공의 영역에서 배제하려는 까닭은 무엇인가?

샤머니즘이 민중들과 동고동락하며 인간의 현실적인 욕망과 재물에 대한 탐심을 가감 없이 원초적이고 적나라하게 드러내고 있어서인가? 과감하고 솔직하게 자신의 욕망을 드러내는 것이 겉으로는 정직하고 고고한 척하며 뒷돈을 챙기면서 부패를 일삼는 이중성을 보이는 행위보다 오히려 정서적으로 건강한 것은 아닐까?

한국인들은 어떤 종교를 믿든 간에 모태신앙처럼 샤머니즘적인 정서를 기본 바탕에 깔고 신앙생활을 한다.

하지만, 무당과 샤머니즘을 이용해 자신의 이기적인 목적을 달성하려는 사람들조차 자신이 신앙하는 종교성과 맞물려진 인간 본성의 민낯과 직면하기를 애써 부정하고 회피하려고 한다.

한국의 샤머니즘은 예로부터 '양재초복(禳災招福, 신령이나 귀신에게 빌어서 뜻하지 않게 생기는 불행한 변고를 막고, 복을 부르는 것)'과 기복신앙을 대표하는 무형의 종교로 인식되고 있다. 인간이면 누구나 영적인 세계로부터 재난이나 변고가 없이 좋은 기운을 받고, 경제적인 풍요를 누리며, 건강하고 복된 삶을 살아가고자 한다.

인류의 역사와 함께 시작된 샤머니즘은 장구한 세월 동안 실용주의적인 측면에서 세속적인 인간의 현실 구복(求福)적인 욕구와 욕망을 성취하도록 도왔다.

어쩌면 세인들이 제갓집이나 무당이 샤머니즘적인 행위를 통해 현세적인 기복성과 물질에 대한 탐욕적인 모습을 가감 없이 적나라하게 드러내기 때문에 심적으로 불편하고 무조건 회피하고 싶은 것은 아닌지 모르겠다. 후기 자본주의 문화는 종국적으로 기복신앙의 번성을 촉발(促發)시켰다.

실용주의를 표방하는 기복신앙은 과거로부터 현재에 이르기까지 경제적인 합리성과 결합해 한국 자본주의의 풍토와 문화가 정착하는 데 크게 이바지했다.

몇몇 기업가들은 중대한 사안을 결정하려고 할 때 강신 무당을 찾는다. 그들은 종종 이미 경영이나 각 분야의 전문가로부터 중대한 사안의 조언을 듣거나 자문받고 나서 최종적인 결정을 내리기 위해 상담을 요청하고 있다.

이런 경우 기업가들이 신 내린 무당이 내리는 공수를 100% 신뢰해서가 아니라 회사의 중대한 사항을 결정하기 위해 리스크를 최소로 줄이기 위해 상담을 요청하고 있다는 인상을 받는다.

그렇다면 왜 기업인들은 전문가의 조언에도 불구하고 신 내린 무당에게 한 번 더 자문을 구하는 것일까?

그것은 아마도 점사를 통해 불투명하고 예측 불가능한 한국적인 자본 시장의 부정적인 미래를 어느 정도 예측하고 통제할 수 있기 때문일 것이다. 한국적인 자본 시장의 특성상 고도의 위험을 감수해야만 하는 상황에서 무당이 무꾸리(신점)를 통해 도출한 점괘를 바탕으로 장차 도래할 결과를 예측하고, 적극적인 개입과 간섭을 통해 다가올 위험을 사전 통제할 수 있기 때문인 것 같다.

내가 지난 시간 동안 샤머니즘 현장에서 임상을 통해 경험했던 바에 의하면, 굿이 매개하는 효과는 굿이 진행되는 상황에서 즉각적으로 검증할 수 있다기보다는 굿을 진행한 이후로 제갓집이 무당과 합심하여 정성 어린 기도와 영적으로 경건한 생활을 실천하면서 나타났다.

굿을 진행한 후에 시간이 지나며 서서히 일상의 깨어진 질서가 바로잡힌다. 그 후 제갓집의 구성원들이 영(靈). 혼(魂). 육(肉)의 조화를 이루어 나가려는 노력에 힘입어 어려웠던 상황이 차츰 호전되어 굿의 효과가 극대화되어 나타났다.

제
7
장

미
래

샤
머
니
즘
의

1

샤
머
니
즘
실
용
주
의
로
서
의

개신교를 포함한 타 종교계 사람들은 자신들이 신앙하고 있는 종교가 기복적인 까닭이 샤머니즘의 부정적인 영향 때문이라고 주장한다.

글쎄? 과연 그럴까?

인간이면 누구나 기본적인 생존의 본능이자 원초적인 갈망으로써 '양재초복(禳災招福, 재앙을 물리치고 복을 부른다는 뜻.)'을 꿈꾼다. 샤머니즘은 인간의 불안정한 실존에 대한 깊은 이해를 바탕으로 형성된 지극히 현실적으로 수요자의 욕구에 눈높이를 맞추는 '실용적 종교'다.

실용주의(實用主義, 영: Pragmatism)는 1870년대 미국에서 시작된 철학 사조로, 찰스 샌더스 퍼스(Charles Sanders Peirce, 1839~1914)가 고안한 철학적인 방법론이다. 생각은 실천을 위한 수단이자 미래를 예측하고, 문제의 해결을 위한 도구이기 때문에 결과의 유용성과 성과를 기준으로 판단하고 인식하는 것이다.

샤머니즘에서 무당은 의뢰인인 제갓집의 의존 욕구와 현실적인 문제에 대해 눈높이를 맞추어 문제의 해결 방안을 모색한다. 무당은 샤머니즘적인 의례를 통해 제갓집의 염원을 실현하기 위한 적합한 수단과 방법을 동원해 그들이 희구하는 바를 성취해 준다.

한국의 샤머니즘은 무꾸리(신점), 굿, 치병 의례와 같은 샤머니즘적인 의례가 필요한 소비자의 의뢰나 요청으로 이루어진다. 무당은 수요자인 의뢰인의 요구에 눈높이를 맞춰 당면한 현실적인 문제에 유연하고 실용적으로 대처하고 해결하기 위해 노력한다.

무당이 진행하는 의례의 목적은 의뢰인인 제갓집의 당면한 영적인 문제를 해결하고, 나아가 그들의 현실적인 욕망을 직접 달성하기 위해 진행한다.

샤머니즘에서 무꾸리 및 점복은 불확실한 미래를 예측하고, 적극적인 개입과 간섭을 통해 다가올 미래의 문제를 사전 진단한다.

이때 샤머니즘적인 의례는 문제가 될 소지를 사전에 통제하거나 해결하기 위한 수단이다.

샤머니즘은 물질문명의 발달과 새로운 과학기술 및 대중매체의 발전으로 전문 지식의 습득이 손쉬워진 현재까지도 왜 성행하고 있는가? 또 현대 사회에서 샤머니즘은 어떻게 진화하고 변모하고 있는가?

1) 현대 과학 문명의 발달에도 불구하고, 고래로부터 인간의 길흉화복과 개인의 치병과 발복 등을 주관하는 기복적인 샤머니즘의 신앙체계는 거의 영향을 받지 않고 살아남았다.

2) 공동체의 안녕과 구성원들의 결속을 위해 진행했던 마을굿은 점차 쇠퇴 일로에 있다. 그 대신에 샤머니즘을 신앙하는 집안 사람들의 삶의 여건과 경제적 형편이 개선되면서 개인의 안녕과 치병 및 발복 등을 목적으로 하는 굿(재수굿, 오구굿, 우환굿 등), 푸닥거리, 고사, 맞이, 치병 의례 등이 서서히 증가하고 있다.

3) 전통적으로 내려오던 샤머니즘적인 공동체 의식은 점차 약화하고, 소비재로 활용되는 무꾸리 및 점복은 상업적인 영역으로 확산하여 개인화되고 파편화되는 추세다.

4) 과거 남성 중심적이며 유교적인 가치관이 지배했던 한국 사회에서 샤머니즘은 가정의 평화와 안정을 지키기 위한 수단으로 활용되었다. 현대의 샤머니즘적인 의례는 여성의 영역을 보완하는 기능과 민중

의 종교 역할을 담당하고 있다.

5) 1962년 문화재보호법이 제정되고 일부 지역의 굿들이 '중요무형문화재'로 지정, 보존되었다. 1980년대 들어와서는 샤머니즘이 민주화 운동권을 중심으로 정치적 저항운동의 상징으로도 활용되었다. 현재 샤머니즘 의례의 일부는 전통문화의 원형을 담지(擔持)하고 있어 보존해야 하는 주요 아이콘으로 인정되어 보호받고 있다.

6) 최근 들어 한국인들의 샤머니즘에 대한 신뢰와 의존성이 전반적으로 줄어들고 있다. 이제 샤머니즘은 사적인 영역에서 기복(발복)과 액막이, 질병과 죽음, 재난과 사업의 성패 등과 같은 제한적이지만 비일상적 사건의 대처 방안으로써 적극 활용되고 있다.

7) 개인적인 필요 상황과 맞물린 샤머니즘적인 종교와 의례 및 신념 체계는 개별적인 믿음이나 개인의 경험을 통해 상호작용한다.

8) 현대의 역동적인 삶의 변화와 더불어 전통적으로 각 가정에서 절기마다 정기적으로 행해졌던 샤머니즘 의례는 점진적으로 감소가 되는 추세다. 아울러 의례를 요청하는 의뢰인(제갓집)의 수효도 현저하게 감소하고 있다.

9) 한국 사회에서 점복(占卜)은 다양한 형태로 확산하여 성행하고는 있지만, 샤머니즘 의례인 굿은 지출 비용에 대비해 실질적인 효험을 검증하기가 어려워지면서 설득력을 조금씩 잃어가고 있다. 의뢰인(제갓집)들은 과도하게 지출되는 샤머니즘 의례를 소비하기 위한 비용과 경제적으로 부담되는 의례를 진행하는 것을 점차 기피(忌避)한다.

10) 샤머니즘적인 의례나 점복 행위가 점차 심리적인 위안이나 치유의 효과가 확대되고, 굿이 카타르시스를 통한 '영혼의 치유(영: Spiritual Healing, 독: Seelische Heilung)'라는 관점에서 재조명되고 있다.

2

네
오
샤
머
니
즘
Neoshamanism

네오샤머니즘은 1960년대 말 서구의 영적인 전통의 연장선에서 북미 지역(영: North America)을 중심으로 발현된 '신샤머니즘 운동'이다.

유네스코 한국위원회에서 1998년 9월 22일과 23일 양일간 진행했던 [샤먼 유산의 발견] 컨퍼런스에서 미국의 샤먼 연구재단(영: The Foundation for Shamanic Studies)의 빌 부룬튼(Bill B. Brunton)은 〈서구에서의 샤머니즘 재발견〉이란 제목의 논문을 발표했다.

그는 네오샤머니즘을 근대적인 형태의 영성 운동의 하나로 인식했다. 그는 네오샤머니즘을 일컬어 고유한 샤머니즘의 전통이 다시 잠에서 깨어난 것이 아니라, "서구 기독교 문화에 침윤되어 있던 샤머니즘 유산이 새로운 시각에서 재발견 또는 재출현한 현상"으로 규정했다.

이 시기에 서유럽 문화권에서는 전통적인 사상에 대한 신뢰가 무너지고, 젊은 층을 중심으로 '히피(독: Hippie) 문화'가 부상했다. 히피들은 새로운 세계에 대한 갈망과 도전 의식으로 무장했다.

그들은 체제에 대한 반항심과 함께 기존의 질서를 거부하고, 신비주의와 개인적인 영성을 추구하며 자유를 숭배하는 사람들이다.

네오샤머니즘의 태동기인 20세기 말엽은 서구 문화의 근간이며 정신·사회적인 구심점이었던 교회의 의미가 점차 상실되고, 집단적인 가치가 몰락하면서 가족과 공동체가 점차 해체되던 시기다.

이 시기에 백인 중심의 체제에 대한 비판의식과 그리스도교에 대한 사회적인 반발이 시작되었다.

이와 때를 같이하여, 인류학자이자 작가였던 카를로스 카스타네다 (Carlos Castaneda, 1925~1998)가 『돈주앙의 가르침, 야키(인디안) 방식의 지혜, 분리된 현실, 그리고 Olxtlan으로의 여행(The Teaching of Don Juan: The Yaqui Way of Knowledge, A Separate Reality, and Journey to Olxtlan)』이라는 책을 출간했다. 카스타네다의 책은 아메리칸 인디언 문화와 샤머니즘에 대한 대중적인 관심을 확장하고 네오샤머니즘을 태동시켰다.

초기의 네오샤머니즘 운동의 주창자들은 대안 영성운동가로, 서구 문명의 한계를 극복하기 위한 대안을 다각적으로 찾고 있었다. 이들은 자기반성과 성찰 및 내적인 사유를 통해 네오샤머니즘을 발견했다.

인류학자인 타운센드(Joan B. Townsend, 1934~2006)는 네오샤머니즘을 '현대적인 신비주의 운동(Modern mystical Movement)'의 일환으로 규정했다.

포스트모더니즘 시대의 제도화된 종교와 정치적 구조의 반대자들은 '아메리칸 인디언 운동(영: AIM, American Indian Movement)'을 직접 경험하면서 새로운 영성 운동의 필요성을 절감했다.

아메리칸 인디언 운동은 1968년 7월 미네소타주의 미네아폴리스(영: Minneapolis)에서 시작되었다. 미국 정부가 파기한 조약에 따른 우려와 경찰이 원주민들에게 자행한 잔혹성을 경계하고, 인종 차별과 인디언의 교육 문제, 주거의 부족과 높은 실업률에 대처하기 위해 조직되었다.

당시의 대안 영성운동가들은 동양 종교와 비(非)서구적인 종교의 전통과 비의적인(영: esoteric) 종교들에 깊은 관심을 가졌다. 그들은 고대의 신비한 지식이나 영적인 힘을 현대적인 방식으로 변용하고, 전통적인 샤머니즘으로부터 필요한 부분들만을 선별해 재구성한 후에 심신 치유의 프로그램과 연계시켜 '네오샤머니즘'을 개발했다.

네오샤머니즘은 전통적인 샤먼의 접신 테크닉을 융합하고, 새로운 환경운동과 뉴에이지 영성운동(영: New-Age Movement) 및 자기실현(영: Selfrealization)을 추구한다.

　　네오샤머니즘의 궁극적인 목표는 샤머니즘적인 테크닉의 영적인 실천을 통해 종교적인 교의(영: Dogma)에 얽매이지 않는 개인의 창조적인 영성을 실현하는 것이다.

　　네오샤머니즘 운동가들은 현대 서구 사회에서 급증하고 있는 샤머니즘을 향한 관심에 부응해 왔다. 이들은 네오샤머니즘이 민주적인 영성의 방식으로 종교적인 유동성(영: Mobility)과 개인적인 자율성(영: Individual Autonomy)을 동시에 추구하는 방식이라고 강조한다.

　　네오샤먼들은 '샤머니즘의 민주화'와 영적인 혁신을 주장하는데, 그들은 샤머니즘을 종교가 아닌 효력이 있는 영성 테크닉의 하나로 간주한다. 아울러 네오샤먼들은 전통적인 샤머니즘에서 취사선택해 재구성한 샤먼적인 테크닉이 현대인의 일상생활에서 실용적으로 활용이 가능한 방식이라고 적극적으로 호소한다.

　　네오샤먼들은 탈혼망아(脫魂忘我)를 유발하는 샤먼의 '접신술(영: Ecstasy Technic)'조차도 모든 인간이 지닌 보편적인 잠재 능력으로 간주한다. 그들은 누구나 샤먼과 유사한 영적인 수행을 통해 (네오) 샤먼이 될 수 있다고 주장한다. 이들은 교육을 통해 샤머니즘적인 테크닉을 익히면 누구든지 '변환된 의식 상태(영: Altered State of Consciousness)'에 도달할 수 있다고 역설한다.

　　현대의 네오샤머니즘은 기성 종교에 얽매이지 않으며 내적인 지혜와 개인적인 영성을 추구하려는 중산층 이상의 사람들에게 강렬한 흡인력과 호소력을 가지고 있다.

3

코어 샤머니즘 Core Shamanism

인류학자인 마이클 하너는 1956년부터 남아메리카 아마존강 유역의 코니보(Conibo)족과 슈아르(Schuar)족의 삶을 참여 관찰하며 샤머니즘을 접했다. 그는 그 외의 지역에서도 샤머니즘에 대한 민족지학적인 문헌 연구를 수행했다.

하너는 이 연구의 결과물로 캘리포니아대학교 버클리 캠퍼스에서 인류학 박사학위를 받았다. 이어서 그는 1979년 샤먼 연구재단(영: The Foundation for Shamanic Studies)을 설립했다.

하너는 전통적인 샤머니즘을 종교가 아닌 인류에게 널리 알려진 '심신 치료(영: Mind-Body Healing)'의 가장 일반적이고 고대적인 기법이라는 관점으로 접근했다.

1980년에 하너는 『샤먼의 길(The Way of the Shaman』이라는 책을 출간했는데, 그는 이 책에서 일상에서 영적인 치유가 가능한 테크닉인 '코어 샤머니즘(Core Shamanism)'을 소개했다. 말하자면, 이 책은 초보자를 위한 일종의 샤먼적인 테크닉 안내서다.

코어 샤머니즘은 "샤먼이 되기 위한 엄격한 훈련"과 "전통을 고집하는 (보수적) 경향"을 가지고 있다. 이는 환자를 치료하기 위해 엑스터시의 기술을 사용할 수 있도록 고안한 테크닉이자, '샤먼적인 수련법'이다.

하너가 만든 코어 샤머니즘은 일종의 '대체의학(영: Alternative

Therapies)'으로서, 소위 '샤먼적인 수련 방법들'이라고 표현한다. 코어 샤머니즘은 전통적인 샤머니즘 및 종교성과 정신 치료의 영역에서 현대 서구 사회에 적합한 요소들만을 선택해 재구성했다.

코어 샤머니즘은 인간의 무의식에 잠들어 있는 원초적인 신성성 (영: Original Divinity)과 샤먼적인 힘을 일깨워 복원하고, 인간에게 침투한 유해(有害)한 힘과 세력을 제거하려는 데 핵심적인 목적이 있다.

코어 샤머니즘 주창자들은 그들이 만든 샤먼적인 방법론이 영적인 위험에 빠지는 부담이 없이, 누구나 쉽게 접근하고 실천할 수 있는 기술 이라고 강력하게 피력하고 있다.

네오샤머니즘의 기본적인 수련은 샤먼의 음악 CD나 비디오, 그리고 샤먼의 업무를 수행할 때 필수적인 도구인 방울, 북, 피리 등을 활용한다. 코어 샤머니즘 수련자들은 아메리카 인디언의 피리 소리, 샤먼의 방울 소리, 또는 낮고도 단조로운 샤먼의 북소리에 맞추어 스스로가 '샤먼적인 여행(영: Shamanic Journey)'에 몰입할 수 있도록 유도한다.

코어 샤머니즘 수행자는 타악기와 인위적인 율동의 반복을 통해 '일상적인 의식 상태(영: OSC, Ordinary State of Consciousness)'에서 벗어나 비일상적인 실재 상태(영: NOC, Nonordinary Reality in an altered State of Consciousness)에 돌입한다.

이때 수행자는 차례로 내면의 수호령 불러내기(영: Calling the Beasts), 잠재된 힘을 되찾기 위한 여행(영: Journey to Restore Power), 유해(有害)한 힘 축출하기(영: Extracting Harmful Instusions) 단계를 진행한다.

① 수행자는 단조로운 북이나 타악기 소리에 맞추어 영계를 향한 '영혼 여행(영: Soul Journey)'을 떠난다.
② 수행자가 엑스타시 및 트랑스를 동반한 샤먼적인 의식 상태에 도달한다.
③ 수행자가 마이클 하너가 의식이 깨어있는 상태에서 '샤먼적인 의

식 상태(영: SSC, Shamanic State of Consciousness)'라고 부르는 비일상적인 실재(實在)로 돌입한 후에 수행자가 변환된 의식 상태에 접근한다.

④ 수행자가 샤먼적인 의식 상태에 도달하면 영적인 힘의 원천인 자신의 수호령을 만난다.

⑤ 샤먼적인 의식 상태에 도달한 수행자는 그의 수호령의 도움을 받아 샤먼적인 (치유의) 지식을 획득하고 환자의 질병과 상처를 치유한다.

네오샤먼들은 서구의 '종교시장(영: Religious Marketplace)'을 매개로 개인적인 영성을 추구하는 중산층 이상의 새로운 수행자들과 입교자들을 모집한다.

그들은 비교적 유복한 중산층을 겨냥해 제도화된 기성 종교에 입교하지 않고 자발적으로 영성 개발과 자기 수행, 자기 초월 같은 영적인 삶에 지대한 관심을 가진 잠재적인 입교자를 확보하고자 한다.

지극히 개인주의적인 관심과 시대적인 요청으로 발현된 네오샤머니즘은 다음과 같은 문제점을 안고 있다.

1) 네오샤머니즘은 서구 편향적이며, 개인의 초월적인 영성 개발과 개인 차원의 대안적인 치유(영: Alternative Healing)를 주목적으로 한다. 이런 이유로 '인스턴트 종교(영: Instant Religion)'라는 비판을 받는다.

2) 종교 전문가로서 공동체의 질서와 치유를 담당했던 샤먼의 기존 역할이나 임무가 축소되고, 개인의 내적인 지혜를 인도하는 영적인 조언자 또는 영혼의 안내자 역할만 부각되었다. 네오샤머니즘 신봉자들은 샤머니즘의 '탈종교화'를 지향하고, 샤머니즘의 종교성을 부정하고 현대 사회에 맞게 각색한 실천적인 기능만을 강조한다.

3) '참여'와 '경험'을 강조하는 네오샤머니즘은 실천가의 자의적인 해석과 무분별한 접신 행위를 유발해, 다수의 정신장애자를 양산

할 위험이 도사리고 있다.

4) 네오샤머니즘이 지극히 신비주의적인 경향으로 흐르고 있다는 비판을 받는다.

5) 영적인 '치유 상품'에 대한 소비의 욕망과 지나친 상업성으로 인해 사람들은 네오샤먼을 '사기꾼'이나 '영적인 협잡꾼'으로 싸잡아 폄훼하고 있다.

〈참고 자료〉

• 샤먼 연구재단(Foundation for Shamanic Studies) 사이트
  http://www.shamanism.org

• Neoshamanism, Wikipedia, the free encyclopedia
  https://en.wikipedia.org/wiki/Neoshamanism

• 샤먼의 길(The Way of the Shaman, M. Harner, (New York: Harper, San Francisco, 1990)

4

종교시장의 동향 최근 세계 심리 및

포스트 모더니즘(영: Postmodernism: 1960년에 일어난 새로운 문화운동) 이후부터 '밀교(密敎)' 또는 '비의(독: Esoterik)'는 끊임없이 종교의 옷을 꿰맞춰 입으려고 다각적으로 시도해 왔다.

현대인의 문화 의식과 공존하는 종교적인 풍경에서는 비의(秘儀)와 종교를 일치된 하나로 바라본다. 종교현상의 다양성으로 볼 때, '비의적'이라는 표현에는 '새로운 영성(독: Neue Spiritualitaet)'이라는 뜻이 내포되어 있다.

수천 년 동안 기독교적인 도그마와 세계관에 갇혀있던 서구인들은 새로운 영성을 찾기 위해 인도의 힌두교나 티베트의 불교 등 동양 종교들에 많은 관심을 기울인다.

이들은 새로운 종교의 전통을 세워 초월적인 경험과 대체 치유(영: Alternative Healing) 및 개인적인 영성을 재발견해 고양하려고 한다.

현대 사회는 '비(非)이성성이 회귀'하면서 "종교적이지는 않지만, 영적인 것(영: Not religious but spiritual)"을 추구하는 사람들이 점차 늘어나고 있다. 현대인들은 영적인 갈증과 삶의 목마름을 해소하기 위해, 또는 자신의 존재 이유와 내적인 길을 찾고자 비의적인 것에 매혹되고 심취되어 가고 있다.

현대의 종교는 이제 대중들에 의해 주도되고, 비의적인 요소들과 샤머니즘적인 것들, 유사기독교적인 신앙들과 명상과 같은 영적인 수행들이 혼재하며 새롭게 융합하는 경향을 보인다.

현대의 기성 종교는 과학과 이성을 중시하는 시대적인 영향으로 인해 대부분 신비적인 요소가 축소 또는 제거되면서 종교 다원주의와 세속화의 격변기를 맞고 있다.

한 인간이 개인적인 구원을 성취하는 방식은 그의 개인적인 신념이나 철학 및 가치관과 더불어 사회.문화적인 다양성에 지속적인 영향을 받는다.

포스트모더니즘 이후의 시대를 사는 현대인들은 그 무엇보다도 초월적인 체험을 통한 개인 차원의 영적인 각성과 구원 및 현재의 복록을 추구한다. 최근 들어 기성 종교에 대한 불신이 점차 깊어지고, 종교인에 대한 신뢰가 급격히 하락하고 있다.

이와 때를 같이하여, 개인적인 영성을 추구하는 사람들을 구심점으로 종교를 '자본화'하려는 움직임이 일고 있다.

보수적인 신앙을 가진 중산층 신자들은 종교를 마치 자기 취향에 맞는 자본 시장의 상품처럼 선택하고 영성을 쇼핑하려고 한다.

각 개인에게는 자신만의 고유한 '구원의 길'이 열려 있다. 이에 부응해 종교시장도 새로운 격동기를 맞고 있다. 종교가 자기 입맛에 맞는 개인적인 기복과 영적인 구원만을 추구하는 대상으로 전락하게 되면 많은 '영성 쇼핑 중독자'를 양산할 가능성이 있다.

독일 프랑크푸르트학파의 사회심리학자이자 미학자인 아도르노(Theodor L. W. Adorno, 1903~1969)는 2000년 차이트[Die Zeit(시간), NR. 28]지에 "오컬트적인 것은 얼간이들의 형이상학이다(독: Die Okultismus ist die Metaphysik der dummen Kerle, Die Zeit)." 라고 주장했다.

과연 아도르노의 주장처럼 비이성적인 얼간이들만이 비의와 오컬트적인 것을 추구하고 있는지 나로서는 확신할 수가 없다.

현대는 오히려 지식인들이 평범한 사람들보다 합리주의적인 이성 사관의 취약성을 극복하기 위해 신비적인 것과 영적인 것에 심취하고, 비의에 지대한 관심을 기울이는 추세다.

'에소테릭(밀교)'이라는 단어는 고대 그리스어 '에소테리코스 (esōterikós)'에서 파생되었다. 에소테릭은 극히 제한적이며 내적인(내적인 영역에 속하는, 내부에서만 이해할 수 있는), 감추어진 철학적인 교의나 믿음 또는 가르침을 의미한다.

밀교(密敎)의 반대어는 현교(영: Exotericism)로, 외적으로 드러난 견해나 믿음 또는 가르침을 의미한다.

종교적인 전통에서 에소테릭은 내적이며 영적인 인식의 길을 뜻한다. 때로는 에소테릭이 신비주의(독: Mystik)와 동의어로 사용되거나 지고하고 절대적인 지식을 의미하기도 한다. 에소테리즘은 소수만이 접근할 수 있는 비밀스러운 지식이나 교의로, 내적인 지향성과 신비주의, 오컬티즘, 비밀 엄수를 지향하고 있다.

오컬티즘은 과학적으로 설명할 수 없는 신비적이며 초자연적인 현상이나 숨겨진 지식을 탐구하는 형이상학의 한 분야다.

동양의 밀교(密敎)로는 불교의 밀교, 힌두교의 우파니샤드 등이 있다. 서양의 밀교로는 점성술, 연금술, 신지학(영: Theosophy), 인지학(영: Anthroposophy), 일루미나티(라틴어: Illuminati, 광명회: 신비적 영감 또는 계시주의) 운동, 장미십자회, 스웬덴보르그주의, 심령주의 등이 있다.

에소테릭은 수십 년 전부터 전 세계적인 '사이코 붐(독: Psycho-boom)'을 타고 대중에게 지속적인 사랑과 관심의 대상이 되고 있다. 최근에는 에소테릭의 일부 영역이 취미와 오락으로 전환되어 전 세계의 거대한 심리치료 시장 안으로 깊숙이 파고들었다.

에소테리커들은 자신들만의 특별한 신념 체계를 확립하고서 구원 및 인식의 교리와 새로운 심리학 이론으로 무장하고 나섰다.

그들은 자신들의 '페르소나(영, 독: Persona)'를 새 시대의 샤먼(영:

Neoshaman), 주술의(呪術醫, 영: Medicineman), 주술사(독: Magier), 마녀(독: Hexe)와 드루이드교도(독: Druiden) 등으로 전환해 유럽의 사이코마켓(독: Psychomarket, 심리시장)으로 진출해 심리 및 종교시장을 점차 장악해 가고 있다.

페르소나는 라틴어로 '가면'이라는 뜻으로, 고대 그리스의 가면극에서 유래했다. 다른 사람의 눈에 비친 사회적인 인격이다.

에소테리커들이 추구하는 목표는 영적이며 종교적인 치유와 선택적인 영감의 원천인 자기 존재의 에센스 및 내면의 소리를 발견하는 것이다. 그들의 궁극적인 목표는 영적인 세계와의 긴밀한 접촉을 통해 진리와 내면을 향한 통찰을 얻고, 내부에 살아 있는 신(성)의 진수를 찾아 지고한 자기(독: Selbst, 영: Self)를 실현하는 것이다.

현대의 신흥종교 및 이단 종교단체들은 끊임없이 심리 치유와 결합한 종교의 변신을 꾀하면서 진화하고 있다.

그들은 다양한 시대상에 걸맞게 기성 종교에 샤머니즘적인 의례와 비의적인 것을 교묘하게 융합해 포교를 진행하고 있다.

신흥종교단체의 교주나 지도자들이 그들의 종교와 샤머니즘의 융합을 시도하는 까닭은 샤머니즘이 항상 의식과 행위를 동반하는 신앙으로, 의례의 영향력과 파급력이 지대하기 때문이다.

어느 시대를 막론하고 의식과 행위가 항상 동반되는 실천적인 신앙은 한 사회와 문화의 지리적 공간 안에 단단히 뿌리를 내려왔다.

신흥종교와 이단 종교단체의 일부 집단은 간헐적으로 심각한 사회적 문제를 일으키고 개인의 삶과 인격의 발달에 불협화음을 자아내기도 한다.

한 개인이 종교라는 틀 안에서 삶의 의미를 찾는 현상은 어느 시대에나 존재해 왔다.

최근의 심리 및 종교시장은 무엇보다도 치유와 영적인 안녕을 동경하는 이들에게 일종의 '나눔터'로 작용하고 있다. 아울러 시간이 흐를수록 인간의 '치유 상품'에 대한 소비의 욕망은 일정한 대가로 교환할 수 있게 되어 점차 심리 시장 안으로 확대되고 있다. 현대인들은 자신이 믿는 종교를 또 하나의 외형적인 과시의 대상으로 삼는다.

파리 10대학의 현대사학과 교수인 니콜 에델만(Nicole Edelman, 1947~)은 서구 기독교 문화에서 '운명(라틴어: Fatum)'이라는 말이 '신의 섭리'라는 말을 계승할 시기가 도래했다고 주장했다. 예언은 기독교 사상의 한 요소이고, 계시는 기독교 신자들의 간절한 기다림이다.

인간은 누구나 살아가면서 고난과 역경, 인연의 얽힘 등을 만나게 된다. 동서양을 막론하고, 사람들은 자신의 힘으로 해결할 수 없는 삶의 문제나 매듭이 생기면 이 문제를 해결하기 위해 최소한의 시간과 비용으로 손쉽게 해결할 수 있는 방도를 찾는다.

그 하나는 자신의 불확실한 미래의 운명을 미리 알아보는 것이요, 다른 하나는 계시에 대한 간절한 기다림이다.

이 두 가지를 만나는 루트는 결국 하나로 귀착되는데, 바로 '예언가(또는 점복자)'를 찾는 것이다.

사람들은 점복자들이 전달하는 점괘, 또는 점성학과 타로점으로부터 도출된 상징(象徵)을 자의적으로 해석하고, 간단한 삶의 의미를 찾거나 일시적인 위안을 얻으려고 한다.

비의적인 것은 즉각적이고 인스턴트 같은 종교성을 찾는 사람들에게 일종의 '영적인 패스트푸드'로 작용한다.

비의에 심취하거나 샤머니즘과 융합된 다원 종교를 찾는 사람들은 자신에게 발생한 문제를 이해하기 위해 "이 문제의 원인이 무엇인가?"를 묻는 게 아니라 "어떤 의미의 연관성으로 말미암아 이러한 사건이 발생한 것인가?"라고 묻는다.

이는 질병과 치유의 문제에 맞닥뜨려져도 마찬가지다.

독일어 단어인 구원(Heil)과 치유(Heilung), 건강(Gesundheit)은 모두 같은 어원에서 파생되었다.

'치유(영: Healing)'는 비의적인 의미에서 볼 때 인체의 고장이 난

시스템을 수리하는 것을 의미하지 않는다. 질병은 물리적인 상징으로 육체와 영혼의 통일성에 심각한 장애가 발생한 것을 의미한다.

'긍정의 과잉'과 '자기 착취'의 시대를 살아가는 현대인들은 최근 들어 돈보다 소중한 최상의 가치인 '건강'을 지키고 가꾸는 것을 소홀하게 생각하는 경향이 있다.

나 역시 젊은 날에는 건강이 마치 저절로 지켜지는 것이라 착각했었다. 나는 50세가 넘어 심혈관 중증 장애에 시달리던 '영혼의 반려'를 환자로 돌보다가 몸의 이곳저곳에 얻은 질병으로 인해 소중한 건강을 잃었다. 지금은 긴 회복 과정을 거치며 건강은 타고날 뿐만 아니라 스스로 가꾸어야 한다는 것을 절실히 깨닫고 있다.

최근 들어서 나는 잃었던 건강을 회복하기 위해 부단히 노력하는 과정에서 새삼, "돈을 잃으면 적게 잃은 것이요, 명예를 잃으면 반을 잃는 것이요, 건강을 잃으면 전부를 잃는 것이다."라는 옛말을 실감하게 되었다. 아울러 건강이 나빠지면 삶의 의욕도, 인연도, 물질도 모두 흩어지고 만다는 사실을 새로이 배워가고 있다.

나아가 27년째 내담자를 영적으로 자문하고 돌보면서 종교적인 구원과 영적인 치유는 기본적으로 육체의 건강을 바탕으로 이루어진다는 결론에 도달했다.

중심으로 유럽 문화권을 북미 문화권과 정신의학의 변화 현대 종교와

1) 독일의 현대 의학, 종교와 결합하다

오스트리아 출신의 신비 사상가이자 발도르프 대안학교의 설립자인 루돌프 슈타이너(Rudolf Joseph L Steiner, 1861~1925)는 기독교 신비주의(神秘主義) 사상의 토대 위에 괴테의 세계관과 그노시즘(영: Gnosticism)을 융합하고, 힌두교의 윤회 사상을 도입해 '인지학(독: Antroposophie)'과 인지 치료의학(독: Anthroposophische Medizin)을 창설했다.

그노시즘은 '영지주의'라고도 하는데, 1세기 후반 유대교와 초기 기독교가 융합되어 시작된 종교적인 사상 체계다. 정통적인 교회의 가르침과 전통, 권위에 대항해 개인의 영적인 지식과 경험을 강조한다. 인지학은 오감을 통한 경험과 지각의 확장, 명상을 통한 직관의 개발, 인지적인 상상과 영감의 고취를 지향하는 다소의 종교성을 가진 학문이다.

이 외에도 독일에서는 중국의 음양오행 사상과 중국 한의학, 풍수 사상과 역학의 도입, 고대적인 비의를 재해석하여 현대 의학과 새롭게 결합하는 방식으로 다양한 종교의 다차원적인 혼재와 종교 다원적인 경향으로 흐르고 있다.

아직도 우리는 육체의 치유는 의학에서, 마음(정신)의 문제는 심리학에서, 인간 영혼의 문제는 종교에서 다루어야 한다는 통념을 가지고 있다.

현대 사회의 인간은 각 분야의 문제를 따로 떼어 종교만을 단독으로 신앙하고 치유를 추구하기보다는 신의 은총과 경제적인 풍요 및 치유를 동시에 갈망한다. 이제는 전 인류에게 "건강이 민중의 종교"가 되어가고 있다.

2) Shamanism적 세계관과 샤머니즘적인 의례의 실천 및 재부각

지난 2~30년 전부터 이승이 아닌 저세상으로부터 자신의 문제를 찾아 해결하고, 치유하고자 하는 욕구가 증가하자 새로운 영성의 대안으로써 샤머니즘이 채택되었다. 새로운 종교성을 찾는 사람들은 샤머니즘 및 샤먼의 영적인 경험과 의례적인 실천에 깊은 관심을 기울인다. 영적인 '치유'를 향한 열망은 샤머니즘 의례를 실천함으로써 새로운 대체의학이 도입되는 촉매가 되었다.

3) 뉴에이지로 대변되는 '형태'를 지닌 영성(요가나 명상 등)의 번성

전 세계적으로 인체에 새로운 기운과 활력을 불어넣으려는 움직임이 일면서 영적인 체험이나 요가 및 명상에 깊은 관심을 기울이게 되었다. 요가나 명상, 몸의 감각이 내적인 수행을 통해 활성화되면 내면의 집중(영: Focusing) 능력이 점차 강화된다. 과거 동양에서 개인과 집단의 정신 수양을 목적으로 활용되던 명상이 이제는 대체의학과 심신의 건강을 유지하기 위한 도구로 전환되고 있다.

4) 세속적인 신비주의(영: Secular Mystism)

현대인들은 심리적인 안정과 현세적인 복락을 적극적으로 획득하기 위해 개인적인 영성을 추구하며 여러 종교의 전통들을 동시에 활용하고 있다.

5) 영성(Spirituality)이라는 개념이 '개인' 영성의 추구를 넘어 범사회적인 운동으로 확대

종교와 영성이 발달한 문화권의 개인들은 '무엇을' 선택하는 것이 아니라 마음만 먹으면 '어떤 종교든' 선택할 수 있는 특정한 자본력을 그 무엇보다 숭배한다.

현대인들은 개인주의적인 영성을 추구하면서 탈(脫)종교적인 성향을 보인다. 현대인들의 일부는 자신이 믿는 종교를 또 하나의 외형적인 과시의 대상으로 삼는다.

바야흐로 자본 시장에서도 영성의 체험을 통해 질병을 치유하고 영적인 안녕을 추구하는 새로운 영성의 '장터'가 열린 것이다.

6) 번영신학(긍정 신학)의 탄생

최근 미국인의 20%가 넘는 기독교인들이 추종하는 '번영신학(긍정 신학)'은 현세적인 안락과 행복에 초점을 맞춘 개신교의 한 종파다. 번영신학을 대표하는 휴스턴의 레이크우드 교회는 미국에서 가장 큰 교회의 하나로 성장했다.

이 교회에 재직하는 조엘 오스틴(Joel Osteen, 1963~) 목사는 번영신학의 대표자로 '트럼프의 미국을 위한 설교가(파이낸셜타임즈)'라고까지 불린다.

오스틴 목사는 한국어로도 번역된 『긍정의 힘(영: Your Best Life Now)』이란 밀리언셀러의 저자이기도 하다. 그가 시무하는 레이크우드 교회는 현재 매주 5만 명가량의 교인이 예배에 출석하는 교회로 확고하게 자리를 잡았다.

릭 헨더슨 목사 등 오스틴 목사의 번영신학을 비판하는 신학자들과 목회자들은 오스틴 목사가 하나님으로부터 (축)복을 받기 위해 순종과 헌금을 바치도록 가르치는 왜곡된 형태의 기독교를 전파하고 있다고 성토한다.

아울러 적지 않은 사람들이 오스틴 목사를 "'번영신학'이라는 (종교) 상품의 전파자"로 간주하고 있으며, 그가 전파하는 메시지를 싸잡아 '솜사탕 복음', 내지 '달콤한 처세술'로 치부하며, 오스틴 목사의 설교는 "성공학일 뿐 복음이 아니다."라며 거세게 비판하고 있다.

하지만, 오스틴 목사를 향한 지속적이고 수많은 비판에도 불구하고, 레이크우드 교회는 여전히 "우린 패배자를 따르고 싶지 않다."라는 삶의 철학을 가진 중산층 교인들로 북새통을 이루며 교인들이 몰려 교세는 점점 더 확장되고 있다.

번영신학은 교인들에게 지금보다 더 나은 삶을 약속한다. 많은 미국 내의 기독교인들은 자신이 믿는 종교를 통해 삶의 희망을 찾고 사회적인 성공을 이루며, 부유함과 안락함, 긍정과 번영을 고대한다.

오스틴 목사는 삶의 부정적인 요소를 제거한 정신 치료 기법을 도입해 교인들의 기대에 눈높이를 맞추고, 적극적으로 '긍정(번영) 신학'을 설교하며 전파하고 있다.

긍정 신학을 옹호하는 기독교인들은 전통적인 종교의 교의가 그의 삶과 철학에 방해가 된다고 판단되면 즉시 구미에 맞는 또 다른 영성 상품을 찾는다.

7) 종교시장의 또 하나의 변화는 치유 자본의 확대 현상

과거의 종교법인은 주로 교육사업에 전념하거나 수도원이나 영적인 수행 시설, 요양원, 기도원이나 병원과 같은 치유시설 사업을 제한적으로 운영해 왔다. 최근 종교계는 종교법인을 통해 수익형 사업체를 운영하며 영업 영역을 다양하게 확장해 나가고 있다.

이제 종교법인에서 운영하는 사업 영역은 교육이나 의료 사업 외에도 요양병원이나 요양 시설, 여행업이나 숙박업, 건축업, 상조나 장례사업, 예식 사업, 외식사업, 부동산 개발사업 및 레저사업 등 다양한 방면으로 확장되고 있다.

6

경
향

영
성
의
자
본
화

자
본
의
영
성
화
및

20세기 후반기부터 자본 시장에서는 중산층과 교육 수준이 높은 사람들 중심으로 '종교적이지는 않지만 영적인(영: Spiritual but not Religious)' 것을 추구하거나 영성을 향한 관심이 고조되고 있다. 이들은 영적인 존재를 존중하고, 우주의 초월적인 체험을 추구한다.

하지만, 하나님을 오직 하나인 신으로서가 아니라 일종의 '하나의 보다 높은 차원의 힘(영: a higher power)'으로 수용하고, 일정한 종교단체에 가입해 종교 생활을 하지 않는다.

이와 같은 현상은 현대 사회의 실존적인 상황과 맞물리면서 범지구적으로 확산일로에 있다. 이에 보조를 맞춰 등장한 '자본의 영성화 경향'은 현대의 소비 윤리가 이상적으로 승화된 현상으로 변용되고 있다.

최근 들어 현대인들의 영성을 추구하는 욕구가 증가하자 영성을 상품화하거나 영성을 자본화하려는 현상도 강화되고 있다. 영적인 것들을 소비하려는 사람들은 개인의 영성 개발을 통해 종교를 대체(또는 변용)하고자 하는 열망에 사로잡혀 있다.

이들은 영성의 기능적인 속성에 지대한 관심을 기울이며 개인주의적인 영성의 개발을 추구하고 있다.

자신의 구미와 기호에 맞는 영성을 소비하려는 사람들은 단기적으로 초월적이며 신비적인 체험을 위해 고액을 지불한다. 이에 특정한 종교는 이들의 눈높이에 맞춘 영성 개발하는 프로그램을 제공한다.

이제 영성은 자본주의와 결합한 새로운 비즈니스 모델이자 심리치료의 주요 상품으로 판매되고 있다.

이러한 경향은 1954년에 미국의 전직 공상과학소설 작가였던 론 하버드(L. Ron Hubbad, 1911~1986)가 창시한 사이언톨로지교회(영: Church of Sientology)라는 신흥종교기업의 활동에서 눈에 띄게 관찰된다.

사이언톨로지는 '지식을 넘어선 지식'이라는 의미로, 라틴어의 스키어(scire, 일반형: 사이언티아(scientia: 지식))와 그리스어의 로고스(logos, 신의 계시, 논리)를 합성한 단어이다.

이 종교는 우주적이며 추상적인 형식의 정신 치료 기법과 윤회 사상을 혼합해 설계되었다.

사이언톨로지교의 주장에 따르면, 인간은 테탄, 마음, 몸으로 구성되어 있다고 가르친다. 사이온톨로지교에서 8단계 방식으로 개발한 심령 과학. 영성 개발 프로그램을 거치면 '테탄(영: Thetan, 불멸의 영혼)' 단계에 도달하고, 테탄의 단계에 도달한 인간은 죽음으로부터 벗어난다고 가르친다.

미국의 유명 배우인 톰 크루즈와 존 트라볼타도 사이온톨로지 교회의 교인으로 적극적으로 활동 중이다.

사이온톨로지 교회는 '인간은 본디 영적인 존재'라는 것을 강조한다. 이 단체는 교주였던 론 하버드가 개발한 '디아네틱(영: Dianetik)'이라는 심리·영성 개발 테크닉 시스템을 활용한다.

아울러 '수행과 심리 치유'를 기치로 자본과 구매력을 가진 중산층을 공략해 교세를 확장해 가고 있다.

'신이 없는 종교'와 혁신적인 '과학종교'를 표방한 사이언톨로지교는 1970년대에 영성 자본 시장에서 고급 영성 상품으로 부각되었다. 최근에는 다른 종교단체나 정치인들로부터 호된 비난을 받고 있다. 사이온톨로지 교회는 아직도 종교법인으로 인정받지 못한 독일을 중심으로, 1990년대 초부터 과학종교를 빙자한 사이비 교회이고, 경제적인 이익을 추구하며 신자들을 세뇌하는 집단이라는 반감이 확대되고 있다.

사이언톨로지교에서 수련자(교인)는 불멸(不滅)의 영혼 단계인 테탄에 도달하기 위해 E-Meter를 이용한 심리 측정에서부터 시작해 다단계로 조성된 수양 과정을 모두 이수해야 한다.

수련자는 각각의 단계에 도달할 때마다 고액의 수련회비를 스스로 부담해야 한다. 이 때문에 사이언톨로지교는 심리치료와 종교를 내세워 경제적인 이익을 추구하는 집단이라는 거센 비판을 받는다.

7

심리치료의

영역에서

샤머니즘적인

요소와 의례의

수용 및 도입

1) 독일 안드레아 칼프(Andrea Kalff)의 한국식 신내림 사례

강신 무당으로 입문할 당시 독일 국적을 소유했던 안드레아 칼프는 2006년 국가무형문화재 82-나호인 서해안 배연신굿 및 대동굿 보존회 이사장이었던 '김금화' 선생으로부터 신내림굿을 받고 한국 무당으로 입문했다.

그 후 그녀는 독일의 국가고시에 합격해 '민간요법사(독: Heilprak-tiker)' 자격을 획득했다. 그녀는 독일로 한국 무당을 초빙해 그들과의 협업을 통해 한국 샤머니즘의 치유 문화를 병합한 민간 치유 기법을 병행하고 있다. 그녀는 아래의 책을 출간했다.

Andrea Kalff & Dr. Iris Zachenhofer 공저, 『Die Schamanen-Therapie(샤먼의 테라피)』, Die Wissenschaft entdeckt die Heilkunst unserer Ahnen (과학이 우리 조상들의 치유 기술을 발견하다.)

2) 베르트 핼링어(Bert Hellinger, 1925~2019)의 가족 세우기(Fa-milenaufstellung) 기법(독일 및 유럽)

가족 세우기 기법은 핼링어가 1990년대 남아프리카에서 가톨릭 사제로 근무하면서 고안했다. 기존의 가족치료에 남아프리카의 줄루(Zulu)족이 행하는 가족관계를 다루는 방법과 일부 샤머니즘적인 요소를 가미한 새로운 치료 기법이다.

가족치료는 미국의 심리학자인 '버지니아 사티어(Virginia Satir, 1916~1988)'에 의해 고안된 치료법이다. 환자를 둘러싸고 있는 환경에서 중요한 상호 연결과 역할을 담당하는 가족관계에 초점을 맞춰 가족 전체의 균형과 개인의 심리적인 문제를 치유하는 치료법이다.

헬링어의 세계관에 의하면, 가족 구성원은 운명의 끈으로 연결된 '영혼의 장(場)'을 통해 출생에 따른 서열과 고유한 심리적인 위계를 가지고 있다. 이들은 감정적으로 긴밀하게 얽혀 있는 집단인 동시에 순환적 사고(영: Circular Thinking)를 공유하는 집단이다. 인간은 이러한 가족관계의 연결고리에 방해를 받으면 심리적인 문제나 질병이 발병하게 된다.

헬링어는 생전에 각 가정에는 자연스럽고 엄격한 위계질서가 정립되어 있는데, 가족의 위계질서가 무너지면, 우울증과 같은 심리적인 장애나 알러지 반응 또는 암과 같은 질병이 발생한다고 주장했다.

이때 가족 세우기 기법을 통해 무너진 가족 체계를 재정립하면 정신장애가 치유될 수 있다.

한국에도 독일의 헬링어로부터 수련을 받은 '박이호(1948~2020)'에 의해 가족 세우기 기법이 도입되었다. 지난 2023년 12월 2일에는 '한국가족세우기학회'가 창립되어 선문대학교의 오규영 교수가 초대 회장으로 선출되었다.

가족세우기학회와 '미내사(미래를 내다보는 사람들)' 클럽 및 한국가족세우기학회 등에서 워크숍을 진행하고 있다. (가족 세우기 & 조직 세우기 워크숍: 달마 & 폴라)

- http://www.herenow.co.kr/bbs/zboard.php?id=magazine&no=89&keyword=%B4%DE%B8%B6&%C7%AE%B6%F3&sn=on&ss=on&sc=on

3) 모니카 학클(Monnica Hackl)의 사례(독일) : 정신요법과 샤머니즘적인 치유법의 융합

학클은 환자가 겪고 있는 영혼의 질병과 트라우마의 근원을 치유하기 위해 서구 문화와 기독교적인 치료의 관점에서 샤머니즘을 활용했다. 환자의 질병을 치료하기 위해 치유사가 '기독교적인 샤만들(독: Christliche Schamanen)'의 힘을 빌려 악령과 사악한 에너지로 인해 발생한 환자의 질병을 치료하는 방식이다.

환자의 정신과 육체(영: Mind-Body)를 동시에 치유하려는 시도라고 할 수 있다.

4) Dr. Carl Wickland의 사례(미국): 정신과 의사와 영매의 공동 치료

정신과 의사였던 칼 위클랜드(Carl Wickland, 1861~1945) 박사는 해리성 인격장애 환자를 치료할 목적으로 채널링(영: Chanelling)이 가능한 영매의 조력을 받아 이 기법을 고안했다.

채널링이란 영적인 존재들과 교신해 여러 메시지와 정보를 수신하고 리딩하는 행위다. 현대 의학의 정신과적 약물치료나 정신요법을 통해 치료가 어려운 환자에게 특화된 치료법이다.

위클랜드 박사는 1924년 출간한 『Thirty Years Among the Dead (30년 동안 죽은 자들과 함께)』란 책에서 임상 경험을 통해 무수히 많은 환자의 정신질환이 죽은 영혼의 영향으로 우울증과 파괴적인 충동이 발생하고, 빙의에 의한 자살을 시도한다고 주장했다.

전생 요법과 기타 일부 샤머니즘적인 요소를 가미한 치료법으로, 해리성 인격장애가 자살한 영혼이나 인격의 빙의로 발생한다는 관점에서 접근해 질병을 치료했다.

5) 빙의 치료(영: Spirit Releasement Therapy)

미국의 치과의사였던 윌리엄 볼드윈(William Baldwin, 1938~2004) 박사에 의해 개발되었다. 그는 치과 환자를 효과적으로 치료하려고 최면을 시작하게 되었다. 그는 '전생 요법'을 시행하기 위해 최면 상태의 환자를 전생으로 퇴행시키면, 환자는 자기 자신이 아닌 제3의 다른 존재를 기억한다는 것을 체험했다.

전생 요법이란 환자에게 최면을 걸어 현재의 육체적, 정신적 증상의 원인이 된 전생의 사건을 떠올리게 함으로써 증상을 치유하는 치료법이다.

볼드윈 박사는 최면요법을 통해 환자에게 전생 퇴행을 유도했을 때 내담자들의 50% 정도가 영적인 간섭을 받고 있다는 것을 목격했다. 그는 영적인 존재의 개입과 간섭으로 인해 환자에게 질병이 생기고, 환자는 고통과 혼란을 일으키며, 삶이 파괴되고 고통과 죽음을 겪게 된다고 확신했다.

볼드윈 박사가 만났던 빙의 환자들은 대부분 자신이 아닌 제3의 영혼에 의한 영적인 지배와 간섭을 받아 자신의 정체성(영: Identity)을 상실한 상태에 처해 있었다. 그가 확인한 바에 의하면, 의료 현장에서는 빙의 장애 환자들이 조현병이나 우울증 및 강박 장애와 같은 정신장애자로 오진되는 경우가 더 많았다.

볼드윈 박사의 빙의 치료는 최면을 활용해 빙의 상태(빙의 장애, 빙의 신드롬)에 처한 환자를 치유하기 위해 고안한 치료 기법이다. 이 치료법은 내담자의 육체적인 반응과 입을 통해 '빙의된 인격과 대화하는 기법'이다. 정신과 진료를 받는 환자들이 정신과적 약물치료에 반응하지 않거나 치료에 큰 진전이 없을 때 주로 시행한다. 이 치료법은 전생(퇴행) 요법과 빙의 치료를 적절하게 병행하고 있다.

빙의 치료는 가톨릭교회에서 악령을 쫓기 위해 시행하는 '퇴마 요법(영: Exorcism)'과 유사하다. 볼드윈 박사는 1991년 빙의 환자를 치료와 관련된 『영혼의 해방 치료: 기법 매뉴얼(영: Spirit Releasement Tharapy: A Technical Manual)』이라는 책을 발간했다.

빙의(憑依)는 정신의학적인 분류체계의 큰 범주에서 '해리 장애(영: Dissociative Disorder)'로 분류되어 있다.

어떤 사유로 인해 환자의 정상적으로 통합되어야 할 의식과 기억, 자기 정체감, 환경에 대한 지각 등과 같은 성격의 구성 요소들이 붕괴해 나타나는 질환이다. 이 장애의 하위 유형으로, 해리성 기억 상실, 해리성 둔주, 해리성 정체감 장애, 이인성 장애가 있다.

빙의는 흔히 '귀신 들림'이라는 현상으로 대표되는 종교적인 용어다. 자기 자신의 영혼이 아닌 제3 존재의 영적인 간섭이나 영향을 받거나 지배를 당하는 상태를 표현한다. 두려움이나 놀람, 분노, 깊은 상실감, 비탄이나 슬픔에 빠지는 등 정서적인 충격 또는 질병이나 트라우마 상태, 수술실에서의 전신마취 등으로 인해 영혼의 분열(영: Soul Fragmentation) 상태가 될 때 발생하기 쉽다.

이 치료법은 최근 미국, 유럽 등에서 최면(催眠) 치료 및 전생(前生) 치료 전문가들에 의해 널리 활용되고 있다.

6) 전통적 정신 치료 기법과 양자물리학의 만남

18세기 중반에 '동물 자기술'을 개발한 오스트리아 의사인 프란츠 안톤 메스머(Franz Anton Memer, 1734~1815)가 도입한 최면 의학은 전통적인 정신 치료 기법과 더불어 환자의 육체적, 정서적 장애와 빙의 장애를 치료하는 목적으로 활용되었다.

이후 양자물리학이 발전하면서 일부 정신과 의사들을 중심으로 자아 초월적 최면 치료와 영적 정신 치료, 양자물리학에 기반한 최면 치료 기법이 병행되어 대안적인 정신 치료 기법으로 사용되고 있다.

특히 최면 치료는 육체의 만성 통증 및 고통 완화 치료와 함께 다중 인격(해리성 인격장애)과 귀신 들림(빙의 현상, 신병), 해리 등 난치병 환자들을 전문적으로 진단, 치료하는 목적으로 활용되고 있다.

우리나라의 김영우 의사는 인격의 해리 현상은 어린 시절 경험했던 외상(영: Trauma)의 억눌림과 파동에너지인 '상념체(想念體, 영: Thought Form)'가 원인이라는 관점에서 치료에 접근하고 있다. 그는 사고와 감정의 반복으로 파동의 에너지가 중첩되고, 이 에너지가 시간이 흐르며 더 강력한 에너지 덩어리로 발전할 수 있다고 주장했다.

7) 치유의 사원 수면(그리스어: Enkoimesis, 독어: Tempelschlaf, Inkubation)의 재도입

사원(寺院) 수면은 원래 고대의 이집트, 그리스, 인도 등지에서 활용된 최면요법과 유사한 심신 치유 프로그램으로 행해졌다.

고대 그리스에서는 환자 또는 구도자는 꿈에서 신을 배알(拜謁)하고 신탁을 청하기 위해 육신을 정화한 후에 신전에서 나누어주는 흰 가운을 입고 사제가 이끄는 방에 누워 마법의 주문과 성가를 암송하며 잠을 청한다.

육체의 질병이 있는 환자에게 그리스 '치유의 신'인 '아스클레피오스(Asklepios)'의 뱀이나 성스러운 개가 나타나 환자의 몸에서 독을 핥아내어 치료하고, 꿈속에서 신이 나타나 그에게 신탁(독어: Orakel)을 해주었다. 이때 사원을 이끄는 사제가 이 신탁을 대리 해석하고 그의 미래를 예언해 주었다.

고대에 사원 수면을 행하는 자는 이 방법을 통해 영적인 깨달음과 육체의 재생, 명료한 정신을 얻었다.

현재 사원 수면은 독일어 문화권을 중심으로 세계적으로 확산일로에 있다. 특정한 종교를 가진 심리 요법사들 일부가 사원 수면 방식을 재도입해 치유가 어려운 환자를 치유하는 데 활용하고 있다.

치료사들은 사면 수면을 활용하면 이완과 명상으로 스트레스를 줄이고, 면역체계를 강화하며, 직관을 회복하고, 수면의 질을 향상시킬 수 있다고 홍보하고 있다.

우리나라에서는 2002년 한일월드컵이 개최될 당시에 불교계를 중심으로 도입된 '템플스테이'가 대중들의 큰 호응을 얻고 있다.

8

샤머니즘과

동향과

심리 시장의

독일어 문화권

독일과

호모 렐리기우스(라틴어: Homo Religious)!

　인류학자 엘리야데는 "모든 인간은 신에 대한 믿음을 본능에 새기고 살아가는 '호모 렐리기우스 Homo Religious(종교적 인간)'"라고 주장했다.

　어느 정도의 차이는 있지만, 인간이면 누구나 무의식의 심층부에 종교적인 심성을 가지고 있다. 다른 민족보다 영성이 충만한 한국인과 마찬가지로, 이성적인 사고와 과학적 사고가 지배하는 독일어 문화권에서도 예외 없이 신이나 영성에 관한 관심이 날로 높아져 가고 있다. 이는 '독일의 심리 시장'의 성장 규모를 보아도 쉽게 알 수 있다.

　한국의 '운세 산업'은 원칙적으로 영화산업보다도 부가가치가 높은 지속적인 성장산업이다. 샤머니즘과 관련한 의례나 행위를 드러내 놓고 하는 것이 나이라 주로 그늘에서 거래되는 특성이 있기에 정확히 추정할 수는 없지만, 한국인이 운세 산업에 소비하는 자금은 무려 5조 원대에 이를 정도로 높다고 알려져 있다.

　독일 심리 시장은 한국의 운세 산업과 비교하면 훨씬 더 규모가 큰 편이다. 독일의 인구가 '비의적인 것(독: Esoterik)'에 소비하는 비용은 2023년 기준으로 매년 18~25Milliarden Euro(독: 한화 23조 4천억 원~32조 5천억 원)로 추정되고, 이는 해를 거듭할수록 지속적인 성장세를 나타내고 있다.

독일인의 60% 정도가 인지학(독: Antrophosophie)이나 신지학(독: Theosophie)에 호감이 있고, 4명 중 1명이 기적의 치료사나 영적인 치료사에 대한 편견이 없으며, 독일 인구의 40%가 어느 정도는 점성학(독: Astrologie)과 뉴에이지(영: New Age)에 사로잡혀 있다고 한다.

다가올 미래를 미리 알고 싶은 것이 인지상정이다.

독일어 문화권 사람들도 역시나 자신의 운명이나 다가오는 운세에 많은 관심이 있는 것 같다. 점복이라는 현상은 인류의 보편적인 심성이자 문화적인 현상이고, 태고부터 인류가 '점치는 인간(라틴어: Homo Augurans)'이었으니 당연한 귀결일까?

점복 행위자의 심리에는 현재의 관심뿐만이 아니라 불확실한 미래를 적극적으로 대비하고 통제하려는 욕구와 열망이 뿌리 깊게 자리 잡고 있다. 이것은 인류 전체의 공통적인 일상 통제의 전략이자 생활 설계의 기본적인 욕구다.

WHO(영: World Health Organization, 세계보건기구)는 건강을 "단지 질병과 장애가 없는 상태뿐만이 아니라 육체적으로, 정신적으로 사회적으로 양호(건재)한 상태"로 정의한 바 있다.

이제는 건강(健康)이라는 단어가 당사자의 현재 상태에 따라 자의적으로 해석이 가능한 상태가 되었다.

독일어 문화권에서는 '에소테릭'의 영향으로 인해 '건강'이라는 단어와 함께 '질병'이라는 단어가 역동적인 변화 과정의 한 부분으로 새롭게 조명되고 있다. 이에 따라서 질병에 대해 새롭고도 총체적인 개념 규정이 불가피해졌다.

인간에게 질병이 발병하거나 건강을 유지하는 데에는 정신과 영혼 및 육체가 서로 유기적으로 상호작용한다. 특히나 질병은 한 인간의 삶에서 역동적인 정신의 성장과 영적인 승화를 위한 근원적인 체험이 될 수 있다.

독일어 문화권에서도 육체와 정신, 영혼의 조화와 통일을 이루는 치료(治療)의 개념이 새롭게 도입되는 데 힘입어 대체의학과 '총체적 치료의학(독: Ganzheitsmedizin)'이 새롭게 대두하게 되었다.

이 총체적 치료의학은 환자가 가지고 있는 특별한 영성과 종교적인 내용을 추가하고, 환자의 육체와 정신건강뿐만이 아니라 사회와 영적인 안녕을 추구하는 의학이다.

총체적인 치료에서는 동서양의 다양한 전통적 치료 기법이 선별적으로 도입되어 활용되고 있다.

독일 사회에서 건강은 이제 의심할 나위 없이 '하나의 새로운 민중의 종교(독: Eine neue Volksreligion)'가 되어가고 있다. 독일의 심리 시장도 확실히 종교적인 움직임과 보조를 맞추는 경향이다.

현대 독일 사회에서 건강은 세속화되고 개별화된 사회의 중심 개념으로 다시 도래한 신의 은총에 대한 기대이며, 삶을 주도할 만한 가치가 되었다.

이제 구원이나 은총(독: Das Heil) 대신에 '치유(독: Die Heilung)'가 그 자리를 대체하게 되었다.

이런 흐름에 힘입어 독일의 현대 의학은 종교에 한 걸음 더 가까이 다가서고 있다. 종교에서는 '루돌프 슈타이너(Rudolf Steiner, 1861~1925)'가 제창한 '인지학(Antroposophie)'과 '인지 치료의학(anthroposophische Medizin)' 같이 이미 오래전에 기독교적 사상에 힌두교의 윤회 사상이 도입되었다.

또 중국의 음양오행(陰陽五行) 사상과 풍수 사상의 도입, 고대적인 비의를 재해석하여 새롭게 결합한 방식으로 여러 종교가 혼재된 다원적인 경향을 띠게 되었다.

현대 사회의 인간은 종교만을 단독으로 신앙하는 것보다는 동시에 신의 은총과 치유를 열망한다. 또 '샤머니즘(영: Shamanism)'과 같이 이승이 아닌 저세상으로부터 치유를 가져올 수 있는 종교를 통해 자신의 영적인 문제를 찾고 해결하고자 하는 욕구가 강해지고 있다.

독일에서는 미지의 세계를 향한 희망과 영적인 동경이 새로운 대체
의학을 도입하는 촉매가 되었다. 최근 독일의 심리 시장은 주로 육체와
정신, 영혼 등을 종합한 총체적인 영혼의 치료를 지향하고 있다.

1960년대와 1970년대 이래로 불합리한 사회 체제를 대체할 새로운
모델을 찾는 사람들과 사회적인 유토피아를 지향하는 사람들이 증가하
면서 의식의 변환 상태에 관한 테크닉에 지대한 관심을 보이게 되었다.

페미니즘과 생태적인 아이디어 등이 부각이 되자 이를 계기로 미국
으로부터 '마이클 하너(Michael Harner, 1929~2018)'가 제창해 이끌
었던 '네오샤머니즘(Neo-Shamanism)'이 유입(流入)되었다.

또 신비주의, 동양의 명상이나 음양오행(陰陽五行) 사상을 바탕으
로 한 주역과 풍수 사상에도 관심을 기울이며, 기(氣) 치료 및 샤머니즘
적인 의례를 통한 영적인 치유에도 깊은 관심을 보이게 되었다.

특히 주목할 만한 사항은 삶의 의미를 찾고자 하는 사람들을 위해
소수의 '에소테릭' 단체들이 심리 시장을 장악해 주도하고 있다는 사실
이다. 이들은 피상적이며 긍정적인 자기 개발을 위한 프로그램을 넘어
서서 종교와 영성, 그리고 치유를 겸한 총체적인 치유를 지향한다.

이와 같은 현상은 특정한 종교와 신앙이 총체적인 질병의 치유와 영
적인 안녕을 가져다줄 수 있다는 믿음으로부터 시작되었다.

이와 더불어, 인간에게 운명과 건강이 직접적인 연결고리를 가지고
있다는 특정한 교의와 철학적인 믿음이 영성(靈性)에 지대한 관심사로
작용하고 있다.

실증적인 과학이 우위를 차지하는 독일에서는 자신들의 삶이 고정
되어 있다는 느낌을 받는 사람들과 새로운 세계와 영적인 경험을 동경
하는 사람들이 '에소테릭'의 세계로 방향을 돌리고 있다.

'시베리아의 예수(독: Jesus von Sibirien)'라고 불리는 전직 교통경
찰 출신의 '비사리온(독, 영: Vissarion, 본명: Sergei Anatolyevich Trop,
1961~)'은 자신을 예수의 현신이라고 주장하며 신종교인 '마지막 성서

의 교회(영: Church of the Last Testament)'를 창건했다.

그는 다원적인 종교를 표방하고 종교의 자유를 인정하며, 러시아의 타이가 지역에 '생태 폴리스(독: Oekopolis Tiberkul)'를 설립해 생태공동체를 운영했다.

하지만, 러시아 정부는 2020년 9월 22일 비사리온이 불법 종교단체를 설립하고, 강요와 협박을 일삼으며 타인으로부터 금전을 탈취했다는 죄목으로 체포해 구속한 후에 법정에 세웠다.

'신이 없는 종교'를 표방하는 '사이온톨로지(영: Scientology)'라는 이름의 종교단체는 심리치료와 종교를 내세워 경제적인 이익을 추구 집단이라는 오명을 뒤집어 쓰고 있다.

이 단체는 개인적인 영성의 개발을 통해 주변 세계와 자기 스스로 통제할 가능성을 제시하는 종교기업이다.

독일에서 사이온톨로지 교회는 2016년 법원의 판결에 따라 아직도 종교법인으로 인정받지 못하고 있다.

이 외에도 베르트 헬링어(Bert Hellinger, 1925~2019)는 '가족(家族) 세우기(독: Familienaufstellung)' 기법을 도입했다.

가족 세우기 기법은 가족 치유에 조상과 영적인 세계의 법칙 등 샤머니즘적인 원리를 도입한 새로운 치유법이 다양한 계층의 지지와 관심을 받고 있다.

현재 독일은 종교와 총체적인 치유가 결합한 새로운 심리치료 모델이 심리 시장의 주축을 이루며 독보적인 부가가치와 고수입의 원천인 모델로 등장했다.

이제는 종교가 심리치료 영역과 결합해 돈벌이의 수단으로 전락하여 종교의 세속화를 주도하고 있다. 독일의 심리 시장이 주축이 되어 "종교적 서비스의 세속화와 철저한 상품화"를 가속화하고 있다.

한 가지 주목할 만한 점은 2002년에 독일 연방보건국에서 긍정적인 치유 효과를 발휘하는 의학을 정리하여 일명 "포지티브리스트(독: Positivliste)"를 발표한 바 있다.

〈참고 자료〉

- Milliardenmarkt Esoterik: Glaube versetzt Geldberge (수십억 달러 시장, 에조테릭: 믿음이 금전의 산을 옮기다.) | https://www.ndr.de/fernsehen/sendungen/extra_3/Milliardenmarkt-Esoterik-Glaube-versetzt-Geldberge,extra21622.htm
- Julia Klaus, Sueddeutsche Zeitung, Wer am Geschäft mit dem Seelenheil verdient 20. Juli 2017, 17:45 Uhr (누가 영혼의 구원과 함께 사업을 운영하며 돈벌이를 하는가?) | https://www.sueddeutsche.de/wirtschaft/esoterik-wer-am-geschaeft-mit-dem-seelenheil-verdient-1.359619
- Max Rauner, Esoterik: Was suchen die da? DIE ZEIT № 21/2013 (에소테릭: 그들은 거기서 무엇을 찾는가?)
- Vissarion: https://en.m.wikipedia.org/wiki/Vissarion
- Sieontology: https://de.m.wikipedia.org/wiki/Sieontology